Sardaigne

2021/22

Cofondateurs : Philippe GLOAGUEN et Michel DUVAL

Directeur de collection et auteur
Philippe GLOAGUEN

Secrétaire général
Gavin's CLEMENTE-RUIZ

Rédacteurs en chef
Amanda KERAVEL (France)
Benoît LUCCHINI (Étranger)

Directrice administrative
Bénédicte GLOAGUEN

Conseiller à la rédaction
Pierre JOSSE

Responsable voyages
Carole BORDES

Direction éditoriale
Élise ERNEST

Rédaction
Isabelle AL SUBAIHI
Emmanuelle BAUQUIS
Mathilde de BOISGROLLIER
Thierry BROUARD
Marie BURIN des ROZIERS
Diane CAPRON
Véronique de CHARDON
Laura CHARLIER
Florence CHARMETANT
Fiona DEBRABANDER
Anne-Caroline DUMAS
Éléonore FRIESS
Géraldine LEMAUF-BEAUVOIS
Olivier PAGE
Alain PALLIER
Anne POINSOT
André PONCELET

hachette

TABLE DES MATIÈRES

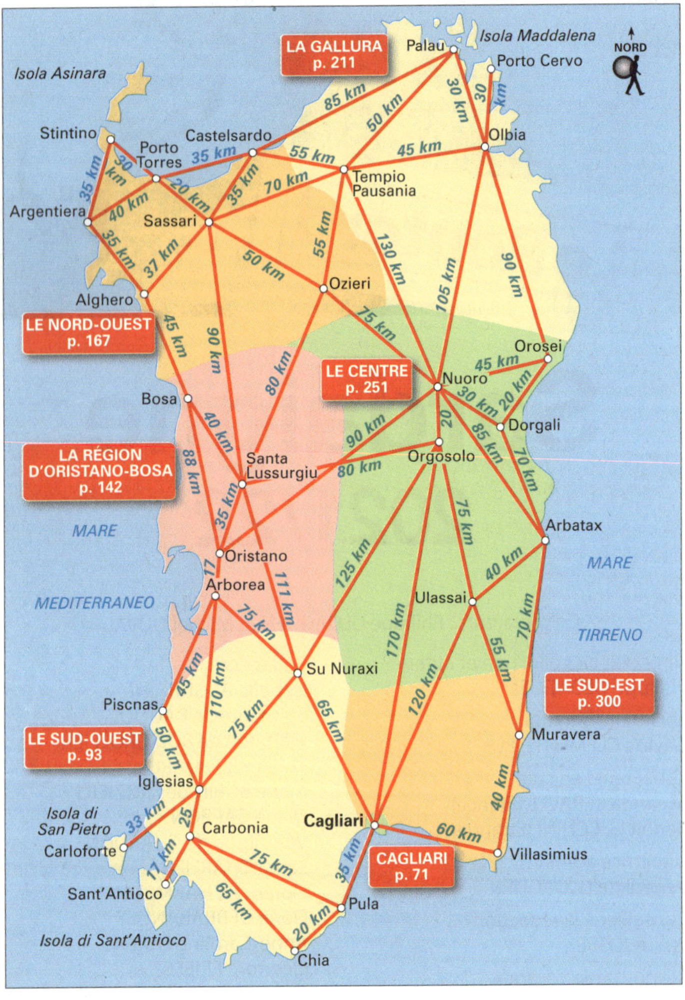

PRÉAMBULE

UNE PANDÉMIE INOUÏE !

Depuis toujours, ***Le Routard* se plaît à dénicher hôteliers et restaurateurs** qui accueillent nos lecteurs avec sourire et professionnalisme. Malgré toute notre vigilance, certains d'entre eux auront malheureusement fermé quand ce livre sortira. De même, les horaires et modalités d'accueil de certains sites et musées auront été momentanément modifiés. Cette terrible **pandémie de coronavirus** a, on le sait, des conséquences importantes pour tous les professionnels du tourisme. **Nous sommes de tout cœur avec eux !**

Important : dernière minute

Entre deux parutions du *Routard,* des événements fortuits (conditions sanitaines, catastrophes naturelles mais aussi formalités, taux de change, conditions d'accès aux sites, fermetures inopinées, etc.) peuvent modifier vos projets de voyage. Pour éviter les déconvenues, nous vous recommandons de consulter la rubrique « Guide » par pays de notre site • **routard.com** • et plus particulièrement les dernières ***Actus voyageurs.***

☎ **112 :** c'est le numéro d'urgence commun à la France et à tous les pays de l'UE, à composer en cas d'accident, d'agression ou de détresse. Il permet de se faire localiser et aider en français, tout en améliorant les délais d'intervention des services de secours.

Costa Smeralda

© Jon Arnold Images/hemis.fr

Une scène de vie agricole en trompe l'œil, Tinnura

LA SARDAIGNE

LA RÉDACTION DU ROUTARD

(sans oublier nos 50 enquêteurs, aussi sur le terrain)

© R. Delalande et E. Dessons

Jean-Sébastien, Olivier, Mathilde, Thierry, Alain, Gavin's, Éléonore, Anne-Caroline, André, Laura, Florence, Véronique, Isabelle, Géraldine, Fiona, Amanda, Benoît, Emmanuelle, Bénédicte, Philippe, Carole, Diane, Anne, Marie.

La saga du *Routard* : en 1971, 2 étudiants, Philippe et Michel, avaient une furieuse envie de découvrir le monde. De retour du Népal germe l'idée d'un guide différent qui regrouperait tuyaux malins et itinéraires sympa, destiné aux jeunes fauchés en quête de liberté. 1973. Après 19 refus d'éditeurs et la faillite de leur 1re maison d'édition, l'aventure commence vraiment avec Hachette. Aujourd'hui, le *Routard*, c'est plus d'une cinquantaine d'enquêteurs impliqués et sincères. Ils parcourent le monde toute l'année dans l'anonymat et s'acharnent à restituer leurs coups de cœur avec passion.

Merci à tous les routards qui sont solidaires de nos convictions : liberté et indépendance d'esprit ; découverte et partage ; sincérité, tolérance et respect des autres.

NOS SPÉCIALISTES SARDAIGNE

Géraldine Lemauf-Beauvois : Ch'ti et fière de sa région natale vers laquelle elle revient toujours, elle est dotée d'une curiosité qui l'a poussée à voyager aux quatre coins du monde. Géraldine est passionnée d'histoire et d'art, auxquels elle a consacré ses études. Son œil aiguisé, son appétit pour les belles et bonnes choses font d'elle une routarde qui aime partager ses découvertes culinaires et culturelles.

Éric Milet : né à Saint-Nazaire, il a passé son enfance à regarder s'éloigner les bateaux. Premier voyage à 15 ans. Seul. Depuis, il n'a pas cessé. Voyager, c'est comme une petite vie dans la vie : on naît, on vit, on meurt… et on renaît (ouf !). Juste l'envie de voir, de toucher, de sentir. Envie de raconter, aussi, qu'on arrive du bout du monde ou du fond de son jardin.

Loup-Maëlle Besançon : cette Normande se méfie des GPS et des autoroutes, leur préférant cartes et chemins de traverse. Entre 2 traductions de livres norvégiens, elle explore avec gourmandise des contrées plus ou moins exotiques. Son constat : si les voyages ouvrent l'esprit, nul n'est besoin de partir loin pour faire des rencontres et des découvertes extraordinaires.

UN GRAND MERCI À NOS AMI(E)S SUR PLACE ET EN FRANCE

Pour cette nouvelle édition, nous remercions particulièrement :

- **Federica Galbesi,** responsable de l'ENIT à Paris ;
- **Anne Lefèvre,** chargée des relations presse à l'ENIT ;
- **Antonella Botta,** du service marketing à l'ENIT ;
- **Carole Bordes,** pour son aide précieuse ;
- **tous les offices de tourisme** qui, au long d'un passionnant voyage, nous ont prodigué leurs bonnes infos…

Pictogrammes du Routard

Établissements

- Hôtel, auberge, chambre d'hôtes
- Camping
- Restaurant
- Terrasse
- Pizzeria
- Boulangerie, sandwicherie
- Pâtisserie
- Glacier
- Café, salon de thé
- Café, bar
- Bar musical
- Club, boîte de nuit
- Salle de spectacle
- Boutique, magasin, marché

Infos pratiques

- Office de tourisme
- Poste
- Accès Internet
- Hôpital, urgences
- Adapté aux personnes handicapées

Sites

- Présente un intérêt touristique
- Point de vue
- Plage
- Spot de surf
- Site de plongée
- Recommandé pour les enfants
- Inscrit au Patrimoine mondial de l'Unesco
- Pas de côté

Transports

- Aéroport
- Gare ferroviaire
- Gare routière, arrêt de bus
- Station de métro
- Station de tramway
- Parking
- Taxi
- Taxi collectif
- Bateau
- Bateau fluvial
- Piste cyclable, parcours à vélo

« OSONS LE PAS DE CÔTÉ »

Le surtourisme ? Tous concernés. Et pourtant, à l'écart des grands flux touristiques, il existe plein de pépites méconnues, souvent oubliées des circuits trop encombrés. Ici un site ignoré ; là un quartier secret ; plus loin un village caché au charme discret, avec un troquet d'une autre époque. Il existe une infinité de lieux peinards que l'on a envie de mettre en avant avec ce pictogramme. Un vagabondage enfin calme favorisé aussi par les **visites aux heures creuses**. Vive le *slow trip* !

#osonslepasdecote

Le *Routard* est imprimé sur un papier issu de forêts gérées.

I.S.B.N. 978-2-01-712955-4

Castelsardo

« Là où il n'y a pas de fous,
les sages ne rient pas. »
Proverbe sarde

Assis sous un bosquet d'oliviers centenaires, parmi des buissons de lentisques, de myrtes et d'arbousiers, un berger sarde veille sur son troupeau. Autour de lui, ce ne sont qu'âpres montagnes et **vallées sauvages.** Un monde mystérieux, couvert de forêts de chênes-lièges, d'où émergent parfois des blocs de granite aux formes inquiétantes. C'est la **Sardaigne de l'intérieur,** intemporelle et fascinante.
Au loin, de hautes falaises blanches descendent vers de petits paradis de sable fin, bercés par une mer de cristal. C'est la **Sardaigne balnéaire,** l'île des vacances, du farniente et du grand ciel bleu. 2 mondes que tout semble opposer, et pourtant…
Celle que l'on qualifiait naguère de « patrie du bétail » et de « petite Argentine vallonnée » n'est plus ce bout de terre abandonné au cœur de la Méditerranée que les pirates barbaresques rêvaient de mettre à sac. L'île s'est dessiné un avenir. Et quand bien même **elle a su garder sa beauté brute** et sa personnalité fière et insoumise, la Sardaigne, avec ses 2 000 km de côtes, est aujourd'hui une destination touristique à part entière.
Même si certaines portions du littoral souffrent d'une urbanisation parfois un peu trop ambitieuse avec des plages contingentées (en août seulement), **la grande majorité des côtes sardes offre encore une nature sauvage** de toute beauté. D'Alghero à Bosa, de Sassari à Olbia, de Cagliari à Nuoro, de la Barbagia ou de l'Ogliastra aux îles de La Maddalena, ce sont autant de petites routes sinueuses vers des villages perchés, de magnifiques sentiers de randonnée conduisant à des canyons, à des villages oubliés depuis la nuit des temps ou à des criques secrètes. Un monde empreint de **rencontres sincères** avec des habitants encore fortement attachés à leurs traditions, hospitaliers, et paraissant encore vivre en symbiose avec leur île.

La rivière Temo, Bosa

NOS COUPS DE CŒUR

1 Flâner dans les rues de Cagliari et monter jusqu'au quartier du Castello, qui cache quelques vieux palais magnifiques.

Capitale sarde résolument tournée vers le Grand Sud, Cagliari s'étend sur plusieurs petites collines. La plus remarquable est celle du Castello, cœur historique haut perché présentant encore de robustes fortifications médiévales. On accède à sa belle cathédrale, le duomo Santa Maria, par de longues rues qui se muent en d'étroits boyaux renfermant des palais patinés par les siècles. Un vrai décor de cinéma. *p. 86*

Bon à savoir : *2 ascenseurs (sur le viale Regina Elena et près de la piazza Yene) permettent d'éviter les volées de marches bien raides pour monter à ce quartier haut perché.*

2 S'en mettre plein les yeux le long de la Costa del Sud, la route côtière préservée et ponctuée de tours de garde qui vous emmène à la plage…

Cette superbe route panoramique d'une vingtaine de kilomètres, en surplomb de la côte entre Porto Teulada et Tuerredda, livre parmi les portions de littoral les plus pittoresques de Sardaigne. Et c'est encore plus sublime au coucher du soleil ! La plage de Tuerredda est une halte incontournable. Située au fond d'une baie paradisiaque, elle invite au rêve, à la détente, et offre un moment hors du temps. *p. 101*

3 **Visiter l'une des incroyables grottes dont la Sardaigne a le secret.**
La Sardaigne abrite quantité de grottes, situées un peu partout dans l'île. L'occasion d'un voyage au centre de la terre à la Jules Verne, au sein du peuple des stalactites et stalagmites, telles celles d'Is Zuddas, près de Santadi, de Su Mannau, près de Fluminimaggiore, ou encore les grottes de Neptune près d'Alghero et leur incroyable escalier d'accès de 654 marches construit à flanc de falaise ! *p. 96, 130, 183*
Bon à savoir : *pour avoir un avant-goût, consulter* • *grotteiszuddas.com* • *sumannau.it* •

4 S'immerger dans l'histoire antique en découvrant les impressionnants sites archéologiques de Nora et Tharros.

Nora et Tharros furent toutes 2 des cités construites par les Phéniciens aux IXe-VIIIe s av. J.-C. qui passèrent ensuite sous domination carthaginoise puis romaine, et comptèrent parmi les plus grands ports de la Méditerranée. Théâtre, belles demeures, thermes, temples, colonnes… les vestiges d'intérêt sont légion et magnifiques. Quand le soleil décline et que les vieilles pierres flamboient, on se retrouve plongé dans un vrai paysage de carte postale, parmi les plus célèbres de Sardaigne. p. 99, 153

© Renault Philippe/hemis.fr

5 Partir à la découverte des îles de Sant'Antioco et San Pietro, très peu urbanisées, leurs petites villes et leurs plages de rêve.

La 1re, reliée à la grande île par une chaussée artificielle construite par les Carthaginois et développée par les Romains, est dominée par la ville de Sant'Antioco et son beau musée archéologique. La 2de, restée longtemps quasi déserte, a tiré de cet isolement une authenticité et un charme particuliers. Toutes 2 abritent de nombreuses petites criques aux eaux limpides, des lieux rêvés pour de longues balades sauvages, loin de la cohue des plages bondées au mois d'août. p. 102, 111

© Riccardo Spila/SIME/ Photononstop

6 **Participer à la fête de la Semaine sainte à Iglesias, avec ses processions de pénitents et ses chants pleins de ferveur populaire.**

Une promenade dans la vieille ville d'Iglesias est un véritable enchantement, et c'est dans ce décor de théâtre que se tient le grand événement de l'année : la Semaine sainte. Dans cette ville particulièrement religieuse, des processions se déroulent alors presque chaque jour, menées par une confrérie datant du début du XVIe s, époque de la domination espagnole. Reprenant la tradition des pénitents (cagoule et longue robe blanches), l'atmosphère des cérémonies est impressionnante et ne laisse pas indifférent. *p. 127*

7 **Remonter de Nebida jusqu'aux dunes de Piscinas, sur la costa Verde, pour un voyage fascinant entre paysages de rêve et fantômes de l'industrie minière sarde.**

En partant des impressionnantes friches industrielles des petites villes minières de Nebida et Masua, on remonte la côte jusqu'à la longue plage de sable fin de Portixeddu, avant de rejoindre le capo Pecora, où nulle construction n'altère une nature sauvage sur fond de falaises escarpées. On longe ensuite la costa Verde, aux panoramas de rêve et plages baignées dans la mémoire ouvrière de la région, pour atteindre Piscinas. Au milieu des hautes dunes couvertes de myrtes et de genévriers, ondoyant à perte de vue, se déroule une plage immense et sauvage. *p. 133*

8 Rester bouche bée devant le site préhistorique de Su Nuraxi, **véritable chef-d'œuvre architectural des 1ers temps de l'histoire !**

Encore une des merveilles de la Sardaigne, d'ailleurs inscrite au Patrimoine mondial de l'Unesco ! Près du village de Barumini, vu de la route, Su Naraxi ressemble de prime abord à un gros tas de pierres plus ou moins difforme. Mais une fois sur place, on reste scotché. Il s'agit de la plus grande forteresse préhistorique de l'île, vieille de plus de 3 500 ans, fascinant exemple de cette architecture défensive qu'étaient les *nuraghi*, à l'âge du bronze. *p. 138*

9 Se laisser charmer par l'adorable petite cité médiévale de Santu Lussurgiu.

Non loin de Bosa, dans le massif volcanique du Montiferru, Santu Lussurgiu est une petite cité médiévale nichée à 503 m d'altitude dans le cratère d'un ancien volcan. Elle livre aux romantiques son lacis de vénérables ruelles aux petits pavés usés. Fraîches et ombragées en été, les rues pentues invitent à d'agréables promenades… qui le sont encore plus si l'on est bien accompagné ! Autour de plusieurs hôtels de charme souvent dotés d'un bon resto. Les randonneurs (à pied ou à VTT) trouveront aussi la région propice à la pratique de leur activité favorite. *p. 154*

© Jon Arnold Images/hemis.fr

10 **Flâner sur le petit port pittoresque de Bosa, avec son fier château et ses demeures colorées.**

En y arrivant, on a l'étonnante impression de pénétrer dans une carte postale ou carrément un tableau de Cézanne. Sur l'une des rives du fleuve Temo, de belles maisons bourgeoises aux couleurs pastel. Sur l'autre, le quartier chargé d'histoire des vieilles tanneries. Entre les 2, de petits bateaux de pêche fixent l'œil du visiteur comme des taches de couleur sur une toile de maître. Après une belle balade dans les ruelles de la vieille ville, laissez-vous enivrer, avec modération, par les ondulations de la robe jaune paille du vin local, le *malvasia di Bosa*. *p. 158*

11 Tomber sous le charme de la fascinante vieille ville d'Alghero et du parc naturel de Porto Conte.

Vraiment plus catalane que sarde, Alghero, corsetée de remparts particulièrement romantiques au couchant, est peut-être le centre médiéval de Sardaigne le plus cohérent d'un point de vue architectural. Si la ville, exceptionnel melting-pot de langues et de cultures, offre d'intéressants édifices et musées, c'est le parc naturel de Porto Conte, tout proche, qui a attiré notre attention, avec ses nombreuses possibilités d'excursion sans oublier un complexe muséal passionnant tournant autour de la figure emblématique du Petit Prince de Saint-Exupéry, lequel résida à Alghero à la fin de sa vie. *p. 167, 180*

© Travel Collection/hemis.fr

12 S'offrir une balade dans le parco nazionale dell'Asinara.

On peut découvrir ce paradis en bateau, à vélo, en petit train, en voiturette de golf ou à cheval. L'île de l'Asinara tire son nom de ses habitants séculaires : des ânes albinos, les derniers d'Europe. Longue d'une quinzaine de kilomètres, elle abrite plus de 670 sortes de végétaux et près de 80 espèces de vertébrés, dont quelques oiseaux rares comme le faucon pèlerin et le goéland corse. *p. 187*

Bon à savoir : *pour préserver l'écosystème, les visites sont strictement encadrées et limitées à certaines zones.* • parcoasinara.org •

© Montico Lionel/hemis.fr

© Jiri Castk CTK Photobank/Age Fotostock

13 **Savourer un *espresso* à Sassari, sur la piazza Italia, dans l'une des villes les plus « étudiantes » de Sardaigne.**

Grande ville du Nord, 2e de Sardaigne, berceau de héros et de grands hommes politiques, Sassari est une ville qui recèle des richesses insoupçonnées. Siroter un café sur la piazza Italia, s'attabler à l'un de ses nombreux restaurants de cuisine sarde, avant de partir à la découverte de la ville historique, est sûrement un des meilleurs moyens de l'aborder. La région alentour recèle aussi plusieurs églises romanes, dont Santa Maria del Regno, pour son extraordinaire retable, et la merveilleuse Santissima Trinità di Saccargia. *p. 199*

© Montico Lionel/hemis.fr

14 **Visiter Castelsardo, dont la vieille ville n'a rien perdu de son âme et domine toujours superbement une des baies les plus pittoresques de Sardaigne.**

Édifié au début du XIIe s par les mêmes commerçants génois qui fondèrent le port de Bosa, Castelsardo est un vieux village fortifié au charme incontestable, accroché à la montagne, entre ciel et terre. Totalement piéton, c'est un plaisir d'arpenter ses ruelles tortueuses, offrant une superbe vue sur la baie. Le site a beau être l'un des plus touristiques de l'île, rien ne pourra jamais détruire son fort caractère. Ses remparts semblent repousser l'appétit des promoteurs immobiliers ! *p. 203*

15 Embarquer sur un ferry de Palau et aller explorer les îles de La Maddalena.

À quelques grandes brasses de la Corse, cet étrange émiettement géographique et géologique est dominé par 2 grandes îles, isola di La Maddalena et isola Caprera. Parc national, l'archipel abrite une faune et une flore très riches. Au départ de Palau ou de La Maddalena, des bateaux vous emmènent découvrir cet archipel encore sauvage. *p. 232*

16 **Explorer l'arrière-pays de la très médiatique costa Smeralda et dénicher des villages encore préservés.**

Dans le nord-est de la Sardaigne, la costa Smeralda est un petit tronçon du littoral sarde devenu le lieu de rendez-vous des milliardaires et des stars du show-biz. On pourrait l'appeler la costa dell'Oro ! Mais dès que l'on s'enfonce un peu dans les terres, un univers totalement différent s'offre à nous : vignes, petits villages traditionnels, paysages ravissants de forêts de chênes-lièges propices à la randonnée. *p. 222*

17 **Passer quelques heures dans le village d'Orgosolo, dans la Barbagia, pour admirer ses nombreuses peintures murales.**

Village perché sur le flanc nord du Gennargentu, Orgosolo a souvent été comparé à une forteresse imprenable. Fiers de leurs origines pastorales et de leurs traditions, les habitants se sont adaptés au monde moderne sans perdre leur personnalité, comme le prouvent les innombrables fresques murales exprimant l'esprit rebelle des gens de la région. *p. 264*

***Bon à savoir :** une carte détaillée situant les différentes fresques est disponible auprès des commerces ou du musée.*

© Morandi Tuul et Bruno/hemis.fr

18 **Découvrir en bateau les plages du golfo di Orosei et se baigner dans les eaux turquoise de ces merveilleuses criques sauvages.**

La petite station balnéaire de Cala Gonone, cœur du golfe d'Orosei, est l'un des plus beaux sites de la côte est du Supramonte. Découpée de criques, avec un chapelet de plages aux eaux transparentes, pour certaines accessibles seulement par la mer, cette section du littoral en forme d'arc évasé est si belle qu'elle a parfois été surnommée le « Croissant bleu ». *p. 276, 284*

© Jon Arnold Images/hemis.fr

19 **Emprunter les sentiers de bergers de la vallée de Lanaitho pour visiter l'énigmatique site préhistorique de Tiscali.**

On peut également suivre l'itinéraire du riu Flumineddu (vers Dorgali) pour accéder au site de Tiscali, isolé dans une dépression calcaire camouflée dans le maquis. Datant du IIe millénaire avant l'ère chrétienne, ne serait-ce pas le plus beau site préhistorique de Sardaigne ? En tout cas, arriver à pied dans ce lieu insolite est un enchantement ! *p. 270*

Bon à savoir : *la rando menant à Tiscali est loin d'être la seule balade à faire dans la très belle vallée de Lanaitho. En revanche, il faut impérativement savoir lire une carte (et se munir de celle de la vallée). Si ce n'est pas le cas, partir avec un guide.*

20 Traverser le sud-est de la Sardaigne à bord du *Trenino verde*, petit train à l'ancienne évoluant lentement au cœur des montagnes de l'Ogliastra.

Ce petit train touristique est un moyen charmant de découvrir la Sardaigne du Sud-Est. La ligne la plus emblématique relie la gare de Mandas (à 55 km au nord de Cagliari) au village de Seui, et Gairo-Taquisara au port d'Arbatax (côte est). Loin de toute circulation automobile, c'est un parcours inoubliable dans les paysages somptueux de l'Ogliastra, la région la plus sauvage de l'île. *p. 65, 76, 166*

***Bon à savoir :** fonctionne en saison seulement ; ses horaires, très aléatoires, peuvent changer à tout moment. Les itinéraires sont souvent modifiés et réduits en raison de travaux d'entretien. Toujours consulter le site pour connaître les jours et heures de départ : • treninoverde.com •*

Tour espagnole de l'Isola Rossa

ITINÉRAIRES CONSEILLÉS

Une semaine en Sardaigne du Nord

• 1er, 2e et 3e jours : Olbia et les îles de La Maddalena. Porte d'entrée principale de la Sardaigne, **Olbia (1)** est à taille humaine avec son centre ancien et son joli dédale de placettes et de ruelles. D'Olbia, départ idéal pour explorer les **îles de La Maddalena (2),** archipel granitique d'îles sauvages et d'îlots enchanteurs, baignés par des eaux turquoise et sillonnés de sentiers de rando. Ne ratez pas l'île de Caprera, où Garibaldi passa les 25 dernières années de sa vie (musée), avant de revenir sur le continent pour passer la nuit dans la charmante petite station de **Santa Teresa**

Gallura (3) et découvrir les plages qui l'entourent.

• 4e et 5e jours : Aggius et Castelsardo. **Aggius (4),** village connu pour ses petits musées ethnographique et du Banditisme, est une bonne étape pour découvrir les trésors de l'arrière-pays : les oliviers millénaires de Luras, le musée du Liège à Calangianus et la vallée de la Luna (style lunaire !). Après avoir fait étape dans le village d'Isola Rossa sur la côte (belles plages), poussez jusqu'à **Castelsardo (5),** vieux village perché avec son cœur historique entièrement piéton.

• 6e jour : Sassari. **Sassari (6)** est le berceau de héros et de grands hommes politiques, et ses environs cachent quelques superbes églises romanes de style pisan, telles que Santissima Trinità di Saccargia ou la basilica Santa Maria del Regno.

• 7e et 8e jours : plus à l'ouest, **Alghero (7)** offre le plus beau centre médiéval de l'île. À découvrir aussi, la cathédrale Santa Maria, le musée d'Art sacré et la kyrielle de palais et d'églises. Ne ratez pas dans les environs la **baie de Porto Conte (8)** et ses fameuses **grottes de Neptune (9).**

Une semaine en Sardaigne du Sud-Ouest

• 1er et 2e jours : **Cagliari (1).** Capitale de la Sardaigne, voici la ville sudiste et lumineuse, où les rues partent du port et surgissent devant la citadelle, sur un roc haut perché. Un décor de cinéma avec la belle cathédrale, de vieux palais, des tours crénelées et de robustes fortifications médiévales, sans oublier le Musée archéologique, qui renferme les vestiges de la mystérieuse civilisation nuragique.

• 3e, 4e et 5e jours : filez plein sud en longeant la côte en direction de l'archipel des Sulcis via les plages de rêve de **Chia (2)** pour atteindre **Sant'Antioco (3),** porte d'entrée de l'île du même nom, avant de prendre le bac-traversier vers l'île de **San Pietro (4),** véritable sanctuaire pour les amateurs de criques isolées et de calanques baignées d'une eau cristalline.

• 6e et 7e jours : remonter à travers les paysages mystérieux hérissés de friches industrielles du pays d'**Iglesias (5),** ville chargée d'histoire, avant de poursuivre vers **Montevecchio (6),** ville minière désaffectée renfermant un musée et des galeries sur 16 niveaux à 500 m de profondeur ! Pour vous changer les idées, allez grimper sur les immenses **dunes de Piscinas (7),** avant de rebrousser chemin vers le site nuragique de **Su Nuraxi (Barumini ; 8).**

Alghero

© Renato Granieri/Alamy/Hemis

Une semaine dans le centre de l'île

- 1er et 2e jours : Nuoro et la Barbagia. On commence par **Nuoro (1)**, un nid d'aigle perché au cœur de la Sardaigne, célèbre pour son museo del Costume. De là, rayonner (au choix) vers les villages éparpillés dans la montagne, comme **Bitti (2)** et le site nuragique de Romansezu, ou encore **Orani (3)**, pour voir le musée dédié à l'artiste Costantino Nivola, **Mamoiada (4)** et son musée des Masques, avant de descendre dans le Mandrolisai pour voir le site mégalithique de Biru 'e Concas, à côté de **Sorgono (5)**.
- 3e jour : **Orgosolo (6)**. On fait halte dans ce village perché dans les monts de la Barbagia pour en admirer les célèbres peintures murales exprimant l'esprit rebelle des gens de la région.

• 4e et 5e jours : le **Supramonte (7),** si proche du monde balnéaire et pourtant si éloigné par son esprit et son mode de vie. Les randonneurs s'adonneront à leur activité favorite au milieu d'une nature sauvage de toute beauté. Ils traverseront la région en empruntant les sentiers de bergers de la vallée de Lanaitho pour rejoindre l'énigmatique **site préhistorique de Tiscali (8).**

• 6e et 7e jours : Dorgali et Cala Gonone. En haut, **Dorgali (9),** une ville sarde posée au flanc des monts du Supramonte, point de départ de nombreuses randonnées. En bas, **Cala Gonone (10),** à la fois port et station balnéaire à taille humaine. C'est ici le plus beau morceau de la côte est, découpé de criques, avec un chapelet de plages aux eaux émeraude, accessibles soit par bateau, soit en rando à partir du plateau du Golgo. Une beauté époustouflante, dans un environnement protégé par les lois d'un parc naturel.

2-3 semaines en Sardaigne

• **Cagliari (1).** Située à l'extrémité sud de l'île, c'est la capitale de la Sardaigne. Rien que du beau et de l'authentique avec sa cathédrale, ses fortifications, le quartier du port et ses bonnes adresses, et sans oublier son Musée archéologique.

• **Île de San Pietro (2).** Authenticité et charme assurés dans cette petite île de 6 000 habitants. À visiter, sa ville principale, Carloforte, où une balade dans la vieille ville s'impose. Pas d'hésitation non plus pour une promenade au nord de l'île, du côté de La Punta, lieu de la *tonnara,* technique de pêche traditionnelle.

• **Carbonia-Iglesias (3).** Après l'île de San Pietro, l'arrivée dans l'ancienne province minière de Carbonia-Iglesias peut constituer un choc ! Mais cette région est peut-être l'une des plus fascinantes de Sardaigne : une véritable plongée dans l'histoire ouvrière sarde vous attend en visitant Carbonia, ex-centre minier et laboratoire de l'architecture mussolinienne. De nombreux vestiges de cette époque aujourd'hui révolue hantent encore le maquis de bord de mer (possibilité de randos), conférant au paysage le plus souvent resté sauvage, une étonnante singularité. Et pour une plus grande remontée encore dans l'histoire, poussez vers l'intérieur de l'île pour admirer le **site nuragique de Su Nuraxi (4),** classé au Patrimoine mondial de l'Unesco.

• **Bosa (5).** Petit port tout droit sorti d'une aquarelle, avec ses anciennes maisons de tanneurs du quartier de Sas Conzas. Non loin, ne pas manquer l'adorable petite cité médiévale de Santu Lussurgiu, lovée au creux du cratère d'un ancien volcan, abritant vénérables ruelles aux pavés usés et demeures aristocratiques.

• **Alghero (6).** Sur la côte ouest, le plus joli centre médiéval de la Sardaigne, encore plus beau au coucher du soleil. Dans ses environs, la belle baie préservée de Porto Conte, avec ses possibilités de rando et ses musées à la gloire de Saint-Exupéry, sans oublier les fascinantes grottes de Neptune.

• **Castelsardo (7).** Ce village aux ruelles tortueuses et au charme incontestable ravira les piétons, seuls autorisés à visiter ce lieu. Vue superbe sur la baie.

• **La Maddalena (8).** Chapelet d'îles qui plairont aux amateurs de belles plages comme aux férus de randonnée. Situé à l'extrémité nord-est de l'île, il unissait il y a des millions d'années la Sardaigne à la Corse. Parc national depuis 1996, l'archipel est protégé pour sauvegarder la faune et la flore.

• **Le site de Tiscali (9).** L'un des plus beaux sites préhistoriques de la Sardaigne, datant du IIe millénaire avant l'ère chrétienne.

• Pour ceux qui aiment le farniente et la plage, ne pas hésiter à planter le parasol du côté des plages du **golfe d'Orosei (10)** avec, au sud, Cala Gonone, un des sites naturels les mieux préservés de la côte sarde.

SI VOUS ÊTES…

En famille : c'est le voyage idéal, l'occasion d'allier plages (innombrables), histoire (sites phéniciens, carthaginois, aragonais…), vieilles pierres (site de la période nuragique, temples et édifices religieux, villages et centres médiévaux) et sites naturels (grottes de toute beauté, paysages de l'intérieur).

Plutôt plages : les plages commencent dès les faubourgs de Cagliari… Mention spéciale pour le Sud, notamment le littoral entre Chia et Porto Teulada, sans oublier, à l'ouest, la région de Portixeddu, la costa Verde et les dunes de Piscinas ou encore la baie de Porto Conte. Mais la côte est n'est pas mal lotie non plus avec les plages de l'Ogliastra, l'une des dernières portions de littoral de Méditerranée demeurées intactes : des plages d'une beauté à couper le souffle, accessibles par bateau ou au terme d'une rando.

Plutôt vieilles pierres : entre les « tombes des géants », les forteresses nuragiques (Barumini, classée au Patrimoine de l'Unesco), les sites phéniciens devenus carthaginois puis romains (cités de Tharros et de Nora), les superbes églises romanes d'influence pisane (Santissima Trinità di Saccargia…), les tours aragonaises et espagnoles, sans compter les centres médiévaux des villes (Cagliari, Alghero, Sassari) et des villages (Santu Lussurgiu…), et sans même parler des musées archéologiques ou ethnographiques, on ne sait vraiment plus où donner de la tête !

Plutôt nature : : la Sardaigne de l'intérieur abrite des paysages de toute beauté plus secrets et beaucoup moins touristiques que sur la côte. Quelques parcs naturels comme celui du Gutturu Mannu, où vit le cerf sarde (proche de Cagliari), ou celui de l'Asinara (en face de Port Torres), des grottes assez exceptionnelles, comme celles d'Is Zuddas et de Su Mannau, dans le Sud, ou les grottes maritimes de Neptune à Alghero. À l'est, les massifs des Sette Fratelli, le plateau du Golgo, le Gennargentu et le Supramonte comptent parmi les étendues sauvages les moins peuplées d'Europe. Ils constituent un formidable terrain d'aventure pour les amateurs de rando à pied ou à VTT, les grimpeurs et les férus de spéléo.

Golfe d'Orosei

Interview #experienceroutard

Par la rédaction du *Routard*

En quoi cette destination est-elle unique ?

Par sa diversité, la simplicité et la gentillesse de l'accueil réservé aux visiteurs. On a été touchés par l'intérieur du pays, plus montagnard, plus rude, mais pas moins accueillant pour autant, bien au contraire. Des villes comme Nuoro et Sassari sont culturellement dynamiques et on y découvre une autre Sardaigne, bien moins tournée vers le tourisme, avec une identité forte.

Une chose à faire absolument ?

Loger et manger dans un *agriturismo,* où, bien souvent, les produits servis viennent des terres de l'exploitation et sont transformés sur place. Du vin à l'huile d'olive en passant par la viande, les légumes, les fromages, les pâtes, les amandes... mieux vaut venir l'estomac vide, car c'est en général un véritable festin, avec une farandole d'*antipasti.* Rien de tel aussi pour goûter aux spécialités locales qui varient selon chaque région.

Une découverte étonnante ?

Celle des anciens sites miniers. Le sous-sol sarde est extrêmement riche en minerais, et de tout temps ceux-ci furent exploités, mais c'est au XIXe s que l'industrie minière connaît une véritable explosion. Aujourd'hui, il ne reste plus aucune mine en activité, mais les infrastructures restantes, à l'abandon pour la plupart, sont vraiment impressionnantes. Et plus encore parce qu'elles sont souvent situées dans des coins de nature magnifiques, sauvages.

Un événement à ne pas manquer ?

Autunno in Barbagia, même si ce n'est pas un événement à proprement parler puisqu'il se déroule chaque année de septembre à décembre dans toute la Barbagia. Chaque week-end, 1 ou 2 villages de la région ouvrent les portes de leurs musées, de leurs maisons, et mettent la cuisine du terroir, leur artisanat, leur histoire, leur patrimoine à l'honneur. C'est une superbe façon de découvrir la Sardaigne de l'intérieur, au propre comme au figuré.

Un livre à emporter ?

Mal de pierres, de Milena Angus. Sans y toucher, avec fantaisie et légèreté, elle aborde les sujets les plus graves. Ses personnages sont des perdants, mais, sous sa plume, ils deviennent des perdants magnifiques. Nobles désargentés, marginaux, toutes ces âmes inadaptées à la vie dans un monde trop âpre pour eux. Et en filigrane, c'est la Sardaigne que l'on découvre, sa rude réalité, ses couleurs vives, son soleil aveuglant, ses palais décatis. L'écriture est simple, mais une incroyable poésie s'en dégage.

LES QUESTIONS QU'ON SE POSE AVANT LE DÉPART

• Infos détaillées dans le chapitre « Sardaigne utile ».

➢ Quels sont les documents nécessaires pour aller en Sardaigne ?

– Pour les ***ressortissants de l'Union européenne et de la Suisse,*** la carte nationale d'identité ou le passeport en cours de validité suffit pour entrer sur le territoire italien.
– Les ***mineurs*** voyageant seuls (sans leurs parents) doivent être munis de leur propre pièce d'identité (carte d'identité ou passeport) ainsi que d'une autorisation de sortie du territoire ***signée par l'un des parents.*** Plus d'infos sur • *service-public.fr* •
– Face à la ***Covid-19,*** l'Italie met en place des stratégies gouvernementales en fonction de l'évolution de la pandémie. Avant de partir, il faut impérativement se renseigner sur les mesures sanitaires obligatoires en vigueur (test PCR ou antigénique négatif de moins de 72h pour entrer sur le territoire). Cela peut varier selon la région où vous vous rendez. Plus d'infos sur • *diplomatie.gouv.fr* •
– Pour les ***ressortissants canadiens,*** un passeport valide est nécessaire.

➢ Quelle est la meilleure saison pour aller en Sardaigne ?

Les intersaisons (d'avril à mi-juillet et de septembre à fin octobre), car la fréquentation est moins dense qu'en plein été et les prix nettement plus abordables. Le temps est agréable sans être trop chaud. Dès la mi-juillet, la fréquentation s'accroît, les températures montent, et, peu à peu, les prix aussi. Alors en août... C'est le mois où tous les Italiens partent en vacances, les stations balnéaires sont bondées, il y a parfois des pénuries d'eau, les plages sont contingentées et les prix atteignent des sommets !

➢ Y a-t-il un décalage horaire ?

Non, été comme hiver, la France et la Sardaigne affichent la même heure car les passages heure d'été/heure d'hiver se font aux mêmes dates.

➢ Quel est le temps de vol ?

Compter 2h15 pour un Paris-Cagliari. Même durée pour Alghero et Olbia. La majorité des compagnies aériennes à bas coût atteignent Olbia ou Cagliari en direct de la plupart des villes de France.

➢ Quel budget prévoir ?

C'est l'hébergement qui plombe méchamment le budget, surtout en août puisque les prix peuvent doubler, voire tripler par rapport à la basse saison dans les endroits les plus touristiques. Si les prix flambent sur la côte, n'hésitez pas à trouver refuge dans les terres. Côté resto, en se contentant d'une entrée et d'un plat de pâtes (ce qui suffit le plus souvent) ou d'une bonne pizza, les additions restent en général très raisonnables (autour de 15-20 €).

➢ Comment se déplacer sur l'île ?

Il est préférable de louer une voiture, moyen beaucoup plus pratique quand on veut sortir des sentiers battus. Sinon, le réseau de bus est correctement développé, doublé par plusieurs lignes de train.

➢ Côté santé, quelles précautions ?

Pas de précautions particulières : être à jour des vaccins traditionnels, et, en été, prévoir de la crème solaire (et de l'antimoustique). Et puis c'est l'Europe, donc penser à emporter sa Carte européenne d'assurance maladie (CEAM).

➢ Peut-on y aller avec ses enfants ?

Bien sûr, la Sardaigne est la destination famille par excellence : les plages sont magnifiques et la mer est chaude. De plus, certains agritourismes proposent des balades à dos d'âne et vos enfants adoreront les animaux de la ferme !

➢ Quel est le taux de change ? Comment payer sur place ?

La monnaie est l'euro, ce qui est bien pratique pour les Français. Pour nos amis canadiens et suisses, le taux de change est d'environ 1 € = 1,53 $Ca = 1,09 Fs. Sur place, nombreux distributeurs de billets, change aisé, et on peut régler à peu près partout avec une carte de paiement, hormis dans certaines petites pensions, dans les *B & B* ou dans les bars les plus modestes.

➢ Quelle langue parle-t-on ?

Le sarde, majoritairement ! Mais apprendre quelques rudiments d'italien se révélera toujours utile et facilitera les échanges (même si le français et l'anglais sont assez fréquemment parlés, en tout cas dans les endroits les plus touristiques).

➢ La Sardaigne a-t-elle de jolies plages ?

Avec 2 000 km de littoral, la Sardaigne est la destination balnéaire par excellence. On trouve toutes sortes de plages, des plus secrètes aux plus fréquentées, dont certaines sont contingentées en été (pensez à réserver à l'avance si vous tenez absolument à aller à la plage en août !). Il y en a vraiment pour tous les goûts !

➢ Trouve-t-on des sites historiques d'exception ?

La Sardaigne est l'une des terres les plus anciennes d'Europe, elle a été fréquentée par l'homme depuis le Paléolithique. Le patrimoine sarde est de ce fait très riche et embrasse une période allant du Néolithique à nos jours, avec en point d'orgue la très spécifique période nuragique (âge du bronze et âge du fer), une civilisation qu'on ne retrouve nulle part ailleurs et dont les vestiges sont encore très présents sur tout le territoire.

COMMENT Y ALLER ?

EN AVION

Les lignes régulières

▲ **AIR FRANCE**

Rens et résas au ☎ 36-54 (0,35 €/mn ; tlj 6h30-22h), sur ● airfrance.fr ●, dans les agences Air France (fermées dim) et dans ttes les agences de voyages.

➢ En partage de code avec Alitalia, Air France dessert chaque semaine ***Cagliari*** et ***Alghero*** via Rome ou Milan.

Air France propose à tous des tarifs attractifs toute l'année. Pour consulter les meilleures offres du moment, allez directement sur la page « Nos meilleurs tarifs » sur *● airfrance.fr ●* *Flying Blue,* le programme de fidélité gratuit d'Air France-KLM, permet de gagner des *miles* en voyageant sur les vols Air France, KLM, Transavia et avec les compagnies membres de *Skyteam,* mais aussi auprès des nombreux partenaires non aériens *Flying Blue...* Les *miles* peuvent ensuite être échangés contre des billets d'avion ou des services (surclassement, bagage supplémentaire, accès salon...) ainsi qu'auprès des partenaires. Pour en savoir plus, rendez-vous sur *● flyingblue.com ●*

▲ **ALITALIA**

Rens et résas : ● alitalia.com ●

➢ Dessert tlj ***Alghero*** et ***Cagliari*** via Milan ou Rome depuis Paris-CDG et Paris-Orly.

Les compagnies *low-cost*

▲ **EASYJET**

● easyjet.com ●

➢ Vols hebdomadaires vers ***Cagliari*** (avr-oct) et ***Olbia*** (avr-oct) depuis Nice, Genève et Bâle-Mulhouse (plus Paris-Orly pour ***Olbia***).

▲ **RYANAIR**

● ryanair.com ●

➢ Vols hebdomadaires depuis Paris-Beauvais vers ***Cagliari.***

▲ **VOLOTEA**

● volotea.com ●

➢ Avr-août, vols hebdomadaires vers ***Olbia*** et ***Cagliari*** depuis Bordeaux, Lyon, Nantes, Marseille, Strasbourg et Toulouse.

▲ **VUELING**

● vueling.com ●

➢ Vols réguliers ou saisonniers depuis les principales villes françaises vers ***Olbia*** et ***Cagliari*** via Barcelone.

LES ORGANISMES DE VOYAGES

En France

▲ **ALTIPLANO VOYAGE**

– Annecy (Metz-Tessy) : Park Nord, Les Pléiades n° 35, 74370. ☎ 04-57-09-80-05. ● italie@altiplano-voyage.com ● Lun-ven 9h-13h, 14h-18h.

Altiplano Voyage, votre spécialiste du voyage sur mesure, vous invite à découvrir l'Italie autrement. À votre écoute, la créatrice de voyages, experte sur cette destination, partage avec vous ses conseils et astuces afin de créer un voyage comme vous l'imaginez, avec le degré d'autonomie souhaité (en liberté ou avec guide et visites). Écoute et créativité semblent être les maîtres mots de cette équipe de passionnés ! Cette agence est aussi spécialisée en circuit multidestinations (Suisse, Slovénie).

▲ **CERCLE DES VOYAGES**

– Paris : 31, av. de l'Opéra, 75001. ☎ 01-40-15-15-11. ● cercledesvoyages.com ● Ⓜ Pyramides ou Opéra. Lun-ven 9h-20h, sam 10h-18h30.

Le vrai voyage sur mesure à destination de l'Italie : Italie du Nord, Italie

du Sud, Sicile et îles Éoliennes, et Sardaigne. Cercle des Voyages propose un large choix de voyages adaptés à chaque client : séjours en amoureux, escapades et week-ends, voyages au volant de votre voiture de location... Les experts Cercle des Voyages partagent leurs conseils et leurs petits secrets pour faire de chaque voyage une expérience inoubliable. Cercle des Voyages offre également un service liste de mariage gratuit. Les petits plus qui font la différence : billet coupe-file pour les musées, excursion en bateau, adresses de charme.

▲ COMPTOIR DES VOYAGES

• comptoir.fr • Lun-sam 10h-12h, 14h-18h.
– Paris : 2-18, rue Saint-Victor, 75005. ☎ 01-53-10-30-15. Ⓜ Maubert-Mutualité.
– Bordeaux : 26, cours du Chapeau-Rouge, 33800. ☎ 05-35-54-31-40.
– Lille : 76, rue Nationale, 59160. ☎ 03-28-04-68-20.
– Lyon : 10, quai Tilsitt, 69002. ☎ 04-72-44-13-40. Ⓜ Bellecour.
– Marseille : 12, rue Breteuil, 13001. ☎ 04-84-25-21-80. Ⓜ Estrangin.
– Nice : 62, rue Giofreddo, 06000. ☎ 04-97-03-64-80.
– Toulouse : 43, rue Peyrolières, 31000. ☎ 05-62-30-15-00. Ⓜ Esquirol.

En plus de 30 ans, Comptoir des Voyages s'est imposé comme la référence incontournable du voyage sur mesure en immersion, avec plus de 90 destinations sur les 5 continents. Ses conseillers-spécialistes construisent des voyages uniques en s'adaptant à votre budget, vos goûts et vos envies. Pour favoriser les rencontres et l'immersion dans la vie locale, ils privilégient des hébergements typiques et des expériences authentiques. Sur place, des *greeters* francophones partagent avec vous conseils et bonnes adresses le temps d'un café. Sur votre smartphone, l'application mobile *Luciole* vous informe sur le déroulé de votre voyage et vous guide grâce à un GPS hors connexion. Comptoir des Voyages est membre d'Agir pour un tourisme responsable depuis 2009, labellisation ATR renouvelée par Ecocert Environnement en 2020.

▲ ITALIE AUTHENTIQUE

• italie-authentique.com •

Contactez Italie Authentique, une agence locale de confiance, pour organiser votre voyage sur mesure en Italie. Leurs conseillers, fins connaisseurs du terrain et de la réalité du pays, vous accompagnent dans la préparation de votre voyage, en couple, en famille ou en groupe d'amis. Vous avez ainsi accès à un service personnalisé en bénéficiant d'un prix accessible. Étant membre de *bynativ,* la communauté des agences de voyages locales, Italie Authentique vous propose un maximum de garanties et de services : règlement de votre voyage en ligne et ce de façon sécurisée, possibilité de souscrire une assurance voyage et de bénéficier de garanties solides en cas d'imprévu. De quoi voyager de façon authentique et en toute tranquillité !

▲ ROUTE DES VOYAGES (LA)

• laroutedesvoyages.com • Agences ouv lun-jeu 9h-19h, ven 9h-18h. Rdv conseillé.
– Paris : 10, rue Choron, 75009. ☎ 01-55-31-98-80. Ⓜ Notre-Dame-de-Lorette.
– Angers : 6, rue Corneille, 49000. ☎ 02-41-43-26-65.
– Annecy : 4 bis, av. d'Aléry, 74000. ☎ 04-50-45-60-20.
– Bordeaux : 19, rue des Frères-Bonie, 33000. ☎ 05-56-90-11-20.
– Lorient : 42, av. de la Perrière, 56100. 📱 06-15-48-82-69. Ouv lun-mer sur rdv.
– Lyon : 59, rue Franklin, 69002. ☎ 04-78-42-53-58.
– Toulouse : 9, rue Saint-Antoine-du-T, 31000. ☎ 05-62-27-00-68.

25 ans d'expérience de voyage sur mesure sur les 5 continents ! 15 pays en Europe complètent à présent leur offre de voyages. Cette équipe de voyageurs passionnés a développé un vrai savoir-faire du voyage personnalisé : écoute, conseils, voyages de repérage réguliers et correspondants sur place soigneusement sélectionnés avec qui elle travaille en direct. Son engagement à promouvoir un tourisme responsable se traduit par des possibilités de

séjours solidaires à insérer dans les itinéraires de découverte individuelle. Elle a aussi créé un programme de compensation solidaire qui permet de financer des projets de développement locaux.

▲ TERRES DE CHARME & ÎLES DU MONDE

– Paris : 3, rue Villebois-Mareuil, 75017. ☎ 01-55-42-74-10. • terresdecharme.com •

Artisans du voyage individuel sur mesure depuis plus de 20 ans, leurs scénaristes du voyage ont à cœur de faire partager leurs passions en concevant des séjours authentiques, inoubliables et singuliers aux 4 coins du monde. C'est la rareté et le charme raffiné savamment dosés qui animent l'équipe pour créer des voyages placés sous le signe d'émotions intenses et rares. *Sandals* privés glissant le long du Nil, camp privatif au cœur du Masaï Mara, îles exclusives de l'océan Indien, décors magiques des Caraïbes, sites cachés en Asie, trains de luxe et de légende... Telles sont quelques-unes des créations de Terre de charme & Îles du monde pour faire de votre voyage une expérience unique.

▲ TERRE VOYAGES

– Paris : 28, bd de la Bastille, 75012. ☎ 01-44-32-12-87. • terre-voyages.com • Ⓜ Bastille. Lun-ven 8h-18h30, sam 10h-18h.

Les créateurs de voyages de Terre Voyages sont de fins connaisseurs, des experts des pays proposés, car tous natifs ou passionnés de leur destination. Ils sauront écouter vos attentes pour créer une offre de voyages sur mesure qui réponde à vos envies de découverte et ils vous proposeront une approche authentique des cultures et des peuples dans le respect de leur environnement naturel et au juste prix. Pour tous les voyageurs qui attendent d'une échappée lointaine non pas une simple visite, mais, au contraire, une véritable connaissance et un apprentissage responsable des différentes cultures de l'Italie, Terre Voyages est le spécialiste qu'il leur faut.

▲ VOYAGEURS DU MONDE EN ITALIE

• voyageursdumonde.fr •

– Paris : La Cité des Voyageurs, 55, rue Sainte-Anne, 75002. ☎ 01-42-86-17-20. Ⓜ Opéra ou Pyramides. Lun-sam 9h30-19h. Avec une librairie spécialisée sur les voyages.

– Également des agences à Bordeaux, Grenoble, Lille, Lyon, Marseille, Montpellier, Nantes, Nice, Rennes, Rouen, Strasbourg et Toulouse. Également à Bruxelles et Genève.

Parce que chaque voyageur est différent, que chacun a ses rêves et ses idées pour les réaliser, Voyageurs du Monde conçoit, depuis plus de 30 ans, des projets sur mesure. Les séjours proposés sur 120 destinations sont élaborés par leurs 180 conseillers-voyageurs. Spécialistes par pays et même par région, ils vous aideront à personnaliser les voyages présentés à travers une trentaine de brochures d'un nouveau type et sur le site internet, où vous pourrez également découvrir les hébergements exclusifs et consulter votre espace personnalisé. Au cours de votre séjour, vous bénéficiez des services personnalisés Voyageurs du Monde, dont la possibilité de modifier à tout moment votre voyage, l'assistance d'un concierge local, la mise en place de rencontres et de visites privées, et l'accès à votre carnet de voyage via une application iPhone et Android. Voyageurs du Monde est membre de l'association ATR (Agir pour un tourisme responsable) et a obtenu sa certification Tourisme responsable AFAQ AFNOR.

Comment aller à Roissy et à Orly ?

Toutes les infos sur notre site *• routard.com •*

En Belgique

▲ CONNECTIONS

Rens et résas : ☎ 070-233-313. • connections.be •

Fort d'une expérience de plus de 30 ans dans le domaine du voyage, Connections dispose d'un réseau de 31 *travel shops* dont une à Brussels

Airport. Connections propose des vols dans le monde entier à des tarifs avantageux et des voyages destinés à des personnes désireuses de découvrir la planète de façon autonome. Connections propose également une gamme complète de produits : vols, hébergements, location de voitures, autotours, vacances sportives, excursions...

▲ **TAXISTOP**
Pour ttes les adresses Taxistop : ☎ *070-222-292.* • *taxistop.be* •
– Bruxelles : rue Théresienne, 7, 1000.
– Gand : Maria-Hendrikaplein, 65b, 9000.
– Gembloux : rue Buisson-Saint-Guilbert, 1b, 5090.
Taxistop propose un système de covoiturage, ainsi que d'autres services comme l'échange de maisons ou le gardiennage.

▲ **VOYAGEURS DU MONDE**
– Bruxelles : 23, chaussée de Charleroi, 1060. ☎ *02-543-95-50.* • *voyageursdumonde.com* •
Le spécialiste du voyage en individuel sur mesure. Voir le texte dans la partie « En France ».

En Suisse

▲ **ALTIPLANO VOYAGES**
– Genève : pl. du Temple 3, 1227 Carouge. ☎ *022-342-49-49.* • *altiplano-voyage.ch* • *Agence ouv lun, mar, jeu, ven sur rdv.*
Voir le texte dans la partie « En France ».

▲ **ROUTE DES VOYAGES (LA)**
Rens et résas : ☎ *022-552-34-46.* • *laroutedesvoyages.com* • *Rdv par tél.*
Voir le texte dans la partie « En France ».

▲ **VOYAGES ARTISANS AUX PIEDS NUS**
– Carouge : rue de Saint-Victor, 3, 1227. ☎ *022-301-01-50.* • *apnvoyages.ch* • *En sem sur rdv.*
Voyages APN propose des destinations hors des sentiers battus, particulièrement en Europe (Grèce, Italie et pays nordiques), avec un contact direct avec les prestataires, notamment dans le cadre des agritourismes. Certains programmes sont particulièrement adaptés aux familles. L'accent est mis sur le tourisme responsable et durable. Dans ce cadre, une sélection de destinations telles que la Mongolie ou le Burkina Faso est également proposée.

▲ **VOYAGEURS DU MONDE**
• *voyageursdumonde.com* •
– Genève : rue de la Rôtisserie, 19, 1204. ☎ *022-519-12-10. Lun-ven 9h30-19h, sam 9h30-18h30.*
Le spécialiste du voyage en individuel sur mesure. Voir le texte dans la partie « En France ».

Au Québec

▲ **TOURS CHANTECLERC**
• *tourschanteclerc.com* •
Tours Chanteclerc est un tour-opérateur qui publie différentes brochures de voyages : Europe, Amérique du Nord, Amérique du Sud, Asie et Pacifique sud, Afrique et le Bassin méditerranéen en circuits ou en séjours. Il s'adresse aux voyageurs indépendants qui réservent un billet d'avion, un hébergement (dans toute l'Europe), des excursions ou une location de voiture. Également spécialiste de Paris, le tour-opérateur offre une vaste sélection d'hôtels et d'appartements dans la capitale française.

EN BATEAU

Du continent à la Sardaigne

➢ ***À Olbia et à Cagliari :*** des ferries assurent une liaison régulière entre le continent et la Sardaigne. Plusieurs départs/h. Durée du trajet différente selon le type de bateau choisi (*aliscafo* ou ferry).
– De Rome (Civitavecchia) à Olbia et Cagliari : env 4h30.
– De Gênes à Olbia et Cagliari : env 9h30.
– De Livourne à Olbia et Cagliari : env 9h30.
– De Naples à Olbia et Cagliari : env 9h.

▲ EURO-MER ET CIEL VOYAGES – *Central des résas : ☎ 04-67-65-95-12. ● euromer.com ●*

Au départ de la France

➢ De Toulon à ***Porto Torres*** : 2-3 traversées/sem avec *Corsica Ferries.*

Au départ de l'Italie

➢ Avec la *SNAV* : de Gênes à ***Olbia*** et ***Porto Torres.*** Départs quotidiens le soir en été.

➢ Avec *Moby* : de Piombino (Toscane), Livourne et Gênes à ***Olbia.*** Également de Gênes à ***Porto Torres,*** et de Livourne et Civitavecchia à ***Golfo Aranci.*** Liaisons quotidiennes en hte saison.

➢ Avec *Tirrenia Navigazione* : de Gênes, Livourne, Piombino et Civitavecchia (Rome) à ***Olbia*** et ***Porto Torres.***

➢ Avec *Corsica Ferries* : de Livourne à ***Golfo Aranci.***

➢ Avec *Grimaldi Lines* : de Civitavecchia et Livourne à ***Olbia*** et ***Porto Torres.***

SARDAIGNE UTILE

ABC de la Sardaigne

- ***Superficie :*** 24 090 km².
- ***Population :*** 1 640 000 hab.
- ***Densité :*** 68 hab./km².
- ***Statut dans la République italienne :*** région autonome de la République italienne depuis 1948, parlement régional.
- ***Capitale régionale :*** Cagliari.
- ***Divisions administratives :*** 8 provinces (Cagliari, Nuoro, Sassari, Oristano, Olbia-Tempio, Ogliastra, Carbonia-Iglesias et Medio Campidano).
- ***Langue :*** l'italien est la langue officielle, mais le dialecte sarde est parlé par plus de 80 % de la population.

AVANT LE DÉPART

Adresses et sites utiles

En France

Office national italien de tourisme *(ENIT)* **:** *23, rue de la Paix, 75002 Paris. ☎ 01-42-66-03-96 (centre d'appel ; lun-ven 9h30-12h30). • infoitalie.paris@enit.it • enit.it • (site très complet à consulter absolument avt de partir). Ⓜ Opéra ; RER A : Auber.* Agence fermée au public. Pas d'infos par courrier postal, uniquement par e-mail.

■ ***Consulats d'Italie en France :***

– Paris : 5, bd Émile-Augier, 75116. ☎ 01-44-30-47-00 (lun-ven 9h-17h ; standard automatique qui oriente en fonction de la demande). • informazioni.parigi@esteri.it • consparigi.esteri.it • Ⓜ La Muette ; RER C : Boulainvilliers. Lun-ven 9h-12h, plus mer 14h30-16h30.

– Consulats honoraires et correspondants consulaires à Lyon, Marseille et Metz.

■ ***Institut culturel italien*** *(hôtel de Gallifet)* **:** *50, rue de Varenne, 75007 Paris. ☎ 01-85-14-62-50. • iicparigi.esteri.it • Ⓜ Varenne, Rue-du-Bac ou Sèvres-Babylone. Lun-ven 10h-13h, 15h-18h. Bibliothèque de consultation : ☎ 01-85-14-62-55 ; mêmes horaires sauf lun mat ; fermée de mi-juil à début sept.*

■ ***Ambassade d'Italie :*** *51, rue de Varenne, 75007 Paris. ☎ 01-49-54-03-00. • ambasciata.parigi@esteri.it • ambparigi.esteri.it • Ⓜ Rue-du-Bac, Varenne ou Sèvres-Babylone.* Superbe hôtel particulier ouvert au public uniquement lors des Journées du patrimoine en septembre.

Sites utiles avant le départ

• ***routard.com*** • Le site de voyage n° 1, avec plus de 800 000 membres et plusieurs millions d'internautes chaque mois. Pour s'inspirer et s'organiser, près de 300 guides destinations actualisés, avec les infos pratiques, les incontournables et les dernières actus, ainsi que les reportages terrain et les idées week-end de la rédaction. Partagez vos expériences avec la communauté de voyageurs : forums de discussion avec avis et bons plans, carnets de route et photos de voyage.

Enfin, vous trouverez tout pour vos vols, hébergements, voitures et activités, sans oublier notre sélection de bons plans, pour réserver votre voyage au meilleur prix.

● ***italia.it*** ● En français. Site de l'office de tourisme italien, très riche en informations. Nombreuses rubriques pratiques qui vous aideront à préparer votre séjour. Permet aussi de faire un tour d'horizon complet des régions italiennes.

● ***italianculture.net*** ● Un portail d'information en français sur la culture italienne (mode, design, musiques, vins...).

● ***sardegnaturismo.it*** ● Site officiel de la région Sardaigne consacré au tourisme. Très complet, varié, bien illustré. On peut même voir des clips vidéo (webcam) et écouter de la musique sarde, comme les traditionnels chants polyphoniques.

● ***sardegnasentieri.it*** ● Site officiel de la région Sardaigne, où l'on trouve tous les renseignements pour préparer une rando : itinéraires, cartes, etc.

● ***parks.it/regione.sardegna/Findex.php*** ● En italien, en anglais et en français. Pour tout savoir sur les parcs naturels sardes terrestres ou maritimes.

● ***famedisud.it*** ● Un site qui conviendra à ceux qui lisent l'italien. Plein d'articles sur l'histoire, la culture, la cuisine et les vins du Sud, avec une rubrique dédiée à la Sardaigne.

En Belgique

■ ***Office de tourisme :*** *rue Joseph-II, 22-24, Bruxelles 1000. ☎ 02-647-11-54. ● brussels@enit.it ● enit.it ● Bureau situé dans l'ambassade et fermé au public ; seulement par e-mail.*

■ ***Consulat d'Italie :*** *rue de Livourne, 38, Bruxelles 1000. ☎ 02-543-15-50. ● segr.consolare.bruxelles@esteri.it ● ambbruxelles.esteri.it ● Lun-ven 9h-12h30, plus mer 14h30-16h.*

■ ***Ambassade d'Italie :*** *rue Joseph-II, 22-24, Bruxelles 1000. ☎ 02-643-38-50. ● ambbruxelles.esteri.it ● Lun-ven 9h-12h30, 14h30-16h.*

En Suisse

■ ***Consulats d'Italie :***

– Genève : rue Charles-Galland, 14, 1206. ☎ 022-839-67-44. ● consolato.ginevra@esteri.it ● consginevra.esteri.it ● Lun, mer et ven 9h-12h30, mar-jeu 14h-17h.

– Autres consulats à Lausanne et Zurich.

■ ***Ambassade d'Italie :*** *Elfenstrasse, 14, 3006 Berne. ☎ 031-350-07-77. ● berna.ambasciata@esteri.it ● ambberna.esteri.it ● Lun-jeu 9h-13h, 14h-17h ; ven 8h30-13h, 13h30-16h30.*

Au Canada

■ ***Office italien du tourisme :*** *365 Bay St, suite 503, Toronto (Ontario) M5H 2V1. ☎ (416) 925-4882. ● toronto@enit.it ● enit.it ● italiantourism.com ● Sur appel ou sur rdv.*

■ ***Consulat général :*** *136 Berverley St, Toronto (Ontario) M5T 1Y5. ☎ (416) 977-1566. ● constoronto.esteri.it ● Lun-mar et jeu-ven 9h-12h ; mer 14h-16h.*

■ ***Ambassade d'Italie :*** *275 Slater St, 21st Floor, Ottawa (Ontario) K1P 5H9. ☎ (1-613) 232-2401. ● ambasciata.ottawa@esteri.it ● ambottawa.esteri.it ● Lun-ven 9h-12h, plus mer 14h-16h.*

Formalités d'entrée

Pas de contrôles aux frontières car l'Italie fait partie de l'espace Schengen. Néanmoins, quelques précautions d'usage.

– ***Pour un séjour de moins de 3 mois :*** pour les ressortissants de l'Union européenne et les Suisses, carte d'identité en cours de validité ou passeport. Pour les ressortissants canadiens, passeport en cours de validité.

– Les ***mineurs*** doivent être munis de leur propre pièce d'identité (carte d'identité ou passeport) et de l'***autorisation de sortie du territoire*** : formulaire signé par l'un des 2 parents titulaires de l'autorité parentale et photocopie de la pièce d'identité du parent signataire. Renseignements auprès des services de votre commune et sur ● *service-public.fr* ●

– En fonction de l'évolution de la Covid-19, l'Italie peut demander, selon les régions d'arrivée, un test PCR ou antigénique négatif de moins de 72h pour entrer sur le territoire. Plus d'infos sur ● diplomatie.gouv.fr ●
– ***Pour une voiture :*** permis de conduire, carte grise et carte verte d'assurance internationale. Se munir d'une procuration si vous n'êtes pas propriétaire du véhicule.

Avant de partir, pensez à scanner passeport, visa, carte bancaire, billet d'avion et vouchers d'hôtel. Ensuite, adressez-les-vous par e-mail, en pièces jointes. En cas de perte ou de vol, rien de plus facile pour les récupérer. Les démarches administratives sont alors bien plus rapides.

Assurances voyage

■ ***Routard Assurance par AVI International :*** *Le Colisée Gardens, 10, av. de l'Arche, CS 70126, 92419 Courbevoie Cedex.* ☎ *01-44-63-51-00.* ● *routard@avi-international.com* ● *avi-international.com* ● Ⓜ *La Défense.* Enrichie au fil des années par les retours des lecteurs, *Routard Assurance* reste l'assurance voyage référence des globe-trotters. Tout y est inclus, même la **Covid :** frais médicaux, assistance rapatriement, bagages, responsabilité civile... Avant votre départ, appelez *AVI* pour un conseil personnalisé. Besoin d'une **attestation Covid,** d'un avis médical, d'une prise en charge dans un hôpital ? Téléchargez l'appli mobile *AVI International* pour garder le contact avec *AVI Assistance* et disposer d'un vaste réseau médical à travers le monde. *AVI Assistance* est disponible 24h/24 pour une réponse en temps réel. De simples frais de santé en voyage ? Envoyez les factures à *AVI* dès votre retour, ils vous remboursent sous une semaine.

■ ***AVA – Assurance Voyage et Assistance :*** *25, rue de Maubeuge, 75009 Paris.* ☎ *01-53-20-44-20.* ● *ava.fr* ● Ⓜ *Cadet.* Un autre courtier fiable pour ceux qui souhaitent s'assurer en cas de décès-invalidité-accident lors d'un voyage à l'étranger, mais surtout pour bénéficier d'une assistance rapatriement, perte de bagages et annulation. Attention, franchises pour leurs contrats d'assurance voyage.

■ ***Pixel Assur :*** *18, rue des Plantes, BP 35, 78601 Maisons-Laffitte.* ☎ *01-39-62-28-63.* ● *pixel-assur.com* ● *RER A : Maisons-Laffitte.* Assurance de matériel photo et vidéo tous risques dans le monde entier. Devis en ligne fondé sur le prix d'achat de votre matériel. Avantage : garantie à l'année.

Carte internationale d'étudiant (carte ISIC)

Elle prouve le statut d'étudiant dans le monde entier et permet de bénéficier d'avantages, de services et de réductions dans les domaines du transport, de l'hébergement, de la culture, des loisirs, du shopping...
La carte ISIC permet aussi d'accéder à des avantages exclusifs (billets d'avion spécial étudiants, hôtels et auberges de jeunesse, assurances, cartes SIM internationales, location de voiture...).

Renseignements et inscriptions

– ***En France :*** ● *isic.fr* ● *Tarif : 13 € pour 1 année scolaire.*
– ***En Belgique :*** ● *isic.be* ●
– ***En Suisse :*** ● *isic.ch* ●
– ***Au Canada :*** ● *isiccanada.ca* ●

Carte d'adhésion internationale aux auberges de jeunesse (carte FUAJ)

Cette carte vous ouvre les portes des 4 000 auberges de jeunesse du réseau *HI-Hostelling International* en France et dans le monde. Vous pouvez loger dans 81 pays à des prix avantageux et bénéficier de tarifs préférentiels avec les partenaires des auberges de jeunesse *HI*. Enfin, vous intégrez une communauté mondiale de voyageurs partageant les mêmes valeurs : plaisir de la rencontre, respect des différences et échange dans un esprit convivial. Il n'y a pas de limite d'âge pour séjourner en auberge de jeunesse, il faut simplement être adhérent.

Renseignements et inscriptions

- ***En France :*** • *hifrance.org* •
- ***En Belgique :*** • *lesaubergesdejeunesse.be* •
- ***En Suisse :*** • *youthhostel.ch* •
- ***Au Canada :*** • *hihostels.ca* •

Si vous prévoyez un séjour itinérant, vous pouvez réserver plusieurs auberges en une seule fois en France et dans le monde : • *hihostels.com* •

ARGENT, BANQUES, CARTES DE PAIEMENT

Banques

Les banques sont généralement ouvertes du lundi au vendredi de 8h30 à 13h30 et de 15h à 16h. Elles sont fermées les week-ends et jours fériés, mais la plupart disposent d'un distributeur de billets à l'extérieur.

– *Petite mesure de précaution :* si vous retirez de l'argent dans un distributeur, utilisez-en un de préférence attenant à une agence bancaire. Car en cas de problème avec votre carte (carte avalée, erreur de code...), vous aurez un interlocuteur dans l'agence, du moins pendant les heures ouvrables.

BANCO !

Au Moyen Âge, les prêteurs sur gage travaillaient sur un comptoir (il banco). *C'est l'origine de ces établissements financiers. Quand ils faisaient faillite, ils étaient obligés de casser, de rompre ce comptoir :* banco rotto. *D'où le mot « banqueroute »...*

Cartes de paiement

– L'immense majorité des restaurants, hôtels et stations-service les accepte. Nous vous signalons, dans la mesure du possible, les adresses qui les refusent.

– ***Attention, certains loueurs de voitures refusent les cartes de paiement marquées « Debit »,*** même si elles font quand même crédit. Voir plus loin la rubrique « Transports intérieurs. Voiture ».

– L'assistance véhicule se limite aux cartes haut de gamme (renseignez-vous auprès de votre banque).

– En zone euro, pas de frais bancaires sur les paiements par carte. Les retraits sont soumis aux mêmes conditions tarifaires que ceux effectués en France (gratuits pour la plupart des cartes).

– Enfin, n'oubliez pas de vérifier la date d'expiration de votre carte de paiement avant votre départ !

Perte ou vol de votre carte de paiement

Avertissement

Si vous comptez effectuer des retraits d'argent aux distributeurs, il est **très vivement conseillé** d'avertir votre banque avant votre départ (pays visités et dates). Celle-ci pourra éventuellement relever le plafond de retrait mais aussi celui des paiements... quitte à les faire rebaisser à votre retour. En effet, **votre carte peut être bloquée dès le 1er retrait** pour suspicion de fraude. C'est de plus en plus fréquent. Bonjour les tracasseries administratives pour faire rentrer les choses dans l'ordre et on se retrouve vite dans l'embarras !

Avant de partir, notez bien le numéro d'opposition propre à votre banque (il figure souvent sur votre contrat, au dos des tickets de retrait ou à côté des distributeurs de billets), ainsi que le numéro à 16 chiffres de votre carte. Bien entendu, conservez ces informations en lieu sûr et séparément de votre carte.
Une ***carte perdue ou volée*** peut être rapidement remplacée. Le plus simple est de faire opposition en ligne via le site de votre agence bancaire ou son application mobile, ou en l'appelant directement. Un système d'opposition, d'avance d'argent et de remplacement de carte pourra être mis en place afin de poursuivre le séjour en toute quiétude. Sinon, voici les numéros des centres d'assistance des différentes cartes.

– ***Carte Visa :*** *n° d'urgence depuis l'Italie* (Europ Assistance), ☎ *00-33-800-819-014 (24h/24).* • *visa.fr* •
– ***Carte MasterCard :*** *n° d'urgence depuis l'Italie,* ☎ *00-33-800-870-866.* • *mastercardfrance.com* •
– ***Carte American Express :*** *n° d'urgence depuis l'Italie,* ☎ *00-33-1-47-77-72-00 (n° accessible tlj 24h/24).* • *americanexpress.fr* •

Besoin urgent d'argent liquide

Vous pouvez être dépanné en quelques minutes grâce au système ***Western Union Money Transfer.*** L'argent vous est transféré en moins de 1h. La commission, assez élevée, est payée par l'expéditeur. Possibilité d'effectuer un transfert auprès d'un des bureaux *Western Union* ou, plus rapide, en ligne, 24h/24, par carte de paiement (*Visa* ou *MasterCard*).
Même principe avec d'autres organismes de transfert d'argent liquide comme ***MoneyGram, PayTop*** ou ***Azimo.*** Transfert en ligne sécurisé, en moins de 1h.
Dans tous les cas, se munir d'une pièce d'identité. Toutefois, en cas de perte/vol de papiers, certains organismes permettent de convenir d'une question/réponse-type pour pouvoir récupérer son argent. Chacun de ces organismes possèdent aussi des applications disponibles sur téléphone portable. Consulter les sites internet pour connaître les pays concernés, les conditions tarifaires (frais, commission) et trouver le correspondant local le plus proche : • *westernunion.com* • *moneygram.fr* • *paytop.com* • *azimo.com/fr* •
Autre solution, envoyer de l'argent par ***La Banque Postale*** : le bénéficiaire, muni de sa pièce d'identité, peut retirer les fonds dans n'importe quel bureau du réseau local. Le transfert s'effectue avec un mandat ordinaire international (jusqu'à 3 500 €) et la transaction prend 4-5 jours en Europe. Plus cher mais plus rapide, le mandat express international permet d'envoyer de l'argent (montant variable selon la destination – 34 pays au total) sous 2 jours maximum, 24h lorsque la démarche est faite en ligne. *Infos :* • *labanquepostale.fr* •

BUDGET

Recommandation à ceux qui souhaitent profiter des réductions et des avantages proposés dans le *Routard* par les hôteliers et les restaurateurs

À l'hôtel, pensez à les demander au moment de la réservation ou bien lors de **votre arrivée.** Ils ne sont valables que pour les réservations en direct et demeurent non cumulables avec d'autres offres promotionnelles (notamment sur Internet). Au restaurant, parlez-en **au moment** de la commande et surtout **avant** que l'addition soit établie. Poser votre *Routard* sur la table ne suffit pas : le personnel de salle n'est pas toujours au courant et une fois le ticket de caisse imprimé, il est souvent difficile de modifier le total. La loi italienne oblige le restaurateur à vous remettre une *ricevuta fiscale* qui ne peut en aucun cas être modifiée après impression. En cas de doute, montrez la notice relative à l'établissement dans le *Routard* de l'année et ne manquez pas de nous faire part de toute difficulté rencontrée.

Hébergement

Pour établir un budget, il faudra tenir compte de la saison. La Sardaigne est une île très prisée des Italiens en été et connaît une flambée des prix entre le 20 juillet et le 20 août. En haute saison (de juin à septembre), compter 10 à 20 % d'augmentation « seulement », mais en août c'est une tout autre histoire ! Une chambre à 60-70 € en juin ou septembre peut atteindre 160 € au plus fort du mois d'août. Passé le 20 août, quand tous les Italiens regagnent le continent, la décrue s'amorce et les prix deviennent plus raisonnables. Même chose pour les campings. En pleine saison, il n'est pas rare, dans certains campings de la côte, de devoir débourser 70 € pour 2 personnes avec une tente et une voiture contre 15-25 € hors saison. Les *B & B* et *agriturismi* proposent des prix globalement plus stables, sauf à proximité immédiate des stations balnéaires les plus en vogue.
Pour trouver des ***adresses moins chères,*** mieux vaut explorer l'arrière-pays, y compris pour les campings (certains *agriturismi* proposent en effet quelques emplacements et les tarifs pratiqués varient plutôt entre 15 et 30 € pour 2).

Quelques remarques

- Les prix des chambres sont rarement affichés et, quand ils le sont, ils n'ont en général aucun rapport avec la réalité, en tout cas dans les hôtels.
- Les personnes voyageant seules sont désavantagées, le prix des chambres simples différant très peu de celui des doubles.
- Un grand nombre d'hôtels proposent des chambres familiales.
- Globalement, on peut dire que ***la basse saison s'étale d'avril à mi-juin et de mi-septembre à fin octobre-début novembre.*** La grande majorité des hébergements (sauf dans les villes d'une certaine importance) ferme en novembre pour rouvrir à Pâques. Hors saison, n'hésitez pas à vérifier les prix pratiqués par les adresses chics car il n'est pas rare qu'elles cassent les prix à cette période.
- Entre juin et septembre, ***réservez votre hébergement le plus tôt possible.***
- De plus, vous bénéficierez souvent de prix plus attractifs ***en réservant directement auprès des hébergements*** (car ces derniers n'hésitent pas à répercuter sur les prix les commissions souvent très élevées qu'ils doivent verser aux intermédiaires).
- En cas de réservation par téléphone (surtout celles faites très à l'avance), ***demandez toujours une confirmation par e-mail.***

– Enfin, ***le petit déjeuner étant le plus souvent inclus dans les prix*** des *B & B*, des hôtels et des pensions, nous l'indiquons uniquement pour celles de nos adresses qui ne le proposent pas ou qui demandent un supplément.

Voici les fourchettes de prix selon les catégories, sur la base d'une double pour les chambres.
– ***Campings :*** 15-70 € pour 2 personnes avec tente et voiture.
– ***Bon marché :*** moins de 60 €.
– ***Prix moyens :*** 60-100 €.
– ***Chic :*** 100-150 €.
– ***Très chic :*** plus de 150 €.

Restaurants

– Attention, un restaurant qui affiche un menu à 15-20 € le midi peut doubler le prix du même menu le soir.
– Dès qu'on vous apporte la carte, demandez toujours ***s'il y a un menu.*** Certains établissements omettent volontairement de vous le proposer (et l'addition se révèle douloureuse).
– Cela dit, il arrive que la carte n'existe pas. C'est souvent le cas, par exemple dans les établissements proposant pour tout le monde le même menu à prix fixe *(menù fisso)*, notamment dans les fermes-auberges ou tables d'hôtes *(agriturismi)*, mais aussi dans certains établissements à la campagne ou... le dimanche. Dans ces établissements, vous pouvez parfois refuser les *secondi.* Dans ce cas, ils ne sont pas facturés. Mais cela varie d'un endroit à l'autre...
– Faire attention aux poissons, souvent facturés au poids, en fonction du prix du jour (60 €/kg en moyenne pour du poisson, le double pour la langouste). L'addition peut monter très vite.
– Les ***antipasti*** sont des entrées que, traditionnellement, la tablée se partage. D'ailleurs, le plus souvent, pour 2, une assiette d'*antipasti* suffit (sauf dans les adresses plus chics).
– Les ***secondi*** (viande ou poisson) sont quelquefois plus chers que les *primi* (les pâtes), tandis que l'accompagnement *(contorni)* est facturé aussi.
– Le soir, les *pizze* sont un excellent moyen de manger à prix doux. De nombreux établissements font à la fois restaurant et pizzeria, mais sachez que ***la pizza n'est servie que le soir*** (sauf dans les lieux touristiques).
– Les desserts dans les restaurants s'avèrent bien souvent décevants. Pour la note sucrée, autant s'offrir une glace dans une *gelateria* ou un gâteau dans une *pasticceria,* c'est généralement meilleur et moins cher.
– Quant au vin, on en trouve un peu à tous les prix, mais la plupart des restos proposent un *vino della casa* de qualité très variable, servi au pichet de 25 ou 50 cl, pour un prix très raisonnable (3-7 €) en revanche.
– Enfin, pour les routards au budget un peu serré, un plan sympa consiste à aller dans un *negozio di alimentari* (magasin d'alimentation) pour se faire préparer un sandwich à garnir selon son envie. Également de bonnes parts de *pizze, focacce,* tartes sucrées et salées, et des petits gâteaux secs concoctés dans les boulangeries-pâtisseries *(panificio-pasticceria).*

Voici notre fourchette : les prix s'entendent par personne, pour un repas sur le pouce pour la catégorie « Très bon marché » (une pizza ou un sandwich et une boisson) et, dans les catégories suivantes, pour un repas complet (c'est-à-dire le plus souvent un *antipasto* partagé, un *primo* ou *secondo* et, éventuellement, un *dolce*), boisson non comprise.
– ***Très bon marché*** (ou ***sur le pouce***) ***:*** moins de 12 €.
– ***Bon marché :*** 12-25 €.
– ***Prix moyens :*** 25-35 €.
– ***Plus chic :*** 35-50 €.

Service, couvert et pourboire

Ne vous étonnez pas de voir votre addition majorée du traditionnel ***pane e coperto*** (pain et couvert ; appliqué dans la majorité des restos). Il varie entre 1 et 3 €, et peut même atteindre plus de 4 € dans les lieux chics (mais cela signifie qu'il y a une contrepartie : le fameux *pane carasau* sarde – appelé aussi *carta musica* –, fin et croustillant, le beurre, etc.) ou très touristiques (et c'est de l'arnaque !). Ajoutez à cela une bouteille d'eau minérale (autour de 2 €), et vous comprendrez rapidement pourquoi l'addition grimpe vite.
Quant au pourboire, personne ne vous obligera à en donner un, mais si le service ou le repas vous a particulièrement plu, on ne vous reprochera certainement pas d'en laisser un ! L'usage, en somme, est assez comparable à ce qui se passe en France. Il arrive cependant, mais c'est extrêmement rare, qu'on vous facture le service (10 à 15 %).

Visites des musées et églises

En raison de la COVID et de ses suites, les horaires sont susceptibles d'être momentanément modifiés, et la réservation devient parfois obligatoire, pour contingenter le nombre de visiteurs. De même, certains services (audioguide, consigne ou café et restaurant) proposés par les musées peuvent être suspendus. Il est donc impératif de vous renseigner au préalable pour éviter toute mauvaise surprise.

- ***Les églises sont en principe gratuites*** (sauf les accès aux sacristies, salles capitulaires ou cryptes recelant des « trésors ») ; il est cependant de plus en plus fréquent de devoir payer pour les visiter : 3-4 €. En ce qui concerne les grands sites ou musées, leur tarif varie entre 4 et 10 € et selon que s'y déroule une exposition temporaire (et elles sont fréquentes en été !) ou pas. Les musées et sites secondaires présentent généralement des tarifs comparables, entre 3 et 8 €.
- ***Les étudiants de moins de 25 ans, de même que les jeunes de 18 à 25 ans,*** à condition d'être ressortissants de l'Union européenne, ont souvent droit à une ***réduction,*** voire à la gratuité selon les musées.
- ***Les moins de 18 ans et les étudiants et enseignants en architecture et en histoire de l'art bénéficient de la gratuité dans les musées d'État seulement.*** Munissez-vous donc de votre carte d'identité et de votre carte d'étudiant le cas échéant.
- Les musées n'acceptant pas toujours les cartes de paiement, prévoir des espèces.
- Certains lieux culturels nationaux sont ***gratuits pour tous le 1er dimanche du mois.***
- Certaines villes proposent d'intéressants ***billets cumulatifs*** offrant des réductions non négligeables pour pousser le visiteur à voir plusieurs sites et musées. Renseignez-vous auprès de l'office de tourisme dès votre arrivée.
- Tous les musées sont fermés le 1er mai, le jour de Noël, le 26 décembre (Santo Stefano) et pratiquement tous le Jour de l'an.

CLIMAT

Le climat est doux, très sec même dans le sud de l'île, et la pluie rare (contrairement à la Corse). Dans le centre montagneux, l'hiver peut être rigoureux et la neige présente sur les sommets. Certains mois sont venteux, avril en particulier. Le mistral, le *ponente*, le sirocco, influent chacun à sa manière sur la température.

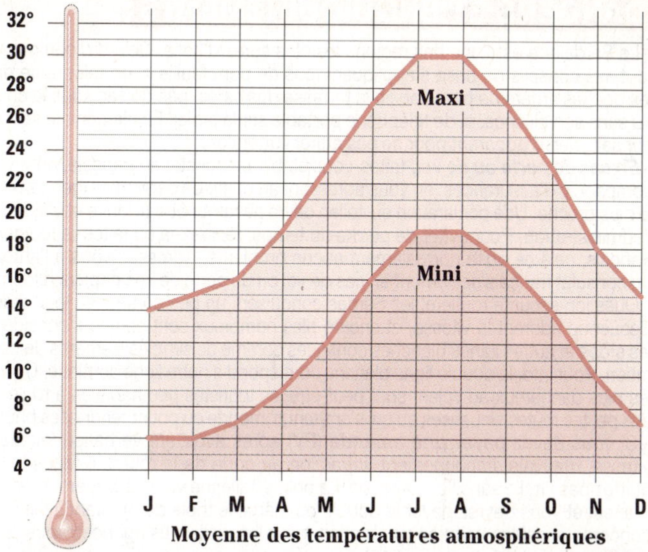

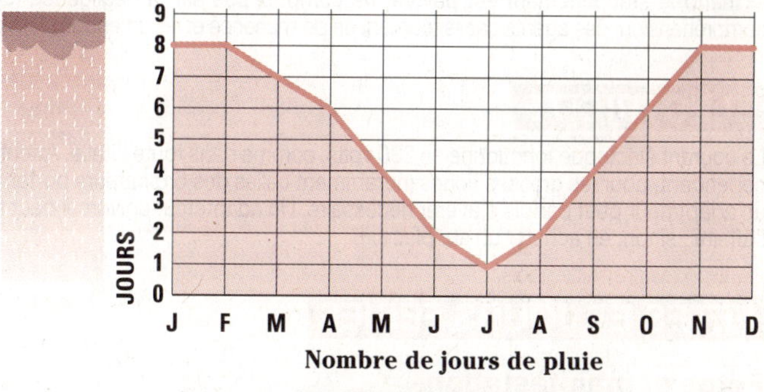

SARDAIGNE (Cagliari)

La végétation est omniprésente. À l'intérieur de l'île : chênes-lièges, chênes verts, châtaigniers, noyers, hêtres, sans oublier la présence de l'olivier sauvage (oléastre), dont un spécimen situé près du lac Liscia (Gallura), estimé à plus de 4 000 ans, est l'un des arbres les plus vieux du monde. Plus près de la mer, le maquis est composé de myrtes, genévriers, arbousiers, cistes et lauriers-roses, et répand ses fragrances dès le printemps. Des amandiers, figuiers de Barbarie, cerisiers, merisiers, orangers, cognassiers complètent des paysages typiquement méditerranéens.

– ***Moyenne annuelle des précipitations :*** 10 cm en février, 3 cm en septembre, 2 cm en mai, quelques millimètres en juin et presque zéro millimètre en juillet-août.

– ***Moyenne mensuelle des températures :*** en mai-juin, de 15 à 25 °C, en juillet-août de 25 à 35 °C et en septembre-octobre de 20 à 25 °C.

DANGERS ET ENQUIQUINEMENTS

– La Sardaigne est l'une des régions les plus sûres d'Italie. Cela dit, comme partout, les conseils de base s'appliquent (pas de portefeuille ni de téléphone dans les poches arrière de pantalon ; à la terrasse des cafés, pas de sac sous la chaise ou sans surveillance, ni de téléphone portable sur la table). Finalement, le seul vrai conseil : rien d'apparent pour ne pas attirer l'attention.
– ***En cas de perte ou de vol,*** faites-vous établir un constat en français, pour votre compagnie d'assurances, en vous adressant au poste de *carabinieri* (gendarmerie) le plus proche. Une déclaration en italien devra au retour être traduite et validée par l'administration. Pour éviter de perdre du temps, rédigez-la ou faites-la rédiger en français, cela ne pose normalement aucun problème. Adressez-vous à l'antenne du consulat français seulement en cas de vol ou de perte de vos papiers d'identité.
– Question sécurité routière, les Sardes conduisent un peu comme ça leur chante. Beaucoup adorent la vitesse, et encore plus nombreux sont ceux qui considèrent les stops et autres lignes blanches continues comme de simples éléments de décoration. Pour info, la double ligne blanche correspond à notre ligne continue. Cela dit, les plus dangereux au volant sont peut-être les touristes peu habitués à rouler sur des petites routes sinueuses ou qui s'arrêtent n'importe où pour prendre des photos !
– Si vous devez ***payer une amende*** (PV) après avoir été verbalisé (excès de vitesse, mauvais stationnement, infraction au code de la route...), faites-le ! Ne quittez pas l'Italie sans l'avoir payée. La police italienne vous rattrapera, même en France, et vous devrez payer le double ou même le triple du montant initial. Cela concerne aussi les voitures de location (pour lesquelles les agences vous factureront, en sus, les frais de gestion).
– Quand le stationnement est payant, ne comptez pas sur la négligence (ou la compréhension) des agents car ils tournent en permanence et les amendes pleuvent !

ÉLECTRICITÉ

Le courant électrique fonctionne en 230 volts, comme dans toute l'Italie. Attention, cependant, pour les grosses fiches (notamment celles des ordinateurs portables), un adaptateur peut parfois s'avérer nécessaire. Un adaptateur universel peut faire l'affaire ; sinon, en acheter un sur place.

FÊTES ET JOURS FÉRIÉS

Fêtes et manifestations

On a dénombré au moins 1 150 fêtes dans l'île. Impossible de toutes les citer, bien sûr. Renseignez-vous, il y en aura toujours une dans le coin où vous serez !

Janvier

– ***Sant'Antonio Abate :*** *le 17, à Dorgali, Fluminimaggiore et surtout à Mamoiada (Barbagia).* On allume des bûchers et on déguste vins et gâteaux ; à Mamoiada, c'est la sortie annuelle des masques, les fameux *Mamuthones,* le carnaval le plus ancien de l'île.
– ***San Paolo :*** *le 25, à Aglientu.* On déguste des plats sardes.

Février-mars

– Suivant le calendrier, le ***carnaval*** est à son apogée. À Oristano, la ***Sartiglia,*** courses de chevaux d'origine espagnole, draine les foules. À Mamoiada, les masques ou ***Mamuthones,*** qui ont fait leur 1re apparition le 17 janvier, passent la nuit de Mardi gras dans les rues.

Semaine sainte et Pâques

– Suivant le calendrier, ***processions*** dans toute l'île... à Cagliari, où la Madone retrouve son fils ressuscité, à Iglesias, où la ***procession de Descenso*** (célébration des funérailles de Jésus) bat son plein le Vendredi saint, à Castelsardo avec les ***Lunissanti,*** à Sassari avec les mystères aux milliers de cierges.

Avril

– ***Fiera internazionale*** de Cagliari.

Mai

– ***Sant'Efisio :*** *1er-4 mai, à Cagliari et à Pula.* Procession de 80 km entre les 2 villes durant 4 jours. Char tiré par des bœufs, cavaliers, musiciens et fidèles en costumes.
– La ***Sagra del Tonno (thon*** ; *avant-dernière sem),* à Portoscuso, et le ***Palio remiero,*** à Porto Torres, rassemblent les Sardes de toute l'île. Dégustations de vin et de poisson.
– ***Cavalcata sarda :*** *avant-dernier dim, à Sassari.* Plus de 3 000 personnes en costumes, et défilé équestre !

Juin

– ***Sagra della Ciliegia (cerise)*** dans de nombreuses localités.
– ***Anniversaire de la mort de Garibaldi :*** *le 2, à Caprera.* Un cérémonial digne de ce grand héros de l'histoire italienne.

Juillet

– ***Sagra del Torrone (nougat) :*** *2e dim, à Tonara.*
– ***Fête de Notre-Dame-des-Naufrages :*** *2e dim, à Villasimius.*
– ***Festa patronale di San Pantaleo :*** *le 27, à Macomer.*

Août

– ***Transport de la Vierge en barque :*** *1er dim, à Bosa.*
– ***Fête de la Vierge :*** *le 15, à Orgosolo.* Village des « *murales* ».
– ***Procession du Rédempteur :*** *le 29, à Nuoro.* Chants, danses et bien sûr gastronomie...

Septembre

– ***Fête de la Sainte-Croix :*** *du 12 au 14, à Oristano.*
– N'oublions pas que la Sardaigne participe aux ***Journées européennes du patrimoine*** un week-end en septembre : certains palais et autres sites privés ouvrent alors exceptionnellement leurs portes au public. Infos sur • *fondoambiente.it* • *musei.beniculturali.it/eventi/giornate-europee-del-patrimonio* •

Octobre

– ***Sagra delle Castagne (châtaignes) :*** *dernier dim, à Aritzo.*

Décembre

– ***Sagra della Salsiccia (saucisse) :*** *1er dim, à Siligo.*
– ***Festa della Stella Maris :*** *le 13, à Tortoli.* Avec feux d'artifice !
Et tant d'autres à découvrir sur place...

Jours fériés

Attention aux faux amis : *giorno feriale* signifie « jour ouvrable », soit du lundi au samedi ; *giornio festivo* correspond aux dimanches et jours fériés. Les jours fériés

et chômés sont à peu près identiques aux nôtres, même s'ils sont moins nombreux (l'Ascension et la Pentecôte, par exemple, ne sont pas des jours fériés).
– 1er janvier : *Primo dell'Anno* (le Jour de l'an).
– 6 janvier : *Epifania.*
– Lundi de Pâques : *Pasquetta.*
– 25 avril : *Liberazione del 1945.*
– 1er mai : *festa del Lavoro.*
– 2 juin : *festa della Proclamazione della repubblica.*
– 15 août : *festa dell'Assunta, Ferragosto.*
– 1er novembre : *Ognissanti.*
– 8 décembre : *Immacolata Concezione.*
– 25 et 26 décembre : *Natale* et *Santo Stefano.*

SORCIÈRE D'UN JOUR

Pour tous les Italiens, l'Épiphanie est le jour de la Befana, une gentille sorcière qui circule à califourchon sur son balai de paille. Elle rend visite aux enfants : aux méchants, elle dépose du charbon dans la chaussette suspendue à la cheminée ; et aux gentils, des confiseries et des cadeaux.

Sont aussi considérés comme des jours semi-fériés les 14 août, 24 et 31 décembre *(capodanno).* Certaines fêtes, comme celle du 15 août, peuvent durer plusieurs jours et paralyser une grande partie de la vie économique. Attention aux fermetures des banques, notamment. Renseignez-vous auprès des offices de tourisme au cours de votre séjour.

HÉBERGEMENT

Beaucoup d'hôtels en Sardaigne n'ouvrent leurs portes qu'à la belle saison, soit de Pâques à fin octobre (voire de juin à septembre pour certains). Dans les villes (Cagliari, Olbia, Sassari...), on trouve toujours à se loger ; en revanche, dans les stations balnéaires prisées des Italiens, le choix reste limité hors saison (même chose pour les campings).
Une offre de plus en plus étoffée en matière de *Bed & Breakfast* permet de pallier ce manque d'hôtels. Une autre option consiste à dormir dans une des nombreuses et authentiques fermes-auberges qui ponctuent l'île, sous le nom d'*agriturismi.* En général, on y mange très bien. Bien se renseigner sur les périodes d'ouverture car il arrive fréquemment que ces adresses ferment aussi dès le mois d'octobre.

Campings

Même si les campings sont onéreux, cela reste la solution la plus économique, la plus routarde. Ils occupent, pour la plupart, des emplacements privilégiés, en bord de mer, ombragés sous les pins ou les eucalyptus... En revanche, vu les prix pratiqués (surtout en août), on pourrait s'attendre à de superbes structures ; malheureusement c'est loin d'être toujours le cas et le confort n'est pas toujours au rendez-vous. Outre la surpopulation aoûtienne (avec des emplacements souvent étroits, le bruit et une promiscuité peu réjouissante), il n'est pas rare que les sanitaires soient assez rustiques ou vieillissants et les douches chaudes payantes. De plus, il s'agit souvent de « villages », et non de campings tranquilles en pleine nature.
– Pour cela, il vaut mieux aller explorer les campings à la ferme. Certains *agriturismi* (voir plus loin) proposent en effet quelques emplacements où planter sa tente (ou garer son camping-car). Souvent rustiques (avec un seul petit bloc sanitaire) mais agréables, ils sont en général bien moins chers que les « vrais » campings. Si vous avez un budget serré ou si vous êtes en recherche de tranquillité, c'est une solution à explorer.
– Quoi qu'il en soit, préférez toujours les campings ombragés, même un peu éloignés de la plage, plutôt que ceux avec les pieds dans l'eau mais exposés à la chaleur intenable en été. Et n'oubliez pas votre maillet car le terrain est en général assez dur et bien caillouteux !

– Beaucoup de campings louent aussi des bungalows ainsi que des mobile-homes et des tentes prémontées. Bien équipés et à prix sages, avec ou sans sanitaires privés, ceux-ci peuvent constituer une bonne alternative, surtout quand ils ne sont pas loués à la semaine (ce qui est généralement le cas en pleine saison).
– ***De nombreux campings disposent d'une piscine.*** Il arrive que celle-ci soit payante, et le bonnet de bain exigé. Quasi tous les campings sont équipés du wifi.

■ ***Fédération française des campeurs, caravaniers et camping-caristes :*** ☎ *0890-21-43-00 (0,50 €/mn + prix d'appel).* • *ffcc.fr* • Possibilité d'acheter la carte FFCC Multi-avantages, qui permet de bénéficier d'assurances spécifiques, dont l'assurance annulation/interruption de séjour, ainsi que de nombreuses publications, dont le guide de l'Europe du Sud. La carte FFCC comprend également la *Camping Card International,* qui vous permettra d'obtenir de multiples réductions dans les campings italiens.

Auberges de jeunesse

L'île en compte une poignée. Les *alberghi per la gioventù* acceptent en priorité les membres de la FUAJ (Fédération des auberges de jeunesse), sans refuser pour autant les routards non membres, quel que soit leur âge, mais ceux-ci doivent souvent débourser quelques euros de plus pour acquérir la carte d'adhésion sur place (on peut aussi l'acheter en ligne). Compter entre 20 et 40 € la nuit par personne en dortoir (avec ou sans AC) sur des lits superposés. Certaines auberges proposent aussi des chambres pour 1 ou 2 personnes ou des familiales, mais plus chères, et souvent dotées de sanitaires privés. En revanche, une cuisine est rarement mise à la disposition des hôtes.
– Vous pouvez vous procurer la ***carte des AJ*** en ligne sur le site • *hihostels.com* • ou auprès de *Hostelling International,* représenté à Paris par la *Fédération unie des auberges de jeunesse* (*FUAJ* ; voir plus haut la rubrique « Avant le départ »).
– En haute saison, il est conseillé de ***réserver*** à l'avance ***par e-mail*** afin de garder une trace.
– Vous pouvez aussi vous adresser au central de réservation des AJ italiennes : ***AIG Associazione italiana Alberghi per la gioventù*** *(• hhihostels.com •).*
– Il existe également des ***AJ/hostels privés*** *(ostello)* proposant le même type d'hébergement, dans une ambiance souvent plus conviviale et avec à peu près les mêmes tarifs. Ces *ostelli* ont le mérite d'être souvent bien mieux situés *(• hostel world.com •).*

Agriturismo

Une bonne manière de découvrir une Sardaigne authentique et rustique ! Le terme *agriturismo* peut recouvrir différents types de structures, allant du simple restaurant au domaine avec hébergement en dur, camping, resto et piscine. Même si on ne s'en rend pas toujours compte au 1er abord, normalement, ce sont des exploitations agricoles en activité, en pleine nature, tenues par des familles de cultivateurs, d'éleveurs (porcs, vaches, moutons...), de viticulteurs ; en Sardaigne, il n'est pas rare que toutes ces activités soient réunies sur la même exploitation. On les trouve aussi bien sur le littoral qu'à l'intérieur de l'île.
Certains *agriturismi* sont plus ou moins l'équivalent de nos chambres d'hôtes, des campings à la ferme, et d'autres, plus importants, ressemblent davantage à de véritables petites structures hôtelières de charme (avec les prix *ad hoc*). Les établissements les plus modestes proposent la table d'hôtes à ceux qui dorment sur place. D'autres sont de véritables fermes-auberges ouvertes aux non-résidents, avec de très grandes salles pouvant accueillir de nombreuses tablées. C'est souvent l'endroit idéal pour découvrir une vraie cuisine du terroir, mais mieux vaut être en appétit : les repas servis – en menu fixe généralement – sont en effet souvent extrêmement copieux, notamment au niveau des *antipasti.* On le répète,

c'est le meilleur endroit si vous souhaitez faire l'expérience d'un vrai « repas à la sarde » à moindre coût (car même si le repas peut s'élever jusqu'à 35 ou 40 € par personne, c'est souvent tout compris – eau, vin, digestif et *pane e coperto* inclus). En revanche, il faut pratiquement toujours ***réserver.***
Vous noterez par ailleurs que nombre de fermes-auberges ne sont pas ouvertes toute l'année (ni tous les jours) et pour cause : comme elles servent les produits de l'exploitation, ceux-ci ne sont pas toujours disponibles... et puis il faut aussi s'occuper des cultures et des bêtes !
Pour une chambre, compter entre 25 et 50 € par personne selon l'emplacement, le confort et la saison, petit déj inclus ; dans les endroits de charme ou dans les coins les plus touristiques, les prix peuvent grimper jusqu'à 60 à 80 € par personne. Attention aussi aux fausses enseignes d'agrotourisme qui cachent des maisons ordinaires et non d'authentiques fermes.
– ***Pour en savoir plus :*** ● *agriturismo.it* ● *agriturist.it* ●

Bed & Breakfast

Il en fleurit un peu partout : en ville (dont certains, parfois, très beaux et chargés d'histoire), dans les villages ou à la campagne. Là aussi, il s'agit d'une formule souvent intéressante d'un point de vue budget et conviviale quand on a affaire à un vrai *B & B,* c'est-à-dire quand le proprio habite réellement sur place. Sur la côte, compter quand même 80-120 € la chambre double en pleine saison et 60-80 € aux intersaisons. Mais plus vous reculez dans les terres, plus les prix ont tendance à baisser et à rester stables tout au long de l'année.
Malheureusement, il arrive souvent que le proprio n'habite pas sur place. Dans ce cas, il est impératif de ***réserver à l'avance*** en précisant son heure d'arrivée.
Notez aussi qu'en matière de réglementation les *B & B* sont très encadrés. Ils ne sont habilités à servir que des produits manufacturés au petit déjeuner, officiellement pour des raisons de sécurité alimentaire (!). Résultat : un petit déj à base de pain congelé, de gâteaux sous cellophane et de biscottes de supermarché... En ville et pour pallier ça, certains *B & B* n'hésitent pas à passer des accords avec le café d'en bas (dans ce cas, le petit déj se résume en général à un simple café-croissant-jus d'orange). D'autres améliorent un peu l'ordinaire en glissant gâteaux et confitures maison sur la table, mais c'est rare... Précisons que, selon la réglementation italienne, un *B & B* ne doit posséder que 3 chambres maximum (à partir de 4, c'est considéré comme un *affittacamere,* une location libre qui ne comprend pas le petit déj).
Enfin, côté paiement, les *B & B* n'acceptent pratiquement jamais les cartes de paiement (et pour cause, avec 3 chambres seulement, peu de chiffre d'affaires !). Prévoir donc des espèces.
– ***Pour en savoir plus :*** ● *bed-and-breakfast.it* ●

Affittacamere

Variante du *B & B* (qui, lui, est limité à 3 chambres maximum), l'*affittacamere* compte généralement plus de chambres. Fiscalement plus intéressant pour les proprios, beaucoup l'ont adopté depuis la flambée des réservations *online* (on ne cite personne). En revanche, il est moins restrictif au niveau du petit déjeuner, puisqu'il est censé ne pas l'inclure dans le prix de la location. De ce fait, de nombreux *B & B* se sont transformés en *affittacamere* ces dernières années (ce qui permet au proprio d'augmenter le nombre de chambres tout en proposant les services d'un *B & B,* en toute illégalité soit dit en passant...).

Hôtels, hôtels-clubs et *albergo diffuso*

Peu de choix dans les villes mais une variété impressionnante sur la côte. Pour un séjour au bord de la mer (où vont la majorité des touristes en été), l'hôtel reste la formule la plus facile, la plus simple, la plus confortable.

D'une manière générale, l'hôtellerie est chère en Sardaigne, et même plus chère que dans le reste de la Méditerranée. À noter que beaucoup d'hôtels situés au bord des plages proposent la formule tout inclus (logement, repas, activités nautiques, balnéaires et sportives).

Bon à savoir : la costa Smeralda, triangle d'or du tourisme de luxe, est le secteur (au nord-est) qui affiche les tarifs hôteliers les plus exorbitants de toute l'île. Si on sort de cette enclave dorée, les prix des hôtels se maintiennent à un niveau encore décent mais restent souvent un peu plus chers que les *agriturismi* ou les *B & B*.

Un autre type de structure hôtelière autrement plus intéressant se développe dans des petites villes ou villages : l'***albergo diffuso.*** Ces établissements fonctionnent comme des hôtels (ou hôtels-restaurants), avec des chambres réparties dans plusieurs bâtiments. C'est une façon de redynamiser des bourgs menacés de désertification, de sauvegarder le patrimoine et de préserver l'environnement en reconvertissant le bâti existant plutôt que de construire du neuf. Pour les visiteurs, c'est aussi une manière de découvrir une Sardaigne plus proche des locaux, en adoptant leurs habitudes (à la différence quand même que ces établissements jouent dans la catégorie « hébergement de charme », alors évidemment le quotidien n'est pas tout à fait le même).

Location d'appartements et de maisons

Nombre de particuliers ont rénové la vieille maison de famille qui n'était plus guère habitée, afin de la louer (souvent à la semaine). La location est l'une des solutions pratiques et économiques de l'hébergement en Sardaigne, à condition de rester plusieurs jours. Surtout valable dans les grandes villes ou les stations balnéaires.

Échange d'appartements et de maisons

Il s'agit d'échanger son logement contre celui d'un adhérent du même organisme. Cette formule est avantageuse, en particulier pour les jeunes couples avec enfants. Voici 2 agences qui ont fait leurs preuves.

■ ***Homelink France :*** • homelink.fr • *Adhésion annuelle avec diffusion d'annonce sur Internet : 125 €.*

■ ***Intervac France :*** • intervac.fr • *3 formules d'adhésion annuelle avec diffusion d'annonce sur Internet : 99-130 €.*

HORAIRES

Les horaires que nous vous donnons, à titre purement indicatif, sont les horaires ***officiels,*** mais ils ne sont pas souvent respectés, ils sont rarement affichés et ils changent très régulièrement et sans prévenir pour un tas de nébuleuses raisons. La pandémie de COVID a contraint de nombreux établissements à adopter des horaires provisoires, que vous trouverez toujours affichés à l'entrée. Nous avons préféré conserver dans nos textes les horaires habituels, en tablant sur un futur rétablissement de la situation sanitaire. On vous conseille donc de vous faire confirmer les horaires auprès des offices de tourisme, qui distribuent gratuitement une liste des horaires des sites à visiter, régulièrement mise à jour, ou, par précaution, de passer un coup de fil si le site à visiter est éloigné. Encore faut-il que ces offices de tourisme n'aient pas changé leurs horaires eux aussi, ce qui arrive très fréquemment, même plusieurs fois dans l'année, à cause du manque de personnel... Sinon, il faut aller voir directement sur place.

– ***Restaurants :*** ils sont quasiment tous ouverts tous les jours au mois d'août car c'est la très haute saison. Hors saison, ils affichent généralement un seul jour de fermeture, parfois deux. Là aussi, nous vous recommandons de toujours passer un petit coup de fil aux établissements éloignés car les jours de fermeture sont parfois assez aléatoires hors saison ou aux intersaisons. Les horaires de service vont de 12h ou 12h30 (plus rarement 13h, mais ça existe) à 14h30-15h et de 19h à 23h (plus tard dans les endroits touristiques). Pour le dîner, les Sardes (et les Italiens !) arrivent rarement avant 21h. Cela dit, arriver plus tôt permet parfois d'éviter d'attendre (ou d'avoir une table en terrasse) dans les endroits très appréciés des locaux. Vous noterez bien vite que dans nombre de restos, les touristes étrangers fournissent le gros du 1er service, tandis que les Italiens prennent le relais en 2de partie de soirée...
– ***Banques :*** du lundi au vendredi de 8h30 à 13h30 et de 15h à 16h ; parfois le samedi matin.
– ***Églises :*** généralement ouvertes tôt le matin jusqu'à 12h, puis de 15h30-16h jusqu'à 19h. Certains édifices religieux, cependant, ouvrent rarement leurs portes et les églises-musées ont des horaires plus étendus. Par respect pour les fidèles, on évitera la visite pendant la messe.
– ***Musées et sites :*** *aperto ? Chiuso ?* Allez savoir... La fantaisie, qui fait partie des charmes de l'Italie, n'est pas exclue, loin s'en faut, en ce domaine. Les musées ouvrent en général entre 8h et 9h30 pour fermer entre 12h et 14h. Ils rouvrent l'après-midi entre 14h et 15h30 jusqu'à 17h, 18h, voire 19h ou même 20h pour les plus importants. En hiver, les horaires sont réduits. Certains ne font pas de pause déjeuner ; ***d'autres, assez nombreux, ferment le lundi.*** Souvent, les sites archéologiques sont accessibles de 9h du matin à 1h avant le coucher du soleil. À savoir cependant : ***tous les musées sont fermés le 1er mai, le jour de Noël et bien souvent le Jour de l'an.***
– ***Bureaux de poste :*** dans les grandes villes, du lundi au vendredi de 8h30 à 19h, le samedi de 8h30 à 12h30. Les bureaux secondaires sont souvent ouverts de 8h30 à 13h30.
– ***Magasins :*** en règle générale, ils sont ouverts de 9h à 13h et de 16h (parfois 17h en été) à 19h30, et toujours fermés le dimanche et une demi-journée par semaine (souvent le lundi matin).
– ***Stationnement payant :*** en règle générale, le stationnement payant dans la rue suit les horaires des magasins (voir ci-dessus) ! C'est ce qu'on appelle accommoder la sieste et le commerce. Il y a des exceptions, soit des places de parking payantes le midi, le soir et même la nuit dans certains lieux touristiques...

LANGUE

Les Sardes, entre eux, parlent, pour 80 % de la population, en dialecte. Cette langue romane proche du latin se divise en logodourien et campidanien, lesquels se divisent eux-mêmes en différents dialectes. À cela il faut ajouter les langues du nord de l'île proches du corse et celles de la région d'Alghero proches du catalan. Un véritable « melting-pot » linguistique où le castillan, le catalan, le toscan, le provençal, le sicilien et le corse forment ce que Dante avait déjà nommé le « latin barbare ».
Pas de panique, cependant, car sur place, tout est écrit en italien et c'est dans cette langue que

PARLER AVEC LES MAINS

Voilà une spécificité locale. Plus les Italiens sont excités, plus les mains s'agitent. Autre constatation : plus l'on descend vers le sud de l'Italie, plus les gestes augmentent. Attention, chaque mouvement est très codifié et précis. Une explication : l'unité italienne ayant été tardive (1861), la plupart des gens parlaient leur propre dialecte plutôt que l'italien.

l'on s'adresse systématiquement aux étrangers. Comme vous pourrez vous-même le constater, apprendre quelques rudiments de cette langue n'est pas difficile et nous vous le recommandons vivement afin de pouvoir vous débrouiller un peu partout. Cela dit, la Sardaigne étant une île très touristique, on y parle souvent (dans les hôtels, les restaurants et les offices de tourisme en tout cas) le français ou l'anglais. Par ailleurs, nombre de musées font l'effort de traduire les textes en langues étrangères (sauf à Cagliari !).
Pour vous aider à communiquer, n'oubliez pas notre ***Guide de conversation du Routard en italien.***

Quelques éléments de base

Politesse

Bonjour	*Buongiorno*
Bonsoir	*Buonasera*
Bonne nuit	*Buonanotte*
Au revoir	*Arrivederci*
Excusez-moi	*Scusi*
S'il vous plaît	*Per favore*
Merci	*Grazie*

Expressions courantes

Parlez-vous français ? anglais ?	*Parla francese ? inglese ?*
Je ne comprends pas	*Non capisco*
Parlez lentement	*Parli lentamente*
Pouvez-vous me dire ?	*Può dirmi ?*
Combien ça coûte ?	*Quanto costa ?*
C'est trop cher	*È troppo caro*
L'addition, s'il vous plaît	*Il conto, per favore*

Le temps

Lundi	*Lunedì*
Mardi	*Martedì*
Mercredi	*Mercoledì*
Jeudi	*Giovedì*
Vendredi	*Venerdì*
Samedi	*Sabato*
Dimanche	*Domenica*
Aujourd'hui	*Oggi*
Hier	*Ieri*
Demain	*Domani*

Les nombres

Un	*Uno*
Deux	*Due*
Trois	*Tre*
Quatre	*Quattro*
Cinq	*Cinque*
Six	*Sei*
Sept	*Sette*
Huit	*Otto*
Neuf	*Nove*
Dix	*Dieci*
Quinze	*Quindici*
Cinquante	*Cinquanta*
Cent	*Cento*

Transports

Un billet pour...	*Un biglietto per...*
À quelle heure part... ?	*A che ora parte... ?*
À quelle heure arrive... ?	*A che ora arriva... ?*
Gare	*Stazione*
Horaire	*Orario*

À l'hôtel

Hôtel	*Albergo*
Pension de famille	*Pensione familiare*
Je désire une chambre à 1 lit	*Vorrei una camera con un letto singolo*
À 2 lits	*Con due letti*
Chambre double	*Doppia, matrimoniale*
Pourrais-je avoir... ?	*Porrei avere... ?*
Il n'y a pas/plus de...	*Non c'è (ci sono* au pluriel)*/Non c'è più...*
Est-ce que le petit déjeuner est compris ?	*È inclusa la colazione ?*

Directions

Où est... ?	*Dov'è... ?*
À gauche	*A sinistra*
À droite	*A destra*
Rue	*Via*
Route	*Strada*

Zoom, enfin, sur un petit mot qui en dit long : *prego.* Alors qu'après un « merci » la langue française ne concède un « de rien » que pour mieux signifier que ce rien lui a coûté quelque chose, le petit *prego* à l'italienne s'adapte à toutes les circonstances, tel un caméléon idiomatique. Il est le « de rien » bien sûr, qui ponctue le *grazie,* mais aussi le souriant « s'il vous plaît » à la belge que l'on vous tend avec l'addition, le galant « après vous » qui vous ouvre la porte, le vague « installez-vous » du restaurateur à la salle désespérément vide, le « oui ? » interrogatif du préposé au bureau d'accueil, le pressant « allez-y » du régulateur de files d'attente... Bref, il est intraduisible.

CIAO !

Le mot le plus utilisé en Italie vient de sciavo, qui signifie « esclave ». Cette interjection signifie donc « je suis votre esclave », ce qui est une façon un peu appuyée pour dire « je suis à votre service ».

À propos des dialectes

• ***dialettando.com*** • En italien. Un lien pour se rappeler que la diversité dialectale des régions en Italie est très importante, et c'est particulièrement le cas en Sardaigne. Pour apprendre quelques expressions typiques et mots de vocabulaire... Succès garanti auprès des locaux !

LIVRES DE ROUTE

– ***Le Pays sous le vent*** (1931), de Grazia Deledda (Cambourakis, 2017). La grande dame de la littérature sarde. Incontournable. On a dit d'elle que « l'arôme de la Sardaigne, sa vraie patrie, son terroir, embaume les pages de son œuvre immense ». Avec *La Madre,* elle a obtenu le prix Nobel de littérature en 1921.

– ***Cahiers de prison*** (1948-1951), d'Antonio Gramsci (Gallimard, 1996). Journaliste puis directeur des journaux *L'Ordine nuovo* et *L'Unità,* il fut l'un des grands fondateurs du Parti communiste italien. Emprisonné par les fascistes, il a écrit ces magnifiques récits de prison entre 1929 et 1935, avant de mourir quelques jours après sa libération.

– ***Ceux d'Arasolé*** (1962), de Francesco Masala (Zulma, 2005). Professeur et docteur ès lettres, hanté par la guerre, il écrivit, à la mémoire de ceux qui ont péri, ce livre poignant avec le personnage de *Daniele le Carillonneur*, seul survivant et porte-parole des disparus.

– ***Padre Padrone*** (1975), de Gavino Ledda (Gallimard, « Folio », 2012). L'auteur débute dans la vie comme berger. Analphabète, il devient... professeur de linguistique à l'université de Sassari ! Les frères Taviani ont réalisé un film mémorable à partir de son livre.

– ***Les Vice-rois*** (1998), de Gérard de Cortanze (Gallimard, « Folio », 2010). Né à Saint-Ouen dans une famille d'aristocrates italiens exilée en France après s'être battue avec Garibaldi pour l'unité italienne au XIXe s. Traité de rital et de macaroni dans son enfance prolétarienne, Gérard de Cortanze a renoué les fils défaits de sa généalogie occultée en écrivant la chronique de sa famille à travers la destinée de son illustre ancêtre paternel, Roero di Cortanze, qui fut vice-roi de Piémont-Sardaigne. Il évoque notamment l'histoire de la Sardaigne, décrit des lieux et des fêtes, et part à la rencontre des fantômes de son passé qui l'aident à recoller au présent les morceaux éparpillés de sa personnalité.

– ***Le Facteur de Pirakerfa*** (2000), de Salvatore Niffoi (Zulma, 2004). Le fameux facteur est un personnage étonnant de vieux garçon misanthrope tourmenté par des diables lubriques, qui se découvre poète quand il se pique de répondre aux lettres d'amour envoyées à son copain Mitrio Zigattu, pourtant plus de ce monde.

– ***Sheol*** (1997 ; Points, 2000), ***Sang du ciel*** (1999 ; Points, 2001), ***Plutôt mourir*** (1993 ; Points, 2005) et ***Mémoire du vide*** (2006 ; Le Seuil, 2008), de Marcello Fois. C'est ici une fresque se déclinant en plusieurs titres et une histoire magistrale de sa ville natale, Nuoro, que Fois écrit.

– ***Histoire de l'Italie*** (2000), de Catherine Brice (Perrin, 2003). L'histoire de l'Italie ou « des Italies » est retracée depuis la fin de l'âge du bronze à aujourd'hui. Ce livre sera votre « botte » secrète pour comprendre tous les aspects du caractère contrasté et bouillonnant des Italiens.

– ***La Fable du juge bandit*** (1986), de Sergio Azieri (La Fosse aux Ours, 2001). Il se définissait lui-même comme « sarde, italien et européen ». Dans ce roman historique, un vice-roi espagnol décide, en 1492, d'intenter un procès aux sauterelles qui ont envahi la Sardaigne sans son autorisation. Satire cruelle de la société contemporaine.

– ***L'État des âmes*** (2002), de Giorgio Todde (Gallimard, « Folio », 2005). Étonnant roman policier couronné par le prix Berto (prix littéraire sarde), fait exceptionnel pour une 1re œuvre, dont l'auteur est un médecin ophtalmologue vivant à Cagliari.

– ***Mal de pierres*** (2006), de Milena Agus (Liana Levi, 2016). Le « mal de pierres », expression plus agréable à l'oreille que sa signification de calculs aux reins, est le mal dont souffre son héroïne. En réalité, elle souffre d'une soif d'amour, amour qu'elle trouvera auprès d'un être meurtri par la guerre et non auprès de son vieux mari, que sa famille lui a imposé. Le livre a été librement adapté au cinéma en 2016 par Nicole Garcia, avec comme acteurs principaux Marion Cotillard et Louis Garrel.

– ***Battement d'ailes*** (2008), de Milena Agus (LGF, « Le Livre de Poche », 2010). L'auteure reprend les thèmes des femmes autour de l'amour, la fantaisie, les brins de folie qui épicent le cours de la vie, la rêverie... mais dénonce aussi les tentatives de spéculation immobilière ou les manquements aux règles de respect des anciens.

– ***Quand le requin dort*** (2005), de Milena Agus (LGF, « Le Livre de Poche », 2012). Ce récit d'une adolescente nous plonge au cœur d'une famille sarde dont chaque membre est en quête de quelque chose : un père baroudeur, une mère incapable de

vivre, aux prises avec la réalité, un frère pianiste dévoué à son art, une tante cherchant l'amour, et une héroïne engagée dans une relation adultère et destructrice.
– ***La Comtesse de Ricotta*** (2009), de Milena Agus (Liana Levi, « Piccolo », 2013). 3 sœurs vivent dans un palais délabré dans le centre de Cagliari, chacune ayant ses propres attentes amoureuses. Ce roman dépeint l'univers sentimental des jeunes femmes de la bourgeoise sarde du milieu du XXe s.
– ***Accabadora*** (2009), de Michela Murgia (Points, 2012). Une fresque peinte avec beaucoup de délicatesse d'une Sardaigne des années 1950, rurale et pauvre. 2 thèmes sont abordés : l'adoption et l'euthanasie. Cette dernière provient d'une tradition ancestrale solidement ancrée qui fera fuir la jeune fille adoptive...
– Et pour enfants et ados, ***L'Étonnant Voyage de Polyxène,*** de Bianca Pitzorno (L'École des loisirs, 1997). Polyxène est une petite fille de 11 ans qui vit heureuse avec sa famille jusqu'au jour où elle découvre avoir été adoptée. Bouleversée, elle s'enfuit et se joint à une compagnie de cirque où elle fait la rencontre d'une petite acrobate qui va l'aider dans la difficile recherche de sa véritable famille... Un roman plein d'aventures pour les grands et les petits.

MÉDIAS

VOTRE TV EN FRANÇAIS : TV5MONDE la 1re chaîne culturelle francophone mondiale

Avec ses 10 chaînes et ses 14 langues de sous-titrage et sa nouvelle plateforme numérique TV5MONDEplus, TV5MONDE s'adresse à 353 millions de foyers dans 198 pays du monde par câble, satellite et sur IPTV est présent dans plus de 3 millions de chambres d'hôtels. Vous y retrouverez de l'information, du cinéma, du divertissement, du sport, du documentaire... Préparez votre séjour grâce à son site voyage • *voyage.tv5monde.com* • et en voyage, restez connecté avec les applications et le site • *tv5monde.com* • Demandez à votre hôtel le canal de diffusion de TV5MONDE et contactez • *tv5monde.com/contact* • pour toutes remarques.

Presse

2 grands quotidiens nationaux se partagent le gâteau : *Il Corriere della Sera* et *La Repubblica.* La presse spécialisée talonne de près ces journaux généralistes, puisque le quotidien économique *Il Sole 24 Ore* arrive en 3e position des ventes, avec plus de 315 000 exemplaires vendus chaque jour. De même, *La Gazzetta dello Sport* est diffusée à près de 315 000 exemplaires... Mais il existe des journaux locaux dont l'*Unione Sarda.*

PERSONNES EN SITUATION DE HANDICAP

Pour répondre à la loi, de nombreux hébergements sont équipés d'au moins une chambre pour personnes en situation de handicap avec douche et portes élargies. Seul hic : il n'est pas rare que l'accès, lui, n'ait pas été aménagé, rendant ces chambres de fait inaccessibles ! Même souci dans les villages perchés.
Dans la plupart des musées, les personnes à mobilité réduite peuvent – sur présentation d'une pièce d'identité – bénéficier d'un fauteuil roulant pour se faciliter la visite, voire d'une gratuité. Il leur est aussi fortement recommandé de téléphoner au musée avant de s'y rendre, pour savoir s'il existe un ascenseur (et surtout s'il est en état de fonctionnement !), ou tout simplement pour que le personnel puisse le mettre en service avant leur arrivée.
Quoi qu'il en soit, n'hésitez pas à appeler pour vous renseigner même si le symbole ♿ ne figure pas dans l'adresse que nous indiquons, car de plus en plus d'hôtes aménagent leur structure en conséquence.

POSTE

– Les bureaux de poste sont ouverts en général du lundi au vendredi et le samedi matin. Dans les petites villes ou les bureaux secondaires, le rideau tombe dès 13h30 en semaine. Les files d'attente étant souvent longues, il est plus pratique d'acheter ses timbres dans les bureaux de tabac (*tabacchino* ou *tabaccaio* signalés par un grand « T » blanc sur fond noir).
– Pour la poste officielle, un timbre pour envoyer une carte en Europe revient à 1,15 €. Il existe également un service d'acheminement rapide, *Posta prioritaria* ou *Postamail internazionale* (timbres à partir de 3,50 € pour l'étranger). Attention, les boîtes aux lettres des *poste italiane* sont de couleur rouge.
– Il existe des systèmes postaux parallèles mais souvent moins fiables.
– Dans tous les cas, ***que le réseau soit étatique ou privé, le système d'acheminement du courrier déposé dans les boîtes fonctionne mal.***

SANTÉ

Vaccins

Aucun vaccin n'est obligatoire mais il est préférable d'avoir son rappel antitétanique à jour, surtout si l'on fait du camping. Un répulsif antimoustique peut s'avérer utile (ces charmantes petites bêtes étant très virulentes en période estivale).

■ ***Catalogue Santé Voyages*** *(Astrium)* **:** les produits et matériels utiles aux voyageurs, assez difficiles à trouver, peuvent être achetés par correspondance sur le site de *Santé Voyages* ● astrium.com ● Infos complètes toutes destinations, boutique web, paiement sécurisé, expéditions *Colissimo Expert* ou *Chronopost.* ☎ *01-45-86-41-91 (lun-ven 14h-19h).*

Carte européenne d'assurance maladie

Pour un séjour de courte durée en Sardaigne, pensez à vous procurer la Carte européenne d'assurance maladie. Il vous suffit d'appeler le ☎ *36-46,* de vous connecter par Internet sur votre compte Ameli *(● ameli.fr ●)* ou d'en faire la demande sur une borne de votre centre de sécu. Vous la recevrez sous une quinzaine de jours. Elle fonctionne dans tous les pays de l'Union européenne (y compris en Islande, au Liechtenstein, en Norvège et en Suisse). C'est une carte plastifiée bleue du même format que la carte Vitale. Elle est valable 2 ans, gratuite et personnelle (chaque membre de la famille doit avoir la sienne, y compris les enfants). Conservez bien toutes les factures pour obtenir les remboursements au retour. Attention, la carte n'est pas valable pour les soins délivrés dans les établissements privés.

TABAC

En Italie, la cigarette est interdite dans TOUS les lieux publics (restaurants, cafés, bars, discothèques et gares), sauf en terrasse. Interdiction strictement respectée. Il faut dire qu'en cas d'infraction une grosse amende vous attend à la moindre cigarette allumée (quelques centaines d'euros s'il y a des enfants ou des femmes enceintes à proximité). Il est aussi ***interdit de jeter son mégot dans la rue*** : il en coûte une amende de 30 à 150 € (et ça vaut aussi pour les ***chewing-gums*** !).
Le soir, lorsqu'ils ferment, les *tabacchi* laissent place à un distributeur automatique (pas toujours bien approvisionné !).

TÉLÉPHONE, INTERNET

Téléphone

Le téléphone portable en voyage

Un voyageur européen titulaire d'un forfait dans son pays d'origine peut désormais utiliser son téléphone mobile au ***tarif national*** dans les 27 pays de l'Union européenne sans craindre de voir flamber sa facture. Des plafonds sont néanmoins fixés par les opérateurs pour éviter les excès... Cet accord avantageux signé entre l'UE et ses opérateurs télécoms concerne aussi la consommation de ***données internet 3G ou 4G,*** dont le volume utilisable sans surcoût dépend du forfait national (se renseigner). Par ailleurs, si le voyageur réside plusieurs mois en dehors de son pays, des frais peuvent lui être prélevés...

La connexion Internet en voyage

En Sardaigne, une majorité d'hôtels, de restos, de bars et même certains espaces publics disposent du ***wifi gratuit.*** Mieux que la connexion 3G et 4G, qui peut entraîner des frais en usage intensif, le wifi permet aussi de profiter d'un débit parfois supérieur.
Une fois connecté, on accède notamment à tous les services de ***messagerie et de téléphonie par Internet. WhatsApp, Messenger, Viber*** et ***Skype*** permettent d'appeler, d'envoyer des messages, des photos et des vidéos aux 4 coins de la planète, sans frais. Il suffit de télécharger – gratuitement – l'une de ces applis sur son smartphone, qui reconnaît automatiquement dans votre liste de contacts ceux qui sont aussi connectés.

Urgence : en cas de perte ou de vol de votre téléphone portable

Suspendre aussitôt sa ligne permet d'éviter de douloureuses surprises au retour du voyage ! Voici les numéros des 4 opérateurs français, accessibles depuis la France et l'étranger.

– ***Free :*** *depuis la France,* ☎ *32-44 ; depuis l'étranger :* ☎ *+ 33-1-78-56-95-60.*
– ***Orange :*** *depuis la France,* ☎ *0800-39-00 ; depuis l'étranger :* ☎ *+ 33-969-39-39-00.*
– ***SFR :*** *depuis la France,* ☎ *10-23 ; depuis l'étranger :* 📱 *+ 33-6-1000-1023.*
– ***Bouygues Télécom :*** *depuis la France,* ☎ *10-64 ; depuis l'étranger :* ☎ *+ 33-800-29-1000 (depuis un fixe),* 📱 *+ 33-6-60-61-46-14.*

Appels nationaux et internationaux

– ***Italie → Italie :*** pour les numéros de téléphone fixe, il faut impérativement composer le numéro de votre correspondant précédé du 0 et de l'indicatif de la ville.
– ***Italie → France :*** 00 + 33 + numéro à 9 chiffres de votre correspondant (c'est-à-dire le numéro à 10 chiffres sans le 0).
Code des autres pays francophones : *Belgique,* 32 ; *Luxembourg,* 352 ; *Suisse,* 41 ; *Canada,* 1.
– ***France → Italie :*** 00 + 39 + 0 + indicatif de la ville (070 pour Cagliari par exemple) + numéro de votre correspondant (6 ou 7 chiffres). Pour les portables, 00 + 39 + numéro à 10 chiffres. Tarification selon votre opérateur.
– ***Renseignements :*** ☎ *12 (gratuit).*
– Pour appeler la **police nationale,** composer le ☎ *113* ; les **carabinieri** : ☎ *112* ; les **sapeurs-pompiers** *(Vigili del Fuoco)* : ☎ *115.*
– Pour une ***urgence médicale,*** c'est le ☎ *118.*

Internet, wifi

Attention piratage !

Le wifi public est devenu une véritable passoire ! Il est très facile, même pour un hacker débutant, de s'introduire sur un réseau. La seule parade véritablement fiable est de ne fréquenter que des sites « certifiés ». Ils commencent par « https:// » et affichent un petit cadenas à côté de l'adresse. Dans ce cas, vos transmissions sont cryptées et donc sécurisées. Les sites les plus sensibles et populaires, comme ceux des banques, ont tous une connexion certifiée.
Enfin, si vous utilisez un ordinateur en libre-service, évitez, dans la mesure du possible, d'entrer votre mot de passe ou toute information sensible ! Une quantité phénoménale de ces postes est infectée par des « enregistreurs de frappes », qui peuvent transmettre vos données à un destinataire mal intentionné. Et si, malgré tout, vous utilisez ces postes, pensez à bien vous déconnecter et à ne pas cliquer sur l'option « enregistrer mon mot de passe ».

TRANSPORTS INTÉRIEURS

Bateau

La compagnie *Tirrenia (• tirrenia.it •)* relie Arbatax à Cagliari (durée : 4h30). En revanche, les bateaux quittant généralement le port en début de soirée, ils ne permettent pas de découvrir la beauté du littoral puisqu'il fait nuit une grande partie du trajet. En été, des bateaux relient aussi Arbatax à Olbia (durée : env 4h30).

Bus

Découvrir la Sardaigne en bus est un bon moyen de voyager à petits prix et à vitesse lente en se plongeant dans la vie locale des Sardes. Ce sera la formule préférée des routards sac à dos, surtout pour s'enfoncer dans l'intérieur de l'île. *ARST (• arst.sardegna.it •)*, la principale compagnie publique, dessert les villes et les stations balnéaires importantes, ainsi que de plus petites localités au passage. Les bus sont sûrs et de bonne qualité, et ils respectent assez bien les horaires, même si ceux-ci sont rarement affichés aux arrêts. Attention, il y a moins de bus le dimanche et les périodes d'été changent en fonction des régions. Il existe aussi d'autres compagnies assurant des liaisons spéciales en été entre les grandes villes et les stations balnéaires... Sur place, l'appli *Moovit* vous rendra bien des services : *• moovitapp.com •*

Train

Un mode de transport économique et sympathique, qui permet d'admirer les paysages sans pour autant risquer d'être malade quand ça tournicote en zone de montagne. Le réseau des compagnies *ARST (Azienda Regionale Sarda Trasporti)* et *Trenitalia* est suffisamment développé et permet de relier les principales villes entre elles. De Cagliari, par exemple, il y a des trains réguliers pour Iglesias (1h), Sassari (3h30), Olbia (3h30-4h) ou Porto Torres (3h30). Pour rejoindre Nuoro, il faut transiter par Macomer. Comme pour les bus, toutes les infos et les horaires sur *• arst.sardegna.it • trenitalia.com •*
– ***Le Petit Train vert (Trenino verde) :*** ce petit train touristique, composé d'un wagon unique en bois, est un moyen original et charmant de découvrir certaines parties de la Sardaigne. On peut ainsi aller de Mandas (à 55 km au nord de Cagliari) jusqu'à Seui et de Gairo-Taquisare jusqu'à Arbatax (côte est). Compter une bonne journée.

Un autre *Trenino verde* relie Palau (nord-est) à Tempio Pausania, traversant les paysages sauvages et magnifiques de la Gallura. Et un 3e entre Bosa et Macomer, sur la côte ouest. Attention, ces itinéraires sont parfois interrompus et réorganisés en trajets plus courts à cause de l'entretien des voies. Pour connaître les infos et les horaires (très aléatoires) de ce train géré par la compagnie *Azienda Regionale Sarda Trasporti (ARST),* voir son site • *treninoverde.com* • Se reporter aussi aux villes de Cagliari, Palau, Tempio Pausania et Arbatax-Tortoli.

Voiture

Location de voitures

Louer une voiture est relativement onéreux, mais celle-ci vous donne une plus grande liberté de mouvement (et vous permettra aussi d'aller loger dans des endroits plus reculés, et donc peut-être moins chers).

– ***Il est beaucoup plus avantageux de retenir votre voiture depuis la France*** car les prix pratiqués sont meilleur marché que sur place. Il y a parfois aussi des différences d'un loueur à l'autre. Ne pas hésiter à lire entièrement le contrat, à passer la voiture en revue, surtout lorsqu'il s'agit de petits loueurs locaux, et à réclamer un horodateur *(disco orario).* Comme partout, le loueur conserve une empreinte de votre carte de paiement en guise de caution (pensez à vérifier sa date de validité avant de partir et bien vérifier que votre nom figure dessus car certains loueurs rechignent à prendre une empreinte sur une carte n'appartenant pas personnellement à celui qui signe le contrat de location).

– Compter 50 à 80 €/j. selon la saison et le type de voiture. Si vous ne voyagez qu'à 2, il peut être judicieux de prendre une toute petite voiture (type Fiat 500 ou Panda). Certes, il est parfois difficile de caser les valises dans le coffre, on y est un peu plus à l'étroit, mais vu la largeur des rues dans certains villages, il y a de grandes chances pour que vous ne regrettiez pas d'avoir pris une telle option !

– Les grandes compagnies *(Avis, Hertz, Europcar, Maggiore...)* sont bien représentées dans les villes importantes (il existe bien sûr de petites compagnies locales, mais la prudence est de mise).

– Les réservations peuvent se faire sur Internet, mais les agences de voyages et les réceptions des grands hôtels de la côte peuvent aussi s'en occuper.

– Les loueurs demandent toujours de fournir une carte de paiement pour régler la location de voiture et bloquer une somme en guise de caution. Mais, attention, il existe une ***différence entre une carte de débit et une carte de crédit*** et il arrive que certaines agences refusent votre location de voiture en cas de paiement par carte de débit. Certains loueurs acceptent les cartes de débit, mais ils vous demanderont alors de souscrire une assurance complémentaire souvent très chère en compensation. Il faut donc avoir une carte de crédit. Donc vérifiez bien si une mention « CREDIT » (débit différé) ou « DEBIT » (débit immédiat) est inscrite sur votre carte de paiement, sinon renseignez-vous auprès de votre banque (avant votre départ).

Vous pouvez accéder à ces informations concernant les conditions de location des loueurs sur le site • *bsp-auto.com* • après avoir lancé votre recherche dans la rubrique « Informations détaillées ».

■ ***BSP Auto :*** ☎ *01-43-46-20-74 (lun-ven 9h-21h30, w-e 9h-20h).* • *bsp-auto.com* • *Remise spéciale de 5 % aux lecteurs de ce guide avec le code « ROUTARD21 ».* Les prix proposés sont attractifs et comprennent le kilométrage illimité et les assurances. *BSP Auto* propose exclusivement les grandes compagnies de location sur place, assurant un très bon niveau de service. Le plus : vous ne payez votre location que 5 jours avant le départ.

■ Et aussi, en France, **Hertz** : ☎ *0825-861-861 (0,18 €/mn ; lun-sam 8h-23h).* • *hertz.com* • ***Europcar :*** ☎ *0825-358-358 (0,15 €/mn + prix d'appel ; tlj 7h-22h).* • *europcar.fr* • ***Avis :*** ☎ *0821-230-760 (0,15 €/mn + prix d'appel).* • *avis.fr* •

Distances en kilomètres	SASSARI	SANT'ANTIOCO	PULA	ORISTIANO	OLBIA	NUORO	IGLESIAS	CARLOFORTE	CARBONIA	CAGLIARI	BOSA	ALGHERO
BOSA	94	220	189	88	143	86	192	192	184	180		45
CAGLIARI	217	84	32	94	265	180	58	89	67		180	247
CARBONIA	240	17	75	121	290	206	25	27		67	184	255
CARLOFORTE	249	18	93	129	298	214	33		27	89	192	263
IGLESIAS	220	38	72	110	285	193		33	25	58	192	255
NUORO	123	219	211	90	105		193	214	206	180	86	155
OLBIA	106	315	295	173		105	285	298	290	265	143	138
ORISTANO	126	132	125		173	90	110	129	121	94	88	155
PULA	245	76		125	295	211	72	93	75	32	189	260
SANT'ANTIOCO	256		76	132	315	219	38	18	17	84	220	288
SASSARI		256	245	126	106	123	220	249	240	217	94	37
TEMPIO PAUSANI	68	256	280	157	46	146	260	292	283	256	128	110

Réseau routier et stations-service

Les ***routes de Sardaigne*** sont en relativement bon état, que ce soient les voies express (4-voies) ou les routes nationales, toutes asphaltées. Dès que l'on sort du réseau routier de base, on circule sur des routes plus étroites, la plupart du temps aussi bien entretenues. En été, la circulation est très dense sur le littoral, avec des embouteillages fréquents aux abords des stations balnéaires.
L'inconvénient principal du réseau routier sarde est sa signalisation approximative et incomplète. Elle existe mais elle n'est pas toujours très claire, surtout aux intersections et aux carrefours. Dans ces conditions, posséder une bonne carte routière ou un GPS, ou encore ***télécharger la carte entière de la Sardaigne*** sur son smartphone pour pouvoir l'utiliser hors connexion se révèle régulièrement très utile !
– ***Attention, il est obligatoire de rouler feux de croisement allumés sur les autoroutes et sur le réseau national (hors des villes), jour et nuit, sous peine d'amende.***
– La vitesse est limitée à 90 km/h sur route, 110 km/h sur voie rapide et 130 km/h sur autoroute.
– Les ***stations-service*** en ville ou sur les nationales sont généralement ***fermées le dimanche et entre 12h30 et 15h30.*** 2 systèmes coexistent (parfois, aussi, dans une même station) : les pompes en libre-service (ouvertes 24h/24 pour beaucoup), de plus en plus nombreuses, et celles où le pompiste se charge de remplir votre réservoir. De plus en plus souvent, le litre d'essence vous est facturé nettement plus cher quand vous vous faites servir.
– Pendant les horaires et jours de fermeture, il y a toujours les caisses automatiques, qui acceptent les cartes de paiement ainsi que les billets (20 €), mais elles ne rendent pratiquement jamais la monnaie. De plus, il arrive fréquemment que ces pompes tombent en rade, alors on ne saurait trop vous conseiller de faire le plein pendant les heures d'ouverture et dans des stations-service disposant d'une caisse.

Prunes et amendes

2 fruits locaux que vous ne souhaiterez sûrement pas cueillir, seulement ils tombent sans crier gare ! Dans quasi toutes les villes, le stationnement est réglementé : parfois il est gratuit durant 1h (mettre son disque horodateur ou noter clairement son heure d'arrivée le cas échéant) ; parfois on trouve des parcmètres. ***Passage très régulier des agents,*** même dans les petites communes. De plus en plus d'horodateurs demandent le numéro de plaque d'immatriculation du véhicule (histoire qu'on ne se repasse pas les tickets encore valides ?). Il faut alors choisir la durée de votre stationnement, payer et ***valider*** pour obtenir le ticket à mettre derrière votre pare-brise.
Dans les grandes villes (Cagliari, par exemple), comme en Italie continentale, ***le centre historique est strictement interdit à la circulation pour les non-résidents*** (ce sont les ***Zona a Traffico Limitato*** ou ***ZTL***). Un système de vidéosurveillance filme les plaques minéralogiques, et l'amende vous est envoyée quelques mois après, chez vous (parfois par le biais d'une convocation au commissariat de votre domicile). Pour les voitures de location, on vous débitera votre carte de crédit sans vous prévenir, frais de dossier en plus. Les prunes tournent alors en général autour de 100-120 €. Bref, ne pénétrez jamais dans une rue qui semble vide si vous voyez un panneau blanc et rond, cerclé de rouge. C'est une interdiction formelle de pénétrer. Dans tous les cas, si l'hébergement que vous avez choisi se trouve dans une telle zone, contactez-le avant, il vous enverra le moyen d'accéder à lui avec vos bagages sans risquer l'amende.

Pannes

Sur les autoroutes, utilisez, comme chez nous, les bornes d'appel SOS. Sur le reste du réseau routier, les touristes circulant avec une voiture immatriculée à

bsp-auto.com
+33 1 43 46 20 74
7j / 7
DES PRIX FOUS NÉGOCIÉS POUR VOTRE LOCATION DE VOITURE EN SARDAIGNE !
SIXT
Hertz
dollar.
Thrifty
Budget
enterprise
AVIS
Europcar
REMISE DE 5% SUR TOUTES VOS RÉSERVATIONS AVEC LE CODE ROUTARD21
0€
J-5
KILOMÈTRES
ASSURANCES
ANNULATION
PAYEZ 5 JOURS
'ZÉRO FRANCHISE'

l'étranger peuvent bénéficier des secours routiers gratuits et illimités, sur tout le territoire italien, de l'*ACI* en composant le ☎ *803-116.* Ils seront reliés à un standard multilingue. Les touristes circulant à bord d'une voiture de location doivent appeler leur loueur, sauf sur les autoroutes, où ils utilisent la borne SOS.
Il est obligatoire d'avoir dans le coffre de sa voiture ***un gilet de sécurité fluorescent et un triangle de présignalisation*** (toutes les voitures de location italiennes en sont équipées).
Pour plus de précisions, consulter le site de l'*ACI* (● *aci.it* ● ; disponible en français via la rubrique « L'ACI. Driving in Italy »). Les bureaux de sécurité routière mettent également à votre disposition des informations sur Internet *(● autostrade.it ●),* sur les radios 102,5 (RTL) et 103.3 *(Isoradio),* ou au *call center* ☎ *840-04-21-21 (tlj 24h/24).*

Taxis

Ils circulent surtout dans les grandes villes (Cagliari, Olbia, Sassari...). Équipés de compteurs et respectueux des normes, avec des chauffeurs conduisant comme il faut et sans excès, les taxis sardes existent mais sont difficiles à trouver dans les rues. En journée, ça va encore, mais la nuit ils disparaissent de la circulation. La solution consiste alors à appeler les centraux téléphoniques des compagnies.

Vélo

C'est une autre belle façon de découvrir la Sardaigne en toute liberté. Certes, l'île est loin d'être plate et les routes sont parfois bien étroites, mais avec un vélo, on se faufile partout, y compris dans les villes, et on s'arrête où on veut, quand on veut, là pour visiter un site, là pour piquer une tête sur une jolie plage...
– Pour vous concocter un séjour sur mesure ou vous aider à le préparer, ou encore pour la location de (bons) vélos à travers tout le pays : ***Bike Tour Sardinia,*** ☎ *070-756-43-78.* ● *sardiniacycling.com* ●

URGENCES

– ***Numéro d'urgence européen :*** ☎ *112.* Numéro d'urgence commun à la France et à tous les pays de l'UE, à composer en cas d'accident, d'agression ou de détresse. Il permet de se faire localiser et aider en français, tout en améliorant les délais d'intervention des services de secours.
– ***Croce Rossa Italiana*** *(Croix-Rouge ; CRI)* ***:*** ☎ *118.*
– ***Pompiers pour les incendies de forêt :*** ☎ *15-15.*
– ***Assistance routière :*** ☎ *803-803.*
– ***Dépannage routier*** *(ACI)* ***:*** ☎ *803-116.*
– ***Police :*** ☎ *113.* On vous communiquera l'adresse du commissariat *(questura)* le plus proche de l'endroit où vous êtes.
– ***Pompiers*** *(Vigili del Fuoco)* ***:*** ☎ *115.*

CAGLIARI

CAGLIARI (09100) 154 000 hab.

• Plan d'ensemble *p. 72-73* • Centre *p. 74-75* • Zoom *p. 77*

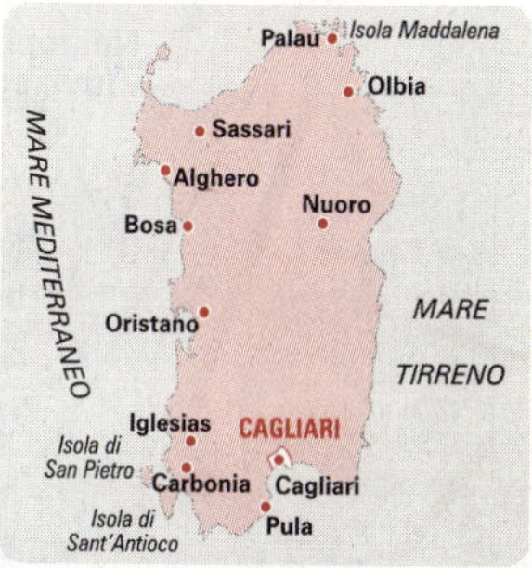

L'idéal serait d'arriver à Cagliari en bateau, comme le firent les 1ers migrants de l'Antiquité, pour embrasser d'un seul regard cette ville résolument tournée vers le Sud. Lovée au fond d'une vaste baie constituée d'anciens marais salants, la capitale sarde s'étend sur de petites collines dont la plus remarquable demeure le Castello (la citadelle). Détruite à 80 % par les bombardements alliés en 1943, puis reconstruite à la hâte, elle offre aujourd'hui de longues rues commerçantes qui se muent soudain en ruelles étroites, définissant un pittoresque labyrinthe.

Car, quand bien même Cagliari affirme haut et fort son identité sarde, elle est aussi bien italienne, avec ses boutiques de mode, ses marchands de glaces, ses placettes prises d'assaut à l'heure de l'*aperitivo,* sans oublier ses embouteillages... Moins baroque et charivarique que Naples, moins complexe que Palerme, beaucoup plus simple d'accès que Gênes ou Rome, Cagliari mérite qu'on s'y pose au moins 2 jours, le temps de se faire les mollets dans les venelles de son cœur historique et de visiter son incontournable Musée archéologique.

UN PEU D'HISTOIRE

Bien qu'occupée depuis le Néolithique – comme en témoignent les *domus de janas* (maison de fées), ces sépultures creusées dans la roche retrouvées sur la colline de Saint-Élie –, les livres d'histoire assurent que la ville fut fondée vers l'an 1000 avant l'ère chrétienne par les Phéniciens, débarqués du Proche-Orient (l'actuel Liban) pour y faire du commerce. Ils nommèrent alors leur petit port « Karalis », ce qui signifie « cité de pierre ». Au fil des siècles, le nom se transforma en « Cagliari ». Puis les Carthaginois (venus du nord de l'actuelle Tunisie) y installèrent une colonie. En 238 av. J.-C., ils en furent chassés par l'armée romaine, qui établit ici une base stratégique au cœur de la mer Méditerranée. Les Romains dominèrent la ville et l'île pendant 7 siècles et laissèrent quelques vestiges, dont un amphithéâtre, toujours visible. La suite (occupations barbares, byzantine, pisane, aragonaise et on en passe !) appartient à l'histoire de l'île tout entière (voir la rubrique « Histoire » dans le chapitre « Hommes, culture, environnement » en fin de guide).

Arriver – Quitter

En avion

✈ ***Aeroporto di Cagliari*** *(plan d'ensemble)* **:** *via dei Trasvolatori, 09030 Elmas.* ☎ *070-211-211.* • *sogaer.it* • *À 6 km au nord-ouest de Cagliari.* En saison, des compagnies *low-cost* assurent quelques vols hebdomadaires

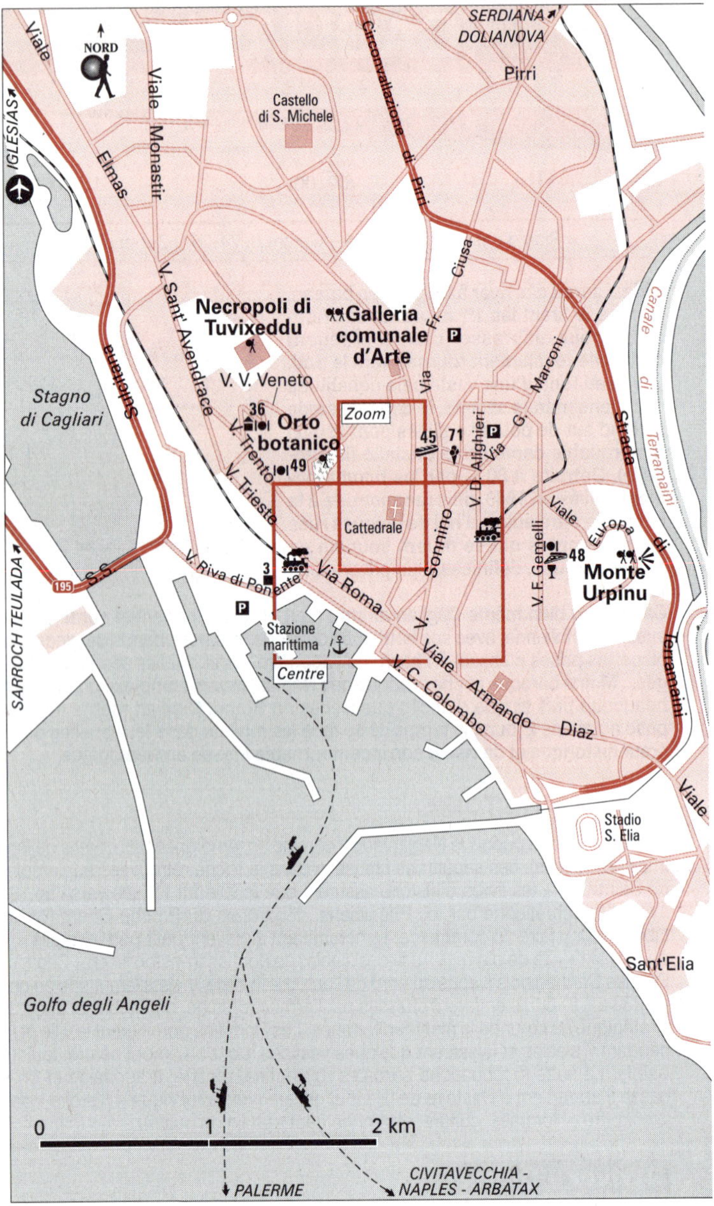
NORD
SERDIANA
DOLIANOVA
Pirri
Viale
Viale Monastir
Elmas
Castello di S. Michele
Circonvallazione di Pirri
IGLESIAS
Via Fr. Ciusa
Canale di Terramaini
Necropoli di Tuvixeddu
Galleria comunale d'Arte
V. Sant' Avendrace
Sulcitana
V. V. Veneto
Stagno di Cagliari
36
Orto botanico
Zoom
45
71
V. D. Alighieri
Via G. Marconi
Strada di Terramaini
V. Trento
49
V. Trieste
Cattedrale
Sonnino
Viale Europa
V. F. Gemelli
48
Monte Urpinu
SARROCH TEULADA
195
S.S.
V. Riva di Ponente
3
Via Roma
V.
Stazione marittima
Centre
Viale Armando Diaz
V. C. Colombo
Viale
Stadio S. Elia
Sant'Elia
Golfo degli Angeli
0
1
2 km
PALERME
CIVITAVECCHIA - NAPLES - ARBATAX

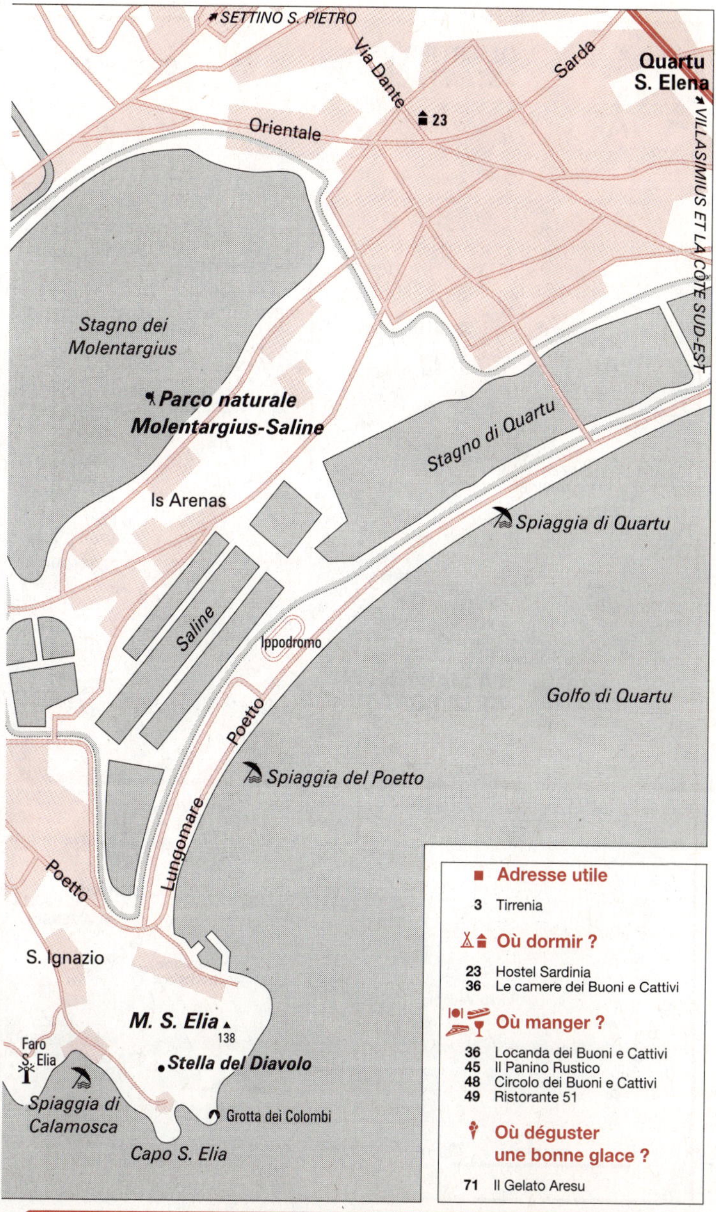

Adresse utile

3 Tirrenia

Où dormir ?

23 Hostel Sardinia
36 Le camere dei Buoni e Cattivi

Où manger ?

36 Locanda dei Buoni e Cattivi
45 Il Panino Rustico
48 Circolo dei Buoni e Cattivi
49 Ristorante 51

Où déguster une bonne glace ?

71 Il Gelato Aresu

CAGLIARI – Plan d'ensemble

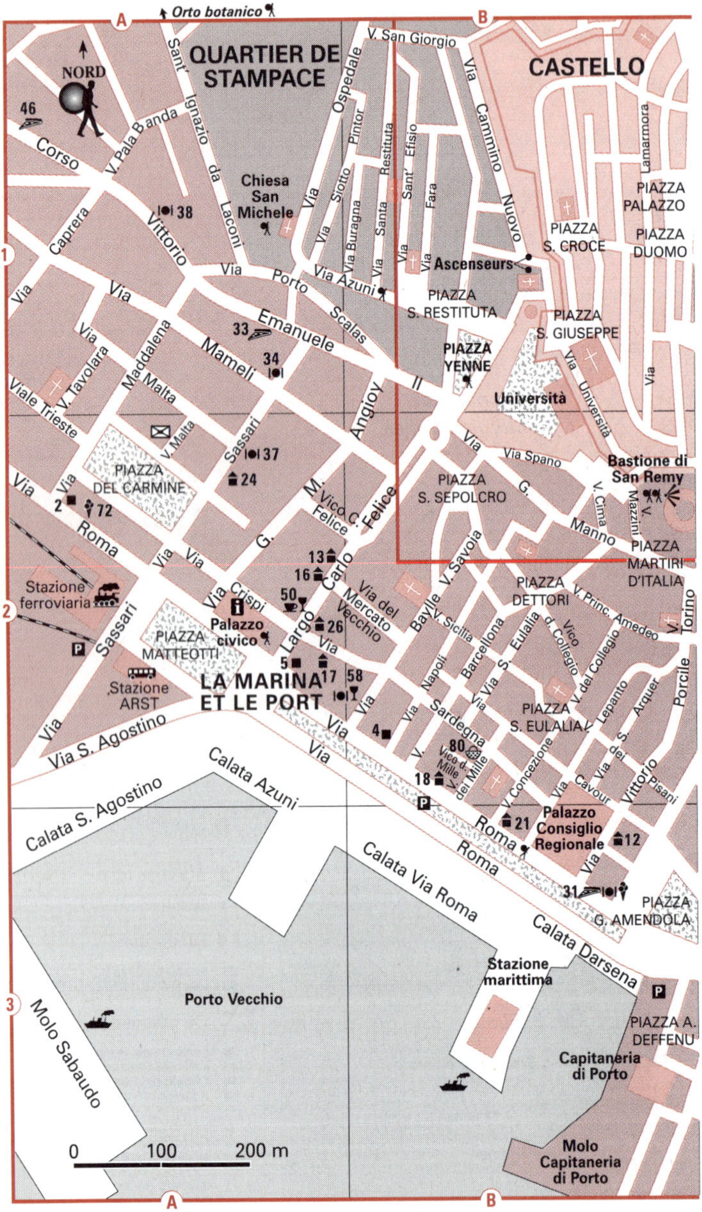
Orto botanico
A
B
1
2
3
NORD
QUARTIER DE STAMPACE
CASTELLO
LA MARINA ET LE PORT
Chiesa San Michele
Ascenseurs
Università
Bastione di San Remy
Palazzo civico
Palazzo Consiglio Regionale
Stazione ferroviaria
Stazione ARST
Stazione marittima
Capitaneria di Porto
Molo Capitaneria di Porto
Porto Vecchio
Molo Sabaudo
PIAZZA PALAZZO
PIAZZA S. CROCE
PIAZZA DUOMO
PIAZZA S. RESTITUTA
PIAZZA S. GIUSEPPE
PIAZZA YENNE
PIAZZA DEL CARMINE
PIAZZA S. SEPOLCRO
PIAZZA MARTIRI D'ITALIA
PIAZZA DETTORI
PIAZZA MATTEOTTI
PIAZZA S. EULALIA
PIAZZA G. AMENDOLA
PIAZZA A. DEFFENU
Corso Vittorio Emanuele II
V. Pala Banda
Sant' Ignazio da Laconi
Via Ospedale
V. San Giorgio
Via Pintor
Via Siotto
Via Buragna
Via Santa Restituta
Sant' Efisio
Via Fara
Via Cammino Nuovo
Lamarmora
Via Porto Scalas
Via Azuni
Via Caprera
Via Mameli
Via Maddalena
V. Tavolara
Viale Trieste
Via Malta
V. Malta
Via Sassari
Via Angioy
Via Università
Via Spano
Via G. Manno
V. Cima
V. Mazzini
Via Roma
Via G. M. Angioy
Vico C. Felice
Largo Carlo Felice
Via Crispi
Via del Mercato Vecchio
Via Baylle
V. Savoia
V. Sicilia
Via Barcellona
Via S. Eulalia
Vico d. Collegio
V. del Collegio
V. Princ. Amedeo
V. Torino
Via Napoli
Via Sardegna
Vico d. Mille
V. dei Mille
V. Concezione
Via Cavour
Via Lepanto
Via S. Arquer
Via dei Pisani
Via Vittorio
Porcile
Via S. Agostino
Calata S. Agostino
Calata Azuni
Calata Via Roma
Calata Darsena
0
100
200 m

Adresses utiles

- i Ufficio informazioni turistiche (A2)
- 2 Luggage Storage Cagliari et Grimaldi Lines (A2)
- 4 Farmacia Spano (B2)
- 5 APE Calessino Quattro Mori (A2)

Où dormir ?

- 12 B & B Il Cagliarese (B3)
- 13 B & B La Terrazza sul Porto (A2)
- 16 Affittacamere Sardinia Domus (A2)
- 17 Hotel Italia (A2)
- 18 B & B Antica Residenza Marina di Castello (B2)
- 21 B & B Blanco (B3)
- 24 Hotel Flora (A2)
- 25 Gli Appartamenti dei Bueni e Cattivi (C1)
- 26 Hotel Due Colonne (A2)

Où manger ?

- 31 Locanda Caddeo (B3)
- 33 Framento (A1)
- 34 Ammentos (A1)
- 37 Sa Domu Sarda (A2)
- 38 Crackers (A1)
- 46 Pizzeria Federico Nansen (A1)

Où boire un café ? Où boire un verre ?

- 50 Caffè Svizzero (A2)
- 58 Bar à vins Sabores Sapori di Sardegna (A-B2)

Où déguster une bonne glace ?

- 31 Gelateria Peter Pan (B3)
- 70 Gelateria Pasticceria I Fenu (D1)
- 72 Gocce di Gelato e Cioccolato (A2)

Où acheter de bons produits sardes ?

- 80 Sapori di Sardegna (B2)

CAGLIARI – Centre

directs avec les principales villes françaises. Également plusieurs vols avec la Suisse et la Belgique.
– Sur place : office de tourisme, distributeurs de billets, loueurs de voitures...

Comment rejoindre le centre-ville ?

➢ ***En train :*** le moyen le plus pratique et le moins cher. Départ ttes les 20 mn env, 6h-23h10. Trajet : 6-8 mn. Prix : env 1,30 €. Arrivée à la ***Stazione ferroviaria*** *(piazza Matteotti ; plan centre, A2).* Tous les trains qui quittent Cagliari passent par l'aéroport, et donc, de celui-ci, possibilité de poursuivre vers ***Carbonia, Iglesias, Oristano, Sassari, Porto Torres*** et ***Olbia.***
➢ ***En taxi :*** compter 15-25 € (plus cher après 22h, dim et j. fériés). *Radio Taxi Quattro Mori (☎ 070-40-01-01 ; 24h/24)* ou *Radiotaxi Rossoblù (☎ 070-66-55).*

En bateau

Stazione marittima *(plan centre, B3)* **:** *molo Dogana.* Liaisons maritimes assurées par la compagnie ***Moby Lines,*** dont fait désormais partie la compagnie ***Tirrenia*** *(plan d'ensemble,* ***3*** *; via Riva di Ponente, 1 ; ☎ 070-892-123 ; • mobylines.fr • tirrenia.it •).* Infos et billetterie sur place. Départ vers 19h-19h30.
➢ ***Civitavecchia*** *(Latium ; 13h-16h)* **:** 1 bateau/j. en saison (nettement moins hors saison).
➢ ***Napoli*** *(Campanie ; 14h)* **:** 1-2 bateaux/sem.
➢ ***Palermo*** *(Sicile ; 12h)* **:** 1-2 bateaux/sem.
➢ ***Arbatax*** *(côte est-Sardaigne ; 4h30)* **:** env 2 bateaux/sem à partir du Molo Sabaudo *(plan centre, A3),* mais mieux d'y aller par la route (env 2h par la côte).
➢ ***Salerno*** *(Campanie ; 17h)* **:** jusqu'à 3 traversées de nuit/sem en saison avec la compagnie ***Grimaldi Lines*** *(plan centre, A2,* ***2*** *; via Maddalena, 3 ; ☎ 070-732-53-00 ; • grimaldi-lines.com •).*

En train

Stazione ferroviaria *(plan centre, A2)* **:** *piazza Matteotti. • trenitalia.com •*
➢ ***Iglesias*** *(55 mn)* **:** une douzaine de trains directs/j., d'autres avec changement à Villamassargia-Domusnovas.
➢ ***Carbonia*** *(1h05)* **:** env 8 trains directs/j., et d'autres avec changement à Villamassargia-Domusnovas.
➢ ***Oristano*** *(env 1h)* **:** une quinzaine de trains directs/j.
➢ ***Sassari*** *(3h-3h30)* **:** env 3 trains directs/j. et 4 autres avec changement à Ozieri-Chilivani.
➢ ***Porto Torres*** *(3h40)* **:** env 1 train direct en début d'ap-m et 1 autre en milieu de matinée avec changement à Sassari.
➢ ***Olbia*** *(3h30-4h)* **:** env 4 trains directs/j. et 2 autres avec changement à Macomer ou Ozieri-Chilivani.

– ***Il Trenino verde della Sardegna :*** *☎ 070-265-71. • treninoverde.com •* ***Horaires très variables, se renseigner sur place ou sur le site internet.*** *Il est préférable d'acheter son billet en ligne.* Ce petit train touristique à l'ancienne est un moyen original et charmant de découvrir la Sardaigne de l'intérieur. À l'origine, la ligne reliait la gare de ***Mandas,*** située à 55 km au nord de Cagliari, au ***port d'Arbatax*** (sur la côte est de l'île). Mais à cause des intempéries qui l'ont endommagée ces dernières années, les trajets ne sont désormais assurés que sur les tronçons suivants : ***Mandas-Seui*** et ***Gairo-Taquisara-Arbatax.*** Ce sont les 2 plus beaux tronçons du *Trenino verde,* qui, par ailleurs, assure d'autres liaisons comme ***Mandas-Laconi, Palau-Tempio*** et ***Macomer-Bosa.*** Il décrit de nombreuses courbes à travers l'Ogliastra (l'arrière-pays de Tortoli-Arbatax) et emprunte une multitude de ponts, viaducs et tunnels, c'est superbe.
Si vous envisagez de parcourir ces 2 tronçons entre mi-juin et mi-septembre, de Cagliari, il vaut mieux essayer de monter la veille sur Mandas en prenant l'un des 2 trains qui partent de la *gare de Monserrato-San Gottardo* en direction d'Isili. Cette partie du voyage Cagliari-Monserrato-Mandas traverse les collines du Trexenta, parsemées de pins, d'amandiers et d'oliviers, pour rejoindre la région de la Barbagia di Seui.

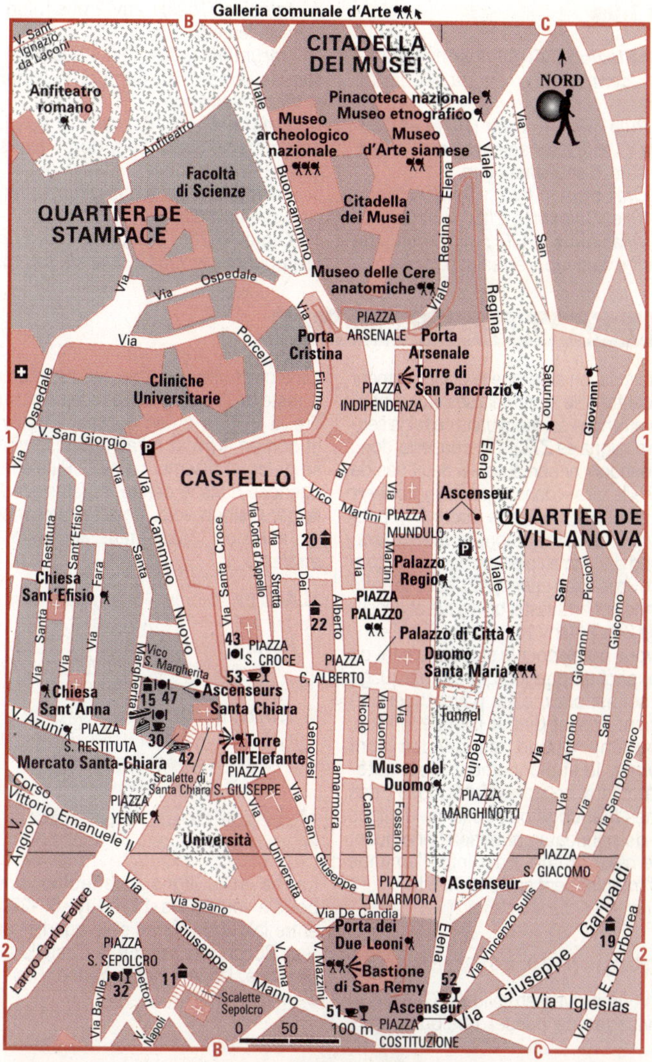

CAGLIARI – Zoom

Adresse utile

Ospedale civile San Giovanni di Dio (B1)

Où dormir ?

11 Hostel Marina (B2)
15 Hotel La Terrazza (B1)
19 Cagliari Boutique Rooms & Suites (C2)
20 Birkin Castello (B1)
22 Caralis Holiday Guesthouse (B1)

Où manger ?

30 Coccodi (B1)
32 Manàmanà (B2)
42 Grains (B1)
43 Pani e Casu (B1)
47 Sa Piola (B1)

Où boire un café ? Où boire un verre ?

51 Caffè Pasticceria Tremer (B2)
52 Antico Caffè (C2)
53 Caffè Libarium Nostrum (B1)

En bus

🚌 ***Stazione ARST*** *(gare routière ; plan centre, A2)* **:** *piazza Matteotti.* • *arst.sardegna.it* •

➢ ***Pula*** *(50 mn),* ***Chia*** *(1h15)* ***et Teulada*** *(1h50)* **:** en saison, env 8 bus/j. lun-sam, 5 seulement dim.

➢ ***Carbonia*** *(1h40),* ***Sant'Antioco*** *(2h10)* ***et Calasetta*** *(2h30)* **:** 2 bus/j.

➢ ***Villasimius*** *(1h30)* **:** min 3 bus/j. tte l'année, le double en saison.

➢ ***Iglesias*** *(1h25)* **:** env 2 bus/j. lun-sam seulement.

➢ ***Barumini*** *(1h30)* **:** min 1 bus/j. lun-sam seulement, via **Sanluri, Villamar** et **Villanovafranca.**

➢ ***Oristano*** *(1h15)* **:** env 2 bus/j. notamment avec *Logudoro Tours* (• *logudorotours.it* •).

➢ ***Tortoli*** *(3h10)* **:** 4 bus directs/j. en sem, moitié moins dim.

➢ ***Olbia*** *(4h20)* **:** prendre d'abord un bus pour ***Nuoro*** *(2h40).* 2 bus/j. l'ap-m.

Circulation et stationnement

La circulation ainsi que le stationnement en centre-ville sont malaisés (voire interdits aux non-résidents dans certains secteurs, signalés ***ZTL***). On conseille donc d'abandonner son auto – à deux pas de la vieille ville – dans le ***parking couvert du viale Regina Elena*** *(zoom C1),* pour env 8 € les 24h. Sinon, le ***Metropark,*** grand parking en plein air derrière la gare ferroviaire *(plan centre, A2),* est une autre bonne option : vaste, bien situé et accessible 24h/24 (env 10 €/24h).
Si vous optez pour le stationnement de rue, sachez que lorsque le marquage au sol est ***bleu,*** c'est payant (généralement tlj sauf dim et j. fériés 9h-13h, 16h-20h). Quand les bandes sont ***jaunes,*** le stationnement n'est autorisé qu'aux seuls résidents. Enfin, des lignes ***blanches*** ou l'absence de ligne (et de panneaux, attention !) indiquent que c'est gratuit. Pour info, l'amende est franchement salée : 100 € !
Rens : • *apcoa.it* • *parkar.it* •

Location de voitures

Si vous arrivez en avion à Cagliari et envisagez de passer quelques jours dans cette ville avant de partir explorer le reste de l'île, le mieux est de ne prendre la voiture qu'en quittant Cagliari et non en arrivant à l'aéroport : la ville se parcourt aisément à pied. Plusieurs agences dans le centre, notamment à la gare (sinon vous pouvez retourner à l'aéroport, facilement accessible en train).

■ ***Avis :*** *via Roma, 16 (à la gare ferroviaire).* ☎ *070-674-903.* • *avis.fr* •

■ **Hertz :** *piazza Matteotti, 8 (à côté de la gare routière).* ☎ *070-651-078.* • *hertz.it* •

■ **Europcar :** *viale Monastir (km 3,350), près de l'hôtel* Sardegna. ☎ *070-208-41-15.* • *europcar.it* •

Navette pour le quartier historique

La navette, ligne 7, effectue une boucle toutes les 15 mn (tlj 6h-22h) entre la piazza Yenne et le quartier de San Rocco, desservant le Castello au passage. Départ piazza Yenne. *Rens :* • *ctmcagliari.it* •

Adresses et info utiles

🛈 ***Ufficio informazioni turistiche*** *(office de tourisme ; plan centre, A2)* **:** *via Roma, 145.* ☎ *070-677-73-97 ou 070-677-81-73.* • *cagliariturismo.it* • *Au rdc du Palazzo civico. Avr-oct, tlj 9h-20h ; nov-mars, tlj sauf dim ap-m 10h-13h, 14h-18h.* Se procurer la *Guida della città,* bien pratique (téléchargeable aussi en ligne). Pour partir à la découverte de la ville, audioguide en français à télécharger depuis leur site web.

✚ ***Urgences :*** en cas de pépin, rendez-vous à l'***Ospedale civile San Giovanni di Dio*** *(zoom B1)* : *via Ospedale, 54.* ☎ *070-60-91.* Et pour les petits bobos,

Farmacia Spano *(plan centre, B2,* ***4****)* : *via Roma, 99. ☎ 070-655-683. Tlj sauf dim et j. fériés 9h-13h, 16h-20h (sinon pharmacie de garde affichée en devanture).*

■ ***Luggage Storage Cagliari*** *(consigne ; plan centre, A2,* ***2****)* **:** *via Roma, 201. ☎ 070-463-89-64. • luggagestoragecagliari.com • Tlj 8h-19h30.* Peut rendre service quand on doit libérer un logement le matin et qu'on a son avion le soir.

■ ***Ape Calessino Quattro Mori*** *(plan centre, A2,* ***5****)* **:** *largo Carlo Felice (devant la Rinascente). 📱 345-454-30-83 (Mauro). • apecalessinoquattromori.com • En été, tlj 9h30-14h, 15h30-20h30 ; en hiver, horaires restreints. Compter 15 €/pers ; réduc. Durée : env 40 mn.* Visite guidée du quartier historique à bord du *tuk-tuk* de Mauro, explications en français en prime !

– ***Marchés :*** le grand ***mercato San Benedetto*** *(hors plan centre par D1 ; piazza San Rocco ; lun-ven 7h-14h, sam 7h-15h).* Également le ***mercato Santa Chiara*** *(zoom B1 ; scalette Santa Chiara ; mêmes horaires),* beaucoup plus petit et touristique.

Où dormir ?

– En saison, réservez bien à l'avance !

– Attention si vous êtes en voiture, certaines adresses sont situées en zone *ZTL (zona a traffico limitato).* Pour éviter les amendes, renseignez-vous auprès de votre hébergeur sur la manière d'y accéder en voiture. Sinon, garez votre véhicule au plus près et allez-y à pied.

– Si vous logez dans le Castello, pour vous épargner quelques longues et pénibles montées d'escaliers, rappelons l'existence de ***plusieurs ascenseurs*** : à côté de l'église Santa Chiara, accessible depuis la piazza Yenne *(zoom B1),* au pied du bastione di San Remy *(zoom B-C2)* et sur le viale Regina Elena *(zoom C1).* Malheureusement, ils sont souvent en panne. Si c'est le cas, 2 bus faciles à prendre vous déposent en haut du Castello : le n° 8 (arrêt à l'angle du largo Carlo Felice et de la via Sardegna ; *plan centre, A2*) et le n° 7 (arrêt à l'angle de la via Azuni et de la piazza Yenne ; *zoom B1*).

AUBERGES DE JEUNESSE

🏠 ***Hostel Marina*** *(zoom B2,* ***11****)* **:** *scalette San Sepolcro, 3. ☎ 070-670-818. • booking@hostelmarina.it • hostelmarinacagliari.it • ♿ Prendre l'escalier à gauche de l'église (ou accès par la via G. Mano, puis par le portico San'Antonio). En dortoir (4-6 lits) 22-30 € ; doubles 60-70 € ; familiales ; draps compris. Carte des AJ demandée (ou à acheter sur place).* En plein centre, une vaste AJ installée dans un ancien monastère du XVIIe s avec grand patio. Au choix, de grands dortoirs (non mixtes), des chambres doubles et des quadruples, parfois avec mezzanine mais tous avec douche et w-c privés. Rien à redire, c'est impeccable. Ambiance routarde, parfois un peu bruyante, surtout lorsque les groupes et les écoles débarquent en masse. Accueil souriant.

🏠 ***Hostel Sardinia*** *(plan d'ensemble,* ***23****)* **:** *via Dante, 35, 09045* ***Quartu Sant'Elena.*** *☎ 070-152-40-165. • info@hostelsardinia.com • hostelsardinia.com • À env 30 mn de bus du centre (ligne 31). En dortoir de 6 lits avec sdb à partager ou de 8 lits avec sdb 27 € ; en dortoir de 4 lits avec sdb 32 € ; doubles (avec ou sans sdb) 55-70 € ; familiales.* Excentrée mais néanmoins avenante, cette structure moderne bricolée avec du bois de récup et des litres de peinture flashy offre des dortoirs basiques de 4, 6 et 8 lits superposés en bois (évitez quand même celui du rez-de-chaussée) et des chambres du même acabit. Ambiance jeune et décontractée. Bar-resto sur place, sinon commander sa pizza.

BED & BREAKFAST ET AFFITTACAMERE

De bon marché à prix moyens

🏠 ***B & B Il Cagliarese*** *(plan centre, B3,* ***12****)* **:** *via V. Porcile, 19. 📱 339-*

654-40-83. • info@ilcagliarese.com • ilcagliarese.com • Doubles 60-70 €. CB refusées. Café offert sur présentation de ce guide. À deux pas du port, on aime beaucoup ce *B & B* géré avec élégance et souci des hôtes par Mauro et Lorenzo. Il abrite des chambres tout confort, fraîches, à la belle déco contemporaine un poil marine. Certaines disposent même d'un balcon. Coin cuisine, thé, café à dispo. Nombreux conseils sur les choses à faire en ville. Accueil souriant. Une excellente adresse.

B & B La Terrazza sul Porto *(plan centre, A2,* ***13****) : largo Carlo Felice, 36. 339-876-01-55. • bbcagliari@laterrazzasulporto.com • laterrazzasulporto.com • Doubles 50-70 €. CB refusées.* Côté dodo, les chambres sont simples, propres, fonctionnelles et climatisées, la plupart avec salle de bains (l'une est à l'extérieur de la chambre). Mais le principal atout de ce *B & B*, c'est sa terrasse : immense, elle fait le tour de l'immeuble et de ce fait donne sur le port d'un côté et sur la citadelle de l'autre. Très bon accueil en français de Pierfranco.

Le Camere dei Buoni e Cattivi *(plan d'ensemble,* ***36****) : via Vittorio Veneto, 96. ☎ 070-734-5223. • camere@buoniecattivi.it • À 15 mn à pied du centre historique. Doubles 85-100 € ; remise si séjour prolongé.* Cette belle adresse, gérée par une association 100 % laïque qui veille à la réinsertion d'enfants en difficulté en leur apportant une formation professionnelle, recèle 8 jolies chambres dans un immeuble bourgeois des années 1960. Ici, tout est resté tel quel et c'est plein de charme : sol de marbre ou parquet, meubles anciens, livres, toiles d'artistes locaux, papier peint fleuri... Toutes possèdent salle de bains, clim et certaines une terrasse ou un balcon. Au petit déj, la maison fait même sa propre pâte à tartiner aux noisettes, si vous voyez ce qu'on veut dire... Un bon plan, d'autant qu'on se gare dans la rue sans problème. Resto sur place.

B & B Blanco *(plan centre, B3,* ***21****) : via Concezione, 3. 347-270-46-73 ou 328-007-79-03. • booking@blancobb.it • blancobb.it • Doubles 65-100 €.* *Blanco...* comme la déco sobre et lumineuse, dans un style design, tendance arty ! Ce bel appartement contemporain offre une grande pièce à vivre et 3 chambres chics et tout confort. 1 seule donne sur le port (la plus chère et la plus belle), les 2 autres se contentent d'un puits de lumière. L'ensemble reste malgré tout très agréable et l'on s'y sent bien. Une bonne option hors saison.

Caralis Holiday Guesthouse *(zoom B1,* ***22****) : via dei Genovesi, 83. 347-663-59-27 (Alessandro). • caralisholiday@gmail.com • caralisholiday.com • Doubles 55-70 €.* Dans un immeuble rénové du quartier du Castello, une poignée de chambres sobres, pas toujours bien grandes mais qui remplissent bien leur rôle. Celle du bas possède même sa propre cuisine (sans doute pour compenser son manque d'ouverture). L'ensemble demeure néanmoins plaisant. Petit déj servi en sous-sol, dans la petite salle voûtée. Parking au bout de la rue mais difficile d'y trouver de la place.

De prix moyens à chic

Gli Appartamenti dei Buoni e Cattivi *(plan centre, C1,* ***25****) : via San Domenico, 80-82. ☎ 070-734-52-23. • camere@buoniecattivi.it • buoniecattivi.it • Compter 64-80 € pour 2 ; min 3 nuits en basse saison, 5 nuits en hte saison. Réduc de 10 % sur présentation de ce guide.* Au cœur de Villanova, l'un des quartiers les plus sympa de Cagliari, 2 apparts climatisés donnant sur une charmante place piétonne. Celui du rez-de-chaussée, dominé par la couleur rouge, est un grand loft entièrement équipé. Il peut accueillir jusqu'à 4 personnes (canapé-lit). Le 2e, dont la qualité des équipements ne cède en rien à celui du dessous, se trouve à l'étage ; il est plus classique, avec sa cuisine toute blanche et sa chambre aux couleurs pastel.

Affittacamere Sardinia Domus *(plan centre, A2,* ***16****) : largo Carlo Felice, 26 (réception via Angioy, 23). ☎ 070-659-783. • hotel@sardiniadomusgroup.it • sardiniadomus.it • Doubles 50-110 €.* Dans un vieil appartement caressé par le feuillage des jacarandas en été, une douzaine de chambres à géométrie variable, offrant une élégante déco. Certaines donnent sur le boulevard (double vitrage), d'autres sur l'intérieur. On a apprécié la cuisinette (frigo, micro-ondes) mise à la disposition des hôtes dans la partie nouvellement aménagée. Le groupe gère également une douzaine de chambres du même tonneau, légèrement moins chères, appelées ***Cagliari Novecento*** et situées juste sur l'arrière, dans le même bâtiment. Accueil souriant et efficace.

B & B Antica Residenza Marina di Castello *(plan centre, B2,* ***18****)* **:** *via Roma, 75A. ☎ 070-289-04-77. 335-812-58-81. • locationcity@gmail.com • bedandbreakfastcagliaricity.it • Doubles 65-155 €.* Sur le front de mer, au dernier étage d'un vieil immeuble, un bel appartement aménagé dans un style moderne et élégant, à l'atmosphère décontractée. Au choix, de jolies chambres contemporaines, tranquilles, donnant principalement sur l'arrière. Et un atout de taille : la terrasse sur le toit, avec vue imprenable sur le port, où l'on sert le petit déj et où l'on aime s'attarder le soir aux beaux jours, devant un verre de *spritz* à l'heure de l'*aperitivo*. Accueil aimable de Sabrina.

Cagliari Boutique Rooms & Suites *(zoom C2,* ***19****)* **:** *via Garibaldi, 105. 345-597-45-57. • cagliarirooms@gmail.com • cagliarirooms.com • Attention, la via Garibaldi est interdite aux voitures. Réception 8h30-11h, sinon téléphoner avt. Doubles 70-120 € ; petit déj à prendre à l'Antico Caffè.* Dans la grande rue commerçante de Cagliari, ce vieil immeuble renferme 8 belles chambres douillettes, spacieuses (certaines avec dressing), lumineuses et très design, toutes dotées de vastes salles de bains. Les plus récentes occupent le 2e étage, les plus anciennes le 1er. Vue sur la rue animée (double vitrage) ou sur le puits de lumière à l'arrière. Thé ou café à dispo. Accueil sympa.

Birkin Castello *(zoom B1,* ***20****)* **:** *via Lamarmora, 116. 392-846-80-86. • infobirkin@gmail.com • birkinbb.com • Doubles 50-170 €.* Ce petit palais chargé d'histoire, qui fait le grand écart au niveau des tarifs d'une saison à l'autre, propose des chambres de caractère, dont 1 familiale sous les toits. Évidemment, l'ancien a ses inconvénients, avec des pièces parfois un peu biscornues. Mais le charme est indéniable. Petit déj léger (café-gâteau et *basta*) servi dans une agréable salle commune.

HÔTELS

Prix moyens

Hotel La Terrazza *(zoom B1,* ***15****)* **:** *via S. Margherita, 21. ☎ 070-668-652. • info@laterrazzahotel.com • laterrazzahotel.com • Doubles 70-85 € ; pas de petit déj.* Au pied du Castello tout en étant proche de tout, ce petit hôtel familial et convivial propose une quinzaine de chambres doubles ou triples, simples et sans prétention, au confort très correct. Comme elles sont réparties aux 1er, 2e et 5e étages, on a quand même une préférence pour celles les plus haut perchées. Un bon rapport qualité-prix-accueil.

De prix moyens à chic

Hotel Flora *(plan centre, A2,* ***24****)* **:** *via Sassari, 45. ☎ 070-658-219. • info@hotelfloracagliari.it • hotelfloracagliari.it • Doubles 80-130 €. Parking gratuit mais 1er arrivé, 1er servi (ou à réserver à l'avance par e-mail).* Quelques œuvres d'art visibles dès la réception (belle collection de jouets anciens) donnent le *la* de cet hôtel classique dont les escaliers de travertin mènent aux chambres. Plancher bois exotique, literie bien ferme, quelques lithos aux murs. Au choix, 4 catégories de chambres, toutes d'une finition impeccable. Petit déj-buffet généreux. Une bonne adresse.

Hotel Due Colonne *(plan centre, A2,* ***26****)* **:** *via Sardegna, 4. ☎ 070-658-710. • hotelduecolonne@libero.it • hotel2colonne.it • Doubles 100-110 €.* Cet hôtel ne brille ni par son charme, l'ensemble étant assez anonyme, ni par la qualité de son petit déj. En revanche, sa situation est idéale, l'accueil charmant et le confort de sa trentaine de chambres réel. Fitness, hammam, sauna, on en redemande...

Hotel Italia (plan centre, A2, **17**) **:** *via Sardegna, 31. ☎ 070-660-410. • info@hotelitaliacagliari.com • hotelitaliacagliari.com • Doubles 75-120 €.* Au cœur du quartier touristique de Marina, un hôtel labyrinthique, disposant d'une centaine de chambres sans charme particulier mais fonctionnelles. Préférez celles qui donnent sur l'arrière, bien plus calmes. Salle de fitness. Petit déj à oublier bien vite. Accueil professionnel.

Où manger ?

Très bon marché et sur le pouce

Coccodi (zoom B1, **30**) **:** *via S. Margherita, 9. ☎ 070-670-468. • panificiococcodi@hotmail.it • Tlj 7h-22h30 (plus tard en été). Fermé 14-16 août et parfois lun hors saison. Repas 8-10 €. Pour 1 repas, café offert sur présentation de ce guide.* Un petit café-salon de thé servant de délicieux gâteaux maison, ainsi qu'une belle sélection de plats du jour à choisir au comptoir pour composer son assiette (salades, pâtes, *antipasti* variés...). Le tout se déguste en terrasse (une poignée de tables) ou dans une longue salle colorée au mobilier hétéroclite. Service jeune et sympa.

Il Panino Rustico (plan d'ensemble, **45**) **:** *piazza San Rocco, 5. ☎ 070-461-02-49. Pause 15h30-19h30. Fermé dim. Repas 5-6 €.* En face du mercato San Benedetto, ce minuscule local partage son espace entre 3 tables... et surtout un comptoir débordant de fromages et de bonnes charcuteries pour confectionner son *panino* préféré ! Tout simple, bon et pratique.

Locanda Caddeo (plan centre, B3, **31**) **:** *via Roma, 5. ☎ 070-667-04-09. Tlj 11h30-0h30. Part de pizza max 3 €, salade env 9 €.* Il y a 2 *Locanda Caddeo* à Cagliari. La « maison mère », située sur le corso Vittorio Emanuele II, qui fait le plein à l'heure de l'*aperitivo*, et celle-ci, version sur le pouce, nichée dans un tout petit local avec plein de tables sous les arcades. Idéal pour une pause déjeuner rapide ou un snack accompagné d'un *spritz* en fin de journée.

Pizzeria Federico Nansen (plan centre, A1, **46**) **:** *corso Vittorio Emanuele II, 269. ☎ 070-667-03-35. Mar-ven 11h40-14h30, 18h40-23h30 ; sam-dim le soir seulement. Fermé lun. Env 5 € pour caler sa faim.* Ambiance de snack amélioré, dans une salle voûtée avec ses mange-debout. Ici, les *pizze* à pâte épaisse se vendent à la portion ou au poids et on peut même panacher. Accueil gentil.

Circolo dei Buoni e Cattivi (plan d'ensemble, **48**) **:** *via Francesco Gemelli, 1. 📱 346-17-59-84. Lun-sam 7h30-23h30, dim et j. fériés 7h30-14h.* Pour casser la croûte ou boire un coup parmi les paons et les joueurs de tennis. Pizzas le soir.

Bon marché

Ammentos (plan centre, A1, **34**) **:** *via Sassari, 120. ☎ 070-651-075. • andreagraziella@yahoo.it • Fermé mar. Résa conseillée. Menus 15-30 € ; repas 20-25 €.* Petit resto proposant pas moins de 7 menus différents, boissons comprises, tous ponctués par un *moscato* (les nains vont être contents, surtout si c'est Blanche-Neige qui régale !). Bref, une cuisine familiale sarde goûteuse et copieuse, déclinée en formules très abordables. Déco un peu chargée, préférez la terrasse. Le patron vient lui-même prendre la commande, quand ce n'est pas la patronne... Une bonne entrée en matière pour découvrir la cuisine de l'île.

Manàmanà (zoom B2, **32**) **:** *piazzetta Savoia, 3. ☎ 070-651-759. • vins1964@gmail.com • Fermé dim et j. fériés en saison, plus le soir lundi hors saison. Congés : janv. Repas 20-25 €. Apéritif maison offert sur présentation de ce guide.* Un café-resto-*risotteria* avec une salle tout en longueur, et surtout une belle terrasse, sous les arbres d'une charmante placette. On vient y déjeuner léger d'un plat du jour orienté terroir, ou boire un verre à la tombée de la nuit, avant de rester dîner (excellents *risotti*). Cuisine simple, fraîche, généreuse et faite avec amour, à dévorer sans compter.

Grains (zoom B1, **42**) : *scalette di Santa Chiara, 15. 320-836-64-17. Ts les soirs. Pizze 10-12 €.* Un comptoir, une dizaine de tables, autant sur la terrasse (en pente, mais les tables sont compensées). On ne vient certes pas là pour la déco, mais pour les *pizze* ! Préparées à base de farine semi-complète (voire complète), elles sont à la fois moelleuses, goûteuses et très digestes ! Côte garniture, on s'emploie aussi à sortir des classiques, avec des ingrédients de 1er choix. Également des *fainés,* sorte de galettes typiques de Sassari, à base de farine de pois chiches. Belle sélection de bières locales.

Framento (plan centre, A1, **33**) : *corso Vittorio Emanuele II, 82. ☎ 070-682-013. • framento.piz@gmail.com • Tlj à partir de 19h. Pizze 10-15 €.* De bonnes pizzas concoctées avec de la farine choisie soigneusement, une pâte levée dans les règles, et des ingrédients triés sur le volet. Ce qui explique des prix supérieurs à la moyenne. Évidemment, la longue salle voûtée affiche souvent complet, alors mieux vaut s'y pointer de bonne heure. Si vous êtes en avance, allez-donc siroter une bonne bière pression locale au comptoir !

Prix moyens

Sa Domu Sarda (plan centre, A2, **37**) : *via Sassari, 51. ☎ 070-653-400. • sadomusarda@gmail.com • Tlj. Menus 18-30 € ; carte 20-35 €.* Un resto bien connu des locaux pour son authentique et savoureuse cuisine de terroir, mitonnée avec de bons produits frais. Options bienvenues pour les végétariens et les intolérants au gluten. Le tout servi dans une salle chaleureuse, avec mobilier à l'ancienne, façon taverne sarde typique. Accueil très gentil.

Locanda dei Buoni e Cattivi (plan d'ensemble, **36**) : *via Vittorio Veneto, 96. 345-441-93-47. • locanda@buoniecattivi.it • À env 15 mn à pied de la piazza Yenne en remontant le corso Vittorio Emanuele II. Fermé sam midi et dim soir ; en août, ouv le soir seulement sauf dim. Repas 20-35 €.* Bienvenue chez *Les Gentils et les Méchants* ! Dans leur petite villa planquée dans un quartier résidentiel, ils vous promettent une cuisine de saison réalisée avec des ingrédients (le plus souvent bio) achetés chez des petits producteurs locaux. Autant dire que le menu change souvent. Service en adéquation avec la cuisine : gentil, attentionné et discret, un peu hésitant parfois mais vous êtes ici au cœur d'une fondation dont l'objet est la réinsertion sociale. Et puis si vous avez un peu trop apprécié le vin de la maison, vous pouvez même y passer la nuit (voir « Où dormir ? »).

Pani e Casu (zoom B1, **43**) : *via Santa Croce, 51. ☎ 070-858-66-29. • paniecasucagliari@gmail.com • Fermé lun midi juin-sept, lun tte la journée hors saison. Repas 25-35 €. Digestif offert sur présentation de ce guide.* Cuisine rustique typiquement sarde, spécialisée dans la viande (cochon de lait, sanglier, entrecôte de cheval...). À dévorer dans une salle simple, fraîche et joliment voûtée, ou sur la très belle terrasse aménagée sur la promenade des remparts (super vue !). Un bon rapport qualité-prix, même si le service est parfois un peu longuet en cas de forte affluence.

Plus chic

Ristorante 51 (plan d'ensemble, **49**) : *via Pola, 51. ☎ 070-733-90-61. À 15 mn à pied de la piazza Matteotti. Tlj sauf lun. Menus 25-35 €, boissons comprises ; repas 35-40 €.* D'abord une salle aménagée dans le style d'un martini-bar à l'américaine où s'affaire un personnel affuté. Ensuite des tables joliment dressées sur lesquelles vient s'attabler une clientèle locale sûre de ce qu'elle va trouver : des produits frais et une cuisine maîtrisée aux menus d'un bon rapport qualité-prix-service. Une adresse à cent lieues des pièges à touristes du centre-ville.

Crackers (plan centre, A1, **38**) : corso Vittorio Emanuele II, 195. ☎ 070-653-912. Fermé mer. Repas 30-35 €. Une grande salle fraîche, à la déco toute simple et discrète, fréquentée par des habitués et pas mal de touristes aussi enjoués. On s'y régale de succulents *risotti* ou de viandes, poissons, pâtes... Bref, une cuisine de pro sans esbroufe, concoctée avec de bons ingrédients de saison et servie avec gentillesse. Une excellente adresse.

Sa Piola (zoom B1, **47**) : vico Santa Margherita, 3. ☎ 070-666-714. Fermé dim soir. Résa fortement conseillée. Repas 40-50 €. Cette adresse labellisée *Slow food* offre une cuisine sarde maîtrisée et inventive dans un décor cosy à souhait pour un dîner en amoureux. Suggestions du chef réduites à leur plus simple expression (très peu de choix), vins bien choisis, service attentionné.

Où boire un café ? Où boire un verre ?

Caffè Svizzero (plan centre, A2, **50**) : largo Carlo Felice, 6. ☎ 070-653-784. Tlj 6h30 (7h sam, 8h dim)-22h. Belle salle pittoresque, avec arcades, briques et boiseries. Patiné par le temps et plein de charme, c'est l'un des plus vieux cafés de la ville. Idéal pour le petit déj, mais aussi pour l'*aperitivo*.

Bar à vins Sabores – Sapori di Sardegna (plan centre, A-B2, **58**) : via Baylle, 6. ☎ 070-653-216. Tlj sauf dim, lun mat et mar 11h-15h30, 18h30-23h30. Pour se familiariser avec les appellations de l'île ! Chaque jour, 5 ou 6 crus différents sont servis au verre à prix raisonnables. À déguster perché sur un tabouret avec de bonnes planches de charcuterie-fromages et autres *tramezzini*.

Caffè Pasticceria Tramer (zoom B2, **51**) : piazza Martiri d'Italia, 11. ☎ 070-652-828. Tlj 6h-20h30. Sorti de terre en 1857, ce café chicos tout en boiseries sombres s'est très vite imposé comme le *punto di ritrovo*, idéal quand on veut feuilleter son journal au soleil du matin devant un capuccino et un chou à la crème.

Antico Caffè (zoom C2, **52**) : piazza Costituzione, 10/11. ☎ 070-658-206. Tlj 7h-2h. Créé en 1855, ce café chic fut longtemps le QG des intellectuels et des artistes, comme Gabriele d'Annunzio, D. H. Lawrence, Grazia Deledda (Prix Nobel de littérature), Elio Vittorini... Élégante salle dans son jus, avec un superbe bar en bois sombre, pour une véritable atmosphère de café littéraire du XIXe s, flanquée d'une terrasse à l'ombre le matin. Touristique.

Caffè Libarium Nostrum (zoom B1, **53**) : via Santa Croce, 33. 📱 346-522-02-12. Tlj 7h-2h. Fermé lun hors saison. Perché sur le flanc ouest du Castello, ce bar branché dispose sans conteste de l'une des plus belles vues sur la ville à condition de prendre place sur la terrasse la plus élevée. Couchers de soleil sublimes ! On peut y rester dîner, mais mieux vaut avoir réservé car les tables sont prises d'assaut dès l'*aperitivo*.

Où déguster une bonne glace ?

Gelateria Pasticceria I Fenu (plan centre, D1, **70**) : piazza Galilei, 35 (angle via Oriani). • fabrizio fenu79@gmail.com • Tlj 12h-minuit. Les vrais amateurs de crèmes glacées connaissent bien cette adresse labellisée « *kilometro zero* », où Fabrizio, sorte de Mozart de la spécialité, concocte des saveurs étonnantes du type ricotta-amande, gorgonzola, figue de barbarie ou piment-pastèque.

Il Gelato Aresu (plan d'ensemble, **71**) : via Monti Vincenzo, 58. • gelatoa resu@gmail.com • Tlj sauf lun 9h-21h (pause sieste et fermeture plus tardive le w-e). Congés : janv-fév. Une simple adresse de quartier proposant, outre les grands classiques, des parfums originaux à partir de fruits et de... légumes frais. Goûtez donc à ceux pomme-cannelle, safran, écorce d'orange confite, *panettone* ou même... câpres, basilic ou encore radis et gorgonzola, selon l'inspiration du moment !

Gocce di Gelato e Cioccolato *(plan centre, A2, **72**) : piazza del Carmine, 21. Lun-sam 12h-22h ; dim 10h30-13h30, 16h30-22h30.* Cette petite boutique a pour spécialité les glaces au chocolat de toutes sortes. Des verrines et de petits chocolats à croquer également. À emporter seulement, mais la jolie place est idéale pour se poser sous les grands ficus.

Gelateria Peter Pan *(plan centre, B3, **31**) : via Roma, 1. Tlj 10h-23h30 ; horaires restreints hors saison, élargis en été.* Nombreux sont ceux qui ne veulent pas grandir, à en juger par le monde qui se presse au comptoir de ce glacier... Ou peut-être est-ce seulement parce que les glaces y sont bonnes et le choix varié ?

Où acheter de bons produits sardes ?

Sapori di Sardegna *(plan centre, B2, **80**) : vico dei Mille, 1. ☎ 070-684-87-47. • saporidisardegna.com • Mai-oct, tlj sauf dim 9h-21h ; hors saison, horaires réduits.* Une appétissante épicerie fine tenue par la sympathique famille Marongiu ; véritable royaume des produits du terroir sarde : jambons, saucissons, fromages, friandises, huile d'olive de Dolianova (l'une des meilleures de l'île) et vins envahissent les rayonnages. Accueil souriant en français et de très bon conseil. À 2 rues de là, ils possèdent aussi le petit ***bar à vins Sabores*** *(plan centre, A-B2, **58** ; via Baylle, 6 ; voir « Où boire un café ? Où boire un verre ? »).*

CAGLIARI

À voir

Si vous êtes en famille ou si vous avez un temps de visite limité, le ***City Tour Open Bus*** propose la visite des principaux sites de la ville mais il ne fonctionne pas quand il pleut. *☎ 070-669-409. • citytourcagliari.com • Départ de la piazza Yenne, ttes les 1h30, 9h30-18h30 (sur résa pour les groupes seulement déc-mars). Prix : 12 €/pers ; réduc ; gratuit moins de 4 ans. Durée : env 1h. Sinon le bus n° 7 part aussi de la piazza Yenne et fait le tour du centre historique pour 1,30 €, mais il faudra vous passer de commentaires.* Ou, pour une découverte personnalisée de Cagliari en *tuk-tuk* : ***Ape Calessino Quattro Mori*** (voir plus haut « Adresses et info utiles »).

Le quartier de Marina

Via Roma *(plan centre, A-B2-3) :* cette longue rue animée longe le port et vit au rythme de ses nombreux commerces et cafés nichés sous les arcades. La via Roma ne mène pas à Rome mais à quelques points névralgiques de la ville, comme la gare maritime, la gare ferroviaire, le terminal des bus, sans oublier l'office de tourisme. Dans l'alignement des bâtiments de ce front de mer, remarquez les quelques belles façades d'anciens palais...

Palazzo civico *(palazzo Bacaredda ; hôtel de ville ; plan centre, A2) : via Roma, 145. ☎ 070-677-80-14. Visite guidée en italien (brochure en français) le w-e 9h-13h30, 14h30-19h30 ; en sem, seulement sur résa. GRATUIT.* Inauguré en 1907, détruit par les bombardements en 1943 puis reconstruit entre 1946 et 1953, on admire aujourd'hui la façade à portiques de style gothique catalan, avec des fenêtres géminées et 2 tours octogonales, avant de découvrir dans la grande salle du conseil municipal *(sala del consiglio comunale)* de belles peintures retraçant l'histoire de la Sardaigne.

Le quartier de Stampace

Dans la partie basse de la ville, à l'ouest de Marina, Stampace est le plus ancien des quartiers historiques de Cagliari. On peut le découvrir à pied, en venant du Castello, au départ de la piazza Yenne. Suivre notamment les via Azuni, Sassari et Angioy *(plan centre, A-B1-2)*.

LA PAIX DES BRAVES

Le nom du quartier Stampace signifie sans doute sta' in pace (« repose en paix »), une phrase que l'occupant aragonais prononçait en précipitant du haut des fortifications tout contrevenant au couvre-feu... Mais il pourrait s'agir aussi de l'épitaphe réservée aux rebelles de la ville, appelés Stampacini... jusqu'au jour où ceux-ci reçurent le blason royal pour avoir sauvé le roi aragonais des griffes de pirates barbaresques !

Piazza Yenne et via Azuni *(zoom B1)* **:** c'est le cœur historique du Stampace, au pied de l'angle sud-est du Castello.

Les églises du quartier* :** via Azuni, jeter d'abord un œil à la ***chiesa Sant'Anna *(zoom B1 ; tlj 7h30-10h30, 17h-20h ; fermé lun hors saison),* édifiée au XVIIIe s, avant de gagner le bout de la rue (via Ospedale) pour admirer la très jolie ***chiesa San Michele*** *(plan centre, A1 ; lun-sam 8h-11h, 19h-20h30 ; dim et j. fériés 10h-12h, 19h-21h),* flanquée d'un vieil hôpital militaire. Construite entre 1664 et 1738, celle-ci est considérée comme une rareté architecturale car elle marie le style jésuite et le baroque espagnol ; preuve évidente de l'influence culturelle de l'Espagne dans l'histoire de la Sardaigne... À proximité, via Sant'Efisio, autre église emblématique, la ***chiesa Sant'Efisio*** *(zoom B1 ; jeu-dim 9h-14h).* Selon la légende, elle a été construite sur le site où aurait été incarcéré saint Éphise, le saint patron de la Sardaigne, en l'an 430 de l'ère chrétienne. Un lieu très animé pendant la grande fête annuelle qui, chaque année (du 1er au 4 mai), célèbre ce saint fondateur.

Le Castello

Se visite à pied en sillonnant ses charmantes ruelles, au départ du bastione di San Remy *(zoom B2).* Accès aussi possible par la porta dei Due Leoni *(zoom B2),* ou encore par l'ascenseur situé au niveau du parking du viale Regina Elena, s'il fonctionne *(zoom C1)* ; pour un accès plus aisé, prendre le bus n° 7 depuis la piazza Yenne *(tlj, départ ttes les 15-30 mn 6h-22h).*

Bastione di San Remy *(zoom B2)* **:** *accès par les escaliers de la piazza Costituzione, ou, quand il fonctionne, par l'ascenseur. Bus n° 7 depuis la piazza Yenne.* Construit à la fin du XIXe s sur les vestiges des remparts espagnols, bombardé pendant la 2de Guerre mondiale et enfin reconstruit, le bastion demeure l'un des hauts lieux monumentaux de la ville. Il constitue la pointe sud du Castello, le cœur historique de Cagliari. Depuis la partie haute, le panorama embrasse une bonne partie de la ville.
Désormais, la ***passeggiata coperta*** ainsi que la ***galeria dello Sperone*** sont ouvertes au public *(mai-sept, tlj 10h-14h, 15h-19h ; hors saison, horaires réduits ; entrée 3 €, réduc ; visite guidée en italien 3 €).* Grande galerie couverte assez photogénique, dans laquelle sont prévues des expos temporaires dès que l'ascenseur sera réparé. Quant à la galeria dello Sperone, on y voit un bout de mur d'époque pisane et une citerne punique. Si vous n'êtes pas spécialiste, gardez donc vos 3 € pour une bonne glace !

Piazza Palazzo *(zoom B1)* **:** c'est le centre du quartier, grande et belle place paisible qui pourrait servir de décor à un film historique. Elle est bordée de belles façades parmi lesquelles se dressent le *duomo,* le *palazzo Regio* (ancien palais royal), construit en 1337 par les Aragonais, et le *palazzo di Città*. Pendant des siècles, la piazza Palazzo fut le cœur, le moteur et la tête du pouvoir royal en Sardaigne.

Duomo Santa Maria (zoom B1) : *piazza Palazzo, 4. ☎ 070-663-837. • duomodicagliari.it • Lun-sam 9h-14h, 16h-20h ; dim 8h-13h, 16h30-20h. Accès au clocher lun-sam 9h-13h mais interdit aux moins de 10 ans ; tarif : 3 €, visite guidée comprise ; rens et résas : 366-256-28-26. Pas de short, pas de débardeur.* À l'origine, aux XIe et XIIe s, elle fut une église pisane, mais rien dans son architecture ne nous le rappelle aujourd'hui. Sa façade baroque du XVIIe s a été remodelée dans le style roman de Lucques en 1925. L'intérieur – décoré de marbre polychrome – est également de style baroque. Ne ratez pas l'***ambon de Guglielmo*** (du nom du maître qui l'a sculpté) : cette tribune normalement placée au niveau du chœur se trouve ici de part et d'autre de l'entrée, chaque partie étant soutenue par 4 colonnes. Exécuté pour la cathédrale de Pise entre 1158 et 1162, cet ambon fut solennellement offert à Cagliari en 1312 ; les Pisans en ayant commandé un nouveau se débarrassaient ainsi de l'ancien, tout en resserrant les liens avec les Sardes ! Les ***magnifiques bas-reliefs*** sculptés évoquent des scènes du Nouveau Testament. Les lions qui le soutenaient à l'origine se situent désormais au pied des balustrades du chœur surélevé. La ***crypte,*** quant à elle, abrite les riches tombeaux des princes de la maison de Savoie (donation bienvenue).

– Dans la ruelle à droite de l'édifice se cache le petit ***museo del Duomo*** : *via del Fossario, 5. 328-268-77-31. • museoduomodicagliari.it • Mar-ven 16h30-19h30 ; w-e 10h-13h, 16h30-19h30. Entrée : 5 € ; réduc ; gratuit moins de 8 ans.* Il abrite le trésor de la cathédrale, dont la pièce maîtresse demeure le triptyque de Clément VII (fin XVe s), exprimant une subtile douleur...

BOUÉE DE SAUVETAGE DIVINE

Le triptyque du pape Clément VII fut volé dans ses appartements lors du sac de Rome en 1527. Déguerpissant par bateau, les pilleurs rencontrèrent une effroyable tempête qui faillit les engloutir. Terrifié, le voleur du triptyque promit alors de restituer la peinture en échange de son salut ! C'est ainsi qu'elle fut remise aux autorités religieuses du littoral de Cagliari. Informé, le pape en fit don au Duomo, à condition qu'il soit exposé à la vénération des fidèles chaque année au 15 août.

Palazzo di Città (zoom B1) : *piazza Palazzo, 6. ☎ 070-677-64-82. • sistemamuseale.museicivicicagliari.it • Tlj sauf lun 10h-20h (18h hors saison). Entrée : 6 € ; réduc ; gratuit moins de 7 ans. Billet combiné avec la galleria comunale d'Arte et le museo d'Arte siamese : 8 € ; réduc. Qu'il soit combiné ou pas, le prix du billet est majoré à l'occasion des expos temporaires.* De 1331 à 1896, soit pendant près de 6 siècles, ce palais servit d'hôtel de ville. L'empereur Charles Quint, maître de l'Espagne et du Nouveau Monde, y logea en 1535. Il abrite aujourd'hui, en saison principalement, des expos temporaires d'art contemporain.

Palazzo Regio (zoom B1) : *piazza Palazzo, 2. ☎ 070-409-20-10. Tlj 10h-19h (18h30 hors saison ; fermé pdt les sessions de travail). Entrée : 2,50 € (env 4 € si expo temporaire) ; 5 € avec visite guidée.* Également appelé *palazzo Reale* ou *palazzo Viceregio*, l'édifice actuel occupe l'emplacement d'un 1er bâtiment édifié en 1337 par les Aragonais, qui y installèrent le siège de leur pouvoir après avoir renversé les Pisans. Largement remanié par la suite, ce dernier s'est métamorphosé pour accueillir aux XVIIIe et XIXe s la cour de la maison de Savoie en exil. Aujourd'hui, il demeure le siège de la préfecture et de la province de Cagliari. La visite, intéressante, permet de découvrir à l'étage de belles salles de travail ou d'apparat agrémentées d'une foultitude de meubles d'époque, de moulures, de dorures et de lustres de Murano ou de Bohême. L'ancienne salle du trône, qui abrite désormais la salle du conseil, se visite également.

Torre di San Pancrazio (zoom B1) : *piazza Indipendenza. 366-256-28-26.* **Fermée pour travaux de restauration.** *En été, tlj 10h-19h ; hors saison, horaires restreints. Entrée : 3 € ; réduc. Interdit aux moins de 7 ans pour raison de sécurité.* Construite en 1305, cette grande et belle porte d'entrée de la zone fortifiée, surmontée d'une haute tour en calcaire blanc, a pour particularité d'être ouverte côté ville : ce qui permet d'admirer sa structure intérieure de l'extérieur. 89 marches mènent à sa terrasse, point culminant de la ville.

Torre dell'Elefante (zoom B1) : *piazza San Giuseppe. 366-256-28-26.* **Fermée pour travaux de restauration ; doit rouvrir prochainement.** *En été, tlj 10h-20h ; hors saison, horaires restreints. Entrée : 3 € ; réduc. Interdit aux moins de 7 ans.* Sur la façade extérieure, la statuette d'un éléphant a donné son nom à cette tour – haute de 30 m – construite en 1307 par l'architecte sarde Giovanni Capula. Comme la torre di San Pancrazio, elle a une façade ouverte sur la rue. Pour jouir d'une vue panoramique sur la ville, montez... non pas sur l'éléphant, mais au sommet de la tour (119 marches) ! Le mécanisme ancien de herses qui permettait de sécuriser les portes est toujours en place.

Porta dei Due Leoni (zoom B2) : *via Spano, au sud du Castello, dans les remparts.* Autre vieille porte d'accès au Castello, elle doit son nom aux 2 têtes de lion sculptées au-dessus de l'arc en plein cintre.

La Citadella dei Musei

Au nord du Castello, la Citadella dei Musei rassemble sur un petit espace – assez inesthétique, il faut bien le dire – plusieurs musées intéressants. Ils sont tous fermés le lundi.

Museo archeologico nazionale (zoom B1) : *☎ 070-605-182-45 (billetterie). • museoarcheocagliari.beniculturali.it • Tlj sauf lun 9h-20h (fermeture caisse à 19h15). Entrée : 7 € ; réduc ; gratuit moins de 18 ans et pour tous le 1er dim du mois oct-mars. Billet combiné avec la Pinacoteca nazionale : 9 €. Textes en italien et partiellement traduits en anglais.*
Un musée très riche, dont les salles, réparties sur plusieurs niveaux, exposent les découvertes des fouilles réalisées en Sardaigne. De la préhistoire à l'époque nuragique jusqu'aux Phéniciens et Romains, sans oublier l'héritage carthaginois et byzantin.
– Au ***rez-de-chaussée,*** les salles consacrées au Néolithique, à l'âge du bronze et à celui du cuivre abritent céramiques, statuettes, pierres taillées (belles pointes de flèche en obsidienne), bijoux en os ou coquillages. Ceux-ci proviennent essentiellement des fouilles de tombes. Remarquez les figurines représentant des divinités féminines, dont certaines, comme la *Dea Madre,* sont d'une étonnante modernité alors qu'elles datent de 3300 avant notre ère. Intéressante collection de haches de la fin de l'âge du bronze. La section sur la culture nuragique propose différentes maquettes des principaux types de monuments visibles sur l'île (et notamment les célèbres tombeaux des géants), ainsi qu'un ensemble exceptionnel de statuettes en bronze représentant divinités, guerriers, athlètes, animaux, qui ne sont pas sans évoquer la civilisation étrusque. Autant d'offrandes que l'on enfermait dans les tombes pour protéger les défunts des envahisseurs... Suit une section d'objets phéniciens, puniques et gréco-romains, avec son lot de céramiques, d'amulettes et de bijoux...
– Au ***1er étage,*** statuaire de l'époque romaine (beau Bacchus), mosaïques, céramiques, et notamment de curieux ex-voto (mains, têtes et masques), retrouvés au fond de la lagune de Santa Gilla.
– Au ***2e étage,*** votre mission : trouver la *stele di Nora,* une tablette phénicienne en pierre sur laquelle apparaît – pour la 1re fois – le nom « Sardinia » (en langue phénicienne). Voir aussi les autres stèles de la cité punique et romaine de Nora, près de Pula. Et la stèle dorée d'une jolie figure féminine mise au jour au monte Sirai (Carbonia).

– Quant au *3ᵉ étage,* il regroupe quelques étonnantes sculptures provenant de Mont'e Prama (fascinants guerriers au port hiératique que l'on peut étudier sous tous les angles grâce à un modélisateur 3D), où s'est développé un style spécifique, unique, qui s'est épanoui parallèlement à la culture nuragique.

Pinacoteca nazionale (zoom B1) : ☎ 070-662-496. • pinacoteca.cagliari.beniculturali.it • Tlj sauf lun 9h-20h (fermeture caisse à 19h15). Entrée : 4 € ; réduc ; gratuit moins de 18 ans. Billet combiné avec le Museo archeologico nazionale : 9 €. Textes en italien seulement. Commencez la visite par le niveau situé à l'entrée et dans le sens antihoraire. Ici, les collections proviennent essentiellement des églises de l'île, mais ce qui justifie vraiment une halte, ce sont les **retables catalans et sardes des XVᵉ-XVIᵉ s,** comme le très beau *Retablo dell'Annunciazione* de Juan Mates, le *Retablo di San Bernardino* signé Juan Figuera, et surtout celui de *Sant'Eligio* peint par le maître de Sanluri (début XVIᵉ s). Au cours de la visite qui se poursuit en sous-sol (peu d'œuvres remarquables en revanche), on découvre aussi un pan de la muraille de la fortification espagnole d'origine (1552-1563).

Museo etnografico regionale – Collezione Luigi Cocco (zoom B1) : tlj sauf lun 9h-20h (dernière admission à 19h). Entrée : 3 € ; 2 € en sus pour la visite guidée (en français ou en anglais mais sur résa) ; gratuit pour tous le 1ᵉʳ dim du mois oct-mars. Pour les amateurs du genre, une petite collection de textiles traditionnels, très colorés, de bijoux et d'amulettes des XVIIIᵉ-XXᵉ s. Le tout est exposé sur 2 niveaux au sein d'une section en ruine des anciennes fortifications. Tout est en italien et les explications sont assez chiches, mieux vaut opter pour la visite guidée.

Museo d'Arte siamese (zoom B1) : ☎ 070-677-65-43. • sistemamuseale.museicivicicagliari.com • Tlj sauf lun 10h-20h (18h sept-mai) ; dernier billet 30 mn avt fermeture. Entrée : 3 € ; réduc ; gratuit moins de 7 ans. Billet combiné avec la galleria comunale d'Arte et le palazzo di Città : 8 € ; réduc. Qu'il soit combiné ou pas, le prix du billet est majoré à l'occasion des expos temporaires. Paiement possible en ligne. Brochure en anglais. La Thaïlande en Sardaigne, comme c'est exotique ! Ce beau petit musée, qui a fêté ses 100 ans en décembre 2020, présente la majeure partie des 1 300 objets donnés à la ville de Cagliari par Stefano Cardu (1849-1933), un aventurier sarde qui servit à la cour du roi du Siam. Porcelaines, statuettes du Bouddha dans toutes les positions, objets rituels, imposante collection d'armes blanches, vases en argent, peintures sur soie... Étonnant !

La Raccolta delle cere anatomiche di Clemente Susini (museo delle Cere anatomiche ; zoom B1) : ☎ 070-675-40-83. • pacs.unita/cere/ • Tlj sauf lun 9h-13h, 16h-19h. Entrée : 3 € ; réduc. Audioguide en anglais : 2 €. Courte exposition d'une vingtaine de reproductions en cire, œuvre de Clemente Susini (1754-1814), ayant servi au XIXᵉ s à des cours d'anatomie. Cette collection de cires anatomiques est considérée comme l'une des plus belles au monde. Véritables œuvres d'art, en plus de décrire le corps humain en détail, ces cires, modelées entre 1803 et 1805 dans le laboratoire de céramique du museo della Specola à Florence, témoignent des connaissances médicales et chirurgicales de l'époque.

Au nord du Castello

Galleria comunale d'Arte (plan d'ensemble et hors zoom par B1) : largo Giuseppe Dessì ou viale San Vincenzo, 2. ☎ 070-677-75-98. • sistemamuseale.museicivicicagliari.it • Tlj sauf lun 9h-13h, 16h-20h (10h-18h sept-mai) ; dernier billet 30 mn avt fermeture. Entrée : 6 € ; réduc ; gratuit moins de 7 ans. Billet combiné avec le palazzo di Città et le museo d'Arte siamese : 8 € ; réduc. Qu'il soit combiné ou pas, le prix du billet est majoré à l'occasion d'expos temporaires.
C'est le musée d'art de la ville, installé dans une élégante bâtisse néoclassique rose, tout au bout d'un long et beau jardin public perché à flanc de colline.

– Au ***rez-de-chaussée,*** vous serez accueilli par quelques œuvres des maîtres futuristes Umberto Boccioni et Carlo Carrà, puis par les « travailleurs » d'Antonio Mura. Plus loin, émouvante pietà signée ***Francesco Ciusa*** ainsi qu'un portrait de l'écrivain Salvatore Cambusu (le cousin de Grazia Deledda) par Maria Lai.
– À l'***étage,*** la tendance est à l'austérité élégante dans le portrait (voir les tableaux de Carlo Socrate). Belle série signée ***Pilippo de Pisis*** (jolie vue de Paris par petites touches). Mais nos 2 coups de cœur vont à Mario Mafai (belles couleurs, notamment le rouge de l'accordéon dans *Il Suonatore di fisarmonica*) et surtout à ***Mino Maccari.*** Ses personnages (beaucoup de dames et de prostituées), croqués un peu à la Daumier et Forain, sont vraiment drôles et colorés. Très présent aussi, ***Giorgio Morandi,*** un des peintres italiens les plus importants du XXe s.
– La visite se poursuit de nouveau au rez-de-chaussée avec des bronzes de ***Leonardo Bistolfi*** puis par les salles où sont exposées les œuvres divisionnistes ou futuristes : ***Boccioni*** (encore lui), mais aussi Giacomo Balla et Giuseppe Cominetti. Enfin, après avoir fait le tour des sculptures de Francesco Ciusa, ne sortez pas sans avoir prêté l'oreille à la ***vidéo de Maria Lai,*** enregistrée 3 ans avant sa mort et dernier témoignage de l'artiste sur son œuvre.

CAGLIARI

Entre le Castello et le quartier de Stampace

Anfiteatro romano *(zoom B1)* **:** *via Sant'Ignazio da Laconi, 19. Au nord-ouest du centre-ville.* ***Actuellement en cours de restauration*** *(l'arène ainsi que les couloirs souterrains ne sont pas encore rouverts au public). Juin-sept, tlj 10h-14h, 15h-19h ; en hiver, tlj 10h-17h. Fermé 1er janv et 25 déc. Entrée : 3 € ; réduc.* Il s'agit des vestiges romains les plus significatifs de Cagliari. Édifié au IIe s apr. J.-C., moitié en pierres calcaires, moitié en creusant le roc, cet amphithéâtre pouvait accueillir près de 10 000 spectateurs à l'occasion des spectacles de cirque et des naumachies (reconstitution des batailles navales). Au Moyen Âge, une grande partie du monument s'étant écroulée, des pierres ont été utilisées pour construire le Castello. Le site reste intéressant, mais il faudra toutefois attendre la fin des restaurations en cours pour en profiter pleinement.

Orto botanico *(Jardin botanique ; plan d'ensemble et hors plan centre par A1)* **:** *via Sant'Ignazio da Laconi, 11. ☎ 070-675-35-12. • ortobotanico@unica.it • ortobotanicoitalia.it/sardegna/cagliari • Avr-oct, tlj sauf lun 9h-18h (horaires de fermeture en fonction du coucher du soleil) ; nov-mars, tlj sauf lun 9h-14h. Entrée : 4 € ; réduc ; gratuit moins de 6 ans.* Au nord-ouest du Castello, ce jardin botanique présente la plus grande variété de plantes jamais réunies en Sardaigne. Sur 5 ha, il renferme plus de 2 000 espèces venues d'Amérique, d'Afrique, d'Asie et des îles du Pacifique, ainsi que les plantes de la Méditerranée. Le *museo Erbario* (herbarium) abrite un herbier de 50 000 plantes séchées. Et dans le jardin, des grottes et vestiges de l'époque romaine... Une étape fraîche en été.

Parco della necropoli di Tuvixeddu *(plan d'ensemble)* **:** *via Falzarego, 49. Tlj. GRATUIT.* Ce site archéologique situé sur une position dominante est ***la nécropole punique la plus importante de Méditerranée.*** *Tuvixeddu* signifie « la colline aux petits trous » en langue sarde. Entre le IVe et le IIIe s avant notre ère, les Carthaginois avaient choisi cet endroit pour y enterrer leurs morts. Sur place, panneaux explicatifs en italien et en anglais, malheureusement brûlés par le soleil.

Le quartier de Villanova (au pied du Castello)

Villanova est un quartier qui s'est développé à partir du XIIIe s. Véritable village adossé à la ville, il devient très tôt le lieu de rassemblement des paysans des environs. Jusqu'au XXe s, des marchés de fruits et légumes s'y tenaient régulièrement.

Via San Giovanni *(zoom C1-2)* **:** c'est l'épine dorsale du quartier qui commence à 200 m au nord de la piazza Costituzione. Bordée de petites maisons colorées à 1 ou 2 étages, elle donne un bel aperçu de la vie de ce quartier populaire, au pied du Castello.

Via San Saturnino *(zoom C1)* **:** au pied du Castello, les murs de la via San Saturnino sont devenus un véritable terrain d'expression. Mais les amateurs de *street art* proprement dit risquent bien d'être déçus car il s'agit plutôt ici de graffitis...

Chiesa e convento San Domenico *(plan centre, C-D1)* **:** *piazza San Domenico, 4. ☎ 070-662-837. Lun-sam 8h30-10h, 18h-19h30 (20h en été) ; dim 8h30-12h.* Au cœur du quartier de Villanova, voici le plus bel exemple d'architecture gothique aragonaise à Cagliari. L'extérieur bombardé en 1943 a été reconstruit dans le style de l'après-guerre, mais l'intérieur abrite le cloître originel – d'une grande élégance –, qui a survécu aux affres de l'histoire.

Basilica di San Saturnino *(plan centre, D2)* **:** *piazza San Cosimo. Jeu-sam 9h-20h (horaires variables selon saison). GRATUIT.* Cette modeste église (ou plutôt ses beaux vestiges) possède une grande histoire car elle serait le plus vieux monument chrétien de l'île. Bâtie vers le VIe s au pied de la colline de Bonaria, près d'une nécropole chrétienne (la plus ancienne de Cagliari), elle aurait hébergé entre 1082 et 1119 des moines de Saint-Victor de Marseille, qui y installèrent le siège de leur prieuré sarde.

Monte Urpinu *(plan d'ensemble)* **:** *à l'est du quartier de Villanova. Bus n° 10 depuis la piazza Costituzione ; sinon compter 20-25 mn à pied.* Parc le plus ancien de la ville, il figure en arrière-plan sur pratiquement toutes les photos de mariage. La vue sur Cagliari est magnifique. On y trouve une bonne adresse, ***Circolo dei Buoni e Cattivi*** (voir « Où manger ? »).

Fête et manifestation

– ***Processione della Settimana santa*** **:** *Semaine sainte.* Le Vendredi saint, la statue du Christ mort est portée jusqu'à la petite église SS. Crocefisso, où a lieu la cérémonie de la déposition de la Croix. Le dimanche, la statue de la Madone est portée en procession par des femmes et celle du Christ par des hommes. Les 2 cortèges se rejoignent sur la place de la Costituzione.

– ***Festa di Sant'Efisio*** *(fête de Saint-Éphise)* **:** *1er-4 mai.* Elle dure 4 jours. ***C'est la fête religieuse la plus importante de Sardaigne.*** On prétend aussi que ce serait une des processions les plus longues du monde : 80 km de cortège ! La procession part le 1er mai de l'église de Sant'Efisio, dans le quartier du Stampace. La statue du saint est placée sur un char tiré par des bœufs, suivi par d'autres chars (les « *traccas* ») et une foule de cavaliers costumés, de musiciens et de fidèles. Le 2e jour, le cortège rejoint Pula et les ruines de Nora. Le 3 mai, après les offices religieux, on offre des repas aux plus pauvres. Le dernier jour, tout le monde rentre au bercail.

DANS LES ENVIRONS DE CAGLIARI

Parco naturale Molentargius-Saline *(anciens marais salants ; plan d'ensemble)* **:** *derrière la plage del Poetto. Infopoint : Edificio Sali Scelti, viale La Palma, s/n. ☎ 070-379-191. 📱 340-546-12-35. • parcomolentargius.it • Tlj 8h-20h (18h sept-avr). Fermé 1er janv, dim de Pâques et 25-26 déc. GRATUIT. Possibilité de visites guidées en minibus électriques. Loc de vélos.* Cernés par le béton de la spiaggia del Poetto et de Quartu Sant'Elena (pour le charme, on repassera !), ce sont

CAGLIARI

d'anciens marais salants, en activité jusqu'en 1985. Ils font aujourd'hui partie d'un parc naturel de 1 400 ha destiné à préserver l'écosystème. Nombreux oiseaux, dont les plus remarquables sont les flamants roses. Ces migrateurs aiment nidifier sur les rives de l'étang, au printemps et en automne, saisons idéales pour les observer.

Spiaggia di Calamosca *(plan d'ensemble)* **:** *dans les faubourgs est de Cagliari, à 5 mn en voiture du centre-ville en longeant le largo Carlo Felice, le lungomare New York 11 Settembre et le viale Cristoforo Colombo. Sortie Calamosca-Borgo Sant'Elia. En bus, lignes CTM 5/11.* Bien abritée du mistral et un peu moins l'usine que sa grande sœur la spiaggia del Poetto située un peu plus au nord, la plage de Calamosca est une crique naturelle de sable blanc bordée d'une mer cristalline. Cela dit, vous n'y serez certainement pas seul en été ! Resto-bar sur place. Les rétifs à la bronzette qui préfèrent la rando opteront pour le ***sentiero naturalistico Sella del Diavolo,*** un chemin balisé qui part de la plage et offre un parcours superbe vers les vestiges d'un fort de la 2de Guerre mondiale et la tour Sant'Elia construite par les Pisans en 1292. L'occasion au fil de cette rando d'égrener aussi quelques sites puniques d'intérêt, notamment des citernes. Compter bien 3h pour tout faire.

Giardino sonoro Pinuccio Sciola : *via Oriana Fallaci, à* ***San Sperate.*** *324-587-50-94. • ungiornoasansperate@gmail.com • psmuseum.it • À une vingtaine de km au nord-ouest de Cagliari, compter une bonne ½ heure en voiture. Tte l'année : de mi-mai à fin sept, visite guidée tlj, ttes les heures 10h-19h ; le reste de l'année, horaires réduits, consulter le site ou téléphoner avt. Entrée : 5 € ; réduc.* En prenant l'initiative de recouvrir les murs de son village d'un enduit à base de calcaire afin de permettre à de nombreux muralistes de s'exprimer, l'artiste Pinuccio Sciola a véritablement révolutionné la vie locale. Aujourd'hui, San Sperate, à l'instar d'Orgosolo (province de Nuoro), est devenu un véritable musée à ciel ouvert. Dans son jardin secret, cet artiste de dimension internationale, connu pour son travail sur la sonorité des pierres, expose plus de 700 sculptures de granite, de basalte ou de calcaire, dont certaines émettent d'étranges sons quand on les effleure. À découvrir au fil d'une visite guidée de 30 mn environ, que l'on peut prolonger par une découverte individuelle dans le jardin puis dans le village.

LE SUD-OUEST

• Carte *p. 95*

LE SULCIS-IGLESIENTE

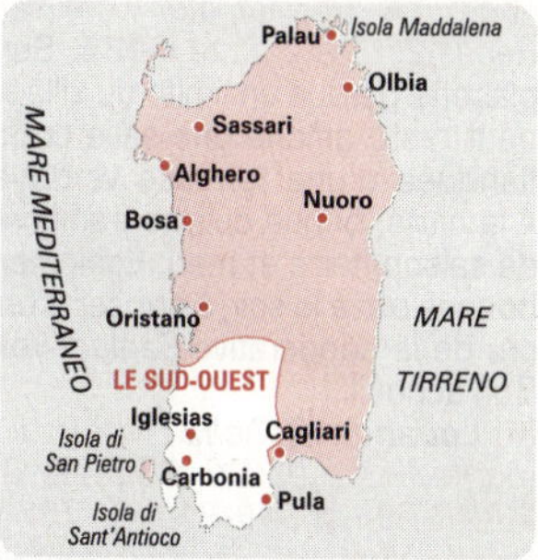

Habité depuis plus de 5 000 ans, le Sulcis-Iglesiente, riche en gisements minéraux, fut de tout temps une région très convoitée. Avec un arrière-pays de montagnes rougeâtres recouvertes d'un épais maquis d'où émergent çà et là les ruines pittoresques d'un passé industriel révolu et une côte déchiquetée balayée par les vents, il offre aux amateurs de nature sauvage un terrain d'exploration sans pareil.
Depuis Cagliari, 2 options pour s'y rendre : la première est directe, elle contourne le *monte Arcosu* par le nord en empruntant la plaine du Campidano. Elle conviendra parfaitement aux amateurs de vieilles pierres et de villages secrets. La seconde, après un petit détour par l'entrée sud du parc naturel régional du Gutturu Mannu, suit la côte en direction de l'archipel des Sulcis, égrenant de gentilles petites stations balnéaires au passage...

DE CAGLIARI À L'ARCHIPEL DES SULCIS PAR L'INTÉRIEUR DES TERRES

Cet itinéraire qui enchaîne village agricole sur village agricole est loin d'être dénué d'intérêt. Outre l'étrange *castello di Acquafredda* (XIIIe s), on découvre la *Casa delle Fate* (la plus grande nécropole de *domus de Janas* de Sardaigne, avec des tombes vieilles de 5 000 ans), une cave, une belle grotte et de savoureuses petites adresses de cuisine de terroir. Depuis Cagliari, prendre la SS 130, puis la quitter pour la SP 2 au niveau de l'échangeur de Sa Mura, puis SP 293 juste avant Siliqua.

Où dormir ? Où manger ?

Le Due Tuie : *via Salazar, 8, 09010* ***Piscinas.*** *☎ 393-403-04-80 ou 331-222-25-48. En arrivant à Piscinas par le nord, au feu, prendre à gauche, puis encore à gauche. De mi-avr à mi-oct. Doubles 65-130 €.* Petit *B & B* planqué dans un bled vraiment pas rock & roll (tranquillité assurée). Il offre néanmoins une poignée de chambres en rez-de-chaussée qui donnent toutes sur une terrasse farcie de plantes vertes. Une bonne étape pour une nuit (un peu surfacturé en été quand même...). Accueil sympa de Nicoletta.

Agriturismo Sa Reina : *loc. Sa Reina, Is Fiascus, 09010* ***Masainas.*** *☎ 344-186-85-47. • sutreulubiu@gmail.com • En plein milieu des vignes. Tte l'année, tlj sauf lun (seulement le soir et dim midi en été). Résa conseillée. Repas complet 32 €.* Samuel et Ania ont la fibre écolo. Ils ont monté leur petite entreprise en biodynamie en essayant de parvenir à l'autonomie. Résultat, les murs en paille de leur resto « *kilometro zero* » font 50 cm de large et tout est fait maison. On attend juste qu'ils sortent quelques chambres de terre...

Licu & Giuannicu : *piazza Repubblica, 8, 09010* ***Santadi.*** *☎ 0781-95-42-29. • annagrek2009@libero.it • Tlj sauf mer hors saison. Repas 25-30 € ; pizze 5-12 €.* Sur une placette perdue en limite du village, ce petit resto affiche une salle coquette flanquée d'une terrasse verdoyante. À la carte, bonne cuisine traditionnelle de saison (terre et mer). Également de bonnes *pizze* le soir, à arroser d'un bon cru de la coopérative *Santadi* voisine. Bon accueil.

Locanda Rosella : *via P. di Piemonte, 135, 09010* ***Giba.*** *☎ 0781-96-40-29. 340-313-43-76. • la.rosella.giba@tiscali.it • En bordure de la route qui traverse le village. Tlj sauf lun. Repas 30-35 € ; menus 25-30 € (2 pers min).* En entrant dans cette bonne auberge, on est un peu surpris par la réception, avec ses murs blancs couverts de messages laissés par les visiteurs. Puis on passe dans la longue salle à l'ambiance agréablement surannée. Au programme, une solide cuisine sarde, un brin revisitée puisqu'elle n'oublie pas les vegans. Cochon de lait sur commande (4 personnes). Accueil sympa. Quelques chambres à l'étage si vous avez un peu trop poussé sur le jaja.

Letizia Ristorante : *via San Pietro, 12-14, 09010* ***Nuxis.*** *☎ 0781-95-70-21. 327-066-26-24. • riletizia@gmail.com • Parking un peu plus haut dans la rue sur la droite. Tlj sauf mar. Repas 35-40 € ; menu 40 €.* Au cœur du village, ce resto ne paie vraiment pas de mine avec sa grande salle d'un autre temps, mais les gens du coin ne sont pas dupes : ils viennent là en nombre savourer une cuisine régionale mitonnée avec des produits locaux, dans le respect des saveurs. Également de bonnes *pizze* le soir. Accueil charmant.

Où déguster et acheter du bon vin ?

Cantina Santadi : *via Cagliari, 78, 09010* ***Santadi.*** *☎ 0781-95-01-27. • cantinadisantadi.it • Au rond-point, à l'entrée de Santadi. Tlj sauf sam ap-m et dim 8h-13h, 16h30-19h (horaires restreints de mi-oct à fin avr). Visite et dégustation gratuites sur rdv.* Créée dans les années 1960, cette coopérative regroupe 250 producteurs travaillant sur un vignoble de 600 ha, pour une production annuelle de 1,8 million de bouteilles. Et c'est du bon ! Si vous faites la visite, vous verrez les cuves et l'immense cellier où vieillit le vin tantôt en fût de chêne, tantôt dans d'étonnantes jarres en terre cuite... Le cépage de la région (le Sulcis) est le *carignano.* La star des assemblages de la coopérative demeure le ***Terre Brune*** (sublime, mais c'est aussi le plus cher !). Ensuite, le ***Rocca Rubia*** est un pur *carignano* d'un bon rapport qualité-prix. Et puis le ***Noras*** est élaboré avec 90 % de *cannonau* et 10 % de *carignano.* En blanc, goûter le ***Cala Silente,*** à base de cépage *vermentino.* Enfin, pour les amateurs de vin doux, le ***Latinia*** est élaboré en laissant mûrir très longtemps le *nasco* sur son cep.

À voir. À faire

Castello di Acquafredda : *à 5 km au sud de Siliqua, au bord de la SP 293. 349-156-40-23 ou 349-742-80-14. • antarias@tiscali.it • castellodiacquafredda.com • Tlj 9h30-17h30 (horaires élargis en été, voir leur site). Entrée : 4,50 € (visite libre) + 1,50 € si visite guidée ; réduc. L'entrée donne droit à une réduc dans les sites archéologiques suivants : parco archeologico di Monte Sirai, necropoli di Montessu et tempio di Antas.* Perchée sur un cône volcanique dominant la plaine du Campidano, cette forteresse ayant appartenu au comte pisan Ugolino della

LE SULCIS-IGLESIENTE

Gherardesca semble tout droit sortie d'un univers à la Tolkien. Elle a été construite au XIIIe s afin de contrôler l'accès à la ville minière de Villa di Chiesa (l'actuelle Iglesias). On s'y fait aujourd'hui les mollets seul ou en participant à une visite guidée en italien d'environ 1h.

Casa delle Fate (necropoli di Montessu) : *loc. Montessu, 09010* ***Villaperuccio.*** *340-743-35-21. • comune.villaperuccio.ci.it • Dans les environs de Santadi ; depuis la SP 293 quand on vient du nord, tourner à droite au niveau de la Cantina Santadi, direction Villaperuccio par la SP 80, puis à la sortie du village, à gauche (fléché). Avr-sept, tlj de 10h à 1h avt le coucher du soleil ; en hiver, tlj sauf lun*

10h-16h. Entrée : 5 € ; réduc. Dans un amphithéâtre naturel dominant la plaine, une des nécropoles préhistoriques les plus importantes de Sardaigne et du Bassin méditerranéen occidental. Pas moins de 35 tombes sont creusées dans la roche volcanique. Certains motifs visibles sur les parois représentent des spirales. Ils évoqueraient selon les spécialistes les seins de la déesse mère (ben voyons !), tandis que d'autres, en forme de corne, rendraient hommage au dieu taureau. Prévoir de bonnes chaussures et éviter les heures de plein cagnard.

Grotte Is Zuddas : *loc. Is Zuddas, 09010* ***Santadi.*** *☎ 0781-95-57-41. • grotteiszuddas.com • À 6 km à l'est de Santadi. De mi-juin à mi-sept, tlj 10h-12h15, 14h30-18h ; le reste de l'année, horaires réduits (voir leur site). Fermé nov-fév (sauf 20 déc-6 janv). Entrée : 10 € ; réduc.* Au cœur du peuple stalactite et stalagmite, que de formes singulières ! Un festival de pâtes à l'italienne, de nains de jardin, voire de pénis ! On vous montrera aussi une crèche et un innocent petit poussin, histoire de contenter tout le monde... Mais le clou de la grotte, ce sont ces « aragonites excentriques ou aciculaires », surnommées « fleurs des grottes », des concrétions filiformes qui partent dans tous les sens. On estime que ce sont les courants d'air qui leur donnent ce petit grain de folie. En sortant, jeter un œil au squelette du *pika sarde* (ou *Prolagus sardus*), une espèce animale éteinte de la famille du lièvre, que l'on trouvait seulement en Sardaigne et en Corse jusqu'au début du XIXe s... Bar-resto sur place.

L'ARAGONITE, L'INVENTION D'UN ARAGONAIS ?

Pas vraiment. Ni du célèbre poète français ! L'invention du mot « aragonite », minéral que l'on trouve dans la grotte Is Zuddas sous sa forme la plus excentrique, vient tout simplement du lieu de sa 1re description reconnue. En effet, l'Allemand Abraham Gottlob Werner commença à l'étudier sérieusement en 1797 à Molina de Aragón, en Espagne. C'est quand même plus simple à dire que stillatitius lapis, *son nom scientifique !*

Les fresques de Nuxis : *09010* ***Nuxis.*** *Près de la gendarmerie, en plein centre-bourg.* Quelques fresques murales à mettre au crédit de Salvatore Cadeddu dont une réinterprétation à la mode sarde, dans le style de Picasso, de *La Liberté guidant le peuple* de Delacroix.

PARCO NATURALE REGIONALE DI GUTTURU MANNU

Avec une superficie de 35 000 ha répartis sur les communes d'Assemini, d'Uta, de Siliqua et de Capoterra, ce parc est l'un des plus sauvages de Sardaigne. Sa biodiversité exceptionnelle au niveau tant de la faune que de la flore lui a valu d'être en partie classé Natura 2000 dans la zone du monte Arcosu (3 600 ha) et confié en gestion au WWF. Ce maquis dense de ciste, de myrte et d'olivier sauvage, hérissé de crêtes granitiques et tailladé de ravines profondes, est le royaume du cerf sarde. La forêt de Gutturu Mannu est la plus grande de Méditerranée.

Arriver – Quitter

Pas de transports en commun. Pour rejoindre l'entrée sud du parc (réserve WWF du monte Arcosu), suivre la SS 195 en direction de Pula, puis, après env 12 km, prendre à droite l'indication Macchiareddu,

puis à gauche jusqu'à la petite église de Santa Lucia. Ensuite c'est fléché ; compter env 1,6 km de piste carrossable pour terminer.
Pour rejoindre l'entrée nord du parc, se rendre d'abord à Siliqua par la SS 130, puis prendre la SP 293 vers le sud puis, au km 44,6, prendre à droite la piste direction ***Campanasissa.*** C'est 1 km plus loin (les 300 derniers mètres se font à pied).

Adresses utiles

Punto Informazione *(entrée nord) : Cantiere forestale di Campanasissa. Tte l'année, lun-ven 7h-14h30 (le w-e, personne sur place).* Un petit parcours botanique en italien, un jardin d'herbes médicinales et quelques tortues dans des enclos. Vite vu et pas vraiment de sentiers. On vous conseille l'entrée sud.

Centro Visita Caterina Puddu Oasi WWF *(entrée sud) : loc. Santa Lucia. 329-831-57-54. • a.loddo@wwfoasi.it • Tte l'année sauf de mi-juil à mi-sept à cause des incendies. Visites guidées le w-e (téléphoner avt).* Un centre bien équipé avec des *rangers* qui vous renseigneront sur les sentiers du parc.

Où dormir ? Où manger ?

Agriturismo Santa Lucia : *loc. Camp'e Luas, 09010* ***Uta.*** *☎ 070-947-70-01. 347-954-26-76. • agriturismo.slucia@hotmail.it • agrisantalucia.eu • Resto ouv tlj 12h15-15h, plus dim 19h30-21h30. Tte l'année, double 70 €. ½ pens 55 €/pers. Au resto, compter env 30 €.* Dans une exploitation qui produit des céréales et de l'huile d'olive, située juste en limite du parc et en pleine cambrousse (mais la zone industrielle n'est pas bien loin). Des chambres classiques d'*agriturismo* (sol carrelé, déco embryonnaire), toutes en rez-de-chaussée, avec terrasse privative et réparties dans 2 bâtiments. Bon point, elles sont bien à l'écart du resto. Également des poneys et une armée de chats. Bon accueil.

À voir. À faire

Sentieri di monte Arcosu : à partir de la maison des *rangers* (centre d'accueil de l'Oasi WWF), une trentaine de kilomètres de sentiers ont été balisés en rouge et blanc, avec de temps en temps des panneaux éducatifs et des observatoires. Mais, attention, renseignez-vous bien avant de partir car certains sentiers sont physiquement assez exigeants. À l'automne, vous y entendrez bramer le cerf sarde, et plutôt 2 fois qu'une, car s'ils étaient une petite centaine il y a quelques années, ils sont aujourd'hui plus d'un millier. Prévoir de bonnes chaussures et prendre suffisamment d'eau, il n'y en a pas dans le coin.

PULA

(09010) 7 360 hab.

Touristique certes, la 1re destination de week-end des habitants de Cagliari n'en demeure pas moins une station balnéaire plaisante, horizontale, colorée, avec quelques maisons à l'architecture intéressante, comme la *villa Santa Maria* de style palladien. Pula est aussi la porte d'accès au site archéologique de Nora. Pour la plage en revanche, mieux vaut filer à Chia.

Arriver – Quitter

Arrêts des bus ARST : *plusieurs en centre-ville, à proximité de la piazza del Popolo (pl. principale) ainsi que de la piazza del Municipio. • arst.sardegna.it •*

➢ ***Cagliari*** *(50 mn)* **:** une douzaine de bus/j., 4 seulement dim et j. fériés.

➢ ***Chia*** *(25 mn)* ***et Teulada*** *(1h)* **:** 5-7 bus/j.

Les ***minibus Follesa*** *(piazza Fontana Manna, 8 ; ☎ 070-920-90-26 ; • follesa.com •)* assurent des liaisons quotidiennes entre le centre-ville, les plages, le site archéologique de Nora et les quartiers de Santa Margherita di Pula. Moins nombreuses hors saison.

Adresse et info utiles

Infopoint Pula : *piazza del Municipio (angle corso V. Emanuele). ☎ 070-920-93-33. • visitpula.info • Juin-sept, tlj 9h-13h, 17h-21h ; hors saison, lun, mer et ven 9h-13h.*

– ***Marché :*** *mar mat, via XXV Aprile.*

Où dormir ?

B & B Domus Noa : *via Bologna, 22. ☎ 070-924-53-92. 📱 349-553-54-81 (Paolo). • info@domusnoa.it • domusnoa.it • Congés : de mi-déc à mi-fév. Doubles 50-95 € ; familiales. Réduc de 10 % sur les doubles sauf juil-août sur présentation de ce guide.* Dans un quartier résidentiel tranquille, voici 4 chambres aménagées dans 2 maisons mitoyennes. Au choix : en rez-de-jardin ou dans les combles avec balcon. Une adresse soignée, à 5 mn à pied du cœur historique de Pula. Accueil gentil et en français.

Marin Hotel : *viale A. Segni, 82. ☎ 070-920-80-59. • prenotazione@marinhotel.it • marinhotel.it • Doubles 95-140 €. Parking.* On est séduit par ce petit hôtel tout en couleurs dont les chambres disposent pour la plupart soit d'un petit balcon, soit d'une terrasse ; certaines sur l'arrière jouissent même d'un bout de pelouse privatif. Accueil charmant.

Où manger ? Où déguster une bonne glace ?

Su Furriadroxu : *via XXIV Maggio, 11. ☎ 070-924-61-48. • andrea@sufurriadroxu.it • Ouv le soir tlj sauf mer. Résa impérative. Repas 20-30 €.* Charmante courette verdoyante parsemée de tables avec nappes à carreaux. Dans l'assiette, de délicieuses spécialités sardes, comme le cochon de lait braisé, la grande spécialité de la maison. Les viandards se régaleront. La bonne table de Pula, à prix corrects, plébiscitée autant par les villageois que par les touristes. Pas de poisson, en revanche.

Ristorante-pizzeria da Giancarlo : *viale Nora, 10. ☎ 070-920-90-71. 📱 348-899-65-11. • info@dagiancarlopula.it • Ouv le soir tlj sauf lun, plus le midi dim. Résa conseillée. Repas 30-35 €.* Avec un banc de l'écailler à faire baver un pêcheur finistérien et des pizzas format XXL, cette adresse qui brille comme un phare dans la nuit attire les amateurs de bonne chère. Il est vrai qu'on y dispense une cuisine sarde (poisson et crustacés à l'honneur) rondement menée, même si ça fait un peu usine aux heures de pointe.

Dulcis Infundu : *via Nora, 87. 📱 344-101-66-04. En été, tlj à partir de 12h.* De succulentes glaces artisanales au goût bien affirmé : fruits de saison, chocolat...

Où dormir ? Où manger dans les environs ?

Camping

Camping Flumendosa : *via Flumendosa, 12, 09010 Pula. ☎ 079-208-364. 📱 392-962-30-94. • info@campingflumendosa.com • campingflumendosa.com • À env 6 km au sud-ouest de Pula par la SS 195, tourner au km 33. De Pâques à mi-nov. Empl. pour 2 avec tente et voiture 24-46 € ; mobile homes climatisés (min 1 sem en été).* Avec son accès direct à la plage, ce camping à dimension humaine (90 emplacements), bondé en été, offre néanmoins une alternative intéressante au printemps et dès la fin août quand toute l'Italie bronzée regagne le continent. Supérette, piscine, coin fitness. On plante sa guitoune sur un sol sableux à l'ombre des eucalyptus.

Prix moyens

Agriturismo La Biada : *via S. Francesco, 62, 09010* ***Santa Margherita di Pula.*** *☎ 070-921-526. 📱 333-655-33-56. • info@agriturismolabiada.it • agriturismolabiada.it • À 9 km au sud-ouest de Pula. Doubles 70-110 €. ½ pens 70-80 €/pers. Auberge ouv le soir aux non-résidents sur résa env 35 €.* Côté montagne, dans un environnement vert, cet *agriturismo* propose une table formidable ! Véritable orgie de spécialités sardes délicieuses, concoctées avec les bons produits de l'exploitation agricole. Côté dodo, une dizaine de chambres familiales assez hautes sous plafond, disposant d'un grand lit et de 2 lits superposés. Frigo, TV, on connaît la musique... Demandez à Carlo qu'il vous fasse voir sa piscine : possible que vous puissiez vous y baigner...

Agriturismo Le Margherite : *via Tirso, 60, 09010* ***Santa Margherita di Pula.*** *☎ 070-921-308. 📱 348-774-52-32. • info@agrimargherite.it • agrimargherite.it • ♿ À 10 km au sud-ouest de Pula. Doubles 70-100 € ; familiales. ½ pens 55-75 €/pers. Resto ouv le soir aux non-résidents sur résa min 35 €.* Au sein d'une *azienda* productrice de fruits, une demi-douzaine de chambres basiques sans grand charme mais propres. Toutes occupent le même bâtiment, avec une terrasse qui en fait le tour. Au resto, cuisine du terroir servie dans une grande salle à manger prolongée sur la pelouse en été.

Bacchixeddu Cucina e Griglieria : *loc. Bacchixeddu, 09050* ***Santa Margherita di Pula.*** *☎ 070-920-96-53. À env 7 km au sud-ouest de Pula, prendre la SS 195 direction Chia, puis tourner à droite au km 33,3. Ouv le soir tlj sauf jeu, plus le midi dim. Repas 30-35 €.* Ce resto au nom imprononçable perdu au milieu des champs est une bonne adresse. Malgré son éclairage d'hôpital et sa petite musique de pimpin, on y savoure une cuisine typiquement sarde emmenée avec brio. Particularité ici, la minicarte de produits crus (carpaccios, tartares) ainsi que ses *ribs* et *T-bones* de viande locale grillés à la mode texane. Cela dit, le poisson est facturé à prix d'ami, alors on aurait tort de s'en priver. Service gentil.

À voir. À faire

Museo archeologico Patroni : *corso Vittorio Emanuele, 67. ☎ 070-920-93-33 (office de tourisme).* ***Fermé pour travaux.*** Intéressant petit musée exposant essentiellement le produit des fouilles de Nora.

Sito archeologico di Nora : *loc. Nora. ☎ 070-920-93-66. ♿ (se signaler). À 3 km au sud de Pula, en bord de mer. Accès depuis le centre-ville tte l'année avec les minibus* Follesa. *En voiture, parking payant situé derrière la plage. Tlj 9h-20h (17h30 hors saison) ; dernière admission 1h avt fermeture. Entrée : 5 € en visite libre, 6 € en visite guidée ; réduc. Billet combiné avec la torre del Coltelazzo quand elle est ouverte. Audioguide en français inclus. Durée de la visite : 45 mn.*

Découvert en 1889 lors d'une violente tempête, le site de Nora offre une balade iodée des plus séduisante. Il révèle notamment un *tophet* (cimetière punique d'enfants) intact. Profitant de cet emplacement privilégié – en isthme –, qui leur permettait d'accoster quelle que soit la direction du vent, ***les Phéniciens y établissent le 1er port de Sardaigne*** dès le VIIIe s av. J.-C. C'est d'ailleurs ici que l'on a découvert la plus ancienne écriture phénicienne de l'île...
La ville connaît son apogée du Ve au IIIe s av. J.-C. sous la domination carthaginoise. Débarqués en 238 av. J.-C., les Romains y installeront le siège du gouverneur de l'île, ce qui explique la profusion des ruines que l'on remarque aujourd'hui sur le site. Du IIe au IIIe s, Nora deviendra même l'un des plus grands ports de la Méditerranée. Malheureusement, tout règne a une fin, la cité va tomber en décadence à la suite de l'invasion des Vandales en 456 avant d'être définitivement abandonnée au VIIIe s.
« T'as de beaux restes, tu sais ! » Aujourd'hui, on admire le ***théâtre*** (il accueille parfois en été des concerts et spectacles de danse) et les anciennes ***demeures patriciennes,*** dont celle avec 4 colonnes. Cette dernière recèle de superbes mosaïques (Amphitrite sur un centaure marin). Les ***thermes*** sont identifiables quoique peu spectaculaires, ainsi que quelques éléments du système d'écoulement et de stockage des eaux... Quelques morceaux de voies romaines, des restes d'habitations, la zone des artisans, ainsi que – sur le point haut du site – les fondations carthaginoises du ***temple de Tanit,*** déesse de la Fécondité (belle vue). Quand on songe qu'une grande partie de la ville a été submergée...

Laguna di Nora : *loc. Nora. ☎ 070-920-95-44. • lagunadinora.it • À 3 km au sud de Pula, juste avt le site archéologique de Nora, face à la plage. Juin-sept, tlj sauf lun 10h-19h (20h juil-août) ; visite guidée (durée : 1h30) à pied à 11h30 et 17h30 ou 18h30. Entrée : 8 € ; réduc.* Une intéressante découverte – à pied ou en canoë *(compter 25 €/pers pour 3h, réduc enfant)* – de la lagune de Nora, sa vie aquatique, ses oiseaux, son petit aquarium, sa galerie des cétacés, son centre de récupération de tortues marines... À l'autre bout du site, on peut aussi explorer quelques vestiges romains sous-marins avec masque et tuba *(25 €, réduc enfants).*

Spiagge : jolies, agréables et familiales, elles sont peu larges et bordées de végétation. D'abord celle ***di Su Guventeddu*** (la plus longue), puis celle de ***Nora*** (ou ***Sant'Efisio,*** du nom de la petite église du XIIe s en face de la tour espagnole). Enfin la belle ***spiaggia de Campumatta*** à Santa Margherita. Attention, les parkings sont payants en saison et les amendes pleuvent !

Fêtes et manifestations

– ***Sant'Efisio :*** *3 premiers jours de mai.* L'une des plus importantes fêtes de Sardaigne. Saint Éphise, martyr chrétien sous Dioclétien et patron de la Sardaigne, fait l'objet d'une grande procession du 1er au 2 mai, de Cagliari à Nora. *Traccas* (petites charrettes traditionnelles), pluie de pétales de roses, feux d'artifice, musiques et costumes locaux. Meilleur jour le 2 mai, à l'arrivée du cortège.
– ***Festa di San Giovanni Battista :*** *24 juin.* Saint Jean-Baptiste est le patron de Pula.
– ***La Notte dei Poeti :*** *juil, au théâtre romain du site archéologique de Nora. • lanottedeipoeti.it •* De bons concerts et autres spectacles de danse dans un cadre grandiose !
– ***Festa della Madonna del Mare :*** *dernier dim de juil.* Procession de bateaux avec passage au-dessus d'une Vierge... sous-marine !
– ***Festa della Maria Vergine Assunta*** (Assomption) ***:*** *15 août.* De nombreux bateaux colorés et illuminés défilent au large de Nora.
– ***Festa di San Raimondo :*** *fin août.* Procession à partir de l'église San Raimondo.

CHIA

(09010)

Véritable porte d'entrée de la fameuse Costa del Sud, Chia est un coin faiblement urbanisé, où les villas se fondent dans la végétation. Ses plages comptent parmi les plus belles de Sardaigne ! *Campana, Cipolla, Su Giudeu, Sa Colonia...* Évidemment, pas beaucoup de chance de s'y sentir seul au plus fort de l'été (certaines sont même contingentées et leurs parkings sont tous payants). Mais hors saison en revanche, elles accueilleront volontiers votre serviette de bain, d'autant qu'ici la mer est particulièrement cristalline.

Arriver – Quitter

Bus ARST : *● arst.sardegna.it ●*
➢ La ligne **Cagliari-Sant'Anna Arresi** *(linea 129)* dessert **Chia** à raison de 5-7 bus/j. dans les 2 sens.

Adresse utile

Infopoint Chia : *via degli Scolopi. ● chia.it ● Juin-août, tlj.*

Où dormir ? Où manger ?

Camping

Campeggio Torre Chia : *viale del Porto, 21. ☎ 070-923-00-54. ● info@campeggiotorrechia.com ● campeggiotorrechia.com ● De mi-mai à mi-oct. Pour 2 pers avec tente et voiture, 22,50-33,50 € ; bungalows pour 4 pers 80-145 €, plus ménage final 35 €.* Petit camping ancré sous les pins et les eucalyptus, en bord de plage et au pied de la vieille tour espagnole. Parfaitement tenu mais vite plein en été. Également des *villette* en dur donnant sur une petite pelouse avec barbecue. Resto-bar servant du bon poisson, épicerie...

Prix moyens

B & B Santa Lucia : *via dei Trampolieri, 2A. ☎ 070-923-05-40. 349-318-03-58. ● palmira.caschili@virgilio.it ● Congés : fév. Doubles 60-90 €. CB refusées.* À l'arrière du village, en plein dans le vert, une jolie maison en pierre flanquée d'un agréable jardin. Seulement 2 chambres mais bien fraîches et climatisées, donnant sur les arbres fruitiers. Celle de l'arrière dispose même d'un sofa au cas où vous décideriez d'emmener tata Jacqueline. Accueil chaleureux et en français de Palmira.

B & B A Sa Tanca : *vico nº 1 degli Scolopi, 6D. ☎ 070-923-02-27. 338-454-39-86. ● asatanca@gmail.com ● asatanca.oneminutesite.it ● Entre le village et la torre (panneaux depuis le carrefour principal situé en face de l'Infopoint). Congés : déc-janv. Doubles 60-90 € ; familiales. CB refusées.* Cernée de vergers, cette charmante maison en pierre abrite 3 chambres coquettes donnant sur un beau jardin. Petit déj avec gâteaux maison. Une très bonne adresse, bien au calme.

Pizzeria-ristorante Mirage : *via Chia, 10. ☎ 070-923-02-49. 340-119-47-45. ● info@miragechia.it ● En bordure de la SP 71, sur la droite juste en arrivant à Chia. Tlj sauf mar 12h-23h30. Repas 30-35 €, moins si pizza (mais le soir à partir de 19h30 seulement).* Certes, on admet que cette grande salle ouverte sur l'extérieur fait un peu hall de gare au plus fort de l'été. Mais on y trouve des tables bien dressées et une sélection de produits de la mer qui font saliver. Ajoutons à cela des suggestions du chef et des pizzas qui tiennent la route, et on leur pardonnera volontiers l'attente parfois longuette aux heures de pointe.

DANS LES ENVIRONS DE CHIA

Outre les plages citées dans l'introduction de Chia, en filant vers l'archipel des Sulcis, la côte jalonnée de tours de veille égrène plusieurs plages d'anthologie. C'est le cas à ***Teulada,*** avec la magnifique ***spiaggia Tuerredda,*** lovée au fond d'une crique de rêve, de ***Campionna,*** de ***Sa Canna*** ou encore de la très prisée ***spiaggia de s'Ortixeddu,*** appelée aussi « plage des Américains », dont l'accès est restreint (et payant) puisqu'elle est située en zone militaire.
Enfin, après être remonté dans les terres puis redescendu, ne manquez pas la plage ***Le Dune*** (appelée aussi ***Is Arenas Biancas*** ou les ***dunes de Sabbie Bianche***), à ***Porto Pino,*** au sud de Sant'Anna Arresi. Autant le village en lui-même souffre d'un bétonnage excessif, autant cette plage, qui déroule son sable d'une blancheur éclatante sur plusieurs kilomètres, mérite assurément un petit détour hors saison. À partir du goudron, une piste que les poules (et parfois même les autruches) affectionnent particulièrement pour y faire leur nid conduit en 3 km au parking. Reste encore à marcher un peu avant d'arriver aux dunes proprement dites. *Attention, la zone étant militaire, l'accès n'est autorisé qu'entre mi-juin et mi-sept.*

LE SUD-OUEST

L'ÎLE DE SANT'ANTIOCO

• Carte *p. 103*

Avec ses 108 km², c'est la plus grande île de la Sardaigne. Elle est reliée à la « maison mère » par une chaussée artificielle construite par les Carthaginois puis renforcée par les Romains (on aperçoit les vestiges d'un pont de cette époque...). Très peu urbanisée, elle livre néanmoins 2 villes dignes d'intérêt : Sant'Antioco, l'ancienne Sulky, avec ses sites archéologiques et son musée, sorte de petit Saint-Trop' local aux belles heures de l'été (toutes proportions gardées, évidemment) ; et Calasetta, nettement plus attachante à notre avis même s'il n'y a pas grand-chose à voir. Le reste de l'île est quasiment désert. Sa côte en revanche est plus sexy, avec une flopée de plages baignées d'une mer limpide où, faut bien l'avouer, vous risquez de jouer des coudes pour étaler votre serviette en été.

UN PEU D'HISTOIRE

À l'époque phénicienne (VIIIe s av. J.-C.), le port de Sulky compte parmi les plus importants de la Méditerranée, tant et si bien que la ***communauté phénicienne*** de Sulky prospère pendant 250 ans. Puis les ***Carthaginois*** pointent le bout de leur nez en 540 av. J.-C. dans le dessein d'asseoir leur mainmise sur la Méditerranée. Sulky entre alors dans une période de renouveau. Celle-ci dure jusqu'à l'éclatement de la 1re guerre punique (264-241 av. J.-C.) pour finalement céder à la pression de l'Empire romain en 238 av. J.-C. Cependant, les ***Romains*** prennent les choses en main sans pour autant remettre en cause une culture fortement ancrée dans les mentalités depuis des siècles, comme le prouve le *tophet* (tombe rituelle punique) encore en activité à l'époque républicaine. Bons businessmen, les Romains enrichissent la ville grâce à leurs échanges avec l'Afrique du Nord, et ce jusqu'au IIe s de notre ère, quand arrive un ermite en provenance de Maurétanie, un certain (saint) Antiochus. Selon la légende, ce dernier à peine débarqué tente de convertir les locaux au ***christianisme.*** Il est alors contraint par les Romains à travailler dans les mines de plomb, puis exécuté. Considéré comme martyr, il donnera son nom à l'île. La suite s'inscrit dans l'histoire de la Sardaigne tout entière : effondrement de l'Empire romain après quasiment 7 siècles de règne, quand débarquent les ***Vandales*** au Ve s, puis les ***Byzantins*** au siècle suivant, et incessants raids des pirates barbaresques qui perturberont le commerce pendant plusieurs siècles.

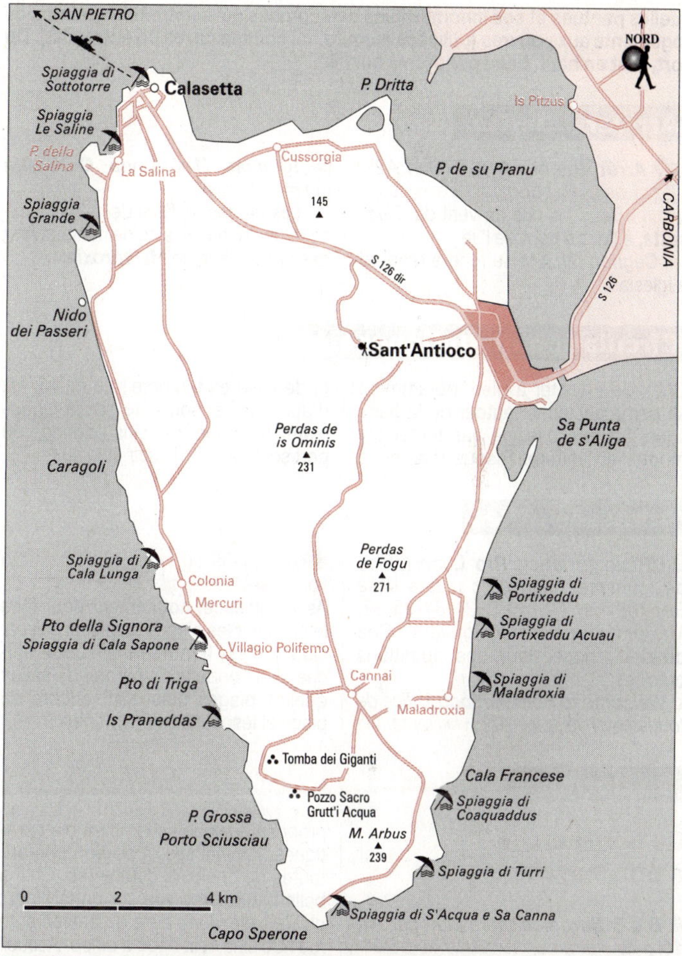

L'ÎLE DE SANT'ANTIOCO

SANT'ANTIOCO

(09017) 11 260 hab.

• Plan *p. 105*

La capitale de l'île s'étend sur un long promontoire et contemple, à ses pieds, le port de pêche et de plaisance. Ville basse particulièrement animée où l'on explore la riche zone archéologique. Pittoresque ville haute, avec ses

ruelles pentues et ses innombrables catacombes qui servirent longtemps de logements aux pauvres (utilisées aujourd'hui comme caves ou entrepôts). Du fort, tout en haut, beau panorama sur l'île.

Arriver – Quitter

Arrêt des bus ARST *(plan A2) :* *piazza della Repubblica.* • *arst.sardegna.it* • Tous les bus arrivent de ***Calasetta,*** à l'autre bout de l'île.

➢ ***Cagliari*** *(2h20) :* se rendre d'abord à Iglesias.

➢ ***Iglesias*** *(1h30)* ***via Carbonia*** *(30 mn) :* 5 bus/j.

➢ ***Les plages de l'île :*** de mi-juin à mi-sept, une petite dizaine de minibus *Arst* dessert la plage de ***Maladroxia.***

Circulation et stationnement

Une ville à visiter à pied, notamment sa partie ancienne, autour de la basilique. En tout cas, ne pas tenter d'y monter en voiture. Risque d'amende et de mise en fourrière ! Le mieux est d'abandonner son auto sur le *lungomare.* Attention, certains parkings du port sont payants le soir et la nuit !

LE SUD-OUEST

Adresses utiles

Ufficio turistico Pro Loco *(office de tourisme ; plan A2) :* *piazza della Repubblica, 31.* ☎ *0781-84-05-92. Mai-oct, horaires irréguliers.* Peu de doc ; posez-leur des questions précises.

Welcome to Sant'Antioco *(office de tourisme privé ; plan A2) :* *via Roma, 47.* *370-111-59-00.* • *welcometosantantioco.it* • *Mai-oct, tlj 10h-13h, 18h-22h.* Assez efficace, notamment pour faire le point sur les plages en pleine saison. Quand c'est fermé, un QR Code affiché sur la porte vous permet de savoir quelles plages disposent encore de place et lesquelles n'en ont plus !

Où dormir ?

De bon marché à prix moyens

B & B Berenice *(hors plan par A1,* ***10****) :* *via Petrarca, 16.* ☎ *0781-84-06-25.* *347-171-00-95 (Efisia).* • *info@berenicebb.com* • *berenicebb.com* • *Doubles 50-80 €.* Au cœur de la vieille ville, ce séduisant *B & B* qui a bénéficié d'une cure de jouvence en 2020 propose quelques chambres bien pratiques, lumineuses et de bon confort, toutes de couleurs différentes. Oh ! la belle bleue avec vue sur un jardinet ; oh ! la belle jaune avec un balcon côté rue ! Cuisine et lit bébé à dispo. Accueil chaleureux.

B & B Sa Marina *(plan B1,* ***11****) :* *via Lamarmora, 57.* ☎ *0781-87-60-10.* *327-263-60-05.* • *samarinarooms@libero.it* • *samarinabb.it* • *Congés : de*

Adresses utiles
- Ufficio turistico Pro Loco et Welcome to Sant'Antioco (A2)

Où dormir ?
- **10** B & B Berenice (hors plan par A1)
- **11** B & B Sa Marina (B1)
- **12** Hotel I Colori (B2)
- **14** Hotel Moderno (B3)

Où manger ? Où boire un verre ?
- **22** Rubiu (A3)
- **23** Del Passeggero (B3)
- **25** Zefiro (A1)

Où acheter de bonnes pâtisseries sardes ?
- **21** Il Gusto in Bottega (A1)
- **30** Pasticceria Dolci Sardi (A1)

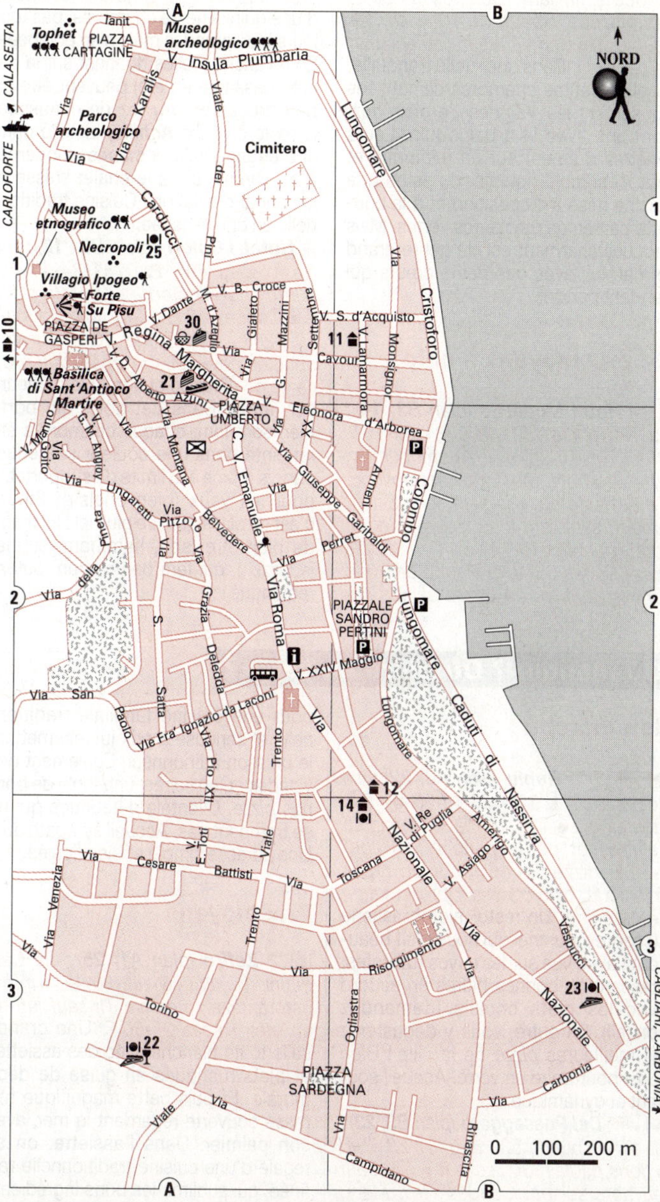

SANT'ANTIOCO

mi-déc à fin janv. Doubles 55-80 €. CB refusées. Réduc de 10 % sur les doubles sauf en août sur présentation de ce guide. Dans une ruelle tranquille, 2 belles petites chambres climatisées qui sentent les « Zindes » à plein nez, dont une avec lit à baldaquin. Leurs fenêtres donnent sur un minipatio et tout ici semble riquiqui, du salon à la cuisine mise à disposition et à la courette parsemée de plantes vertes. Mais l'accueil charmant est du genre grand format, lui, avec des petits cœurs qui pendent partout.

De prix moyens à chic

Hotel Moderno *(plan B3, **14**) : via Nazionale, 82. ☎ 0781-83-105. 347-705-10-93. • albergomoderno@yahoo.it • hotel-moderno-sant-antioco.it • Resto ouv juin-sept, le soir seulement, sauf dim (ouv ts les soirs en août). Doubles 70-120 € ; 1 quadruple aussi. Repas 35-40 €. Réduc de 10 % sur les doubles en basse saison sur présentation de ce guide.* Un hôtel d'une quinzaine de chambres, pas toujours bien grandes mais bien équipées. En revanche, celles donnant sur la rue (très passante en été) peuvent être un peu bruyantes. Au rez-de-chaussée, le resto chic ***Da Achille,*** installé dans une étrange salle à manger moderne, à mi-chemin entre le chalet suisse et le hangar d'aviation ! Cuisine traditionnelle un brin revisitée.

Hotel I Colori *(plan B2, **12**) : via Nazionale, 89. ☎ 0781-84-11-42. • info@hotelicolori.it • hotelicolori.it • Congés : 3 sem en nov. Doubles 70-120 €. Réduc de 10 % sur les doubles nov-mai sur présentation de ce guide.* Grande et agréable demeure sur jardin. Dans cet hôtel qui porte bien son nom, chaque chambre a été repeinte dans une couleur soutenue, parfois même à la limite du supportable pour les yeux (bien choisir). Sinon, c'est du classique. Le plus ici : le centre de bien-être (spa, hammam, sauna, jacuzzi...), qui fera de vous un routard requinqué !

Où manger ? Où boire un verre ?

Bon marché

Rubiu *(plan A3, **22**) : via Bologna, s/n. 346-723-46-05. • info@rubiubirra.it • Tlj sauf mar 19h-minuit. Salades et petits plats à partager 8-14 €, pizze 5-11 €. Pour un repas (min 10 €), café offert sur présentation de ce guide.* Un resto-microbrasserie au cadre industriel qui nous plaît beaucoup, avec vue sur les cuves rutilantes, brassant de bonnes bières en accord avec les plats choisis (demandez conseil). En outre, vous y dégusterez les meilleures *pizze* de la ville ! Bien aussi pour boire un verre. Accueil souriant et dynamique.

Del Passeggero *(plan B3, **23**) : via A. Vespucci, 53. ☎ 0781-83-794. • floris.paola133@tiscali.it • Tlj, sauf jeu hors saison. Congés : fév. Menu 25 € ; repas 25-30 €. Café offert sur présentation de ce guide.* À l'entrée du village, seule luciole la nuit dans le coin. Juste quelques plats à la carte pour une cuisine familiale traditionnelle et sérieuse à prix justes, mettant le poisson à l'honneur. Également des viandes et, en soirée, une foule de bonnes *pizze.* Clientèle d'habitués qui ne se trompent pas. Accueil sympathique. Une adresse simple et bien ficelée.

Prix moyens

Zefiro *(plan A1, **25**) : via Carducci, 15. ☎ 0781-82-80-14. • info@ristorantezefiro.com • Tlj sauf lun (tlj en été). Repas 25-30 €.* Une grande salle toute blanche avec des assiettes et plats rustiques en guise de déco murale. Et puis cette magnifique terrasse couverte regardant la mer, avec son palmier. Dans l'assiette, on se régale d'une cuisine traditionnelle raffinée, qui sublime les bons ingrédients frais du cru, essentiellement poissons et fruits de mer. Également quelques spécialités *di terra* pleines de goût. Accueil sympa.

Où acheter de bonnes pâtisseries sardes ?

Pasticceria Dolci Sardi *(plan A1, **30**)* **:** *via Cavour, 1. ☎ 0781-84-08-39.* Une foule de petits gâteaux sardes à dévorer sur le pouce en explorant la vieille ville.

Il Gusto in Bottega *(plan A1, **21**)* **:** *via Regina Margherita, 29. 📱 347-343-75-88 (Marilyne). • bottegastorica2018@gmail.com • Tlj sauf dim ap-m et lun 8h-13h, 17h-20h.* Toujours 3-4 plats traiteur par jour, des pâtisseries maison et toutes sortes de tartes. Le tout sans additifs ni produits chimiques. On peut rester grignoter sur place, mais il faut apporter ses couverts.

À voir

– ***Important*** **:** pour la visite des principaux sites historiques et musées, il existe un ***billet combiné*** *(13 €, réduc).* Il comprend l'entrée aux Museo archeologico, *tophet,* Museo etnografico, Villagio Ipogeo et forte Su Pisu.

Corso Vittorio Emanuele *(plan A2)* **:** élégante épine dorsale ombragée de la ville. Au coin de la via Eleonora d'Arborea, vestiges d'un monument funéraire romain.

Basilica di Sant'Antioco Martire *(plan A1)* **:** *piazza Parrocchia, 22. ☎ 0781-83-044 ou 0781-921-887. • basilicasantantioco@tiscali.it • Église : de juil à mi-sept, lun-sam 9h-12h, 15h30-17h15 (plus 19h-20h lun-ven), dim 11h-12h, 15h30-18h30 ; en hiver, horaires légèrement restreints. Mêmes horaires pour les catacombes mais visites suspendues pdt les offices.* Ne pas se fier à la façade de style baroque. L'architecture romane intérieure est vraiment très émouvante. Énormes piliers (Ve s) construits en moellons rustiques, transept en rotonde, chœur en cul-de-four. 1re église byzantine au Ve s, sur laquelle des moines victoriens de Marseille érigèrent cette basilique au XIIe s pour essayer d'en finir avec les restes de culte byzantin qui sévissait encore plus ou moins dans l'île. Exceptionnel réseau de ***catacombes*** qui court en dessous et dont on ne visite pourtant qu'une infime partie *(entrée au fond à gauche ; visite guidée : 5 €, réduc ; durée 15-20 mn).* Il s'agit en fait d'anciennes tombes puniques. On ne trouve l'équivalent qu'en Sicile, à Malte et à Chypre. Impressionnant dédale qui va bien au-delà des limites de l'église : tombes paléochrétiennes (avec quelques squelettes), tombes couvertes byzantines, sépultures familiales avec vestiges de fresques. Tout au fond, chambre funéraire phénicienne (IVe s av. J.-C.). C'est là, au début du XVIIe s, que furent découvertes les reliques de saint Antiochus.

> **AD SANCTUM**
>
> *Pendant longtemps, les villageois voulaient être enterrés ad sanctum, c'est-à-dire au plus près des reliques de saint Antiochus, convaincus que le jour du Jugement dernier, celui-ci interviendrait en leur faveur pour accéder plus facilement au paradis !*

Museo archeologico *(plan A1)* **:** *via Sabatino Moscati. ☎ 0781-82-105. • mabsantioco.it • archeotur.it • Tlj 9h-19h. Entrée : 6 € ; billet combiné avec le tophet 7 € ; réduc ; audioguide en français inclus.*
Au nord de la ville, inséré dans l'immense zone archéologique, une ancienne nécropole punique aujourd'hui occupée par une flopée de chats ! Remarquable muséologie et présentation didactique, pour un riche inventaire de toutes les civilisations qui se sont succédé sur l'île, des 1ers établissements néolithiques (3 000 ans av. J.-C.) jusqu'à l'époque byzantine en passant par les périodes phénicienne, carthaginoise et romaine.

– Vestiges phéniciens (VIIIe-VIIe s av. J.-C.), puis vient la période punique, avec de remarquables vestiges de la *nécropole de Sulky* (VIe-IIIe s av. J.-C.). Ensuite vestiges romains : statues, mosaïques, céramiques. Ne pas manquer cette adorable statuette polychrome provenant de la nécropole...
– Les *lions de Sulky* (puniques) donnent accès aux céramiques intactes provenant de tombes phéniciennes et puniques avec de riches collections de bijoux et de masques.
– Reconstitution particulièrement parlante d'une tombe avec amphores funéraires, masques et statuettes, ainsi qu'une insolite collection d'amulettes égyptiennes.
– Enfin, vous verrez la présentation en coupe du *tophet,* agrémentée de stèles émouvantes et parfois décorées de divinités carthaginoises, voire égyptiennes.

Tophet *(plan A1)* **:** *mêmes adresse et horaires que le Museo archeologico. Entrée : 4 € ; billet combiné avec le Museo archeologico 7 € ; réduc. Visite guidée en italien obligatoire. Feuillet en français.* Sur la colline dominant le musée s'étend le *tophet,* vaste zone sacrée datant du VIIIe s av. J.-C. Pas moins de 4 000 urnes funéraires et près de 2 000 stèles y furent mises au jour, certaines présentant des figures de personnages, d'animaux ou de symboles sacrés. Site rocailleux pittoresque où sont exposées ces antiquités. Tout en haut, vestiges d'un temple aux blocs cyclopéens découpés et assemblés avec une précision extrême...

TOPHET OR NOT TOPHET ?

La polémique est toujours vive entre ceux qui croient que Phéniciens et Carthaginois y enterraient les cendres des enfants mort-nés (ou décédés dans les mois qui suivaient leur naissance) et ceux qui pensent qu'il s'agissait des gamins sacrifiés en l'honneur de la déesse Tanit.

Museo etnografico *(plan A1)* **:** *via Necropoli, 24D. 389-050-51-07. • archeotur.it • Avr-sept, tlj 9h-20h ; pause 13h-15h (ou 15h30) hors saison. Entrée : env 2,50 € ; billet combiné avec le Villagio Ipogeo et le forte Su Pisu 6 € ; réduc. Audioguide gratuit en anglais ; sinon visite guidée incluse en italien.* Grande salle présentant un amoncellement d'objets et d'outils hétéroclites, d'où émergent cependant de riches et intéressantes collections rangées par métiers : l'art du tressage des feuilles de palmier nain et toutes ses applications ; métier à tisser ; objets domestiques ; outils agraires. Insolite, ces impressionnantes grandes nacres *(Pinna nobilis),* on dirait des coquilles de moules géantes ! Dans la cour, les ateliers du forgeron, du menuisier et du tonnelier.

Villagio Ipogeo *(hypogée ; plan A1)* **:** *via Necropoli. Billetterie au Museo etnografico. Mêmes horaires que celui-ci. Entrée : 2,50 € ; billet combiné avec le Museo etnografico et le forte Su Pisu 6 € ; réduc. Visite avec guide du Museo etnografico. Feuillet en français.* Ce sont les tombeaux de la nécropole punique qui furent utilisés comme logement par les familles les plus pauvres. La dernière a déménagé en 1970. Quelques meubles et photos rappellent cette époque... Certaines pièces abritèrent des pressoirs. En se promenant dans les ruelles alentour, on note que nombre de ces cavités souterraines – situées sous les maisons du village – sont utilisées aujourd'hui comme ateliers, entrepôts ou simples caves à vin. Si on ramène le nombre d'hypogées estimées, soit près de 1 500, au nombre d'habitants de la ville, soit près de 10 000, Sulky compterait alors parmi les villes les plus peuplées et les plus étendues de la Méditerranée à l'époque...

Forte Su Pisu *(forteresse de Savoie ; plan A1)* **:** *via Castello. Billetterie au Museo etnografico. Mêmes horaires que le musée. Entrée : 2,50 € ; billet combiné avec le Museo etnografico et le Villagio Ipogeo 6 € ; réduc. Visite avec guide du Museo etnografico. Feuillet en français.* Construit en 1812 sur le point haut de la vieille ville – à l'emplacement d'une ancienne forteresse punique – pour faire face aux raids des pirates barbaresques. D'un intérêt limité, il offre cependant une vue privilégiée sur la zone archéologique et la ville.

DANS LES ENVIRONS DE SANT'ANTIOCO

La vie est belle à Sant'Antioco, on a tout prévu pour l'amateur de bronzette. ***Les plages les plus prisées étant contingentées,*** il existe un site internet qui vous permet de savoir s'il reste de la place ! Le voici : ● *spiaggesantantioco.it* ● Sinon, vous pouvez toujours téléphoner à la police municipale : ☎ *0781-80-20-16.*

Balades dans l'île : la côte jusqu'à capo Sperone (à une quinzaine de kilomètres) offre quelques baignades et points de vue intéressants. D'abord, la plage de ***Portixeddu,*** pas tout de suite évidente à trouver (repérer le sentier). Un peu plus au sud, ***Portixeddu Acuau*** (accès moins aisé encore, sentier bien caché). Tranquillité garantie. Bien indiquée et pas désagréable, ***Maladroxia*** (800 places) est une grande plage bordée par un gros hameau (on y accède en bus ; voir plus haut « Arriver – Quitter »). ***Coaquaddus*** (880 places), bien aménagée (resto à l'architecture qui jure dans ce beau milieu naturel !), offre une belle étendue de sable qui plaît aux familles. Pas de belle plage à ***Turri*** (minuscule crique de sable, galets et rochers), mais un paysage sauvage de petits à-pics rocheux et panorama sur la côte dominée par une tour espagnole. Enfin, ***capo Sperone,*** où quelques privilégiés possèdent une villa. Falaise et point de vue sur les îlots alentour. On prétend que, par temps très, très clair, on aperçoit les côtes africaines ! Là, plage de ***S'Acqua e Sa Canna*** très fréquentée en été.
La côte ouest : remonter jusqu'au carrefour de *Cannai* et prendre à gauche la route de *Calasetta.* Autour de Cannai, quelques vestiges nuragiques. Dans le coin, la ***cala Sapone*** (360 places), étroite et cernée par des rochers escarpés (piscines naturelles), au fond d'une petite baie protégée et longée par la route. Quelques maisons, un camping et un resto-bar émergent de la verdure. Plus au sud, la plage ***Is Praneddas*** est bien sauvage, tout comme, un peu plus au nord, ***cala Lunga*** (200 places), une jolie petite calanque. À côté, le *nuraghe Nuccu.*

Où dormir ?

Camping Tonnara : *à cala Sapone.* ☎ *0781-80-90-58.* ● *mail@camping-tonnara.it* ● *camping-tonnara.it* ● *Fin avr-début oct. Pour 2 avec tente et voiture, 20-70 € ; nombreux hébergements locatifs (bungalows, tentes équipées, coco sweet, etc.).* Niché au fond d'une petite baie, ce n'est certes pas le camping le plus économique en pleine saison ! Car ici on paie son confort, avec des emplacement ombragés et bien délimités par des haies. Sanitaires nickel, même si parfois surchargés. Également tout un éventail de logements pour jouer les Robinsons en famille, allant du mobile home facturé le prix d'un 3-étoiles à la tente prémontée pour écouter son voisin ronfler. Resto-bar, épicerie, piscine, tennis, jeux pour enfants... On se consolera avec des couchers de soleil d'anthologie !

CALASETTA (09011) 3 100 hab.

À une dizaine de kilomètres au nord-ouest de Sant'Antioco, c'est le port d'embarquement pour l'île de San Pietro. Cette petite ville toute blanche, dont les rues tirées au cordeau semblent glisser vers le port, est relativement récente. Elle a été créée en 1769 par d'anciens Génois originaires de Tabarka (en Tunisie) à l'invite de la maison de Savoie, qui envisageait de repeupler l'île. Du coup, on se sent presque en Afrique du Nord. D'ailleurs, on y parle encore localement un dialecte génois du XVIIIe s, le *tabarquin,* et la cuisine révèle des influences des 2 côtés de la Méditerranée.

Arriver – Quitter

En bateau

Quai des ferries : *au port, bassin est.* En été, il est vivement conseillé d'acheter les billets à l'avance sur Internet ou d'arriver tôt, surtout si vous souhaitez passer une voiture (sauf si vous ne restez qu'à Carloforte), car il ne s'agit que de simples bacs traversiers.

➢ ***Carloforte*** *(île de San Pietro ; 30 mn)* **:** avec la compagnie *Delcomar* *(☎ 0781-85-71-23 ; • delcomar.it • ; billetterie sur le grand parking, à 100 m du Kambusa-bar).* Une quinzaine de traversées/j. (y compris la nuit) dans les 2 sens, tte l'année.

En bus

Arrêt des bus ARST : *sur le port.* *• arst.sardegna.it •* Tous les bus pour le reste de l'île passent par ***Sant'Antioco*** (voir plus haut la rubrique « Arriver – Quitter » à Sant'Antioco).

LE SUD-OUEST

Où dormir ?

De prix moyens à chic

Hotel Cala di Seta : *viale R. Margherita, 61. ☎ 0781-88-304. 📱 388-189-74-50. • caladiseta@tiscali.it • hotelcaladiseta.it • ♿ Dans le centre. Doubles 50-140 €, petit déj en sus ; familiales. Réduc de 10 % sur les doubles sur présentation de ce guide.* Petit hôtel d'une vingtaine de chambres lumineuses. 3 catégories : les « économiques » sont déjà très correctes, les « standard » vraiment spacieuses, quant aux « supérieures », au 2e étage, elles ont la petite touche de charme en plus, avec poutres apparentes et vue sur la mer ou le village. Mais le grand plus, ici, c'est l'accueil souriant des femmes de la maison !

Oasi Blu Agriturismo : *loc. Vigna Grande. 📱 328-485-06-68. • info@oasisblucalasetta.it • oasisblucalasetta.it • ♿ À 3 km au sud de Calasetta. Congés : janv-fév. Résa fortement conseillée. Doubles 80-130 € ; ajouter 28 €/pers pour la ½ pens. Au resto, menu fixe 35 €.* Une poignée de chambres de belle facture (meubles en bois cérusé, clim individuelle, TV, coffre-fort et petit bureau). Elles possèdent toutes une terrasse ombragée donnant sur une pelouse digne d'un green anglais. Au resto *(ouv également le soir aux non-résidents),* cuisine sarde de qualité mettant à l'honneur le terroir. Le menu change tous les jours. Bon accueil d'Antonello.

Hotel Stella del Sud : *loc. Spiaggia Grande. ☎ 0781-810-188. • info@hotelstelladelsud.com • hotelstelladelsud.com • En face de la spiaggia Grande. Congés : nov-mars. Doubles 80-200 € ; ajouter 25 €/pers pour la ½ pens.* Les amateurs de bain de soleil opteront pour cet hôtel au charme désuet idéalement placé (accès direct à la plage). Ici, le long couloir du 1er étage distribue des chambres avec boiseries disposant d'une climatisation centrale. Elles ne sont pas de toute 1re jeunesse mais elles sont propres car elles bénéficient chaque année d'un petit coup de neuf. Dans le jardin, court de tennis sans filet et piscine de dimension quasi olympique.

Où manger ?

De bon marché à prix moyens

Da Pasqualino : *viale Regina Margherita, 85. ☎ 0781-88-473. • ristorantedapasqualino85@gmail.com • ♿ Tlj sauf mar (tlj en août). Congés : janv-fév. Menus 30-40 € ; repas 25-30 €. Digestif offert sur présentation de ce guide.* Cadre coloré (tableaux, assiettes décoratives...) pour une cuisine familiale typique de l'île, déclinée en de goûteuses recettes. Au choix, le poisson sous toutes ses formes (en salade, grillé, frit, fumé, en couscous, en soupe et dans les pâtes) et quelques viandes pour les irréductibles.

Ca' Taborka : *via Roma, 99. ☎ 0781-89-80-06. • cataborka@gmail.com • Tlj sauf lun hors saison. Repas 25-30 €.* Une salle soignée, doublée d'une terrasse couverte aux beaux jours. Dans l'assiette, de savoureuses spécialités traditionnelles, sans extravagance, de poissons et fruits de mer, sans oublier quelques viandes.

Où boire un verre ? Où déguster une bonne glace ?

Whim Cafè Sardinia : *via Roma, 16. ☎ 0781-18-656-45. 📱 328-862-94-21. • whimcafesardinia@gmail.com • Tlj de 6h30 jusque tard.* À deux pas de la jolie piazza Belly, où les familles se retrouvent en soirée pour une petite *passeggiata,* c'est un sympathique bar à cocktails tenu par une jeune équipe. Agréable terrasse à l'ambiance lounge, idéale pour se relaxer en musique en observant l'animation de la rue piétonne.

Pour ceux qui recherchent un bar plus populaire, rendez-vous au ***Café del Mar,*** juste à côté, ou alors carrément sur le port, au ***Kambusa-bar,*** idéal pour un petit café en attendant le 1er bateau du matin. On y croise quelques figures locales.

Gelateria Il Pinguino : *via Palestro, 92. Tlj.* Ne cherchez plus : pour une bonne crème glacée vraiment artisanale, c'est ici et nulle part ailleurs !

À voir. À faire

Spiagge : en ville, celle de ***Sottotorre,*** bordée par un cordon de verdure à deux pas des maisons, est bien aménagée ; puis celle de ***Le Saline,*** à 1 km ; et, dans une jolie anse, la ***spiaggia Grande,*** la plus populaire (beaucoup de monde en été), qui affiche des proportions modestes malgré son nom.

MACC (museo d'Arte contemporanea) **:** *via Savoia, 2. ☎ 0781-88-72-19. • foundationmacc@gmail.com • fondazionemacc.it • Juil-août, tlj sauf lun 10h-13h, 18h-21h. Entrée : 4 € ; réduc.* Cet ancien abattoir abrite une collection permanente d'œuvres d'art contemporain...

Torre civica di Calasetta : *en haut de la via Marconi.* Dominant la plage urbaine de Sottotorre, la tour fut construite par les Espagnols dans la 1re moitié du XVIIIe s pour prévenir les attaques de pirates. Jolie vue sur le village et la mer depuis la terrasse.
– À deux pas de la tour et plus bas, voir aussi la ***chiesa Maurizio,*** édifiée au XIXe s avec une façade baroque.

Fête

– ***Festa di Sant'Antioco :*** *une dizaine de jours début août.* Grandes festivités et ferventes processions.

L'ÎLE DE SAN PIETRO

• Carte *p. 113*

Longtemps quasi déserte, l'île fut peuplée une trentaine d'années avant Calasetta, sur l'initiative de Charles-Emmanuel III de Savoie, par une colonie en provenance de l'île de Tabarka (dans l'actuelle Tunisie). Sa capitale, Carloforte (« fort de Charles »), appelée ainsi en souvenir du monarque, s'avère

un lieu de villégiature agréable. On y trouve de coquettes adresses pour un séjour farniente à la découverte d'une cuisine sarde mâtinée d'accents nord-africains.

UN PEU D'HISTOIRE

En 1540, le pirate Dragut, qui semait la terreur entre la Corse et la Sardaigne, est attaqué par les galères de la famille Doria. Fait prisonnier, il obtient sa liberté en échange des riches bancs de coraux qui entourent la petite île de Tabarka (à la frontière algéro-tunisienne aujourd'hui). Du coup, les Génois, qui n'étaient pas les derniers à renifler les bonnes affaires, y expédient des familles afin d'exploiter ces ressources. Le commerce du corail va prospérer près de 200 ans. Mais en 1737, la petite île compte près de 2 000 habitants et c'est trop ! Les chefs locaux envisagent alors de faire migrer une partie de la population vers l'île de San Pietro, ce qui aurait le double avantage de réduire la pression démographique tout en freinant les envies d'expansion des Barbaresques en Méditerranée. La cour de Turin finit par statuer en donnant en fief l'île de San Pietro à un certain marquis della Guardia. Charge à lui d'y bâtir une église et d'y entretenir un curé. Sitôt dit, sitôt fait, le 6 juillet 1738, pas moins de 400 Tabarquins débarquent sur l'île, ouvrant la voie à de nombreuses familles génoises. On vous épargne le reste de l'histoire, faite d'échanges d'esclaves, tantôt chrétiens raflés par les musulmans, tantôt musulmans faits prisonniers par les chrétiens. La palme revenant au bey de Tunis en 1798 avec pas moins de 945 prisonniers raflés d'un coup ! Vu l'ampleur des dégâts, le pape a même dû mettre la main au porte-monnaie en fournissant quelques bénéfices ecclésiastiques pour libérer certains otages...

LA *MATTANZA*

San Pietro est également le théâtre de la *mattanza,* une tradition de pêche pour le moins cruelle. Dans le canal delle Colonne (au nord de l'île), les pêcheurs installent un système sophistiqué de filets constituant 5 « chambres », destiné à piéger les bancs de thons rouges au moment de la migration vers les zones de frayage. Une fois la quantité de thons piégés jugée suffisante, le filet est remonté lentement, réduisant ainsi leur espace vital. On appelle ça la « *camera della morte* » (la chambre de la mort). Les thons sont alors tués, puis hissés sur les bateaux, tandis que la mer devient rouge sang. Rituel qui remonte à la nuit des temps (on le retrouve aussi en Sicile, à Favignana, une île de l'archipel des Égades). Le grand ordonnateur de l'événement est appelé « *raïs* » (« capitaine » en arabe). Les amateurs de cinéma pourront (re)voir le film *Stromboli* de Roberto Rossellini, où le cinéaste a mis en scène une *mattanza.* En attendant, vous avez sûrement mieux à faire qu'assister à ce genre de boucherie !

CARLOFORTE (09014) 6 200 hab.

• Plan *p. 115*

Adorable petit bout de cité, adossée à une colline, d'où se détachent d'élégantes demeures et de discrets palais. Beaucoup d'éléments architecturaux y rappellent la Ligurie, à commencer par les douces couleurs de ses maisons (contrairement à Calasetta la blanche) et leurs balcons en fer forgé. Il fait bon y prendre l'apéro sur ses placettes ombragées, le nez sur le va-et-vient des passants, après s'être perdu dans ses ruelles et escaliers. Pour une fois, on laisse tomber sa voiture.

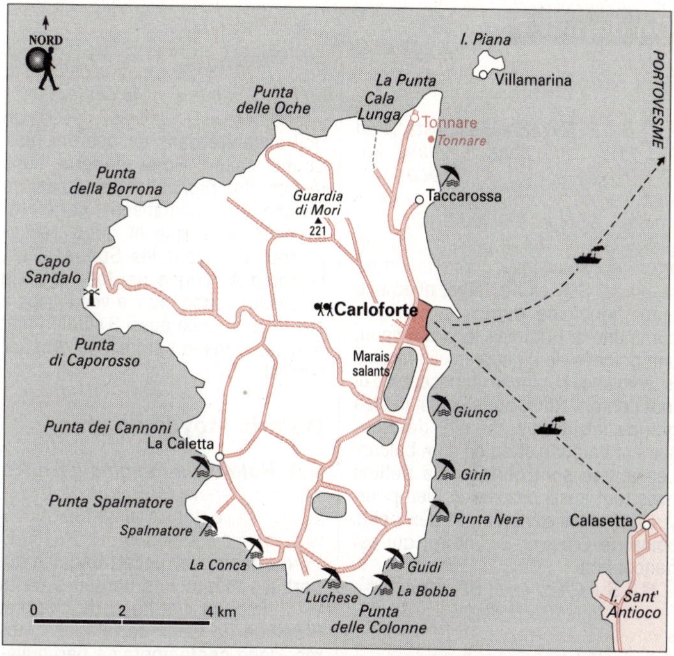

L'ÎLE DE SAN PIETRO

Arriver – Quitter

En bateau

Quai des ferries (plan B2) **:** molo a Tagliafico. Desservi par la compagnie maritime *Delcomar* (plan B2, **2** ; piazza Carlo Emanuele III, 24 ; • delcomar.it •). En été, il est très conseillé d'acheter les billets à l'avance sur Internet.

➢ ***Calasetta*** *(île de Sant'Antioco ; 30 mn)* **:** une quinzaine de bateaux/j. dans les 2 sens (y compris la nuit).

➢ ***Portovesme*** *(Sardaigne ; 40 mn)* **:** une vingtaine de bateaux/j. dans les 2 sens.

En bus

Arrêt des bus ARST (plan B2) **:** *piazza Carlo Emanuele III. • arst.sardegna.it •*

➢ Une ligne dessert le terminus des 3 routes de l'île : ***La Punta, La Caletta*** et ***capo Sandalo.*** En été, bus ttes les heures ; hors saison, seulement 1-2 liaisons/j.

Adresses utiles

Ufficio turistico Pro Loco (office de tourisme ; plan B2) **:** *corso Tagliafico, 2. ☎ 0781-85-40-09. • carloforteturismo.it • Tlj, horaires variables.*

■ ***Librairie, services et location de vélos* : *Borghero Angelo*** *(plan B1, **4**), corso Cavour, 35. ☎ 0781-85-52-98. Tlj sauf dim 9h-13h, 17h-20h.*

■ **Distributeur de billets** (plan B2, **6**) **:** *à la **Banca Intesa San Paolo** (corso Cavour, 1 ; fermé le w-e).*

Où dormir ?

Prix moyens

B & B Terrazza Bellavista *(plan A2, **11**)* **:** *salita Santa Cristina, 25. ☎ 0781-85-46-15. • info@carlofortegb.it • carlofortegb.it • Congés : janv-fév. Doubles 60-120 €. CB refusées. Café ou thé et biscuits maison offerts à l'arrivée sur présentation de ce guide.* Sur les hauteurs, avec une magnifique vue depuis la terrasse commune qui domine le jardin fleuri, une poignée de chambres climatisées à l'ambiance surannée, impeccables et tout confort. Notre préférée est la plus grande (et la plus chère !), délicieusement baroque et dotée d'un balcon. Les autres sont certes plus petites mais tout aussi propres et bien pourvues. Accueil généreux et aux petits soins de Giusi et Salvatore, qui est francophone.

B & B Il Ghiro *(plan B2, **10**)* **:** *piazza Repubblica, 7. 338-205-05-53. • info@carlofortebedandbreakfast.it • carlofortebedandbreakfast.it • Congés : fév. Doubles 60-110 €. CB refusées.* Au cœur du village, sur une adorable placette ombragée, un *B & B* de poche installé dans une maison pittoresque du XVIIIe s. Au choix : 2 petites chambres, dont une avec lit superposé. Également 8 autres un peu plus grandes, réparties dans 2 maisons du voisinage ; l'une ancienne et l'autre moderne. Tenue parfaite et accueil anglophone sympa.

Hotel California *(plan A3, **12**)* **:** *via Cavallera, 15. ☎ 0781-85-44-70. 333-739-28-68 (Joe). • california.hotel@tiscali.it • hotelcaliforniacarloforte.com • Doubles 50-110 €.* Un poil excentré dans un quartier résidentiel calme. Hôtel moderne sans réel charme proposant une quinzaine de chambres climatisées, carrelées, avec lit métallique et déco passe-partout évoquant les States. C'est la petite Amérique de Joe, natif du Nouveau Monde, où il a vécu jusqu'à ses 14 ans. Loue aussi 3 studios tout équipés dans le centre-ville. Accueil familial.

De prix moyens à chic

Hotel Villa Pimpina *(plan A2, **14**)* **:** *via Genova, 106-108. ☎ 0781-85-41-80. • hotel@villapimpina.it • villapimpina.it • ♿ Doubles 70-150 €.* Perdu dans une ruelle tranquille qui part à l'assaut des hauteurs de la ville, voici un vrai hôtel de charme. Florilège de vieux carrelages colorés, déco contemporaine particulièrement étudiée et meubles anciens discrets. Une dizaine de chambres où l'on se sent bien, certaines avec lit à baldaquin et petit jardin privé comme la n° 2. Terrasse fleurie pour musarder.

Nichotel *(plan B2, **13**)* **:** *via Garibaldi, 7. ☎ 0781-85-56-74. • info@nichotel.it • nichotel.it • ♿ Congés : nov-fév. Doubles 70-240 € ; familiales.* Un peu en retrait du port, cette maison ancienne en pierre abrite un charmant petit hôtel contemporain. Une bonne

Adresses utiles

- Ufficio turistico Pro Loco (B2)
- **2** Delcomar (B2)
- **4** Borghero Angelo (librairie, services et location de vélos ; B1)
- **6** Distributeur de billets (B2)

Où dormir ?

- **10** B & B Il Ghiro (B2)
- **11** B & B Terrazza Bellavista (A2)
- **12** Hotel California (A3)
- **13** Nichotel (B2)
- **14** Hotel Villa Pimpina (A2)

Où manger ?

- **20** Pescheria Sandolo (B3)
- **21** L'Oasi (A2)
- **22** Pomata Bistrot (B1)
- **23** Pizzeria EOS (hors plan par B1)
- **24** A Galaia (B2)
- **25** Osteria della Tonnara da Andrea (B3)
- **26** Da Nicolo (B1)

Où déguster une bonne glace ?

- **28** Napitia (B1)

Où boire un verre ?

- **31** Bar L'Incudine (B3)

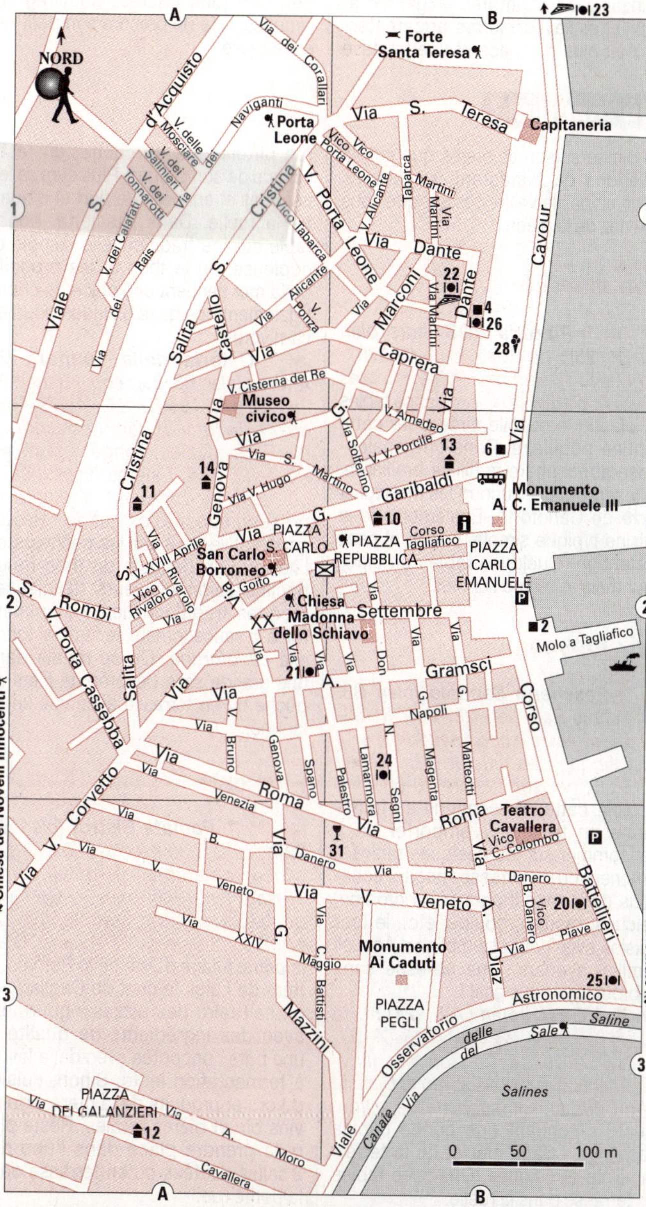

CARLOFORTE

LE SUD-OUEST

quinzaine de chambres élégantes et douillettes, avec pierres apparentes. Un peu plus d'espace et une terrasse pour les plus chères. Seul regret : l'impossibilité de prendre son petit déj en terrasse.

Où manger ?

En pleine saison et quelle que soit la catégorie du restaurant, si vous ne réservez pas la veille, pas sûr que vous trouviez de la place.

Bon marché

Pizzeria EOS (hors plan par B1, **23**) : *via I Maggio, 4. ☎ 0781-85-47-27. Tlj sauf mar 20h-2h. Repas 20-25 € ; pizze 6-10 €.* Ambiance tables en plastique et toile cirée pour cette cantine populaire. Dans une chaleureuse atmosphère familiale braillarde, on y sert pour beaucoup les meilleures *pizze* de Carloforte. Également de la cuisine typique simple, bonne et sans prétention. Quelques tables en extérieur mais avec vue sur rien.

Prix moyens

Pescheria Sandolo (plan B3, **20**) : *corso Battellieri, 28. ☎ 0781-85-43-55. • info@pescheriasandolo.it • Tlj sauf lun (tlj juil-août) 19h-22h. Repas 20-30 € ; poisson facturé 40-60 €/kg.* Le soir, cette poissonnerie se transforme en traiteur. À emporter ou à consommer sur les quelques tables à l'intérieur ou en terrasse : risotto, couscous de la mer, thon à la carlofortine, seiches, moules, poulpe, etc., le tout cuisiné avec goût et simplicité. Accueil familial avenant. Une adresse sans esbroufe qui nous plaît !

L'Oasi (plan A2, **21**) : *via Gramsci, 59. ☎ 0781-85-67-01. • itan76@live.it • Tlj. Congés : janv-fév. Menu 25 € ; repas 25-35 €. Digestif offert sur présentation de ce guide.* Resto mitonnant une bonne *cucina casalinga* – de la mer et de la terre – familiale et soignée. Quelques tables en terrasse dans la ruelle.

A Galaia (plan B2, **24**) : *via Don Nicolò Segni, 36. ☎ 0781-85-40-81. Tlj sauf lun hors saison. Repas 25-30 € ; menus 20-30 €.* Dans une rue pittoresque du centre, un resto victime de son succès. Plusieurs salles colorées et animées de part et d'autre de la ruelle. Dans l'assiette, honorable cuisine traditionnelle, simple et copieuse, où le thon et les produits de la mer tiennent une place de choix. Également quelques grillades pour les carnivores !

Osteria della Tonnara da Andrea (plan B3, **25**) : *corso Battellieri, 36. ☎ 0781-85-57-34. 📱 379-164-58-11. • info@ristorantedaandrea.it • Tlj sauf mer. Congés : janv-fév. Repas 25-35 €. Café ou digestif offert ou réduc de 10 % sur l'addition sur présentation de ce guide.* Resto-coopérative géré par les pêcheurs de l'île, où l'on déguste du thon rouge décliné selon plusieurs délicieuses recettes traditionnelles, notamment rôti à la sauce tomate, le fameux *tonno alla carlofortina*. On se régale dans une grande salle décorée de filets de pêche ou en terrasse avec vue sur la lagune.

Plus chic

Pomata Bistrot (plan B1, **22**) : *via Dante, 46. ☎ 0781-85-53-61. • pomatabistrot@gmail.com • Tlj sauf jeu 19h30-minuit. Congés : de mi-oct à mi-avr. Compter 15-40 € selon pizza ou repas à la carte.* C'est la petite affaire d'Antonello Pomata, le frère de Luigi, le chef de Cagliari. Ici, on sait faire des pizzas « gourmet » avec des ingrédients de qualité et une pâte concoctée avec de la levure à fermentation lente. Sinon, cuisine du cru et produits de la mer, carte de vins bio et bières locales. Reste plus qu'à prendre place dans l'une des 2 salles voûtées ou en terrasse dans la petite rue.

Da Nicolo (plan B1, **26**) : *corso Cavour, 32. ☎ 0781-85-40-48. • info@nichotel.com • Tlj sauf jeu. Congés : de mi-oct à mi-avr. Le midi, menus*

25-35 € ; repas env 50 €. Grande terrasse couverte et fermée sur le *corso.* Un cadre assez quelconque pour une cuisine haute en saveur, réalisée par un chef créatif qui sublime les bons produits frais de l'île (essentiellement du poisson) par ses recettes traditionnelles revisitées.

Où déguster une bonne glace ?

Napitia *(plan B1,* ***28****)* **:** *corso Cavour, 25. 366-252-90-17. • info@gelateria napitia.it • De mars à mi-nov, tlj 10h (9h en été)-22h.* De succulentes glaces artisanales produites dans l'arrière-boutique. Quelques tables en terrasse sur le *corso.*

Où boire un verre ?

Bar L'Incudine *(plan B3,* ***31****)* **:** *via Roma, 78. ☎ 0781-85-64-58. • incudine76@yahoo.it • Tlj sauf lun 17h-2h.* Longue salle voûtée à l'allure contemporaine. Dans les verres, de bons cocktails que descendent trentenaires et quadras dans une ambiance de discussions braillardes.

À voir. À faire

Museo multimediale *(hors plan par B3)* **:** *torre San Vittorio, quartier Spalmadureddu. ☎ 0781-858-92-60. 333-181-65-35. • tsv@comune.carloforte.ca.it • À env 1 km du centre-ville. D'août à mi-nov seulement, horaires très restreints. Entrée : 5 € ; réduc.* Un musée entièrement voué à l'histoire de l'île, depuis ses origines géologiques jusqu'au débarquement de la 1re colonie en 1738. Muséographie moderne organisée sur 3 étages, avec écrans tactiles et vidéos en simulation 3D. Notons également que cette tour, construite en 1768, fut l'une des 5 stations astronomiques au monde dont la position en latitude (39°08') a permis d'étudier avec précision les équinoxes. Elle n'opère plus depuis la fin des années 1970.

Museo civico « Casa del Duca » *(plan A1-2)* **:** *via Cisterna del Re, 20. ☎ 0781-858-92-60 ou 0781-858-92-00. Horaires restreints variant au gré des saisons. Entrée : 5 € ; réduc.* Bâtiment construit en 1738, dès la 1re année de la colonisation de l'île, comme corps de garde fortifié, il devint prison, hôpital et finalement musée. Une salle est consacrée bien sûr au thon et à la pêche, une autre à la marine et à la navigation. Quelques canons anciens et des ancres romaines, un pressoir, de vieux outils et des objets du quotidien. *Sala dei Documenti* dédiée à l'histoire de la colonisation de l'île, et celle des sciences naturelles aux crustacés, mollusques et coquillages...

Balade dans la vieille ville **:** au fil des ruelles, on passe l'adorable ***piazza Repubblica*** *(plan B2)* avec ses impressionnants bancs verts qui ceinturent majestueusement les arbres, souvent occupés par des pêcheurs à la retraite ou des familles. Puis, piazza San Carlo, l'église ***San Carlo Borromeo*** *(plan A2),* édifiée en 1761, de style néoclassique. Clocher à part présentant des éléments baroques. À l'intérieur, voûte en berceau et pilastres corinthiens. Ensuite, via XX Settembre, l'église de la ***Madonna dello Schiavo*** *(plan B2),* construite en l'honneur d'habitants rentrés de captivité (ils avaient été razziés par les Barbaresques) à la fin du XVIIIe s. Tout en haut du village, vestiges des remparts, la ***porta Leone*** *(plan A1)* et le ***forte Santa Teresa*** *(plan B1).* Quant à la ***chiesa dei Novelli Innocenti*** *(hors plan par A3),* au sud, tout au bout de la via V. Corvetto, elle fait référence à un naufrage au cours duquel moururent beaucoup d'enfants en partance pour la Terre sainte, en 1212.

Enfin, pour les amateurs d'histoire, le ***Parcours napoléonien*** (panneaux explicatifs en français) permet de se replonger dans l'univers du « Petit Caporal » au fil de quelques sites et maisons de la vieille ville. *Rens : • napoleonsites.eu •*

Via del Sale : une piste cyclable *(tlj 7h45-20h)* fait en partie le tour de la lagune. Avec un peu de chance, on y observe des flamants roses.

BALADES DANS L'ÎLE

Au nord de l'île, balade paisible à ***La Punta.*** Lieu de la *tonnara,* la technique de pêche traditionnelle. En arrière-plan, l'île de Piana, cernée de jolis fonds azuréens et de rochers plats.

■ ***Carloforte Tonnare Diving Center :*** *à* ***La Punta.*** *349-690-49-69 ou 338-847-24-15. • carlofortediving.org •* Centre de plongée réputé pour son sérieux.

Légèrement à l'ouest de la *tonnara,* promenade jusqu'à la ***cala Lunga*** (10 mn de marche). Sur le chemin du retour, arrêt possible à la plage familiale de ***Taccarossa.*** Pas beaucoup de sable, voire pas du tout certains jours, mais eaux peu profondes.

Vers le sud, nombreuses ***plages*** parsemant la route côtière : galets et mer peu profonde sur celle de ***Giunco. Girin,*** plus touristique, est bien équipée. La plage de la ***punta Nera*** est ravissante et sablonneuse, au fond d'une jolie crique aux eaux très claires. Sable fin pour celle de ***Guidi*** ; et même chose pour ***La Bobba,*** sa petite voisine. Super point de vue sur ***punta delle Colonne,*** puis petite plage de ***Luchese.*** Viennent ensuite ***La Conca,*** avec de belles falaises d'où certains s'amusent à plonger, puis ***Spalmatore,*** très familiale dans un environnement agréable de villas discrètes. Enfin, ***La Caletta,*** bien aménagée et orientée plein ouest, est romantique au soleil couchant ; cernée de maquis saupoudré de quelques maisons...

➢ ***Capo Sandalo :*** la route qui y mène est de toute beauté, zigzaguant dans des collines sauvages alternant pinèdes et maquis. Très peu d'urbanisation, quelques maisons d'implantation ancienne de-ci, de-là, et des routes de terre dont on devine qu'elles mènent à quelque crique mordorée déserte... Et l'on parvient au bout de ce « Finistère » italien, le cap le plus à l'ouest de la Botte ! Dominé par un grand phare. Immense parking, suivi d'un long chemin cimenté qui descend vers la mer. Un peu avant, sur la droite, un autre sentier mène à la crique rocheuse de ***Calafico.*** Hors saison, un enchantement !

CARBONIA, L'IGLESIENTE ET LA COSTA DELLE MINIERE

Depuis la préhistoire, le sud-ouest de la Sardaigne a toujours vécu en relation avec la mine : des 1res exploitations datant de l'époque antique aux villes sorties de nulle part de la période mussolinienne, en passant par les Phéniciens, les Carthaginois, les Romains et les Pisans. Il n'y a guère que les Aragonais et les Espagnols, trop intéressés par l'or du Nouveau Monde, qui ne se soient mis à creuser la montagne. Fer, cuivre, plomb, argent... Autant de métaux qui permirent aux sociétés qui les ont exploités de se développer technologiquement et surtout de s'enrichir. On estime qu'entre le XIIe et le XIVe s environ 15 t d'argent arrachées à la montagne à coups de pioche étaient acheminées annuellement vers la ville de Pise. Au

XXᵉ s, cette province fut même le centre minier le plus important d'Italie, notamment en ce qui concerne l'exploitation du charbon.
Aujourd'hui, les sites ne sont plus exploités. La région n'est désormais qu'un champ de friches industrielles, leur présence dans le paysage conférant un caractère très particulier à cette partie de la Sardaigne. Un certain nombre d'entre elles, éparpillées sur une côte offrant son lot de plages désertes, constituent même un véritable atout pour les amateurs de randonnée. Sans oublier les quelques villages et hameaux ayant réussi à braver l'arrivée du tourisme de masse et dans lesquels il est toujours agréable de se poser pour faire de belles rencontres gastronomiques.

– ***Cammino Minerario di Santa Barbara :*** ce GR au départ d'Iglesias est une formidable occasion pour les amateurs d'archéologie industrielle de découvrir la région en profondeur ! Au total : 390 km ! Mais rien ne vous empêche de n'en faire qu'une étape (il y a 24 tronçons au total) ! *Rens : • camminominerariodisantabarbara.org •*

CARBONIA

(09013) 28 600 hab.

Créée ex nihilo en 1938, Carbonia a du mal à cacher l'origine de son nom. Construite rapidement sous Mussolini, elle fut, à l'instar d'Arborea et de Fertilia, le théâtre de l'une des 3 grandes expériences d'architecture fasciste de Sardaigne. Une vraie curiosité !
Si elle ne donne guère de raisons d'y séjourner, en revanche, elle propose un fascinant musée de la mine et, pour les amateurs de vieilles pierres, un petit musée archéologique et un site d'époque punico-phénicienne offrant un superbe panorama sur la côte...

UN PEU D'HISTOIRE RÉCENTE

En 1936, Mussolini, qui depuis quelques années s'était emparé de l'architecture à des fins de propagande, décide de se pencher sur la potentialité d'exploiter le charbon sarde, que l'on vient tout juste de découvrir. En à peine 2 ans, une ville sort de terre : Carbonia, avec son plan en étoile et ses larges artères, offrant au Duce l'occasion de mettre en pratique sa notion de « bonification sociale ». Dans les années 1940, l'activité minière et ses satellites emploient même jusqu'à 18 000 personnes, tandis que la ville compte jusqu'à 60 000 habitants. Cependant, l'après-guerre se révèle fatal pour la région : le charbon finalement assez pauvre n'est guère rentable car il contient trop de soufre... Les mines connaissent alors un déclin inéluctable et la ville se vide, engendrant le plus grand exode urbain de toute l'Italie.

Arriver – Quitter

En bus

Arrêt des bus ARST : *via Manno. • arst.sardegna.it •* C'est l'arrêt le plus central. Ici passe aussi le bus urbain desservant la gare ferroviaire.
➢ ***Cagliari*** *(3h)* **:** 1 bus/j. via Iglesias, mais le mieux est de prendre le train.
➢ ***Sant'Antioco et Calasetta*** *(île de Sant'Antioco ; 20 mn)* **:** 5 bus/j.
➢ ***Iglesias*** *(1h)* **:** 5-6 bus/j.

En train

Stazione ferroviaria *(gare ferroviaire Carbonia Serbariu)* **:** *via Costituente. • trenitalia.com •*
➢ ***Cagliari*** *(1h)* **:** env 5 trains directs/j.

Où dormir ? Où manger ?

Hotel Aquarius : *via Sardegna, 3. ☎ 0781-66-21-43. 347-491-75-94 (Rita). • aquariushotelcarbonia@gmail.com • Resto fermé dim. Double env 80 € ; familiales. Repas 15-20 €.* À l'écart dans une rue paisible, ce petit hôtel familial propose une poignée de chambres pas bien grandes mais bien équipées. Au resto, honnête cuisine familiale, simple et typique, sans compter les *pizze.* Accueil adorable.

La Piazzetta : *via Nazario Sauro, 3. ☎ 0781-87-12-30. 392-188-08-71. • hildabrekalo97@gmail.com • Juste en face de l'église. Ouv le soir tlj sauf mar, plus le midi w-e. Repas env 30 €.* En quittant le centre pour les faubourgs, les locaux viennent d'abord chercher un cadre : une maisonnette au bord d'une agréable place, où l'on s'installe selon la météo sur une belle terrasse ou dans une salle chaleureuse. Mais la cuisine n'est pas en reste, *pizze* et autres plats classiques font nettement mieux que de la figuration !

LE SUD-OUEST

À voir

– **Important :** *il existe un billet combiné (valable 2 mois) pour le Museo archeologico, le museo del Carbone, le museo dei Paleoambienti sulcitani et le monte Sirai à 15 € (10 € sans le museo del Carbone).*

Piazza Roma : édifiée en moins de 2 ans et inaugurée par Mussolini lui-même en 1938. Composée de la **chiesa San Ponziano,** de style roman et flanquée d'un campanile, construite essentiellement en granite brun et trachyte. Devant l'église se dresse le **municipio,** faisant face à la **torre civica,** massive et symbolisant le pouvoir fasciste. À côté de celle-ci, le **Dopolavoro** (centre qui organisait les loisirs des travailleurs), puis le **teatro centrale.** Au sud de la place, un grand parc où l'on trouvait les demeures des leaders du régime et des dirigeants des mines. Celle du directeur des charbonnages abrite aujourd'hui le *Museo archeologico.* Des panneaux, avec photos, en bord de place, racontent l'histoire de la construction de la ville.

UNE ARCHITECTURE TÉMOIN D'UNE ÉPOQUE !

Comme l'architecture stalinienne, son équivalent de l'époque, l'urbanisme de la période fasciste a bien résisté au temps et possède finalement aujourd'hui une légitimité historique. Témoin éternel de l'implacable hiérarchie du régime fasciste, mais aussi leçon architecturale : grands espaces ouverts, rues larges et aérées, matériaux nobles... La piazza Roma fut même élue pour sa qualité de vie ! Avec le temps, le style « mussolinien » s'est inscrit dans l'Histoire...

Museo archeologico – Villa Sulcis : *viale Arsia. ☎ 0781-186-73-04. 345-888-60-58. • carboniamusei.it • Avr-sept, tlj sauf lun 10h-13h, 14h-19h ; hors saison, horaires réduits. Entrée : 6 € ; réduc ; gratuit moins de 6 ans.*

– ***Au rez-de-chaussée, période préhistorique :*** maquette d'un nuraghe, reconstitution de la forteresse de Siva (âge de bronze) et d'un habitat traditionnel de l'époque (hutte). ***Période romaine :*** collection de statuettes en terre cuite, dédiées pour la plupart à Déméter, ainsi que bornes milliaires, lampes à huile et pièces de monnaie.

– ***Au 1er étage :*** une salle mal éclairée présente des découvertes provenant du site du monte Sirai (céramiques, bijoux, urnes funéraires en forme d'amphores, etc.). Cartels en anglais.

En résumé : un musée vite vu et qui date un peu.

Museo del Carbone : *Grande Miniera di Serbarìu. ☎ 0781-62-727. • museodelcarbone.it • (appeler avt pour la visite de la mine). À 1,7 km au sud du centre-ville (panneaux). Fin juin-fin sept, tlj 10h-19h ; hors saison, tlj sauf lun (exceptés j. fériés) 10h-18h ; dernière visite guidée de la galerie de mine min 1h avt. Entrée : 8 € ; réduc ; gratuit moins de 6 ans.*
Une visite passionnante à ne pas manquer ! Cette gigantesque mine de charbon, la plus importante d'Italie au plus fort de sa production, fut exploitée de 1937 à 1964 avant de fermer en 1971. Plus de 33 ha de surface et 32 ha de terrils, avec un record de 1,4 million de tonnes extraites en 1945-1946. Elle assurait plus de 10 % de la production nationale, employant jusqu'à 18 000 personnes, dont 12 000 mineurs de fond vers 1950.
– ***La lampisterie :*** immense hangar voûté abritant la billetterie, le vaste musée et la boutique. Présentation de la naissance de la ville (sortie de nulle part afin de servir ce site d'extraction, on le rappelle !) et travail de la mine sous tous ses aspects. Tous les procédés de production depuis la nuit des temps sont évoqués en détail : 1ers fours en terre cuite, 1ers outils, technique du charbon de bois, présentation des variétés de charbon, expo de lampes de mineur de toutes les époques, maquettes, histoire des luttes syndicales et pour la sécurité, les 1res grèves de 1942 (en plein fascisme, imaginez !), celles de 1948... Le tout agrémenté d'images d'archives, de vidéos, de grands panneaux clairs et efficaces (y compris en français) et de photos. Tout au fond, la lampisterie proprement dite, un long comptoir en marbre où le mineur prend sa lampe en échange d'un jeton. Enfin, sur le côté, les salles de douche XXL.
– ***La visite guidée** (45 mn) :* nombreux tours en français dans la journée. C'est le point fort du circuit. D'abord, un petit brief à la lampisterie, puis visite de la salle des machines qui assuraient le fonctionnement des ascenseurs (75 mineurs par voyage... lorsqu'on n'entassait pas jusqu'à 100 bonhommes pour gagner du temps !), puis d'un chevalement. On pénètre ensuite dans une galerie longue de 900 m, représentative des quelque 130 km de galeries qui grignotaient le sous-sol jadis. La plupart ont été noyées (elles se trouvent à plus de 200 m sous le niveau de la mer). On passe alors en revue tous les moyens de production, du simple pic aux machines les plus perfectionnées comme cette *Sagem* à 2 énormes roues dentées qui pouvait extraire jusqu'à 5 000 t de charbon par jour ! Vous saurez aussi tout sur la vie des mineurs de fond, leurs rituels, habitudes, traditions, et l'évolution de la sécurité. Aucune grande catastrophe n'est à déplorer, mais on ne compte pas ceux qui y ont laissé leur peau consécutivement à un effondrement de galerie ou une chute d'étais (le travail dans les galeries les plus dangereuses étaient réservé aux bêtes noires du régime fasciste : prisonniers politiques, homos). Une visite captivante.

Museo dei Paleoambienti sulcitani E. A. Martel : *Grande Miniera di Serbarìu. 340-268-90-43. • direzionemusei@libero.it • carboniamusei.it • Avr-sept, tlj sauf lun 10h-13h, 14h-19h ; hors saison, horaires réduits et en continu. Entrée : 6 € ; réduc ; gratuit moins de 6 ans.* Musée bien documenté, dominé par un gigantesque squelette de tyrex (ça vous rappellera *Jurassic Park*). Présentation chronologique moderne et particulièrement détaillée de centaines de roches et de fossiles de la région (du Primaire au Quaternaire) ou du monde entier. Les plus spectaculaires renferment toutes sortes de plantes et d'animaux. Riches vitrines de fossiles sur la mezzanine : restes d'animaux préhistoriques (mammouths, bisons, poissons et divers invertébrés marins). Intéressant.

Parco archeologico Monte Sirai : *loc. Sirai. 345-755-97-51. À 6 km au nord-ouest de Carbonia, direction Iglesias, par la SS 126. Avr-sept, tlj sauf lun 10h-19h ; hors saison, horaires réduits et en continu. Entrée : 6 € (visite guidée en anglais incluse) ; réduc ; gratuit moins de 6 ans.* Tophet *fermé pour restauration.*
Très plaisant parc archéologique, situé sur une colline à 200 m d'altitude, à la limite entre le plateau du Sulcis et la plaine du Campinado. Superbe point de vue sur la plaine, les montagnes, les champs d'éoliennes et les îles. Il s'agit d'un camp militaire, édifié par les Phéniciens au VIIIe s av. J.-C. pour protéger le port de Sulky (la Sant'Antioco actuelle). Occupé et renforcé par les Carthaginois 2 siècles après.

LE SUD-OUEST

Pas d'ajouts au moment de l'occupation romaine. Sans qu'on en connaisse la raison (épidémie ?), le site fut abandonné au Ier s av. J.-C. Découvert par les archéologues en 1963, il se compose d'une nécropole à crémation phénicienne et d'hypogées (sépultures creusées dans la roche), d'un *tophet* (cimetière d'enfants) et de quartiers résidentiels où sont toujours bien visibles les tracés de rues et les emplacements des différents bâtiments. Vestiges assez évocateurs, surtout si vous êtes seul ! C'est ici, sur le site du temple qui lui était dédié, que l'on découvrit la statue taillée dans la pierre de la déesse Astarté (IIe s av. J.-C.), aujourd'hui au musée de Cagliari mais dont on voit la copie au musée de Carbonia.

IGLESIAS (09016) 27 530 hab.

• Plan *p. 123*

Au pied de la punta San Michele, point culminant de la chaîne du Marganai (906 m), l'ancienne Villa di Chiesa est la petite capitale de l'Iglesiente, vaste région alternant mines, plages désertes et paysages sauvages. Ne tenez pas compte des entrées de ville un peu alambiquées et guère séduisantes, car son centre historique est plein de charme. Mâtiné par des influences espagnole et toscane, il recèle des ruelles bordées de vénérables demeures de style Art nouveau, d'édifices religieux et de charmantes placettes.

UN PEU D'HISTOIRE

En 1257, Pise met la main sur tout le sud-ouest de l'île. La ville prend alors le nom de *Villa di Chiesa* – probablement lié à son grand nombre d'églises – et passe sous la domination de la famille d'*Ugolino della Gherardesca.* Un nobliau nommé gouverneur de Sardaigne après avoir trahi les Gibelins pour les Guelfes. Une traîtrise qui lui vaut l'honneur de faire partie du « 9e cercle » dans *L'Enfer* de Dante (le pire, celui des traîtres). On connaît la suite : destitué, emprisonné, il aurait mangé ses enfants pour survivre ! Reprise en main par Pise, la ville devient commune libre, avec droit de créer ses propres lois et de battre monnaie. Cette stabilité politique cesse en 1324 avec la conquête aragonaise. La ville assiégée capitule et prend le nom d'*Iglesias.* La grande peste de 1600 interrompt l'exploitation des mines, et la ville entre doucement en décadence. Petite reprise économique en 1720, avec la fin de la domination espagnole et la création du royaume de Sardaigne par la maison de Savoie.

L'ère moderne

C'est la révolution industrielle, avec sa forte demande de métaux, qui relancera les mines pour au moins 100 ans. Au début du XXe s, Iglesias est une ville relativement riche, active, et elle affiche plus de 20 000 habitants, dont une majorité de mineurs de fond qui, eux, sont pauvres... Au début des années 1970, les mines ferment les unes après les autres. Leurs chevalets pointés vers le ciel servent aujourd'hui de points de repère aux randonneurs.

MINE DE RIEN !

En 1838, endetté jusqu'au cou, Honoré de Balzac quitte la France pour la Sardaigne, en compagnie d'une femme déguisée en homme, afin de tenter de se refaire une santé en achetant des mines. Pas de bol, lors de son escale à Ajaccio, le choléra, qui sévissait alors, l'oblige à une quarantaine. Juste le temps de permettre à Guiseppe Pezi, son associé, de le doubler et de rafler la mise à lui tout seul !

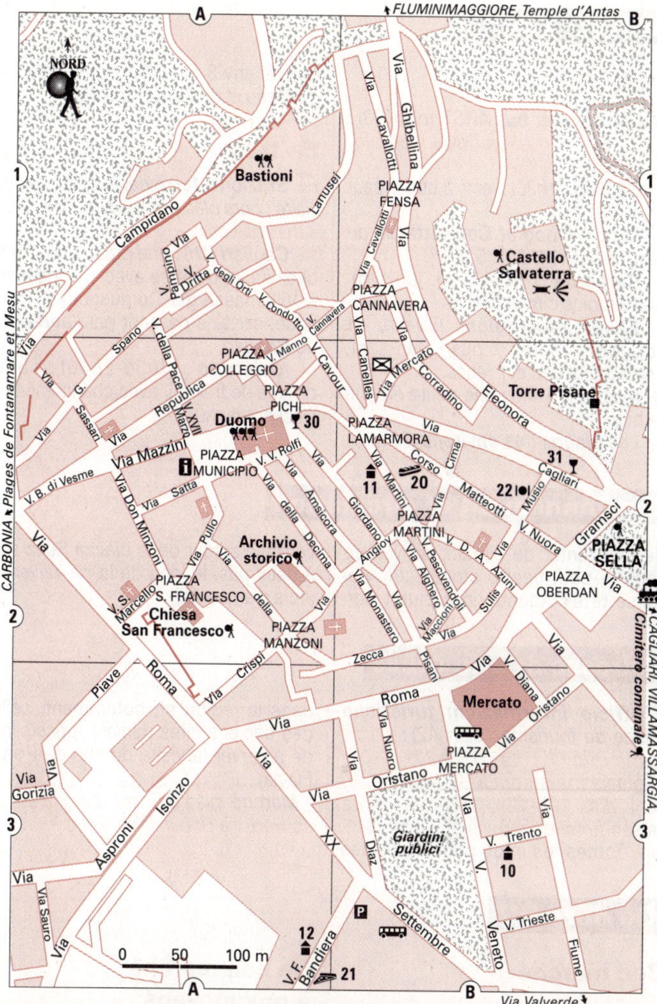

IGLESIAS

Adresse utile

- Ufficio informazioni turistiche (A2)

Où dormir ?

10 B & B Mare Monti Miniere (B3)
11 B & B Su Maimoni (B2)
12 Euro Hotel (A3)

Où manger ?

20 Panificio Arte Bianca G. Vargiu (B2)
21 Tiffany (A-B3)
22 Gazebo Il Medioevale (B2)

Où boire un verre ? Où sortir ?

30 Electra Cafè (A2)
31 Birroteca Fermentazioni Spontanee (B2)

Arriver – Quitter

En bus

Arrêts des bus ARST *(plan B3)* **:** *piazza Mercato et via XX Settembre.* • *arst.sardegna.it* •

➢ ***Cagliari*** *(1h20)* **:** env 2 bus/j. sauf le w-e.

➢ ***Sant'Antioco et Calasetta*** *(île de Sant'Antioco ; 1h20)* **:** 5 bus/j.

➢ ***Carbonia*** *(1h)* **:** 8 bus/j. lun-sam, moitié moins dim et j. fériés.

➢ ***Flumminimaggiore*** *(50 mn)* ***et Buggeru*** *(1h10)* **:** 6 bus/j. lun-sam, 3 seulement dim et j. fériés.

➢ ***Masua*** *(30 mn)* **:** une petite dizaine de bus/j.

➢ ***Les plages des environs*** *(30 mn)* **:** en été, env 3-5 bus/j. pour les plages de ***Mesu*** et de ***Funtanamare.***

En train

Stazione ferroviaria *(gare ferroviaire ; hors plan par B2)* **:** *via Garibaldi.* • *trenitalia.com* •

➢ ***Cagliari*** *(1h)* **:** une dizaine de trains directs/j. et d'autres avec changement à Villamassargia-Domusnovas. Pratique, certains passent par l'***aéroport de Cagliari.***

➢ ***Oristano*** *(1h30-2h30)* **:** une dizaine de trains/j. avec changement à Decimomannu.

Stationnement et circulation

Ne pas tenter de circuler en voiture dans le petit *centro storico,* un vrai casse-tête ! Abandonner plutôt son véhicule autour de la ***piazza Sella*** ou, à deux pas, le long de la *via Valverde (hors plan par B2).*

Adresse et info utiles

Ufficio informazioni turistiche *(office de tourisme ; plan A2)* **:** *piazza Municipio, 1. ☎ 0781-27-45-07.* • *iglesiasturismo.it* • *Juin-sept, tlj sauf dim 10h-12h, 16h-20h ; hors saison horaires réduits et fermé dim-lun.* Toutes les infos pour les visites dans la région et, notamment, celle des anciens sites miniers (possibilité de réserver la visite du site de Porto Flavia)...

– ***Marché*** *(plan B3)* **: mercato** *(marché couvert) via Roma, tlj sauf dim.*

Où dormir ?

Bon marché

B & B Mare Monti Miniere *(plan B3,* ***10****)* **:** *via Trento, 10A. ☎ 0781-41-765. 348-331-05-85.* • *info@iglesias-bb.it* • *maremontiminiere-bb.it* • *Doubles 45-60 €. CB refusées.* Bienvenue chez la dynamique Clelia, qui vous accueille avec le sourire dans sa petite maison jaune cachée au fond d'une ruelle. Et comme elle n'a rien laissé au hasard, ses chambres modernes et propres sont absolument tout confort... jusqu'à la bouilloire pour le thé et le café ! On est bien, ici.

De bon marché à prix moyens

B & B Su Maimoni *(plan B2,* ***11****)* **:** *via Martini, 8. ☎ 0781-31-629. 339-787-42-03 (Gianmaria).* • *info@bbsumaimoni.it* • *bbsumaimoni.it* • *Doubles 50-70 € ; familiales. CB refusées. Réduc de 10 % sur les doubles sur présentation de ce guide.* Dans un petit palais du XVIIIe s assez sombre, au cœur de la vieille ville, décoré de fresques originales au plafond. Les chambres, classiques et confortables, sont plus agréables côté rue, car côté cour la vue est bouchée. Petit déj à prendre dans les bars voisins. Bon accueil.

Euro Hotel (plan A3, **12**) : via Fratelli Bandiera, 34. ☎ 0781-22-643. 351-568-46-98. • info@eurohoteliglesias.it • eurohoteliglesias.it • Doubles 60-105 €. Un peu excentré, dans un quartier pas folichon mais à 5 mn à pied de la vieille ville. Façade assez kitsch avec fronton et colonnes. Et l'intérieur surprend encore plus : mobilier pompeux, objets d'art hétéroclites, vastes fauteuils et canapés au bois doré, lustres de Murano, murs couverts de tableaux rococo... Peut-être un peu clinquant quand même ! Et pensez-vous que ça se calme dans les chambres ? Eh ben non ! En revanche, elles sont très confortables... Accueil souriant et pro.

Où manger ?

Sur le pouce

Panificio Arte Bianca G. Vargiu (plan B2, **20**) : *corso Matteotti, 18. Tlj sauf dim 7h30-13h, 16h-20h. Max 5 €.* Une jolie boulangerie à l'ancienne réalisant de bons *calzoni, focacce, pizze,* sans oublier les fameux *dolci sardi...* Le tout à emporter et à déguster en se baladant, à moins qu'une envie de cochon ne vous pousse jusqu'à la *salumeria* du même nom *(via Martini, 21).*

Bon marché

Gazebo Il Medioevale (plan B2, **22**) : *via Musio, 21. ☎ 0781-30-871. • info@gazebomedioevale.it • Tlj sauf dim hors saison. Repas 20-25 €.* Dans une romantique ruelle de la vieille ville, ce resto certes touristique dispose d'une belle salle aux murs de pierres sèches avec de larges voûtes en brique : un cadre rustique idéal pour déguster une cuisine régionale simple et bonne, servie généreusement. Bon accueil.

Tiffany (plan A-B3, **21**) : *via Fratelli Bandiera, 5. ☎ 0781-33-578. • barpizzeriatiffany@virgilio.it • Tlj sauf lun. Pizze 5-14 €.* L'endroit ne paie pas vraiment de mine, mais on y mange d'assez bonnes *pizze.* D'où l'affluence.

Où dormir ? Où manger dans les environs ?

De bon marché à prix moyens

Locanda S'anninnia : *via Iglesias, 107, 09010* ***Gonnesa.*** *☎ 0781-45-132. • info@sanninnia.it • sanninnia.com • À 10 km au sud-ouest d'Iglesias. Resto tlj sauf lun midi. Congés : 7-31 janv. Doubles 70-95 €. Repas env 30 €.* En plein carrefour, cette *locanda* au look de petit hôtel tranquille livre – à l'étage – une poignée de chambres bien insonorisées, avec petite terrasse. Mais on vient surtout ici pour le resto, au décor chaleureux. Très bonne cuisine sarde *di terra e di mare,* dont la carte change régulièrement. Excellent accueil.

Agriturismo Su Bistentu : *loc. Girillu Spinosu, 09016 Iglesias. ☎ 0781-21-112. 347-282-19-54. • info@agriturismo-subistentu.com • agriturismo-subistentu.com • À 4 km au sud-est d'Iglesias. Doubles 55-65 € ; familiales. ½ pens 55-65 €/pers. Auberge ouv aux non-résidents le soir sur résa 25-30 €. Sur présentation de ce guide, apéro maison, café ou digestif offert ou réduc de 10 % sur les doubles sept-juin.* Dans la campagne, à 5 mn en voiture du centre historique, cette grande ferme rustique et sans prétention regroupe ses bâtiments autour d'une cour carrée. À dispo, une huitaine de chambres assez hautes sous plafond, disposant de grandes salles de bains, de la clim et du chauffage. Le tout est un peu vieillissant mais bien entretenu. La table d'hôtes propose un repas unique, du genre à vous clouer sur place. L'occasion de goûter à tout ce que produit la ferme. Petit musée

LE SUD-OUEST

des vieux objets. Piscine. Accueil très gentil.

Agriturismo Saludi e Trigu : *loc. Cuccuru Murtas, SS 130, km 47,2, 09016 Iglesias. 346-525-03-21 (Francesco). • agritur.saludietrigu@tiscali.it • saludietrigu.com • À 8 km au sud-est d'Iglesias ; en direction de Cagliari, sortie au km 48 ou 46. Congés : nov-mars. Apparts 65-140 €. Auberge ouv aux non-résidents le soir sur résa 25-35 €.* À 300 m d'une route nationale finalement assez discrète, ce grand bâtiment de plain-pied au beau milieu des champs abrite 5 vastes appartements fonctionnels, d'un bon rapport qualité-prix-accueil. Piscine et chaises longues à l'arrière, face aux montagnes. Très bon resto offrant une cuisine pleine de saveurs orientée terre, avec une formule à dimension variable pour que chacun y trouve son compte.

Où boire un verre ? Où sortir ?

Birroteca Fermentazioni Spontanee *(plan B2,* ***31****) : via Cagliari, 101. 347-091-48-73. Tlj sauf dim midi 12h-16h, 19h-1h.* Le local n'est pas bien grand et la déco donne plus dans le café de quartier que dans le pub, mais la longue carte des bières annonce la couleur : ici, on s'adresse aux passionnés de la bibine à bulles ! Plein d'amateurs réjouis donc, qui trinquent en terrasse en grignotant un *panino* ou un hamburger (pas mal d'ailleurs) pour éponger.

Electra Cafè *(plan A2,* ***30****) : piazza Pichi. 389-888-37-95. Tlj.* Juste devant le teatro Electra, ce café fréquenté par les habitués offre l'occasion d'une pause rafraîchissante en terrasse.

LE SUD-OUEST

À voir

Piazza Sella *(plan B2)* **:** votre référence géographique, le centre de la vie sociale. Agréablement arborée, théâtre de la rituelle *passeggiata.* La nuit, rendez-vous des jeunes, des amoureux et des skateurs jusqu'à une heure avancée. Au centre, la statue de *Quintino Sella,* l'homme qui lança et organisa l'industrie minière à la fin du XIXe s et qui fut également le créateur du Club alpin italien.

La vieille ville : pas de meilleure introduction que le ***corso Matteotti*** *(plan B2),* bordé d'élégantes demeures, offrant la nuit teintes et atmosphères expressionnistes... Au n° 44, ***palazzino Liberty,*** bel édifice de style Liberty, avec bow-windows et ferronneries. ***Piazza Lamarmora*** *(plan B2),* l'un des points de rencontre des habitants autour de son étrange *fontaine Su Maimoni* : avec ses 2 arcs surmontés de 4 sphères (en tout cas à l'origine, car il n'en reste plus que 2), celle-ci rend hommage à la divinité de la pluie – Maimone –, dont la racine du nom, en phénicien et en hébreu, signifie « eau » et qui fait quasiment l'objet d'un culte en Sardaigne... Là, ne pas manquer non plus la ***pasticceria Lamarmora,*** à l'originale façade piquetée de décors Art nouveau et recouverte de publicités peintes. À deux pas, piazza Pichi, ***teatro Electra*** *(plan A2),* ancien cinéma à l'élégante façade (1920). ***Piazza Municipio*** *(plan A2),* on découvre le ***duomo,*** mais aussi le ***palazzo comunale,*** construit en 1871 dans le style néoclassique. Également le ***palazzo vescovile*** (palais des évêques), commencé en 1736 et qui ne fut terminé qu'en 1907 : architecture particulièrement sobre, seules 2 crosses épiscopales en rappellent la fonction.

Duomo *(cattedrale di Santa Chiara ; plan A2)* **:** *piazza Municipio.* Édifiée en 1284 sur ordre du comte Ugolino della Gherardesca. Façade de style romano-pisan, sobre et élégante. Beau fronton à arcatures aveugles et rose ciselée, accolé à un clocher carré affichant une jolie polychromie des pierres. Elle possède une cloche de 1337, œuvre d'Andrea Pisano. L'intérieur montre une belle transition entre

le roman et le gothique. Voûtes en croisée d'ogives de 1576. Grand retable doré en bois sculpté de 1718, construit pour accueillir les reliques de saint Antiochus.
– Sur le côté gauche de la cathédrale, voir le ***Museo diocesano*** : *mar-mer et sam-dim 16h30-20h30 (horaires très variables). GRATUIT.* Installé dans les sous-sols du *duomo*, un espace étonnant soutenu par des voûtes en brique. Vieilles stèles, objets liturgiques, vieux papiers relatant l'histoire de la cathédrale...

Chiesa San Francesco *(plan A2) :* *piazza San Francesco.* Construite au début du XVe s, elle demeure un exemple typique du style gothique catalan. On ne peut voir façade plus sobre, avec sa rose ciselée et ses 2 petits oculi sur les côtés. À l'intérieur, large nef bordée de chapelles, avec plafond en bois rythmé par de grands arcs brisés en pierre. Petits chapiteaux de colonnes décorés d'armoiries. Dans la 1re chapelle sur la gauche, ne pas rater le superbe *retable de Mainas* (XVIIe s).

Archivio storico *(plan A2) :* *vico delle Carceri, 12. ☎ 0781-24-850. Lun mat et mar-ven 9h-13h, 15h30-17h30. Fermé lun ap-m et w-e.* Les amoureux des manuscrits et les spécialistes font le détour pour le *Breve di Villa di Chiesa*, un remarquable ouvrage du XIVe s qui codifiait la vie sociale et politique de la ville. Mais ce précieux document étant conservé dans un coffre, c'est l'archiviste qui, muni de gants chirurgicaux, ira le chercher pour vous le présenter en détail ! Insolite.

LE PLUS ANCIEN CODE DU TRAVAIL CONNU !

Le 4e chapitre du Breve di Villa di Chiesa est exceptionnel. En effet, c'est l'exemple le plus ancien (1327) d'une réglementation du travail connu au monde ! En plein Moyen Âge, l'activité minière de la région d'Iglesias était solidement codifiée. C'est une authentique tentative de discipliner la profession, d'instaurer des règles d'exploitation des mines... Aujourd'hui, un témoignage inestimable des conditions de travail de l'époque.

Bastioni *(remparts ; plan A1) :* vestiges importants de l'enceinte de la ville commencée à la fin du XIIIe s par Ugolino della Gherardesca. Elle comportait une vingtaine de tours et 4 portes. En 1323, les remparts permirent aux Pisans de résister aux Aragonais pendant de longs mois. Seuls la famine et le paludisme obligèrent les assiégés à se rendre. On dénombra 12 000 morts de chaque côté, le palu affectant aussi les assiégeants... 1er tronçon, en remontant la ***via Eleonora*** *(plan B2)*. Mais la portion la plus importante des remparts, qui furent renforcés par les vainqueurs après la conquête, se trouve au nord-ouest de la ville, ***via Campidano*** *(plan A1)*, avec une dizaine de tours. Romantique balade en soirée. Dans le prolongement de la via Campidano, la ***via Roma*** *(plan A2-3)* livre aussi un morceau de muraille ainsi qu'une tour (juste en face du *museo dell'Arte mineraria*).

Castello Salvaterra *(plan B1) :* *loc. Colle Salvaterra.* Au fil des siècles, le fier château d'Ugolino della Gherardesca perdit bien sûr de son importance militaire, au point qu'à la fin du XIXe s il fut englobé dans des constructions privées. Le site offre cependant un panorama exceptionnel sur la ville et ses environs.

Fête

– ***Riti della Settimana santa :*** *Semaine sainte. Rens à l'office de tourisme.* C'est le grand événement de l'année. Processions pratiquement tous les jours, menées par l'*Arciconfraternità del Santo Monte* : confrérie datant du début du XVIe s (au temps de l'occupation espagnole), reprenant la tradition des pénitents (cagoule et longue robe blanches).

DANS LES ENVIRONS D'IGLESIAS

Spiaggia di Fontanamare : l'une des plus longues plages de cette côte, toute bordée de verdure et très appréciée des familles. Attention aux fortes vagues quand le vent souffle. Parking payant et buvette.
– Quelques kilomètres plus au nord, en remontant vers Masua par une belle route panoramique, un arrêt s'impose au ***belvédère de Nebida,*** qui surplombe une ancienne laverie de minerais.

Masua et Porto Flavia : impressionnant site minier en bord de mer qui a définitivement fermé ses portes en 1997. Le télescopage brutal de ce paysage magnifique et de ce village industriel fantôme est édifiant. Dans la baie émerge le fameux *Pan di Zucchero* (« pain de sucre »), gros bloc calcaire de 132 m de haut (qui fut lui aussi exploité), aujourd'hui très prisé des grimpeurs. Juste en face, une ravissante petite plage de sable, enclavée entre rochers et vestiges d'installations minières, et le port de ***Porto Flavia.***
– ***Porto Flavia :*** *possible de se rendre directement sur place (piste carrossable), mais le mieux est de réserver auprès de l'office de tourisme d'Iglesias (surtout pour les visites en français). Visite guidée (1h) env ttes les heures, avr-oct tlj 10h-12h, 14h-18h, nov-mars jeu-dim seulement. Entrée : 10 €/pers. Rens : ☎ 0781-274-507. • infoturistiche@comune.iglesias.ca.it •* Si l'extraction des minerais dans la région remonte au moins au XVIIe s, c'est à partir des années 1850 que l'exploitation du plomb et du zinc connaît un véritable essor, avec 12 % du zinc extrait dans le monde. Le minerai était alors chargé à dos d'homme puis transporté par *bilancelle* (petits bateaux) jusqu'à Carloforte, d'où il était acheminé vers les ports de Gênes ou Marseille.
À partir de 1923, pour gagner en efficacité, la compagnie belge *Vieille Montagne* lance la construction d'un nouveau port : Porto Flavia. Bien orienté, suffisamment protégé et bénéficiant d'une possibilité d'accostage en eaux profondes, c'est l'emplacement idéal. En 5 mois seulement, le 1er tunnel est creusé, et l'ensemble achevé en 18 mois, un véritable exploit technique pour l'époque. Du coup, on fait en 1 journée ce qui prenait 45 jours avec les *bilancelle.* En 1964, l'aménagement du réseau routier et la mise en service de la zone portuaire de Portovesme vont signer l'arrêt de mort de Porto Flavia. Petite précision : on visite aujourd'hui Porto Flavia de l'intérieur, ce qui est passionnant, mais vous n'aurez pas la vue (depuis la mer) que l'on aperçoit sur toutes les brochures touristiques.

Ostello del Viandante : *entrée par le site de l'ancienne mine de Masua, à* ***Masua.*** *339-793-47-10 (Valerio). • viviscout@yahoo.it • Tte l'année. Réception à partir de 18h-19h. Lit en dortoir env 18 €, petit déj compris.* Géré par une association, ce centre d'hébergement perché sur les hauteurs de Masua, avec vue imprenable sur le pain de sucre, accueille les trekkeurs. Au menu, 5 petits dortoirs de 4 lits superposés, cuisine commune et tables de pique-nique à l'extérieur pour casser la croûte. N'oubliez pas de réserver à l'avance.

FLUMINIMAGGIORE (09010) env 2 880 hab.

Perché dans la montagne à quelques kilomètres au nord du fameux temple d'Antas, cet ancien village ouvrier vécut longtemps de l'exploitation des mines. Ses murs ornés d'agrandissements de photos d'époque ainsi que la petite expo permanente accrochée dans les locaux du centre d'information le rappellent aujourd'hui.

Arriver – Quitter

Arrêts des bus ARST : *piazza Gramsci. ● arst.sardegna.it ● Juste en face du Museo etnografico.*

➢ ***Iglesias*** *(50 mn)* ***et Buggerru*** *(20 mn)* **:** env 7 bus/j. lun-sam, moitié moins dim et j. fériés.

➢ ***Portixeddu*** *(20 mn)* **:** 3-4 bus/j. de mi-juin à mi-sept seulement.

➢ ***Arbus*** *(40 mn)* ***et Guspini*** *(1h)* **:** env 1 bus/j. dans l'ap-m en sem.

Adresse utile

Ufficio informazione turistiche : *via V. Emanuele, 225 (presque en face de la proloco). ☎ 0781-58-09-90. 347-817-49-89. ● startuno.it ● Dans la rue principale. Tlj sauf mar 10h-13h, 17h-20h (16h-19h oct-mai).* Infos sur les visites guidées du temple d'Antas et sur les trekkings à faire dans le coin.

Où dormir ? Où manger ?

Prix moyens

Agriturismo Perdaba : *via V. Emanuele, 15. ☎ 0781-58-05-33. 346-231-98-68. ● agriturismo_perdaba@yahoo.it ● À 200 m au sud du Museo etnografico. Doubles 60-75 € ; familiales. ½ pens 53-60 €/pers. Auberge ouv aux non-résidents midi et soir sur résa 25-40 €, tt compris (le vin oui, mais pas le soda !).* Au cœur du village mais cachée au fond d'une ruelle en retrait de l'axe principal, on aime bien cette maison paysanne toute simple adossée à un verger, à deux pas de la rivière. Elle recèle de belles chambres (dont 1 quintuple), donnant sur le jardin pour nos préférées. Le tout parfaitement tenu par Margherita. Le soir, ambiance conviviale autour de la grande table commune, face à la cheminée et à la cuisine ouverte. Idéal pour goûter aux spécialités maison à base de chèvre, porc, veau ou volaille, servies avec les légumes du potager. Une adresse vraiment authentique.

Su Delegau : *loc. Su Delegau. 348-660-24-93. ● nico.congia@me.com ● À 600 m au nord du Museo etnografico, du même côté de la rivière (accessible par une passerelle piétonne). Ouv ts les soirs, sauf jeu oct-fév et sauf lun fév-juin. Pizze 6-10 €. Apéro maison ou digestif offert sur présentation de ce guide.* Une maison perchée sur un coteau de verdure, dont la grande salle quelconque est prolongée par une agréable terrasse surplombant la rivière. Dans l'assiette, bonnes *pizze* généreusement garnies, à dévorer avec les habitués. Simple et efficace.

À voir. À faire

Museo etnografico – Antico Mulino ad Acqua : *piazza Gramsci. ☎ 0781-58-09-90. 347-817-49-89. ● info@startuno.it ● museomulino.it ● Tlj sauf lun 10h-13h, 17h-20h (16h-19h oct-mai). Entrée : 3 € ; réduc. Billet combiné avec le tempio di Antas : 5 €. Brochure en français.* Ça vaut le coup d'œil ! D'abord, parce que le musée se trouve au bord d'une petite rivière, dans l'ancien moulin à eau du village restauré avec soin ; ensuite, parce que ses collections sont bien mises en valeur. Riches et variées, elles présentent de façon thématique les métiers d'autrefois (vigneron, forgeron, meunier, menuisier, scieur de long...), mais aussi du matériel agricole et quelques reconstitutions d'intérieurs (cuisine, chambre à coucher). Très ludique.

➢ Pour les marcheurs, 2 sentiers de rando partent d'ici, notamment vers le site minier de Zu Zurfuru, les grottes de Su Mannau et le temple d'Antas.

DANS LES ENVIRONS DE FLUMINIMAGGIORE

Tempio di Antas : *loc. Antas. ☎ 0781-58-09-90. 347-817-49-89. ● startuno.it ● Accès par la SS 126, à env 10 km au sud de Fluminimaggiore. Juil-sept, tlj 9h30-19h30 ; hors saison, horaires réduits ; billetterie fermée 30 mn avt. Entrée : 4 € ; réduc ; gratuit moins de 6 ans. Billet combiné avec le Museo etnografico de Fluminimaggiore : 5 €. Feuille explicative en français. Conseil : en été, venir tôt pour éviter la cohue.* Joli petit temple – l'un des plus importants de l'île –, en partie reconstruit en béton en 1967, ce qui lui ôte quand même un certain charme. Avec ses quelques colonnes et leurs entablement et soubassement, l'ensemble demeure cependant photogénique. Dans les temps nuragiques, le dieu guerrier chasseur Babaï, guérisseur, libérateur des esprits du mal et fondateur de la lignée sarde selon la légende, y était vénéré. Les Carthaginois perpétuèrent son culte, de même que les Romains. Ces derniers utilisèrent d'ailleurs certains éléments d'architecture punique dans la reconstruction du temple. Quelque part, sur l'entablement, une référence à l'empereur Caracalla. On devine également quelques vestiges de mosaïques au sol et 2 vasques carrées utilisées pour les cérémonies de purification. Petite cafét' avec terrasse et, à une encablure de là, un olivier multicentenaire.
➢ ***Sentiers de randonnée pédestre :*** le premier, démarrant juste après la billetterie, conduit aux ruines d'un village nuragique (100 m), puis aux vestiges d'une voie romaine. Le deuxième, partant du temple, débouche sur d'anciennes carrières romaines (900 m). Le troisième, de difficulté moyenne, conduit, lui, aux *grotte di Su Mannau* (2,5 km, soit 1h30).

Grotte di Su Mannau : *loc. Su Mannau. ☎ 0781-58-04-11. 347-541-36-24. ● grottedisumannausrl@yahoo.it ● sumannau.it ● Accès par la SS 126, à env 4 km au sud de Fluminimaggiore. Ouv lun de Pâques-fin oct : tlj 9h30-17h30 (18h30 juil-sept). Visite guidée (1h) ttes les 30-40 mn max (départ dès qu'un groupe est constitué) : 10 € ; réduc ; gratuit moins de 6 ans. Audioguide en français.* Cette immense et magnifique grotte, parmi les plus longues de la région avec près de 9 km (mais on ne visite que 600 m), servait autrefois de tombeau nuragique, punique et romain, associé au culte de l'Eau. Creusée par 2 rivières qui alimentent Fluminimaggiore, elle est aujourd'hui accessible par un étroit boyau qui débouche sur un incroyable dédale de passerelles métalliques. Vue spectaculaire à 30 m au-dessus du vide ! Là-haut, superbe stalagmite rencontrant une stalactite et formant une colonne de 8 m de haut... Autour, les formidables concrétions s'apparentent à des orgues ! Certains drapés sont translucides, d'autres ressemblent à des méduses dans les parties basses. Une visite féerique. Sur place, snack et petite librairie (cartes et docs divers sur la région).

PORTIXEDDU (09010)

À cheval sur les communes de Fluminimaggiore et de Buggerru, un hameau de maisons discrètes au bord d'une immense plage de sable fin – la *spiaggia di San Nicolò* –, bordée de végétation sur fond de montagnes. Un coin tranquille pour poser ses valises et partir à la découverte de la région.

Arriver – Quitter

Arrêt des bus ARST : *sur le parking à l'entrée du hameau. ● arst.sardegna.it ●*

➢ ***Fluminimaggiore*** *(20 mn) :* 3-4 bus/j. de mi-juin à mi-sept seulement.

Où dormir dans les environs ?

Camping

⛺ ***Camping Ortus de Mari :*** *loc. Ortus de Mari. ☎ 0781-54-964. • ortusdemari@virgilio.it • ♿ À 1,5 km à l'est de Portixeddu, au bord de la SP 83. Mai-oct. Pour 2 avec tente et voiture, 24-30 €. CB refusées.* Un camping de poche, sympa comme tout et bien géré, à l'image de son bar chaleureux, de ses sanitaires bien tenus et de ses emplacements agréables, sans délimitation mais ombragés par des eucalyptus. Équipements convenables : lave-linge, congélateur, barbecue et jeux pour enfants. Location de vélos. Simple et convivial.

Prix moyens

Agriturismo Majori : *loc. Fighezia. 📱 347-018-05-55. • info@majori.it • majori.it • ♿ À 4 km à l'est de Portixeddu. Avr-oct. Doubles 80-90 €. Auberge ouv aux non-résidents le soir sur résa : menus 25-30 €. CB refusées.* Perchées sur leur colline, 2 chambres dans la maison principale (avec la salle de resto) plus 2 autres dans les dépendances (un peu plus datées), c'est la formule arithmétique de cette exploitation familiale qui produit de l'huile d'olive bio. Le confort général est satisfaisant (terrasse privative, mobilier en rotin), l'accueil aux petits oignons et l'assiette classique d'un *agriturismo*. Le plus ici, c'est la vue sur la mer, qu'on aperçoit au loin.

Agriturismo Fighezia : *loc. Fighezia. 📱 348-069-83-03. • fighezia@hotmail.com • agriturismofighezia.it • ♿ À env 5 km au nord-est de Portixeddu. Doubles 70-90 € ; familiales. Auberge ouv aux non-résidents sur résa le soir 30 €. Sur présentation de ce guide, apéro maison ou digestif offert ou réduc de 5 % sur les doubles.* Rien à voir avec une ferme rustique. Ici, tout est rodé et au top, à commencer par le site génial sur le flanc d'une colline verdoyante, avec vue sur la vallée. Réparties dans 3 petits bâtiments, une dizaine de chambres avec terrasse privée. Certaines sont communicantes, d'autres bénéficient d'une cuisine extérieure. Côté fourneaux, des plats bien tournés. Miam ! Une adresse très relax, à l'image de l'accueil des proprios.

LE SUD-OUEST

Où manger à Portixeddu et dans les environs ?

L'Ancora : *loc. Portixeddu. ☎ 0781-54-903. Tlj en été ; fermé mer et le soir hors saison. Résa vivement conseillée en été et le w-e. Repas 25-35 €.* Face à la mer, petit resto à la bonne franquette mitonnant une cuisine familiale bien troussée, très appréciée des locaux. Délicieuses spécialités de poisson et fruits de mer, sans oublier quelques classiques *piatti di terra*. Agréable terrasse couverte sur mer, romantique en soirée. Accueil souriant et dynamique.

Trattoria del Sole e della Luna : *loc. San Giusta, 6. 📱 347-884-63-10. ♿ À env 2 km à l'est de Portixeddu ; indiqué depuis le carrefour des routes entre Portixeddu et capo Pecora. Ouv le soir tlj sauf lun, sur résa. Congés : janv-fév. Menu 28 €.* Quand le Soleil a rendez-vous avec la Lune, ça engendre ce genre de resto formidable, où tout est fait maison avec amour. Un conseil : venez le ventre vide ! Car le menu est une succession d'*antipasti*, de *primi* et de *secondi* tous plus délicieux les uns que les autres ! À savourer dans une salle chaleureuse et colorée, avec pierres apparentes et vieux objets... Mais pour ça, encore faut-il que le resto soit ouvert ce jour-là...

DANS LES ENVIRONS DE PORTIXEDDU

Capo Pecora : *au nord de Portixeddu.* Terminus de la route côtière de ce côté-là. Certes, un peu de monde en été, mais nulle construction n'est venue altérer ce magnifique paysage. Ici, des chemins de terre se faufilent entre les buissons pour vous mener à la mer, sur fond de falaises escarpées. Là, quelques plagettes de sable parmi la rocaille. Hors saison, un délice ! En pleine saison, faites plutôt de la rando ou du vélo dans l'arrière-pays !

BUGGERRU (09010) 1 100 hab.

À 20 mn de Fluminimaggiore et à 10 mn de Portixeddu, après la jolie plage très étendue de San Nicolò, voici Buggerru, un village tout en longueur qui descend jusqu'au fond d'une calanque pittoresque. Cette ville minière, qui a connu un passé pour le moins tumultueux, s'est désormais reconvertie dans le tourisme et l'archéologie industrielle. Pour rendre hommage aux victimes de la tragédie du 4 septembre 1904, la partie basse de la ville expose des sculptures de Pinuccio Sciola.

UN PEU D'HISTOIRE

Buggerru est connu dès l'époque romaine pour la richesse de son sous-sol, mais l'activité minière proprement dite (celle qui donna naissance au village) ne date que du milieu du XIXe s, quand débarque une société française pour exploiter les mines de zinc et de plomb. Jusqu'au début du XXe s, l'activité est si intense et la vie urbaine si incongrue dans une Sardaigne encore en proie à une pauvreté endémique que l'on surnomme Buggerru le « Petit Paris ». De cette époque florissante demeure un petit théâtre, et l'on prétend même que la 1re automobile de l'île a fait ses 1ers tours de roues ici...
Mais c'est malheureusement un événement tragique que l'on retiendra. Durant l'été 1904, plus de 2 000 mineurs, vivant dans des conditions proches de l'esclavage, entament une grève. Pour toute réponse, l'armée tire sur les manifestants, tuant 4 personnes et en blessant 11 autres. Suite à cet événement, la chambre du travail de Milan programma la 1re grève nationale générale d'Italie. Le massacre de Buggerru était entré dans l'histoire.

Arriver – Quitter

Arrêts des bus ARST : *plusieurs arrêts sur Monterosmarino et via Roma.* ● *arst.sardegna.it* ●

➢ ***Fluminimaggiore*** *(30 mn)* ***et Iglesias*** *(1h30)* **:** 6 bus/j. en sem, moitié moins dim et j. fériés.

Où dormir ? Où manger ? Où boire un verre à Buggerru et dans les environs ?

De bon marché à prix moyens

B & B S'Archiotta : *loc. San Nicolò. 328-861-29-50.* ● *f.degorters@gmail.com* ● *sarchiotta.com* ● *À env 4 km au nord de Buggerru, direction Portixeddu, en haut de la descente juste avt la plage de San Nicolò, prendre à droite (panneau) ; c'est 2,2 km plus loin. Congés : déc-fév. Doubles 50-60 € ; familiale.* Perdue dans un vallon montagneux planté de pins et d'oliviers, une charmante maison arrangée avec goût et simplicité. Au rez-de-chaussée et à l'étage, une poignée de chambres de bon confort. Déco discrète et meubles en bois foncé. Jolie terrasse avec hamac sous les arbres, au cœur d'un jardin bien entretenu. Cuisine (pour faire réchauffer sa tambouille) et salon à dispo. Excellent accueil de Francesca. Une adresse coup de cœur.

Hotel '904 : *via Roma, 59, à Buggerru. 340-971-76-39. • hotel1904 buggerru@gmail.com • Dans la partie basse. Tte l'année. Doubles 60-90 € ; triples.* Un hôtel bien connu des vététistes (location de vélos sur place, au cas où). Chambres de facture classique, dans le style de celles d'une chaîne bien connue qui porte le nom d'un oiseau au bec courbé vénéré dans la mythologie égyptienne. Sans surprise, donc. Celles sur l'arrière sont plus tranquilles. Pas mal d'infos sur les randos. Excellent accueil.

Agriturismo Sa Rocca : *loc. Medau Ladus Masua, SP 83 Nebida-Buggerru, km 13. 320-773-21-72. • l.fe@tiscali.it • agriturismosarocca.it • À 13 km au sud de Buggerru. Congés : nov-fév. Doubles 60-100 €. Auberge ouv aux non-résidents sur résa : menu 30 €. CB refusées.* Peu avant Masua, la route franchit une large vallée où l'*agriturismo* apparaît sur une colline. Bien que près de la route, le cadre s'avère plutôt séduisant pour cette grande maison et ses 2 petites dépendances plantées au pied d'un gros rocher. Au choix, une dizaine de chambres impeccables et bien équipées. Côté fourneaux, savoureuse cuisine utilisant les produits frais de la ferme : viandes, *pasta,* fromages... Une bonne étape pour une nuit.

La Baia da Tore : *via Roma, 68, à Buggerru. ☎ 0781-54-205. • info@labaiadatore.com • Tlj sauf mer hors saison. Congés : nov-déc. Repas 30-35 € ; pizza le soir (seulement w-e hors saison) env 10 €.* Dans le bas du village, en allant vers le port, c'est le bistrot préféré des gens du coin. Photos et cadres sur les murs viennent égayer un brin la grande salle éclairée aux néons (dont l'ambiance évoque plus celle d'une salle des fêtes qu'une salle de resto !). Bonnes *pizze* et petits plats de la mer et de la terre simples et très honnêtes.

À voir. À faire à Buggerru et dans les environs

Galleria Henry : *au-dessus du village (accès par l'escalier qui part du resto La Baia da Tore). 334-114-29-10 (appeler entre 10h et 12h). • comune buggerru.it • Visites guidées* ***sur résa uniquement*** *(possibles en français). Entrée : 10 € ; réduc.* Un site original ! Car, à la différence des autres mines où l'on s'enfonce dans les entrailles de la terre, ici, on prend d'abord de la hauteur avant d'emprunter un tunnel dans la montagne qui servait au transport du minerai. Le tout à bord d'un petit train, avec en prime de superbes vues sur les falaises qui dégringolent vers la mer.

Spiaggia di cala Domestica : *à env 6 km au sud de Buggerru.* Belle plage nichée au fond d'une crique enclavée dans des falaises et adossée à un cordon dunaire. Une belle tour aragonaise veille sur la foule de l'été. Parking payant et buvette.

LA COSTA VERDE

L'histoire de la région d'Arbus s'écrit entre terre et mer, entre la costa Verde et l'ancienne zone minière de Montevecchio. En raison de sa difficulté d'accès, cette costa Verde est un vrai miracle, avec une quarantaine de kilomètres quasi vierges de toute construction. Elle offre par-ci par-là quelques plages sauvages, accessibles par les anciennes pistes qui desservaient jadis les sites miniers, ou encore à pied, pour la plus grande joie des amateurs de pleine nature.

ARBUS

(09031) env 6 500 hab.

Épousant l'échancrure de la montagne, Arbus déverse sa nappe de petites maisons colorées. Pas grand-chose à y faire, mais cette petite ville sans histoire est connue dans toute l'Italie pour être, avec Guspini et Santu Lussurgiu, l'un des lieux de production de l'*arresoja,* le célèbre couteau sarde. Alors on n'y coupe pas : on y trouve un petit musée du couteau.

Adresse utile

Servizio Info Point : *via Libertà, 17. 376-018-32-68. • arbusturismo.it • Jours et horaires variables, en général 9h-13h ven-lun.*

Où dormir ? Où manger dans le coin ?

De bon marché à prix moyens

Camping Sciopadroxiu : *strada Ingurtosu, loc. Piscinas, 09031* ***Marina di Arbus.*** *340-572-43-10 ou 349-770-79-38. • campingsciopadroxiu@tiscali.it • campingsciopadroxiu.com • À 23 km au sud d'Arbus. Mars-oct. Pour 2 avec tente et voiture, 21-29 € ; chambres 60-90 €. Repas 20-30 €.* Perché sur une colline tranquille, cet agréable camping noyé dans les eucalyptus occupe une position stratégique à 2,5 km de la plage. Sanitaires simples mais propres. Également des chambres de bon confort (petite terrasse), réparties dans un bâtiment de plain-pied en pierre. Au resto, de bonnes pizzas ainsi que des spécialités sardes, à déguster en terrasse, un œil sur les dunes et la mer que l'on aperçoit au loin. Un bon point de chute !

Agriturismo Gragonti : *loc. Gragonti, 09031 Arbus. 349-843-49-09. • gragontiagriturismo@gmail.com • agriturismogragonti.it • À 12 km au sud-ouest d'Arbus. Double env 80 €. ½ pens 55-60 €/pers. Auberge ouv aux non-résidents le soir sur résa env 30 €.* À mi-chemin (15 mn en voiture) des plages de Piscinas et de Scivu, une ferme perdue en pleine campagne. À dispo, une dizaine de chambres pas bien grandes et sans clim pour les plus anciennes. Les plus neuves, situées à l'arrière de la petite salle de resto, sont plus au calme, certaines avec lits superposés pour les familles. On les aime bien. Au menu, fromage de chèvre et viande de sanglier, plus tous les poncifs de la cuisine sarde, cochon de lait en tête. Accueil familial et authentique.

Agriturismo L'Oasi del Cervo : *loc. Is Gennas, 09031 Arbus. 347-301-13-18. • oasidelcervo@tiscali.it • oasidelcervo.it • À 17 km au nord-ouest d'Arbus et 7 km au nord-ouest de Montevecchio (panneaux), piste sur les 2 derniers km. Double env 70 € (min 3 nuits en pleine saison) ; familiales. ½ pens 65 €/pers.* La maison se mérite ! Un *agriturismo* classique, qui semble émerger d'une mer de maquis, avec des chambres bien comme il faut (*twin,* matrimoniales ou familiales) situées dans la maison principale ou en annexe. Et compte tenu du fait que vous êtes arrivé jusqu'ici, ben vous allez y rester pour dîner, pardi ! Au menu, les produits de l'*azienda,* cuisinés avec amour par Angela.

Agriturismo Costa Verde : *loc. Pitzuamu, 09031 Arbus. 347-796-46-39. • agricostaverde@gmail.com • agriturismocostaverde.com • À 16 km au nord-ouest d'Arbus et env 5 km au nord-ouest de Montevecchio, direction Torre dei Corsari, puis à gauche pdt env 4 km (dernier *km en terre). Congés : nov-mars. Double env 70 € ; familiales. ½ pens 60 €/pers. Auberge ouv aux non-résidents le soir sur résa : menu 25 €.* Un vrai nid d'aigle : depuis la terrasse, la vue panoramique porte loin sur les pentes abruptes, la côte et le grand large. Superbe ! Un bout du monde idéal pour lâcher prise, d'autant que les chambres, distribuées autour d'un petit patio, ne sont pas mal du tout (dans un style champêtre mais avec rideau en organdi). Côté cuisine, évidemment, que du local. Accueil gentil de Gianna.

Sa Lolla : *via Libertà, 271, à Arbus. ☎ 070-975-40-04. Tlj, sauf mer hors saison. Repas 25-30 € ; pizze 6-13 €. Apéritif maison ou café offert sur présentation de ce guide.* Derrière cette devanture qui ne paie pas de mine se cache un excellent resto de terroir. Viandes régionales merveilleusement travaillées et cuisine goûteuse servie dans une grande salle chaleureuse. Également de bonnes *pizze* midi et soir en saison. En revanche, les desserts sont moins convaincants. Accueil sympathique et efficace.

À voir. À faire à Arbus et dans les environs

Museo del Coltello : *via Roma, 15, à Arbus (suivre le fléchage « Guiness »). 349-053-77-65 ou 340-893-72-59. • museodelcoltello.it • Juin-août, lun-sam 9h30-14h, 14h30-20h ; dim mat, sur rdv. GRATUIT.* Ce musée pittoresque n'est pas bien grand mais il mérite une halte pour sa riche collection de couteaux sardes anciens (depuis la taille de l'obsidienne à nos jours) et modernes (belle sélection de modèles contemporains). La plupart sont fabriqués par Paolo Pusceddu, le fondateur du musée et l'un des plus fameux artisans de l'île, mais on trouve également quelques belles lames forgées par les plus grands couteliers sardes. Petite vidéo explicative. Mais pour la photo, direction la cour où est exposé un couteau de 4,95 m de long, pesant 295 kg, que Paolo a forgé pour le livre *Guinness* des records !

Spiaggia di Scivu : *à 26 km au sud-ouest d'Arbus ; par la SS 126 direction Fluminimaggiore, puis par des pistes carrossables ; fléché sur la droite aux abords de Gennamari.* Sublime ! Longue plage de sable orangé adossée à de jolies dunes sauvages, recouvertes, de-ci de-là, de végétation. Grand parking payant avec buvette bien en retrait.

Dune di Piscinas : *à 21 km à l'ouest d'Arbus ; prendre la SS 126 direction Fluminimaggiore, puis à droite la SP 66 vers Ingurtosu et le Camping Sciopadroxiu.*

– ***Avis aux utilisateurs de GPS :*** si vous tapez « Piscinas », vous allez vous retrouver dans la ville homonyme aux environs de Giba. Essayez plutôt « Spiaggia di Piscinas ».

L'accès aux dunes et à la plage mérite à lui seul le coup d'œil. Depuis Ingurtosu, la route (puis la piste) chemine en effet entre d'impressionnants vestiges de sites miniers, tel le ***palazzo della Direzione*** de style néomédiéval, construit vers 1870. Plus impressionnants encore, ceux de la ***Laveria Brassey,*** un des plus grands lavoirs de minerai de Sardaigne construit en 1900 et qui cessa son activité dans les années 1970.

Les derniers kilomètres se font sur une route sablonneuse mais carrossable. À l'arrivée : des dunes partiellement végétalisées qui viennent mourir à l'intérieur des terres. À leurs pieds, une plage immense et sauvage à perte de vue. Un des endroits préférés des tortues marines pour nidifier. Au matin, les traces révèlent une vive activité nocturne : perdrix de Sardaigne, lapins, renards, chats sauvages et parfois un cerf... Quelques bipèdes qui sentent l'ambre solaire peuvent être aperçus en été bien sûr, mais, en marchant un peu, on finit par se retrouver quasiment seul. Le rêve !

MONTEVECCHIO

Montevecchio fut, dans la 2de moitié du XIXe s, la mine la plus importante d'Italie. Très active jusque dans les années 1960, elle périclita ensuite jusqu'à son arrêt complet en 1991. Au plus fort de son activité, la ville a même compté jusqu'à 3 000 habitants. Part entière du parc géo-minier inscrit au Patrimoine de l'Unesco, elle livre aujourd'hui une archéologie industrielle de 1re importance, allant des mines proprement dites aux humbles maisons des ouvriers en passant par les luxueux édifices de la direction. Certains bâtiments ont été restaurés. On conseille donc de consulter le site internet de Montevecchio pour se renseigner sur les jours d'ouverture et les horaires des visites.

Adresse utile

Point d'info : *piazzale Giovanni Rolandi, 2. ☎ 070-973-173. 389-164-36-92. • minieramontevecchio.it • Tlj de juil à mi-sept, puis certains j. seulement ou sur résa. Visites guidées en français en principe ttes les heures : 5 € pour 1 parcours ; 9-14 € pour 2, 3 ou 4 parcours.* C'est la billetterie et le point de départ des visites guidées des différents sites miniers.

Les sites

Complesso museale di Montevecchio, percorso Sant'Antonio *(durée 1h)* **:** il s'agit de la 1re concession accordée en 1848 à Giovanni Antonio Sanna par le roi Charles-Albert de Savoie. Elle a connu plus d'un siècle d'activité florissante, favorisée en permanence par d'incessantes avancées technologiques. Les charmantes tours crénelées de style néogothique cachaient alors habilement la rudesse des conditions de travail et d'existence révélée par la visite des anciens logements. Reconstitution de quelques pièces avec leur modeste ameublement. Un ancien entrepôt abrite une expo détaillant le procédé de production. Panneaux explicatifs, présentation des minerais et de tous les objets, et outils nécessaires à l'extraction.

Palazzo della Direzione *(durée 1h)* **:** *piazzale Giovanni Rolandi, face au bureau d'accueil.* Ce « palais de la Direction » fut construit de 1870 à 1877 au centre du village dans un style néo-Renaissance. Il symbolisait le pouvoir de Giovanni Antonio Sanna, avec l'administration de la mine, son propre logement et une chapelle. Ce dernier n'eut même pas le temps d'en profiter car il mourut 2 ans avant son achèvement. Richement décoré et meublé, plafonds tape-à-l'œil : ses successeurs y recevaient leurs clients, très impressionnés par le luxe des lieux. La restauration a permis de redonner vie à certains décors. Le *Salon bleu* demeure l'un des symboles de cette bourgeoisie industrielle triomphante de la fin du XIXe s. La visite permet également de découvrir la cuisine et les chambres, certes plus modestes, des employés de maison.

Piccalinna *(durée 45 mn)* **:** cette mine fut ouverte en 1874 par une société franco-italienne, puis rachetée par la compagnie *Montevecchio* en 1897. C'est l'un des sites les mieux conservés. Cette mine ferma en 1981, lorsque le système de pompage tomba en panne. On visite la salle des machines (architecture originale rappelant une tour médiévale), puis la salle des compresseurs, utilisés pour pomper l'eau dans les galeries.

Officine *(durée 45 mn)* **:** enfin, pour les accros ou ceux qui ont vraiment le temps, un dernier tour propose cette fois une virée dans différents ateliers de maintenance, ainsi qu'à la fonderie et à la menuiserie.

BALADE AU NORD DE LA COSTA VERDE

Le nord de la costa Verde livre un certain nombre de plages désertes, criques avec ou sans dunes, coins et recoins fort peu urbanisés. Seule **_Pistis,_** près du capo di Frasca, ressemble à un début de station balnéaire (vers le nord, jolies criques). Balade sympa dans le coin de la tour espagnole de **_Torre dei Corsari._** À propos, ces *corsari* n'étaient point des corsaires tels que nous l'entendons le plus souvent, mais plutôt des pirates barbaresques en quête d'esclaves à kidnapper ; ce qui explique les tours de guet dans le coin, construites loin dans les terres... Subsiste d'ailleurs un vieux proverbe sarde : « *Furada chie benidi'e mari !* » (Qui arrive par la mer vole !)... Du promontoire de la tour, beau point de vue. Plage de 1,5 km, et de la place pour tout le monde. Autre belle plage : **_Is Arenas'e Acqua S'Ollastru._** Là aussi, Éole se déchaîne pour la plus grande joie des *kite-surfeurs.* Puis côte parfois rocheuse avec quelques falaises. On retrouve le sable à **_Funtanazza._** Et puis encore à **_Portu Maga..._**

LA MARMILLA

À 1h de route d'Arbus, à la frontière des anciens judicats de Cagliari et d'Arborea, Su Nuraxi est l'un des plus fascinants sites nuragiques de Sardaigne. C'est également le seul monument de l'île à être classé au Patrimoine mondial de l'Unesco. Nous sommes ici au cœur de la basse Marmilla, un nom qui vient du latin *mamilla,* qui signifie « mamelon », car la région est parsemée de petites collines isolées qui émergent de la plaine. Non loin de là, la *Giara di Gesturi,* un plateau basaltique d'une beauté envoûtante, célèbre pour ses petits chevaux sauvages. Un territoire encore intact qui ravira les amateurs de rando.

BARUMINI (09021) env 1 280 hab.

Tout proche du plus célèbre site nuragique de Su Nuraxi, Barumini est un village agricole typique. Plusieurs églises méritent le coup d'œil, tout comme la pittoresque casa Zapata, franchement d'influence espagnole.

Arriver – Quitter

En bus

Arrêts des bus ARST : *viale Umberto I et via Roma, 26.* • *arst.sardegna.it* • *Au centre du village, arrêt via Roma, 26. Au niveau du carrefour.*

➢ **_Cagliari_** *(2h)* **:** env 2 bus/j. sauf dim, via Villamar et Villanovafranca. Certains passent par l'aéroport.

➢ **_Oristano_** *(1h15)* **:** 1 bus le mat en période scolaire.

Où dormir ? Où manger dans les environs ?

Agriturismo Su Massaiu : *loc. Coarvigu, 1, SP 46, km 12,3, 09020* **_Turri._** *☎ 078-39-53-39. 347-702-31-36 ou 328-447-51-75.* • *infotiscali@agriturismosumassaiu.it* • *agriturismosumassaiu.it* • *À 9 km à l'ouest de Barumini. Doubles 70-80 € ; familiales. ½ pens 60-70 €/pers. Auberge 25-30 €,* *ouv aux non-résidents sur résa. Sur présentation de ce guide, café ou digestif offert ou réduc de 10 % sur les doubles pour un séjour de min 3 nuits.* À la sortie de Turri, isolée en pleine campagne, cette grande bâtisse s'organise autour d'une cour intérieure paisible, avec pelouse et piscine. Tout autour, d'agréables chambres tout confort (clim, TV), fonctionnelles et bien agencées. Les familiales sont meublées de lits superposés. Au resto, immenses tablées où l'on sert une savoureuse cuisine *povera tipica* à base de rôti de veau, de porc, de fruits et légumes bio, et, plus original, d'excellentes pâtes, du pain et des desserts maison, tous réalisés à partir de *senatore cappelli,* une variété de blé ancienne. Reste à boire la bonne liqueur de myrte, maison elle aussi... Accueil très chaleureux. Possibilité d'y réserver des balades à pied ou à cheval.

Agriturismo Genna'e Corte : *loc. Stunnu, 08034* **Laconi.** *☎ 078-286-91-35. 368-754-46-39. • gennaecorte.it@gmail.com • gennaecorte.it • À 30 km au nord de Barumini. Double 80 €. ½ pens 65 €/pers. Auberge ouv aux non-résidents sur résa : menu 30 €.* Isolé sur une colline en pleine campagne, ce long bâtiment bas renferme des chambres confortables (avec clim), aménagées avec sobriété : murs blancs, pierres sèches au sol, portes et mobilier en pin brut, petite terrasse privée. Belle piscine panoramique. Côté resto, cuisine traditionnelle à la fois simple et gargantuesque, mitonnée avec les bons produits frais de la ferme : viandes, légumes, huile d'olive... Accueil gentil. Une excellente adresse pour se mettre au vert.

Où acheter du miel ?

Isca e Muras : *viale Umberto, 22. ☎ 070-936-10-63. Tlj sauf lun 10h-13h, 17h-19h30. Dégustation gratuite de produits issus de l'apiculture (miel, propolis, etc.) sur présentation de ce guide.* Plusieurs types de miels butinés sur différentes fleurs, sans oublier les produits dérivés : savons, produits de beauté, bougies, etc. Également de bonnes liqueurs régionales.

À voir

Su Nuraxi : *viale Su Nuraxi. ☎ 070-936-81-28. • fondazionebarumini.it • À env 1 km du centre de Barumini. Tlj de 9h à 1h avt le coucher du soleil. Visite (en italien ou en anglais) guidée obligatoire à heures fixes ; durée : 1h. Billet combiné avec le museo-casa Zapata et le centro Giovanni Lilliu : 14 € ; réduc ; gratuit moins de 6 ans.*

UN TRAVAIL DE TITANS

Vu de la route, Su Nuraxi ressemble à un gros tas de pierres difforme. Mais, une fois à l'intérieur, on est stupéfait par la qualité de la forteresse et la taille des moellons. Une fois acheminé en charrette depuis la Giara, il fallait une douzaine d'hommes pour déplacer un seul bloc !

L'une des merveilles de la Sardaigne ! C'est la plus grande forteresse nuragique de l'île, très bien conservée, qui a demandé 6 ans d'efforts à Giovanni Lilliu, le grand archéologue sarde, pour la mettre au jour dans les années 1950. Élevée à aux environs de 1330 av. J.-C., elle répondait à l'évidence à une fonction militaire et stratégique, bien que certains archéologues se disputent encore sur ce sujet. Le site connut 4 grandes phases de construction : les 2 premières pendant l'âge du bronze récent (de 1330 à 1250 av. J.-C., puis de 1250 à 1000 av. J.-C., période pendant laquelle on édifia les remparts) ; la 3ᵉ à l'âge du bronze final (de 1000 à environ 730 av. J.-C., au moment où le village s'est développé), et la dernière à l'âge du fer (de 730 à 510 av. J.-C.). Par la suite, le site fut occupé sans interruption jusqu'au IIIᵉ s apr. J.-C., avant d'être peu à peu déserté puis définitivement abandonné.

LE SUD-OUEST

La visite guidée présente d'abord le ***village*** qui entourait la forteresse et dont il ne subsiste que les soubassements des maisons, environ 200 et toutes circulaires... L'une d'entre elles a conservé les vestiges d'une meule, tandis qu'une autre servait de salle de réunion. Ensuite, direction la ***forteresse,*** la construction principale, qui se compose de 4 tours situées aux 4 points cardinaux entourant une sorte de donjon appelé ***nuraghe.*** Haute de 15 m (mais elle atteignait sans doute 19 m à l'origine), c'est la partie la plus ancienne de l'édifice, appelée aussi *tour à tholos* en raison de sa forme conique et de la technique de construction employée. Entrée vers le sud pour capter un maximum de lumière et pour éviter l'exposition au mistral, vent de nord-ouest. Empilement savant et sans mortier de blocs de basalte cyclopéens à la base, et diminution de la taille des pierres à mesure que ça monte. À 4 m de hauteur, à l'intérieur de la tour centrale, voici l'entrée du 1er étage. On ne sait pas vraiment si les 2 grosses cavités à la base servaient à déposer des ex-voto ou... aux gardes pour dormir.
Dans la cour, un puits de 15 m de profondeur fut construit sur une veine d'eau, toujours alimentée. La présence de celle-ci demeure sûrement l'une des raisons même de la construction du site.
Pendant la 2e période du bronze récent, on ajouta 4 tours autour du nuraghe. Tour sud à ciel ouvert car les étages se sont effondrés. Tour ouest se caractérisant par un appareillage différent : de grandes cavités en longueur laissent penser que les soldats pouvaient s'y allonger, respirer et observer par les meurtrières... On accède à la tour nord par un long et étroit couloir. C'est la plus fraîche, peut-être le cellier du nuraghe. Enfin, la tour est possède une petite pièce supplémentaire, probablement un dépôt d'armes. Pendant la période du bronze final, les bases de ce *quatrilobe* furent renforcées, bouchant de fait les meurtrières. L'entrée se trouve alors déportée à 7 m de hauteur, ce qui rend le tout encore plus impressionnant... et surtout quasi inexpugnable. D'ailleurs, n'oubliez pas de baisser la tête en pénétrant dans le complexe !

Centro Giovanni Lilliu : *viale Su Nuraxi. ☎ 070-936-10-41. • fondazionebarumini.it • À côté du site archéologique Su Nuraxi, de l'autre côté de la route, après le resto, en direction du village. Tte l'année, tlj de 10h au coucher du soleil. Billet combiné avec Su Nuraxi et le museo-casa Zapata : 14 € ; réduc. Expos temporaires en sus.* Complexe présentant les curiosités (archéologiques, culturelles, artisanales...) de la région à travers des expos permanentes et temporaires. La visite commence par une projection vidéo permettant de voir ce qui se trame dans le nuraghe (tour antique) mis au jour sous la casa Zapata. Un certain nombre d'objets y ont été trouvés. On les découvre ici grâce à des tablettes permettant de les voir sous toutes les coutures en 3D. La visite se poursuit dans les coursives. Là sont exposées de grandes photos prises lors de la mise au jour du site par Giovanni Lilliu. D'ailleurs, la visite se termine par une salle qui lui est exclusivement consacrée (quelques objets personnels dont son Rolleiflex). Vite vu quand même.

Museo-casa Zapata : *piazza Giovanni XXIII. ☎ 070-936-84-76. • fondazionebarumini.it • Tte l'année, tlj de 10h au coucher du soleil ; visite guidée ttes les 30 mn ; dernière visite 1h avt fermeture. Billet combiné avec Su Nuraxi et le centro Giovanni Lilliu : 14 € ; réduc.* Ce musée occupe une ancienne demeure aristocratique de la fin du XVIe s, appartenant jadis aux Zapata, des nobles espagnols qui régnaient sur la région. Lorsque la veuve du dernier marquis mourut en 1980, la municipalité acheta la propriété pour la transformer en musée archéologique. Mais au cours des travaux de restauration, coup de théâtre ! Sous la maison, on découvre les vestiges d'un ensemble nuragique ; le rêve, quoi ! Aujourd'hui, la muséographie permet de surplomber au gré de passerelles et de sols en verre de magnifiques murs de pierre et les fondations de bâtiments. Tout autour, différentes sections présentent la civilisation nuragique (à travers notamment des écrans tactiles ou des tablettes avec explications en français) et toutes sortes de trésors archéologiques, dont une *pintadera* (tampon en terre cuite servant pour décorer les pains de cérémonie), ou encore ce fameux morceau d'olivier vieux de 3 500 ans trouvé dans les pierres du nuraghe de Su Nuraxi. Enfin, dans une dépendance voisine, une petite collection ethnographique rassemble de vieux objets qui évoquent les travaux des champs et les métiers (tailleur de pierre, meunier, tonnelier, etc.). En partant, n'oubliez pas de jeter un coup d'œil à l'église, de la même époque que la casa Zapata. En sortant, aller jeter un coup d'œil au ***retable du XVIe s*** commandé par la famille Zapata situé dans la ***chiesa dell'Immacolata Concezione.***

DANS LES ENVIRONS DE BARUMINI

Tuili : *à 4 km au nord-ouest de Barumini.* Charmant village agricole totalement d'influence espagnole. Pour un peu, on se croirait arriver dans un village de la Mancha ! Ici, quelques belles maisons en pierre basaltique, la ravissante ***chiesa di San Pietro*** (baroque en diable à l'intérieur) et 2 musées intéressants : le ***museo dell'Olivo e dell'Olio*** et le ***museo degli Strumenti musicali sardi*** *(piazza San Pietro ; 346-680-39-55 ; lun-ven 10h-12h30, 15h-17h30, w-e sur résa auprès de la pro-loco au ☎ 070-936-30-23 ; entrée : 4 €, réduc).* Situés tous deux dans la belle ***villa Asquer*** (XIXe s), une famille noble d'origine ligurienne qui développa la production d'huile d'olive dans la région. Le rez-de-chaussée est d'ailleurs consacré à l'olive et à son exploitation (panneaux sur la culture de l'olivier, collection de pressoirs et d'outils). À l'étage, changement de registre, on s'intéresse aux instruments de musique typiquement sardes, comme la *launeddas,* ou autres flûtes fabriquées à l'aide de roseaux *(benas, sulitus, pipaiolus...).* Voir également plusieurs modèles de percussions *(tumbarinos, afuente),* des instruments rituels de la Semaine sainte *(taulitas, matracas),* et, plus insolites, des jouets astucieusement réalisés en roseau.

Parco della Giara di Gesturi : *à env 10 km au nord de Barumini. • parcodellagiara.it • Accès au parc gratuit. Excursion de 2h guidée tte l'année sur résa (1 le mat, 1 l'ap-m) env 50 € le forfait, pas de minimum mais groupe limité en nombre ; réduc ; gratuit moins de 5 ans (rens : ☎ 070-936-42-77 ; 348-292-49-83).* Dominée par le mont Zeparedda (609 m), cette *giara* (plateau basaltique typique de la Sardaigne) est le paradis des randonneurs. Une forte présence d'eau et un microclimat contribuent au développement d'une flore particulièrement riche avec des espèces rares. Faune également très intéressante : sangliers, renards, perdrix, porcs-épics et les célèbres *cavallini della giara,* ces petits chevaux sauvages qui font la fierté des habitants du coin. Et, pour le plaisir des yeux, une bonne vingtaine de *nuraghi* parsèment la région. Pour découvrir cet espace unique dans les meilleures conditions, le mieux est de participer aux visites guidées organisées chaque jour. Les balades durent à peu près 2h, le temps de découvrir les spécificités géologiques du plateau, les essences qui s'y épanouissent (nombreuses variétés de chênes notamment), d'approcher certains des quelque 600 chevaux qui y baguenaudent, et bien sûr de profiter des différents points de vue.
Au retour, ne manquez pas de passer à la petite ***boutique*** de l'association pour découvrir leurs excellentes sélections de fromages, huiles, charcuteries et objets artisanaux fabriqués localement.

MAIS D'OÙ VIENNENT LES PETITS CHEVAUX DE GESTURI ?

On n'en connaît guère l'origine : importés par les Phéniciens ou les Grecs, ou bien présents ici depuis la nuit des temps ? En tout cas, ils sont quelques centaines à batifoler sur le plateau. Farouches bien sûr, mais on peut parfois les apercevoir aux points d'eau. Charmants, avec leurs petits yeux en amande, ils sont en danger, victimes des braconniers. Eh oui, on adore la viande de cheval en Sardaigne !

IOI On peut aussi s'y restaurer *(repas simple sous forme de* tagliero, *3 fromages, 3 morceaux de charcuterie,* pane carasau, *boisson,* mirto *et café compris pour 15 €).*

Villanovafranca : *à 10 km au sud de Barumini.* Tranquille bourgade de campagne. Au loin, les ruines du ***castello di las Plassas,*** typique des *castelli* de la Marmilla. Joli centre-ville, où l'on déniche quelques églises intéressantes (beau *retable de San Lorenzo*) ainsi que *su Mulinu*, un ***petit musée archéologique multimédia*** *(☎ 070-936-74-58 ; ● comune.villanovafranca.ca.it ● ; tlj sauf lun 10h15-13h, 15h-19h05 ; entrée 3 €, réduc).*

– ***Fête de la Sant'Isidoro*** (le saint patron des paysans) **:** *3e dim de mai.*
– ***Fête de l'Amande :*** *en juin.*
– ***Fête de l'Émigrant :*** *en août.*
– ***Fête du Safran :*** *en nov.*

IOI **La Perla :** *via XX Settembre, 79. ☎ 070-936-76-23. ● aris-sergi@hotmail.it ● Tlj sauf mer (tlj en août). Congés : oct. Repas 15-20 €. Café offert sur présentation de ce guide.* Un resto de campagne qui régale ses habitués – en terrasse ou dans une grande salle simplissime – d'une sérieuse cuisine familiale à base de produits bien choisis selon le marché ; le tout servi en portions généreuses. Nos papilles en redemandent ! Même les *pizze* (le soir seulement) font l'unanimité. Accueil gentil, comme les prix.

LA RÉGION D'ORISTANO-BOSA

• Carte p. 143

La région d'Oristano-Bosa regroupe plusieurs sous-régions historiques situées à cheval sur les anciens judicats (royaumes de la Sardaigne médiévale) d'Arborea et de Torres. Tout d'abord, le *campidano di Oristano,* un territoire parmi les plus fertiles de l'île grâce notamment à la culture des agrumes et de l'olivier. Ses zones humides ont fait l'objet d'un assainissement massif pendant la période mussolinienne entre 1919 et 1928, qui s'est soldé par la création ex nihilo de la ville d'Arborea. Viennent ensuite le *Sinis* et sa presqu'île, véritable sanctuaire pour les oiseaux. Une région où la nature et le tourisme font encore bon ménage. Au nord d'Oristano, le *Montiferru* est l'un des massifs volcaniques les plus importants de l'île (700 km²). C'est le paradis des randonneurs. Enfin, la *Planargia,* située entre la basse vallée du Temo (le seul fleuve navigable de Sardaigne) et le versant nord du *Montiferru*, est caractérisée par un climat particulièrement propice à la culture du malvoisie (vin local).

ARBOREA (09092) 3 900 hab.

À une quinzaine de kilomètres au sud d'Oristano s'étend une vaste plaine avec des champs qui se coupent à angle droit. Une géométrie pour le moins singulière, fruit de l'imagination du régime fasciste de Mussolini, qui avait entrepris d'assécher les marais pour les transformer en terres agricoles. En plein milieu, Arborea, une *citta di fondazione* (ville créée de toutes pièces), voit le jour en 1928. À l'instar de Fertilia et de Carbonia, qui seront construites plus tard, les architectes du Duce voulurent imprimer ici leur marque de fabrique, avec un plan en étoile et de larges avenues. Colonisée par des habitants de la Vénétie, il s'y tient encore aujourd'hui une *fête de la Polenta* (dernier dim d'oct), **spécialité importée. À 5 km du centre-ville, longue plage de sable : la *Marina di Arborea.***

Où dormir ? Où manger ?

Village Camping S'Ena Arrubia : strada 29 Ovest. ☎ 0783-80-90-11. • info@senarrubia.com • senarrubia.com • À 8 km au nord du centre-ville.

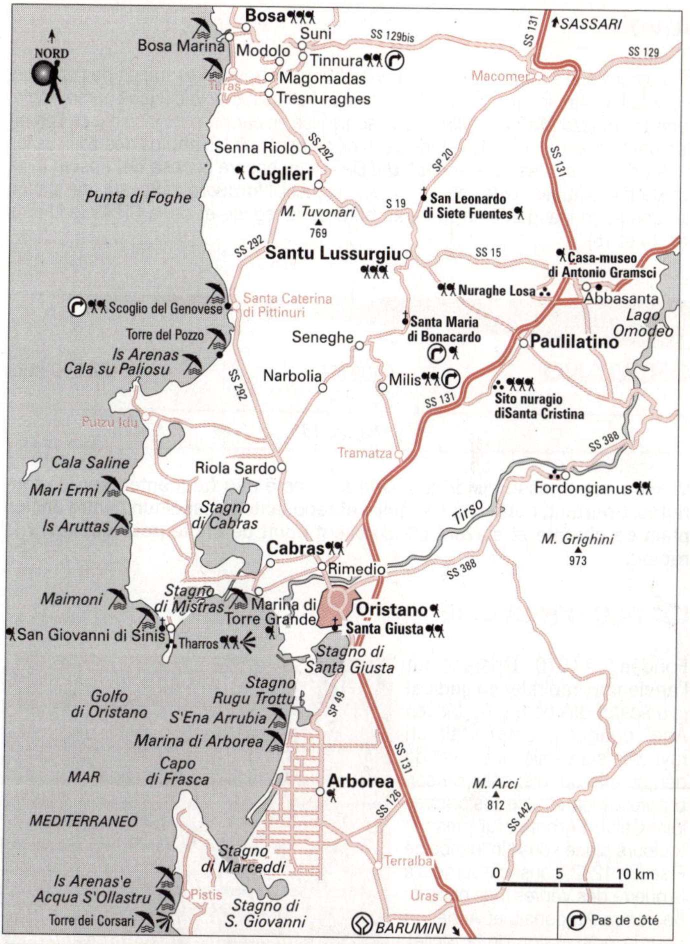

LA RÉGION D'ORISTANO-BOSA

De mi-mai à sept. Pour 2 avec tente et voiture, 19-43 € ; loc de mobile homes et tentes équipées. Un camping dans une pinède, coincé entre la lagune (présence de flamants) et la longue plage de sable. Sanitaires impeccables. Piscine, jeux pour enfants, épicerie, resto-bar. Une bonne adresse tranquille pour ceux qui veulent se mettre au vert, même si, comme bien souvent, les prix perdent la tête en août.

|●| *Trattoria Margherita :* *corso Roma, 31.* ☎ *380-532-83-20. ● trattoriamargherita.arborea@gmail.com ● Tlj. Menu du jour le midi 20 € (n'hésitez pas à le demander) ; carte 25-30 €.* Intérieur simple et propret pour une *trattoria* qui fait les choses sans chichis mais correctement, à commencer par le service, charmant et efficace. On y mange bien.

À voir

Aujourd'hui, il faut quand même chercher pour trouver les traces de l'époque. Il peut alors être intéressant de passer par le hall du *municipio* (sur le corso Roma, face à la ***piazza Maria Ausiliatrice*** et son église en carton-pâte inspirée de l'architecture tyrolienne). À l'intérieur de celui-ci, on peut voir les photos des édifices les plus emblématiques, telle la ***casa del Balilla*** ou encore la ***casa del Fascio*** avec son beffroi, situées sur le corso Italia. À voir aussi, l'***Idrovora di Sassu,*** une station de pompage inaugurée en 1934, au bord de la lagune et de la SP 49 (entre les km 14 et 15).

ORISTANO (09170) 32 000 hab.

• Plan *p. 145*

Ville au riche passé historique, Oristano reste peu fréquentée par les touristes. Pourtant, cette cité tranquille et reposante possède un centre ancien plein de charme et s'avère un excellent point de chute pour découvrir la région.

UN PEU D'HISTOIRE

Fondée en 1070, Oristano fut l'ancienne capitale du judicat *(giudicato)* d'Arborea. Au Moyen Âge, chaque judicat était un royaume souverain, une sorte de démocratie qui disposait de son propre parlement, de ses propres lois. Celui d'Arborea fut presque toujours placé sous l'influence de Pise. En 1282, consécutivement à la guerre des Vêpres (une prise de bec entre Aragonais et Angevins pour la possession de la Sicile), le pape promet la Sardaigne aux Aragonais à condition qu'ils lâchent la grappe aux Angevins en Sicile. Le résultat fut immédiat : Jacques II d'Aragon (dit « Jacques le Juste ») s'allie avec les rois d'Arborea pour conquérir l'ensemble de l'île, destituant ainsi les Pisans, et pour former un État souverain mais un peu bancal, le « royaume de Sardaigne et de Corse ». Manque de bol, en 1353, le judicat d'Arborea lui fait faux bond et, au prix d'une reconquête acharnée, parvient à occuper la Sardaigne tout entière (à l'exception du castel de Cagliari et de celui d'Alghero restés aux mains des Aragonais). De cette époque-là émerge une figure pour le moins originale : la ***giudichessa Eleonora d'Arborea*** (1340-1404). Une femme politique hors du commun qui va promulguer dès 1392 la *Carta de Logu,* ***l'un des tout 1ers codes de lois écrits en Europe.*** Une Constitution si moderne qu'elle fut reprise par le roi et étendue à l'ensemble de la Sardaigne. On y reconnaissait le droit de faire appel

NON SEULEMENT FÉMINISTE, MAIS AUSSI PREMIÈRE ÉCOLO DE L'HISTOIRE !

Eleonora d'Arborea échafauda au XIVe s la Carta de Logu, *qui, entre autres décrets sur le servage, garantissait pour la 1re fois aux femmes le principe de la communauté des biens acquis dans le mariage et le droit de divorcer ou de refuser un mariage forcé ! Enfin, elle promulgua une loi interdisant le braconnage du* Falco eleonorae, *visant à protéger ce petit rapace dressé pour la chasse, déjà menacé d'extinction à l'époque !*

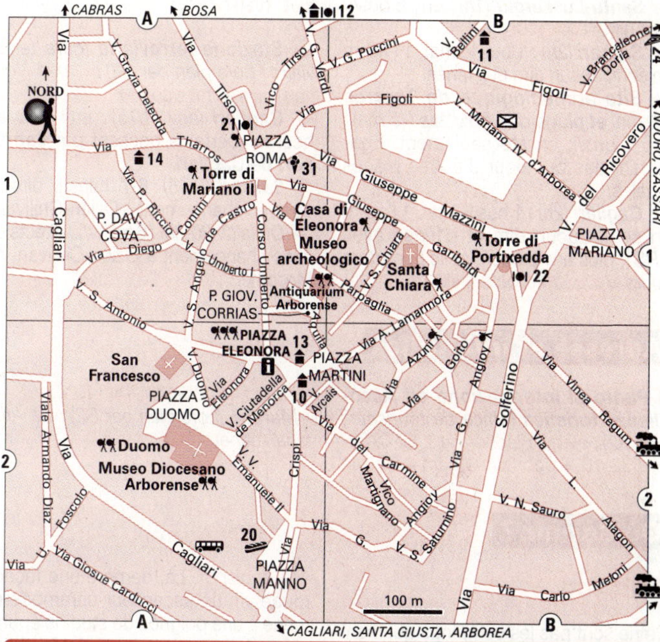

ORISTANO

Adresse utile	**14** TH Collection Rooms (A1)
Punto di Informazione ed Accoglienza turistica (A2)	**Où manger ?**
Où dormir ?	**20** Nino Vacca (A2)
10 B & B Eleonora (A2)	**21** Trattoria Gino (A1)
11 Iride Guesthouse (B1)	**22** Trattoria Portixedda by Maria Neve's (B1)
12 Hotel Villa delle Rose (hors plan par A1)	**24** Pizzeria Peter Pan (hors plan par B1)
13 Residenza d'Epoca Affittacamere Regina d'Arborea (A2)	**Où déguster une bonne glace ?**
	31 Barbagelato (A1)

d'une décision que l'on jugeait injuste, l'interdiction de déshériter un enfant sans raison valable et, surtout, l'obligation de vérifier scrupuleusement le caractère volontaire ou accidentel d'un crime. Cette charte restera en vigueur jusqu'en 1827.

Arriver – Quitter

En bus

Stazione ARST *(gare routière ; plan A2)* **:** via Cagliari. • arst.sardegna.it •

➢ ***Arborea*** *(25 mn)* **:** une douzaine de bus/j. sauf dim et j. fériés, via ***Santa Giusta.***

➢ ***Cabras*** *(15 mn)* **:** une vingtaine de bus/j. lun-sam, seulement 5 bus dim et j. fériés.

➢ ***Bosa*** *(2h)* **:** 4 bus/j. sauf dim et j. fériés (un peu plus en été), via ***Cuglieri.***

➢ ***Santu Lussurgiu*** *(1h)* **:** env 6 bus/j. sauf dim.
➢ ***Sassari*** *(2h)* **:** 1 bus le mat, 1 l'ap-m en sem, aucun dim et j. fériés.
➢ ***Site archéologique de Tharros*** *(30 mn)* ***et plage d'Is Arruttas*** *(45 mn)* **:** env 5 bus/j. en été seulement. Également des bus pour d'autres plages locales.
➢ ***Cagliari*** *(2h)* **:** 1 bus le mat, 1 l'ap-m en sem, aucun dim et j. fériés avec *ARST,* plus env 2 bus/j. avec *Logudoro Tours (● logudorotours.it ●).*

En train

Stazione ferroviaria *(gare ferroviaire ; hors plan par B2)* **:** *piazza Ungheria. ● trenitalia.com ●*
➢ ***Cagliari*** *(env 1h15)* **:** env ttes les heures. Certains passent par l'***aéroport de Cagliari.***
➢ ***Sassari*** *(2h15)* **:** 6-7 trains/j., directs ou avec changement à Ozieri-Chilivani.
➢ ***Olbia*** *(2h30-3h)* **:** 6 trains/j., directs ou avec changement à Ozieri-Chilivani ou Macomer.

Adresse et info utiles

Punto di Informazione ed Accoglienza turistica *(office de tourisme ; plan A2)* **:** *piazza Eleonora, 18. ☎ 0783-36-832-10. ● gooristano.com ● De juin à mi-oct, tlj 10h-14h, 15h-19h.*
– ***Marché*** *(hors plan par B2)* **:** *via Aristana, mar et ven.*

Où dormir ?

Camping

Ce ne sont pas les campings qui manquent dans le coin, ils sont plutôt situés sur la côte (voir à Arborea et dans les environs de Cabras).

De bon marché à prix moyens

B & B Eleonora *(plan A2,* ***10****)* **:** *piazza Eleonora, 12. ☎ 0783-70-435. 347-481-79-76. ● info@eleonorabb.com ● eleonorabb.com ● Résa conseillée. Doubles 70-100 €.* Au cœur de la vieille ville, dans un exquis petit palais, c'est un grand appartement plein de charme, sur plusieurs niveaux, avec du vieux carrelage, des meubles anciens, une déco bien pensée (vieilleries chinées, livres d'art) et une vue sur la plus jolie place d'Oristano depuis le salon commun. En tout, 5 chambres avec clim inversible, de bon confort et au diapason de la déco générale. Les proprios possèdent aussi l'***Iride Guesthouse*** *(plan B1,* ***11*** *; via V. Bellini, 29 ; ● info@guesthouseiride.com ● guesthouseiride.com ● ; réception au* B & B Eleonora *; tarifs un chouia moins élevés et sans le petit déj mais thé et café à dispo).* Là, derrière une façade rouge vif, un ascenseur ultramoderne mène à une poignée de studios épurés et contemporains, tous dotés d'une cuisine équipée. Terrasse privée sur jardin ou balcon. Bref, une autre bonne option.

Hotel Villa delle Rose *(hors plan par A1,* ***12****)* **:** *piazza Italia, 5. ☎ 0783-31-01-01. ● informazioni@hotelvilladellerose.com ● hotelvilladellerose.com ● Doubles 45-80 € ; familiales. Repas du soir 15 € (ouv aux non-résidents sur résa). Parking (1er arrivé, 1er servi). Café offert sur présentation de ce guide.* À moins de 10 mn à pied du vieux centre, sur une place tranquille, cette grosse bâtisse rose sans grand charme abrite une quarantaine de chambres à l'ancienne et très conventionnelles, dont des familiales avec cuisinette donnant sur l'arrière. Très bien, tout ça, d'autant que le resto attenant sert une cuisine de bon aloi à prix doux. Bon accueil.

TH Collection Rooms *(plan A1,* ***14****)* **:** *via Tharros, 40. 389-060-98-36. ● info@thcollectionrooms.it ● thcollectionrooms.it ● Doubles 50-120 €.* Une façade étroite et anodine, et un intérieur d'une éclatante blancheur qui s'étage sur 3 niveaux. Les quelques chambres, dont la déco mille fois vue et revue ne vous laissera pas un souvenir impérissable, sont assez petites mais toutes dotées d'une très bonne literie. Outre le confort, l'autre grand atout de la maison : le solarium situé sur la terrasse.

Chic

Residenza d'Epoca Affittacamere Regina d'Arborea (plan A2, **13**) : *piazza Eleonora, 4. ☎ 0783-30-21-01. 📱 348-818-79-82. • info@hotelreginadarborea.com • reginadarborea.com • Doubles 120-170 €.* C'est l'adresse romantique du centre-ville, intimiste et cosy en diable. Nichées dans un beau palais, les chambres côté place profitent pour la plupart d'incroyables hauteurs sous plafond (l'une d'elles a même sa salle de bains accessible par un insolite escalier à vis !). Celles côté cour sont moins grandioses (comprendre sans fresque et plus basses de plafond) mais néanmoins très agréables et certaines possèdent même un balcon donnant sur une cour arborée. Le tout entièrement rénové depuis peu !

Où dormir dans les environs ?

Hotel Lucrezia : *via Roma, 14, 09070* ***Riola Sardo.*** *☎ 0783-41-20-78. • info@hotellucrezia.it • hotellucrezia.com • À 12 km au nord d'Oristano, par la SS 292. Congés : nov-mars. Résa conseillée. Doubles 135-185 €. Dîner sur résa 31-36 €. Réduc de 10 % sur le prix d'une double avr-mai et oct sur présentation de ce guide.* Derrière les hauts murs se cache un havre de paix, romantique à souhait, dans une belle demeure du XVIe s. Cour avec jardin arboré et fleuri, véranda sous arcades de pierre, salle de billard, salon cossu avec cheminée monumentale. Les chambres sont également très élégantes, dotées de beaux tissus et de meubles anciens. La suite, aménagée dans l'ancien pressoir, vaut son pesant de cacahuètes. Petit bémol, on est contraint de laisser son véhicule dans la rue. Excellent accueil.

Où manger ?

De très bon marché à bon marché

Nino Vacca (plan A2, **20**) : *piazza Manno, 7. ☎ 0783-70-665. Tlj sauf dim. Max 10 €.* Boulangerie-pâtisserie au cadre moderne, aseptisé et propret. Idéal pour caler un creux contre quelques euros : parts de pizza, *focacce*, sandwichs, gâteaux en tout genre...

Pizzeria Peter Pan (hors plan par B1, **24**) : *via Pietro Mascagni, 2. ☎ 0783-30-03-77. • pizzeriapeterpansnc@gmail.com • Tlj sauf jeu 19h-23h. Pizze 7-12 €.* Le patron a remporté des prix pour ses *pizze*. Élaborées avec une pâte bien travaillée, cuites au feu de bois et généreusement garnies, il faut reconnaître qu'elles se défendent pas mal. En revanche, le cadre de snack tout en couleur avec sa TV et ses néons blafards n'est franchement pas folichon !

Prix moyens

Trattoria Portixedda by Maria Neve's (plan B1, **22**) : *vico Solferino, 6. 📱 334-794-10-10. • trattoriaportixedda@hotmail.it • ♿ Tlj sauf lun. Congés : nov. Résa conseillée. Repas 20-25 €.* Côté cadre, on a connu plus glamour que cette petite salle de cantine de quartier... Mais on vient pour l'ambiance chaleureuse et populaire, et surtout pour la cuisine familiale généreuse et savoureuse. Ici, pas de menu, on fait confiance au patron qui propose des plats du jour préparés en fonction du marché. Et l'on fait bien car pâtes, viandes et poissons sont vraiment bons.

Trattoria Gino (plan A1, **21**) : *via Tirso, 13. ☎ 0783-71-428. ♿ Tlj sauf dim. Congés : 15 août-10 sept. Résa conseillée. Repas 25-30 €.* Classique petite *trattoria* avec sa salle blanche soignée, ses serviettes en tissu et ses habitués réjouis. À la carte, sérieuse cuisine du cru, où le poisson est mis en avant. Si le service connaît parfois des faiblesses, les prix se tiennent, et c'est déjà ça.

Où déguster une bonne glace ?

Barbagelato (plan A1, **31**) **:** *piazza Roma, 60. Tlj de 7h30 jusque tard.* C'est l'adresse incontournable pour les becs sucrés. Évidemment, il y a souvent la queue, mais ça vaut la peine de patienter pour goûter ces glaces élaborées avec de bons ingrédients et aux parfums originaux (certaines mixées avec des gâteaux). Et il y a même une terrasse pour déguster sans hâte !

Où acheter du vin dans le coin ?

Cantina sociale della Vernaccia : *via Oristano, 6A, 09170* ***Rimedio.*** *☎ 0783-33-383. • vinovernaccia.com • À 3 km au nord d'Oristano. Tlj sauf sam ap-m et dim 8h-13h, 16h-19h.* On est dans la région de production du *vernaccia,* peut-être le plus fameux vin blanc de l'île. Vous en trouverez dans cette cave, et du bon, à prix très raisonnables, ainsi que du *vermentino,* fruité et sec tout à la fois (2 à 3 ans en fût de chêne, à boire très frais). Et une découverte : le *montiprame* en rouge, réalisé à partir de *nieddera,* un cépage de la basse vallée du Tirso, qui donne un vin à la robe rouge intense avec des nuances grenat...

À voir

Tout est concentré dans le quartier piéton. Départ de la ***piazza Roma*** *(plan A1)* et de sa ***torre di Mariano II,*** l'un des derniers vestiges de l'enceinte de la ville construite à la fin du XIIIe s. À l'intérieur, une cloche de bronze du XVe s. À deux pas, la ***casa di Eleonora*** *(plan A-B1),* via Parpaglia, 6. Elle fut construite bien après sa mort mais elle reste un bel exemple d'architecture du XVIe s. Via Garibaldi, l'église ***Santa Chiara*** *(plan B1),* où une autre légende prétend qu'Eleonora serait enterrée... Au bout de la via Garibaldi, la ***torre di Portixedda*** *(plan B1),* vestige des remparts (XIIIe-XIVe s). Balade sympa dans l'histoire entre la ***via Azuni*** *(plan B2),* rue principale de l'ancien quartier juif, et la ***via Angioy*** *(plan B2).*

Piazza Eleonora *(plan A2)* **:** elle rend naturellement hommage à la grande dame d'Oristano. Au milieu trône sa statue... Dans sa main, sa célèbre *Carta de Logu* ! Tout autour, l'ensemble du bâti est harmonieux. On y trouve notamment le ***palazzo Corrias-Carta*** de style néoclassique, le ***palazzo Mameli*** (XVIIIe s) aux petits balcons en fer forgé et le ***municipio*** (la mairie), installé dans le superbe ***palazzo degli Scolopi*** (XVIe-XIXe s). Longue et noble façade à colonnes doriques, avec son cadran solaire. Le ***corso Umberto,*** qui part de la place, est l'une des grandes rues commerçantes de la ville.

Duomo *(cathédrale Santa Maria ; plan A2)* **:** *piazza Duomo.* Il y avait à l'origine une église romane des XIe et XIIe s. Puis aux XIIIe et XIVe s, celle-ci fut remodelée avant d'être de nouveau transformée aux XVIe et XVIIe s, puis au XIXe s. D'où son architecture très éclectique ! À noter, l'élégant clocher à bulbe séparé et son intéressante porte en bronze ciselé. À l'intérieur, là encore, styles et époques se télescopent : des éléments baroques somptueux au décor peint chargé de la fin du XIXe s. Ces derniers tranchant avec la sobriété de la *cappella della Beata Vergine del Rimedio,* seul vestige de l'église du XIVe s. À voir aussi, la *capella di San Giuseppe* et son grand retable à ornementation dorée du XVIIIe s.

Antiquarium Arborense (musée ; plan A-B1) **:** *piazza Giovanni Corrias. ☎ 0783-79-12-62. • antiquariumarborense.it • ♿ Lun-ven 9h-20h ; w-e 9h-14h, 15h-20h. Entrée : 5 € ; réduc ; gratuit moins de 6 ans. Feuillet en français. Propose tlj une visite guidée de la ville (5 € ; 1h30 ; en français ou anglais sur résa).*
Abrité dans le très refait palazzo Parpaglia du XVIIe s, ce musée inauguré en 1938 grâce à la donation du collectionneur Pischedda est le plus ancien de Sardaigne. Une attention rare à saluer : la salle spécialement dédiée aux malvoyants, qui peuvent toucher des copies d'œuvres d'art, statues, beaux objets et même des peintures et des émaux, avec les explications à la clé !
– ***Au rez-de-chaussée :*** présentation générale du territoire d'Oristano depuis le Néolithique. Vidéo sous-titrée en anglais détaillant les fouilles dans la région et notamment celle du *tophet* de Tharros. Vitrines renfermant des objets d'époques nuragique, phénicienne et romaine. Nombreuses figurines en bronze...
– ***Au 1er étage :*** petite salle des retables présentant d'intéressantes pièces. À noter, celui d'Antioco Mainas, une *Madone avec saint André, saint Jean-Baptiste et les conseillers de la ville* (1565), ou encore le *retable de San Cristo* (1533), dont l'original se trouve dans la sacristie de l'*église San Francesco (plan A2).* Maquette de la ville au XIVe s et une autre du site de Tharros donnant la mesure de l'importance de la cité à l'époque romaine (à voir de préférence avant de s'y rendre). Quant à la section archéologique proprement dite, elle rassemble, depuis la préhistoire jusqu'à l'époque romaine, toutes sortes de céramiques, des urnes funéraires, de la vaisselle grecque attique, des objets en verre, ou encore des pointes de lances en bronze, tous présentés à l'ancienne mode pour respecter les vœux de Pischedda, le généreux donateur... Au fond, ne ratez pas la petite salle des galères phéniciennes. La mezzanine présente moins d'intérêt pour les non-spécialistes.

Museo diocesano Arborense (plan A2) **:** *piazza Duomo, 1 (côté droit de la cathédrale). 📱 342-588-78-47. • museodiocesanoarborense.it • ♿ Jeu-ven 17h-20h ; w-e 10h-13h, 17h-20h. Entrée : 4 € ; réduc.* Un musée moderne qui mêle collection permanente et expos temporaires. Dans le fonds permanent, notons, outre les sculptures en bois polychrome des XVe-XVIIIe s, les reliquaires (joli crâne d'archevêque), la belle détrempe sur fond d'or datée de 1292 (sans doute l'un des 1ers éléments de culture gothique débarqués en Sardaigne) et les chasubles brodées au fil d'or. Ne pas manquer aussi ***la plus grande collection de codex liturgiques de Sardaigne.*** Ils datent de l'époque du judicat d'Arborea (XIIIe-XVe s).

Fête

– ***Festa della Sartiglia :*** *le dernier dim du carnaval et Mardi gras.* Tradition séculaire qui remonterait à la domination espagnole. Elle met en scène 120 cavaliers costumés, montés sur des chevaux décorés comme des sapins de Noël. À leur tête, le *Componidori.* Son costume est très précis : chemise blanche cousue directement sur le corps, masque de femme, voile de mariée, chapeau noir... Au galop, il doit réussir à embrocher avec son épée une étoile suspendue en l'air. Puis les autres chevaliers doivent faire de même. Plus il y a d'étoiles enlevées, plus l'année sera prospère !

DANS LES ENVIRONS D'ORISTANO

Basilica di Santa Giusta : *via Manzoni, 2, 09096* ***Santa Giusta.*** *À 4 km au sud d'Oristano. En principe, tlj, horaires variables.* Le moins que l'on puisse dire, c'est que cette église dépare dans un environnement urbain peu réjouissant ! Élevée au XIIe s, elle demeure ***l'une des plus belles églises romanes de Sardaigne.*** Observer le clocher, légèrement détaché, qui penche vers Pise ! À l'intérieur, certaines pièces antiques ont été récupérées dans les cités romaines voisines, dont les 2 colonnes à motifs au niveau de l'escalier menant au chœur, provenant du site archéologique de Tharros. Vive le recyclage !

Fordongianus : *à env 20 km à l'est d'Oristano par la SS 388.* Village thermal paisible, bien connu pour sa ***casa aragonese*** *(piazza dei Balli ;* ***actuellement en cours de rénovation****),* une belle demeure aristocrate à l'architecture travaillée, édifiée à la fin du XVIe s et occupée jusqu'en 1978. À ne pas manquer non plus, les ***terme romane*** *(loc. Caddas, en contrebas du village),* très beaux vestiges des thermes construits par les Romains (Ier-IIIe s) au bord de la rivière. La piscine, toujours alimentée par une source curative, jadis couverte d'une voûte et cernée de couloirs avec des arches (toute une partie est encore debout), est l'endroit le plus impressionnant du site. Possibilité de se baigner dans les petits thermes municipaux *Is Bangius* (se renseigner)...
Le ***Copendio chiesastico e cripta di Santu Lussurgiu*** (église et crypte Saint-Lussorio), situé à 1,5 km de là, se visite aussi. Il s'agit d'une église du XIIe s, construite par les moines victoriens de Marseille sur un sanctuaire de l'Antiquité tardive dédié à saint Lussorio, un martyr de la chrétienté, sanctuaire lui-même construit sur un ancien cimetière romain (d'où la crypte, qui se visite aussi). La façade en revanche est du style gothico-aragonais (XIVe s). *Infos : ☎ 0783-60-157. • forum traiani.it • Accès aux différents sites tlj sauf lun 9h30-13h, 15h30-18h30. Entrée générale : 4 € ; réduc ; 2,50 € pour la* chiesa.

CABRAS (09072) 9 170 hab.

Grosse bourgade de pêcheurs aux maisons basses, baignée par le *stagno di Cabras,* la plus grande lagune de la région, poissonneuse, et refuge de nombreux oiseaux, dont des flamants roses. Une lagune également connue pour ses *fassoni,* des embarcations constituées de fagots de roseaux assemblés, comme sur le lac Titicaca.
La spécialité culinaire locale, c'est la *bottarga,* en français « poutargue », une préparation à base d'œufs de mulet (le poisson, évidemment...). Elle est souvent servie en guise de mise en bouche dans les restos dignes de ce nom.
– ***Festa di San Salvatore :*** *pdt 9 j. à partir du 1er w-e de sept.* Venir dès le début car ça commence par le point d'orgue : la *corsa degli Scalzi.* Le 1er samedi, des centaines de jeunes gens, tout de blanc vêtus, pieds nus, courent pour apporter une statue du saint de l'église de Cabras à celle de San Salvatore, à quelque 7 km. Le lendemain, retour de sa sainteté à Cabras !

NUAGE DE POUSSIÈRE VAUT ÉCRAN DE FUMÉE

En 1619, après une énième attaque de pirates barbaresques venus s'approvisionner en esclaves, les jeunes gens de Cabras s'enfuirent, puis revinrent sur leurs pas en courant à l'église pour récupérer la statue du saint. La légende raconte que la poussière soulevée par tant de gens décidés et pressés fit croire aux pirates qu'ils avaient affaire à une armée imposante, et ils s'en retournèrent... Chaque année, on commémore cette victoire !

Où dormir ?

Sa Cottilla Affittacamere : *via 4 Mori, 19. 📱 333-229-54-05 ou 347-030-05-12. Réception à partir de 16h. Doubles 60-75 € ; familiales ;*

petit déj 5 €. Installée dans une rue ultra-calme, cette maison d'hôtes dissimule derrière ses murs des chambres de charme : 2 avec poutres apparentes dans la maison principale, 3 autres avec mezzanine (idéales avec des bambins) dans une annexe au fond du beau jardin où trône un olivier. Déco gaie, avec toiles de Korhogo pour certaines et un soin apporté à toutes. Également un petit appart pour 4 personnes, avec une kitchenette ingénieusement conçue, mais un espace commun réduit à la portion congrue. Un point de chute reposant, à l'image des différents coins salon dispersés dans le jardin. Accueil chaleureux.

Albergo Diffuso Aquae Sinis : *via C. Battisti, 44. ☎ 0783-18-560-50. 320-183-15-01. • info@aquaesinis.it • aquaesinis.it • Juste à droite de l'église. En principe, congés : nov-mars, mais certaines unités peuvent être réservées tte l'année. Doubles 110-210 € ; familiales. Réduc de 10 % sur les doubles sur présentation de ce guide.* On aime beaucoup cet hôtel élégant dont les chambres, toutes d'excellent confort, sont réparties dans 4 maisons du village joliment restaurées. *Thermae,* la maison principale, accueille la réception, la salle du petit déj, la terrasse avec vue, le spa *(payant)* et quelques chambres. Les autres se répartissent dans *Mistras,* où elles entourent une petite piscine et un jacuzzi, et dans sa voisine *Pontis.* Là, elles se dressent autour d'un jardin d'essences méditerranéennes de 500 m². Et enfin *Laguna,* presque accolée à l'église, ravira les ornithos puisque certaines terrasses donnent sur la lagune (au loin). Accueil pro, dynamique et souriant.

Où manger ?

Da Attilio : *corso Italia, 34. 348-368-62-93. • attilietto62@hotmail.it • Tlj sauf dim soir. Repas 30-40 €.* C'est le bistrot du village, où les habitués passent en voisin siroter un verre au bar, avant de s'installer dans l'arrière-salle pour profiter des plats du jour. Car, ici, la minicarte change quotidiennement et fait la part belle (voire exclusive) aux produits de la mer. C'est frais, bon, copieux et sans chichis, à l'image du service vraiment très relax. Populaire et sympa.

Il Caminetto : *via Battisti, 8. ☎ 0783-39-11-39. 340-804-17-63. • rist.ilcaminetto@virgilio.it • Début avr-début janv, tlj sauf lun. Congés : début janv-début avr et 1 sem en nov. Résa conseillée. Repas 25-30 €. Café offert sur présentation de ce guide.* La bonne table du village, où l'on vient de loin pour faire bombance. À la carte, délicieuse cuisine traditionnelle de la mer (poutargue fraîche) et de la terre, déclinée selon quelques recettes bien ficelées. À déguster dans une grande salle sans âge ornée de tableaux et éclairée par des lustres à pampilles. Un des serveurs parle bien le français, il vous sera de bon conseil pour passer commande.

Où dormir ? Où manger dans les environs ?

Campings

Village Camping Spinnaker : *via Torre Grande Pontile (SP 2), 09170* **Oristano.** *☎ 0783-22-074. • booking@spinnakervacanze.com • spinnakervacanze.com • À 5 km au sud-ouest de Cabras. Ouv Pâques-fin sept. Pour 2 avec tente et voiture, 19-36 € (séjour 1 sem min en août) ; également des bungalows, mobile homes,* tukuls *ou tentes équipées (2-5 pers).* Bien à l'écart de la station balnéaire de Torre Grande, au cœur d'une longue pinède dont les plus beaux sujets gratouillent le ciel, un camping très bien équipé. Les emplacements des tentes se trouvent au plus près de la mer (accès direct à la plage). Sanitaires corrects, sans plus. Également tout un éventail d'hébergements en dur avec ou sans sanitaires. Piscine, épicerie, resto-bar, jeux pour enfants, école de voile en été. Accueil efficace. Bref, une grosse machine qui plaira d'abord aux fêtards (animations bruyantes).

Is Arenas Camping Village : *loc. Is Arenas, SS 292 (km 109,4), 09070* ***Narbolia.*** *☎ 0783-192-62-02. • booking@isarenasvillage.com • isarenasvillage.com • ♿ À env 20 km au nord-ouest de Cabras. Ouv de mi-avr à mi-oct. Pour 2 avec tente et voiture, 22-44 €.* Sur un beau terrain arboré avec accès direct à une plage sauvage. Propre et confortable, mais les emplacements ne sont pas délimités et les sanitaires ont pour certains du plomb dans l'aile. Également des bungalows tout équipés en toile ou en dur. Sur place, resto-bar-pizzeria, épicerie, tennis, jeux pour enfants...

Camping Village Bella Sardinia : *loc. Torre del Pozzo, 09073* ***Cuglieri.*** *☎ 0785-38-058. • info@camping-bellasardinia.it • camping-bellasardinia.com • À env 20 km au nord-ouest de Cabras. Ouv de Pâques à mi-oct. Pour 2 avec tente et voiture, 18-40 €. Réduc de 10 % sur le prix du camping, sauf 23 juil-21 août, sur présentation de ce guide.* Un grand camping niché sous une pinède et bordé par la mer. Sanitaires convenables. Également des bungalows tout équipés en toile, en bois ou en dur, histoire de tester lequel résiste le mieux au grand méchant loup ! Piscine, tir à l'arc, resto-bar, épicerie, jeux pour enfants. Un peu près de la route quand même, à notre avis...

Prix moyens

Agriturismo Sa Canudera : *SP 6, 09072 Cabras. 📱 347-709-62-20. • info@agriturismosacanudera.it • agriturismosacanudera.it • ♿ À 7 km à l'ouest de Cabras. Congés : janv. Doubles 60-90 € ; 1 familiale. ½ pens 60-70 €/pers. Réduc de 10 % sur les doubles pour un séjour de min 3 nuits oct-mai sur présentation de ce guide.* Séparée de la route par quelques rangées de vignes, cette grande ferme qui produit du vin et des fruits fait bien les choses : l'accueil est gentil comme tout, les repas sont de qualité et les chambres, réparties dans un bâtiment de plain-pied encadrant sur 3 côtés un carré de gazon, sont classiques mais avenantes.

Agriturismo Sa Roia Traversa : *loc. Sa Roia Traversa, 09072 Cabras. 📱 348-694-59-23 ou 347-088-20-74. • info@agriturismosaroiatraversa.it • agriturismosaroiatraversa.it • ♿ À 12 km à l'ouest de Cabras. Avr-sept. Doubles 80-100 € (juil-août, ½ pens obligatoire 65-75 €/pers). CB refusées.* Situé non loin de la superbe plage de Maimoni, cet *agriturismo* isolé en pleine campagne dispose de chambres fonctionnelles (sans TV ni clim), avec accès indépendant, réparties dans plusieurs bâtiments au cœur d'un jardin verdoyant. Table d'hôtes d'excellente qualité, réservée aux résidents. Cuisine traditionnelle qui se termine autour d'une bonne liqueur maison ! Accueil généreux.

Sa Pishera'e Mar e Pontis : *SP 6 (km 1,2), 09072 Cabras. ☎ 0783-39-17-74. 📱 335-749-76-26. • ittiturismo@consorziopontis.it • À 3 km au sud-ouest de Cabras. Tlj. Résa conseillée. Menus 29-34 € en sem, 34 € le w-e.* Le resto de poisson de la coopérative des pêcheurs locaux, planté au beau milieu des bassins de pisciculture. On s'y attable volontiers pour lever les filets d'une daurade ou se débattre avec les tentacules d'un poulpe. Les menus proposés, toujours servis avec un *vermentino* de la casa, tiennent bien la marée. Le lieu est certes touristique et vit parfois sur sa réputation, mais les gens du coin l'affectionnent particulièrement, alors pensez à réserver.

Où déguster une bonne glace ?

Vanilas 2.0 : *via Tharros, 110. Tlj à partir de 16h30-17h.* Des parfums standard mais travaillés avec des produits de saison à se mettre dans le cornet ou à « slurper » en terrasse.

À voir

Museo civico Giovanni Marongiu : via Tharros, 121. ☎ 0783-29-06-36. • museocabras.it • Avr-oct, tlj 9h-13h, 16h (15h dim et fêtes)-20h ; hors saison, horaires restreints. Entrée : 6,50 € ; billet combiné avec la torre spagnola di San Giovanni et le site archéologique de Tharros : 12 € ; réduc ; gratuit moins de 6 ans. Dépliant en français (audioguide en prévision). Musée archéologique bénéficiant d'une muséographie moderne dont le parcours chronologique retrace l'histoire de la région depuis la lointaine préhistoire jusqu'à l'époque romaine. Nombreuses vitrines présentant le produit de fouilles réalisées dans le village néolithique de Cuccuru Is Arrius, mais aussi des vestiges de Tharros et quelques-uns des 1 000 lingots de plomb provenant d'une galère romaine coulée près de l'île Mal di Ventre. Mais le clou de la visite, ce sont les étonnantes statues géantes du site nuragique de Mont'e Prama que l'on peut voir ici sous toutes les coutures grâce à une animation 3D. Uniques en Sardaigne, elles sont les derniers témoins d'une culture spécifique qui n'a jamais essaimé dans l'île. Impressionnant.

DANS LES ENVIRONS DE CABRAS

Marina di Torre Grande : *à 3 km à l'ouest d'Oristano.* C'est la station balnéaire de Cabras et d'Oristano, qui tient son nom de la tour espagnole trapue construite dans le milieu du XVIe s (la plus grande de Sardaigne) veillant sur les baigneurs. Longue plage de sable.

AREA ARCHEOLOGICA DI THARROS

*À **San Giovanni di Sinis,** à 12 km au sud-ouest de Cabras ; la zone archéologique est située à l'extrémité de la péninsule, en haut du chemin. ☎ 0783-37-00-19. • tharros.sardegna.it • penisoladelsinis.it • Avr-oct, tlj 9h-18h (19h juin-juil et sept, 20h en août) ; hors saison, horaires réduits. Entrée : 6,50 € ; billet combiné avec la visite de la torre spagnola di San Giovanni 8,50 € ; billet combiné pour l'ensemble des sites valable 7 j. 12 € ; réduc. Torre spagnola di San Giovanni seule : 4 €. Visite libre avec un plan-dépliant en français. Pour les visites guidées (italien, anglais), seulement en juil-août et à heure fixe (2 le mat, 2 l'ap-m).*

➢ ***Pour s'y rendre :*** en été seulement, env 5 bus/j. depuis Oristano. En voiture, parking payant l'été. À l'arrivée, en saison (de mars à mi-oct), un petit train touristique assure la liaison jusqu'au site pour ceux que la balade rebute (env 4 €, réduc).

Au cœur d'une zone marine protégée. Cité antique fondée par les Phéniciens au VIIIe s av. J.-C., Tharros connaît durant 5 siècles un développement considérable pour devenir l'un des ports de commerce les plus importants de Méditerranée. En 238 av. J.-C., elle passe sous domination romaine et poursuit son extension, se parant de beaux bâtiments civils (thermes). Puis son prestige décline à mesure que l'Empire romain s'affaiblit. Ruinée par les vandales puis par les raids sarrasins à répétition, touchée par plusieurs épidémies, Tharros est progressivement abandonnée entre le IXe et le XIe s de notre ère au profit d'Oristano. Aujourd'hui, le site (néanmoins magnifique) n'est qu'un champ de ruines, et avouons que si vous n'êtes pas de ceux que les vieilles pierres font vibrer, ***la visite de Tharros risque de vous laisser sur votre faim.***

Après la billetterie, le mieux est de monter tout de suite prendre de la hauteur et de rejoindre le ***cardo maximus,*** la rue principale. C'est là qu'on mesure l'intelligence de l'urbanisme romain : belle portion de rue intacte, avec ses dalles bien ajustées et son système de tout-à-l'égout. En descendant, on croise sur la droite le ***castellum aquae,*** citerne qui alimentait la ville. Ensuite, en allant vers la gauche, voici les ***thermes nos 3,*** faisant face à des habitations. Puis, toujours à droite, le ***temple des semi-colonnes doriques*** offre un bel appareillage de pierres ; le tout constituant un temple punique. Plus bas, au niveau de la mer, sur la gauche, les ***thermes nos 1.*** En continuant la visite vers la droite, on arrive à la fameuse ***aire des 2 colonnes,*** avec la mer juste derrière et une vieille tour espagnole dans le fond. À l'extrémité sud-ouest de la zone, voir les ***thermes nos 2.*** À l'autre extrémité du site, les vestiges d'un ***village nuragique*** et d'un ***tophet,*** nécropole punique dédiée aux enfants défunts. La plupart des objets issus des fouilles se trouvent aujourd'hui au musée de Cabras (voir plus haut). Enfin, Tharros est dominé par une ***tour espagnole*** (et non aragonaise puisqu'elle date du XVIe s !), dont la visite, quand elle est possible, offre un magnifique panorama sur le site tout entier...

Au pied de la tour espagnole, à la sortie du site de Tharros, charmante petite plage de ***San Giovanni*** dans une anse protégée. Mais les plus belles plages du secteur demeurent celle de ***Maimoni,*** non loin de Tharros, superbe ; puis, plus au nord, celle d'***Is Aruttas,*** très fréquentée, avec son sable composé de minuscules cailloux blancs qui semblent tout droit sortis d'un sac de riz éventré ! Enfin, plus au nord encore, la jolie plage de sable blanc de ***Mari Ermi*** est bordée par un cordon dunaire. Partout, parkings payants en saison.

Chiesa di San Giovanni di Sinis : *à l'entrée du hameau, en bas de la zone archéologique de Tharros, sur la droite (parking).* D'origine byzantine, c'est l'une des plus anciennes églises paléochrétiennes de l'île (VIe-XIe s), construite sur l'ancienne nécropole phénicienne et punique de Tharros. Austère et trapue, elle est d'une émouvante simplicité.

SANTU LUSSURGIU (09075) env 2 500 hab.

La jolie route qui rejoint Santu Lussurgiu en passant par Seneghe traverse l'une des régions les plus fertiles de Sardaigne avant d'aborder la moyenne montagne.
Niché à 503 m d'altitude dans le cratère d'un ancien volcan des monts Montiferru, ce charmant village médiéval fut, entre le XIXe et le XXe s, un lieu de villégiature pour aristocrates et hommes de lettres. Il faut dire qu'il bénéficie d'un climat plutôt frais et agréable en été. Le labyrinthe de ses ruelles pentues offre l'occasion d'une promenade pittoresque, voire un brin romantique, il faut l'avouer. En revanche, évitez de vous y aventurer en voiture sans avoir bien étudié votre trajet !

Arriver – Quitter

Arrêts des bus ARST : *viale Azuni (SP 15).* • *arst.sardegna.it* •
➢ ***Oristano*** *(1h) :* 6 bus/j. sauf dim et j. fériés, certains avec changement à ***Milis.***
➢ ***Cabras*** *(1h10) :* 1 bus/j. dans l'ap-m, sauf dim et j. fériés.

Où dormir ? Où manger ?

De prix moyens à chic

Antica Dimora del Gruccione : *via Michele Obinu, 31.* ☎ *0783-55-20-35.* • *info@anticadimora.com* • *anticadimora.com* • *Au-dessus de l'église. Congés : de janv à mi-fév et nov. Doubles 90-130 €.*

½ pens 75-90 €/pers. Resto ouv aux non-résidents le soir sur résa : menu 35 €. Réduc de 10 % sur les doubles de mi-fév à fin mai et sept-fin nov sur présentation de ce guide. Notre adresse préférée, perdue au cœur du lacis des ruelles de la vieille ville. Conçue comme un *albergo diffuso,* elle occupe différents bâtiments de caractère, dont une superbe demeure aristocratique du XVIIIe s où se trouvent l'accueil et le restaurant. Côté chambres, du style à revendre, alors on choisit selon ses goûts entre une déco traditionnelle ou un déco typée années 1930 avec mobilier Art déco. Demandez à voir la cave à vin, une passion des proprios ! Belle table, dont le menu (le même pour tout le monde) change au gré du marché. Le petit déj se prend dans la cour en été.

Albergo Diffuso Sas Benas : *via Salvatore Cambosu, 6. ☎ 0783-55-08-70. ● info@sasbenas.com ● sasbenas.com ● Doubles à partir de 80 € ; petit déj 10 €. ½ pens possible. Menus 30-35 €.* Du nom d'un instrument de musique sarde, cet hôtel offre des chambres spacieuses et tout confort, dispersées dans plusieurs maisons du village. Du charme, certes, mais une ambiance un peu impersonnelle. Le resto *(piazza San Giovanni)* propose de bonnes spécialités traditionnelles, élaborées avec les produits des petits producteurs locaux.

Où manger dans les environs ?

Ristorante-trattoria Le Plaisir : *via Giacomo Matteotti, 35, 09071* ***Abbasanta.*** *☎ 0785-52-380. Tlj sauf dim. Repas 20-25 €.* Dans la petite salle ou sur la terrasse de ce resto de quartier casé au rez-de-chaussée d'un immeuble jaune. Valentina et Claudia dispensent une cuisine sarde volontairement orientée mer, ainsi que des pâtes généreusement servies. En dessert, laissez-vous tenter par les *seadas.* Un bon point de chute après la visite du ***Nuraghe Losa.***

À voir. À faire

Balade au cœur de la vieille ville : déambuler dans une cité dotée d'autant de caractère est un véritable plaisir (si ce n'est peut-être pour les chevilles et les mollets !). Ruelles étroites et biscornues, vénérables demeures, méchants petits pavés lisses et séculaires... Et ambiance assez romantique, notamment en soirée. Au cœur du village, 2 églises à saluer : ***Santa Maria degli Angeli,*** du XVe s, et ***Santa Croce,*** qui date de 1185.

Museo della Tecnologia contadina : *via Deodato Meloni, 1. 349-686-86-00 (Mauro) ou 377-090-55-83 (Cecilia). ● museotecnologiacontadina.it ●* ***Sur résa*** *(sauf juil-août, où une permanence est assurée jeu-dim 10h-13h, 17h-20h). Entrée (visite guidée en italien comprise) : 4 € ; réduc ; gratuit moins de 6 ans.* Dans un manoir du XVIIIe s, plus de 2 000 objets constituent cet intéressant petit musée de la « technologie paysanne » proposé par une association. Même s'il date un peu, il permet de faire un tour d'horizon de ce que fut la vie dans les villages et les campagnes du Montiferru, longtemps coupés du monde.

Fête et festival

– ***Carnevale :*** *3 j. (dim-mar) en fév.* Avec une spectaculaire course de chevaux (***sa Carrela 'e nanti,*** un peu comme le *palio* à Sienne) dans la vieille ville.
– ***Festa di Santu Lussuriu :*** *4 j. vers le 21 août.*

DANS LES ENVIRONS DE SANTU LUSSURGIU

San Leonardo di Siete Fuentes : *loc.* ***San Leonardo de Siete Fuentes,*** *à env 7 km au nord de Santu Lussurgiu.* Une église fut construite sur ce site dès le XIIe s par les moines hospitaliers de Saint-Jean de Jérusalem (ceux que l'on appela par la suite les ***chevaliers de Malte***), qui établirent aussi ici un hôpital et 2 monastères au XVIe s. En grande partie détruite au XVe s, la jolie petite église que l'on peut admirer aujourd'hui date du XVIIe s. Elle est entourée d'un parc boisé bordé de petites maisons et de restos populaires, où les familles viennent se promener le dimanche ou chercher un peu de fraîcheur au plus fort de l'été.
– Sur place, début juin, s'y tient la ***fiera del Cavallo,*** la plus importante foire aux chevaux de Sardaigne.

Casa-museo di Antonio Gramsci : *corso Umberto I, 57 (billetterie au n° 59),* ***Ghilarza.*** *☎ 0785-53-075. • casamuseogramsci.it • À 20 km à l'est de Santu Lussurgiu. Tlj sauf mar 10h-13h, 15h30-18h30 (19h30 avr-sept). Entrée : 4 € ; réduc.* La demeure est toute simple. C'est ici qu'Antonio Gramsci (1891-1937), héros de l'antifascisme et du communisme italien, passa une partie de son enfance et son adolescence. Au rez-de-chaussée, les expositions temporaires. Au 1er étage, sa modeste chambre et quelques souvenirs et objets personnels, dont ses célèbres binocles... À noter, son certificat de licence élémentaire supérieur... déjà brillant élève, des 10 partout ! Soyons honnêtes : le site s'apparente davantage à un lieu de pèlerinage pour les admirateurs de ce grand intellectuel qu'à un véritable musée.

Nuraghe Losa : *SS 131 (km 123), 09071* ***Abbasanta.*** *☎ 0785-52-302. 📱 331-912-87-90. • nuraghe.losa@tiscali.it • nuraghelosa.net • À 17 km à l'est de Santu Lussurgiu. Tlj de 9h à 1h avt le coucher du soleil. Entrée : 5 € ; réduc. Dépliant et panneaux en français, sinon visite guidée possible en français sur résa (2 pers min) ; s'y prendre à l'avance.* Édifié vers le XVe s av. J.-C., c'est l'un des sites nuragiques les plus structurés et les plus attractifs du genre. Précédé par les vestiges d'un long mur d'enceinte et de maisons circulaires, il se distingue par une puissante structure en forme de trapèze qui culmine encore à 13 m de hauteur. Une fois la porte franchie, on découvre un complexe insoupçonné de couloirs et de rampes qui conduisent à différentes salles. Ça vaut le coup d'œil, d'autant que cette véritable forteresse s'étoffe à l'extérieur de 3 autres tours !

Sito nuragico di Santa Cristina : *SS 131, km 115, 09070* ***Paulilatino.*** *📱 347-774-67-47. • archeotour.net • À 16 km au sud-est de Santu Lussurgiu. Tlj de 8h30 à 1h avt le coucher du soleil. Entrée (museo-palazzo Atzori de Paulilatino inclus) : 7 € ; gratuit moins de 6 ans. Dépliant et panneaux en français.* D'intéressantes ruines nuragiques dispersées dans un vaste site planté de chênes verts. La balade commence par la mini-église ***Santa Cristina*** (XIIIe s), entourée d'un hameau de maisonnettes qui servaient jadis de relais aux pèlerins. Puis le sentier de gauche conduit au ***Santurio nuragico,*** une véritable curiosité. Il s'agit d'un temple hypogé du XIIe s av. J.-C., dont l'entrée, en « trou de serrure » triangulaire, semble descendre dans les entrailles de la terre par un escalier. À côté, vestiges de la salle circulaire qui devait servir de lieu de réunion. Ensuite, retour au hameau pour emprunter un autre chemin, qui aboutit cette fois à un petit ***nuraghe*** (XVIe-XIIIe s av. J.-C.) dont la chambre à tholos est bien conservée. Enfin, ne pas manquer à proximité les 2 maisons longues en pierre, dont l'une est encore entièrement couverte de dalles.
– Ceux qui ont le temps pousseront jusqu'au ***palazzo Atzori*** *(via Nazionale, 127, à* ***Paulilatino*** *; ☎ 0785-55-438 ; • museopalazzoatzori.com • ; tlj 9h30-13h, 16h-18h30 ; horaires légèrement réduits en été ; entrée : 5 €, avec le sito nuragico di Santa Cristina 7 €, réduc, gratuit moins de 6 ans).* Dans un palais de basalte du XVIIIe s, une quinzaine de salles évoquent la vie dans les campagnes. Petite section archéologie multimédia au rez-de-chaussée.

Chiesa Santa Maria di Bonacardo : à 7 km au sud de Santu Lussurgiu par la SP 15. Jolie petite église romane affiliée au monastère camaldule (ermites) du même nom. Elle date du XIIe s et quelques détails architecturaux permettent de laisser penser qu'elle a été construite par des ouvriers bourguignons, qui œuvraient déjà dans les églises cisterciennes de la région à l'époque.

Milis : à une bonne douzaine de km au sud de Santu Lussurgiu, direction Oristano. Gros bourg agricole planté au pied du massif du Montiferru, dont les orangeraies sont célèbres dans toute la Sardaigne. Particulièrement appréciées par les abeilles qui produisaient un miel délicieusement parfumé. Sur la piazza Martiri d'Italia située en plein cœur du village, la ***villa Boyl,*** un bâtiment vieux rose du XVIIe s qui servit de lieu de villégiature à quelques grands noms de la littérature (Gabriele d'Annunzio, Grazia Deledda). Presque en face, le campanile de basalte de l'église San Sebastiano (XVIIe s). De là, redescendre à pied la via San Paolo jusqu'à la petite ***chiesa San Paolo*** (XIIe s) construite, en alternance, de pierre calcaire et de basalte. Elle est rarement ouverte. Pour en faire le tour, poussez la porte du cimetière.

CUGLIERI

(09073) 2 900 hab.

Entre Santu Lussurgiu et Cuglieri, la route s'élève au-dessus de la plaine avant de pénétrer une forêt de chênes verts. Elle redescend ensuite en tournicotant sur les flancs d'une montagne qui ne sont en fait que les bords du cratère d'un ancien volcan. Cuglieri s'inscrit dans cette logique de bourgade médiévale à la fois charmante mais pentue, histoire de faire souffrir un peu vos mollets ! Grimpez donc jusqu'à l'imposante église Santa Maria della Neve afin de profiter du panorama !

– *Infos :* *• comune.cuglieri.or.it •*

Où dormir ? Où manger à Cuglieri et dans les environs ?

Trattoria Desogos : *vico Cugia, 6, à Cuglieri. ☎ 0785-3-96-60. • ristorante.desogos@tiscali.it • Tlj midi et soir (sur résa le soir), sauf lun en hiver. Repas 20-30 €.* Cachée dans un dédale de ruelles escarpées, cette petite auberge, dans la même famille depuis 3 générations, ne paie vraiment pas de mine avec sa déco modeste. Mais madame se décarcasse en salle, et l'adresse s'impose dans le secteur comme une excellente table de terroir. En revanche, mieux vaut jeûner la veille car tout est savoureux... et archi-copieux !

La Rosa dei Venti : *loc. Colle S. Vittoria, 09078* ***Sennariolo.*** *☎ 0783-309-00-08. 349-068-38-62. • delrio.gianluca@tiscali.it • larosedeiventiristorante.com • À 5 km à l'ouest de Sennariolo par une petite route goudronnée mal en point. Mai-sept (horaires variables, téléphoner avt). Résa fortement conseillée. Doubles 70-80 €. Menu-dégustation 38 € ; carte 20-25 €.* Perdu au milieu de nulle part, ce resto mené tambour battant par Giancarlo et Patrizia vous propose un menu-dégustation voulu comme un itinéraire gastronomique du Montiferru et de la Planargia. Au programme, une quinzaine d'*antipasti,* un *primo,* un *secondo* (viande) et un dessert maison pour conclure. Et comme ici tout a été prévu, vous pourrez même y rester dormir. Camping aux places non délimitées (sanitaires impeccables), des chambres et 3 maisonnettes en dur avec vue imprenable sur la mer.

Achats

Azienda Olearia Peddio : corso Umberto, 87. ☎ 0785-36-92-54. • oliopeddio.it • Au pied de la vieille ville. Tlj. Le grand producteur d'huile d'olive de la région, dont les champs se trouvent près de la mer, avec une production en partie bio. Mise en bouteilles en direct à la boutique, qui propose aussi olives, tapenade et crème d'olives pour égayer vos apéros.

DANS LES ENVIRONS DE CUGLIERI

***Scoglio del Genovese :** à une quinzaine de km au sud-ouest de Cuglieri, au nord de la petite station de S'Archittu.* La petite station balnéaire de S'Archittu n'est pas des plus désagréable hors saison. Les parasols y fleurissent même assez tardivement. Mais l'attraction ici, c'est l'arche monumentale que la mer a taillée dans les sédiments. On vient s'y balader en kayak ou y poser pour un selfie d'anthologie. Le week-end, le spectacle vaut son pesant de cacahuètes, car les casse-cous y exécutent les plongeons les plus audacieux pour épater la galerie, tandis que les plus timorés, lunettes solaires sur le crâne et smartphone coincé dans le slip, applaudissent des 2 mains...

BOSA (09013) env 8 000 hab.

• Plan d'ensemble *p. 160-161* • Zoom *p. 163*

Une vraie carte postale ! Ce port pittoresque est dominé par un fier château, déroulant harmonieusement de vénérables demeures colorées jusqu'au fleuve Temo. D'un côté, un bel alignement de maisons bourgeoises aux couleurs pastel. De l'autre, une longue enfilade d'anciennes tanneries en partie réhabilitées. Entre les deux, de petits bateaux de pêche se reflètent dans des eaux miroir comme sur une toile de maître. Certes très touristique, la montée dans les étroites ruelles et escaliers jusqu'au *castello* n'en demeure pas moins très intéressante (quoique sérieusement casse-mollets, il faut l'avouer !). Et puis, avis aux œnotouristes : Bosa est réputée pour produire l'un des vins les plus emblématiques de la Sardaigne – le malvoisie.

UN PEU D'HISTOIRE

D'abord comptoir phénicien puis *municipum* romain, le site est abandonné au VIIIe s apr. J.-C. Au XIIe s, il tombe dans l'escarcelle des Maslapina. Originaires de Ligurie, ces derniers construisent le château et fortifient la ville, ce qui n'empêche nullement les Aragonais de s'en emparer dès le XIVe s. 2 siècles plus tard, Charles Quint décide d'occuper les côtes sardes pour contrer les corsaires barbaresques ; Bosa est alors une base stratégique toute trouvée. La domination ibérique va durer jusqu'à ce que la maison de Savoie en hérite au XVIIIe s.
En 1836, après la suppression de la féodalité, la ville connaît un important essor économique : développement des tanneries et arrivée du chemin de fer. En 1850, les relations commerciales sont si bonnes avec la France que les autorités municipales décident d'organiser l'enseignement du français pour faciliter les échanges.

Arriver – Quitter

Arrêt des bus ARST *(zoom A1) : piazza Zanetti. • arst.sardegna.it •*
➢ **Oristano** *(2h) :* 5-6 bus/j. sauf dim, via **Cuglieri** et **Tresnuraghes.**
➢ **Alghero** *(1h) :* 5-7 bus/j. ; certains continuent jusqu'à l'***aeroporto di Alghero-Fertilia.***
➢ **Sassari** *(2h) :* min 2 bus/j. en sem.
➢ ***Les plages des environs :*** en été, 1 bus/j. dessert les plages de ***Bosa Marina, Turas, Santa Maria del Mare, Porto Alabe...***

Info utile

– **Marché** *(zoom A1) : mar mat, corso Garibaldi.*

Où dormir ?

Camping

Camping S'Abba Druche *(hors plan d'ensemble par B1,* ***10****) : SP 49 (km 38,8), spiaggia di S'Abba Druche. ☎ 0785-77-61-61. 338-444-09-48. • info@abbadruche.it • abbadruche.it • À env 4 km au nord de Bosa. Pâques-oct. Pour 2 avec tente et voiture, env 20 €.* Aménagé en terrasses sur un petit cap sauvage offrant plusieurs criques avec plagettes, ce camping de poche un peu foutraque profite d'un bel environnement. Pour le reste, c'est très sommaire : un seul bloc sanitaire rudimentaire et pas toujours très propre, une machine à laver et un resto-bar-pizzeria à côté en saison.

De bon marché à prix moyens

Blu Bosa Affittacamere *(zoom B2,* ***11****) : via Montenegro, 20. 392-886-17-78. • info@blubosa.it • blubosa.it • Congés : nov. Doubles 55-80 €. Parking.* Une vraie tour de guet ! Cette petite maison bâtie sur les hauteurs profite d'une vue panoramique géniale depuis son toit-terrasse. Quant aux chambres, accessibles par un escalier raide, elles sont pleines de charme et vraiment tout confort. Une belle adresse qui justifie bien la grimpette.

B & B S'Ammentu *(zoom B2,* ***15****) : via Carmine, 55. ☎ 0785-37-54-51. 338-394-94-24. • prenotazione@samentu.com • samentu.com • Doubles 60-80 €.* En plein centre historique, dans une vénérable maison avec ascenseur, 7 chambres pas toujours très grandes mais joliment aménagées, bénéficiant pour certaines d'un carrelage ancien et de meubles d'époque. Petit déj servi à deux pas, dans une belle salle voûtée où s'alignent de nombreuses bouteilles de vin, passion du sympathique patron.

Sporting Hotel Stella Maris *(plan d'ensemble A2,* ***14****) : via Cristoforo Colombo, 11,* ***Bosa Marina.*** *☎ 0785-37-51-62. • info@stellamarisbosa.it • stellamarisbosa.com • Doubles 70-110 € ; familiales.* À 200 m de la plage de Bosa Marina, cet hôtel n'est certes pas des plus sexy de prime abord, mais les prix restent contenus pour le coin. Chambres à la déco monacale plutôt agréables (en revanche, les salles de bains et les douches sont de format lilliputien). Certaines ont vue sur la mer. Sinon, tout le monde peut profiter du spectacle du port depuis la salle de petit déj.

De prix moyens à chic

Albergo Diffuso Corte Fiorita *(zoom A-B2,* ***12****) : via lungo Temo de Gasperi, 45. ☎ 0785-37-70-58. • info@albergo-diffuso.it • albergo-diffuso.it • Tte l'année. Doubles 75-150 € (jusqu'à 250 € en août) ; familiales. Transport des bagages par voiturette électrique.* Ici, 4 lieux pour séjourner, chacun possédant sa propre atmosphère : 2 dans le centre historique, les 2 autres de part et d'autre du fleuve. Toutes les chambres et studios sont de très bon confort

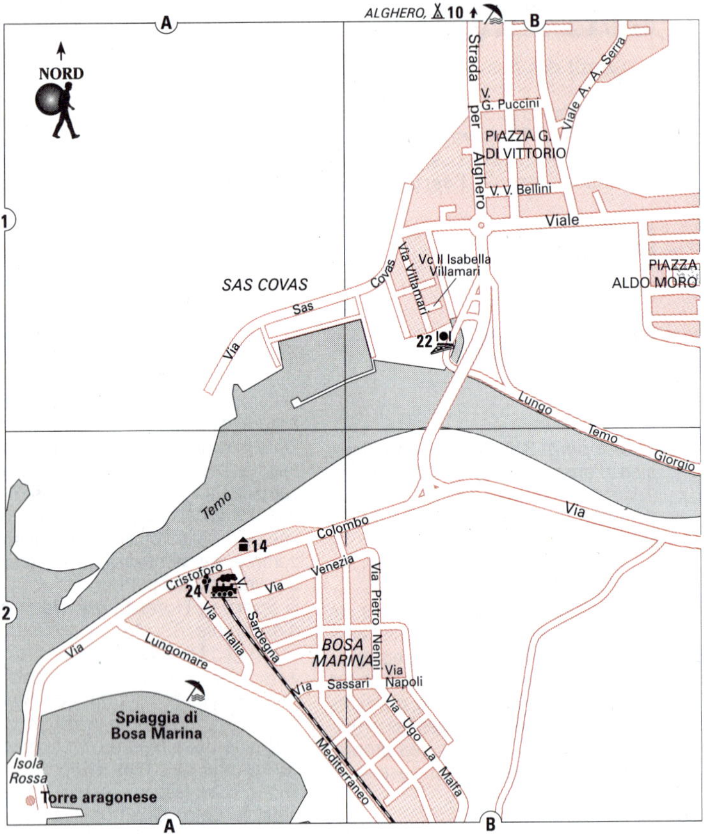

Où dormir ?	
10 Camping S'Abba Druche	(hors plan d'ensemble par B1) **14** Sporting Hotel Stella Maris (A2)

et parfaitement équipés. Notre préférence va nettement aux 4 chambres aménagées dans les anciennes tanneries, beaucoup plus volumineuses et dont celles du rez-de-chaussée peuvent communiquer (idéal pour une famille). Le petit déj est servi dans le bâtiment de la réception, rive droite.

Hotel Palazzo Sa Pischedda *(zoom B2,* ***16****)* **:** *via Roma, 8, loc. Sas Conzas.* ☎ *0785-37-30-65. • info@hotelsapischedda.it • hotelsapischedda.com • Congés : de début nov à mi-mars. Doubles 75-150 € (plus cher en août) ; familiales. Menu 25 € pour les résidents ; sinon, pizze 6-12 €, repas 30-35 €. Parking gratuit. Sur présentation de ce guide, pour les résas en direct, réduc de 10 % sur les doubles et bouteille de prosecco local offerte si votre anniversaire tombe pdt le séjour.* Dans le quartier historique des tanneurs, cet hôtel de 1896, à la déco Grand Siècle, a bénéficié d'un

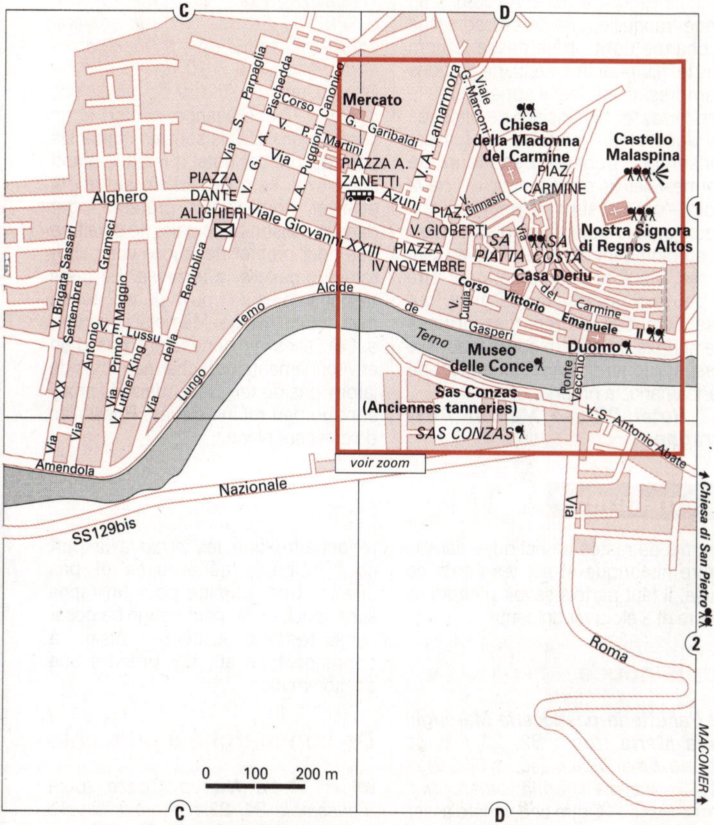

BOSA – Plan d'ensemble

Où manger ?	Où déguster une bonne glace ?
22 La Nuova Costa (B1)	**24** Bar-gelateria da Caterina (A2)

lifting, et c'est tant mieux. Il offre désormais des chambres d'un bon standing, avec ou sans vue, balcon (donnant sur une rue passante en journée) ou terrasse selon les catégories. Resto proposant une cuisine de terroir qui se défend. Également de bonnes *pizze* le soir. Accueil souriant et pro.

Où dormir dans les environs ?

Albergo Diffuso Villa Asfodeli : *piazza Giovanni XXIII, 4, 09079* ***Tresnuraghes.*** *☎ 0785-31-50-52. 329-797-18-92. ● info@asfodelihotel.com ● asfodelihotel.com ● À 10 km au sud de Bosa. Doubles 85-185 € ; familiales. Réduc de 10 % sur les doubles oct-avr (sauf fêtes de fin d'année) sur* *présentation de ce guide.* Au cœur d'un village tranquille, une de ces adresses de charme dont on se passe le nom sous le manteau. Au menu, de grandes chambres dont les « supérieures », avec terrasse, bénéficient de plafonds ouvragés et de meubles de famille. L'ensemble dégage beaucoup de charme. Elles se partagent un délicieux jardin – où est servi le petit déj aux beaux jours –, doté d'une piscine haricot surplombant la vallée avec, au loin, la mer. D'autres chambres, peut-être un peu moins classieuses mais tout aussi soignées, se répartissent dans une annexe de plain-pied donnant elle aussi sur le jardin. Accueil amical de Francamaria, la proprio.

Hotel Diffuso Maison Tresnuraghes : *via Cagliari, 5, 09079* ***Tresnuraghes.*** *☎ 0785-35-566. 329-254-58-38. • booking@maisontresnuraghes.com • maisontresnuraghes.com • À 10 km au sud de Bosa. Doubles 70-160 € ; familiales ; petit déj 10 €.* Élégance, confort et un superbe jardin ! Tels sont les mots-clés pour décrire cet hôtel qui fait le grand écart avec sa grille tarifaire entre été et hiver. Hors saison, préférez loger dans la maison principale, ne serait-ce que pour profiter de la jolie vue panoramique depuis la terrasse. Le reste des chambres se trouve dans 2 autres maisons du village. Même si le confort est là, elles ne bénéficient pas d'un environnement aussi charmant (pas de jardin, pas de terrasse), mais les prix y sont un peu moins élevés. Possibilité de dîner sur place.

Où manger ?

Pas mal de restos touristiques dans le centre historique et sur les bords du fleuve. Il faut parfois savoir prendre sa voiture et s'éloigner du centre...

Sur le pouce

Panetteria-pasticceria Marongiu Anna Maria *(zoom B2,* ***23****)* **:** *corso Vittorio Emanuele II, 52. 348-572-28-40. • anna@panificiomarongiu.com • Env 5 €.* Outre une variété assez impressionnante de *pane carasau* et de biscuits traditionnels, on trouve aussi dans cette discrète échoppe de bonnes viennoiseries ou de savoureuses *foccace,* tartes et tourtes salées. En revanche, ne venez pas trop tard... *Autre adresse via Azuni, 9 (zoom A1,* ***23****).*

Pizzeria al Taglio da Giovanni *(zoom A1,* ***21****)* **:** *via Ginnasio, 6. 331-879-64-71. Tlj sauf mer et dim midi 12h-14h, 18h-22h. Env 2-3 €.* Le minuscule local franchement basique et vieillot n'a pas d'allure, mais il faut reconnaître que les *pizze* à la part sont fraîches, généreuses et pas chères. Une aubaine pour un repas sur le pouce ! On peut même se poser sur la terrasse du bistrot voisin... à condition bien sûr d'y prendre une consommation.

De bon marché à plus chic

La Nuova Costa *(plan d'ensemble B1,* ***22****)* **:** *vicolo II Isabella Villamari. 349-311-68-57. • deviduras@tiscali.it • Ouv le soir tlj sauf mar. Formule pizza + boisson 15 € ; repas 30-35 € ; pizze 7-10 €. Café offert sur présentation de ce guide.* C'est un peu excentré (allez-y en voiture), mais qu'il s'agisse des *pizze* ou des spécialités du terroir, ça se tient. Et puis le cadre n'est pas désagréable, avec la terrasse couverte. Accueil sympa et efficace.

Ne pas oublier le resto de l'**Hotel Palazzo Sa Pischedda** *(zoom B2,* ***16****).* Voir plus haut « Où dormir ? ».

Où manger dans les environs ?

Ristorante-pizzeria Sardineri : *via Roma, 74, 08019* ***Modolo.*** *☎ 0785-35-117. • chiaralang@hotmail.com • À 6 km au sud-est de Bosa, dans le haut du village de Modolo, à côté de la mairie. Tlj sauf mer. Congés : nov.*

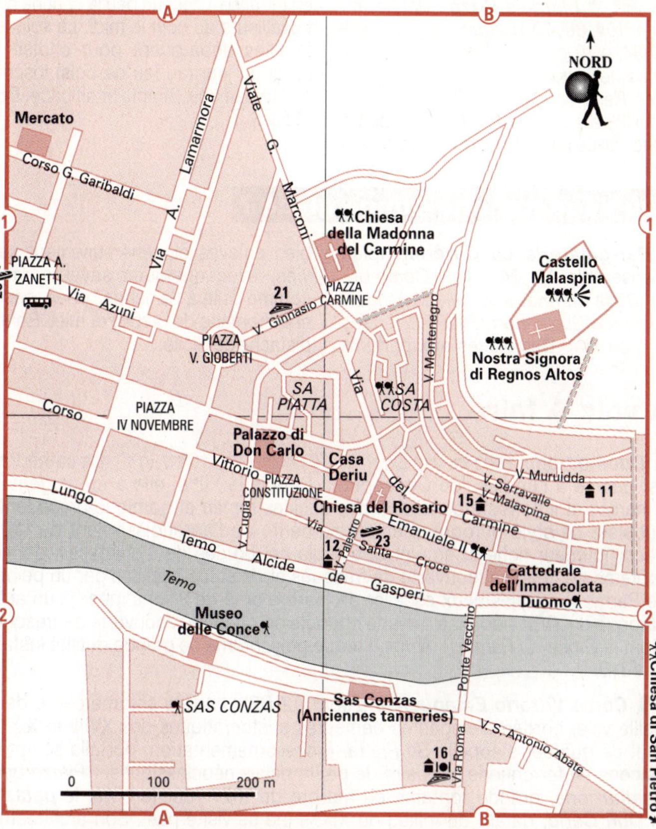

BOSA (Zoom)

Où dormir ?

11 Blu Bosa Affittacamere (B2)
12 Albergo Diffuso Corte Fiorita (A-B2)
15 B & B S'Ammentu (B2)
16 Hotel Palazzo Sa Pischedda (B2)

Où manger ?

16 Resto de l'Hotel Palazzo Sa Pischedda (B2)
21 Pizzeria al Taglio da Giovanni (A1)
23 Panetteria-pasticceria Marongiu Anna Maria (A1 et B2)

Résa conseillée. Menu 30 € (min 2 pers) ; pizze 7-10 €. Ce resto est un peu le cœur battant de ce petit village sur les hauteurs de Bosa. Cadre convivial : murs blancs, petites salles en rez-de-chaussée et en mezzanine, tables et chaises de couleurs pastel, et une attention particulière portée à l'éclairage. Au choix, les bonnes *pizze* maison ou le menu du jour, avec 2-3 plats à choisir dans chaque catégorie et qui change quotidiennement en fonction des saisons et des arrivages. C'est simple, c'est bon, c'est frais. En été, les tables s'éparpillent à l'extérieur.

Marco's Pizza : *via Nazionale, 104, 08010* ***Tinnura.*** *☎ 0785-33-90-34. À 10 km au sud-est de Bosa, à la limite de Flussio et de Tinnura. Tlj sauf mer. Résa conseillée. Menus 20-25 € (min 2 pers) ; pizze 5-10 €.* Une petite salle veillée par la TV et quelques tables en terrasse. C'est un peu la cantine des travailleurs du coin le midi. Le soir, les familles débarquent pour choisir la pizza du jour (au feu de bois) inscrite au tableau noir. Simple et efficace. Bon accueil.

Où déguster une bonne glace ?

Bar-gelateria da Caterina *(plan d'ensemble A2,* ***24****) : viale Colombo, 20,* ***Bosa Marina.*** *• bargeldacaterina@libero.it • Sur le port. Tlj 7h-22h (plus tard en été).* Des glaces aux parfums bien enlevés et généreusement servies, avec quelques saveurs rares comme celle à l'amande grillée, *pecorino* (fromage de brebis) et miel. Bonne pistache de Sicile.

À voir. À faire

Duomo *(zoom B2) : piazza Duomo. Tlj 8h30-12h, 16h-19h30.* La cathédrale est dédiée à l'Immaculée Conception. Depuis le XIIe s, elle a été largement remaniée et il ne reste quasi rien des édifices roman et gothique précédents. Subsiste ce style baroque piémontais hérité de l'agrandissement de 1809. Décor intérieur riche et ample. Une seule nef bordée de 8 chapelles, dont la voûte en berceau est couverte de fresques et de stucs, réalisés par un peintre de Parme. Le majestueux escalier de marbre orné de 2 lions mène à un autel baroque du XVIIe s dominé par une coupole octogonale recouverte de fresques (dont la *Gloire du Paradis*). À voir, l'orgue polychrome de grande qualité installé en 1810.

Corso Vittorio Emanuele II *(zoom A2-B2) :* l'artère commerçante de la vieille ville, bordée d'élégantes demeures aristocratiques des XVIIIe et XIXe s. Tout ce quartier s'appelle *Sa Piatta.* Riche ornementation, portails sculptés, balcons en ferronnerie, des airs de petits palais néoclassiques... *Piazza della Costituzione,* grande fontaine en marbre de 1877. Sur le côté, le ***palazzo di Don Carlo,*** datant du milieu du XIXe s (ne se visite pas). Son architecture reprend des éléments du siècle précédent, comme les corniches en trachyte (roche volcanique) de style rococo et les pilastres... Au no 59 du *corso,* le **museo-casa Deriu** mérite une halte. *☎ 0785-37-70-43. Juil-août, tlj 10h30-13h, 18h-20h ; le reste de l'année, tlj sauf lun et horaires réduits. Entrée (avec la pinacothèque) : env 4,50 € ; billet combiné avec le museo delle Conce 7 € ; réduc ; gratuit moins de 7 ans.* Il abrite des expos temporaires et un petit appartement bourgeois richement meublé et décoré façon fin XIXe s (2e étage), sans oublier la collection de Melkiorre Mellis, l'un des peintres et céramistes sardes les plus importants, né à Bosa (3e étage). Juste en face, pour les amateurs, la ***pinacoteca Antonio Atza*** *(mêmes horaires et billet que le museo-casa Deriu),* un autre grand peintre contemporain dont l'univers était pour le moins « compliqué ». Voir ses hommages à Goya, à Magritte et au Caravage dans la salle du fond...

Castello Malaspina *(zoom B1) : via Gavino Nino. 📱 329-850-50-79 ou 340-395-50-48. • castellodibosa.it • Accès à pied à travers la vieille ville ou en voiture (parking). Avr-août, tlj 10h-19h (19h30 juil-août) ; hors saison, tlj (seulement w-e et j. fériés nov-mars) horaires réduits. QR Code à scanner à la billetterie, sinon visites guidées (en italien) ttes les heures 10h30-12h30, 15h-17h. Entrée : 4 € ; billet combiné avec la chiesa San Pietro 5,50 € ; réduc. Paiement en espèces.* Édifiée en 1112 sur un promontoire escarpé, cette forteresse a encore fière allure avec ses remparts jalonnés de tours et son donjon puissant. Une fois sur le chemin de ronde, on est récompensé de la longue grimpette par un superbe panorama ! Mais le plus intéressant ici est certainement la ***chiesa Nostra Signora di Regnos Altos,*** cette chapelle palatine dédiée à la Vierge. On y admire de superbes fresques du XIVe s, de style toscan provençal, commandées par les souverains d'Arborea : une adoration des Mages, une procession des saints et, face à l'abside, un saint Martin à cheval. Drôle : la rencontre entre seigneurs, 3 vivants et 3 morts (dans différents états de décomposition), ces derniers exhortant les premiers à se repentir afin qu'ils évitent de finir comme eux !

👁👁 ***Balade dans le quartier de Sa Costa*** *(zoom B1-2)* **:** le long des étroites ruelles pentues et des passages biscornus, vaste panoplie de façades pastel de toutes les nuances. Quelques rues appelées « côtes » encerclent la colline et permettent de se plonger dans la vie sociale colorée de Bosa. Via Carmine, voir la ***chiesa della Madonna del Carmine*** et son couvent, édifiés à la fin du XVIIIe s en beau trachyte rouge. À l'intérieur, immense autel de marbre richement ornementé.

👁 ***Balade dans le quartier de Sas Conzas*** *(zoom A-B2)* **:** rive gauche, après le ponte Vecchio, s'étend Sas Conzas, l'ancien quartier des tanneurs. Très florissante au XIXe s, cette industrie s'éteignit dans les années 1960. Sans surprise, un petit ***museo delle Conce*** *(musée de la Tannerie ; via Sas Conzas, 62 ; ☎ 0785-37-62-20 ; juil-sept, tlj 10h-13h, 16h-18h ; le reste de l'année, horaires réduits ; entrée : 3,50 €, réduc, gratuit moins de 12 ans)* occupe une tannerie de 1834. Pas grand-chose à voir, cela dit : au rez-de-chaussée, des cuves en pierre pour le traitement des peaux et, à l'étage, de grands volumes utilisés autrefois pour le séchage, l'affinement et les finitions. Le tout agrémenté d'outils, de quelques machines spécifiques et d'une poignée de photos d'époque.

PAS BESOIN DE LES TANNER POUR ÊTRE À L'HEURE !

Pour tout travailleur, l'idéal a toujours été que son lieu de travail soit le plus proche possible de son domicile. Les patrons tanneurs construisirent leurs ateliers sur toute la rive gauche du Temo, assez près du fleuve pour profiter de l'eau, mais suffisamment éloignés de l'autre rive, où habitaient les ouvriers. Ainsi personne n'était incommodé par la puanteur des activités... ce qui explique cette étonnante différence architecturale entre les 2 quais !

👁👁 ***Chiesa di San Pietro*** *(hors plan d'ensemble par D2)* **:** *strada per San Pietro. 📱 329-850-50-79 ou 340-395-50-48. • castellodibosa.it • À env 2 km du ponte Vecchio. Tlj sauf lun : juil-août, 9h30-12h30, 16h-18h ; avr-juin et sept, 9h30-12h30, 15h30-17h30 (15h-17h sept) ; oct, 9h30-12h30 ; hors saison, sur résa seulement (5 pers min). Entrée : 2 € ; billet combiné avec le castello Malaspina 5,50 €.* La beauté de cette église construite en 1062 dans le style lombard doit beaucoup au mélange harmonieux du roman et du gothique. Intéressante façade avec ses 3 arcs brisés et son linteau ouvragé en tuf (représentant saint Paul, saint Constantin, saint Pierre et la Vierge à l'Enfant). À l'intérieur, 3 nefs, charpente apparente au centre, voûtes en arêtes sur les côtés.

⛱ ***Bosa Marina*** *(plan d'ensemble A-B2)* **:** *à 2 km à l'ouest du centre. En saison, service de navette Bosa-Bosa Marina en soirée avec Bosa Tour (📱 336-811-800) ; en journée, petit train touristique ttes les heures 10h-19h. Prix du billet : 5 € ; réduc.* Un petit port de plaisance, un quartier résidentiel, quelques hôtels et restos, le tout sous l'œil vigilant d'une tour espagnole du XVIe s et d'une petite église de style gothique catalan. On trouve ici une agréable plage au fond d'une anse protégée, large et très fréquentée en été *(parking payant).* Pas la plus belle du coin, mais la plus proche de la ville. Et qu'on se le dise : les plages les plus jolies se situent à quelques kilomètres plus au nord !

Fêtes et manifestations

– ***Festa di Sant'Antonio :*** *16 janv.* Marque le début de la période de carnaval. Gigantesque feu de joie devant l'église.
– ***Carnevale :*** *le jeu avt Mardi gras, mais surtout ce dernier, particulièrement festif.* Masques figurant des femmes en deuil chantant des chansons funèbres, défilé de chars, spectacles, lampions...
– ***La Grande Festa del Vino :*** *en mai.* C'est la fête, bien arrosée, des vignerons du malvoisie. Dégustations à tout-va.
– ***Festa d'Emilio e Priamo :*** *28 mai.* Fête des saints patrons de la ville. Musique et folklore.
– ***Festa di San Pietro :*** *28 juin, à l'église San Pietro.*
– ***Santa Maria di Mar :*** *1er dim d'août.* Procession de bateaux colorés qui s'en vont livrer la Vierge au *duomo,* puis retour. Le soir, feu d'artifice.
– ***Nostra Signora di Regnos Altos :*** *1er ou 2e dim de sept.* Procession dans la vieille ville, gastronomie locale, bals sardes...

DANS LES ENVIRONS DE BOSA

À 4-6 km au nord de Bosa, au bord de la route SP 49 menant à Alghero, ***plusieurs plages et criques sauvages*** (dont l'idyllique ***spiaggia di Compultittu***), accessibles seulement par des sentiers parfois escarpés. Des paysages admirables pour des ploufs d'anthologie, surtout au soleil couchant... romantique à souhait !

Ceux qui ont du temps entreprendront une belle balade dans les villages perchés au-dessus de Bosa. À faire en voiture ou – en saison – à bord du ***Trenino verde,*** un petit train datant de 1913. La route grimpe vite entre maquis et forêts pour atteindre Modolo, Magomadas, Suni et Tresnuraghes. ***Modolo,*** sur son éperon rocheux, un des plus discrets, livre de beaux points de vue sur les vignes qui produisent le fameux *malvasia di Bosa.* ***Magomadas,*** blotti sur un promontoire, propose également un superbe panorama jusqu'à la mer. ***Suni,*** village rural par excellence, s'anime pour la fête de Saint-Côme et Saint-Damien, autour du 26 septembre. Dans la rue principale, d'émérites cavaliers au galop tentent d'embrocher une étoile avec leur épée. Populaire et bon enfant. Quant à ***Tresnuraghes,*** comme son nom l'indique, il compte 3 *nuraghi* proches du village et une bonne demi-douzaine d'églises, ça ne manque pas de lieux pour méditer... Dans la rue principale, quelques élégantes demeures du XIXe s, et pas mal d'animation le 25 avril, jour de la fête de San Marco.
➢ En principe, le ***Trenino verde*** part de la petite gare de *Bosa Marina (plan d'ensemble, A2)* à certaines dates (variables), pour relier Macomer via Tresnuraghes et Sindia. Le retour se fait en bus. Le train traverse la vallée de Modolo et ses vignes, puis dégustation du *malvasia* à Tresnuraghes et visite des ruines de Santa Maria di Corte, une des plus anciennes abbayes cisterciennes d'Europe. À Macomer, visite du Musée ethnographique et dégustation de produits locaux. *Infos et résas auprès de l'agence* ***Esedra*** *: via Colombo, 36. ☎ 0785-74-30-44. 347-948-13-37 ou 333-195-88-36 (en anglais). • esedraescursioni.it • trenino verde.com •*

I Freschi di Tinnura : *à* ***Tinnura.*** *À une dizaine de km de Bosa par la SS 129 bis, direction Tresnuraghes.* Les amateurs de *murales* viendront ici enrichir leur collection de photos, Tinnura étant la ville de ***Pina Monne,*** la grande muraliste et céramiste sarde. On y trouve plus d'une soixantaine de ses œuvres. Elles évoquent la plupart du temps la vie paysanne, mais il arrive parfois que cette céramiste de talent s'exprime dans des compositions plus abstraites.

LE NORD-OUEST

• Carte *p. 168-169*

Le nord-ouest, autrefois appelé *Logudoro*, est l'une des régions les plus fertiles de Sardaigne. Pendant l'époque romaine, il fut même l'un des principaux greniers à blé de l'empire. S'il a conservé son nom dans la partie la plus intérieure des terres, il se divise aujourd'hui, dans sa partie ouest, grosso modo en 2 sous-régions, la *Nurra*, au paysage constitué essentiellement de vastes pâturages et de garrigue – ses villes principales étant Alghero, Sassari, Stintino et Porto Torres –, et l'*Anglona*, une région géologiquement bouleversée qui a pour capitale Castelsardo.

ALGHERO (07041) 44 000 hab.

• Plan d'ensemble *p. 171* • Vieille ville (zoom) *p. 173*

Chanceux lecteur ! Depuis Bosa, une magnifique route côtière remonte sur Alghero. Puis on découvre cette ville très différente de toutes les autres. Si on voulait se risquer à comparer, on pourrait dire qu'elle tient tout à la fois de Saint-Malo et d'Essaouira, même si la profusion de bâtiments d'architecture catalane lui vaut généralement le surnom de « petite Barcelone ». Plus catalane que sarde, donc, et résolument tournée vers la mer, Alghero s'est enrichie grâce à la pêche, au façonnage et au commerce du corail rouge, l'un des plus précieux de Méditerranée. De son glorieux passé, la ville s'est dotée d'un joli petit centre historique et de solides remparts, d'où l'on assiste presque chaque soir à un coucher de soleil d'anthologie.
Enfin, sachez quand même qu'Alghero, l'une des 3 villes étudiantes de Sardaigne (avec Cagliari et Sassari), est aussi l'une des principales stations balnéaires de la côte ouest... Alors il se peut bien que vous ne vous y sentiez pas tout à fait seul en plein été.

UN PEU D'HISTOIRE

Petit port de pêche fondé par les *Doria*, grande famille génoise, la ville s'appelle d'abord *Alguerium* (*l'Alquer* en catalan, *s'Alighera* en sarde), en référence aux posidonies, algues abondantes dans le coin. Après les Génois, occupation des Pisans, puis à nouveau des Génois, avant d'être définitivement annexée par les Catalano-Aragonais en 1354. Les habitants se révoltent bien à diverses reprises, mais les Espagnols finissent par s'imposer en 1541. Cependant, la découverte de l'Amérique et de ses richesses déplace les centres d'intérêt. Les Juifs qui assuraient à la ville une certaine prospérité, notamment dans le commerce du corail entre Marseille et la Catalogne, sont expulsés. La ville perd alors de son importance. Puis la peste (notamment celle

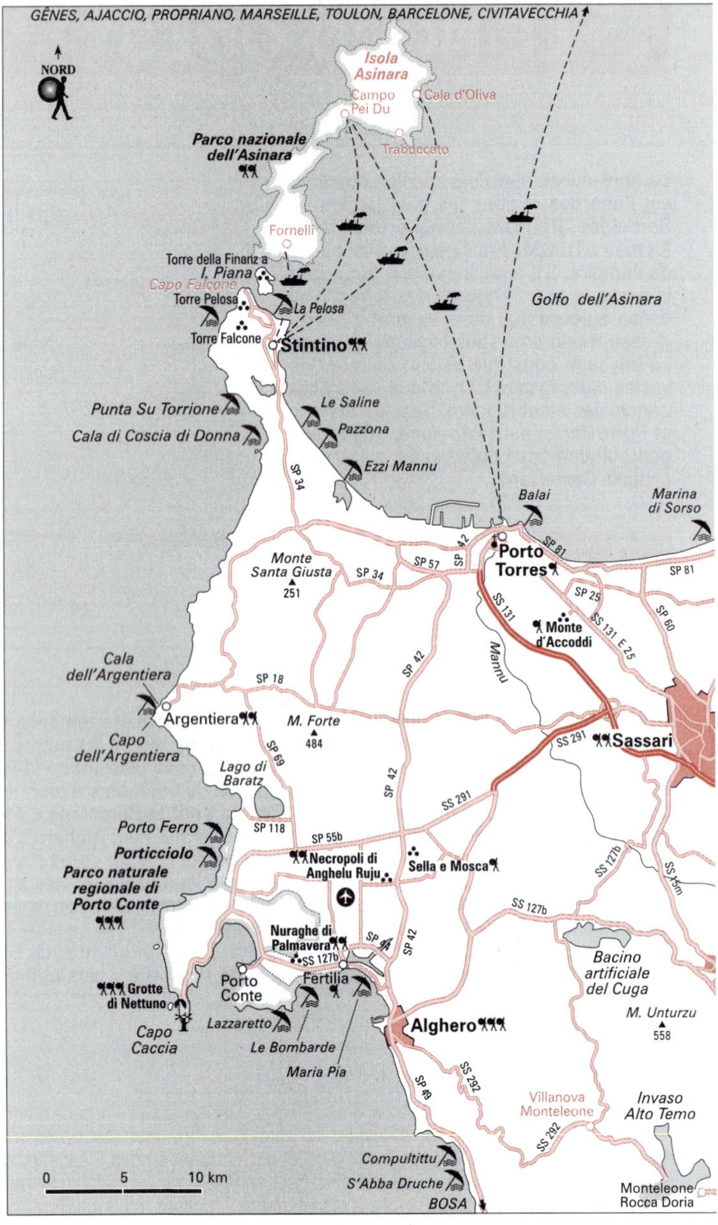
GÊNES, AJACCIO, PROPRIANO, MARSEILLE, TOULON, BARCELONE, CIVITAVECCHIA
NORD
Isola Asinara
Campo Pei Du
Cala d'Oliva
Trabuccato
Parco nazionale dell'Asinara
Fornelli
Torre della Finanz a
I. Piana
Capo Falcone
Torre Pelosa
La Pelosa
Torre Falcone
Stintino
Golfo dell'Asinara
Punta Su Torrione
Cala di Coscia di Donna
Le Saline
Pazzona
Ezzi Mannu
SP 34
Balai
Marina di Sorso
SP 81
SP 42
SP 57
Porto Torres
Monte Santa Giusta
251
SP 34
SP 25
SP 60
SS 131
Monte d'Accoddi
SS 131 E 25
Mannu
SP 42
Cala dell'Argentiera
SP 18
Argentiera
M. Forte
484
Capo dell'Argentiera
SP 69
SS 291
Sassari
Lago di Baratz
SP 42
SS 291
Porto Ferro
SP 118
SP 55b
Porticciolo
Parco naturale regionale di Porto Conte
Necropoli di Anghelu Ruju
Sella e Mosca
SS 127b
SS 15m
SS 127b
Nuraghe di Palmavera
SS 127b
SP 44
SP 42
Bacino artificiale del Cuga
Grotte di Nettuno
Porto Conte
Fertilia
Capo Caccia
Lazzaretto
Le Bombarde
Maria Pia
Alghero
M. Unturzu
558
SP 49
SS 292
Villanova Monteleone
Invaso Alto Temo
SS 292
0
5
10 km
Compultittu
S'Abba Druche
BOSA
Monteleone Rocca Doria

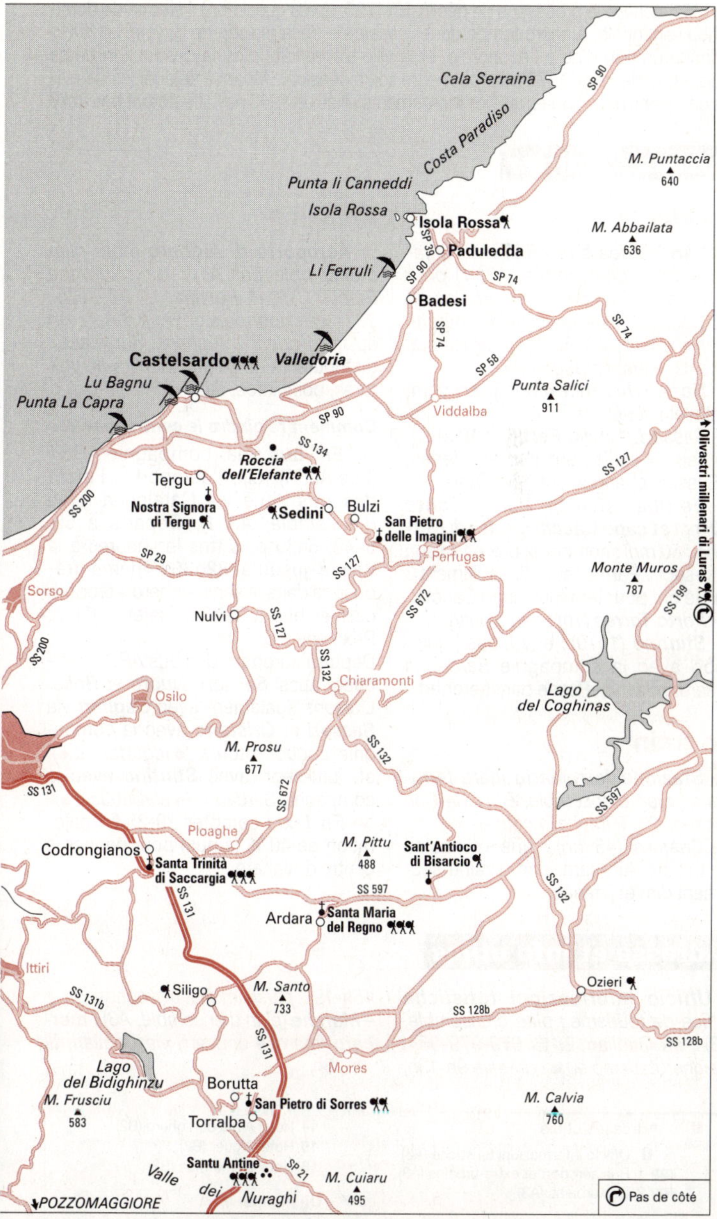

LA RÉGION NORD-OUEST

de 1652) achève le processus de déclin. En 1720, après quasiment 4 siècles de domination espagnole, Alghero tombe dans l'escarcelle de la maison de Savoie. Le XIXe s redonne un peu d'air à l'économie, et la ville s'agrandit ; d'où la destruction de sa muraille intérieure en 1872 pour permettre son extension... Visant à déloger les dernières garnisons allemandes, les bombardements alliés de 1943 ne l'affecteront pas trop.

Arriver – Quitter

En bus

Arrêts des bus ARST : *via Catalogna (plan d'ensemble, A3,* ***1****) pour l'aéroport et les bus extra-urbains, et via Cagliari, juste en face du marché (plan d'ensemble, A3,* ***2****), pour les bus urbains. • arst.sardegna.it •*

➢ ***Bosa*** *(1h)* **:** min 6 bus/j. en sem, 1 dim et j. fériés.

➢ ***Sassari*** *(1h)* ***via Fertilia :*** 10 bus/j. en sem, 4 seulement dim et j. fériés. À Sassari, changement pour ***Olbia.***

➢ ***Fertilia*** *(15 mn),* ***Porto Conte*** *(30 mn)* ***et capo Caccia (grotte di Nettuno*** *; 50 mn)* ***:*** nombreux bus en saison (juin-sept). Parmi ceux-ci, seulement 3 en été ont pour terminus capo Caccia.

➢ ***Porto Torres*** *(1h)* ***:*** min 5 bus/j.

➢ ***Stintino*** *(1h10)* ***:*** env 5 bus/j. juin-sept, avec la compagnie *Sardabus* *(• sardabus.it •).* Passe par l'aéroport.

En train

Stazione ferroviaria *(gare ferroviaire ; plan d'ensemble, B1)* ***:*** *via Don Minzoni, 21. • trenitalia.com •*

➢ ***Sassari*** *(45 mn)* ***:*** une quinzaine de trains/j. lun-sam, une dizaine seulement dim et j. fériés.

En avion

✈ ***Aeroporto di Alghero*** *(hors plan d'ensemble par A1)* ***:*** *reg. Nuraghe Biancu, 07041* ***Fertilia.*** *☎ 079-935-282. • aeroportodialghero.it • À 12 km au nord-ouest d'Alghero.* Sur place : distributeurs de billets, loueurs de voitures, point infos, etc.

Comment rejoindre le centre-ville ?

➢ ***En bus :*** la compagnie *ARST* (bus *ALFA*) relie l'aéroport à l'***arrêt des bus*** situé via Catalogna *(plan d'ensemble, A3,* ***1****).* Départs à 5h, 5h40, 6h30 puis ttes les heures à la demie jusqu'à 22h30 ; même fréquence dans le sens Alghero-aéroport, dernier bus à 22h30. Trajet : 30 mn. Prix : env 1 €.
Depuis l'aéroport, des bus *ARST* rejoignent aussi ***Sassari, Nuoro*** et ***Bosa.*** Liaisons également avec ***Cagliari*** via ***Sassari*** et ***Oristano*** avec la compagnie *Logudorotours (• logudoro.it •),* et, juin-sept, avec ***Stintino*** avec la compagnie *Sardabus (• sardabus.it •).*

➢ ***En taxi :*** compter 20-25 € (majoration de 40 % la nuit) pour gagner le centre d'Alghero.

Adresse et info utiles

Ufficio informazioni turistiche *(office de tourisme ; plan d'ensemble, A3)* ***:*** *via Cagliari, 2. ☎ 079-979-054. • algheroturismo.eu • Lun-sam 9h-13h, 15h-19h, plus dim mat avr-oct.*

– ***Marché*** *(plan d'ensemble, A3)* ***: mercato*** *(marché couvert) via Cagliari, tlj 7h-13h.*

Adresses utiles

- Ufficio informazioni turistiche (A3)
- 1 Bus aéroport et extra-urbains (A3)
- 2 Bus urbains (A3)

Où dormir ?

- 11 Camping Village Laguna Blu (hors plan par A1)
- 13 B & B Blue Dolphin (B3)
- 14 Hotel Alma di Alghero (B2)
- 16 Hotel Alguer (B2)
- 18 Hotel Domo Mea (B3)

Où manger ?

- 22 Trattoria Maristella (A3)
- 28 Le 100 Pizze (A-B3)
- 29 Trattoria La Saletta (A3)
- 30 Lido (A1)

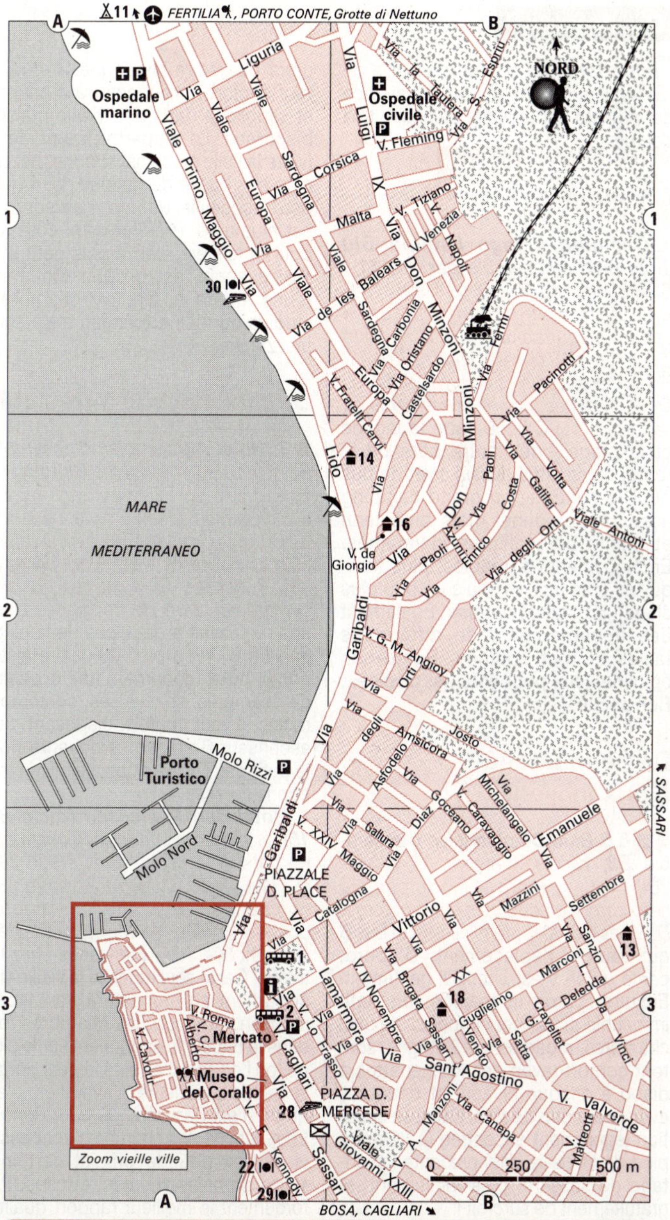

ALGHERO – Plan d'ensemble

LE NORD-OUEST

Où dormir ?

– ***Important :*** en été, on conseille de réserver au moins 1 mois à l'avance car Alghero est une cité balnéaire très courue.

Camping

⛺ ***Camping Village Laguna Blu*** *(hors plan d'ensemble par A1,* ***11****) : SS 127bis, km 41. ☎ 079-930-111. • info@campinglagunablu.com • campinglagunablu.com • ♿ À 6 km au nord du centre-ville. Avr-oct. Pour 2 avec tente et voiture, 27-51 € ; également des mobile homes avec ou sans cuisine.* Coincé entre la lagune et la plage – de l'autre côté de la route, où se situe aussi l'arrêt de bus pour le centre –, un grand camping assez impersonnel mais bien tenu et planté d'eucalyptus clairsemés. Emplacements agréables, plus tranquilles côté lagune (mais un peu plus chers). Sanitaires propres. Également des hébergements de différentes tailles et tout équipés. Resto-bar, épicerie, jeux pour enfants, piscine... Bon accueil.

De bon marché à prix moyens

🏠 ***B & B Blue Dolphin*** *(plan d'ensemble, B3,* ***13****) : via Marconi, 75. 📱 340-266-20-64. • info@bluedolphinalghero.com • bluedolphinalghero.com • Doubles 50-80 € ; familiales.* Un B & B qui vaut le déplacement. D'abord, parce qu'on y est accueilli gentiment. Ensuite, parce la maison (un petit immeuble en fait) est impeccable : les chambres, réparties sur 2 étages, sont tout confort (avec des kitchenettes à dispo à chaque niveau) et décorées avec beaucoup de soin. Enfin, sa situation légèrement excentrée (à 20 mn à pied de la vieille ville) présente l'avantage de se garer plus facilement, et gratuitement de surcroît !

🏠 ***B & B Aigua*** *(zoom B2,* ***12****) : via Ambrogio Machin, 22. 📱 340-077-76-88. • info@aigua.it • aigua.it • Doubles 45-120 € ; familiales.* Au cœur du centre historique, 4 studios tout confort, aménagés avec charme et simplicité dans une vieille maison biscornue. La plupart ont ainsi le lit (voire la salle de bains) sur une mezzanine très basse de plafond. Le 4e (qui peut accueillir jusqu'à 4 personnes) est plus aéré. Préférer ceux côté rue pour la lumière, car le plus petit studio, aveugle, est un peu étouffant. À une rue de là, 2 autres chambres-studios du même tonneau mais sans mezzanine.

De prix moyens à très chic

🏠 ⛱ ***Hotel Alguer*** *(plan d'ensemble, B2,* ***16****) : via Giovanni De Giorgio, 12. ☎ 079-973-95-72. 📱 345-442-46-39. • info@hotelalguer.it • hotelalguer.it • ♿ Congés : janv-début avr. Doubles 65-125 € ; familiales. Parking gratuit. Réduc de 10 % sur les doubles sur présentation de ce guide.* Dans une rue calme à deux pas de la plage (mais à 20 mn à pied du centre historique), hôtel moderne d'une douzaine de chambres, spacieuses, contemporaines et tout confort, disposant d'un ascenseur. Terrasse verdoyante pour le petit déj. Excellent accueil. Une très bonne adresse.

🏠 ***Hotel San Francesco*** *(zoom B2,* ***15****) : via Ambrogio Machin, 2 (réception via Carlo Alberto, 46). ☎ 079-980-330. 📱 351-642-80-81. • info@sanfrancescohotel.com • sanfrancescohotel.com • Congés : de mi-nov à fin déc. Doubles 80-120 €.* Bienvenue chez les frères ! Car le seul hôtel de la vieille ville appartient au monastère franciscain mitoyen. Du coup, les chambres font dans le dépouillé et donnent sur le cloître, où l'on sert d'ailleurs le petit déj sur la galerie supérieure. L'avantage, c'est qu'on n'est pas dérangé pour dormir ! En revanche, les chambres sont assez vieillottes pour le prix et certaines salles de bains vraiment étroites. Pas forcément le meilleur rapport qualité-prix donc, mais un accueil sympa et, en été, on peut profiter gratuitement des concerts de musique classique régulièrement organisés dans le cloître.

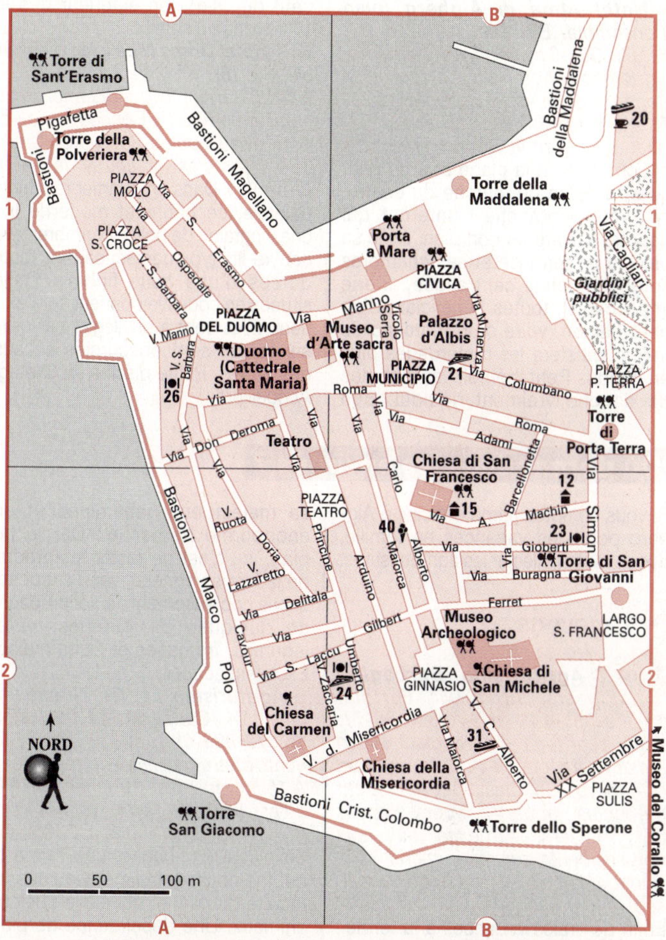

ALGHERO – Vieille ville (zoom)

Où dormir ?

12 B & B Aigua (B2)
15 Hotel San Francesco (B2)

Où manger ?

20 Focacceria Milese (B1)
21 Pizzeria Lu Furat (B1)
23 Trattoria da Mirko (B2)
24 La Botteghina (B2)
26 Mabrouk (A1)
31 Cinzia Market (B2)

Où déguster une bonne glace ?

40 Regelato (B2)

Hotel Alma di Alghero *(plan d'ensemble, B2, **14**) : via Lido, 29. ☎ 079-985-616. • info@hotel-alma-alghero.it • hotel-alma-alghero.it • Congés : de mi-oct à mi-avr. Doubles 70-200 € (parfois plus en août). Parking 10 € (gratuit dans la rue hors saison).* Face à la plage et à un petit quart d'heure de marche du centre, cet hôtel « branché » (Internet qui dépote) s'avère un bon plan. Avec sa piscine en terrasse et ses chambres soignées (clim centralisée, literie impeccable), toutes bénéficiant d'un petit balcon, voire d'un morceau de mer, il satisfera les routards les plus en fonds. Petit bémol, les cabines de douche vraiment riquiqui. Bon petit déj, servi en extérieur dès les 1ers rayons du soleil.

Hotel Domo Mea *(plan d'ensemble, B3, **18**) : via V. Veneto, 47. ☎ 079-973-20-11. • info@hoteldomomea.it • hoteldomomea.it • Congés : de mi-oct à mi-avr. Doubles 80-200 €. Parking 15 € (mais c'est gratuit sur la place à proximité).* Dans un quartier résidentiel paisible, ce bâtiment moderne livre une vingtaine de belles chambres avec couvre-lits typiquement sardes, toutes dotées d'une belle finition. Celles situées en coursive donnent sur l'extérieur. Elles sont à privilégier car celles sur la rue sont obscurcies à cause des arbres. Petite piscine au 3e étage. Accueil pro.

Où dormir dans les environs ?

Si vous comptez prendre racine à Alghero pour des vacances en famille, mieux vaut privilégier les agritourismes.

Prix moyens

Agriturismo Barbagia : *reg. Fighera, 26, 07041 **Fertilia.** ☎ 079-935-141. 📱 347-863-35-77. • info@agriturismobarbagia.it • agriturismobarbagia.it • À 10 km au nord d'Alghero. Doubles 90-110 €, petit déj inclus ; appart 2-4 pers. ½ pens 65-75 €/pers. Auberge ouv aux non-résidents sur résa : menu 35 €. Réduc de 10 % sur les doubles mai-sept sur présentation de ce guide.* Enfin de vraies vacances à la ferme ! À l'arrière du resto, une poignée de chambres sans chichis mais dont les salles de bains sont dignes d'un 4-étoiles. Disposant de la clim, elles s'avèrent d'un confort très correct et donnent toutes sur une grande terrasse séparée par des claustras pour plus d'intimité. Côté resto, vaste et belle terrasse abritée avec sa majestueuse cheminée et son énoooorme barbecue ! Car le bon plan, ici, c'est de tester les produits de la ferme : agneau, veau et cochon, servis copieusement ; à accompagner de quelques charcuteries, pâtes, légumes, fromages et fruits maison. Excellent accueil.

Agriturismo Le Tre Grazie : *via Zirra, 74, **Santa Maria La Palma.** ☎ 079-999-093. 📱 339-565-17-76. • info@letregrazie.it • letregrazie.it • À 15 km au nord d'Alghero et 8 km à l'est de Porto Ferro. Congés : janv-fév. Doubles 60-90 €. CB refusées.* En pleine campagne, une ferme bio qui fait pousser fruits et légumes, qui récolte du miel et qui élève quelques animaux. Une dépendance de plain-pied est dédiée aux visiteurs et renferme 4 chambres simples et confortables, ainsi qu'un mini-appartement, le tout donnant sur un agréable jardin doté d'une piscine. Accueil adorable de Martina, qui parle le français et se met en quatre pour ses hôtes. Massages sur demande et jeux pour les enfants. Une bonne maison.

Où manger ?

– ***Spécialités d'Alghero :*** la sauce ***agliata*** à base d'ail, de tomates fraîches et séchées à la fois, avec un peu d'huile d'olive et de piment, qui se mange froide et s'avère délicieuse avec du poisson ou du poulpe ; la ***cassóla,*** soupe de poisson traditionnelle ; et la ***langouste à la catalane,*** à l'huile et au citron, qui doit être vivante et provenir de la pêche locale, sinon ce n'est pas la peine... d'autant qu'elle est très chère ! Pour dîner, pensez aux agritourismes... mais embauchez un capitaine de soirée !

Très bon marché

Focacceria Milese *(zoom B1, **20**) : via Garibaldi, 11. ☎ 079-952-419. • info@barmilese.it • Tlj sauf mar 7h-minuit. Congés : janv-fév. Max 5 €.* Bien connu des gens du coin, ce bar-*focacceria* né dans l'entre-deux-guerres est une véritable usine à *focacce,* ces délicieuses fougasses généreusement garnies. À dévorer en terrasse face au port en attendant le bateau pour les grottes de Neptune ou dans une longue salle sans chichis. Également quelques pâtisseries pour agrémenter le café du petit déj.

Cinzia Market *(zoom B2, **31**) : via Carlo Alberto, 121. 349-327-29-21. Tlj 10h-23h. Max 5 €.* Sapée comme une princesse derrière sa petite vitrine réfrigérée, Cinzia vous découpe sauciflard et fromages qu'elle glisse avec amour dans du bon pain au levain de chez *Cherchi* (la boulangerie référence d'Olmedo). Bricole aussi des paniers pique-nique et des *taglieri,* mais c'est plus cher.

Le 100 Pizze *(plan d'ensemble, A-B3, **28**) : viale Giovanni XXIII, 11. ☎ 079-979-798. 347-962-76-34. • pizzeriadev@gmail.com • Ts les soirs. Pizze standard 5-11 €, « gourmet » 13-18 €. Apéro maison, digestif ou minidessert offert sur présentation de ce guide.* Avec une centaine de pizzas à la carte, il faut un peu de temps pour choisir ! Mais ça vaut le coup, car nous sommes ici chez quelqu'un qui sélectionne la meilleure farine et qui fait lever sa pâte dans les règles. Résultat, du croustillant et du vrai, avec des ingrédients triés sur le volet pour les pizzas « gourmet ». Propose aussi des burgers à la sauce locale. Il ne reste plus qu'à rejoindre la clientèle d'habitués qui ont fait du *100 Pizze* leur cantine !

Pizzeria Lu Furat *(zoom B1, **21**) : via Columbano, 8. ☎ 079-973-60-52. Tlj, sauf mar hors saison. Congés : janv-fév. Pizze 5-10 €.* On recommande cette petite fabrique à *pizze* – bonnes et bien garnies – à dévorer sur les 3 tables devant le four, dans une longue salle chaleureusement voûtée sur le côté, ou sur les tables dans la ruelle. Simple et efficace.

De bon marché à prix moyens

Trattoria Maristella *(plan d'ensemble, A3, **22**) : via Fratelli Kennedy, 9. ☎ 079-978-172. • trattoriamaristella@gmail.com • Tlj sauf dim soir et jeu en basse saison. Congés : nov. Menu du midi en sem env 14 € ; repas env 30 €.* Une *trattoria* chaleureuse et bourdonnante le soir (le midi, c'est plutôt calme), très appréciée des gens du coin pour sa cuisine régionale à base de fruits de mer. Faites comme eux, demandez conseil au patron quand il vient prendre la commande. Tables sur le trottoir aux beaux jours. Service diligent et nœud papillonné, faut que ça tourne !

Trattoria La Saletta *(plan d'ensemble, A3, **29**) : via Fratelli Kennedy, 27. ☎ 079-412-57-48. • romina.che@tiscali.it • Ouv le soir tlj sauf lun (en été, ouv le soir tlj, plus le midi dim). Congés : janv-fév. Repas 30-35 €.* Au rez-de-chaussée d'un immeuble, cette adresse conviviale est très populaire pour sa cuisine de tradition généreuse et préparée dans les règles. Il y a même des plats pour les aventuriers du goût, comme les tripes, les testicules d'agneau ou le cochon au myrte ! D'ailleurs, le cochon de lait figure toujours à la carte (à la différence de la plupart des restos en ville), il est servi sur une écorce de chêne-liège garni de pommes de terre sautées et de légumes. Délicieux !

Lido *(plan d'ensemble, A1, **30**) : via Lido, 16. ☎ 079-973-95-18. Tlj. Repas 20-30 €.* Au cœur de la station balnéaire, ce resto est une institution locale. C'est un peu l'usine, la cuisine ne vous fera pas bondir au plafond, mais elle reste très honnête et les *pizze* servies au mètre permettent de se restaurer à bon prix. Et puis la situation, sur la plage, est quand même très sympa, que ce soit pour un dîner romantique ou avec des enfants.

La Botteghina *(zoom B2,* ***24****) :* *via P. Umberto, 63. ☎ 079-973-83-75. Tlj. Repas 30-35 € ; pizze (à partager) 16-20 €.* Dans la petite salle un peu sombre ou à l'étage sur la terrasse, ça dépote à *La Botteghina* ! En saison, il y a même jusqu'à 3 services afin de contenter tout le monde. Malgré ça, l'ambiance reste bonne, et les méga-*pizze* à partager ou les plats classiques bien réalisés garantissent une soirée agréable.

Plus chic

Mabrouk *(zoom A1,* ***26****) :* *via Santa Barbara, 4. ☎ 079-970-000. Mars-oct, ouv le soir tlj sauf lun hors saison. Résa impérative min 3-4 j. à l'avance en juil-août. Menu dégustation 45 € ; autres menus 35-80 €.* Une élégante table d'hôtes installée dans plusieurs petites salles voûtées, où les gourmands affluent pour s'offrir le formidable *menù degustazione* à prix fixe basé sur la pêche du jour (pas de viande). Cuisine de pays classique, fraîche et copieuse ; on se délecte depuis les *antipasti* jusqu'aux *dolci.* Petits appétits, s'abstenir : avec une dizaine de plats, il faut tenir la distance ! Excellent rapport qualité-prix car tout est inclus.

Trattoria da Mirko *(zoom B2,* ***23****) :* *via Gioberti, 54/56. ☎ 079-940-08-50. Tlj sauf mer hors saison. Repas 35-40 €.* C'est tout petit, que ce soit la salle, les terrasses de part et d'autre de la ruelle ou la cuisine ouverte où officient le chef et son équipe. Mais l'ensemble est soigné, tant au niveau des plats proposés que de l'accueil. Point de carte à rallonge ici, mais des propositions qui évoluent au gré des saisons et des produits à disposition dans les environs.

Où manger dans les environs ?

Il Paguro : *via Zara, 13, 07041* ***Fertilia.*** *☎ 079-930-260. À 5 km au nord d'Alghero. Tlj sauf mer. Congés : janv-avr. Menu déj 18 € ; repas 30-35 € ; pizze 5-8 €.* Perdue dans un quartier résidentiel, cette adresse bien connue des gens du coin propose de savoureuses *pizze,* servies midi et soir. Mais la délicieuse cuisine de pays faisant la part belle aux produits de la mer se défend aussi très bien. Accueil sympa, dans un cadre chaleureux un brin rustique. Jardin intérieur. Une excellente adresse à prix justes.

Voir aussi l'*Agriturismo Barbagia* dans « Où dormir dans les environs ? ».

Où déguster une bonne glace ?

Regelato *(zoom B2,* ***40****) :* *via Carlo Alberto, 65. Tlj 11h30 (12h dim)-minuit (plus tôt hors saison).* Parfums assez classiques, mais rien à redire sur les saveurs de ces glaces 100 % artisanales.

À voir. À faire

Balade des remparts *(bastioni)* **:** système de défense particulièrement efficace construit par les Doria dès le XIIe s, puis renforcé par les Aragonais. Aujourd'hui, la balade sur les remparts est un must car la ville a conservé 70 % de ses fortifications d'origine. Entièrement piétonne, elle livre un remarquable panorama au coucher du soleil. Départ de la ***torre della Maddalena*** *(zoom B1),* jouxtant la ***porta a Mare,*** l'une des vieilles entrées de la ville historique. Plus à l'ouest, la ***torre di Sant'Erasmo*** *(zoom A1)* puis la ***torre della Polveriera*** étaient les plus solides structures de surveillance du port. Leur succèdent les ***bastioni Marco Polo*** *(zoom A1-2)*, l'endroit le plus populaire pour admirer le coucher du soleil et la vue sur le capo Caccia. Ensuite, voici la ***torre San Giacomo*** *(zoom A2)*, de forme octogonale. Jadis, on y enfermait les chiens errants... Puis les ***bastioni Cristoforo Colombo*** *(zoom A-B2)* et l'arrivée sur la ***torre dello Sperone*** *(zoom B2)*. À 30 m au-dessus de la mer, c'est la plus haute tour, avec un diamètre de 23 m et une épaisseur de mur de 5 m (l'escalier en colimaçon fut creusé à l'intérieur du mur). Elle abrite parfois des expos temporaires. La ***torre di Porta Terra*** *(zoom B1)*, située piazza Porta Terra, est une tour du XIVe s, appelée jadis *torre dels Hebreus* car sa construction fut financée par la communauté juive. Enfin, sur le largo San Francesco, s'élève la ***torre di San Giovanni*** *(zoom B2)*, reliée jadis à la torre dello Sperone.

👁👁 ***Piazza Civica*** *(zoom B1)* **:** entourée de beaux palais, de boutiques élégantes et de bars raffinés, c'est le *punto di ritrovo* (rendez-vous) le plus emblématique de la ville. Beaucoup de charme la nuit. Le ***palazzo d'Albis*** (ou de Ferrera), datant du XVe s, accueillit Charles Quint en 1541, au retour de sa tentative de prise d'Alger. Ce palais fut ensuite le siège du gouverneur militaire...

👁👁 ***Duomo*** *(cattedrale Santa Maria ; zoom A1)* **:** *piazza del Duomo. ☎ 079-979-222. Tlj 8h-22h (19h hors saison). GRATUIT.* ***Visite du campanile*** *lun-ven 11h-13h30, 17h30-20h ; entrée : 4 €.* Côté via Principe Umberto, impressionnant campanile de style gothique catalan, édifié en 1552 et surmonté d'un clocher au toit en majolique (faïence italienne). Côté via Giuseppe Manno, façade avec porche à colonnes ajouté au XIXe s. Intérieur à 3 nefs, énormes colonnes de calcaire jaune et chapiteaux simplissimes. Un côté rustique et élégant tout à la fois. Maître-autel du XVIIIe s assez pompeux, précédé d'un imposant escalier aux 2 lions.

👁👁 ***Museo diocesano d'Arte sacra*** *(zoom A-B1)* **:** *piazza Duomo. ☎ 079-973-30-41. À côté de la cathédrale. Tlj sauf mar 10h30-13h, 17h-19h30 (18h-20h30 juin-août). Entrée : env 5 € ; réduc.* Belle collection d'objets religieux dans le cadre séduisant d'une église réhabilitée, la *chiesa della Madonna del Rosario* (XIIIe-XVIIe s). C'est petit mais très riche : statues polychromes, vêtements liturgiques précieux, orfèvrerie... Parmi les pièces les plus remarquables, noter ce calice typique de l'art sarde incrusté de corail rouge, un *Christ en Croix* du XVIe s, ou encore un très étrange reliquaire contenant le crâne d'un fœtus momifié (début du XVIIe s, appelé le *reliquario dei Santi Innocenti Martiri*). Enfin, ne quittez pas les lieux sans avoir vu le tableau de la Nativité de la Vierge, la ***Maria Bambina*** : il se réfère à un culte célébré tous les 8 septembre depuis 800 ans. Ici, on l'adore...

DE L'ART DU PLAGIAT AU XVIIe s !

Le musée d'Art sacré a eu la bonne idée de comparer des œuvres traitant du même sujet à la même époque. Ainsi, on y remarque cette Assomption de la Vierge de l'école ligure (milieu du XVIIe s) et on la compare à celle de Rubens (1637) : attitude de la Vierge, disposition des personnages... C'est outrageusement copié ! Plus loin, un autre artiste, pour tromper son monde, a tout simplement inversé le sens des personnages dans la scène. Plagiat honteux ou simplement reconnaissance, explicite à l'époque, de l'influence de l'art flamand sur la peinture italienne ?

👁 ***Petite promenade catalane :*** reprendre l'itinéraire à la *piazza Civica (zoom B1)*. À l'angle de la *via Carlo Alberto*, on trouve le **palazzo Serra,** reconstruit au XIXe s dans un genre hybride mélangeant baroque, rococo et néoclassique. Au n° 8, *vicolo Serra*, le **palazzo Guillot** (XVIe s). Noter les ouvertures modernes curieusement réalisées juste à côté d'une ravissante fenêtre gothique ! La *via*

Principe Umberto, l'un des axes de la vieille ville, offre quelques palais intéressants. Notamment, au nº 11, le ***palazzo Machin*** *(zoom A2),* son beau portail Renaissance et ses baies de style gothique (Machin était le nom d'un évêque ; étonnant, non ?). Tout à côté, le ***palazzo del Bisbe.*** *Piazza del Teatro (zoom A-B2)* s'élèvent le ***palazzo della Curia*** (abrite les archives de l'évêché) et le ***teatro*** (1862), à la belle façade néoclassique. Au bout de la rue, la ***chiesa della Misericordia*** *(zoom B2),* des XVIe-XVIIe s, livre un très beau christ en bois arrivé en 1606 lors du naufrage d'un navire d'Alicante (Espagne). Face à la mer, à deux pas, la jolie ***chiesa del Carmen*** *(zoom A2)* du XVIIe s. Une des chapelles, couvertes de majolique (faïence décorée), évoque bien entendu la Catalogne. *Piazza Ginnasio,* ***chiesa di San Michele*** du XVIIe s. Construite dans le style baroque par les Jésuites. Enfin, la balade se termine par la visite de la ***chiesa di San Francesco*** *(zoom B2),* notre préférée !

Museo archeologico *(zoom B2)* **:** *via Carlo Alberto, 72.* ☎ *079-980-729.* • *info@fondazionealghero.it* • *Tlj 11h-13h, 17h30-20h. Entrée : 5 € ; réduc ; gratuit moins de 14 ans.*
Un musée qui aborde 3 grandes thématiques : la mer, les maisons antiques et le sacré.
– La visite commence par le 1er niveau avec une belle collection d'amphores repêchées au large du capo Galera ainsi que des outils de pierre du Néolithique provenant de la fameuse grotta Verde (capo Caccia). Divers objets récupérés dans les *nuraghi* (tour antique) du coin : poteries, armes en bronze. Détails de sculptures et de ***mosaïques de la villa romaine de Sant'Imbenia*** (qui fut jadis le plus ancien marché de la Méditerranée), ainsi que des reliques de l'ancien hôpital civique situé dans le quartier juif d'Alghero.
– Au 2e niveau, Alghero et le sacré. Vraiment très conceptuel, voire carrément minimaliste, comme ce fragment de divinité en terre cuite daté de 3400-3200 av. J.-C. Divers objets trouvés dans les nécropoles de la région : lampes à huile, masques en terre cuite, verrerie. Reconstitution d'une sépulture mise au jour près de l'église San Michele, avec 3 squelettes, aujourd'hui pas bien fringants.
– Au rez-de-chaussée, les mosaïques de la villa romana di Sant'Imbenia.
– En sortant, allez donc jeter un coup d'œil dans la *chiesa* voisine. Pour les amateurs de baroque...

Complesso monumentale San Francesco *(zoom B2)* **:** *via Carlo Alberto.* ☎ *079-998-03-30.* • *complessosanfrancescoalghero.com* • *Juil-sept, tlj 9h-13h, 17h-21h ; le reste de l'année, tlj 9h30-12h30, 16h30-20h. Entrée : église + cloître 3 €, campanile 4 €, billet tt inclus 5 €.* Édifiée autour de 1350, la très sobre façade de l'église San Francesco hérita d'un petit fronton avec oculus Renaissance lors de son agrandissement. L'un des chefs-d'œuvre de l'église est le maître-autel en marbre polychrome de style rococo, orné de 3 statues (saint François, la Vierge et saint Antoine de Padoue). Remarquable aussi, l'élégante voûte en berceau qui le surplombe. Dans la sacristie, admirer l'*apparatora,* meuble en bois marqueté servant à ranger les vêtements liturgiques. Enfin, cerise sur l'hostie : le cloître de la fin du XVe s, de plan rectangulaire à arcades rondes.

Museo del Corallo *(plan d'ensemble, A3, et hors zoom*

ON EN SORT MÉDUSÉ

Vous trouverez, dans les joailleries d'Alghero, de nombreux bijoux de corail rouge, surnommé « le sang pétrifié de Méduse ». Dans la mythologie grecque, Méduse était la plus belle des 3 sœurs Gorgone. Poséidon en tomba raide dingue et l'entraîna, une nuit, dans le temple d'Athéna... Hum, hum... Furieuse, Athéna transforma Méduse en monstre coiffé de serpents. Le jeune Persée, l'ayant retrouvée dans une île lointaine, lui trancha la tête. Ainsi, le sang de Méduse se répandit dans toute la Méditerranée et se transforma en ce fameux corail rouge...

par B2) : via XX Settembre, 8. ☎ 079-601-35-32. • info@fondazionealghero.it • Tlj sauf lun mat, mar ap-m, mer mat et ven mat 10h30-12h30, 17h-19h. Entrée : 5 € ; réduc ; gratuit moins de 14 ans. Dans une jolie maison Art nouveau, ce petit musée présente d'abord le corail en tant qu'être vivant. Puis il dresse l'inventaire de cet « **or rouge** », depuis son utilisation dans la pharmacopée gréco-romaine jusqu'à sa valeur sacrée au Moyen Âge. En effet, l'âge d'or du corail se situe au XIIIe s, quand Génois et Marseillais obtiennent du royaume d'Arborea toute licence pour établir des comptoirs sur les côtes sardes, et en particulier à Alghero. Évidemment, Aragonais et Espagnols reprendront ce business à leur compte...
À l'étage, une vidéo en italien (sous-titrée en anglais) retrace ce que vous venez de comprendre à l'étage inférieur. Ensuite, quelques belles réalisations en corail mais rien de transcendant. Il s'agit plutôt de faire la promo des bijoutiers de la ville, alors on reste un peu sur sa faim.

Spiagge : ici, les plages se succèdent sur plus de 1 km le long de la ***via Lido,*** à quelques centaines de mètres au nord du centre historique. Du fait de l'absence de port de commerce, peu de pollution et eaux globalement correctes. Et l'été, c'est bondé ! Évidemment, plus on monte vers le nord, plus on trouve de la verdure et de la place pour étendre sa serviette de bain. Bordée par une pinède, on aime bien la ***spiaggia Maria Pia*** *(hors plan d'ensemble par A1),* après l'hôpital maritime en allant vers Fertilia. Accès par un bus local qui remonte régulièrement la via Lido vers le vieux centre (la rue étant à sens unique, dans l'autre direction le bus passe par le viale Europa).

Fête et manifestations

– ***Rassegna Gastronomica del Bogamari :*** *début fév.* Fête de l'Oursin ! Une fête populaire à laquelle participent les restos...
– ***Settimana santa :*** *Semaine sainte.* Processions traditionnelles.
– ***Estate musicale internazionale :*** *juil-août.* Une institution locale depuis bientôt 50 ans ! Nombreux concerts de musique classique de qualité.

DANS LES ENVIRONS D'ALGHERO

– Ne pas oublier le complexe muséal de la *Casa Gioiosa* ainsi que le *MASE (museo Antoine de Saint-Exupéry),* situé dans le parco naturale regionale di Porto Conte (voir plus loin).

Fertilia : *à 5 km au nord-ouest d'Alghero.* Avec Carbonia et Arborea, c'est l'une des 3 villes construites par Mussolini en 1936. Il s'agissait à l'époque, comme à Arborea, d'assainir les marais et d'éradiquer le palu, puis de développer l'agriculture dans la région. On fit venir essentiellement des habitants de Ferrare (Émilie-Romagne) pour décongestionner la ville et éviter ainsi une explosion sociale. Dans l'urbanisme de Fertilia, on retrouve le style dit « rationaliste » : larges avenues menant aux grands bâtiments civils (mairie, église, la *casa del Fascio,* etc.). Style des bâtiments teinté des tendances de l'époque, la Rome antique et le *Bauhaus* allemand. Très austère église de brique rouge et large avenue principale – via Pola – à arcades menant à la mer. Tout au bout de l'avenue, voir la tour avec son bas-relief vantant l'alliance des pêcheurs et des paysans... Enfin, sachez que Fertilia abrita en 1944 un groupe de reconnaissance aérienne alliée qui comptait dans ses rangs un certain Antoine de Saint-Exupéry.

Dans les environs proches, les belles plages ***Le Bombarde*** et ***Lazzaretto*** (souvent bondées en été). Continuer la route vers Porto Conte, puis indiqué sur la gauche. Accès par un petit chemin.

Nuraghe di Palmavera : *loc. Palmavera. 329-438-59-47. • silt.coop@tiscali.it • nuraghepalmavera.com • À env 8 km au nord-ouest d'Alghero. Avr-oct, tlj 9h-18h (19h mai-sept) ; nov-mars, tlj 10h-14h. Entrée : env 5 € ; gratuit moins de 11 ans. Audioguide en français : 3 €. Billet combiné avec la necropoli di Anghelu Ruju : 8 €.* Ce petit complexe fut construit à partir du XVe s av. J.-C. Entouré par les vestiges d'une cinquantaine de maisons (dont une cabane de réunion encore équipée de son banc circulaire), le nuraghe a perdu une partie de ses puissantes défenses mais il conserve une salle à tholos (circulaire) en parfait état, ce qui permet de voir l'appareillage des pierres de l'intérieur. Intéressant pour ceux qui n'ont pas eu l'occasion de visiter de tels sites.

Necropoli di Anghelu Ruju : *loc. Anghelu Ruju. 329-438-59-47. • silt.coop@tiscali.it • À env 9 km au nord d'Alghero. Mêmes horaires, prix et infos que le nuraghe di Palmavera.* Avec une quarantaine de tombes néolithiques creusées dans la roche, c'est l'une des plus importantes nécropoles de Sardaigne. Active de 4200 à environ 1500 av. J.-C., elle comprend 2 types de sépultures : les tombes à puits (les plus anciennes) et les tombes à couloir. Certaines d'entre elles ont été enrichies de colonnes rustiques et de corniches à l'entrée, tandis que d'autres sont ornées de cornes de taureau sculptées.

Sella e Mosca : *loc. I Piani. ☎ 079-997-700. • welcome@sellaemosca.com • À env 9 km au nord d'Alghero. Tlj sauf dim 9h-18h (20h juin-août, 19h avr-mai et sept-oct). Visite guidée juin-sept, lun-sam à 17h30. GRATUIT.* Possibilité de visiter le plus grand domaine viticole sarde, avec un intéressant petit *musée du vin.* Dégustation payante (un peu chère car chaque verre est facturé).

PARCO NATURALE REGIONALE DI PORTO CONTE

• Carte *p. 181*

À quelques kilomètres au nord-ouest d'Alghero, le parc naturel régional de Porto Conte s'étend sur 5 000 ha. Habité depuis des temps immémoriaux (l'homme préhistorique y taquinait déjà le mammouth nain. Facile !), ce système de collines qui s'étagent jusqu'à la mer offre aux amateurs de pleine nature de nombreux sentiers balisés taillés à travers le maquis. Une bonne occasion de découvrir la faune et la flore. Dans le même esprit, quelques observatoires stratégiquement aménagés tout autour de la lagune de Calich (entre Alghero et Fertilia) permettent aux curieux d'observer les oiseaux (150 espèces recensées). Mais les stars du parc sont sans équivalent les *grotte di Nettuno* (grottes de Neptune), une véritable féerie de concrétions calcaires. Enfin, la *Casa Gioiosa,* point de passage obligé pour tous ceux qui veulent tout savoir du parc, offre un ensemble de musées qui méritent vraiment la visite (prévoir un peu de temps).

Arriver – Quitter

➢ Pour s'y rendre en voiture, sortir d'Alghero par la SS 127 bis en direction de Fertilia.

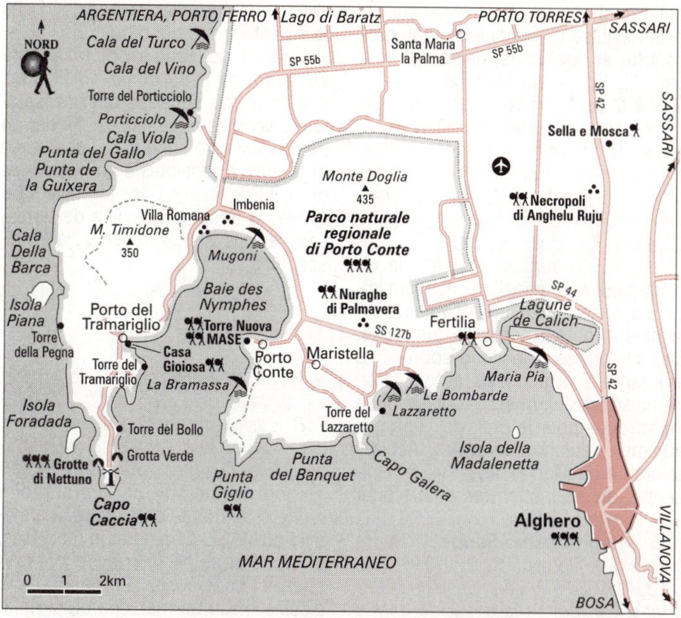

LA BAIE DE PORTO CONTE

En bus

➢ Depuis ***Alghero*** (via Catalogna) et ***Fertilia,*** de nombreux bus relient ***Porto Conte.*** En revanche, en saison, seuls 3 vont jusqu'à ***capo Caccia.*** *• arst.sardegna.it •*

Adresse utile

■ ***Casa Gioiosa :*** *loc. Tramariglio ; sur la route de capo Caccia par la SP 55. ☎ 079-945-005. • algheroparks.it • Tlj sauf lun 10h-18h. Accès au parc : env 2 €.* On y trouve le plan du parc avec ses sentiers d'exploration (à pied, à cheval ou à VTT), ses sites historiques et archéologiques, ses plages, ses points de vue panoramiques... Infos sur la faune et la flore. Organise aussi des randonnées pédestres guidées (2h). La *Casa Gioiosa,* ancien centre pénitentiaire, abrite aussi un complexe muséal (voir plus loin « À voir. À faire dans le parc »).

Où dormir ? Où manger dans le parc ?

Prix moyens

B & B Graziano e Barbara : *reg. Guarda Grande, 89, 07041* ***Porto Conte.*** *☎ 079-919-177. • info@grazianoebarbara.it • grazianoebarbara.it • À 2 km de la plage de Porticciolo et 4 km de celle de Mugoni. Congés : nov-mars. Doubles 60-80 €.* Une maison rose au beau milieu des vignes. Au 1er étage, des chambres coquettes, colorées et sans surprise (clim, frigo) qui tranchent avec un extérieur un peu vieillissant. Succulents gâteaux, yaourts et confitures maison pour le petit déj. Bon accueil familial.

B & B Su Sirvone : *loc. Maristella, 07041* ***Porto Conte.*** *320-776-84-19. • info@susirvone.com • susirvone.com • En arrivant sur Porto Conte, prendre la 1re rue à gauche après le carrefour de la route d'Alghero (via degli Oleandri). Congés : nov-mars. Doubles 55-130 €. CB refusées.* Une villa de plain-pied, entourée d'un charmant jardin paysager avec vue imprenable sur la baie depuis la terrasse commune. Des chambres à la déco sobre, très avenantes, organisées autour d'un grand séjour commun où tout le monde se retrouve pour le petit déj. Terrasse sur mer pour la plus chère. Accueil adorable de Mari (sans « e » !) et Guiseppe, qui se mettent en quatre pour satisfaire leurs hôtes.

Agriturismo Saride : *à* ***Santa Maria La Palma.*** *079-919-037. 333-949-20-71. • agriturismosaride@libero.it • agriturismosaride.com • Depuis la SP 55 bis, en allant vers les* grotte di Nettuno, *prendre à droite env 300 m avt l'embranchement pour Porto Ferro. Congés : nov-mars. En camping, tente et voiture 20-30 € pour 2 ; doubles 64-70 €. Repas 20-25 € tt compris.* Bienvenue chez Rita et Angelo ! Dans leur petite ferme qui produit de l'huile, du vin et du saucisson, on plante sa guitoune à l'abri du soleil sous l'ombrière ou sous les oliviers (sanitaires simples mais nickel). Sinon, on peut aussi élire l'une des 7 chambres qu'Angelo a repeintes à grands coups de peinture flashy. Dans la petite salle ornée de fresques, cuisine de terroir, cela va sans dire... Arrosée du jaja maison, bien sûr.

Très chic

Hotel El Faro : *via Porto Conte, 52, 07041* ***Porto Conte.*** *079-942-010. • ask@elfarohotel.it • elfarohotel.it • Congés : nov-mars. Résa indispensable. Doubles 160-300 €.* Superbement situé sur un promontoire rocheux surmonté d'un phare, à proximité du MASE. Chambres immaculées, ultraconfortables (literie de compétition) et spacieuses. Resto (correct), piscine d'eau de mer, spa et, surtout, une vue magnifique depuis la réception, le bar, la piscine et les terrasses... Ici, pas de vraie plage, mais une côte rocheuse aménagée avec des plates-formes de baignade. Un vrai petit paradis pour ceux qui ont des sous !

Où acheter de bons produits ?

Cantina Santa Maria La Palma : *à* ***Santa Maria La Palma.*** *079-999-008. • info@santamarialapalma.it • santamarialapalma.it • Juste à l'entrée du village. Lun-sam 8h30-13h, 15h30 (14h30 en été)-20h (18h en plein hiver). Fermé dim.* C'est la grande coopérative du coin. Ici, 60 % de la production est orientée vers le *Vermentino* pour servir le fameux *Aragosta,* un best-seller mondial (4 millions de bouteilles produites par an). En ce qui concerne les rouges : *Canonau, Monica di Sardegna* et *Cagnulari,* l'AOP d'Alghero, un vin très peu tannique avec une pointe d'acidité et une harmonie due à la proximité de la mer (convient aussi bien pour les viandes que pour les poissons). À part ça, quelques bons fromages, charcuteries et confitures.

À voir. À faire dans le parc

Casa Gioiosa (complexe muséal) **:** *infos et résas 079-942-111. 331-340-08-62. • info@exploralghero.it • casagiogiosa.com • Pour les horaires, voir dans « Adresse utile » plus haut. Chaque musée individuellement 5 € (3 € pour le Jardin botanique) ; billet combiné pour le musée et le Jardin botanique 10 € ; billet famille (2 adultes et les enfants) 20 € ; réduc. Pour des explications en français, télécharger l'appli* Casa Gioiosa.

LE NORD-OUEST

Nous vous faisons faire le tour dans le sens antihoraire.
- ***Tramariglio :*** ce musée retrace de manière intelligente l'histoire de cette colonie pénitentiaire agricole et de ce qu'elle a pu représenter pour l'idéologie fasciste. Muséographie tactile et immersive assez bien réussie, qui plaira à toute la famille quand bien même le sujet en lui-même n'est pas des plus rigolo.
- ***Teleia :*** ou comment faire de la plongée sous-marine sans se mouiller grâce à un tunnel où sont projetées les merveilles aquatiques de la partie marine du parc. Parfois fermé en cas de pluie (fuites).
- ***Miniere et Minerali :*** session de rattrapage pour celles et ceux qui auraient zappé Carbonia et consorts. Reconstitution d'un petit bout de grotte.
- ***Elio Pulli :*** expo permanente des œuvres de ce peintre-céramiste sassaresi fasciné par le Petit Prince : ses toiles, ses collages, ses sculptures...
- ***Il Parco del Picolo Principe :*** très conceptuel, « Ce que je vois ici n'est rien, le plus important c'est l'invisible », disait le Petit Prince. Partant de cette affirmation, on embarque pour un rêve éveillé censé nous sensibiliser sur la fragilité des écosystèmes. Mouais...
- ***Aula vita da Api :*** à l'aide de grands panneaux explicatifs, on fait le point sur l'importance des abeilles dans la chaîne alimentaire. Bien, mais faut aimer la lecture.
- ***Giardine botanico :*** c'est l'espace central. Manque peut-être le jardinier pour arranger tout ça...

🚶🚶 ***MASE (museo Antoine de Saint-Exupéry) :*** *torre Nuova, via Porto Conte, km 13. 📱 329-565-88-13. • max_fois@yahoo.it • algheroparks.it • Tlj sauf lun 10h-13h, 15h30-19h30 (en hiver, seulement ven-dim 10h-16h). Entrée : 5 € ; billet famille (2 adultes et les enfants) 10 € ; réduc ; gratuit moins de 12 ans.* On a vite fait le tour de la tour, mais ce musée bien tourné nous en apprend beaucoup sur cet homme de légende que fut Saint-Exupéry. Notamment qu'il a résidé là, juste au-dessus de la tour, et qu'il y a écrit son dernier texte, intitulé « Lettre à une Américaine ». C'était en juillet 1944, la veille de sa disparition. Grâce à de précieux témoignages d'affection enrichis de photos de John Philips (reporter au magazine *Life*), cette visite prend la tournure d'un voyage chargé d'émotion pour tous ceux qui ont eu *Le Petit Prince* comme livre de chevet (le livre le plus vendu au monde après la Bible et le Coran, faut-il le rappeler ?). Depuis le 3e niveau, belle vue sur la côte.

AVANT L'HEURE, C'EST PAS L'HEURE !

Le 29 juin 1944, Saint-Exupéry devait fêter son anniversaire à la base de reconnaissance aérienne alliée de Fertilia où tous ses camarades l'attendaient. Mais il ne s'y rendit pas car une panne de moteur l'avait contraint à se poser en catastrophe à Bastia. 15 jours plus tard, il s'évanouit en plein vol (panne d'oxygène) mais réussit à revenir à lui de justesse pour se poser sans encombre. Saint-Ex disparut en mer au large de Marseille le 31 juillet de la même année. Cette fois, le papa du Petit Prince avait rejoint son étoile.

🚶🚶🚶 👪 ***Grotte di Nettuno*** (grottes de Neptune) **:** *au bout du* ***capo Caccia.*** *☎ 079-946-540. Avr-oct, tlj 9h-19h (18h oct) ; nov-mars, tlj 10h-15h. Juin-sept, visite guidée ttes les heures 9h-17h (19h juil-août). Entrée : 14 € ; 7 € 3-12 ans.*
- ***Important :*** si la météo n'est pas bonne, la visite peut être annulée en raison des vagues qui s'engouffrent dans les grottes. Il est donc prudent de téléphoner avant de s'y rendre. En basse saison, téléphoner aussi pour savoir s'ils assurent la 1re visite du matin. Sur place, le petit parking est vite rempli ; se garer le long de la route dès que vous le pouvez. Si vous décidez de rejoindre le site en bateau, tenez-vous-en aux 2 compagnies indiquées ci-dessous. Précisons que ***l'entrée dans les grottes elles-mêmes n'est jamais comprise dans leur prestation.*** Certaines compagnies, de prime abord moins chères, n'accostent même pas, alors méfiance !

Comment y aller ?

➢ **En bus ARST :** voir la rubrique « Arriver – Quitter » à Alghero.

➢ **En bateau :** avec la compagnie **Navisarda** (☎ 079-950-603 ; 📱 320-741-24-00 ; • navisarda.it •). Départ du port d'Alghero : juin-oct, 3 le mat, 3 l'ap-m ; hors saison, se renseigner (départ assuré selon nombre de passagers). Billet A/R : 16 € ; 8 € 3-12 ans. Durée de l'excursion : 2h30. La même compagnie assure aussi des traversées depuis *Cala Dragunara,* à côté de Porto del Tramariglio (infos : ☎ 079-946-642) : en saison, départs ttes les heures 9h30-17h30 (sauf 13h30). Billet A/R : 15 € ; 7 € 3-12 ans. Durée de l'excursion : 2h.

Toujours au départ du port d'Alghero (Banchina Garibaldi), la compagnie ***Frecce delle Grotte*** (📱 368-353-68-24 ; • info@grottedinettuno.it •) assure des traversées à raison de 2 le mat et 2 l'ap-m (à condition toutefois qu'il y ait minimum 20 passagers inscrits). Billet A/R : 15 € ; 7 € 5-10 ans. Durée de l'excursion : 2h30.

Avertissement

C'est l'une des attractions touristiques majeures de la région, avec tout ce que cela implique comme désagréments. Car en haute saison, les groupes se succèdent du matin au soir et ça finit par faire beaucoup de monde ! Conseil : venir à cette période le plus tôt ou le plus tard possible. Ensuite, ceux qui s'y rendent à pied (car les bateaux accostent directement à l'entrée !) auront d'abord à emprunter le sublime mais vertigineux escalier de 654 marches à flanc de falaise qui mène à la grotte et au point de départ de la visite. Attention, ***il faut 10-15 mn pour le descendre.*** En tenir compte dans votre timing pour arriver à l'heure en bas des marches et ne pas rater le départ. Penser également à apporter de l'eau, surtout si le retour se fait en plein cagnard.

La visite guidée (30 mn)

La 1re impression est formidable. Qu'on arrive par le spectaculaire escalier ou par la mer (points de vue géniaux dans les 2 cas), c'est au dernier moment qu'on découvre l'entrée de ces grottes à fleur d'eau ouverte au public dans les années 1950. On l'aborde par le *lac Lamarmora,* qui serait, avec ses 100 m de long, l'un des plus grands lacs salés d'Europe. Ensuite, c'est un festival de stalactites et stalagmites jouant avec les éclairages, au fil des escaliers du parcours. Si vous avez la chance de faire la visite en petit comité, la part d'émotion et de rêve reste intacte. Surtout à la vue de cette imposante colonne faisant 12 m de haut et... 30 m de circonférence ! À la fin du parcours, l'itinéraire, plus en hauteur, permet de revoir certaines salles d'un point de vue différent... Une visite incontournable.

LE NORD-OUEST

🚶🚶 ≮ ***Le sentier de randonnée jusqu'à la punta Giglio :*** *départ depuis la SS 127 bis, au niveau de la marina de Porto Conte. Entrée : 3 € de mi-juil à sept. Durée : 3h A/R.* Rando très agréable en fin d'après-midi et superbe panorama à la clé. Elle vous conduira à la punta Giglio, où vous découvrirez les vestiges d'un ancien fortin. Là, l'armée italo-germanique attendit en vain le débarquement des Alliés. La caserne centrale de 39 m de long est toujours là ! On y voit encore, sur les messages de propagande, des dessins de bateaux souvent coulés, réalisés par un bidasse désœuvré. Depuis les vestiges de 3 petites tours de guet, vue imprenable sur la baie... Au fond de la mer, les munitions jetées le jour de la démobilisation. D'autres balades sont balisées dans le parc ; se renseigner auprès de la *Casa Gioiosa* (voir plus haut « Adresse utile »).

Porticciolo : en contrebas du parking, petite plage de sable au fond d'une superbe crique rocheuse dominée par une fière tour aragonaise. Attention, pas mal de cailloux quand même, et l'entretien laisse parfois à désirer en saison. Coucher de soleil d'anthologie sur la tour et belles photos en perspective. Buvette sur place.

DANS LES ENVIRONS DU PARCO NATURALE REGIONALE DI PORTO CONTE

La grande plaine de la Nurra abrite quelques spots encore vierges de tourisme de masse. Du monde au mois d'août, ne rêvons pas, mais une belle nature, toujours sans béton. D'ailleurs, les quelques tours de garde y veillent férocement !

Porto Ferro : notre plage préférée, à quelques kilomètres au nord de Porticciolo et séparée du *lago di Baratz,* le seul lac naturel d'eau douce de l'île, par de grandes dunes de sable. Un vrai paradis pour l'observation des oiseaux. Dans le coin, pas moins de 3 tours espagnoles construites sous le règne de Philippe II dans la 2de moitié du XVIe s pour contrer les attaques des pirates barbaresques. La plus proche, la *torre Negra*.

TOUCHÉ-COULÉ !

Base allemande pendant la 2de Guerre mondiale, la région de Porto Ferro a connu un dénouement pour le moins original. En débandade complète, l'armée allemande ne pouvant transporter ses munitions (bombes, mines et autres délicatesses) n'a eu d'autre recours que de les couler dans le lac Baratz. Ce lac n'ayant aucun exutoire, elles sont réapparues quelques années plus tard à l'occasion d'une sécheresse sans précédent. Il a fallu alors employer les grands moyens pour les extraire sans qu'elles n'explosent !

Argentiera : *à env 30 km au nord-ouest de Porto Conte.* Ancienne ville minière typique de la Sardaigne et assez unique en Europe car située en bord de mer. Quand on débouche dessus, vision étonnante... C'est du Sergio Leone pur jus, une vraie ville fantôme, et bien mieux que Cinecittà. Le décalage entre cette ville quasi ruinée et la beauté du paysage alentour est saisissant. Les mines, déjà exploitées à l'époque romaine, étaient riches en plomb, zinc et argent, mais elles fermèrent en 1963, consécutivement à l'épuisement des filons. Profitez donc de la jolie plage dans ce décor inhabituel. Sur place : quelques restos et chambres d'hôtes.

LA NURRA DU NORD

Finies les grandes chevauchées sauvages dans les dunes et les forêts... À partir de Stintino, hôtels et résidences hôtelières envahissent progressivement les collines. Si les plages, elles-mêmes, demeurent idylliques avec des criques qui livrent un sable plus blanc que blanc, leur environnement immédiat, lui, l'est de moins en moins en raison d'une urbanisation croissante ! Heureusement, la région recèle encore quelques plages secrètes, entre « *mare di fuori* » (de l'extérieur) et « *mare di dentro* » (de l'intérieur), entendez entre la Méditerranée proprement dite et le golfe d'Asinara. Et puis, fort heureusement, le balnéaire ne se résume pas au mois d'août : hors saison, vous y serez nettement plus tranquille...

STINTINO (07040) env 1 620 hab.

Créé à la fin du XIXe s, quand l'administration rapatria 45 familles de l'île d'Asinara pour y confiner (ah ! ah !) des patients atteints du choléra, Stintino, ancien village de pêcheurs, est aujourd'hui actif et dynamique. Par bonheur, à

côté des installations modernes, il a su conserver son harmonieuse architecture, ses vieilles demeures basses aux couleurs pastel et ses 2 petits ports. Jusqu'en 1970, on y pratiquait encore la pêche à la madrague (filet de pêche d'origine phénicienne). Le petit musée de la *tonnara* retrace cette tradition.

Arriver – Quitter

Arrêt des bus ARST : *via Lepanto, porto Minori. • arst.sardegna.it •*

➢ ***Porto Torres*** *(40 mn)* ***et Sassari*** *(1h10)* **:** 5 bus/j. en sem, 2 dim et j. fériés ; un peu plus en été.

➢ ***Alghero*** *(1h10)* **:** env 5 bus/j. juin-sept via l'***aeroporto di Alghero-Fertilia*** avec la compagnie *Sardabus* *(• sardabus.it •).*

Adresse et info utiles

Ufficio turistico *(office de tourisme)* **:** *via Sassari, 121C. ☎ 079-520-081. • ufficioturistico@comune.stintino.ss.it • En été, tlj 9h-13h, 16h-20h ; hors saison, horaires réduits.* Vous y trouverez, entre autres, les infos (et la liste des prestataires) pour explorer le parc national d'Asinara. Bon accueil.

– ***Marché :*** *jeu mat, piazza dei 45.*

Où dormir ? Où manger ? Où déguster une glace ?

Hotel Silvestrino : *via Sassari, 14. ☎ 079-523-007. • info@hotelsilvestrino.it • hotelsilvestrino.it • Doubles 70-140 € ; 1 quadruple. Au resto, carte 30-35 €.* Une adresse historique et très bien tenue, dotée d'un resto qui passe pour être la meilleure table du village ! Dans un bel édifice rouge qui ne manque pas de caractère. Une dizaine de chambres de bonne tenue, la plupart avec balcon (et même une terrasse pour la nº 25, notre préférée). Style contemporain pour les plus récentes et « bord de mer » pour les autres. Au resto, spécialité de spaghettis à la poutargue et carte des vins bien étudiée. Accueil pro et sympa.

B & B Il Porto Vecchio : *via Tonnara, 69. ☎ 079-523-212. 339-435-35-82. • bbportovecchio@tiscali.it • Si personne, s'adresser au snack-bar* Musciarra, *sur le port. Avr-oct. Doubles 55-150 €.* Ce petit hôtel faussement appelé *B & B* regroupe en réalité 3 vieilles maisons reliées par un dédale de patios et d'escaliers. Insolite et agréable puisque cela permet de profiter d'un maximum de terrasses ! Quant aux chambres, une douzaine, elles sont nickel. Manque juste un peu de chaleur quand on débarque à l'improviste.

Gelateria del Porto : *lungomare C. Colombo, 31. Tlj sauf lun 8h-13h, 16h-1h. Congés : oct-mars.* De délicieuses glaces artisanales et une foule de petits gâteaux sardes à engloutir en se baladant dans les ruelles... Service sans façon.

À voir

Museo della Tonnara : *via Lepanto, 36. 345-971-86-86. • mutstintino.com • Juil-août, tlj 18h-23h, plus jeu 11h-13h ; juin et sept, tlj sauf lun 11h-13h, 15h30-19h ; hors saison, ven-dim seulement. Fermé janv-avr. Entrée : 5 € ; réduc ; gratuit moins de 15 ans. Textes et films traduits et sous-titrés en anglais.* Créé pour conserver la mémoire de la pêche au thon rouge, ce musée évoque en introduction les habitudes du célèbre *Thunnus thynnus,* avant de retracer en détail l'histoire de cette tradition locale au gré d'une muséographie sobre et moderne reprenant le parcours d'un thon, de sa prise dans le 1er filet jusqu'à sa mise à mort. Visite intéressante mêlant témoignages, images d'archives, maquettes, collections de matériel, explication des techniques de pêche, sans oublier l'emblématique *mattanza,* cette mise à mort rituelle des thons rouges. Très complet, donc.

Les plages

– **Attention :** parking payant et très cher sur la quasi-totalité des plages. En été, on conseille vraiment de laisser tomber la voiture au profit du bus-navette qui fait la tournée des plages.

Spiaggia della Pelosa : *à env 4 km au nord de Stintino.* ***Attention, cette plage est payante et contingentée*** *juin-sept. Et si vous ne vous y prenez pas min 1 sem à l'avance en plein mois d'août, peu de chance que vous puissiez y dérouler serviette... Compter 3,50 €/pers, utilisation des toilettes et de la douche comprise. Parking hors de prix.* Bondée en été, mais limitée quand même à 1 500 plagistes ! Cependant, force est de reconnaître – ce n'est point un mythe – que ces eaux peu profondes aux subtiles nuances de bleu turquoise et de vert sont d'une beauté saisissante. Un peu plus au nord vient ensuite la ***spiaggia della Pelosetta,*** plus rocheuse et encore plus carte postale ! Ne pas rater non plus la minuscule ***spiaggia della Torre,*** championne des reflets émeraude, le plus beau nuancier de bleus et de verts qu'on connaisse... Dans ce coin – toujours au nord de Stintino –, également d'autres plages, moins fréquentées que les précédentes mais possédant néanmoins leur charme, comme celles de l'***Ancora, Il Gabbiano*** et ***Rocca Ruja,*** située en face de l'hôtel du même nom. Mais cette dernière est privée.

D'autres plages au sud de Stintino. Elles s'enchaînent sur 8 km. Retrouvez à la ***spiaggia Le Saline*** (proche des anciennes salines) le souvenir des *tonnare,* ces installations qui traitaient le poisson, transformées aujourd'hui en lieu culturel. Eau peu profonde, plage qui plaît aux familles. Quelques flamants roses et hérons gris viennent en voisins. La plage de ***Pazzona*** convient aux kitesurfeurs et amateurs de dunes. À quelques kilomètres, ***punta d'Elice*** puis ***Ezzi Mannu*** retrouvent les mêmes fanas de dunes et de sable doré chaud...

Un peu hors des sentiers battus, sur la côte ouest, 2 petites plages intéressantes : la ***cala di Coscia di Donna*** (par une mauvaise route ou à pied depuis la SP 34, environ 2 km) et la ***punta Su Torrione*** (route acceptable, à hauteur du *stagno di Casaraccio*).

PARCO NAZIONALE DELL'ASINARA

L'île tire son nom de la présence séculaire d'ânes nains, albinos et sauvages *(asinello),* vivant ici par petits groupes, soit une centaine d'individus environ... D'une quinzaine de kilomètres de long, Asirana se compose de 2 parties séparées par un isthme.
Vous aurez le choix des moyens pour la découvrir sur des chemins balisés : en bateau, à vélo, en 4x4 ou en petit train de juin à septembre (un peu fastidieux car longuet et saturé), à pied, à cheval, en voiturette électrique... Balades découverte, naturalistes (plantes, animaux, géologie, etc.)... à vous de voir. Un truc sympa : la balade Fornelli-Cala d'Oliva à vélo. En été, c'est vite la cohue car les zones de baignade sont finalement peu nombreuses. Le site est évidemment plus sympa hors juillet-août.

Casa del Parco : *Porto Torres.* ☎ *079-503-388.* • *parcoasinara.org* •

LE NORD-OUEST

UN PEU D'HISTOIRE

L'île est habitée depuis la nuit des temps. Au XVIIe s, une colonie de pêcheurs ligures et quelques bergers viennent s'y installer. En 1885, la création d'un lazaret (établissement de mise en quarantaine) et d'une colonie pénitentiaire agricole contraint l'administration à évacuer la population qui vivait sur l'île pour la réinstaller sur la côte. C'est la création du village de ***Stintino.*** Transformée par la suite en prison de haute sécurité, l'ancienne colonie pénitentiaire agricole va accueillir quelques grands noms du banditisme, comme Raffaele Cutolo, le fondateur de la « nouvelle Camorra », ou encore Totò Riina, l'un des chefs de la Mafia sicilienne (celui qui commandita l'assassinat des juges Falcone et Borsellino en 1992). Après sa fermeture en 1997, l'île est classée parc national. On constate en effet l'***extraordinaire richesse de sa flore et de sa faune*** : plus de 670 sortes de végétaux et près de 80 espèces de vertébrés, dont quelques oiseaux rares comme le faucon pèlerin et le goéland corse...

Comment y aller ?

– En gros, 3 zones demeurent accessibles à la visite : au sud de la partie inférieure (autour de *Fornelli*), au sud de la partie supérieure *(cala Reale)* et, au nord-est, *cala d'Oliva*.

– Le mieux est de consulter le site du parc, qui propose une liste à jour des prestataires, ou de ***demander conseil à l'office de tourisme de Stintino.*** L'office fournit également la liste complète des agences. Compter environ 20 €/pers pour la traversée en bateau régulier jusqu'à cala Reale, à quoi il faut ajouter 2,50 €/pers de taxes de débarquement sur l'île. Une fois sur place, il est possible de louer un vélo, notamment à Fornelli *(tlj 9h-18h en saison),* mais on peut aussi embarquer le sien moyennant un supplément de 10 € (demander à la compagnie). Plusieurs autres formules sont proposées : en 4x4, en petit train, etc. Les possibilités de se restaurer et de loger sur place étant peu nombreuses, assez chères et à réserver très à l'avance, mieux vaut envisager une excursion à la journée en emportant son pique-nique. Sur place, quelques bus quand même entre la cala Reale, Fornelli et la cala d'Oliva à raison de 2 à 4 bus/j. en été mais sur résa uniquement. *Infos :* ***Bus della Fara Viaggi,*** *📱 347-198-77-98 ou 348-472-25-62.*

➢ Traversées régulières depuis ***Porto Torres*** (arrivée à cala Reale) assurées tte l'année avec la compagnie *Delcomar* (21 juil-fin août, tlj à 8h15, 11h30 et 16h30 ; en mi-saison, 1 le mat et 1 l'ap-m ; en basse saison, mar, ven et dim seulement avec la même fréquence). C'est moins cher mais le temps de transport est plus long que depuis Stintino (1h15 contre 20 mn), où 3 petites compagnies maritimes se partagent le marché sur Fornelli : ***Ausonia*** *(📱 339-260-50-23 ; • lineadelparco.it •),* ***Gabbiano*** *(📱 335-527-37-05)* et ***Alcor*** *(📱 328-456-46-82).* Fonctionnent généralement mai-oct, 1-2 départs le mat, 1-2 retours en fin d'ap-m pour chaque compagnie. ***Attention, en cas de météo mauvaise, toutes les traversées sont systématiquement annulées, mieux vaut anticiper.***

PORTO TORRES (07046) 22 280 hab.

Pour peu que vous préfériez la voiture à l'avion, ce grand port, relié par ferries à Toulon mais également à Gênes, risque bien d'être votre porte d'entrée en Sardaigne... À l'époque romaine, il était déjà le port principal du nord de

LE NORD-OUEST

l'île, et, au Xe s, la capitale de l'un de ses 4 *giudicati* (royaumes dirigés par le peuple). Puis la ville, excédée par les raids sarrasins, poussa les autorités à transférer l'administration dans les terres. C'est ainsi que naquit Sassari. Aujourd'hui, Porto Torres, ville ouverte à tous les vents, n'est pas bien sexy, il faut l'avouer. Elle ne s'anime réellement qu'à l'arrivée des bateaux de croisière et des ferries. Et s'il n'y avait pas la remarquable basilique San Gavino, chef-d'œuvre de l'art roman, on pourrait dire qu'elle ne présente qu'un intérêt limité.

Arriver – Quitter

En bateau

Stazione Marittima : *via Antonietta Bassu, 6.*

➢ ***Toulon*** *(8h)* **:** 1-4 bateaux/sem tte l'année selon saison. Liaisons assurées par la compagnie *Corsica Ferries* (☎ *079-512-760 ;* • *corsica-ferries.fr* •). Départ de Toulon vers 19h.

➢ ***Genova*** *(12h15)* **:** 1 bateau/j. tte l'année. Liaisons assurées par la compagnie *Moby Lines,* dont fait désormais partie la compagnie *Tirrenia* (☎ *079-518-10-15 ;* • *mobylines.fr* • *tirrenia.it* •). Départ de Genova vers 20h30. Également mars-sept avec *Grandi Navi Veloci* (*GNV* ; • *gnv.it* •). Départ de Genova vers 19h.

En bus

Stazione ARST **:** *via Mare-pensiline, en face de la station maritime.* • *arst.sardegna.it* •

➢ ***Stintino*** *(50 mn)* **:** 2-5 bus/j. à l'année, mais jusqu'à 7 bus/j. l'été.

➢ ***Sassari*** *(30 mn)* **:** une douzaine de bus/j., 4 seulement dim et j. fériés.

➢ ***Alghero*** *(40 mn)* **:** 5 bus/j. via ***Fertilia Aeoporto.***

En train

Stazione ferroviaria Porto Torres Marittima : *derrière la gare maritime.* • *trenitalia.com* •

➢ ***Sassari*** *(20 mn)* **:** 5-10 trains/j., avec continuation sur ***Oristano*** et ***Castelsardo.***

➢ ***Olbia*** *(2h10)* **:** 4 trains/j.

➢ ***Cagliari*** *(3h35-4h)* **:** env 4-5 trains/j., avec changement à Sassari et pour certains à Ozieri-Chilivani en plus.

Adresse utile

Ufficio turistico *(stazione marittima)* **:** *via Bassu.* ☎ *079-504-80-08.* • *info.turistiche@comune.porto-torres.ss.it* • *En hte saison, tlj 9h-12h30, 15h30-19h ; hors saison, en fonction des arrivées des bateaux de croisière.* Dans la gare maritime, à côté des représentants des compagnies de ferries pour le continent. Pour l'Asinara *(Delcomar),* on achète ses billets en ligne ou dans le kiosque situé devant le *Ristorante-bar Il Cristallo.* Si vous arrivez par ferry, navette gratuite pour la gare ferroviaire avec votre billet de bateau.

Où manger ?

Trattoria La Tanna : *via Cavour, 25 (angle corso Emanuele II).* ☎ *079-502-246. Tlj sauf mar. Pizze 3-8 € ; repas 15-20 € (le couvert facturé 3 € plombe sérieusement l'addition).* Petite *trattoria* habillée du grésillement de la radio locale. On y sert une cuisine pas compliquée et de généreuses pizzas tout juste sorties du four, y compris au déjeuner.

San Gavino : *piazza Marconi, 12A.* ☎ *079-510-300. Tlj sauf lun (tlj en été). Repas 30-40 € ; pizze 7-13 €.* En contrebas de la place où s'élève la fameuse basilique romane, en terrasse bien à l'ombre, dans une véranda tout en bois ou dans une salle chaleureuse, on déguste une généreuse cuisine sarde de la mer et de la terre, ainsi que de bonnes *pizze*. Une adresse plébiscitée par les habitants.

Tenuta Li Lioni : *SS 131, km 244,4. ☎ 079-502-286. • tenutalilioni@gmail.com • Sur la SS 131 direction Sassari, au niveau de la nécropole Su Crucifissu Mannu, juste avt les feux sur la droite. Tlj sauf mer. Résa fortement conseillée. Repas 30-35 €.* Vieille maison créée en 1970 par Giovanni et Baingia Pintus afin de préserver la tradition culinaire sarde. Depuis, leurs enfants ont repris le flambeau. Ici, tout est fait sur place ou labellisé « *kilometro zero* ». Alors on vient de loin pour s'attabler sous la bâche de la grande terrasse ou en salle pour garder un œil sur le *porcetto* écartelé devant la cheminée attenante à la cuisine. Et quand saveur et générosité décident de se marier, mieux vaut avoir un appétit de lion pour assister à la noce !

À voir

Basilica di San Gavino : *atrio Metropoli (à côté de la piazza Marconi). 348-899-68-23. Avr-oct, tlj 9h-13h, 15h-18h (ou 19h) ; hors saison, sur résa. Entrée : 3 € ; réduc ; gratuit moins de 6 ans. Visite avec QR Code en prévision.*
Une visite qui vaut vraiment le détour ! Édifiée vers 1030 à l'emplacement de 2 églises des IVe et Ve s, cette basilique de style pisan est la plus grande église romane de Sardaigne : plus de 60 m de long pour 17,36 m de large. Elle porte le nom du soldat Gavinus, chargé sous Dioclétien d'exécuter 2 chrétiens, Proto et Gianuario. Mais comme Gavinus se convertit à son tour, ils furent tous les trois décapités en 303. Une 1re originalité : pas de façade mais une abside à chaque bout ! L'architecte devait être rudement distrait... À l'intérieur, festival de colonnes récupérées sur les sites archéologiques des environs. Dans le sous-sol, une impressionnante crypte, aussi longue que l'église.
Autre particularité rare (voire unique en Italie) de cette église : la ***malédiction*** gravée sur une des 1res colonnes de la façade extérieure nord de l'église. Celle-ci se trouve sur la partie en marbre. Il y a 2 inscriptions (en latin) : celle du dessous, la première, date du XIIe s et indique qu'ici repose en paix un certain Guido de Vada. Juste au-dessus, la seconde, elle, porte la date de 1211 mais n'indique pas qui est enterré ici, juste que « Nulle autre personne ne devra reposer en paix dans cette tombe » ! La tombe en question se trouvait sous les dalles au-dessous de la colonne.

DANS LES ENVIRONS DE PORTO TORRES

Altare preistorico di monte d'Accoddi : *SS 131, km 222, 07100* ***Sassari****. ☎ 079-200-80-72. Sur la route Porto Torres-Sassari, à env 10 km au sud de Porto Torres. Mar-sam 9h-13h, dim 9h-14h (dernier billet 30 mn avt fermeture). Fermé lun. Entrée : 4 € ; réduc ; gratuit moins de 6 ans. Inclus dans le pass Thàmus de Sassari.* Pour les fans de préhistoire, un site prénuragique qu'on pourrait comparer aux ziggourats mésopotamiennes (temples édifiés au sommet de terrasses). Datant de 3000 av. J.-C., détruit par un incendie, puis reconstruit en 2700, il n'en reste aujourd'hui que la large plate-forme où se trouvait autrefois le temple, et la longue rampe trapézoïdale pour y accéder.

Spiaggia di Balai : *tt de suite à la sortie de Porto Torres en direction de Castelsardo.* Jolie étendue de sable blanc nichée entre les falaises basses de la côte et entourée d'un parc offrant quelques palmiers et arbustes. C'est le plus bel endroit de Porto Torres : cela se sait, et comme la plage n'est pas bien grande, l'été, il vaut mieux y venir tôt ou très tard !

Spiaggia Marina di Sorso : *à mi-chemin entre Porto Torres et Castelsardo.* Plage familiale qui offre une longue et large étendue de fin sable blanc, parsemée de nombreux coquillages, genévriers, chardons et quelques palmiers nains. Petits bars de plage. Facile d'accès, grand parking *(payant).*

SASSARI

(07100) 127 500 hab.

• Plan d'ensemble *p. 192-193* • Vieille ville (zoom) *p. 195*

2e ville de Sardaigne et centre universitaire actif (beaucoup de monde à l'apéro le soir), Sassari se découvre au fil d'une balade à pied dans son cœur historique, un gentil labyrinthe de rues pavées, parsemé de fiers monuments et de musées. Mais si la ville a bien donné à l'Italie 2 présidents de la République (Antonio Segni et Francesco Cossiga) et une tête pensante du parti communiste italien (Enrico Berlinguer), elle ne possède pas le charme des villes de l'Ouest de moindre importance que sont Oristano ou Alghero. En revanche, c'est une vraie étape gastronomique. Et c'est là son principal atout.

UN PETIT PEU D'HISTOIRE

Oublions la préhistoire et les Romains, commençons tout de suite par le Moyen Âge. Et ça débute fort en 1294, quand Sassari se révèle la 1re commune libre de Sardaigne. Au XVIe s, quand la ville accueille la 1re université de l'île, on pressent déjà un problème de rivalité avec Cagliari... La ville connaît alors une forte croissance démographique, tandis qu'elle se développe économiquement tout en s'affirmant en politique. Seule la grande peste de 1652 stoppera son élan.
À la fin du XVIIIe s, Sassari devient le fer de lance contre la mainmise piémontaise. En 1796, le nationaliste sarde Giovanni Maria Angioj, qui prônait une Sardaigne autosuffisante, mène la révolte contre la tentative de la maison de Savoie d'imposer un retour à la féodalité... Malgré une féroce répression de la part des Piémontais, Sassari résiste.

Arriver – Quitter

En bus

Stazione ARST *(gare routière ; plan d'ensemble, A2)* **:** *via Padre Zirano.* • *arst.sardegna.it* •

➢ ***Stintino*** *(1h10)* **:** 2-5 bus/j. à l'année, mais jusqu'à 7 bus/j. en été.

➢ ***Porto Torres*** *(30 mn)* **:** une douzaine de bus/j, 4 seulement dim et j. fériés.

➢ ***Alghero*** *(1h)* **:** 10 bus/j. en sem, 4 seulement dim et j. fériés, via **Fertilia Aeroporto.**

➢ ***Bosa*** *(2h)* **:** min 2 bus/j. en sem, aucun dim et j. fériés.

➢ ***Oristano*** *(2h)* **:** 1 bus le mat et 1 l'ap-m en sem, aucun dim et j. fériés.

➢ ***Castelsardo*** *(1h)* ***et Badesi*** *(1h35)* **:** une douzaine de bus/j. en sem, dont 5 continuent vers Badesi, 3-4 dim et j. fériés.

En train

Stazione ferroviaria *(gare ferroviaire ; plan d'ensemble, A1)* **:** *piazza Stazione.* • *trenitalia.com* •

➢ ***Porto Torres*** *(20 mn)* **:** 5-10 trains/j.

➢ ***Oristano*** *(2h-2h15)* **:** 6-7 trains/j., directs ou avec changement à Ozieri-Chilivani.

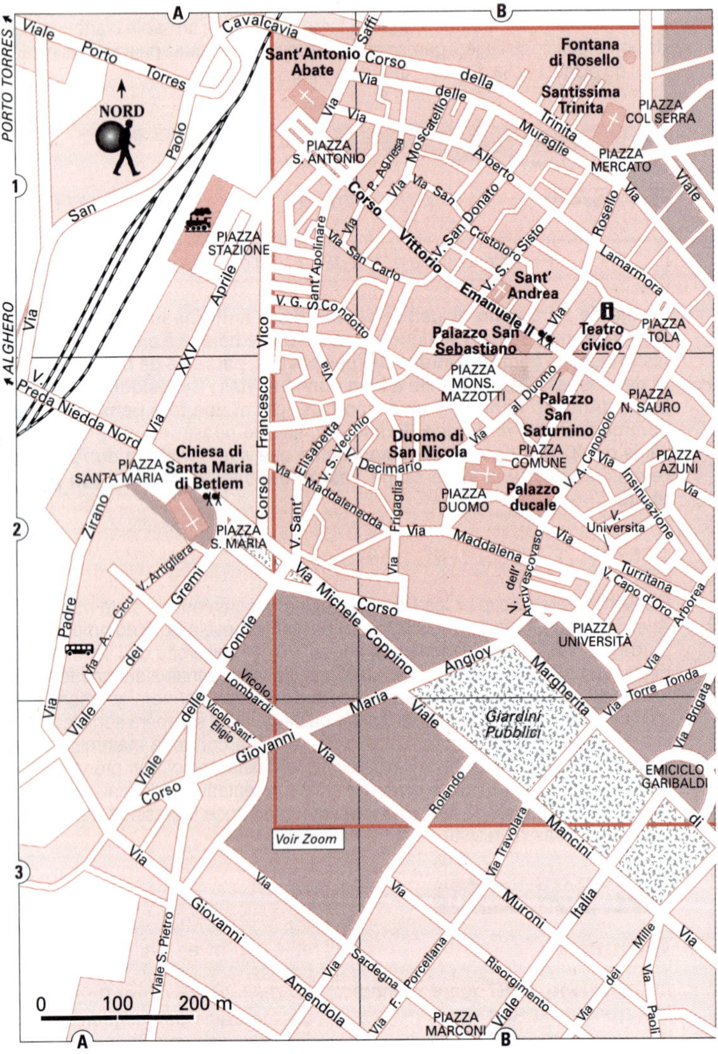

Où dormir ?

16 Tanina B&B (D2)

Où manger ?

24 L'Antica Hostaria (C3)

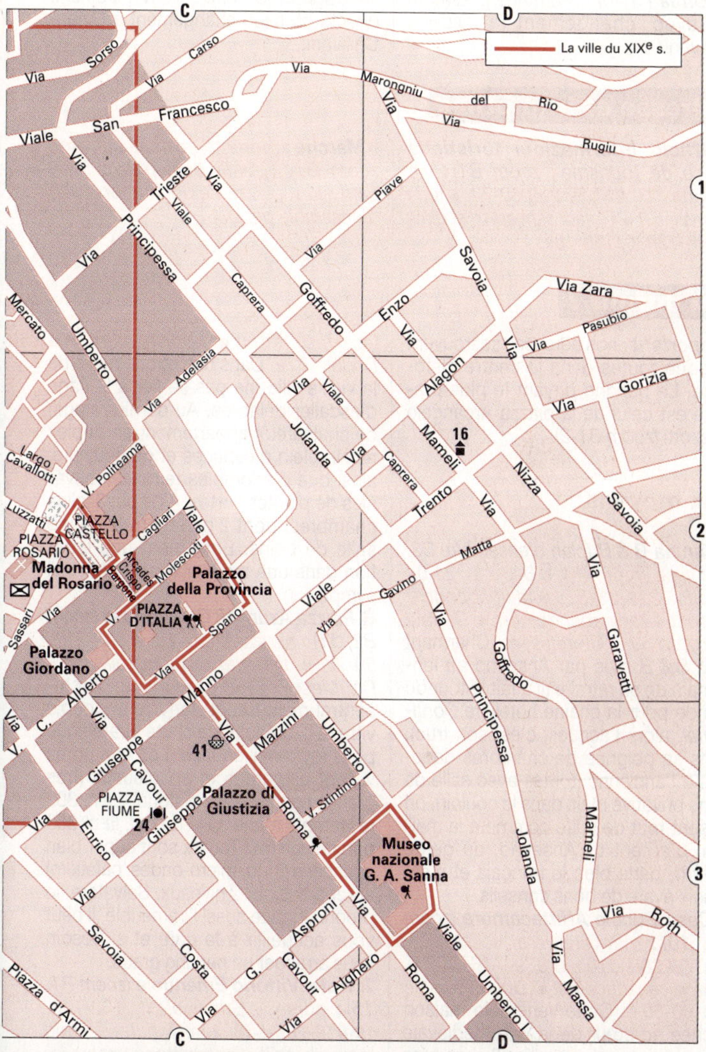

SASSARI – Plan d'ensemble

Où acheter de bons produits ?

41 Salumeria Alberti (C3)

➢ ***Olbia*** *(1h40)* **:** 5-8 trains/j., directs ou avec changement à Ozieri-Chilivani.

➢ ***Cagliari*** *(3h-3h30)* **:** env 7 trains/j., directs ou avec changement à Ozieri-Chilivani.

Adresse et info utiles

Ufficio informazioni turistiche *(office de tourisme ; zoom B1)* **:** *via S. Satta, 13. ☎ 079-200-80-72. • turismosassari.it • Tlj sauf sam ap-m et dim-lun 9h-13h30, 15h-18h.*

– ***Marché :*** **mercato** *(marché couvert ; zoom B1) tlj sauf dim, piazza Mercato ; lun, piazza Le Segni (hors plan d'ensemble par D3).*

Où dormir ?

– ***Important :*** nos adresses se trouvent presque toutes dans le centre historique. Le parking payant le plus pratique est celui de la piazza Arcangelo Mazzotti *(zoom B1-2).*

Prix moyens

Tanina B & B *(plan d'ensemble, D2,* ***16****)* **:** *viale Trento, 14. 346-181-24-04 ou 334-211-35-89. • taninabandb@libero.it • taninabandb.com • Double avec sdb 50 €. CB refusées.* Charmant petit *B & B* créé par Anselmo au lendemain de sa retraite (il a fait le tour du monde pour la chaîne hôtelière *Continental,* alors l'accueil, c'est son truc). Dans sa poignée de chambres décorées à l'ancienne (toutes avec salle de bains privative mais dans le couloir), on se sent tout de suite comme à la maison, d'autant qu'Anselmo, du genre bavard, parle bien le français et n'est jamais avare de bons conseils.

Casa Ducale Affittacamere *(zoom B2,* ***10****)* **:** *via Quartiere Vecchio, 7. ☎ 079-200-010. 339-716-44-47. • info@casaducale.it • Doubles avec sdb 60-80 €.* Cette vénérable maison cachée au cœur de la ville médiévale abrite, sur un même palier, 3 chambres plutôt coquettes. La n° 6 est nettement plus petite (lit de 120 !) mais dotée d'un balcon sur le jardin. La n° 5 est bien plus grande et possède un lit de 160. Quant à la n° 7, avec 2 lits séparés, elle remporte la mise, à notre avis. Cuisine commune à dispo bien pratique. Accueil charmant.

B & B La Serra sui Tetti *(zoom C1-2,* ***13****)* **:** *via al Carmine, 18. 335-615-15-81 ou 334-121-76-23. • info@laserrasuitetti.it • laserrasuitetti.it • Double 70 €.* Dans une étroite ruelle de la vieille ville, ne pas se fier à la cage d'escalier délabrée. Au dernier étage, ce chaleureux appartement en duplex révèle plein d'espaces et de couleurs, ainsi que d'adorables terrasses envahies de plantes vertes. À dispo, 3 jolies chambres, dont 2 partagent la même salle de bains. Également une location dans une maison voisine. Accueil sympa.

Piazza Azuni 18 Guesthouse *(zoom B2,* ***11****)* **:** *piazza Azuni, 18. 340-312-59-72. • piazza.azuni18@gmail.com • Doubles 70-130 €. Parking.* Archi-central mais tranquille (vive le double vitrage !), un point de chute stratégique pour rayonner en ville. Les chambres y sont élégantes et spacieuses (très grande hauteur sous plafond). La n° 302 ressemble à une salle de bal, la n° 303 paraît sans fin ! Toutes sont super bien agencées (frigo, micro-ondes, cafetière) et réparties sur 2 niveaux. Salvatore, le proprio, habite aussi l'immeuble, il peut vous accueillir à la gare et si besoin vous arranger un parking gratis.

Hotel Vittorio Emanuele *(zoom B1,* ***15****)* **:** *corso V. Emanuele II, 100/102. ☎ 079-235-538. • info@hotelvittorioemanuele.ss.it • hotelvittorioemanuele.ss.it • Doubles 55-90 € (nettement plus en cas d'événement en ville).* Un hôtel très standard style années 1980, mais idéalement situé, dans l'artère principale de la vieille ville (à deux pas du parking de la piazza Mazzotti). Le moins que l'on puisse dire, vu le nombre de toiles accrochées aux murs, c'est qu'ici on aime bien la peinture ! Accueil sympa.

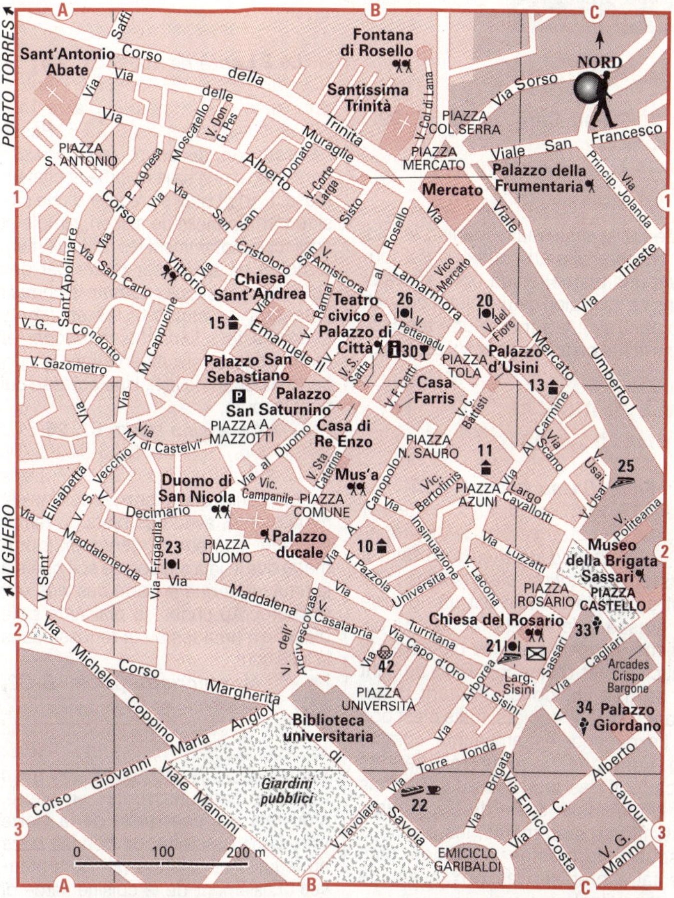

SASSARI - Vieille ville (zoom)

■ **Adresse utile**

- Ufficio informazioni turistiche (B1)

Où dormir ?

- **10** Casa Ducale Affittacamere (B2)
- **11** Piazza Azuni 18 Guesthouse (B2)
- **13** B & B La Serra sui Tetti (C1-2)
- **15** Hotel Vittorio Emanuele (B1)

Où manger ?

- **20** Le 2 Lanterne (B1)
- **21** Montecristo (B-C2)
- **22** Pan Cafè (B3)
- **23** Il Vecchio Mulino (B2)
- **25** Fainè Sassu (C2)
- **26** L'Assassino (B1)

Où boire un verre ?

- **30** Taberna Santona (B1)

Où déguster une bonne glace ?

- **33** Slurp (C2)
- **34** Gelateria Bosisio Passione Bio (C2)

Où acheter de bons produits ?

- **42** Salumeria Mangatia (B2)

Où manger ?

Très bon marché

Pan Cafè (zoom B3, **22**) : *via Torre Tonda, 46. 348-920-14-51. • sdany67@live.it • Lun-sam 7h30-21h, dim 8h-13h30. Congés : 1er janv, 15-16 août et 25-26 déc. Max 10 €.* Café-croissant le matin, *panino* le midi ou cheese-cake au goûter : il y a toujours une bonne raison pour s'arrêter dans ce minisalon de thé plutôt coquet, d'autant qu'il y a même une terrasse dans la rue piétonne pour s'y attabler.

De bon marché à prix moyens

Fainè Sassu (zoom C2, **25**) : *via Usai, 17. ☎ 079-236-402. Ouv le soir tlj sauf dim ou mer. Env 5-8 € ; repas 15-20 €.* Quand on meurt de faim à Sassari, la solution, c'est le *fainè* ! Car cette curiosité locale est une grosse et grasse galette à la farine de pois chiche, enrichie pour les gloutons de saucisses et d'oignons. Rien de light ni de très fin, donc, d'autant qu'on mange avec les doigts, mais c'est bon et l'expérience est amusante, comme en témoigne la mine réjouie des locaux et des touristes attablés dans la longue salle brute de décoffrage. Attention quand même, les boissons risquent de plomber l'addition, bien se faire préciser les prix avant de commander !

Il Vecchio Mulino (zoom B2, **23**) : *via Frigaglia, 5. ☎ 079-492-03-24. • ilvecchiomulino.ss@gmail.com • Tlj sauf dim-lun midi. Résa conseillée. Repas min 25 €.* Une adresse qui, mine de rien, régale son monde. La carte affiche des spécialités locales aux prix contenus. D'où la surprise quand les saveurs fines viennent titiller votre palais ! Le plaisir est d'autant plus grand que le service est à la fois pro, charmant, et le cadre très plaisant : au centre de la grande salle voûtée, la cheminée pour la cuisson des viandes (en hiver) et des légumes ; dans un coin, le piano, les livres. Et enfin, des tables suffisamment espacées.

Le 2 Lanterne (zoom B1, **20**) : *via Mercato, 28. 329-426-17-06. Entrée principale du resto sur la piazza Tola. Tlj sauf dim. Repas 20-25 €.* Passé l'entrée, on découvre une terrasse agréable et une salle colorée et chaleureuse. Parfait pour se régaler d'une cuisine traditionnelle de saison, simple et copieuse (notamment les fruits de mer), à moins de se laisser tenter par des spécialités rustiques comme la *cordula* (intestins de mouton), les escargots (3 sortes ici : *lumache, lumaconi* et *monzette*) ou, sur réservation, le *porcetto* (cochon de lait). Une adresse qui tient la route.

L'Assassino (zoom B1, **26**) : *via Pettenadu, 19. ☎ 079-23-34-63. Tlj. Résa conseillée. Repas 30-35 €.* Dans ce resto prisé des locaux, la cuisine est réjouissante, avec des plats du terroir vraiment goûteux et généreux (dommage que le jaja maison ne soit guère à la hauteur et que la carte des vins soit si chère). Au choix : la plaisante salle blanche à arcades ou la terrasse dans la jolie cour.

Montecristo (zoom B-C2, **21**) : *via Arborea, 4. ☎ 079-230-382. 345-811-68-28. • montecristosassari@gmail.com • Tlj. Repas 20-30 € ; pizze 5-12 €.* Resto tout blanc avec quelques antiques voûtes en pierre, s'ouvrant sur une ruelle de la vieille ville. Dans l'assiette, de bonnes *pizze* au feu de bois qui ont fait leurs preuves ! Également de la cuisine sarde *di terra e di mare,* soignée et copieuse. Une adresse qui pêche parfois par son manque d'attention envers les étrangers.

Plus chic

L'Antica Hostaria (plan d'ensemble, C3, **24**) : *via Cavour, 55. ☎ 079-200-066. • lantica.hostaria@gmail.com • Tlj sauf dim et lun midi. Carte 35-40 €. Café offert sur présentation de ce guide.* L'une des bonnes tables de Sassari. Un beau bistrot à l'ancienne, discret et élégant, aux spécialités toutes méditerranéennes, sardes bien sûr, mais aussi siciliennes, rapport aux origines de Savino, le chef, originaire de Palerme. Ce passionné, toujours ravi de discuter avec ses hôtes, élabore une cuisine délicieuse et raffinée (gros appétits, passez votre chemin !), à base de produits locaux triés sur le volet (mais pas de poisson, sauf si vous réservez). Belle carte des vins.

Où boire un verre ?

Taberna Santona *(zoom B1,* ***30****) : piazza Tola, 21. 347-546-67-52. Tlj sauf dim 19h30-minuit. Congés : nov. Digestif offert sur présentation de ce guide.* Très agréable terrasse sur une placette animée en soirée et bordée de maisons anciennes. Le lieu idéal pour siroter un apéro en grignotant quelques *piattini* tout simples et chaque jour différents. Intérieur rustique...

Où déguster une bonne glace ?

Slurp *(zoom C2,* ***33****) : piazza Castello, 4. ☎ 079-239-543. Tlj env 10h30-23h.* Envie d'une bonne glace à prix doux ? C'est chez *Slurp* que cela se passe ! Ici, elles sont fabriquées de façon artisanale, avec des colorants naturels et des ingrédients de qualité. Et il y a même une terrasse pour les déguster relax !

Gelateria Bosisio Passione Bio *(zoom C2,* ***34****) : via Camillo Cavour, 26. ☎ 079-203-15-36. • info@gelateriabosisio.com • Tlj 7h30-23h (pause déjeuner le w-e ; ferme à 21h en basse saison).* Ici, on vous indique d'où viennent les bons produits. Pas de colorant (une glace à la menthe de couleur blanche, ce n'est pas tous les jours !), ni trop de sucre, des goûts subtils, alors évidemment ça se paie...

Où acheter de bons produits ?

Salumeria Alberti *(plan d'ensemble, C3,* ***41****) : via Roma, 23. ☎ 079-236-659. Tlj sauf dim.* Depuis 1925, cette petite boutique à la déco surannée régale sa clientèle de ses superbes fromages, jambons et cochonnailles, vins, alcool de myrte...

Salumeria Mangatia *(zoom B2,* ***42****) : via Università, 68. ☎ 079-234-710. Tlj sauf dim 8h30-14h, 17h-20h.* Veillée par le portrait de Pietro, l'ancêtre fondateur (1922), cette boutique propose des produits de qualité (bio pour la plupart). D'un côté la salaison, de l'autre les gâteaux, le fromage, le pain, les pâtes, le vin et l'huile d'olive.

À voir. À faire

– Possibilité d'acheter à l'office de tourisme le *pass* ***Thàmus*** *(8 €),* qui comprend le *Palazzo ducale,* le *palazzo di Città,* la *fontana di Rosello* et l'*altare preistorico di monte d'Accoddi* (voir « Dans les environs de Porto Torres » plus haut).
– 2 grands pôles : la ville du XIXe s représentée par la piazza Italia, la via Roma et le musée Sanna (et les alentours), et la vieille ville médiévale.
– Les horaires des sites sont très variables et changent régulièrement ; se renseigner soit en ligne sur *• turismosassari.it •,* soit en passant à l'office de tourisme.

La ville médiévale : de taille respectable, elle est circonscrite d'un côté par le *corso Margherita* et de l'autre par le *corso della Trinità* (avec le rempart de ville). Jadis entourée d'une enceinte dont il subsiste quelques vestiges. L'épine dorsale en est le *corso Vittorio Emanuele II,* avec 2 pittoresques rues qui lui sont parallèles : la *via Turritana* (qui part de via Brigata Sassari) et la *via Lamarmora* (qui part de via al Carmine). Contrairement à de nombreux vieux centres urbains de grandes villes européennes, ici, la vieille ville est vraiment restée dans son jus.

Duomo di San Nicola (zoom B2) **:** *piazza Duomo. Lun-sam 8h45-12h, 16h30-19h ; dim et j. fériés 9h-11h30, 17h-19h. Photos interdites à l'intérieur.* Élevé au XIIIe s, il a subi de nombreuses transformations et agrandissements au fil des siècles. Magnifique façade sculptée baroque du XVIIIe s, festival d'ornements végétaux, frises, fleurs, chérubins... Dans des niches, les 3 saints martyrs de Porto Torres (Gavino, Proto et Gianuario) et, au-dessus, saint Nicolas. Le clocher octogonal date de 1756. L'intérieur, en revanche, se révèle décevant. On y retrouve le même côté hybride, avec arches romanes et voûte gothique, quelques tableaux des XIVe-XVIIe s dans les chapelles latérales et de riches retables baroques.
– Sur place, le trésor de l'église est conservé au ***Museo diocesano*** *(seulement mai-sept ; entrée payante).*

Mus'a *(pinacoteca nazionale di Sassari ; zoom B2)* **:** *via Santa Catarina, 4. ☎ 079-231-560. ● pinacotecamusa.it ● Mar-sam 9h-18h, ainsi que 1er et 3e dim du mois. Fermé lun. Entrée : 4 € ; gratuit pour ts le 1er dim du mois. Feuille explicative en français (mais très succincte ; dans les salles, il faudra exercer votre italien !).* Installé dans le 1er collège jésuite de Sardaigne construit à la fin du XVIIe s, ce musée à l'ancienne mode ne contient pas de chef-d'œuvre d'envergure, mais seulement des toiles de peintres moins renommés (du XVIe au XXe s), quoique souvent tout aussi talentueux, parmi lesquels une belle brochette d'artistes sardes. Le rez-de-chaussée présente des objets, sculptures et peintures allant du Moyen Âge à la Renaissance. Le 1er étage est consacré aux peintures des XVIIe et XVIIIe s, présentées par thèmes (paysage, nature morte, portrait...). Enfin, le 2^d étage s'attache aux XIXe et XXe s, avec des salles dédiées à Giovanni Marghinotti (dont de nombreux portraits), Giuseppe Biasi *(Costumi di Orune),* Carmelo Floris (très belle série de femmes « voilées » de la région d'Ollolai), Filippo Figari ou encore Antonio Ballero.

Palazzo ducale (zoom B2) **:** *piazza del Comune, 1. ☎ 079-200-80-72. Lun-ven 8h-19h30, sam 8h-13h30. Fermé dim et j. fériés. Entrée : 4 € ; réduc ; gratuit moins de 6 ans. Visite guidée seulement (30 mn). Inclus dans le pass Thàmus.* Superbe exemple d'architecture civile du XVIIIe s. Hôtel de ville depuis 1900. Réminiscences de styles piémontais et toscan. On notera les décors de fenêtres très différents les uns des autres et le grand balcon central à balustre. La visite, rapide, permet de jeter un coup d'œil aux petites collections d'objets découverts pendant les fouilles (statues, vaisselle...), d'entrer, au 1er étage, dans la salle des mariages et la salle du conseil (installée dans l'ancienne salle de bal), de traverser un intrigant réseau de caves surplombant d'antiques citernes, et de découvrir l'harmonieuse cour. Pas indispensable, mais intéressant si on a le *pass.*

Chiesa di Santa Maria di Betlem (plan d'ensemble, A2) **:** *piazza Santa Maria di Betlem. Tlj 7h-12h, 16h-19h.* La plus importante église après le *duomo.* Fondée au début du XIIIe s par les Bénédictins, puis les Franciscains leur succédèrent. Architecture extérieure assez hybride, tant les modifications et ajouts furent nombreux. Des origines ne subsiste que la sobre façade. Petite curiosité, le campanile rond évoquant... un minaret ! À l'intérieur, le style gothique original est noyé sous un décor baroque chargé en statues ! À noter, la richesse des autels latéraux en bois ciselé doré (particulièrement celui de saint Antoine de Padoue), croulant sous un décor végétal touffu. Seule la *cappella dei Muratori* (1re chapelle à gauche quand on entre par l'avant, actuellement en cours de restauration), toute simple, présente encore son style gothique d'origine. Dans cette église sont entreposés les énormes chandeliers portés lors de la célèbre *festa dei Candelieri* (voir « Fêtes » plus loin).

Chiesa del Rosario (zoom B2) **:** *piazza Rosario. Tlj sauf dim.* Élevée en 1632 par les Dominicains, elle abrite un vrai chef-d'œuvre valant le détour : son colossal retable (13 m de haut par 8 m de large) de style baroque. Impressionnant ! Il est considéré comme ***le plus beau retable en bois de Sardaigne.***

Corso Vittorio Emanuele II *(zoom A-B1-2)* **:** c'est l'ancienne voie romaine allant de Cagliari à Porto Torres. Au Moyen Âge, pour les aristocrates et les grands bourgeois, il était de bon ton d'y habiter. Aujourd'hui, c'est l'une des rues les plus animées de la vieille ville. Le nez en l'air, on découvre un cocktail de palais du XVe s et de belles façades XIXe s. Au no 85, face à l'*Hotel Vittorio Emanuele*, la ***chiesa Sant'Andrea*** du XVIIe s ; au no 35, le ***Teatro civico*** et ancien ***palazzo di Città,*** dont la visite vaut le coup (voir plus bas) ; au no 42 (coin de la via S. Catarina), la ***casa di Re Enzo,*** du XVe s, de style gothique catalan ; et au no 23 (angle via Francesco Cetti), la ***casa Farris*** et ses grandes fenêtres gothiques. Tourner alors dans la via Battisti pour gagner la *piazza Tola* et découvrir le ***palazzo d'Usini*** *(zoom B1-2),* édifié en 1577 dans un style Renaissance tardive (aujourd'hui la bibliothèque municipale). Enfin, rejoindre la ***via Alberto Lamarmora,*** l'un des grands axes de la vieille ville (avec l'envie d'aller se perdre dans toutes ses ruelles adjacentes), en direction du ***palazzo della Frumentaria*** et de la ***fontana di Rosello*** *(zoom B1).*

Teatro civico et palazzo di Città *(zoom B1-2)* **:** *corso Vittorio Emanuele II, 35. Visite guidée (mar-ven 10h-13h, 15h-18h, w-e 10h-13h) : 4 € ; réduc ; gratuit moins de 6 ans. Inclus dans le* pass Thàmus. Construit en 1826, ce beau bâtiment de style néoclassique accueillit l'ancien ***palazzo di Città*** jusqu'en 1880. La visite de 30 mn est par conséquent multiple : elle retrace d'abord l'évolution de la ville (à l'occasion d'une balade dans les anciens bureaux du maire), puis celle du théâtre (petit coup d'œil sur la salle) et enfin celle du bâtiment lui-même, avec une virée sous les combles pour admirer le mécanisme de la grande horloge. Plutôt intéressant donc, d'autant qu'il y a même une petite collection de costumes traditionnels pour la bonne bouche !

Palazzo della Frumentaria *(zoom B1)* **:** *via delle Muraglie, face au no 2. Ouv seulement lors d'expos temporaires.* Cet ancien grenier à grain servait à stocker le blé en cas de famine ou de siège jusqu'en 1833. Rare exemple de l'architecture civile du XVIe s, qui mérite largement le détour s'il est ouvert.

Fontana di Rosello *(zoom B1)* **:** *corso Trinità. En contrebas du pont. Accès libre, mais visite guidée (sur résa) mar-dim 9h-14h, plus mar et jeu ap-m jusqu'à 18h (fermé lun) : 4 €. Inclus dans le* pass Thàmus. Superbe fontaine de 1606 bâtie au-dessus d'une source par des Génois amoureux du style Renaissance. Elle demeure pour les habitants l'un des symboles de la ville car on avait l'habitude de traverser tout Sassari pour recueillir, par ses nombreuses petites gueules de lion, l'eau la plus pure qui soit. Après, ne reste plus qu'à remonter le ***corso della Trinità*** pour rendre visite à la portion de muraille (XIIIe s) la plus longue de la ville.

Museo della Brigata Sassari *(zoom C2)* **:** *piazza Castello, 9. ☎ 079-208-53-03. Sonner pour entrer ! En principe (mais mieux vaut appeler) lun-jeu 8h30-16h30, ven 8h30-12h. Fermé w-e. GRATUIT.* Petit musée dédié à la brigade de Sassari, qui s'illustra par son héroïsme pendant la guerre de 1914-1918. Il montre le point de vue italien sur la « 1re boucherie mondiale », largement illustré de cartes, de photos d'époque – dont certaines, terribles, montrant les offensives –, des principales unes de journaux couvrant la guerre et même de la reconstitution d'une section de tranchée. Une visite émouvante.

Piazza d'Italia *(plan d'ensemble, C2)* **:** le soir, c'est

FORTZA PARIS !

C'est le cri de guerre de l'héroïque brigade de Sassari, qui ne signifie pas « Tous à Paris » mais « Tous ensemble ». Lorsque l'Italie entra en guerre en 1915, l'armée n'était nullement préparée au conflit. Mauvais matériel et incompétence du commandement face à une armée autrichienne aguerrie eurent pour résultat une véritable hécatombe. Comme les Bretons, les Basques et les Corses, les Sardes payèrent le plus lourd tribut à cette guerre. La brigade de Sassari, fidèle à la réputation de courage des Sardes, est restée célèbre pour son héroïsme désespéré.

peut-être l'une des plus belles places de Sardaigne ! Au centre, la statue de Vittorio Emanuele II (l'air bougon, sans doute à cause des herbes folles qui poussent à ses pieds). Dominée par le ***palazzo della Provincia*** *(plan d'ensemble, C2),* construit à partir de 1873 dans un style néoclassique dont la monumentalité ne rompt pourtant pas l'harmonie du site. De l'autre côté de la place s'élève le ***palazzo Giordano*** *(zoom C2),* construit en 1878 dans le style néogothique et qui héberge désormais le siège d'une banque sarde.

Via Roma *(plan d'ensemble, C-D2-3)* **:** ce fut pendant longtemps la prestigieuse rue commerçante de Sassari, avec ses cafés, ses boutiques sophistiquées et son imposant palais de justice. Aujourd'hui, nombre de boutiques chics ont migré dans la rue parallèle, la via Cavour *(plan d'ensemble, C3).* Aux nos 46-48, bel *hôtel particulier* présentant une pittoresque façade néo-Renaissance.

Museo nazionale G. A. Sanna *(plan d'ensemble, D3)* **:** *via Roma, 64. ☎ 079-272-203.* ***En travaux pour une durée indéterminée.*** *Mar-sam 9h-20h et 1er dim du mois. Fermé lun. Entrée : 4 € ; réduc ; gratuit moins de 18 ans et pour tous le 1er dim du mois.*
Installé dans un bâtiment néoclassique des années 1920, le grand musée de la ville présente des collections archéologiques, léguées pour la plupart par Giovanni Antonio Sanna, l'ancien directeur des *mines de Montevecchio* (voir à Arbus dans le chapitre « Le Sud-Ouest. La costa Verde »).
La ***section archéologique*** comprend 7 salles qui retracent l'histoire de la région depuis le Paléolithique inférieur (il y a 450 000 ans) jusqu'au Moyen Âge. Une large partie s'attarde sur ce qui fait la particularité de la Sardaigne, à savoir la période nuragique, sans oublier la ville romaine de *Turris Libyssonis* (l'actuel Porto Torres). On y contemple aussi des peintures allant du XVe au XXe s.

Fêtes

- ***Cavalcata sarda*** **:** *avant-dernier dim de mai.* Une des plus importantes fêtes folkloriques de l'île. Elle évoque le passage, le 20 avril 1899, d'Umberto II di Savoia et de sa femme Margherita. Des centaines de cavaliers, des milliers de gens costumés venant de toute la Sardaigne, défilent dans la ville.
- ***I Candelieri*** **:** *14 août.* Fête appelée *festha manna* (la grande fête) par les habitants et remontant à la 2de moitié du XIIIe s. Au XVIe s, renforcée à la suite d'un vœu fait à la Vierge au moment d'une grave épidémie de peste. Depuis, les 11 corporations de la ville (entre autres les charpentiers, les fermiers, les carriers, les commerçants ambulants...) assurent la procession en portant d'énormes cierges en bois.

LE LOGUDORO

À un vol de faucon pèlerin de Sassari, le Logudoro, avec ses paysages propices au rêve et à la méditation, est une portion de Sardaigne chargée d'histoire. On y découvre, outre quelques sites nuragiques de 1re importance, quelques-unes des *plus belles églises romanes de l'île.* Prévoir une bonne journée si vous êtes basé à Sassari.

Basilica della Santissima Trinità di Saccargia **:** *loc. Saccargia, SS 597 (km 2), 07040*

UNE ÉGLISE VACHEMENT CHOUETTE !

Saccargia *vient du sarde* sa acca argia, *qui signifie « vache tachetée ». D'après une légende locale, une vache venait régulièrement s'agenouiller ici (pour prier, dit-on !). Bon, ça expliquerait peut-être également les gentils bovins sculptés sur l'un des chapiteaux du portique !*

Codrongianos. *📱 347-000-78-82. • saccargia.arete@tiscali.it • À env 15 km au sud-est de Sassari, direction Olbia (panneaux). Avr-oct, tlj 9h-17h30 (18h juin-août). Entrée : 3 € ; réduc. Panneaux explicatifs en français.* À notre avis, la plus belle église romane de style pisan de l'île, fondée au XIIe s. Elle fait tout à coup irruption, imposante avec son impressionnant clocher de 40 m, en pleine campagne. Pas de village autour, mais rien d'étonnant, c'était seulement l'église d'une ancienne abbaye, dont il reste aujourd'hui quelques ruines à côté. Si l'abside se rattache au style lombard, en revanche, façade et clocher sont nettement de style pisan avec alternance de calcaire blanc et de basalte noir. À l'intérieur, très haute nef d'aspect austère et belles fresques dans l'abside centrale représentant le Christ rédempteur, les apôtres, quelques scènes de la fin de la vie de Jésus, la Crucifixion...

Basilica Santa Maria del Regno : *piazza N.S. del Regno, 07010* ***Ardara.*** *☎ 079-400-193 (paroisse). À 33 km au sud-est de Sassari et env 15 km à l'est de Codrongianos, direction Olbia. Sur rdv seulement, sinon vous pouvez toujours venir juste avt la messe du dim (à 10h). De mi-avr à mi-sept, possibilité de visite guidée tlj 10h-13h, 15h-18h30 sur résa (📱 392-127-08-60).* Une autre église à ne pas manquer ! À travers la campagne sereine, on parvient à ce village perché d'où se détache cette austère silhouette de basalte. Édifiée à la fin du XIe s, l'église servait à l'époque pour le couronnement des rois. Mais ici, c'est l'intérieur qui fascine. Harmonieuses proportions et 3 nefs séparées par des colonnes doriques. Chacune possède sa fresque de saint, ce qui vous permettra de redécouvrir les 12 apôtres et les 4 Pères de l'Église. Mais le chef-d'œuvre absolu, c'est ***ce retable, l'un des plus beaux de Sardaigne.*** Cet immense polyptique fut réalisé par Giovanni Muru en 1515. Il représente la vie de la Vierge, en couleurs éclatantes, où l'on perçoit l'influence de la peinture flamande mais aussi toscane, et même espagnole, comme l'atteste l'emploi du rouge. Un de nos panneaux préférés, en bas à gauche : la flamboyante *Visite des Rois mages*, aux riches costumes... Renaissance. Sous la statue de la Vierge, un *Christ sortant du tombeau* et, de part et d'autre, saint Pierre et saint Paul, qu'on retrouve d'ailleurs sur les 2 premières colonnes !

Chiesa Sant'Antioco di Bisarcio : *SS 729 (km 22), 07014* ***Ozieri.*** *☎ 079-787-638. À 40 km au sud-est de Sassari et 11 km à l'est d'Ardara, direction Olbia. Avr-sept, tlj sauf lun 10h-13h, 14h30-19h ; hors saison, horaires réduits. Entrée : 3 € ; réduc ; gratuit moins de 12 ans.* Perdu au milieu de nulle part, ce poids lourd de l'architecture romane faisait à l'origine partie d'un monastère cistercien point d'orgue d'un grand village – qui fut même un temps (du XIe s à 1503) évêché. L'un des 18 diocèses sardes donc, possédant sa propre cathédrale. Il fut abandonné pour cause d'épidémie de malaria au profit d'Ozieri. Unique dans l'île, l'église présente une façade asymétrique plutôt fantaisiste. À l'intérieur, on découvre 3 nefs très sobres (charpente en bois pour la centrale, en pierre à voûtes croisées pour les latérales), avant de grimper à l'étage du narthex. Ce dernier fut construit ultérieurement et terminé à la fin du XIIe s. En montant à l'étage, on peut d'ailleurs décrypter la signature de l'architecte sur les murs (mais il faut le savoir pour le voir !) et admirer la façade de l'église telle qu'elle était lors de sa consécration en 1164.

Ozieri : *à 50 km au sud-est de Sassari et une quinzaine de km au*

DE SASSARI, BASTION DE LA CONTESTATION, AU PANTHÉON DE PARIS

Jean-Paul Marat, célèbre révolutionnaire français qui recevait les jeunes filles dans son bain, était... d'origine sarde. Grands-parents : Antonio et Miliana Mara, originaires de Sassari (grosse usine à fabriquer des républicains, on l'a vu plus haut !). Naissance de Jean-Paul Marat en 1743 (il y gagne un « T » au passage), qui eut la brillante (et courte) carrière qu'on lui connaît...

sud-est de Sant'Antioco di Bisarcio. Village labyrinthique perché (l'enfer pour circuler et se garer !), capitale du Logudoro et du cheval sarde, dans une cuvette cernée par la forêt. Il offre un vieux centre pittoresque tout en ruelles pentues, escaliers, gentilles placettes, bordé par de vénérables demeures, dont certaines avec beaux balcons et loggias (appelés ici *sutteas*). Dans la ***cathédrale*** (non romane), intéressant polyptique du XVIe s. Si vous passez par Ozieri, profitez-en pour goûter la *spianata* ou *pane fine,* un pain spécial d'une grande finesse, ainsi que les *savoiardi,* ces biscuits de Savoie entrant traditionnellement dans la composition du tiramisù...

Basilica San Pietro di Sorres : *loc. San Pietro di Sorres, 07040* ***Borutta.*** *334-853-77-51 ou 339-331-23-55. À 40 km au sud-est de Sassari, entre Borutta et Torralba (panneaux). Mars-sept, tlj 10h-18h30 ; hors saison, horaires restreints ; pas de visite pdt les messes. Visite accompagnée (sur résa nov-fév) : 4 € ; réduc. Livret explicatif en français. Petite boutique de produits faits par les moines juste à côté (tlj sauf mer).* Cette superbe église romane a fière allure. De grandes dimensions, elle fut cathédrale du début du XIIe s au début du XVIe s. On y retrouve la bichromie noir et blanc chère au style pisan. L'intérieur, austère, présente 3 nefs soutenues par des colonnes et arches du même style. À droite de la nef centrale, belle chaire en marbre blanc ciselé. La basilique est accolée à un monastère bénédictin toujours en activité, dont le cloître fleuri et orné de fresques, construit en 1955, se visite.

Nuraghe Santu Antine : *loc. Mura Era, SP 21 (km 1), 07048* ***Torralba.*** *☎ 079-84-74-81. ● nuraghesantuantine.it ● À 41 km au sud-est de Sassari et 3 km au sud de Torralba. Tlj de 9h à 30 mn avt le coucher du soleil. Entrée : 8 € ; réduc ; gratuit moins de 6 ans. Visite guidée (en français si Beatrice est là) ttes les heures 10h-18h30 (pause 14h-15h30). Le prix du billet donne accès au musée de la Vallée des nuraghi à Torralba (à 3,5 km de là ; mêmes horaires).* ***Le site Nuragique le plus important de Sardaigne,*** juste après Su Nuraxi, et aussi l'un des mieux conservés. Construite vers 1500 av. J.-C., c'est une imposante forteresse avec sa tour centrale de 17 m de haut renfermant plusieurs salles, ceinte par 2 niveaux de chemins de ronde. Empilement des pierres – sans mortier – d'une précision étonnante. Autour, on découvre 3 autres tours reliées par un couloir gainé impressionnant car entièrement aménagé dans l'épaisseur des murs afin d'assurer une meilleure protection aux défenseurs. Ici, toutes les constructions sont d'origine, sans ajouts tardifs malgré les occupations phénicienne, carthaginoise et romaine. Tout autour, vestiges des maisons en pierre du village nuragique. Snack-bar et boutique sur place.

Museo della Valle dei Nuraghi : *via Carlo Felice, 151, 07048* ***Torralba.*** *☎ 079-847-298. Dans le bourg de Torralba. Mêmes horaires que le nuraghe Santu Antine. Le prix du billet de Santu Antine donne accès à ce musée.* Ce petit musée vite vu mais néanmoins intéressant retrace l'histoire du Logudoro et du Mejlogu de la préhistoire à l'avènement de la chrétienté (sous forme de panneaux chronologiques exclusivement). L'étage, qui bénéficie d'une muséographie simple mais bien conçue (peu de vitrines), met en valeur des objets issus des fouilles de Santu Antine. Entre autres poteries, on y voit une très belle *pintadera,* ce petit tampon de terre cuite qui servait à marquer les pains de cérémonie.

Il Mejlogu : *via Carlo Felice, 98, à* ***Torralba.*** *329-956-72-15. Presque en face du musée. Tlj sauf lun 12h30-14h30, 19h-22h (horaires réduits en hiver). Repas 15-25 €.* Un resto tout simple avec quelques tables sur la rue. La cuisine de Costantino est appréciée à des lieues à la ronde, que ce soit à la saison des champignons ou quand les *culurgiones* et les raviolis signent l'arrivée de la *pasta fresca fata in casa* (on traduit ?). Pour la pizza, servie ici en 2 tailles, on attendra le soir. Accueil gentil.

CASTELSARDO

(07030 ou 07031) 5 860 hab.

• Plan *p. 205*

Capitale historique de l'Anglona, Castelsardo, perchée sur sa colline face à la mer, a tout d'une carte postale. Elle invite les promeneurs à découvrir quelques édifices religieux et musées bien cachés, au fil d'une promenade (une ascension ?) dans son lacis de ruelles piétonnes et d'escaliers.

UN PEU D'HISTOIRE

Occupée dès l'époque nuragique, Castelsardo n'est vraiment entrée dans l'Histoire qu'à partir du XIIe s, quand débarque la famille ligurienne *Doria* dans le dessein de protéger ses routes commerciales maritimes qui approvisionnaient Gênes. Puis, après avoir constitué un rempart contre l'envahisseur venu de la mer pour le judicat d'Arborée, la ville passe sous domination aragonaise au XIVe s, puis espagnole, pour finir, sous le règne de Charles-Emmanuel III (1730-1773), dans l'escarcelle de la ***maison de Savoie.*** Son histoire plus récente se confond avec celle de toutes les villes de la côte ouest : déclin dû à la peste, aux raids barbaresques à répétition, et, dès le début du XIXe s, ***exode de la population*** suite à la pression de propriétaires fonciers trop autoritaires.

Arriver – Quitter

Arrêt des bus ARST *(plan B2)* **:** *piazza la Pianedda. • arst.sardegna.it •*

➢ ***Sassari*** *(1h)* **:** min 10 bus/j. en sem (plus en période scolaire), 3-4 dim et j. fériés.

➢ ***Santa Teresa Gallura*** *(1h40)* **:** 5 bus/j. Desservent ***Badesi*** au passage.

Info utile

– ***Marché*** *(hors plan par B2)* **:** *ven mat, via delle Città Regie, dans la ville basse.*

Où dormir ?

Dans la ville haute

C'est là que nous vous conseillons de séjourner... mais n'oubliez pas que les ruelles sont escarpées, inaccessibles en voiture, et qu'il faudra par conséquent trimballer les valises à pied. Très conseillé de réserver.

De bon marché à prix moyens

L'Antico Faro *(plan B1,* ***14****)* **:** *via Garibaldi, 42. 329-968-62-25 (Sonia). • soniasini7408@gmail.com • Doubles 55-85 €.* Géré par un couple dynamique, *L'Antico Faro* est un *affittacamere* (chambres d'hôtes) où l'on sert le petit déj, en terrasse et face à la mer qui plus est ! Au menu, 6 chambres à la propreté irréprochable, avec ou sans clim, lumineuses et bien conçues. Certaines sont communicantes (bien pour les familles). Un bon plan.

B & B Colti di Rosa *(plan B1,* ***11****)* **:** *via Solferino, 8 (petite rue qui grimpe face au débouché de la via del Purgatorio). ☎ 079-470-498. 347-609-18-27 (Roberto). • beb.coltidirosa@gmail.com • Doubles 55-85 €.* En plein cœur du village fortifié, on est séduit par ces

LE NORD-OUEST

3 chambres aménagées avec couleurs dans une vieille maison de caractère. 2 d'entre elles donnent sur la terrasse commune à l'étage, d'où l'on profite d'une belle vue sur le campanile et la mer. Accueil familial.

B & B Casa Doria *(plan B1,* ***12****) : via Garibaldi, 10. 349-355-78-82 (Patrizia). • info@casadoria.it • casadoria.it • Ouv mars-oct. Doubles 60-80 €. Réduc de 10 % sur les doubles sur présentation de ce guide.* B & B à l'ancienne proposant 3 belles chambres avec salle de bains (meubles anciens et lits en fer forgé). Au dernier étage, vaste salon avec cuisine, vraiment plaisant. Bon accueil.

B & B Sa Domo de Minnanna *(plan B2,* ***13****) : via Mezzu Teppa, 5 (sonner juste en face, chez Cristina). 340-277-89-71. • sadomodeminnanna@yahoo.it • En haut de la ville basse, juste sous le château. Doubles 50-70 €. CB refusées.* À 2 mn à pied de la vieille ville, dans un quartier résidentiel tranquille, 3 chambres agréables, fonctionnelles et colorées, chacune avec sa mini-salle de bains. On ne s'en doute pas forcément, mais cette vieille et modeste maison fut la 1re construite (en 1845) sur la colline au pied du *castello* par les ancêtres des actuels propriétaires ! Accueil familial très sympa.

À la plage de Lu Bagnu

On pourrait l'appeler « Casteltouristo » ! La plage touristique, poste avancé de Castelsardo, est à 3 km vers l'ouest.

B & B Real Primo Sole *(hors plan par A2,* ***15****) : via Lombardia, 28. 339-492-03-62 ou 339-369-91-73. • info@realprimosole.com • realprimosole.com • Doubles 50-85 €. Parking.* Ici, on n'a rien laissé au hasard : les chambres, toutes différentes, possèdent un confort au top (kitchenettes planquées dans les armoires pour certaines) et une déco balnéaire du genre à vous faire aimer la peinture. Porte-fenêtre à jalousie donnant sur une terrasse pour nos préférées. Ça sent les vacances à plein nez ! Bon petit déj servi par les proprios chaque jour. Le tout dans un quartier résidentiel tranquille à 200 m de la plage.

LE NORD-OUEST

Où manger ? Où déguster une bonne glace ? Où boire un verre ?

Dans la ville haute

Aragona *(plan B1,* ***23****) : via Manganella, 3. 079-470-081. 340-630-33-12. • costanzomela@tiscali.it • Ouv mars-oct. Menu 18 € ; repas 30-35 €. Café ou digestif offert sur présentation de ce guide.* L'une des plus belles terrasses de la vieille ville, avec vue superbe sur la baie. Cuisine toute simple mais fraîche et honnête. Goûtez donc aux spaghettis au myrte, la spécialité maison. Agréable aussi pour prendre un verre, un café, ou avaler un *panino*. Une adresse touristique mais très correcte, où le menu est entièrement traduit en français.

Dans la ville basse et à l'extérieur

La Trattoria da Maria Giuseppa *(plan B2,* ***20****) : via Colombo, 6. 079-470-661. • pinopinna1974@yahoo.it • Tlj sauf lun (tlj juil-août). Congés : janv-fév. Repas 30-35 € ; pizze 5-12 €.* Resto très populaire, plébiscité par les gens du coin pour sa généreuse cuisine familiale typique, *di mare e di terra*, et ses bonnes *pizze* servies le soir. À déguster dans une salle prolongée par une véranda surplombant la rue et largement ouverte sur la mer. Accueil gentil.

Rocca 'Ja *(hors plan par B2,* ***21****) : via Sedini, 100. 079-470-164. 380-791-69-86 (Giorgia). • ristoranteroccaia@gmail.com • Ouv le soir tlj (sauf mer en basse saison), plus le midi w-e et j. fériés. Congés : nov-fév. Repas 35-40 € ; pizze 7-12 €.* Perché sur une colline à la sortie de la ville, ce grand resto attire locaux et touristes pour ses bonnes *pizze* (sans gluten si nécessaire) et ses plats classiques de terroir tout à fait convenables. Mais le vrai plus, c'est la terrasse avec vue sur la mer. Accueil sympa et efficace. Loue aussi un appart.

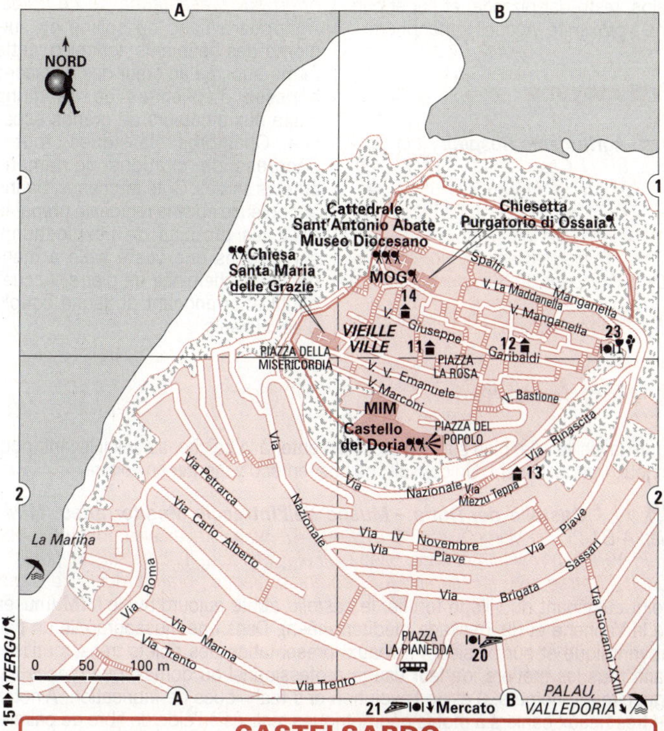

CASTELSARDO

Où dormir ?

- **11** B & B Colti di Rosa (B1)
- **12** B & B Casa Doria (B1)
- **13** B & B Sa Domo de Minnanna (B2)
- **14** L'Antico Faro (B1)
- **15** B & B Real Primo Sole (hors plan par A2)

Où manger ?
Où déguster une bonne glace ?
Où boire un verre ?

- **20** La Trattoria da Maria Giuseppa (B2)
- **21** Rocca 'Ja (hors plan par B2)
- **23** Aragona (B1)

Où dormir ? Où manger dans les environs ?

Camping

International Camping Valledoria : *via La Caccia, 39, 07039* ***Valledoria.*** *☎ 079-584-070. • info@campingvalledoria.com • campingvalledoria.com • À env 10 km à l'est de Castelsardo. De mi-mai à fin sept. Pour 2 avec tente et voiture, 23-33 € ; bungalows (2-4 pers) 60-130 €.* Dans une zone peu construite, camping à taille humaine et à l'atmosphère relax (les voitures restent au parking !), installé dans une agréable pinède le long d'un cordon dunaire que l'on franchit pour accéder directement à la plage. Sanitaires propres. Également quelques bungalows simples mais pratiques (salle de bains, cuisine équipée, terrasse) et bien tenus. Tennis, belle piscine, location de vélos, resto-bar-pizzeria, et supermarché à proximité. Accueil francophone.

Prix moyens

Agriturismo Ruspina : *loc. Ruspina, SP 17 Castelsardo-Nulvi, km 4,9, 07032* ***Nulvi.*** *340-583-93-85 ou 348-861-68-74. • info@agriturismoruspina.com • agriturismoruspina.com • À env 17 km au sud de Castelsardo. Doubles 60-75 €. ½ pens 50-60 €/pers. Auberge ouv aux non-résidents sur résa : menu 35 €. Apéro maison, café ou digestif offert sur présentation de ce guide.* Agrippée à flanc de colline en surplomb des bâtiments agricoles, cette ferme-auberge au cœur des paysages hérissés d'éoliennes de l'Anglona plaira aux amateurs de grands espaces. Chambres classiques, toutes décorées de citations de fameux auteurs sardes. Côté fourneaux, bonne et copieuse cuisine régionale préparée avec les produits de l'exploitation, servie dans une vaste salle à manger, avec cheminée de pierre. Accueil gentil et arrangeant du jeune couple d'agriculteurs.

À voir. À faire

Toute la vieille ville, bien sûr ! En été, à arpenter à la fraîche, au soleil levant, pour en jouir tranquillement. Un conseil : ne pas tenter d'y monter en voiture.

Castello dei Doria – Museo dell'Intreccio Mediterraneo (***MIM*** ; *plan A-B1-2*) **:** *via Marconi, s/n. ☎ 079-601-47-69. • mimcastelsardo.it • Avr-oct, tlj 9h-19h (21h mai-juin et sept, minuit juil et 1h en août !) ; hors saison, horaires réduits. Entrée : 5 € (accès au MOG compris) ; réduc ; gratuit moins de 6 ans.* Point culminant du village fortifié, le *castello* abrite aujourd'hui le ***MIM*** (musée de la Vannerie et du Tressage méditerranéen). Dans une muséographie un peu labyrinthique et sur plusieurs niveaux, présentation des objets tressés utilisés dans tous les métiers, de leur usage professionnel ou domestique (pêcheurs, agriculteurs, bergers...) et de l'évolution des techniques de fabrication. À noter, de très beaux paniers à motifs géométriques réalisés à l'aide de fibre de palmier nain. Ils participent à la renommée de la ville, tout comme l'exemplaire de ces fameuses *fassoni,* des embarcations constituées de grappes de roseaux assemblées conçues pour naviguer sur les plans d'eau de Cabras... et ressemblant à s'y méprendre à celles du lac Titicaca au Pérou. Dans la cour, quelques reconstitutions de machines de guerre médiévales. Et, bien sûr, une superbe vue depuis le chemin de ronde !

Cattedrale Sant'Antonio Abate (*plan B1*) **:** *via Manganella. Juil-août, tlj 10h-20h ; à la mi-saison, tlj 10h-13h, 15h-17h30 ; en hiver, horaires réduits. Musée diocésien (juin, tlj 10h30-13h, 15h30-20h ; juil-août, en continu) : env 4 € ; réduc.* Flanquée d'un haut campanile coiffé d'une ravissante toiture colorée, cette cathédrale fut construite au XVIIe s sur les bases d'une église romane, dont il subsiste les voûtes et arches de la nef, tandis que le transept et le chœur sont à croisée d'ogives. Débauche de petits retables en bois sculpté et doré, chaire particulièrement ornementée et, sur le retable du chœur, une *Vierge* du XVIe s dans son habit de lumière.

Le ***Museo diocesano*** est le clou de la visite. Aménagé dans la crypte découverte en 1999, il arbore aujourd'hui quelques pièces rares comme cette madone en bois datée de 1300, une reproduction de la Sainte Face dont l'original se trouve au Vatican, ou encore ce christ de l'école espagnole du XVe s. Observez bien la bordure de la robe de Dieu supportant la croix, elle donne au Christ l'allure de l'homme de Vitruve (Léonard de Vinci) en l'inscrivant dans un cercle parfait (on était en pleine Renaissance à l'époque !). Dans la petite crypte de S. Michele, un saint Michel en train de trucider le démon, et, juste à côté, les 4 apôtres et la Sainte-Trinité, le tout réalisé par le maestro de Castelsardo (XVIe s).

Dans la rue menant à la cathédrale, un peu avant celle-ci, jetez un coup d'œil à la ***chiesetta Purgatorio di Ossaia*** *(plan B1)* du XVIIe s. On y entreposait les défunts avant inhumation. Juste à côté, dans l'ancien couvent franciscain, le ***museo delle Origini Genovesi*** (***MOG*** ; *accès avec le billet du MIM, voir plus haut*) retrace l'histoire de la ville depuis la préhistoire jusqu'à l'arrivée des Doria, à l'aide de diapos et de panneaux explicatifs en anglais et en italien.

Chiesa Santa Maria delle Grazie *(plan A1)* **:** *piazza della Misericordia.* De style roman puis remaniée au XVIe s. À mi-piliers, quelques rustiques figures d'anges, et chaire rectangulaire en bois – vert et doré – peu commune. Dans la chapelle face à la porte, *Christ noir* du XIVe s. *Ecce Homo* du XVIIe s sur l'autel principal.

Balade dans la vieille ville *(plan A-B1-2)* **:** quelques édifices historiques jalonnent votre itinéraire. Via del Seminario, 31, imposant ***palazzo*** du XVIe s, qui fut école supérieure de grammaire et de rhétorique et aussi séminaire jusqu'en 1922. Via Regina Margherita, ***palazzo comunale*** (XIIe s). Via V. Emanuele, le ***palazzo episcopale*** (XVIIe s) abrite parfois des expos. Piazza Bastione s'élève le ***bastione di Manganella*** (XIIe-XVIIe s).

Les plages

Dans la ville même, petite ***spiaggia della Marina*** *(plan A2),* de sable, urbaine et lovée dans un virage de la route. À 3 km plus à l'ouest, dans une zone moins construite et plus verte, la ***spiaggia di Lu Bagnu*** : mer peu profonde, sable fin, idéale pour les familles. Plus à l'ouest encore, le long de la SS 200, plage de la ***punta La Capra,*** avec des rochers délimitant parfois des piscines naturelles. Enfin, à 10 km à l'est de Castelsardo, goûtez donc à la sérénité de la belle et longue plage de sable sauvage de ***Valledoria,*** bordée par un cordon dunaire parsemé de végétation.

Manifestation

– ***Settimana santa :*** *Semaine sainte.* Commence avec le Lundi saint, qu'on appelle ici *Lunissanti.* À l'aube, les pénitents, dont certains portent les outils de la Passion, vont assister à la messe à l'église Santa Maria. Procession des *Cori* et des *Misteri.* Le soir, toutes les lumières de la ville s'éteignent pour une spectaculaire procession aux torches. D'autres manifestations les Jeudi et Vendredi saints.

DANS LES ENVIRONS DE CASTELSARDO

Chiesa Nostra Signora di Tergu : *via Chiesa, 1, 07030* ***Tergu.*** *À env 6 km au sud de Castelsardo.* En marge du village (panneaux), adorable petite église du XIIe s, présentant une façade particulièrement élaborée et une large, haute et sobre nef. Notez ces colonnettes toutes blanches zigzaguant joliment sur la pierre volcanique rouge. Décor floral finement ciselé. Grand retable en bois verni orné de peintures et d'une Vierge à l'Enfant en marbre.

Roccia dell'Elefante : *à env 5 km au sud de Castelsardo, sur la SS 134 (km 19,3), direction Sedini.* En bord de route, une curiosité de la nature : énorme bloc de trachyte évoquant la forme d'un éléphant.

Sedini : *à 19 km au sud-est de Castelsardo.* Pittoresque village jouissant d'une belle situation, sur les hauteurs, au creux d'une petite brèche. Nombre de maisons

LE NORD-OUEST

y épousent les formes de la roche à laquelle elles sont adossées. La *chiesa Sant'Andrea*, son église paroissiale, possède un joli portail, et la *domus di Janas*, une intéressante petite nécropole prénuragique, mérite le coup d'œil. Si vous avez un peu de temps, à 3 km vers le sud-ouest, jetez aussi un œil à la petite église romane *San Pancrazio du Nusri.*

Chiesa San Pietro delle Imagini : *SS 134, km 2, 07030* ***Bulzi.*** *À 26 km au sud-est de Castelsardo et env 4 km au sud de Bulzi.* Isolée dans la campagne, cette église présente une façade de style pisan d'une grande harmonie : admirez ce jeu puissant des lignes, l'équilibre des arcatures, l'alternance bien rythmée des bandes de calcaire blanc et de trachyte sombre. Ici se trouvait, à l'origine, la rare *Déposition du Christ* en bois ciselé du XIIIe s, aujourd'hui visible dans la *chiesa San Sebastiano* de Bulzi ; à voir en passant *(tlj 8h-20h).*

ISOLA ROSSA

(07038)

À mi-chemin entre la *costa Paradiso* et Castelsardo, Isola Rossa est un petit village de pêcheurs qui s'est laissé grignoter peu à peu par le tourisme, dont il tire aujourd'hui une bonne partie de ses revenus. Il n'en demeure pas moins une destination agréable avec ses plages de sable blanc et fin d'une grande beauté et son arrière-pays tressé de vignobles, encore épargné par le béton. Les familles ainsi que les amateurs de *snorkelling* et de randonnée pédestre y trouveront aussi leur compte. Une excellente base arrière pour partir à la découverte de la région.

Arriver – Quitter

Arrêt des bus ARST : *via alla Fontanella.* • *arst.sardegna.it* •
➢ ***Tempio Pausania*** *(55 mn),* ***Aggius*** *(45 mn)* ***et Trinità d'Agultu*** *(15 mn)* **:** 5 bus/j.

Info utile

– **Marché :** *jeu 8h-14h, à la sortie du village.*

Où dormir à Isola Rossa et dans les environs ?

Camping

Baia Paradiso : *loc. Li Parisi, à* ***Badesi Mare.*** *334-319-63-20.* • *info@campingbaiaparadiso.it* • *campingbaiaparadiso.it* • *De mi-mai à fin sept. Forfaits 14-38 € pour 2 ; bungalows et mobile homes 35-95 € pour 2 (110 € en août) ; min 1 sem exigée en août.* Dans un parc arboré de 6 ha avec accès direct à la plage, un camping où, pour une fois, on n'est pas les uns sur les autres. Les campeurs opteront pour un lit d'aiguilles de pin, les autres pour une des formules bungalow ou mobile home allant de la plus basique (douche extérieure) à la plus élaborée avec 2 chambres bien insonorisées, terrasse et tout le toutim. Cuisine et clim pour tout le monde. Piscine, resto-bar, mini-market, animations pour enfants en été. La mer vous tend les bras. Bon accueil.

Prix moyens

B & B Casetta al Mare : *lungomare Dettori, 23, à Isola Rossa.* *347-811-53-48.* • *info@bebcasettaalmare.*

com • bebcasettaalmare.com • Mai-oct. Doubles 65-95 € (jusqu'à 130 € en août) ; min 2 nuits exigées. Cette petite adresse de charme (déco marine épurée, références sardes), idéalement placée devant la plage, offre une poignée de chambres bien fraîches mais dont 1 seule bénéficie d'une vue sur la mer. Clim, frigo, coffre-fort, tout a été pensé par Elio pour que ses hôtes se sentent comme à la maison. Un bon plan pour des vacances au soleil.

Villa Agnese : *via Riu Balbaro, 24, à* ***Badesi.*** *335-165-43-43. • grussua@alice.it • Doubles 50-80 €.* Plantée dans un immense jardin fleuri à 5 mn de voiture de la plage, une grande villa dont toutes les chambres (sauf une) offrent une vue sur la mer. Déco efficace (meubles de style sarde fabriqués en Indonésie) et colorée, service au top, plein de petits coins pour buller, belle piscine et accueil gentil. Un vrai endroit pour passer ses vacances.

Où manger ? Où boire un verre ? Où déguster une bonne glace à Isola Rossa et dans les environs ?

Nombreux restos touristiques sur la promenade qui mène au port, bondés en été mais beaucoup plus tranquilles hors saison. Également quelques adresses à l'écart.

Ittiturismo Antichi Sapori di Mare : *via Lu Caloni, 17B, à Isola Rossa. 334-524-20-82. Dernière maison tt au bout du port. Tlj midi et soir. Menu fixe 30 €.* Une douzaine de tables dans un décor bleu-blanc dont 2 seulement avec vue sur la mer (pas de terrasse). Ce n'est pas bien grave, car ici la mer est dans l'assiette ! Cette famille de pêcheurs reconvertis en restaurateurs propose une cuisine simple qui change tous les jours en fonction de la pêche. Assortiment d'*antipasti,* de *primi,* de *secondi* (poisson grillé), ¼ de petit blanc sec, café et *basta !* Les viandards et les végétariens passeront leur chemin. Bon accueil.

Agriturismo Lu Naragu : *loc. La Scalitta, à* ***Paduledda.*** *334-348-77-20. D'Isola Rossa, prendre la SP 39 vers Badesi, puis à droite juste avt Paduledda (fléché). Pâques-oct, plutôt le soir (téléphoner avt). Résa conseillée. Menu fixe env 30 €.* Un *agristurismo* à la position dominante, dont la grande salle vitrée embrasse tout du golfo dell'Asinara. On vient ici en famille (coin jeux pour les enfants) pour se délecter d'une cuisine sarde de mer ou de terre efficace et copieuse, à prix fixes. Chaque jour apporte son lot de surprises : le dimanche, c'est *zuppa gallurese,* le mercredi *pane frattau* ou *malloreddus* (les fameux petits gnocchis sardes), quant au jeudi, le *maialino sardo* (cochon de lait) n'a qu'à bien se tenir, sinon il finit *alla brace* ! Typique et familial.

Calypso Lounge Beach-Bar : *loc. Baia delle Mimose (Pirottu li frati), à* ***Badesi Mare.*** *339-160-84-65. • calypsobadesi@gmail.com • De mi-avr à fin sept.* Au bout de la promenade en bois qui conduit à la superbe spiaggia della baia delle Mimose, on tombe sur ce bar-lounge tout de blanc construit (jacuzzi extérieur), où il est particulièrement agréable de siroter un *spritz* au couchant. Ambiance balnéaire et musique électro-lounge jusqu'au bout de la nuit en été.

Gelato Mania : *lungomare Dettori, 23, à Isola Rossa. Mai-oct, tlj 11h-22h (plus tard en juil-août).* C'est l'antenne estivale de la *gelateria artigianale* de Badesi. Une référence dans la région.

Les plages

Dans la station même d'Isola Rossa, 2 petites plages. La première, ***Li Femini,*** est collée au port ; l'autre, ***spiaggia Longa,*** est à 5 mn à pied. Mais la région est

LE NORD-OUEST

surtout réputée pour ses grandes plages de sable blanc et fin ainsi que pour ses criques turquoise cernées de gros rochers découpés de porphyre rose. La plus belle : la ***spiaggia Li Ferruli*** (la route goudronnée y descend, avoir de bons freins !) ; sinon, la ***spiaggia Li Junchi di Badesi*** n'est pas mal non plus (hors saison, vous vous y sentirez même un peu seul tellement elle est grande). Très belle aussi, la ***spiaggia Poltu Biancu,*** située un peu plus au sud, juste avant la ***spiaggia della Baia delle Mimose.***

Les randos

➢ Les plages du coin sont également accessibles par des sentiers de randonnée, comme le ***sentiero dei Contrabbandieri,*** qui commence au pied de la tour espagnole d'Isola Rossa pour se terminer à la très belle crique de porphyre rose (piscines naturelles) de la ***spiaggia Tinnari,*** égrenant au passage les plages de la ***Marinedda*** et de ***cala Rossa*** (compter 5h pour faire l'aller-retour). Cette rando peut se poursuivre par le ***sentiero dell'Eremita*** jusqu'à la ***spiaggia di Li Cossi*** (compter 2h de plus, 4h pour un aller-retour). Au sud d'Isola Rossa, un sentier part de la pointe sud de la ***spiaggia Longa*** pour gagner la ***spiaggia Li Ferruli*** (compter environ 2h pour faire l'aller-retour).

LA GALLURA

• Carte *p. 212-213*

Au nord-est de la Sardaigne, la Gallura offre 2 visages bien distincts. D'abord celui d'un Finistère sarde, âpre et taillé dans le granite, aux traditions fortement ancrées dans la culture du chêne-liège et de l'olivier. Un pays de bergers et de gens de peu, vivant au rythme des saisons et des fêtes religieuses, où l'on parle encore une variante du corse. Ensuite vient la plage, avec d'un côté une côte dentelée ponctuée de petites stations balnéaires plus ou moins bétonnées – avec comme point d'orgue l'archipel des îles de la Maddalena – et de l'autre la très médiatique *costa Smeralda,* rendez-vous mondial des stars du showbiz. Porte d'entrée de ces mondes que tout semble opposer : l'aéroport d'Olbia et sa ribambelle de compagnies aériennes à bas coût qui mettent la Sardaigne à moins de 2h de vol de la plupart des villes d'Europe. En bateau, vous toucherez le sol sarde à Santa Teresa Gallura.

OLBIA

(07026) 59 000 hab.

• Plan *p. 214-215*

Grand port depuis l'époque romaine, Olbia, dont le nom signifie « la Prospère » en grec, n'est pas à proprement parler une station balnéaire, quand bien même elle cache quelques belles plages de sable fin. Peu séduisante au 1er abord, il faut bien l'avouer, elle offre néanmoins un centre ancien vivant et agréable, bien conservé et à taille humaine, où il fait bon s'attarder de terrasse en terrasse, le long du corso Umberto I ou sur l'une des 2 charmantes places prisées par ses habitants : les piazze Matteotti et Regina Margherita.

UN PEU D'HISTOIRE

Aux alentours de l'an 1000 avant notre ère, les ***Phéniciens,*** qui, de l'actuel Liban, se rendaient en Britannia (Grande-Bretagne) pour faire du commerce, avaient besoin de ports sûrs afin de pouvoir se mettre à l'abri. C'est donc tout naturellement qu'ils fondèrent Olbia, qui devint rapidement un comptoir important. S'établirent alors des relations avec les populations autochtones qui habitaient l'intérieur des terres. Mais ces dernières avaient la fâcheuse habitude de débouler sur la ville pour s'emparer de ses richesses. Fatigués de cette situation, les habitants d'Olbia firent appel à Carthage pour se défendre. Ni une ni deux, les Carthaginois rappliquèrent pour prendre possession de la ville et, par là même, de l'île tout entière, tant et si bien que la cohabitation entre Carthaginois et Sardes nuragiques dura près de 300 ans !

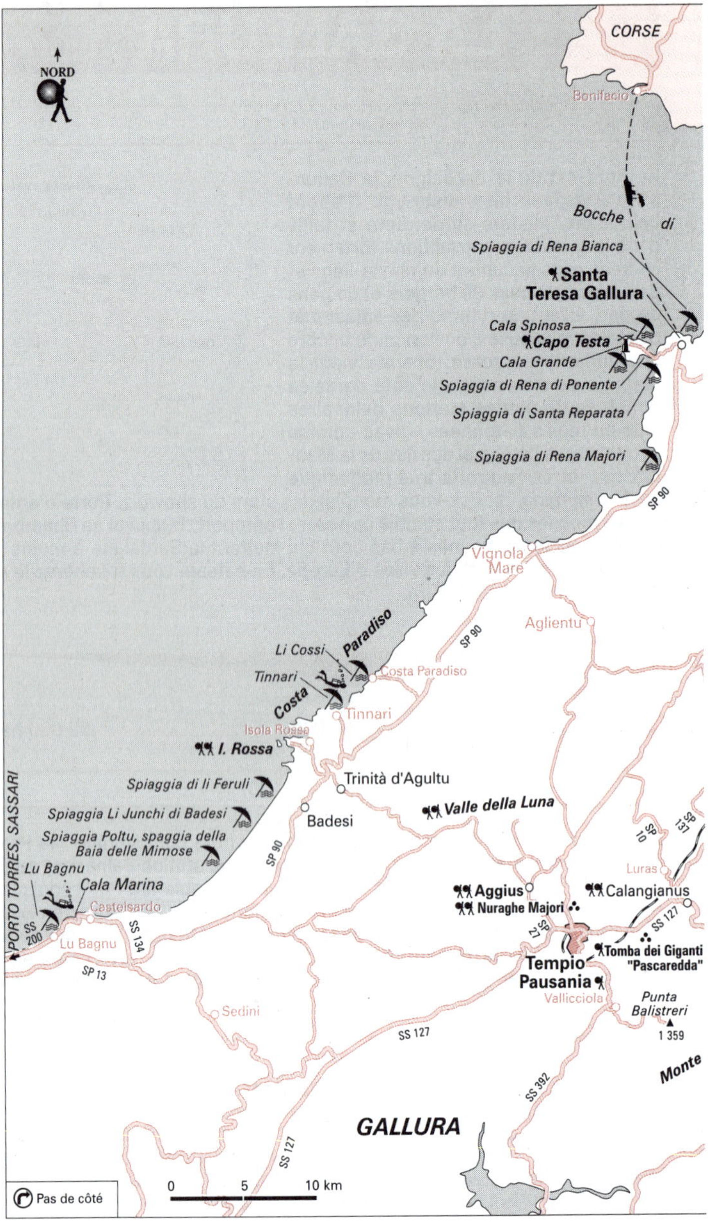
NORD
CORSE
Bonifacio
Bocche di
Spiaggia di Rena Bianca
Santa Teresa Gallura
Cala Spinosa
Capo Testa
Cala Grande
Spiaggia di Rena di Ponente
Spiaggia di Santa Reparata
Spiaggia di Rena Majori
SP 90
Vignola Mare
Aglientu
SP 90
Costa Paradiso
Li Cossi
Tinnari
Costa Paradiso
Tinnari
Isola Rossa
I. Rossa
Trinità d'Agultu
Spiaggia di li Feruli
Badesi
Valle della Luna
Spiaggia Li Junchi di Badesi
Spiaggia Poltu, spaggia della Baia delle Mimose
SP 90
PORTO TORRES, SASSARI
Lu Bagnu
Cala Marina
Castelsardo
SS 200
Lu Bagnu
SS 134
SP 13
Sedini
Aggius
Nuraghe Majori
Calangianus
Luras
SP 10
SP 137
SS 127
SP 27
Tomba dei Giganti "Pascaredda"
Tempio Pausania
Vallicciola
Punta Balistreri
1 359
SS 127
Monte
SS 392
GALLURA
SS 127
0
5
10 km
Pas de côté

LA GALLURA

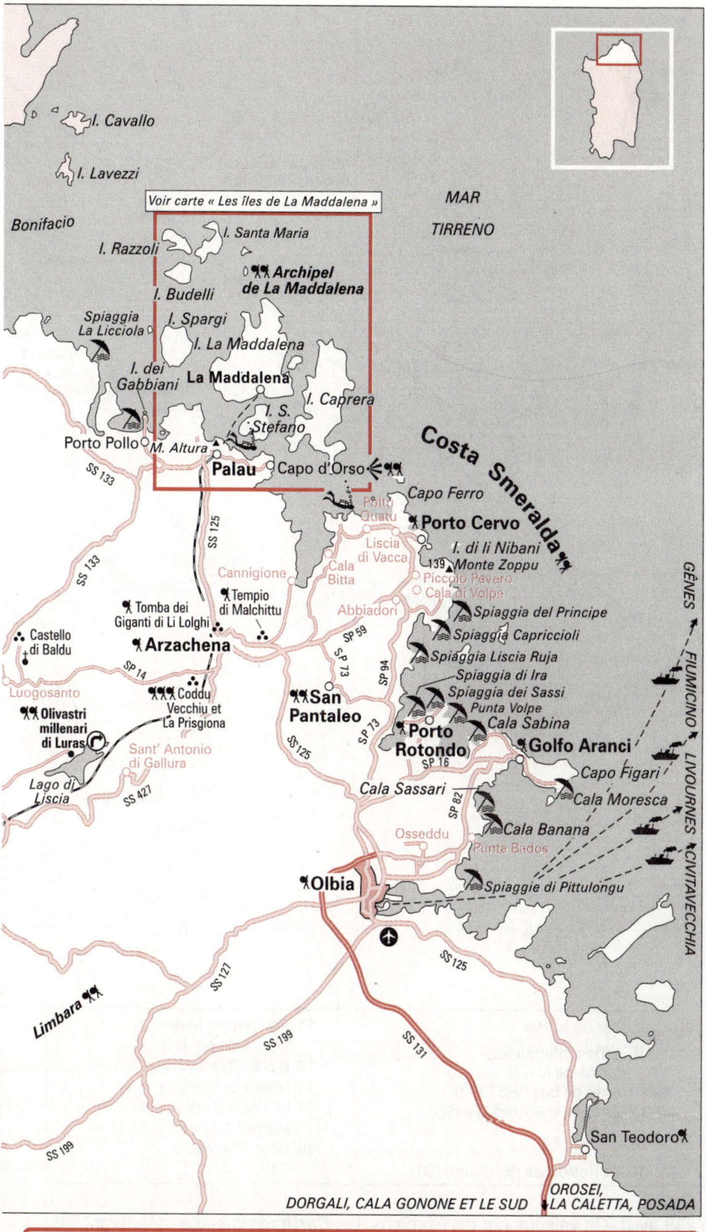
I. Cavallo
I. Lavezzi
Voir carte « Les îles de La Maddalena »
MAR
TIRRENO
Bonifacio
I. Santa Maria
I. Razzoli
Archipel de La Maddalena
I. Budelli
Spiaggia La Licciola
I. Spargi
I. La Maddalena
I. dei Gabbiani
La Maddalena
I. Caprera
I. S. Stefano
Porto Pollo
M. Altura
Palau
Capo d'Orso
Costa Smeralda
SS 133
Capo Ferro
Porto Quatu
Porto Cervo
SS 125
Liscia di Vacca
I. di li Nibani
139
Monte Zoppu
Cala Bitta
Cannigione
Piccolo Pevero
Cala di Volpe
Tempio di Malchittu
Tomba dei Giganti di Li Lolghi
Abbiadori
Spiaggia del Principe
Castello di Baldu
Arzachena
SP 59
Spiaggia Capriccioli
Spiaggia Liscia Ruja
SP 14
SP 73
SP 94
GÊNES
Spiaggia di Ira
Luogosanto
Coddu Vecchiu et La Prisgiona
San Pantaleo
Spiaggia dei Sassi
Punta Volpe
Olivastri millenari di Luras
Cala Sabina
Porto Rotondo
FIUMICINO
Golfo Aranci
Sant' Antonio di Gallura
SS 125
SP 16
Lago di Liscia
Capo Figari
Cala Sassari
SS 427
Cala Moresca
SP 82
LIVOURNES
Cala Banana
Osseddu
Punta Bados
CIVITAVECCHIA
Olbia
Spiaggie di Pittulongu
SS 125
SS 127
Limbara
SS 199
SS 131
SS 199
San Teodoro
OROSEI, LA CALETTA, POSADA
DORGALI, CALA GONONE ET LE SUD

LA GALLURA

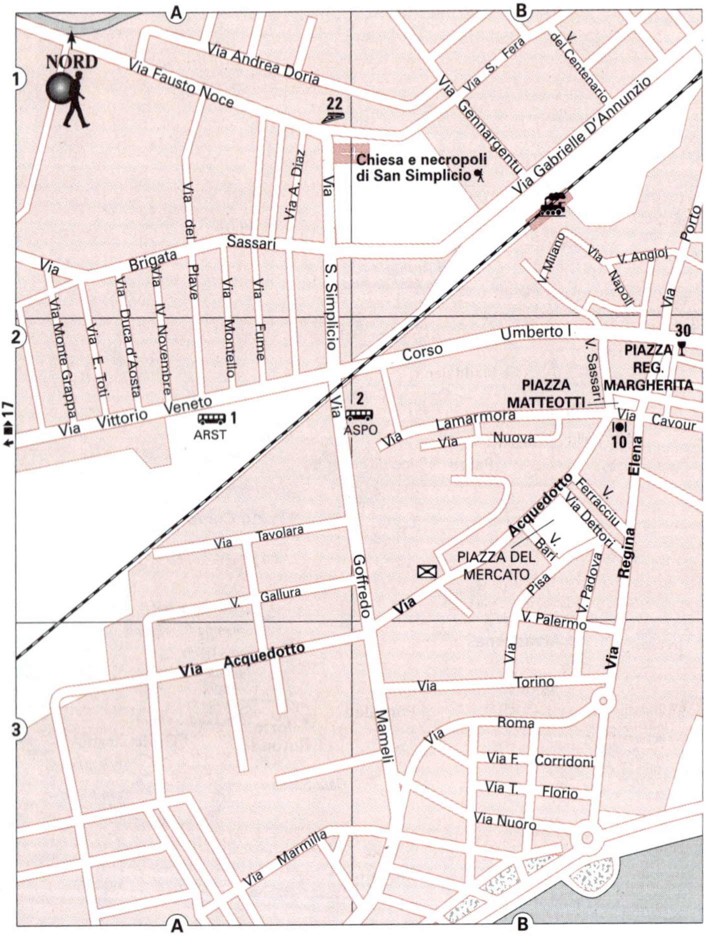

■ **Adresses utiles**

- Ufficio informazioni turistiche (C-D2)
- 1 Arrêt de bus ARST (A2)
- 2 Arrêt de bus ASPO (A-B2)

Où dormir ?

- **10** Le Residenze del Centro (C1)
- **11** Agriturismo Majore (hors plan par D1)
- **13** B & B Chiara (C2)
- **14** Hotel For You (C1)
- **15** La Locanda del Conte Mameli (C1)
- **16** Hotel Panorama (C2)

En 238 av. J.-C., vaincus par les Romains, les ***Carthaginois*** abandonnèrent l'île, laissant Olbia devenir un important centre stratégique gouverné par Rome jusqu'à ce que les ***Vandales*** ne mettent à sac la ville. Eux-mêmes seront délogés par les ***Byzantins.*** Du fait de l'isolement de la Sardaigne et de l'intérêt que lui portaient

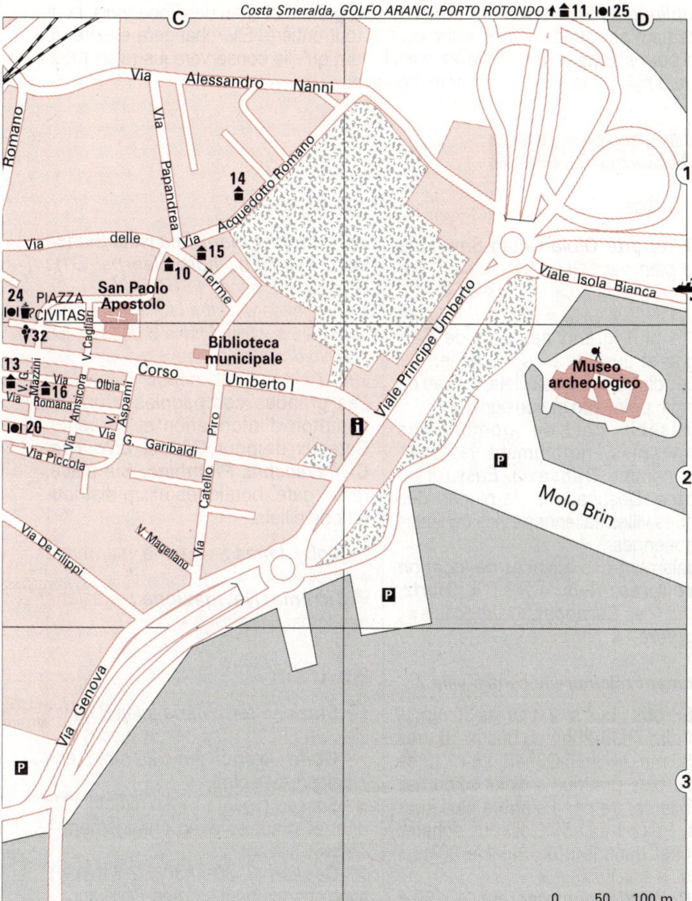

OLBIA

17 Les Suites Magnolia (hors plan par A2)	**25** Turismo Rurale La Rocca (hors plan par D1)
Où manger ?	**Où boire un verre ? Où déguster une glace ?**
10 Officina del Gusto (B2)	**30** Caffè-enoteca Cosimino (B2)
20 Da Paolo (C2)	**32** Gelateria Smeralda (C2)
22 Giro Pizza (A1)	
24 Anticas Licanzias (C1-2)	

les pirates barbaresques, une période d'instabilité persista jusqu'au haut Moyen Âge. Au XIe s, avec la création du *giudicato di Gallura,* la petite cité maritime, appelée Civita à l'époque, reprit du poil de la bête. Mais comme les choses ne vont jamais tout à fait *piano* dans ce pays, Civita finira dans l'escarcelle de la puissante

république de Pise, puis dans celles des ***Aragonais*** et enfin des Espagnols, pour finalement se rattacher à l'histoire de l'île tout entière. Elle changera encore de nom pour s'appeler Terranova-Pausania, nom qu'elle conservera jusqu'en 1939. Aujourd'hui, Olbia a repris son nom d'origine.

Arriver – Quitter

En avion

✈ ***Aeroporto Olbia Costa Smeralda*** *(hors plan par C3)* **:** *à 5 km au sud-est d'Olbia, bien indiqué depuis la SS 125.* ☎ *0789-563-444.* • *geasar.it* • Olbia est le plus grand aéroport de Sardaigne et aussi le plus moderne. Sur place : distributeur de billets, bureau de change, point info et consigne.
- Desservi par de nombreuses compagnies, notamment les *low-cost,* comme ***Transavia, EasyJet*** ou ***Volotea.*** Destinations : la plupart des grandes villes italiennes et les capitales européennes.
- Également des agences de ***location de voitures*** : ***Avis,*** • *avis.fr* • ; ***Hertz,*** • *hertz.fr* • ; ***Europcar,*** • *europcar.fr* • ; ***Maggiore,*** • *maggiore.it* •

Comment rejoindre le centre-ville ?

➢ ***En bus :*** bus n° 2, ttes les 30 mn, tlj sauf dim 7h30-20h ; ou bus n° 10, ttes les 30 mn, tlj 6h15-23h40. Le n° 10 se révèle plus pratique si vous séjournez dans le centre car il s'arrête plus souvent. Prix : 1 € (1,50 € si vous achetez le ticket dans le bus ; valable 90 mn). Infos : • *aspoolbia.it* •

➢ ***En taxi :*** compter env 15-20 € (25 % en sus 22h-6h et j. fériés). Durée : 10-15 mn.

Bus pour ou depuis l'aéroport

➢ Plusieurs compagnies de bus relient directement l'aéroport d'Olbia à Nuoro, Arzachena, Palau, Santa Teresa Gallura, Budoni, San Teodoro, Alghero, Cala Gonone, Sassari, Castelsardo, Oristano, Cagliari. Infos : • *geasar.it* • ou sur le site internet des différentes compagnies : • *arst.sardegna.it* • *deplanobus.it* • *gruppoturmotravel.com* • *sunlines.it* • Notons que le site internet de l'aéroport • *geasar.it* • est mis à jour régulièrement concernant les liaisons en bus.

En bateau

Stazione marittima isola Bianca *(gare maritime ; hors plan par D1)* **:** *viale Isola Bianca.* ☎ *0789-20-41-79.* • *olbiagolfoaranci.it* • *La gare maritime se trouve sur l'île d'Isola Bianca, reliée à la ville par une chaussée de 1 km (env 15 mn à pied depuis le centre).* Les grandes compagnies y ont un comptoir d'information et de vente. Bateaux de/pour ***Gênes, Livourne, Civitavecchia, Piombino.*** Sur place, resto, café, boutiques et un distributeur de billets.

■ ***Moby Lines :*** *stazione marittima.* • *mobylines.fr* •

■ ***Tirrenia Navigazione :*** *stazione marittima.* • *tirrenia.it* •

En train

Stazione ferroviaria *(plan B1)* **:** *via Giacomo Pala, 10.* • *trenitalia.com* •

➢ ***Golfo Aranci*** *(env 25 mn)* **:** env 7 trains/j. (3 le dim).

➢ ***Sassari*** *(1h45)* **:** 1 train direct/j. (2 le dim) et d'autres avec changement à Ozieri-Chilivani.

➢ ***Cagliari*** *(3h30-4h30)* **:** 2-3 trains/j. avec changement à Ozieri-Chilivani.

En bus

Important : si votre opérateur de téléphonie vous permet d'accéder aux données gratuitement pendant votre séjour, ***les horaires de bus sont consultables en temps réel sur les applications type Google ou Moovit.***

Bus ARST *(arrêt des bus régionaux ; plan A2,* ***1****)* **:** *sur le corso Vittorio Veneto, au débouché de la via Montello.* • *arst.sardegna.it* • Il s'agit d'un simple arrêt, les tickets sont vendus dans les cafés en face, dont le *Adela Cafe (corso Vittorio Veneto, 4).*

🚌 ***Bus ASPO*** *(arrêt des bus de l'agglomération d'Olbia ; plan A-B2, **2**) : via Mameli. ● aspo.it ●* Les billets peuvent s'acheter dans les distributeurs automatiques situés aux arrêts les plus importants, à l'office de tourisme ou dans les tabacs autorisés (voir la liste sur le site internet).

➢ ***Porto Rotondo :*** avec *ASPO*. Bus réguliers en saison, ligne n° 5.

➢ ***Pittulongu Beach :*** avec *ASPO*, bus n° 4.

➢ ***Santa Teresa Gallura*** *(2h)* **:** env 6 bus/j.

➢ ***Arzachena et Palau*** *(îles de La Maddalena, 1h20)* **:** une dizaine de bus/j.

➢ ***Tempio Pausania*** *(1h30)* **:** 3-6 bus/j.

➢ ***Nuoro*** *(3h)* **:** 6-8 bus/j.

➢ ***Nuoro via San Teodoro, Siniscola et Budoni :*** env 6 bus/j. de l'aéroport d'Olbia avec *Deplano* *(● deplanobus.it ●)*. Juin-sept, la même compagnie relie env 4 fois/j. l'aéroport d'Olbia à Cala Gonone et Dorgali via les villes de la côte (Orosei, La Caletta...).

Adresses utiles

ℹ ***Ufficio informazioni turistiche*** *(office de tourisme ; plan C-D2)* **:** *piazza Terranova Pausania, 1. ☎ 0789-52-206. ● helloolbia.com ● Avr-sept, lun-ven 9h-20h, w-e 9h-13h, 16h-20h ; hors saison, horaires réduits.* Pas mal d'infos à glaner, notamment sur les bus et trains. Vente des billets de bus *ASPO* (agglo d'Olbia).

🅿 ***Parcheggio :*** *immense parking gratuit sur le **Molo Brin** (plan D2).*

Où dormir ?

De bon marché à prix moyens

🏠 ***B & B Chiara*** *(plan C2, **13**) : via Olbia, 10. ☎ 0789-25-008. 📱 349-872-06-91. ● chiarabb@tiscali.it ● bbchiara.com ● Doubles 55-110 €. CB refusées.* À l'étage d'une maison en plein centre-ville, 3 chambres bien tenues, au calme, meublées de manière classique mais égayées par les toiles du frère de la proprio. Elles ouvrent toutes sur un balcon fleuri donnant sur la rue. Bon confort général et accueil familial.

De prix moyens à très chic

🏠 ***Les Suites Magnolia*** *(hors plan par A2, **17**) : via Toscana, 5. ☎ 0789-178-21-45. ● info@bbsuitesmagnolia.it ● bbsuitesmagnolia.it ● À env 500 m du centre-ville, dans une petite rue perpendiculaire au corso Veneto. Réception 7h-15h. Doubles 60-120 €.* Dans un quartier tranquille, une sorte de petit hôtel aménagé façon bonbonnière dans les gris et les roses : meubles laqués blancs et lustres à pampilles. Il offre une demi-douzaine de chambres doubles de belle taille, plaisantes et de bon confort. Ensemble lumineux et chaleureux avec une belle salle de petit déj dont la baie vitrée donne sur une cour intérieure plantée d'un grand magnolia. Sauna.

🏠 ***Le Residenze del Centro*** *(plan C1, **10**) : via delle Terme, 17. 📱 329-344-06-59. ● booking@leresidenzedelcentro.com ● leresidenzedelcentro.com ● Studios 60-130 € ; apparts avec chambre séparée 70-190 € (80-230 € si 2 chambres). Compter 10 € de plus pour avoir un balcon ou une petite terrasse.* Dans un quartier tranquille (attention à la zone *ZTL*), un immeuble réhabilité qui offre des apparts de différentes tailles, tous dotés d'une cuisine équipée, agréablement meublés et de bon confort. Idéal pour prendre racine à Olbia.

🏠 ***La Locanda del Conte Mameli*** *(plan C1, **15**) : via delle Terme, 8. ☎ 0789-23-008. ● info@lalocandadelcontemameli.com ● lalocandadelcontemameli.com ● Doubles 70-170 €.* Dans un petit palais discret transformé en hôtel de charme, des chambres pas très grandes mais de caractère, avec une déco d'aujourd'hui qui ne boude pas ce qui scintille. Idéal pour les amoureux qui ne cherchent ni l'esbroufe ni la frime mais le calme et la classe en pleine ville. Bon accueil.

Hotel Panorama (plan C2, **16**) : *via Mazzini, 7. ☎ 0789-26-656. • info@hotelpanoramaolbia.it • hotelpanoramaolbia.it • ♿. Doubles 70-215 €. Parking gratuit mais limité (leur téléphoner avt, ils vous enverront le moyen d'y accéder).* Dans une ruelle du centre historique, cet édifice de taille moyenne abrite de belles chambres classiques aménagées à l'ancienne (les suites, tout en haut, offrent même une vue extra). Son avantage principal, outre son confort, c'est sa grande terrasse panoramique où l'on peut prendre un verre au coucher du soleil, en dominant toute la ville. Salle de fitness. Bel accueil.

Hotel For You (plan C1, **14**) : *via Acquedotto Romano, 9. ☎ 0789-20-00-56. • info@hotelforyou.it • hotelforyou.it • Doubles 60-160 €. Réduc de 10 % sur le prix de la chambre sur présentation de ce guide.* Un grand hôtel moderne et chic, situé au débouché d'une rue ancienne. Réparties dans 2 édifices de 5 étages, une soixantaine de chambres de très bon confort avec vue sur la rue et les petites maisons du quartier. L'ensemble est soigné mais manque peut-être un peu d'âme.

Où manger ?

De bon marché à prix moyens

Giro Pizza (plan A1, **22**) : *via Fausto Noce, 34. 347-134-40-26. • giropizzaolbia@yahoo.it • ♿. En sem midi et soir, le w-e seulement le soir. Congés : janv-mars. Pizze 7-10 € pour les classiques, 11-17 € pour les plus sophistiquées.* Ambiance rock dans cette pizzeria jeune et dynamique où tout tourne autour de la musique : le fond sonore bien sûr, mais aussi la déco et les vieux vinyles en guise de menus ! Quant aux *pizze,* qui portent évidemment le nom d'un artiste, elles ne sont pas mal du tout, très créatives pour certaines et cuites au feu de bois. Terrasse sur l'arrière.

Anticas Licanzias (plan C1-2, **24**) : *via Tempio, 3 (angle via Tigellio). ☎ 0789-27-110. • anticas_licanzias@yahoo.it • anticaslicanzias.it • Tlj 8h-minuit. Repas 20-25 €.* Vins, bières (locales), liqueurs, charcutaille et fromage... Et surtout du pain, pour ce qui est à l'origine une boulangerie. Mais les choses étant ce qu'elles sont, on y prépare désormais une excellente cuisine sarde (à choisir à l'ardoise). Alors prenez donc place à l'une des tables qui courent tout autour de cette lourde bâtisse en granite pour commander des *culurgiones,* ces gros *ravioli* fourrés à la patate et au fromage de brebis (ça aussi, c'est du lourd) ! Bien aussi pour un petit déj au soleil du matin.

Da Paolo (plan C2, **20**) : *entrée principale via Garibaldi, 18 ; ou via Cavour, 17. ☎ 0789-21-675. • ristorantedapaolo@tiscali.it • Fermé dim (dim midi en juil-août). Repas 25-30 €. Café offert sur présentation de ce guide.* En plein centre, *Da Paolo* se cache au sein d'une vieille maison en pierre. Salle rustique et chaleureuse. On s'y sent bien, le service est généralement attentionné bien qu'il puisse être un peu dans le jus en période d'affluence. Cependant la cuisine est savoureuse – elle fidélise d'ailleurs nombre d'habitués – avec une carte réservant une bonne place aux poissons.

Plus chic

Officina del Gusto (plan B2, **10**) : *piazza Matteotti, 1. ☎ 0789-28-701. 393-063-23-96. • info@leofficinedelgusto.it • Ouv le soir tlj (sauf lun oct-mai). Repas 35-45 €.* Lové dans un coin de la piazza Matteotti, un cadre charmant pour un dîner estival (pensez à réserver en terrasse). Les plats sont aussi élégants que goûteux : cuisine italienne et sarde préparée avec soin et bien mise en scène, avec une prédilection pour les poissons accompagnés des légumes cultivés dans le potager des restaurateurs. Du beau travail. Bons vins au verre. Accueil pro et souriant.

Où dormir ? Où manger dans les environs ?

De prix moyens à plus chic

Agriturismo Majore (hors plan par D1, **11**) : *via Donnu Itru, 25, à* **Santa Lucia.** *346-720-79-24 (Melania).* • *info@bebmajoreolbia.it* • *bebmajoreolbia.it* • *À env 20 mn au nord d'Olbia. Avr-oct. Doubles 75-120 € (140 € en août). Parking gratuit.* Géré par Fabrizio, ce petit *agriturismo* perché sur les hauteurs d'Olbia n'en est qu'à ses balbutiements. Pourtant, il offre dès à présent une demi-douzaine de chambres (doubles ou familiales) très soignées disposant toutes d'une terrasse privative et réparties dans de petites maisons de pierre sur une pelouse verte comme l'espérance. Le petit déj se prend en terrasse ou dans la salle commune. Bon accueil.

Turismo Rurale La Rocca (hors plan par D1, **25**) : *via Tamara, 12, loc.* **Santa Lucia.** *333-851-75-98 (Giovanni).* • *laroccaolbia.com* • *À env 20 mn au nord d'Olbia. Juin-sept, ouv le soir tlj (mieux vaut quand même téléphoner avt). Menus à prix fixe 40 € (terre) ou 60 € (mer).* En pleine cambrousse, cette petite structure posée à côté d'un énorme bloc de granite (d'où le nom) recèle 2 salles à la déco pittoresque (bondieuseries, poupées sardes et photos de pin-up). On vient y déguster une excellente *cucina tipica casalinga mare et terra* (faut-il traduire ?) très copieuse, préparée dans la tradition par la maîtresse de maison. Ceux qui le souhaitent peuvent rester y dormir (3 chambres à prix moyens avec accès indépendant). Il faut juste pousser un peu les meubles...

Où boire un verre ? Où déguster une glace ?

Éminemment touristique, Olbia ne compte plus les tablées où brillent, dans la lueur du couchant, les verres de *spritz* orangé des vacanciers. Les locaux, eux, ont tendance à délaisser le *corso Umberto I* pour la tranquillité de la partie basse de la *via Regina Elena.* Quant aux jeunes, ils pianotent sur leur smartphone en attendant leur pizza du côté de la *via Acquedotto,* tout près de la *piazza del Mercato.*

Caffè-enoteca Cosimino (plan B2, **30**) : *piazza Regina Margherita, 3. Tlj sauf lun 7h-minuit (3h en été).* Sur la petite place centrale et ombragée, toujours très animée à défaut d'être très jolie. Le matin pour un café *espresso* ou le soir pour un verre de vin sarde avant la nuit. Agréable aussi pour faire une pause.

Gelateria Smeralda (plan C2, **32**) : *corso Umberto I, 124.* • *gelateriasmeralda@gmail.com* • *Tlj 11h-13h, 16h15 (17h dim)-1h. Congés : fév.* Excellentes glaces artisanales à déguster en se baladant sur le célèbre *corso.*

LA GALLURA

À voir

Centro storico : on ne s'en doute pas du tout en arrivant, mais Olbia possède un vrai centre-ville, patiné par le temps, assez charmant et vivant été comme hiver. Plusieurs ruelles conduisent à 2 places adjacentes, cœur de l'animation : la piazza Matteotti et la piazza Regina Margherita. De ce point central partent plusieurs voies commerçantes qui permettent de faire facilement le tour du centre à pied.

Chiesa e necropoli di San Simplicio (plan A-B1) : *via San Simplicio. Horaires très variables, se renseigner. Entrée payante au profit d'une association, 345-632-81-50 (Marcello) ; la nécropole est gérée par la Ville (accès par le parking souterrain).* Voici un bel édifice roman des XIe et XIIe s, en granite gris, typique de la région de la Gallura. Les fouilles de la ***nécropole attenante*** *(visite* *lun et jeu 10h-13h, mer et ven-sam 17h-20h ; entrée avec audioguide en français : 5 €, réduc)* montrent qu'il a été édifié sur un temple romain dédié à Cérès, déesse de l'Agriculture. Intérieur très sobre, avec alternance de piliers carrés et de colonnes d'origine surmontées de chapiteaux représentant des animaux et des humains. La visite de la nécropole, quant à elle, n'intéressera que les spécialistes.

Museo archeologico Olbia *(Musée archéologique ; plan D2)* **:** *isolotto Peddona. ☎ 0789-28-290. Tlj sauf lun-mar 10h-13h, 17h-20h. GRATUIT (expos temporaires payantes). Audioguide en français (très bavard !) gratuit.* Un ancien îlot abandonné et transformé en un vaste musée à l'architecture contemporaine, mais dont les collections semblent un peu flotter dans des habits trop grands. Y sont exposés au rez-de-chaussée les restes des épaves de navires de l'époque romaine, découvertes en 2000 pendant la construction du tunnel sous-marin du port d'Olbia. Les 2 grandes barques datent du Vᵉ s apr. J.-C. et furent trouvées dans 5 à 7 m d'eau. Elles sont dans un état de conservation étonnant. Ces vaisseaux transportaient vin et huile. À l'étage, autour du vaste hall d'entrée, de nombreuses vitrines (mais peu d'explications, pensez à prendre l'audioguide !) accueillent les fouilles de différents sites, habitats ou nécropoles, qu'ils soient nuragiques, grecs, puniques, romains ou médiévaux (amphores, jarres, têtes sculptées, petits bronzes, bijoux, verrerie...). Une belle tête du dieu phénicien Melqart en terre cuite semble être l'une des pièces maîtresses de ce musée.

Les plages

Spiaggie di Pittulongu : *à 8 km au nord d'Olbia, direction Golfo Aranci, prendre à droite direction Pittulongu. Bus depuis Olbia (voir « Arriver – Quitter » plus haut). Parking payant juin-sept.* Longue baie constituée d'une succession de charmantes plages de sable blanc, offrant une vue fantastique sur l'impressionnante île rocheuse de Tavolara. À seulement quelques kilomètres d'Olbia, la plage reste propre et agréable, même si très prisée en été. Notre préférence va à la ***spiaggia di Bados,*** la plus au nord.

Spiaggia di cala Banana : *au nord de la spiaggia di Bados, juste avt Nodu Pianu.* Nettement moins fréquentée que sa voisine et jumelle *spiaggia di Nodu Pianu.* L'atmosphère y est plus douce, relax. Allongez-vous et laissez-vous bercer par le bruit de la mer. En été, possibilité de louer des canoës.

AU SUD D'OLBIA

Posada : *à 47 km au sud d'Olbia et à 8 km au nord de Siniscola.* Gros village perché sur une colline dominant la plaine fertile, où de charmantes ruelles pavées montent jusqu'à une tour carrée, dernier vestige du ***castello della Fava*** (XIIIᵉ s). Du sommet de celle-ci *(accès par un escalier puis une échelle : 3 €),* jolie petite vue sur les environs.

La Caletta : *à env 50 km au sud d'Olbia par la route côtière SS 125 et à 6 km à l'est de Siniscola.* La Caletta est l'un des rares endroits, sur cette côte, à avoir gardé quelque chose d'un village à taille humaine. À la fois petit port et station balnéaire modeste, il nous rappelle un peu Santa Maria Navarrese (près de Tortoli). Grande ***spiaggia Mar'e Flumene*** (sable fin) en bordure du village. Et à 5 km au sud de La Caletta, autre belle et grande plage de forme courbe avec la ***spiaggia di Santa Lucia*** et son sable d'une extrême finesse. D'un côté, elle s'étend jusqu'à La Caletta ; de l'autre, elle est bordée par une petite station balnéaire.

Cucina Tipica da Giovanna : *via Bulgaria, loc. San Giovanni, 08020* **La Caletta.** *☎ 0784-81-04-51. 339-320-00-61 (Alessandra). • nonne71@tiscali.it • Avr-oct, tlj midi et soir. Repas 25-30 €.* De l'extérieur, on a presque l'impression d'entrer chez quelqu'un, tellement la maison est discrète. Impression encore renforcée par la très sympathique terrasse couverte à l'arrière. Au menu, une cuisine sarde typique avec, notamment, de bonnes pâtes maison.

Spiaggie di capo Comino : *à env 60 km au sud d'Olbia par la route côtière SS 125 et à 14 km au sud-est de Siniscola.* Capo Comino recèle 2 plages de cartes postales. La première, la **spiaggia delle Dune** *(parking payant juin-sept),* est un amour de petite plage, lovée au pied de dunes de sable blanc. La mer y est peu profonde et particulièrement adaptée aux enfants en bas âge. La seconde, la **spiaggia Il Moletto,** moins fréquentée, est beaucoup plus rocheuse (porphyre rose). On y trouve un endroit superbe pour écluser un gorgeon ou casser la croûte à l'heure du déjeuner.

Il Moletto : *via del Faro, 15, loc. Capo Comino, 08029* **Siniscola.** *328-777-43-11. • ilmolettocapocomino@gmail.com • De mi-avr à mi-oct, tlj 9h (11h pour la cuisine)-minuit. Repas 30-35 €.* Un emplacement de rêve pour ce petit resto du bout du monde pratiquement les pieds dans l'eau. On s'y presse pour une cuisine de la mer (soupe de poulpe, filet d'ombrine), pour ses carpaccios et tartares de thon, pour ses sushis maison, sans sacrifier pour autant les *tagliere* de fromage et de charcuterie qui font la réputation de l'arrière-pays. On peut aussi venir y prendre un verre, comme le fit George Clooney en 2018. DJ tous les vendredis soir en juillet-août.

GOLFO ARANCI

(07020) 2 400 hab.

À 18 km au nord-est d'Olbia. Dans une baie en forme de croissant, posée au pied d'une longue pointe rocheuse (terminée par le capo Figari), Golfo Aranci est l'anti-Porto Rotondo par sa simplicité et la modestie de ses installations balnéaires. Il s'agit d'un gros village relativement banal qui s'étire sur 2 km le long de sa plage principale, avec des rues sagement alignées. Un train le relie régulièrement à Olbia. La plage de Terza Spiaggia se trouve dans la ville (qui en compte 5 au total). En revanche, rien à voir de particulier.

Où dormir ? Où manger ?

Hotel Patti : *via C. Colombo, 10. ☎ 0789-61-40-00. • hotelpatti@hotelpatti.it • Doubles 80-140 €.* Situé dans une rue calme, à 200 m de la plage. Modeste mais sympathique et familial, voici un petit hôtel d'une dizaine de chambres, toutes au rez-de-chaussée. Déco balnéaire basique, tout est propre et bien entretenu. Le quartier est calme et vous êtes à un jet de pierre de la plage. Pas de salle de petit déj, ce dernier est servi en chambre ou sur la terrasse extérieure.

Ristorante La Spigola : *via C. Colombo, 19. ☎ 0789-46-286. • info@ristorantelaspigola.it • Avr-oct, tlj sauf mer. Repas 25-30 €.* Sur la plage, les pieds dans l'eau, avec quelques parasols plantés dans le sable et une tablette pour poser son *espresso* après le dessert... Voici un restaurant typiquement balnéaire (couleurs pastel, rayures, un peu de soleil dans les assiettes) mais qui propose néanmoins du poisson frais et du vin élevé en biodynamie (pas donné mais de qualité). On y sert également de la cuisine sarde car tout ici est fait maison. Pizza le soir.

Les plages

Spiaggia di cala Moresca : *parking payant (et la police n'est jamais loin) un peu plus haut puis 10 mn de marche.* Succession de petites criques absolument magiques, dans un décor assez sauvage donnant au loin sur l'éperon rocheux de Figarolo émergeant des flots. Sable blanc, eau émeraude, atmosphère apaisante. Bon spot de plongée en apnée.

Spiaggia di cala Sassari : *depuis Golfo Aranci, tourner à gauche juste avt la bifurcation menant au village de Terrata. Parking payant.* Autour de cette baie de sable fin, peu de rochers, peu de vagues, tout respire la tranquillité. Le panorama, au coucher du soleil, y est splendide. L'été, des bars de plage proposent de quoi grignoter à prix corrects.

LA COSTA SMERALDA

Étirée entre le golfe de Cugnana (à 17 km au nord d'Olbia) et le golfe d'Arzachena, la portion de littoral que représente la costa Smeralda ne fait qu'une soixantaine de kilomètres. Ce n'est presque rien en termes géographiques, mais c'est énorme sur le plan économique.
La costa Smeralda est devenue, malgré elle, le fonds de commerce de la presse people, qui ne jure que par Porto Cervo et Porto Rotondo, 2 paradis artificiels fréquentés par les têtes couronnées, les milliardaires et des stars du showbiz. Magnats de la finance et de la mode, nouveaux riches, personnalités du monde politique, aiment aussi s'y retrouver en été, surveillés de loin par une pléiade de paparazzis.
Porto Cervo en est devenue la vitrine étincelante, avec ses yachts, ses voitures de sport et ses hôtels de luxe. L'ensemble dégageant une atmosphère pour le moins surréaliste dans une île dont certaines régions reculées sont encore en proie à une pauvreté endémique. D'ailleurs, peu de Sardes apprécient cette Sardaigne de magazine ; comme nous, ils préfèrent se tourner vers l'arrière-pays et ses pittoresques villages, tel San Pantaleo, ou encore vers les petites criques désertées dès septembre que le littoral recèle.

UN PEU D'HISTOIRE

Au début des années 1960, les plages de cette côte nord-est sont uniquement peuplées de troupeaux de moutons et de vaches, sans oublier les moustiques. En 1961, un jeune homme ambitieux diplômé de Harvard, le prince Karim Aga Khan, n'a que 25 ans mais il est déjà milliardaire. Héritier du sultan Mohamed Shah, chef spirituel de l'obédience chiite des Ismaéliens (ils sont environ 15 millions dans le monde), il cherche alors un pied-à-terre méditerranéen pour pratiquer sa passion du yachting. On lui avait parlé de la Gallura, au nord de la Sardaigne. Pour l'équivalent de 18 000 €, il se retrouve propriétaire de 3 000 ha de littoral.
Le comble : il achète sans avoir vu les lieux. Il nomme alors son morceau de territoire sarde « costa Smeralda » (« côte d'émeraude »), en raison de la limpidité remarquable des eaux et de la couleur turquoise de la mer. Il fonde la société immobilière *Consorzio Costa Smeralda* et s'associe à un groupe d'investisseurs. L'aventure commence. Des hôtels de luxe et des résidences de grand standing sortent de terre sous l'œil dubitatif des bergers. Certains font fortune en vendant leurs parcelles. ***Porto Cervo*** est née. C'est un succès financier. La jet-set, le gotha et les têtes couronnées y débarquent en vacances. De riches Italiens et Européens

suivent le mouvement. L'année suivante, en 1962, les mêmes promoteurs créent **Porto Rotondo,** luxueux port de plaisance à l'image des plus beaux ports de la Côte d'Azur.
Heureusement, les milliardaires n'ont pas nécessairement mauvais goût. Pour éviter une urbanisation sauvage du littoral, à Porto Cervo comme à Porto Rotondo, les constructeurs font appel à des architectes et designers de talent. Des règles strictes sont établies : les câbles électriques doivent être enterrés et les publicités bannies du paysage. Des matériaux traditionnels sont choisis, pour mieux s'intégrer dans le paysage : pierre locale, galets, tuiles romaines et brique. Pas de hautes constructions, ni de bétonnage à outrance comme aux Baléares : le littoral de la costa Smeralda n'est pas défiguré, il est même bien construit.

Où dormir ? Où manger ? Où déguster une glace ?

À Porto Cervo comme à Porto Rotondo, hôtels et restaurants sont inabordables. L'arrière-pays propose, heureusement, quelques *B & B* et *agriturismi* qui ne suivent pas forcément les lois du marché.

À proximité de Porto Cervo

B & B Villa Giulia : *loc.* ***Monticanaglia.*** *348-511-12-69. • nabilhalabi1@gmail.com • lavillagiulia.it • À 12 km au sud de Porto Cervo ; fléché à droite, puis sur la gauche juste à l'entrée de Monticanaglia. Pâques-fin sept. Doubles 75-110 €. Min 2 nuits exigées (3 en août). CB refusées.* Cette adresse en pleine campagne propose des chambres agréables, nichées dans une grande maison organisée en terrasses bénéficiant d'une vue extraordinaire sur les collines environnantes. Bon confort, déco aux couleurs fraîches. Possibilité de louer à la semaine une grande villa (4 chambres) ainsi qu'une plus petite (2 chambres), toutes les 2 entièrement équipées. Excellent accueil de vos hôtes francophones et francophiles.

Lu Pasticciu : *centro commerciale Castel Cervo, loc.* ***Liscia di Vacca.*** *☎ 0789-90-00-60. À env 3 km à l'ouest de Porto Cervo ; à l'entrée de Liscia di Vacca. Tlj 7h-22h (minuit juil-août, 21h hors saison). Congés : de mi-janv à mi-mars.* De vrais œufs, de vrais fruits, moins de sucre, des produits naturels : ce pâtissier-glacier emploie les meilleurs ingrédients pour des douceurs pleines de saveurs. Mention spéciale pour les glaces, vraiment artisanales : le choix y est peut-être moins étendu que chez nombre de concurrents, mais les goûts y sont aussi plus subtils. En revanche, comme partout sur cette côte : vous les paierez 2 fois plus cher qu'ailleurs !

À proximité de Porto Rotondo

Villaggio Camping Cugnana Porto Rotondo : *loc. Cugnana (07026 Olbia-Tempio). ☎ 0789-33-184. • info@campingcugnana.it • campingcugnana.it • À 7,5 km de Porto Rotondo, sur la SP 73, direction Porto Cervo. Avr-sept. Forfaits 22-41 € pour 2 (douche payante) ; bungalows 2-4 pers 60-150 €/j. (min 1 sem en juil-août, 3 nuits le reste du temps).* Agréable camping bien équipé et ombragé. Espaces généreux, mais l'été on s'y agglutine quand même comme des koalas sous les eucalyptus. Resto, supérette. La mer n'est pas tout près (pas de plage sur cette partie de la côte), mais il se rattrape bien avec sa gigantesque piscine (56 m sur 35 m !). Sanitaires corrects et accueil aimable.

Agriturismo Sa Mendhula : *via Cugnana, 31, 07026* ***Olbia.*** *☎ 0789-33-654 (resto). 366-870-47-04 (hébergement). • info@samendhula.com • samendhula.com • À 10 km au sud-ouest de Porto Rotondo. Avr-oct pour les hébergements ; juin-sept, ts les soirs pour le resto. Doubles 80-110 € (min 2 nuits exigées en été). Repas 38 € tt compris.* Planté sur une position dominante en pleine cambrousse (superbe vue depuis la terrasse du resto), cet *agriturismo* offre une quinzaine de belles chambres, toutes avec cuisinette, réparties dans de petites maisons en pierre accolées les unes aux autres. La famille Deledda soigne ses hôtes ! Côté resto, c'est du 100 % terre, avec en point d'orgue le *maialino a fuoco* (cochon de lait), toutes sortes de charcutailles et du fromage de brebis. Au programme : rando équestre, visite du coin, plage. Un bon point de chute pour découvrir la région.

B & B S'Alzola : *via Pamentu Integghiatu, 15, loc. Rudalza. ☎ 0789-32-353. 338-285-63-89. • info@salzola.it • salzola.it • À 3 km de Porto Rotondo. Tte l'année. Doubles 80-150 €.* Une maison de pierre sur 2 niveaux, tout en longueur, agrémentée, sur le côté, d'une piscine haricot. Tranquillité totale. Les chambres (pas bien grandes) sont du genre coloré (bleu, jaune, vert, turquoise...) avec frigo et machine à café. Le petit déj se prend dans une grande salle.

À Arzachena et autour

B & B Lu Pastrucciale ddu : *loc. Pastruccialeddu, 07021* ***Arzachena.*** *☎ 0789-81-777. • info@pastruccialeddu.com • pastruccialeddu.com • À env 2 km du centre d'Arzachena. Avr-oct. Doubles 80-120 € (juin-août, min 4 nuits exigées).* Perdue parmi les oliviers et les chênes, cette ancienne ferme en pierre du pays est un véritable îlot de paix, avec son beau jardin doté d'une délicieuse piscine. Propriétaires accueillants qui parlent le français (demandez à leur parler s'ils ne sont pas là). Chambres impeccables et joliment arrangées, réparties entre la maison principale et les annexes (les meilleures donnent directement sur une terrasse au bord de la piscine). Seules les quadruples possèdent la clim, en revanche. Petit déj copieux, préparé maison, et, pour les amateurs, possibilité de déguster le (bon) vin de la famille. L'*Agriturismo Rena,* tenu par le frère de Caterina, propose une table d'hôtes.

Agriturismo Rena : *loc. Rena, 07021* ***Arzachena.*** *☎ 0789-82-532. 347-110-75-99. • agriturismo.rena@virgilio.it • agriturismorena.net • À env 4 km au nord d'Arzachena. Doubles 70-100 €. ½ pens possible moyennant 15-20 €/pers. Pour les non-résidents, repas 25-35 €.* Perchée sur une colline, cette maison traditionnelle du XIXe s offre une vue extra sur la vallée. Chambres très simples (pas de clim) avec salle de bains. Essayer d'en avoir une des 2 qui possèdent un petit balcon. Sinon, les autres, du même acabit, sont réparties dans les dépendances et n'en demeurent pas moins plaisantes. La petite bicoque en granite isolée disposant d'une cuisinette est idéale pour un couple avec un enfant. À la table d'hôtes, savoureuse cuisine familiale mitonnée avec les légumes du jardin et les viandes de la ferme. La spaggia Laconia n'est qu'à 6 km. Accueil pas compliqué.

Agriturismo Cudacciolu : *loc. Cudacciolu, 07021* ***Arzachena.*** *☎ 0789-81-207. 338-116-15-90. • info@agriturismocudacciolu.it • agriturismocudacciolu.it • À env 3 km au sud d'Arzachena. Pâques-oct. Doubles 70-120 €. ½ pens 25 €/pers. Repas 35 € pour les non-résidents.* À 15 mn de voiture des plus belles plages de la costa Smeralda, un petit *agriturismo* qui fait dans le traditionnel et qui offre de beaux hébergements de pierre, répartis dans de petites unités donnant sur des chevaux qui broutent ou des vaches qui paissent. Toutes les chambres sont climatisées, certaines disposent d'une petite terrasse. Tous les soirs, Michele sonne l'heure du repas, alors la grande tablée fait bombance d'une cuisine sarde copieuse et bien maîtrisée. Piscine haricot et transats pour se détendre. Vive les vacances !

B & B Li Paduleddi : *via Stazzu Caldosu, 25, SS 125, km 330, 07026* ***Olbia.*** *340-075-29-49. À 13 km au sud d'Arzachena. Tte l'année. Doubles 70-90 €. Dîner possible sur résa 25-35 €.* Une belle poignée de chambres simples et convenables, au plafond doublé de roseaux, réparties dans des maisonnettes de pierre au milieu des oliviers, surplombant les collines. Calme total, évidemment. Plusieurs petites terrasses adorables et une vaste cheminée où l'on grille cochons de lait et agneaux à l'occasion. Accueil comme à la maison.

Ristorante-pizzeria San Lorenzo : *loc. Santa Teresina, strada*

Porto Cervo-Arzachena (sur le côté droit de la route, env 6 km avt le rond-point d'Arzachena quand on vient de Porto Cervo). ☎ *0789-98-942. Mai-sept, tlj midi et soir. Repas 25-30 € ; pizze 5-8 € (le soir seulement).* Un long escalier de granite mène à ce resto familial perché en surplomb de la route (belle vue depuis la terrasse). Mis à part pour son huile d'olive plusieurs fois primée (on peut en acheter), on vient ici pour la qualité de ses assiettes de poisson. Chez les frères Porru, tout est fait maison. On y prépare une cuisine sans chichis agrémentée de quelques vins sardes à prix raisonnable.

Ristorante La Terrazza : *viale Costa Smeralda, 51, 07021* ***Arzachena.*** ☎ *0789-82-575. Fermé lun sauf juil-août. Repas 25-30 € ; moins pour une pizza.* Au centre du village, cet établissement sans prétention, dont la grande salle à l'étage surplombe la rue, est la bonne option du coin. Les pâtes à prix doux sont délicieuses et les plats typiques sardes se défendent bien. Accueil simple et souriant.

Agriturismo Lu Branu : *SS 125 Arzachena-Palau.* ☎ *0789-83-075. • info@lubranu.it • À env 7 km au nord d'Arzachena ; accès par une piste qui secoue un peu. Juin-sept, ouv le soir. Résa indispensable. Menu fixe 35 € (30 € pour le sans-gluten).* Comme beaucoup d'autres sur l'île, cette exploitation produit pratiquement tout ce que vous retrouvez dans votre assiette : les chèvres (pour le fromage), les cochons et les vaches (pour la viande et les charcuteries), les olives, les amandes, le miel, le vin. Dans ce type d'endroit, on goûte à une belle variété de plats, et on ressort de table la peau du ventre bien tendue ! En été, les repas sont servis sur la grande terrasse, et aux intersaisons dans la grande salle rustique un peu froide. Possède aussi une boutique, au bord de la SS 125, à 2 km de là, en direction d'Arzachena, où sont vendus les produits de la ferme (mais pas seulement), et notamment l'intrigante liqueur de lait de chèvre (allez, qui se lance ?).

Agriturismo Stazzu di Paladini : *via Sole Ruju, 22, 07026* ***Olbia.*** ☎ *0784-32-210.* 📱 *335-585-50-68. • info@agriturismolipaladini.com • À env 15 km au sud d'Azarchena, par la SS 125 en direction d'Olbia. Pâques-fin mai, ouv le midi dim, plus le soir tlj juin-sept. Résa indispensable. Menu fixe env 45 € (vin en carafe à volonté !).* Une fois franchi le portail d'entrée amoureusement peint par Alessandro, vous attend une table placée sous le signe de Gargantua. Si vous pensez qu'il vous faudra choisir entre les 14 plats proposés, vous êtes bien naïf, on est là pour se faire la totale ! Et ce n'est certainement pas un hasard si, dès les *antipasti,* fumeurs et non-fumeurs partent prendre l'air sur la terrasse ! L'exploitation agricole en est à sa 5e génération : le vin, la charcuterie, les fromages, le miel, le digestif, le cochon de lait sont produits et transformés sur place pendant l'hiver. Côté service, ça dépote, les plats défilent presque à la chaîne sur les tables. L'endroit idéal pour tutoyer la cuisine sarde.

À San Pantaleo et autour

Ca'La Somara : *loc. Sarra Balestra, 07021* ***Arzachena.*** ☎ *0789-98-969. • info@calasomara.it • calasomara.it • À 1,5 km de San Pantaleo, en direction d'Arzachena. Avr-sept. Doubles 80-150 €. CB refusées.* On aime vraiment bien cette « maison de l'âne », véritable paradis coupé du monde extérieur, avec ses petits hébergements dispersés autour d'une belle piscine d'eau salée. Chambres tout confort (clim réversible) et bien arrangées dans la maison principale ou dans les maisonnettes réparties dans un terrain de 6 ha. Salle de yoga, 2 cuisines extérieures à dispo pour préparer son frichti, transats à gogo, hamacs sous les oliviers... Tout ici est fait pour prendre du bon temps. Excellent accueil de Laura.

B & B La Murichessa : *loc. Vaddimala, 07020* ***Cannigione.*** 📱 *339-531-65-32 ou 329-092-12-11. • lamurichessa@yahoo.it • lamurichessa.it • À env 7 km au nord de San Pantaleo. Tte l'année. Doubles 60-100 €. CB refusées. Apéritif ou café offert sur présentation de ce guide.* Une poignée de jolies chambres (dont 1 seule avec terrasse) dans une belle maison de pierre, perchée à flanc de colline. Les murs et têtes de lits sont agrémentés de pochoirs délicats, les tonalités sont douces et l'ensemble est meublé avec soin. Seul bémol, c'est un peu surfacturé en été pour des chambres non climatisées.

La Corona : *piazza Arborea, 07026* ***San Pantaleo.*** *393-896-34-06.* *• info@anticadimoralacorona.com • anticadimoralacorona.com • Mai-sept. Doubles 100-160 €.* Dans une antique demeure transformée en boutique-hôtel de charme, une petite dizaine de chambres doubles ou triples, toutes mimi avec draps en satin, meubles d'époque, dentelles, broderies et œuvres d'art. Elles sont à la fois sobres et lumineuses ; les plus spacieuses sont à l'étage inférieur. Une seule a vue sur le village, on l'évitera. Le petit déj (léger) se prend dans une belle salle prolongée par une terrasse avec vue sur les montagnes. Bel accueil de Carla.

Caffè Nina : *piazza della Chiesa, à* ***San Pantaleo.*** *338-368-72-88. • info@caffenina.it • Sur la pl. du village. Avr-début nov, tlj en principe 7h-minuit ; en hiver, fermé lun ou mar.* Une adresse colorée et cosy, un rien branchée et très touristique, dont la jolie terrasse ouvre sur la place de l'église. Impeccable pour déguster un verre de vin et grignoter quelques amuse-gueule, même si les prix ne sont pas les plus doux qu'on connaisse.

À voir. À faire

PORTO CERVO

Rendez-vous préféré du showbiz, Porto Cervo, à 40 km au nord-est d'Olbia, est la station balnéaire la plus « jet-setteuse » de la Méditerranée, devant Marbella, en Espagne. Tout a commencé en 1962, quand le consortium du prince Karim Aga Khan IV demanda à l'architecte italien Luigi Vietti de concevoir un village-marina de style néoméditerranéen avec des maisons et des résidences aux formes douces et arrondies, des murs tantôt blanchis à la chaux, tantôt couleur terre de Sienne, des balcons ensoleillés, des portiques, et des terrasses carrelées et colorées, enfouies dans les buissons de bougainvillées, lentisques et myrtes...

Un port fut aménagé dans une baie bien abritée qui accueille toujours les plus beaux yachts du monde, dont certains ont même une plate-forme pour leur hélicoptère privé. Les tarifs de l'hôtellerie et de la restauration sont à l'image de la station et des hélicoptères : ils décollent vite.

À Porto Cervo, la vie nocturne est aussi intense que la vie diurne, comme le prouvent les tarifs de stationnement dans les parkings, plus élevés le soir que le jour ! Les différents centres d'intérêt du village sont reliés par une série d'allées piétonnes dallées, noyées dans la végétation, qui épousent plus ou moins la courbe du petit port. En surplomb de celui-ci, les terrasses, boutiques et résidences ainsi que les restos et villas sont à touche-touche.

PORTO ROTONDO

À une trentaine de km au sud de Porto Cervo. Porto Rotondo a jailli de terre en 1963 et rien n'y a été laissé au hasard. À cet endroit, la côte rocheuse, très découpée et ciselée, alterne les criques et les plages aux eaux turquoise, nichées entre les pointes couvertes de maquis. Les architectes ont été missionnés pour respecter ce site exceptionnel mais fragile. Et si l'urbanisme de ces 50 dernières années a certes bouleversé le paysage, il ne l'a toutefois pas défiguré. Comme à Porto Cervo, hôtels 5 étoiles et luxueuses villas mangées par les bougainvillées se cachent dans les douces collines afin d'échapper aux regards indiscrets.

Ce grand complexe touristique et portuaire attire, pour des vacances haut de gamme entre plage, shopping et virées nocturnes, une clientèle très aisée. Le quai de Porto Rotondo et la piazzetta San Marco sont bordés de boutiques de mode et de haute couture. Les prix très élevés des hôtels et des restaurants dissuadent bien évidemment les voyageurs et vacanciers à petit budget.
Cependant, contrairement à Porto Cervo, dont l'ambiance est nettement plus jet-set, Porto Rotondo s'est accommodé d'une clientèle plutôt bourgeoise et peut-être un peu moins m'as-tu-vu. La saison touristique, très courte, commence vers la mi-juin et se termine à la mi-septembre. En juillet et août, on se bouscule dans les rues et sur les quais de la marina pour admirer les somptueux yachts. Le reste de l'année, Porto Rotondo, c'est le désert des Tartares...

SAN PANTALEO

À env 15 km au sud-ouest de Porto Cervo et 18 km au nord-ouest de Porto Rotondo. San Pantaleo est un gros village perché sur une colline, au milieu d'impressionnants pitons granitiques fièrement dressés vers le ciel. On est à deux pas de la mer, mais on se sent déjà à la montagne. Le cœur du village s'organise autour de la place de l'église du même nom. Ses ruelles ourlées de solides maisons de granite couvertes de vigne vierge attirent les amateurs de vieilles pierres. Faut dire que ce petit « Rochefort-en-Terre » local a eu tôt fait de séduire de nombreux artistes et créateurs, tant et si bien qu'en l'espace de quelques années San Pantaleo est devenu l'endroit à la mode pour voir et être vu. L'été, on y trouve de ravissantes boutiques, toujours très originales, voire carrément avant-gardistes, mais dont les prix risquent bien de vous laisser sans chemise !
– ***Marché :*** *jeu mat (en saison).* Petit marché d'artisans locaux et brocante le dimanche en saison.

ARZACHENA

À env 20 km à l'ouest de Porto Cervo, sur la route de Santa Teresa Gallura. Une petite ville perchée au sommet d'une colline qui offre une jolie vue sur la région. Rien de particulier à faire ici. En revanche, les environs regorgent de petits sites archéologiques ! Regroupés au sein d'une association, ils peuvent se visiter séparément ou en achetant un *pass.*
– ***Infos pratiques :*** *• gesecoarzachena.it • En principe, les 7 sites, à l'exception de ceux de Li Muri et de Li Lolghi, sont ouv tte l'année, tlj 10h-16h (20h juil-août, puis decrescendo en fonction du coucher du soleil) ; dernière admission 30 mn avt fermeture. Compter 4 € par site, avec possibilité de visite guidée ; gratuit jusqu'à 11 ans. Ou 20 € pour le pass (valable 1 sem).*

Tomba dei Giganti di Lu Coddu Vecchiu et nuraghe La Prisgiona *(tombeau des Géants et village nuragique de Prisgiona)* ***:*** *d'Arzachena, route SS 427 vers Sant'Antonio di Gallura. Après 3 km, tourner à droite vers Luogosanto. Continuer sur env 2 km. Puis à gauche vers Capichera.* C'est probablement l'un des plus beaux tombeaux des Géants de l'île (daté de 1800-1600 av. J.-C.). Parfaitement conservé, il est dominé par une stèle de 4 m de haut. Au pied de cette dernière, une petite porte flanquée de niches (pour les offrandes) précède le tombeau proprement dit, une allée couverte d'une dizaine de mètres de long qui servait probablement de sépulture collective. Ce site nuragique dépendait vraisemblablement du ***nuraghe La Prisgiona,*** un bastion de l'âge du bronze distant seulement de quelques centaines de mètres. Ce dernier, fouillé et restauré peu à peu, comprend un « donjon » flanqué de 2 tours, ainsi qu'une cour renfermant un puits et les vestiges d'une « cabane de réunions » (utilisée sans doute par les dignitaires). Tout autour sont dispersées les fondations de nombreuses habitations organisées en « quartiers ». Vraiment très intéressant, et photogénique de surcroît.

Tomba dei Giganti di Li Lolghi et necropoli Li Muri : *d'Arzachena, suivre la route SS 125 en direction du nord-ouest, puis la petite route SP 115 vers Bassacutena. Après 3 km, tourner à gauche. 2 km plus loin se trouve le tombeau. Ouv seulement pdt la belle saison (se renseigner avt d'y aller).* À l'origine, ce site était recouvert par un tumulus de terre et de pierrailles. Le tombeau, daté de 1800-1600 av. J.-C., retient l'attention par sa dimension : 27 m de long. Quelques dalles recouvrent encore la chambre. Enfin, ceux qui sont intéressés par le sujet iront voir à proximité (reprendre la même petite route, puis 1re à droite) la ***necropoli Li Muri,*** une nécropole néolithique regroupant 5 vestiges de tombes. Le site est minuscule, mais c'est un cas unique en Sardaigne.

Tomba dei Giganti Moru et tempio Malchittu : *juste après la sortie sud d'Arzachena par la SS 125, en direction d'Olbia, derrière l'office de tourisme.* Une petite halte permet d'abord de découvrir, juste en face de la billetterie (de l'autre côté de la route), le ***nuraghe Albucciu.*** Il s'agit encore des vestiges d'une puissante tour, mais celle-ci se distingue par un passage couvert desservant un escalier conduisant à l'étage. Ensuite, les accros iront jeter un coup d'œil à la ***tomba dei Giganti Moru*** à 200 m (il n'en reste pas grand-chose : pas indispensable si vous avez vu Coddu Vecchiu). Enfin, les plus motivés feront la balade de 2 km (à pied) jusqu'au ***tempio Malchittu.*** Les murs sont bien conservés, mais *in fine* c'est surtout la jolie promenade qui justifie l'effort.

LES PLAGES DE PORTO ROTONDO À PORTO CERVO

Comme d'habitude, nous n'indiquons pas toutes les plages, mais seulement nos préférées.

Spiaggia di Ira : *à **Porto Rotondo,** entre la marina et la punta Nuraghe.* Située dans une petite baie en plein cœur de la ville, donc plutôt bien équipée en parasols, chaises longues et douches, belle plage de sable offrant une eau limpide. De l'autre côté de la marina, on longe la ***spiaggia dei Sassi*** et, tout au bout de la ***punta Volpe,*** on débouche sur une plage plus sauvage mêlant sable et petits cailloux, ce qui lui donne par endroits une teinte ocre particulière. L'eau y est couleur émeraude (ben oui, costa Smeralda !).

Spiaggia Liscia Ruja : *à 22 km de Porto Rotondo et 8 km de Porto Cervo. Sur la SP 94, en direction de Porto Cervo, tourner vers cala di Volpe-Capriccioli (endroit réputé pour le luxueux hôtel du même nom). Suivre la SP 160. La route asphaltée s'arrête et un chemin de terre mène après 2 km à la plage. Parkings très chers.* Beaucoup d'espaces privatisés. En revanche, en marchant un peu, vous trouverez de ravissantes criques où vous serez moins les uns sur les autres.

Spiaggia Capriccioli : *à 24 km de Porto Rotondo et 9 km de Porto Cervo. Sur la SP 94, tourner vers Capriccioli. Parking payant.* Comme pour la plupart des plages de la région, il faut s'y rendre tôt le matin ou au coucher du soleil pour éviter de se retrouver serviette contre serviette en été. Venez en fin de journée, les couleurs ne seront que plus belles !

Spiaggia del Principe : *à 25 km au nord de Porto Rotondo et 10 km au sud de Porto Cervo. Sur la SP 94, tourner vers Capriccioli. Remonter vers Romazzino et emprunter à droite la via delle Mimose. Parking payant.* Attention, il faut marcher 500 bons mètres sur un sentier, par endroits difficile, pour rejoindre cette belle plage de sable fin située dans un décor rocailleux, bordée par une mer limpide.

PALAU

(07020) 4 200 hab.

À 40 km au nord d'Olbia et 25 km de Santa Teresa Gallura, au fond d'une baie abritée dont l'accès est surveillé par la forteresse voisine de Monte Altura, Palau est le principal port d'embarquement vers l'archipel des îles de La Maddalena. La station en elle-même ne casse pas 3 pattes à un canard et, à moins d'avoir été piqué par le démon du kitesurf ou de la bronzette, pas grand-chose à faire ici. On se contentera donc d'y transiter. Dernière chose : hormis celui situé à côté de la gare (via Razzoli), tous les parkings sont payants et chers ; en plus, il semblerait qu'à Palau on ait la prune facile, alors évitez de laisser votre voiture n'importe où avant de partir pour les îles...

Arriver – Quitter

En bus

Terminal des bus : *à côté de la gare maritime.* Achat des billets dans la gare maritime, à l'entrée sur la droite (ou à bord du bus, mais c'est plus cher). Les bus *ARST* (● *arst.sardegna.it* ●) desservent ***Olbia*** (le centre et l'aéroport), ***Arzachena, San Pantaleo, Santa Teresa Gallura*** et ***Tempio Pausania.***

➢ ***Olbia via Arzachena, San Pantaleo et Cugnana*** *(1h15)* **:** 10-12 bus/j. (moitié moins dim).

➢ ***Santa Teresa Gallura via Porto Pozzo*** *(50 mn)* **:** env 6 bus/j.

➢ ***Tempio Pausania*** *(1h30)* **:** 1-3 bus/j.

➢ ***Les sites balnéaires autour de Palau :*** de mi-juin à mi-sept, les bus de la compagnie *Caramelli* (● *caramellitours.it* ●) desservent les localités et les plages de ***Porto Pollo*** (à 7 km de Palau), ***capo d'Orso, Porto Corvo*** et ***isola dei Gabbiani.*** Départ du port.

➢ ***L'aéroport d'Olbia*** *(1h30)* **:** avec *Turmotravel* (● *gruppoturmotravel.com* ●). Juin-sept, 6 bus/j. ; en hiver, 1 bus/j.

En train

Stazione di Palau Marina : *circonvallazione Palau Vecchio. Rens : ☎ 0792-41-301.* ● *treninoverde@arst.sardegna.it* ● *treninoverde.com* ● *Juste à côté du port.*

➢ ***Tempio Pausania*** *(2h)* **:** le Trenino verde, charmant petit train touristique, relie Palau à Tempio Pausania d'avr à mi-oct. Se renseigner sur les horaires, très variables en fonction de la saison. Billet : 23 € (train + bus) ; réduc. Merveilleux voyage ferroviaire sur une voie étroite qui grimpe en sinuant entre les monts de la Gallura, comprenant un petit arrêt de 5 mn au lac Liscia. On peut aussi faire la balade à la journée : le matin, on prend le train à 9h et, l'après-midi, on repart en bus à 16h ou 16h40 (retour à Palau à 19h15).

En bateau

Ferries pour les îles de La Maddalena : *la gare maritime se trouve juste à côté du port.* On y achète les billets aux guichets des différentes compagnies (voir les détails dans « Les îles de La Maddalena », rubrique « Arriver – Quitter »).

Adresses utiles

Ufficio informazioni turistiche *(office de tourisme)* **:** *palazzo Fresi, piazza Fresi. ☎ 0789-70-70-25.* ● *palauturismo.com* ● *De juin à mi-sept, tlj 9h-13h, 16h-20h ; hors saison, horaires restreints.* Bons renseignements sur les îles de La Maddalena.

■ ***Distributeur de billets :*** *dans la gare maritime et via Roma, 9 (pas très loin de l'office de tourisme).*

Où dormir ?

Camping

Villaggio Camping Acapulco : *loc. Punta Palau, à 300 m de la spiaggia La Sciumara, 1 km au nord du centre de Palau. ☎ 0789-70-94-97. • info@campingacapulco.com • campingacapulco.com • Mars-sept. Forfaits 14-20 € pour 2 ; bungalows 2 pers sans cuisine 50-80 €, 4-6 pers avec cuisine 90-180 €.* On aime bien la partie « bungalows » de ce petit camping familial très joliment situé, avec ses maisonnettes blanches organisées comme un village. Les campeurs, eux, oublieront bien vite l'emplacement qui leur est réservé à l'ombre car il n'y a aucune vue sur la mer. Ils tenteront de se rapprocher de la plage pour trouver une petite place parmi les gros blocs de granite. Emplacements non délimités.

De bon marché à chic

B & B L'Orso e il Mare : *vicolo Diaz B, 1 (à l'angle de la via dei Mille). 331-222-20-00. • info@orsoeilmare.com • orsoeilmare.com • Derrière l'office de tourisme. Mars-oct. Doubles 55-135 €. CB refusées.* Maison saumon aux volets verts, située dans un coin calme et pourtant en plein centre, à deux pas de la via Nazionale. 3 chambres sympathiques et climatisées dont 1 possède un accès indépendant, à la déco fraîche et riante. Salle de petit déj lumineuse pour un repas assez complet. Bon accueil.

B & B Bassa Prua : *via Fonte Vecchia, 34. 335-624-17-67 (Marcello) ou 339-463-90-35 (Patrizia). • patri.massaro@yahoo.it • Au fond du port, sur la grande place. Tte l'année. Doubles 60-110 €. Parking fermé gratuit.* Une maison de ville moderne, perchée au-dessus d'un bar-resto face au port. Au total, 4 chambres (dont 2 disposant d'un balcon avec vue), réparties en 2 doubles et 2 familiales (avec lits superposés). Clim pour tout le monde ; frigo à partager et, en prime, une petite cuisine pour se bricoler un casse-dalle. Café-croissant au café d'en bas. Bon accueil de Marcello.

Hotel La Roccia : *via dei Mille, 15. ☎ 0789-178-68-10. 339-215-93-66. • info@hotellaroccia.com • hotellaroccia.com • Sur les hauteurs, en léger retrait du port (possibilité d'y aller à pied par un escalier). Avr-oct. Doubles 70-120 € (160 € en août). Parking gratuit.* Cet hôtel d'une bonne vingtaine de chambres climatisées, très propres mais d'une banalité affligeante, présente le gros avantage de posséder un parking gratuit. On s'y sent malgré tout fort à son aise car toutes les chambres du 1er étage offrent un petit balcon (comme ça, on peut faire sécher sa serviette). Salle de petit déj sans grand charme mais buffet conséquent avec tartes maison. Pas d'ascenseur mais accueil souriant, et en français s'il vous plaît !

De chic à très chic

Hotel La Vecchia Fonte : *via Fonte Vecchia, 48. ☎ 0789-70-97-50. • info@lavecchiafontehotel.it • lavecchiafontehotel.it • Face au grand parking. De Pâques à mi-oct. Doubles 110-384 €. Parking gratuit mais places limitées (1er arrivé, 1er servi).* Un hôtel discret qui se fondrait presque dans le décor, bien qu'il abrite tout de même une quarantaine de chambres. D'un excellent confort, leur déco se veut plutôt classique et traditionnelle. Spa. Accueil professionnel.

Où manger ?

Mis à part une adresse (un peu chère), Palau ne brille pas par la qualité de ses restos. Partant de ce constat, 2 solutions : mettez-vous au régime avant de passer sur les îles ou filez dans l'arrière-pays d'Arzachena trouver un *agriturismo.*

Bon marché

La Vecchia Stazione : *via Razzoli, 52. ☎ 0789-70-80-41. Fermé dim. Résa conseillée. Pizze 7-10 € ; repas*

20-25 €. Une des *pizzerie-spaghetterie* les moins chères du coin. Dans une ambiance de cantine, la cuisine de Lucia attire toujours les amateurs de pâtes et de pizza, puisqu'à défaut d'être très fine et inspirée cette dernière se révèle généreuse et bien tournée.

De prix moyens à plus chic

Ristorante da Robertino : *via Nazionale, 20. ☎ 0789-70-96-10. • infodarobertino@gmail.com • À 300 m du port, dans la rue principale. Fermé lun hors saison. Congés : nov-fév. Résa conseillée. Repas 35-45 €.* Une vieille *trattoria* très appréciée des locaux, dont le décor de photos sous-marines dit l'attachement des proprios aux choses de la mer. Les prix sont justifiés pour la qualité des plats servis. Ici, on élabore une cuisine de la mer authentique, fraîche et goûteuse. Le simple *risotto marinaro* est à se damner et les poissons au four ne sont pas en reste. Excellente adresse.

DANS LES ENVIRONS DE PALAU

Dis, pourquoi les rochers sont tout ronds en Sardaigne ?

Le paysage caractéristique du nord de la Sardaigne est constitué de rochers arrondis. C'est principalement du granite, une roche dite « plutonique ». Le granite est un magma ayant migré à travers l'écorce terrestre mais qui s'est solidifié avant d'atteindre la surface (contrairement à celui des volcans, par exemple). Au fil du temps, les différents mouvements auxquels est soumise notre planète ont provoqué, à l'intérieur de cette masse de granite, des fissures qui ont permis à l'eau de s'infiltrer. En circulant, cette eau a fini par détacher les blocs les uns des autres, provoquant un phénomène d'altération qui va de la périphérie vers le centre et qui a pour effet de détacher les cristaux qui constituent le granite (c'est pour ça que certains blocs ont des trous ou de drôles de formes). Ce phénomène évoluant en « pelure d'oignon », les rochers s'arrondissent avant même d'avoir vu le jour ! Le temps n'a plus qu'à poursuivre son processus érosif en déchaussant ces rochers déjà arrondis. Le granite étant une roche très dure, il ne subsiste aujourd'hui que ces gros blocs, souvent en équilibre les uns sur les autres, la gangue de roche meuble qui les cimentait à l'origine ayant été dissoute depuis bien longtemps.

Capo d'Orso et monumento naturale Roccia dell'Orso : *à 4 km à l'est de Palau, par la route du littoral. Avr-oct, tlj 9h-19h. Accès : 3 € ; réduc. Parking payant.* Le cap de l'Ours doit son nom à un grand rocher dont la silhouette évoque un ours : le *roccia dell'Orso.* Une balade de 15 mn mène jusqu'au pied de l'Ours : le rocher est tellement grand qu'on n'aperçoit sa tête que d'un endroit précis, et l'animal dans son intégralité ne se voit que de la mer ou de la route. De tout temps, il servit de repère aux navigateurs, avant de devenir l'emblème de Palau et de figurer sur le blason de la ville. Très beau panorama.

Porto Rafael : *à env 4 km au nord de Palau.* Le décor ici rappelle celui de la costa Smeralda, avec un village très léché, constitué de belles villas bien cachées derrière leurs murets de clôtures. Pour vous baigner, il

ÊTRE DANS LE VENT... SARDE

Il y a 6 sortes de vents en Sardaigne. Il est bon de les connaître pour prévoir le temps qu'il va faire... Le grécale, frais même en été, souffle nord-est. Le levant vient de l'est et apporte toujours de l'air frais et humide. Le mistral (nord-ouest) est fort et puissant, tandis que le vent d'ouest apporte de la pluie. Le sirocco, venu du désert d'Afrique, est chaud et sec, et la tramontane (du nord) souffle le froid et le frais. Grâce à ces vents, de nombreuses courses de voiliers se déroulent chaque année au nord-est de la Sardaigne.

vous faudra trouver les sentiers d'accès aux petites criques parmi les maisons. En revanche, la ***fortezza de Monte Altura*** a belle allure : *visite guidée seulement (45 mn) : avr-mai, tlj à 10h15, 11h15, 12h, 15h15, 16h15 et 17h15 ; juin-août, mêmes horaires le mat mais la 1re visite de l'ap-m commence à 17h15 (dernière visite à 19h15) ; de sept à mi-oct, mêmes horaires qu'en début de saison sauf la visite de 12h15, qui est annulée. Entrée : 5 € ; réduc ; gratuit moins de 11 ans.* Elle fut construite au XIXe s pour défendre la côte nord de la Sardaigne et l'archipel de La Maddalena.

Excursions en bateau vers les îles de La Maddalena : sur le port de Palau, des kiosques proposent des excursions à la journée autour des petites îles autres que La Maddalena et Caprera. Bateaux à moteur ou à voile, anciens ou modernes, petits ou grands, avec ou sans déjeuner compris. Prix très variables selon la saison, le type de bateaux et les excursions. En revanche, la plupart des départs se font avant 11h. Renseignements sur le port ou à l'office de tourisme.

Les plages

Spiaggia dell'Isolotto : étendue de sable et de rochers, à droite du port touristique de Palau. Gros avantage : grande pinède derrière la plage.

Spiaggia La Sciumara : *via La Sciumara. À env 2 km au nord du centre-ville.* Une belle plage de sable, de forme curviligne, assez grande et dans un environnement relativement peu construit. Orientée plein nord, elle est très sensible au mistral et à la tramontane. Celles et ceux qui veulent parfaire leur bronzage sous le menton devront tourner le dos à la mer.

Spiaggia di Porto Pollo : *à env 7 km au nord-ouest de Palau, en direction de Santa Teresa Gallura par la route SS 133 (indiqué). Parking payant (prévoir de la monnaie).* Waouh ! Une vraie grande plage de sable et même deux, en fait, puisqu'il s'agit d'un isthme (une de chaque côté de la pointe : Porto Pollo et Barrabisa) ! L'endroit, très venteux, est très prisé des amateurs de windsurf et de kitesurf. Mis à part quelques *surf shops,* paillotes ou *food trucks* et loueurs de matériel, le site reste pratiquement vierge de constructions.

LES ÎLES DE LA MADDALENA (ARCIPELAGO DI LA MADDALENA) (07024) 12 000 hab.

• Carte *p. 235*

À l'extrémité nord-est de la Sardaigne, près des bouches de Bonifacio (Corse), les îles de La Maddalena constituent les derniers témoins des masses rocheuses de granite et de porphyre qui unissaient la Sardaigne et la Corse il y a des millions d'années. En se détachant l'une de l'autre, ces 2 grandes îles ont laissé en pleine mer cet étrange émiettement géologique formant l'*arcipelago di La Maddalena.* L'archipel est composé en effet d'une soixantaine d'îlots rocheux de toutes les tailles et de 7 grandes îles. Parmi les plus importantes, La Maddalena (la plus habitée, la plus visitée) et Caprera (presque déserte, elle abrite la maison et la tombe de Garibaldi). Elles sont aujourd'hui reliées par un pont qui permet de passer facilement en voiture de l'une à l'autre.

Déclaré parc national depuis 1996, l'archipel est protégé par des lois destinées à limiter l'urbanisme sauvage et à sauvegarder la faune et la flore. Avouons que, par endroits, on ne peut s'empêcher d'être sceptique quant à la sévérité et l'application de ces lois… surtout quand on voit les « jolis » vestiges laissés par l'armée américaine (qui cachait là une base de sous-marins nucléaires).
La *strada panoramica,* qui permet d'avoir un bel aperçu de La Maddalena, peut se faire facilement en voiture ou à scooter (environ 20 km). L'île de Caprera, à l'est de la première, est beaucoup plus sauvage et se prête merveilleusement bien à la randonnée (sentiers bien balisés). On peut également opter pour des excursions organisées à la journée au départ de Palau, mais ces bateaux ne vont ni à La Maddalena ni à Caprera ; ils explorent les îlots situés tout autour des 2 grandes îles. En pleine saison (au mois d'août surtout), on déconseille de s'y aventurer en voiture. On trouve sur place de nombreux loueurs de scooters ou de vélos, y compris à assistance électrique.

UN LIEU STRATÉGIQUE

Le site du détroit entre la Sardaigne et la Corse marque la limite des eaux territoriales de la France et de l'Italie. Il est depuis l'époque romaine un lieu hautement stratégique. En 1793, alors que la République française affrontait depuis 2 ans Victor-Amédée III, roi de Sardaigne, de Savoie et du Piémont, une expédition française fut mise sur pied afin de prendre le contrôle de Cagliari et des îles de La Maddalena. L'échec fut cuisant sur les 2 théâtres d'opérations. Bien que pilonnée par une artillerie française alors commandée par Napoléon Bonaparte en personne, encore à cette date simple lieutenant-colonel, La Maddalena résista et repoussa l'envahisseur français.
C'est encore pour des raisons défensives et historiques qu'en 1887 l'archipel de La Maddalena tout entier fut transformé en base navale par les souverains de la maison de Savoie. Ils en firent une sorte de place forte maritime. Ces bons princes firent construire sur le plus haut sommet de l'île (la Guardia Vecchia) le fort de San Vittorio, qui abrite aujourd'hui un phare. En 1973, l'armée américaine installa dans l'archipel une base navale qui fonctionna (de manière très opaque) jusqu'à sa fermeture en janvier 2008. L'US Navy partie, il reste toujours sur l'île un quartier général de la marine italienne.

Arriver – Quitter

Les îles de La Maddalena ne sont accessibles que par bateau au départ du ***port de Palau*** situé à 40 km au nord d'Olbia par la route SS 125 et à 25 km au sud-est de Santa Teresa Gallura.
➢ ***La Maddalena :*** 2 compagnies de ferries assurent le transport des passagers et des voitures. Durée de la traversée : 20 mn. Le prix des billets varie en fonction de la saison, des jours, de l'heure, de la taille du véhicule, du nombre de passagers et des offres : pour 2 pers, compter 30-50 € (avec voiture de taille moyenne). En plein été, mieux vaut acheter son billet à l'avance.
■ ***Delcomar/Ensamar :*** • *delcomar.it* • Assurent des liaisons tte l'année. En saison, ce sont aussi eux qui effectuent le plus de rotations (départ env ttes les 30 mn en journée pdt la saison, ttes les 1 à 2h en hiver) ainsi que celles en soirée et de nuit.
■ ***Maddalena Lines :*** • *maddalenalines.it* • Tte l'année, fonctionnent tte la journée mais stoppent leur activité vers 20h pour reprendre le lendemain. Quand leurs ferries ne circulent plus, vous pouvez prendre avec leur billet les bateaux de la compagnie *Delcomar/Ensamar.*
– Dernier tuyau : si vous achetez votre billet en ligne, c'est moins cher pour l'une comme pour l'autre de ces compagnies.

Comment se déplacer sur les îles ?

– Si vous allez en ferry à La Maddalena, il est préférable d'avoir un moyen de locomotion sur place, les transports en commun étant assez limités en dehors de l'été. On peut aussi y louer un vélo (électrique ou non) ou un scooter (mais les tarifs ont tendance à s'enflammer l'été). Cela dit, en pleine saison, il y a tellement de voitures sur l'île de Caprera (sérieux problèmes de stationnement) que les autorités barrent souvent les routes, obligeant les touristes à prendre les navettes *Turmotravel* pour aller à la plage ou se rendre au musée Garibaldi *(compter env 2 €)*. Dans ce cas-là, mieux vaut laisser sa voiture à Palau. ***Renseignez-vous à l'office de tourisme de Palau avant de traverser.***
– La compagnie *Turmotravel* propose plusieurs services de bus et de navettes. • *gruppoturmotravel.com* •
➢ Tte l'année, entre La Maddalena et l'isola Caprera (à raison, grosso modo, d'au moins 1 bus ttes les 30 mn 7h10-18h40 ; dernier retour à 19h10). À noter que, si l'on prend ce bus jusqu'à Stagnali (Caprera), la navette qui poursuit vers les plages est comprise dans le prix du billet.
➢ En saison (juin-sept), service de navette entre Punta Rossa et la spiaggia Cani via la spiaggia Relitto et la spaggia Due Mari, mais également vers le memoriale Giuseppe Garibaldi et le compendio Garibaldino via le museo Casa Garibaldi, à raison de 1 navette ttes les 20-30 mn, 8h15-19h.
➢ ***Tour de l'île :*** en été, ttes les heures, un bus fait le tour de l'île de La Maddalena en s'arrêtant à presque toutes les plages en longeant la côte est. Départ du port. En revanche, ce « tour de l'île » entre dans la catégorie des « excursions » et coûte plus cher que le simple billet de bus.

ISOLA DI LA MADDALENA

C'est l'île principale, presque le prolongement naturel de Palau, dont elle n'est séparée que par un bras de mer et 20 mn de bateau. La plus grande ville s'appelle comme l'île, La Maddalena, et c'est là où l'on débarque. C'est une cité assez étendue, sérieusement pentue, agréable et animée, avec un petit port de pêche (à gauche en débarquant), une longue promenade sur le quai principal (à droite en débarquant) et un petit cœur de ville sympathique. Quelques vieux palais du XIXe s aux façades ouvragées et un bouquet de ruelles piétonnes tranquilles lui confèrent un caractère plaisant, même si c'est quand même bondé en été. L'île abrite de belles plages que l'on explore en empruntant la jolie route panoramique. Évidemment, plus on s'éloigne de La Maddalena, moins il y a de monde dans les criques.

Adresses utiles

■ ***Ufficio informazioni turistiche :*** *via XX Settembre. ☎ 0789-73-63-21. • comunelamaddalena.it • Mai-oct, tlj 9h-22h ; hors saison, horaires réduits.* On y trouve toute la doc sur l'île et les transports, mais aussi les informations pour d'éventuelles visites guidées.

■ ***Ente Parco Arcipelago di La Maddalena*** *(parc national de l'archipel de La Maddalena)* ***:*** *via Giulio Cesare, 7. ☎ 0789-79-02-24. • lamaddalenapark.it • Lun-ven 9h30-12h30, plus 15h30-17h30 mar et jeu. Fermé le w-e.* Ce bureau délivre s'il le faut les permis spéciaux de pêche, de navigation de plaisance et de plongée.

■ ***Distributeurs de billets : Banco di Sardegna,*** *via Amendola, à l'arrivée au port, sur la droite en descendant du bateau, le long du quai. Plusieurs autres distributeurs dans le centre.*

■ ***Location de scooters et de vélos :*** *via Amendola.* Plusieurs loueurs se succèdent dans cette rue. Prix variables selon saison et type de 2-roues (les vélos existent notamment en

LES ÎLES DE LA MADDALENA

LA GALLURA

version VTC, VTT ou électrique). **Nicolsport :** *via Amendola, 16.* 📱 *346-560-03-53. Avr-oct, tlj 9h-19h. Compter 20 €/j. pour un VTT, 25-35 €/j. pour un vélo à assistance électrique ou un petit scooter.*

Où dormir à La Maddalena et dans les proches environs ?

Camping

⛺ **Camping Maddalena :** *loc. Moneta, via G. Mary.* ☎ *0789-72-80-51.* • *info village@campingmaddalena.it* • *cam pingmaddalena.it* • ♿ *À env 3 km à l'est du centre-ville. 2 arrêts de bus à moins de 400 m : La Riciolina (vers l'isola Caprera) et Museo navale (la panoramica). De juin à mi-sept. Forfaits 20-32 € pour 2, douche chaude comprise ; bungalows et chalets 2-4 pers 50-120 €/j.* Bon, aucune vraie plage à proximité, ni piscine. Sinon, ce camping très agréable (bonne atmosphère et bons services) est situé sur une butte calme plantée de quelques eucalyptus et pins, qui procurent une ombre très appréciée. Équipements et sanitaires corrects et bien tenus. Resto-pizzeria idéal pour faire des rencontres et papoter en terrasse le soir. Frigo et congélo à dispo. Un bon plan doublé d'un accueil gentil.

De prix moyens à chic

B & B La Petite Maison : *via Livenza, 7. ☎ 0789-73-84-32. 340-646-37-22. • info@lapetitmaison.net • lapetitmaison.net • Pâques-oct. Doubles 75-100 € (min 2 nuits exigées en été). CB refusées.* Une jolie maison dans un petit jardin abondamment fleuri et calme. Décoration intérieure raffinée, d'inspiration marocaine, et personnalisée : toiles aux murs (réalisées par Lino, le maître des lieux), belles couleurs chaudes, vieux meubles peints, salles de bains aménagées « à la marocaine » pour faire encore plus vrai. À chaque chambre son style, mais toujours de bon goût. Copieux et délicieux petit déjeuner. Accueil charmant. Notre meilleure adresse.

B & B Via del Centro : *via Italia, 8. 347-014-66-40. • bbviadelcentro@gmail.com • viadelcentro.com • Doubles 45-100 € ; également une chambre pour 4 pers. CB refusées. Réduc de 10 % sur le prix de la chambre sur présentation de ce guide.* Au cœur de la ville, dans une vieille bâtisse de la fin du XIXe s, une poignée de chambres à la fois lumineuses et spacieuses dont 1 familiale. Toutes disposent d'une salle de bains privée (mais sur le palier pour 2 d'entre elles). Le vrai plus ici, cependant, c'est le grand salon moderne à la disposition des hôtes, avec frigo, micro-ondes et matériel de cuisine. Une très bonne adresse, tenue par un couple sympathique comme tout (et Fabrizio parle bien le français).

Hotel delle Isole : *via Principe Amadeo, 19. ☎ 0789-73-70-80. • info@hoteldelleisole.it • hoteldelleisole.it • Avr-oct. Doubles 75-150 €. Parking gratuit.* Non loin du centre-ville, caché au fond d'une impasse et entouré de végétation, un petit hôtel moderne et sans prétention mais parfaitement au calme, avec des chambres claires, toutes équipées d'une terrasse ou d'un balcon. Les plus chères ont une vue plus dégagée (sur la mer ou sur les collines à l'arrière).

B & B Il Corallo : *via Nido d'Aquilla, 18. 331-493-03-56. • corallo2011@yahoo.it • À 3 km à l'ouest du centre de La Maddalena, après la punta Tegge. De mi-mars à fin oct. Doubles 70-150 €.* Dans sa maison qui fait face à la mer, Lia propose 3 chambres pas bien grandes mais très bien décorées, toutes tournées vers le large et les mouettes. Clim, frigo, matelas de qualité, couleurs chatoyantes. Un excellent petit déj est servi chaque jour en terrasse avec du bleu pour horizon. Jacuzzi extérieur. La plage est juste devant. Une belle adresse dotée d'un accueil charmant.

Où manger ? Où boire un verre à La Maddalena et dans les proches environs ?

Bon marché

Roby's Pizzeria : *via Amendola, 2B. ☎ 0789-73-77-27. • trattoriapizzeriarobys1991@gmail.com • Juste à droite de la Banco di Sardegna, face au port. Tlj midi et soir. Compter 10-15 € si vous n'optez que pour les pizze.* Un tout petit bout de salle (avec quelques efforts de déco), des *pizze* à la pâte croustillante à dévorer pour combler un creux, et l'affaire est dans le sac !

Puffer Fish : *via Azuni, 10. 342-545-22-12. Tlj midi et soir. Compter 20-25 €.* Une petite salle et un bout de terrasse dans la rue. On ne vient pas ici pour le décor de cette *pescheria-friggitoria* mais pour manger du poisson directement du producteur au consommateur. *Polpo in barchetta, dentice alla catalana,* moules, friture. C'est frais, c'est efficace et le service est attentionné.

Prix moyens

Trattoria La Baracca : *loc. Cala Camiciotto. ☎ 0789-72-78-67.*

• barlabaracca@tiscali.it • ♿ *À env 1,5 km du centre en longeant la côte sur la droite (en débarquant sur l'île). Après avoir contourné ts les bâtiments militaires, c'est indiqué sur la gauche. Tlj midi et soir. Repas 25-30 €.* Vous vous demandez certainement pourquoi on vous emmène dans ce coin complètement paumé ? Tout simplement parce qu'on y déguste d'excellents poissons frais, très bien préparés et à des prix abordables. Le lieu est plus que banal et basique, certes, il n'y a pas de vue, OK, mais que ce soit la daurade au four, les *tagliatelle alle vongole* ou la *grigliata mista di pesce*, tout est réussi. Alors le resto a ses habitués, normal !

Osteria da Liò : *corso Vittorio Emanuele, 4. ☎ 0789-73-75-07.* • info@osterialo.com • ♿ *Pâques-oct, tlj. Repas 30-35 €.* Dans cette adresse certes touristique (menu en 3 langues), ouverte depuis la fin du XIXe s, tout se passe sur l'arrière. Préférant la ruelle aux petites salles restées dans leur jus depuis des lustres, les convives (locaux et touristes mélangés) viennent piocher les suggestions du jour inscrites à l'ardoise ou plus globalement passer commande d'une cuisine sarde plutôt orientée mer. Le service est rapide et avenant. Attention à la bordure de trottoir en ressortant sur le *corso*, sinon c'est l'entorse assurée !

Zi Antò : *loc. Punta Tegge. ☎ 0789-72-21-50. À 2 km à l'ouest du centre de La Maddalena. Pâques-oct, tlj 7h-1h (plus tard en août).* Une grande terrasse ombragée par une bâche, la plage d'un côté, la plage de l'autre et des plagistes qui arrivent et repartent. Idéal pour un *aperitivo* au couchant. Nous ne sommes pas restés dîner, et vous ?

Les plages de La Maddalena

Spiaggia di Spalmatore : *à env 5 km au nord-est de La Maddalena par la route côtière SP 91.* Une plage très prisée en été (car facilement accessible en voiture). Sable et petits rochers. Elle présente l'avantage d'être relativement bien abritée du vent.

Spiaggia Monti da Rena : *à env 5 km au nord de La Maddalena, toujours par la SP 91 (fléché). Parking payant.* Plutôt que d'une plage, on serait tenté ici de parler d'une succession de jolies petites plages de sable assez grossier. Seul bémol, elles sont exposées au vent les jours de mistral.

Spiaggia di Bassa Trinità : *sur la côte ouest de l'île. À env 2 km au sud de Monti da Rena.* Les collines rocheuses couvertes de maquis descendent jusqu'à ces petites plages de sable. Comme elles sont facilement accessibles, on ne s'y sent jamais vraiment seul.

Excursions en bateau vers les autres îles

Le long du quai, à droite en débarquant du ferry, sur la via Amendola, de nombreux bateaux proposent des excursions à la journée autour des petites îles, accessibles uniquement par la mer et pour lesquelles il n'existe aucune liaison régulière (isola Santo Stefano, isola Spargi, isola Budelli ou isola Razzoli). Tous types de bateaux et différentes formules sont proposés, à la journée. Prix très variables selon saison, type de bateaux, sorties et compagnies. Cette excursion peut également se faire à partir de Palau.

ISOLA CAPRERA

Une merveille de la nature reliée à l'île principale de La Maddalena par un pont. Par sa surface (près de 16 km²), Caprera est la 2e plus grande des îles de l'archipel, c'est aussi la plus belle, la plus renommée. Couverte de pinèdes et de maquis (myrtes, lentisques, arbousiers), elle possède une côte très découpée, constituée d'une bordure irrégulière de plages de sable et de pointes rocheuses. Tandis qu'une haute falaise délimite sa pointe nord-est, le reste de l'île est constitué d'une succession de collines qui descendent doucement vers la mer. Une petite route asphaltée la traverse du nord au sud, et se ramifie par endroits en chemins et sentiers balisés qui sont autant d'itinéraires de rando conduisant à des plages secrètes. Victime de son succès, isola Caprera est malheureusement surfréquentée en été, ce qui conduit les autorités à en limiter certains accès en période d'affluence, voire carrément à interdire certaines plages (comme c'est le cas pour la cala Coticcio depuis août 2019). Hors saison, c'est beaucoup plus tranquille.

GARIBALDI SE BAT POUR LA FRANCE

Pendant la guerre franco-allemande de 1870, Gambetta appelle à l'aide Garibaldi. Âgé de 63 ans, le héros de l'indépendance italienne accepte et quitte son refuge de Caprera pour s'engager aux côtés de la France. À la tête d'un bataillon de 10 000 tirailleurs français, aidé de ses 2 fils, Garibaldi se bat en Bourgogne et remporte une belle victoire à Dijon. La guerre finie, il devient député français de la Côte-d'Or sans même avoir été candidat ! Plus tard, en 1871, les insurgés de la Commune de Paris lui demanderont de prendre la tête de leur mouvement ; mais le héros, fatigué, déclinera leur offre.

Où manger ?

Plusieurs petits bars-restos se succèdent le long de la route qui descend sur Stagnali. En voici un parmi tous :

I Mille : *au bord de la route, en direction du sud de l'île. Compter 5-10 €.* En pleine forêt, un petit kiosque en bois où l'on prépare des sandwichs et des *panini* à la commande, bons et copieux. Dispersées sous les arbres, quelques tables forment un site idéal pour casser la croûte.

À voir

***Compendio Garibaldino di Caprera** (maison et tombeau de Garibaldi) **:** très bien fléché (souvent indiqué « Museo Garibaldi »). ☎ 0789-72-71-62. • compendiogaribaldino.it • ♿ (mais pas partout, se renseigner). Mai-sept, mar-sam 8h30-13h20, 13h40-19h30 (dernière admission à 18h45) ; dim-lun 8h30-14h (dernière admission à 13h20). Hors saison, horaires réduits (voir le site internet). Départs ttes les 10 mn pour une visite (en italien mais feuillets en français) par petits groupes, accompagnée d'un employé du musée (qui n'est pas forcément guide) ; durée : env 30 mn. Billet : 7 € (11 € avec le memoriale Giuseppe Garibaldi) ; réduc ; gratuit moins de 18 ans ainsi que le 1er dim du mois oct-mars.*

C'est dans ce merveilleux paysage que Garibaldi, héros de l'indépendance italienne, passa ses 25 dernières années, après avoir dirigé en Europe et en Amérique du Sud ses nombreuses batailles pour la liberté. En passant par la cour intérieure du domaine, on peut voir un pin planté en 1867, à la naissance de Clelia, un des 8 enfants que Garibaldi eut de ses 3 femmes successives. Le visiteur admire d'abord l'écurie du maître abritant la pierre tombale de Marsala, le cheval auquel Garibaldi était resté très attaché.

La ***maison principale*** (la *Casa bianca*), richement meublée, est remplie de souvenirs. Tableaux, peintures, photos, armes, dessins, lettres, documents et meubles

d'époque, objets lui ayant appartenu, tout est fait ici pour garder la mémoire vive de cet homme d'exception, comme sa chemise rouge, ses lunettes, la balle qui le blessa pendant la bataille de l'Aspromonte (1862), ou ce drapeau de la guerre d'Indépendance de l'Uruguay à laquelle il participa. On visite aussi les chambres de ses enfants Manlio et Clelia, la cuisine (noter la pompe à eau), la salle de séjour, le bureau. Remarquer les disques en carton de l'époque et le petit orgue à manivelle, preuve que « le héros des deux mondes » aimait la musique.
Garibaldi s'était réfugié sur l'île de Caprera en 1849, après la chute de la République romaine et la mort de sa femme Anita. En 1855, il acheta une partie de l'île et s'y installa définitivement en 1857 (tout en continuant néanmoins à voyager). Sa santé déclina (arthrite) et il passa ses dernières années dans un fauteuil roulant, exposé aujourd'hui dans la maison. Garibaldi s'y éteignit le 2 juin 1882. La chambre mortuaire du grand homme abrite encore son lit, près d'une fenêtre orientée vers le nord, en direction de Nice, où il était né le 4 juillet 1807 dans une famille de marins...
Tout près de la maison, un sentier conduit en quelques minutes au charmant petit ***cimitero familiare*** (cimetière familial), qui compte 7 tombes. La ***tomba di Garibaldi*** est à la fois la plus imposante et la plus rustique. C'est une sorte de sarcophage en granite brut dépourvu de symbole religieux car notre homme était anticlérical et franc-maçon. Le « héros des deux mondes » qui s'était battu en Europe et en Amérique du Sud avait demandé à être incinéré, mais, à cette époque, la crémation était illégale en Italie. Son corps fut embaumé avant d'être placé dans ce tombeau. Les tombes d'à côté sont celles de sa femme Francesca et de 5 de ses enfants, dont Anita (la fille qu'il avait eue avec une servante). Attenant au cimetière, un hangar abrite 2 bateaux, dont celui que lui a offert la Marine sarde en 1860. C'est à bord qu'il se rendait à La Maddalena depuis Caprera, car à l'époque le pont n'existait pas.
Aujourd'hui, le conservateur honorifique du domaine n'est autre que le descendant direct du grand homme. Comme lui, il s'appelle Giuseppe Garibaldi, mais il n'est pas impliqué dans la politique. C'est la seule personne autorisée par l'État italien à résider une partie de l'année sur le site.

Memoriale Giuseppe Garibaldi : *dans l'ancienne fortezza Arbuticci, au centre nord de l'île. Pour les visiteurs du musée, possibilité de se garer tout là-haut, sur le parking de la forteresse. Mai-sept, tlj sauf mer 10h15-19h15 (dernière entrée à 18h15) ; le reste de l'année, horaires réduits (voir le site internet). Entrée : 6 € ; réduc ; gratuit moins de 18 ans et pour tous le 1er dim du mois oct-mars. Ticket combiné avec le Compendio : 11 €.* Cette ancienne forteresse haut perchée transformée en musée retrace la vie du grand homme et les différents événements historiques qui lui sont liés. Au moyen de nombreuses vidéos, cartes, illustrations, chronologies et citations, on tente de nous aider à mieux cerner le personnage. Quel dommage que rien ne soit traduit ou presque ! Seule une petite brochure en français présente succinctement le contenu des 4 bâtiments qui abritent cette belle expo. Les non-italophones pourront toujours se consoler en allant contempler la vue splendide sur les environs !

Museo del Mare e delle Tradizioni marinaresche *(musée de la Mer) : borgo di Stagnali. 340-690-99-13. • lamaddalenapark.it • Mai-oct (en principe car ça peut varier), tlj sauf mer 9h30-13h, 15h30-17h30. GRATUIT (on donne ce que l'on veut au guide). Le musée de Géologie, lui, n'est ouv que le mat.* Un petit musée vite vu mais pas dénué d'intérêt pour autant, et bien mis en valeur avec force anecdotes par Elena, la guide francophone. On y découvre quelques pièces rares, comme cette copie de la 1re carte routière de l'Empire romain, où la Méditerranée est dessinée tout en longueur (l'original est à Vienne), une moule de 60 cm de long et une brassière de sauvetage récupérée lors du naufrage du *Costa Concordia* en janvier 2012. Quelques bondieuseries et ex-voto en relation avec la mer ainsi que des vestiges de la 2de Guerre mondiale complètent la visite. Juste à côté, le petit musée de Géologie expose de gigantesques cristaux de quartz fumé.

Petites randos et balades sur l'île

➢ Sur l'île, on trouve ***plusieurs sentiers de randonnée balisés.*** Ils se situent de part et d'autre de la route principale (panneaux). Carte en français disponible à l'office de tourisme ou auprès de votre hébergement (sinon tous les sentiers sont répertoriés sur • *parks.it/parco.nazionale.arcip.maddalena/* •). Par ailleurs, en voiture ou à vélo, faites la balade jusqu'à la pointe sud de l'île (merveilleux points de vue), avant de revenir par les ruines haut perchées de Poggio Rasu, et de partir vers le nord, jusqu'à la fortezza Arbuticci (la promenade en vaut la peine, même si vous ne visitez pas la forteresse).

Les plages de Caprera

Spiaggia di cala Portese : au sud de l'île, au niveau de l'isthme dei Due Mari (isthme « des Deux Mers »). Sable fin et eaux turquoise.

Spiaggia del Relitto (cala Andreani) : *continuer env 800 m après la cala Portese. Quand on voit un vieux bâtiment, tourner à gauche.* Cette petite plage de sable blanc et fin compte parmi les plus belles de la côte est de Caprera. En forme de croissant de lune, elle conserve les restes ensablés d'un navire échoué qui transportait autrefois du charbon.

LES AUTRES ÎLES DE L'ARCHIPEL

Isola Santo Stefano : *le ferry de Palau la longe en allant vers La Maddalena.* Elle est connue pour sa plage del Pesce, qui abrite un village de vacances. Construite au XVIIIe s dans un but militaire et stratégique, la forteresse Santo Stefano, également appelée « fort Napoléon », domine l'île. Ce bout de terre âpre, battu par la mer, recèle aussi quelques trésors, comme ce buste en granite de 3 m de haut de l'amiral Costanzo Ciano, beau-père de la fille de Mussolini, président de la Chambre des députés et fasciste de la 1re heure, dont la statue devait être installée aux environs de Livorno pour servir de phare. Inachevé à cause de la chute du fascisme, ce buste trône aujourd'hui dans une ancienne carrière parmi les broussailles *(accès par le petit sentier qui part de la cala Villamarina, au sud ; compter 5-10 mn à pied).*

Isola Spargi : *à l'ouest de La Maddalena. Accessible seulement en bateau.* À peine 2 km de large. Cette île inhabitée, rocheuse et découpée, cache quelques belles criques dont la cala Corsara, où un navire romain fit naufrage vers 120 av. J.-C., comme le prouvent les pièces romaines retrouvées dans le fond de la mer, aujourd'hui exposées au Musée naval de La Maddalena. D'autres criques sauvages et désertes abritent de ravissantes petites plages : cala Soraia, cala Granara, cala Conneri (quel nom flatteur !).

Isola Budelli : le cinéaste Antonioni y tourna en 1964 des scènes de son film *Le Désert rouge,* ce qui rendit célèbre la plage Rose *(spiaggia Rosa),* aujourd'hui strictement protégée en raison de son environnement exceptionnel. Il est interdit de s'y baigner, de s'y promener, ou même de marcher sur son sable rose, dont la particularité est d'être composé de nombreux morceaux de corail, de fragments de coquillages et d'éclats de roche granitique. Les bateaux ne peuvent pas s'en approcher et ont interdiction d'y jeter l'ancre. En revanche, on peut se baigner dans les criques des cala Piatto et cala Cisternone, et y pratiquer la plongée. Des figuiers de Barbarie poussent sur l'île, accentuant son aspect désertique.

Isola Razzoli : *une autre île sauvage et inhabitée de l'archipel, entre l'île de Budelli et Santa Maria. Accessible seulement par la mer, comme ses voisines.*

La côte très découpée dévoile quelques belles criques comme cala Lunga, cala Cappello et cala Occidentale, délicieuse et isolée. On est arrivé au bout du monde !

SANTA TERESA GALLURA

(07028) 5 200 hab.

À l'extrémité nord de la Sardaigne, Santa Teresa Gallura fait face aux bouches de Bonifacio. Par beau temps, il suffit de tendre le bras pour toucher la Corse ! À la fois port et station balnéaire, vide en hiver et noire de monde en été, Santa Teresa présente un plan régulier, héritage de la maison de Savoie, laquelle régnait sur la Sardaigne au XIXe s. Ses rues, bordées de petits immeubles peints de couleurs chatoyantes, lui confèrent une atmosphère décontractée. En été, beaucoup de monde aux abords de la piazza Vittorio Emanuele I, cœur battant de son centre historique. À ses pieds, une belle plage de sable fin pour faire trempette.

Arriver – Quitter

En bateau

➢ ***Bonifacio** (Corse)* **:** tte l'année, en principe 2-4 liaisons/j. avec la compagnie *Moby Lines* (● *mobylines.fr* ●). Et en saison, avec *Blu Navy* (● *blunavy traghetti.com* ●), 2-4 liaisons/j. Les bateaux embarquent passagers et voitures. Tarifs très variables selon saison, taille et catégorie du véhicule. Promos régulières de dernière minute. Durée de la traversée : 50 mn.

En bus

Stazione di autolinee *(gare routière)* **:** *près de la poste (entrée via Pertrini). À env 300 m au sud de la pl. centrale (piazza Bruno Modesto).* Les bus *ARST* (● *arst.sardegna.it* ●) assurent des liaisons régulières avec les principales villes du nord de la Sardaigne.

➢ ***Olbia via Palau, Arzachena et San Pantaleo** (1h45-2h)* **:** 6 bus/j. En été (juin-sept), la compagnie *Turmo Travel* (● *gruppoturmotravel.com* ●) dessert 6 fois/j. l'aéroport d'Olbia.

➢ ***Sassari via Badesi (Isola Rossa) et Castelsardo** (1h40)* **:** 4 bus/j.

➢ ***Cagliari* :** bus de la compagnie *Turmo Travel.* 1 bus/j. en début d'ap-m. Durée : 6h. Passe par ***Palau, Olbia, Siniscola, Nuoro*** et ***Oristano.***

➢ ***Porto Cervo** (1h15)* **:** avec la compagnie *Caramelli Tours* (● *caramel litours.it* ●), de mi-juin à mi-sept seulement. 1 bus/j. le mat via ***Palau, Arzachena*** et ***Baja Sardinia.***

➢ ***Les plages des environs* :** de mi-juin à mi-sept seulement, liaisons avec la compagnie *Sardabus* (● *sardabus.it* ●). Départs des bus via Eleonora d'Arborea. 6-7 navettes/j. entre Santa Teresa et les plages de Santa Reparata (env 3 km), capo Testa (env 4 km) et La Marmorata (env 4 km vers le sud). Ces bus effectuent une rotation en boucle (30 mn) entre ces plages. Une autre compagnie, *Santa Teresa Beach Bus,* dessert capo Testa et La Marmorata de manière régulière (juin-sept), égrenant toutes les plages en cours de route. *Billet à l'agence FC Travel, piazza Villarmania, 4.* 📱 *333-477-39-11.* Départ de la piazza Modesto.

Adresse utile

ℹ ***Ufficio informazioni turistiche*** *(office de tourisme)* **:** *piazza Vittorio Emanuele I, 24.* ☎ *0789-75-41-27.* ● *comunesantateresagallura.it* ● *Situé sur la passerelle en surplomb de la place. Juin-sept, tlj 9h-13h, 16h30-20h (peut varier) ; le reste de l'année, le mat lun-ven.*

LA GALLURA

Où dormir ?

B & B Domus de Janas : *via Carlo Felice, 20. 338-499-02-21 ou 333-277-99-90. • domus@bbdomusdejanas.it • bbdomusdejanas.it • De mi-avr à oct. Doubles 70-150 € (min 2 nuits, mais négociable selon disponibilités) ; familiales ; appart 4-5 pers. Thé ou café offert sur présentation de ce guide.* Tout est charmant et engageant dans cette belle maison tenue par un adorable couple d'artistes. C'est fleuri, coquet, flashy et douillet, avec plein d'objets, de meubles, de peintures, qui personnalisent les 6 chambres (toutes avec leur propre salle de bains, mais parfois séparée). Au rez-de-chaussée, une délicieuse terrasse où se prélasser et 2 autres sur les toits, dont 1 panoramique avec vue extra sur les côtes corses. Pour le petit déj, on le confectionne soi-même avec les produits proposés dans le frigo (très complet).

B & B La Terrazza di Lilly : *via Bonifacio. ☎ 0789-75-48-59. 348-463-10-99 (Marcello). • info@terrazzalilly.com • terrazzalilly.com • Juste au-dessus de la plage de la ville. Avr-oct. Doubles 70-130 €. CB refusées.* Une petite rue calme où se cache une belle maison de famille, enfouie dans la végétation d'un jardin de poche dissimulé derrière des murs discrets. Chambres jolies, toutes avec salle de bains. La plupart ont vue sur la mer. Sinon, on profite de la vue depuis le salon commun cosy, prolongé par une terrasse panoramique où l'on sert le petit déjeuner. Accès direct à la plage, mais il faut avoir de bons mollets car ça grimpe sec pour en revenir !

B & B Stella Marina : *via Emilio Lussu, 3. 340-693-45-50. • iolanda@stellamarina.info • stellamarina.info • Doubles 50-110 €.* Dans un quartier de petites maisons accolées les unes aux autres, à 15 mn à pied du centre. Là, c'est vraiment l'hébergement chez l'habitant. L'accès aux 3 chambres se fait par une venelle derrière la maison de l'accueillante propriétaire. Elles sont simples, la déco n'y est peut-être pas dernier cri, mais elles sont soignées et bien équipées (avec frigo à disposition), même si l'une d'entre elles a sa salle de bains séparée. Petit déj généreux à prendre sur la petite terrasse ensoleillée le matin.

Hotel Moderno : *via Umberto I, 39. ☎ 0789-75-42-33. 393-917-78-14. • modernoweb@tiscali.it • modernohotel.eu • De mi-avr à fin sept. Doubles 75-150 €.* Une maison ancienne toute rose, dotée d'une quinzaine de chambres simples, claires, gaies, dont la plupart possèdent un balcon. Les fenêtres donnent sur les rues du quartier ou sur une cour intérieure pour certaines. Celles au 2e étage ont le mérite d'être plus lumineuses, plus calmes. Bon accueil.

Hotel Marinaro – Ristorante Barabattula : *via G. M. Angioy, 48. ☎ 0789-75-41-12. • info@hotelmarinaro.it • hotelmarinaro.it • Avr-oct. Doubles 65-160 €. Resto ouv seulement le soir : repas 30 €. Réduc de 10 % au resto sauf en août sur présentation de ce guide.* Cet hôtel familial, installé dans une belle demeure ancienne rénovée, propose une trentaine de chambres sans surprise aux couleurs acidulées, entretenues avec amour par une escouade de femmes de chambres habillées tout en vert. Situé en plein centre, c'est assurément un bon plan, surtout pour les motards et les cyclistes, qui mettront leurs montures à l'abri. Le soir, on peut déguster une bonne cuisine sarde au resto attenant, dont la gestion demeure malgré tout séparée.

Où manger ?

Il Grottino : *via del Mare, 14. ☎ 0789-75-42-32. • infogrottino@katamail.com • Tlj. Congés : de mi-janv à mi-mars. Repas 40-45 € ; pizze 8-15 €.* À quelques pas de la place principale, de beaux poissons frais bien cuisinés, des pâtes de qualité et des *pizze* qui ne sont pas en reste. Très touristique, ce qui peut entraîner quelques baisses de régime à l'occasion, mais dans l'ensemble cela reste un rendez-vous classique (pas donné) du circuit culinaire local.

Pizzeria Balajana : *piazza Villa Marina, 12. ☎ 0789-75-43-32. • pizza.balajana@yahoo.it • Avr-oct : tlj en continu en été, seulement le soir hors saison. Pizze 12-16 € (pour 2 pers, mais possible en ½ part).* La spécialité du lieu : les grandes *pizze* cuites au feu de bois que l'on partage (une pour 2 suffit) et que l'on mange dans la salle ou en terrasse, dans un cadre sans prétention. Soyons honnêtes : on vient ici avant tout pour éviter l'hémorragie du porte-monnaie et non pour un repas mémorable.

Locanda dei Mori : *SP Santa Teresa-Sassari, km 5. ☎ 0789-75-51-68. 339-274-38-27. • locanda deimori@gmail.com • Sur la SP 90 en direction du camping quand on vient de Santa Teresa, c'est à env 100 m sur la gauche après l'indication « Lu Pultidholu ». Ouv le soir tlj en saison. Résa fortement conseillée. Menu fixe 45 €, vins maison compris.* En pleine campagne, ce *mareturismo,* c'est comme qui dirait du poisson à la place du cochon. On s'y attable sur les petites nappes à carreaux blancs et bleus (ça change du rouge) pour profiter du ciel étoilé, ou dans la grande salle, pour déguster un (interminable) menu à base de poissons et de crustacés. On en ressort généralement repu et avec la banane. Les *zanzare* étant particulièrement voraces dans le quartier en été, prévoir de l'antimoustique.

Ristorante Barabattula : *voir « Où dormir ? ».*

Où dormir ? Où manger dans les environs ?

Camping La Liccia : *SP 90, km 59, 07028 Santa Teresa Gallura. ☎ 0789-75-51-90. • info@campinglaliccia.com • campinglaliccia.com • À 7 km au sud de Santa Teresa Gallura (en saison, 3 navettes/j. du camping). De mi-mai à fin sept. Forfaits 22-40 € pour 2 ; bungalows 50-130 €/j.* Un bon camping, vaste, agréable et situé dans une belle pinède étendue qui descend jusqu'au bord de la mer. La plage se situe à 10 mn à pied. Emplacements relativement bien ombragés et bungalows bien tenus. Piscine (petit supplément de 3 € par séjour, toutefois), épicerie (bien fournie), bar et pizzeria. Bien équipé et tenu par une équipe dynamique.

Agriturismo Saltara : *loc. Saltara, 07028 Santa Teresa Gallura. ☎ 0789-75-55-97. 339-132-67-13. • agriturismosaltara@gmail.com • agriturismosaltara.it • À 10 km au sud de Santa Teresa. Mai-sept pour l'hébergement ; à partir de juin pour le resto. Doubles 120-160 €. Au resto (tlj, seulement le soir), accessible aux non-résidents sur résa, menu fixe 50 € ; carte env 50 €.* Belle ferme-auberge dans les terres, et pourtant tout près de la mer. On dort soit dans des bungalows en bois nichés dans un sous-bois de chênes verts, soit dans des installations en dur. Tous les hébergements (une dizaine à peine) sont bien équipés, joliment décorés (mobilier sarde), chacun avec sa propre terrasse. Charmante petite piscine d'eau de mer, chauffée et entourée d'oliviers. Au resto, sur la terrasse ombragée ou dans une salle où trônent les photos de vénérables Sardes, excellente et copieuse cuisine de la ferme, réalisée avec des produits sains et naturels provenant de la terre de Gallura.

À voir

Torre di Longonsardo : *au bout du viale Bechi. Mai-sept, tlj 10h-13h, 16h-20h ; avr et oct, horaires réduits. Fermé le reste de l'année. Entrée : 2 € ; possibilité de combiner cette visite avec celle de Lu Brandali (voir ci-dessous).* Grosse tour du XVIe s, dressée sur un petit promontoire avec terrasse face aux côtes corses. Si vous trouvez la montée jusqu'à celle-ci un peu raide, dites-vous qu'autrefois la porte perchée à 6 m ne possédait pas d'escalier d'accès. Il fallait utiliser une échelle de corde pour y grimper ! À l'intérieur, une jolie petite expo constituée de photos d'époque retrace l'histoire de Santa Teresa et de son territoire. Jolie vue depuis la terrasse.

Complesso nuragico di Lu Brandali : *à env 1,5 km de la ville, sur la route de capo Testa. 349-834-76-98 ou 392-054-79-79. • lubrandali.it • Avr-oct, tlj 9h30-18h30 ; le reste de l'année, horaires réduits. Départs des visites guidées à 9h30, 10h30, 11h30, 16h30 et 17h30. Entrée à l'expo : 5 € ; billet combiné avec l'entrée du site 6,50 € ; avec en plus la visite de la torre Longonsardo 8 € ; si on ajoute une visite guidée du site de Lu Brandali 11,50 € ; réduc.* Un petit sentier jalonné de panneaux sur la flore locale conduit dans un 1er temps à un tombeau de géants, puis aux vestiges d'un village, où les fouilles en cours ont déjà permis de dégager les fondations de 5 cabanes rondes. Le site est d'ailleurs prometteur, puisqu'il resterait quelque 30 habitations à fouiller ! Pour terminer, petit détour par les ruines d'un nuraghe. Voilà en ce qui concerne la visite du site proprement dit. Pour l'expo assortie d'une expérience en « réalité virtuelle », on reste un peu sur sa faim. L'expo se résume à quelques panneaux (cartels en français quand même) ; quant à la réalité virtuelle, elle ne nous a pas laissé un souvenir impérissable car l'image est soit floue, soit embuée (eh oui, le casque, ça fait transpirer) et on ne voit finalement pas grand-chose. Mieux vaut à la limite se servir de la tablette mise à disposition.

Les plages à Santa Teresa et dans les environs

Spiaggia di Rena Bianca : *dans la ville même de Santa Teresa, donc facilement accessible à pied en 5 mn depuis la pl. principale. Parking payant.* Jolie, protégée et bien entretenue. Évidemment, beaucoup de monde en été... mais dès septembre on est tranquille.

Spiaggia di Santa Reparata : *de Santa Teresa, direction capo Testa. Suivre la route sur 2 km et tourner à gauche (indiqué). Parking payant.* Plage de sable et de rochers particulièrement adaptée aux enfants.

Spiaggia di Rena di Ponente : *à capo Testa.* La plage (sable fin et eaux turquoise) est étendue le long d'un isthme qui relie la terre ferme à la péninsule de capo Testa. Attention quand même, le mistral risque bien d'emporter votre ballon vers le large, et ça serait dommage.

Spiaggia dei Graniti (spiaggia di Levante) **:** *à capo Testa. Il faut passer l'isthme, laisser à gauche la plage de Rena di Ponente, puis tourner à droite. Parking payant.* Appelée aussi « La Tibula », elle ferme la baie de Santa Reparata. Côté nord, on peut y voir encore des colonnes en granite inachevées d'époque romaine.

Capo Testa : *à 3 km à l'ouest de Santa Teresa Gallura. Pas de parking, on se gare dans la rue.* Très belle route pour y aller, qui passe par les baies de Colba et de Santa Reparata. Les adeptes du slip invisible s'installeront à cala Grande.

Spiaggia di cala Spinosa : *à 3 km à l'ouest de Santa Teresa Gallura, à capo Testa.* La route se termine sur un parking près d'un phare. De là, emprunter un sentier qui descend à la petite crique, enchâssée entre des blocs rocheux.

Sea Lounge Club : *env 200 m avt d'arriver à capo Testa, sur la droite, en contrebas.* Un bar-lounge surplombant les roches, la petite plage et la mer. Terrasse sur un bout de gazon, avec canapés et fauteuils. Super coucher de soleil. DJ le soir.

Spiaggia di cala Francese : *à capo Testa, après le parking. Attention, le sentier qui y descend est raide.* Petite et modeste plage entourée, comme la cala Spinosa, de gros blocs de granite.

Spiaggia La Licciola : *à env 7 km de Santa Teresa, direction Palau.* Une petite série de plages de sable blanc. La mer est peu profonde à cet endroit, c'est idéal pour les familles avec jeunes enfants. *Snorkelling* possible. En cas de mistral, on se replie vers celle de Conca Verde.

Spiaggia di Rena Majori : *sur la commune d'Aglientu, à env 8 km au sud de Santa Teresa par la SP 90 en direction de Sassari.* Hormis le village-vacances moderne de Rena Majori et quelques campings nichés dans les sous-bois, pas trop de béton dans le secteur. Il s'agit d'une côte sauvage, où d'immenses pinèdes forment une longue « ligne verte » en épousant le littoral et ses belles plages aux eaux turquoise, sur des dizaines de kilomètres.

Spiaggia di Rena di Matteu : *à env 9 km au sud de Santa Teresa par la SP 90. Accès à pied par un sentier.* Immense plage de sable bordée par le maquis et les pins, dans le prolongement et dans le même style que Rena Majori.

TEMPIO PAUSANIA

(07029) 14 300 hab.

Loin de l'agitation de la costa Smeralda, Tempio Pausania, connue dans toute l'Italie pour l'originalité de son carnaval, semble regarder avec prudence le reste du monde. Au sommet de sa montagnette, cette petite ville solitaire paraît plus sérieuse qu'orgueilleuse, à l'image de ses solides maisons de granite et de ses ruelles patinées par le temps. Animée par une vraie vie locale, celle qui partage avec Olbia le rôle de capitale administrative de la Gallura n'a rien à offrir de spectaculaire aux voyageurs, sinon son authenticité et cet arrière-pays, couvert de chênes-lièges parmi lesquels se cachent quelques ruines.

Arriver – Quitter

En bus

Arrêts des bus ARST : *départ des bus via Stazione (à côté de l'ancienne gare).* • *arst.sardegna.it* • Plusieurs arrêts sur le boulevard San Giuseppe qui contourne le vieux centre, notamment aux carrefours de la via Fiume ou de la via Genova et à la station-service, sur le rond-point à l'angle du viale Valentino.

➢ **Sassari** *(1h20)* **:** 5 bus/j. lun-sam, 3 seulement dim.

➢ **Olbia via Calangianus** *(1h30)* **:** 6 bus/j. lun-sam, 3 seulement dim.

➢ **Arzachena** *(1h)* **:** 1 bus le mat et 3 bus l'ap-m lun-sam, 1 seul dim ap-m.

➢ **Isola Rossa via Aggius** *(1h)* **:** une dizaine de bus/j. lun-sam, 1 le dim mat de mi-juin à mi-sept.

En train

Stazione ferroviaria : *via Stazione.* • *treninoverde.com* • Au passage, jetez donc un coup d'œil à cette vieille petite gare pittoresque (guichets, salle d'attente...). Le grand artiste sarde Giuseppe Basi a orné ses murs de fresques.

➢ **Palau** *(sur la côte ; 2h)* **:** le charmant ***Trenino verde*** relie Palau à Tempio Pausania de mi-mai à mi-oct (en principe). Les horaires ainsi que les tarifs étant très variables, mieux vaut se renseigner à l'avance sur leur site internet. Merveilleux voyage ferroviaire sur une voie étroite qui grimpe en sinuant entre les monts de la Gallura. On peut aussi faire la balade à la journée : le matin, on prend le train et, l'après-midi, on repart en bus.

Adresses et info utiles

Ufficio informazioni turistiche (office de tourisme) **:** *piazza Fabrizio de André, dans le centre culturel du même nom. ☎ 079-639-00-80.* • *visit-tempio.it* • *En saison, tlj en principe 9h30-19h30 ; hors saison, horaires restreints.*

Pro Loco : *piazza Gallura, 2. ☎ 079-631-273. Sur le côté du municipio. En été, tlj sauf ven ap-m et sam-dim 10h-13h.*

– **Marché :** *mar mat et sam mat, piazza XXV Aprile ; sam mat, corso Matteotti.*

LA GALLURA

Où dormir en ville et dans les environs ?

Prix moyens

⛺ 🏠 🍽 ✧ ***Agriturismo La Cerra :*** *loc. Cerra, km 12,5. 📱 347-560-64-62. • info@agriturismolacerra.it • agriturismolacerra.it • À env 13 km au nord de Tempio Pausania par la SS 133 vers Palau. Avr-oct. Camping 10 €/pers. Double 80 € (min 3 nuits en août). ½ pens possible. Menu fixe 25 €. CB refusées.* Une (bonne) piste conduit à cette ferme perdue au milieu des rochers et des chênes-lièges. Qu'on plante sa tente sous les arbres (à côté de sanitaires) ou qu'on profite de la terrasse commune longeant les chambres (sobres et impeccables), on ne se lasse pas de la vue. Ajoutez un accueil pas compliqué, une bonne cuisine familiale et un calme olympien, et vous obtenez un camp de base idéal !

🏠 ***B & B Letto e Latte :*** *via Marsala, 11. 📱 328-354-50-22. • antonella russino@tiscali.it • bblettolatte.com • Doubles 60-70 €. Réduc de 10 % sur le prix de la chambre nov-avr sur présentation de ce guide.* Dans un quartier résidentiel tranquille, à 10 mn à pied de la piazza Gallura. L'extérieur massif et austère ne laisse guère présager l'intérieur coloré de cette adresse de charme aux chambres très soignées (meubles d'époque, tableaux, literie impeccable). Toutes donnent sur un agréable jardin bohème. 2 d'entre elles bénéficient même d'une petite terrasse en bois avec table et chaises. Une belle adresse, doublée d'un vrai accueil d'Antonella, toujours aux petits soins pour ses hôtes.

🏠 ***B & B Meladormo :*** *loc. Lu Curosu. 📱 349-665-71-39. • meladormobb@gmail.com • À env 2 km du centre-ville. Doubles 60-70 €. Café ou digestif offert sur présentation de ce guide.* En pleine campagne (accès par une toute petite piste), une maison aux couleurs acidulées, accrochée à flanc de colline. La ville n'est pas si loin, et pourtant on a l'impression d'être seul au monde. Quant aux chambres, elles sont simples mais nickel (il y a même 1 studio avec cuisine pour les séjours prolongés). Également un grand appartement familial en rez-de-jardin comprenant 2 chambres. Vraiment sympa tout ça, comme l'accueil.

Très chic

🏠 🍽 ***Hotel L'Agnata di De André :*** *loc. Agnata. ☎ 079-67-13-84. • info@agnata.com • agnata.com • ♿ À env 12 km au sud-ouest de Tempio Pausania. De mi-mai à mi-oct. Doubles 150-260 € (min 2 nuits en été). ½ pens possible. Resto ouv pour dîner : menu fixe pour les non-résidents (résa indispensable) 40 €. Apéritif maison offert et réduc de 10 % sur le prix de la chambre sauf août sur présentation de ce guide.* Fabrizio De André, le Brassens italien, acheta cette maison avec l'intention de la transformer en un *agriturismo,* mais il n'en eut pas le temps. À sa mort, en 1999, son épouse mit en gestion ce qui est finalement devenu un petit hôtel de charme. La maison principale n'abrite que le resto et 2 chambres : celles de Fabrizio De André et de sa femme. Elles ont conservé leur mobilier d'origine et sont relativement petites et simples pour le prix (même si celle de madame jouit d'une immense terrasse avec une vue magnifique). Les autres chambres se trouvent près de la superbe piscine, dans une annexe qui reprend l'architecture traditionnelle. Le cadre est assez idyllique et l'accueil aux petits oignons, mais ça reste un peu cher quand même. Côté resto, cuisine de terroir gourmande.

Où manger ?

🍕 ***Pizzeria Bosco :*** *via Vittorio Veneto, 4. ☎ 079-632-494. • pizzeriabosco@tiscali.it • ♿ Seulement le soir. Pizze 7-10 €.* On n'y va pas pour le cadre. Il y a bien quelques tables en terrasse, sous les arcades, ou dans la petite salle, mais c'est avant tout un comptoir de vente à emporter. Les *pizze* y sont, paraît-il, les meilleures du coin. Pâte légère et craquante confectionnée avec de la farine bio, ingrédients de choix, associations originales : impeccable ! Alors tant pis pour la déco un peu froide.

La Gallurese : *via Novara, 2. ☎ 079-639-30-12. Fermé lun soir. Congés : de mi-déc à mi-janv. Menu touristique 15 € ; repas 25-30 €. Digestif offert sur présentation de ce guide.* Petite *trattoria* discrète et sans prétention, mijotant une savoureuse cuisine de la Gallura. Délicieuses viandes cuisinées avec soin, à dévorer au 1er étage dans une agréable salle mansardée aux murs parsemés de vieilles photos. Pas de poisson et les végétariens trouveront difficilement leur choix. Accueil familial sympa.

DANS LES ENVIRONS DE TEMPIO PAUSANIA

Nuraghe Majori : *SS 133, km 1,3. 347-299-59-33. • gallurarcheologica.com • À 2 km au nord de Tempio Pausania, direction Palau. Avr-oct, tlj 9h30-19h ; hors saison, sur résa. Entrée : 3 € (4 € pour une visite guidée, possible en français en prévenant). Dépliant en français et lampe de poche gracieusement prêtée pour voir les chauves-souris.*
Un tout petit site nuragique, caché au cœur d'une forêt dense de chênes-lièges, qui demeure malgré tout l'un des plus importants de la Gallura en raison de son bon état de préservation. Datant à peu près de 1400 av. J.-C., ce nuraghe se compose au rez-de-chaussée de 2 salles circulaires. L'une d'elles, qui a conservé sa voûte, est dotée d'un silo sur le côté. On emprunte ensuite un escalier pour découvrir à l'étage les vestiges d'une 3e salle. Jolie vue du sommet des ruines.
Autre curiosité sur place, mais naturelle celle-ci : d'avril à octobre, une colonie de chauves-souris squatte le nuraghe. Alors, avancez sur la pointe des pieds, parlez tout doux et ne prenez pas de photos au flash afin de ne pas perturber le sommeil de ces dames. Il s'agit de petits rhinolophes (ou *Rhinolophus hipposideros,* si vous préférez), une espèce protégée car devenue très rare.

UN DÉBOUCHÉ POUR LES BOUCHONS

Les bouteilles des nouveaux vins chinois sont souvent fermées avec des bouchons en liège de Gallura ! Un nouveau débouché qui s'ajoute au marché italien, déjà établi : 90 % des bouchons utilisés en Italie proviennent des forêts de chênes-lièges de la région de Tempio Pausania. Un chêne-liège pousse jusqu'à l'âge de 25-30 ans. Quand un chêne-liège a été écorcé, c'est comme un mouton après la tonte... son tronc est à nu, montrant une couleur ocre qui tire sur le rouge.

Museo del Sughero (musée du Liège) **:** *via San Francesco, 3, à* ***Calangianus.*** *☎ 079-662-034. 346-369-38-59. • museodelsughero.com • À env 10 km à l'est de Tempio Pausania par la SS 127. Tlj sauf dim 10h-18h (en hiver, mieux vaut téléphoner avt). Entrée : 4 € (bouchon-souvenir compris) ; réduc ; gratuit moins de 6 ans ; visite guidée en français possible. Livret en français.* On compte encore une quarantaine d'entreprises spécialisées dans le liège à Calangianus et dans les environs. Installé dans un ancien monastère, au cœur du village, ce musée est leur vitrine, celle d'un savoir-faire traditionnel historique qui permet à la région d'assurer 90 % de la production nationale. L'exposition, répartie entre les cellules des moines et les salles communes, détaille tout le processus du travail du liège, depuis l'extraction de l'écorce jusqu'au produit fini (essentiellement des bouchons, mais pas seulement !). Le tout illustré par des outils et de nombreuses machines, pour certaines de vraies antiquités. C'est simple mais vraiment intéressant, d'autant plus qu'à l'étage des vidéos permettent de mieux comprendre ce qui est montré au rez-de-chaussée.

Tomba dei Giganti Pascaredda : *à 4 km de Tempio Pausania, sur la SS 127, sur la commune de* ***Calangianus*** *(indiqué). Accès libre.* L'occasion de combiner agréablement une petite promenade (1 km A/R !) au milieu des chênes-lièges, et la possibilité d'admirer un tombeau de géants qui a conservé sa forme de tumulus.

Olivastri millenari di Luras (oliviers millénaires de Luras) **:** *loc. Santu Baltólu di Carana, 07025* ***Luras.*** *À env 25 km au nord-est de Tempio par la SP 127, la SP 136 et enfin la SP 137. C'est juste au-dessus du lac Liscia. Avr-oct, tlj 10h-18h. Entrée : env 3 € ; réduc.* ***C'est l'un des plus vieux arbres du monde !*** Cet olivier sauvage, encore bien fringant, aurait 4 000 ans selon les experts. À côté de lui, 2 autres spécimens plus jeunes de quelques centaines d'années, le 2e a 2 500 ans et le 3e a 2 000 ans. Seuls ces derniers peuvent être touchés et on peut même se mettre à l'ombre dessous ! Et comme ça donne faim de voir des arbres aussi vieux, en saison, le ***Liscia Resort*** offre une terrasse agréable pour un déjeuner de produits du cru.

Monte Limbara : *à 17 km au sud-est de Tempio Pausania par la SS 392 en direction d'Oschiri, puis à gauche la SP 51.* La route sinueuse traverse de très beaux paysages typiques de la Gallura, avec des chaos de granite et des forêts de pins et de chênes verts. Quelques balades à faire dans le coin – vous pouvez toujours demander aux offices de tourisme de Tempio Pausania s'ils en ont la carte, ou alors fiez-vous aux indications données là-haut, sur les panneaux.

AGGIUS

(07020) 1 600 hab.

À 8 km à l'ouest de Tempio Pausania, ce gros bourg aux maisons de granite s'adosse au versant sud du monte Pulchiana, le monolithe de granite le plus grand de Sardaigne. Emblématique de l'esprit *gallurese,* Aggius était autrefois surnommée « la capitale des bandits ». Un petit musée vite vu, mais non dénué d'intérêt, est même consacré à cet « art » pratiqué dans la région jusqu'à une période très récente.
Dans un autre registre, Aggius doit sa notoriété à l'industrie du tissage, une activité dont les 1res traces remontent au haut Moyen Âge et dont la petite cité n'est pas peu fière. Là aussi, un musée se visite. Ajoutons à cela quelques œuvres de l'artiste Maria Lai et du muraliste Tellas saupoudrées un peu partout dans le labyrinthe de ses ruelles, et vous avez de très bonnes raisons de vous arrêter ici.

AGGIUS, UNE VILLE AU GRAND CHŒUR !

À l'instar de Bitti, Aggius est célèbre dans le monde entier pour la qualité de son chant polyphonique. À la différence qu'ici 2 chœurs s'affrontent : le chœur Matteo Peru, aux influences chrétiennes, et le chœur Galleto di Gallura, aux idées communistes. Les plus anciens d'entre vous se souviendront de ce remake sarde de Don Camillo et de Peppone !

Arriver – Quitter

En bus

Arrêts des bus ARST : *via Roma, à l'entrée et à la sortie du bourg.*
➢ ***Tempio Pausania*** *(15 mn)* **:** 8 bus/j. lun-sam, 1 seulement dim mat.
➢ ***Palau*** *(1h40)* **:** 2 bus/j. lun-sam seulement.
➢ ***Isola Rossa*** *(45 mn)* **:** une dizaine de bus/j. lun-sam, 1 le dim mat mais de mi-juin à mi-sept seulement.

Où dormir ? Où manger ? Où boire un verre ?

Bon marché

Bar Gege : *via Roma, 84. ☎ 079-621-022. Dans la rue principale. Tlj de 6h jusqu'au dernier client.* Venez donc vous accouder au comptoir de faux granite (un comble !) de ce bon bistrot de village sans prétention qui sert des *panini* et du vin de Gallura. C'est aussi un haut lieu de l'animation nocturne du coin !

Antiga Pizzeria : *via Roma, 155. 349-391-68-12. • info@antigapizzaria.it • Ts les soirs. Pizze 8-12 €.* Pour manger une bonne pizza à Aggius, c'est ici qu'il faut venir ! Confectionnées à la napolitaine, elles sont bien garnies et savoureuses. Une étape agréable dans une salle chaleureuse plutôt élégante.

De bon marché à chic

Il Mosto : *via del Mosto (angle via Roma). ☎ 079-620-303. 348-792-03-50 (Gian Mario). • solinas.gianmario@tiscali.it • Juin-sept, tlj ; hors saison, fermé mar soir. Repas 15-25 € (mais plutôt 30-35 € si vous choisissez le cochon de lait). Café offert sur présentation de ce guide.* C'est bien simple, ici, rien qu'à lire le menu en italien, ça met l'eau à la bouche ! Juste quelques plats à la carte dans ce resto mitonnant – avec les bons produits frais du terroir local – une *cucina di terra* pleine de saveurs, le tout arrosé de bons vins locaux. Une excellente adresse à prix justes.

Agriturismo Il Muto di Gallura : *loc. Fraiga. ☎ 079-620-559. 340-668-62-02 (Gianfranco). • info@mutodigallura.com • mutodigallura.com • À env 2 km au sud-est d'Aggius. Double 120 € (+ 10 % en août). ½ pens possible. Resto sur résa tlj le soir mai-sept (w-e seulement hors saison). Menus tt compris 40-45 € ; carte env 40 €.* Au sommet d'une petite colline avec vue sur Tempio Pausania, dans un étrange et superbe paysage de chaos granitiques émergeant du maquis, cette grande ferme-auberge dispose d'une quinzaine de chambres à la fois sobres, chaleureuses et possédant vraiment du cachet (vieux mobilier, lingerie impeccable, déco minimaliste), dispatchées entre la maison principale, une annexe à côté de la piscine et des maisonnettes en pierre dissimulées sous les arbres. Côté fourneaux, on vous mitonne de savoureux et copieux repas, à base de produits de la ferme, sains et naturels. Accueil gentil et pro, même si l'hébergement nous semble un peu surfacturé hors saison.

À voir

Museo etnografico Oliva Carta Cannas *(MEOC)* **:** *via Monti di Lizu, 6. ☎ 079-621-029. • museodiaggius.it • D'avr à mi-oct, tlj 10h-13h, 15h-19h ; de mi-oct à déc, mar-dim 10h-13h, 15h-17h ; fév-mars, mar-sam 10h-13h. Congés : janv et 24-26 et 31 déc. Entrée : 4 € ; réduc ; gratuit moins de 6 ans. Réduc de 1 € si on a visité le museo del Banditismo dans la même journée. Livret explicatif en français.* On ne s'attend pas à trouver un musée de cette qualité dans un si petit village. Bien conçu, il comprend la visite d'une maison traditionnelle galluroise (1800) avec tout son mobilier d'époque, ainsi que de celle d'une célébrité locale, Mme Cannas, qui tenait le bureau de poste et enseignait aux jeunes filles. La salle de classe comme la poste sont toujours en bonne place, vintage à souhait ! La visite se poursuit dans le musée, pour admirer de beaux tapis (spécialité du village), des métiers à tisser, des objets autour du travail du liège, du granite, de la vigne, etc., et des costumes traditionnels. La muséographie est plutôt réussie.

Museo del Banditismo *(musée du Banditisme)* **:** *via Pretura. ☎ 079-621-029. • museodiaggius.it • Ouv 1er avr-15 oct ; le reste de l'année, sur résa seulement. Billet : 4 € ; réduc ; gratuit moins de 6 ans. Réduc de 1 € si on a visité le MEOC* *le même jour. Livret en français.* Il raconte l'histoire des bandits locaux (*Aggius* signifiant « sans loi ») qui s'opposent – invariablement depuis des siècles – à toute forme de domination, n'obéissant qu'à leur propre loi morale. Collections d'armes (sabres, poignards, vieilles pétoires en tout genre), papiers jaunis répertoriant les hors-la-loi de l'île, selles de cheval et archaïques costumes tout temps pour vivre reclus dans le maquis. Reconstitution d'un poste de police avec menottes, archives et un trombinoscope pas piqué des hannetons. Ce ne sont pas tant les objets exposés qui sont intéressants dans ce modeste musée (4 petites pièces seulement), mais ce qu'ils racontent d'une société et d'un phénomène qui connut son apogée dans la région aux XVIIIe et XIXe s, ainsi que les risques et peines encourus par ceux qui s'y prêtaient. Bref, il ne fait en rien l'apologie du banditisme mais dénonce par effet miroir le carcan dans lequel vivaient les populations de cette région reculée.

Museo AAAperto : *parcours à suivre dans la ville (repérer les points bleus).* Il s'agit d'un ***musée d'art en plein air. Maria Lai,*** native d'Ulassai, fit partie des plus grands artistes sardes et fut l'une des figures les plus originales de l'art contemporain italien. À Aggius, certains pignons du centre historique sont habillés de ses œuvres. Un parcours invite à les découvrir, qui permet aussi de méditer sur des citations et des poèmes de ***Walt Whitman,*** le grand poète humaniste américain, et de croiser quelques fresques du muraliste ***Tellas.***

Valle della Luna : *à env 3 km au nord-ouest d'Aggius par la SP 74, direction Trinità d'Agultu e Vignola.* Très belle vallée sauvage ponctuée de gros blocs de granite, avec des oliviers et des chênes-lièges qui tapissent les versants des monts environnants. Petit bar-resto au point panoramique de la route en saison.

LE CENTRE

• Carte *p. 253*

LA BARBAGIA

Barbagia **vient du mot latin *Barbaria* utilisé par les Romains pour désigner les Barbares (ceux qui ne parlaient pas latin). Aucun envahisseur ne s'est risqué à l'attaquer, ni par la ruse ni par la force. « Un paysage primordial encore presque pur de traces humaines : murailles de rochers, édifices étranges, colonnes naturelles, amas de pierres qui semblaient des monuments de la préhistoire... » Ces lignes de Grazia Deledda, femme de lettres originaire de Nuoro et Prix Nobel de littérature en 1926, n'ont pas vieilli. La Barbagia reste le noyau dur de la Sardaigne, une véritable forteresse géographique. Cette contrée montagneuse et isolée, battue par les vents d'hiver et accablée de soleil en été, a évolué moins vite que les régions du littoral. Son isolement l'a certes retardée sur le plan économique, mais son éloignement l'a préservée sur le plan identitaire. Conservatoire des plus vieilles traditions sardes, la Barbagia s'appuie sur une histoire qui a commencé autour du mystérieux peuple nuragique (une civilisation qui a vu le jour vers 1800 av. J.-C.), dans des sites isolés, au sein d'une nature sauvage, comme à Tiscali ou à Su Tempiesu.**
Les habitants actuels de la région en sont probablement les héritiers, devenus bergers, viticulteurs, ramasseurs d'olives ou récolteurs d'écorce de chêne-liège. Rétive aux lois de l'État italien, fière et insoumise, cette région a longtemps abrité de nombreux bandits d'honneur et repris de justice. Les scènes de vendetta y étaient encore courantes au XIXe s, comme en Corse, sa voisine. Attachés par le cœur à leurs terres et à leur maquis, les gens d'ici se sont toujours méfiés de l'extérieur, comme ils ont su aussi se préserver du paludisme qui sévissait sur le littoral. Cela explique sans doute l'absence d'habitat dispersé au profit de grosses bourgades perchées sur des positions dominantes, la principale étant Nuoro.

NUORO

(08100) 36 500 hab.

• Plan *p. 255*

Dominée par le monte Ortobene, Nuoro n'est peut-être pas un modèle de réussite sur le plan urbanistique, mais son âme est vive et son esprit empreint de tradition. Pays natal de l'écrivaine Grazia Deledda, du poète Sebastiano Satta et du sculpteur Francesco Ciusa, Nuoro est avant tout une ville d'art.

Son centre historique, marqué par le corso Garibaldi, avec ses ruelles adjacentes et ses placettes, n'est pas désagréable à arpenter à l'heure de la *passeggiata,* mais on vient surtout à Nuoro pour la qualité de ses musées. La palme revient au très remarquable museo del Costume, vitrine à la fois de la Sardaigne et de la tradition populaire, sans oublier, bien sûr, les musées et places consacrés aux enfants du pays.
Par ailleurs, Nuoro étant une vraie ville, il s'y passe toujours quelque chose. Le point d'orgue se déroule à l'automne, pendant le festival Autunno in Barbagia, où la ville sert de base pour écumer les festivals qui enflamment les bourgades alentour. Au mois d'août, en revanche, vous y croiserez plus de visiteurs que de Nuoresi, car tout le monde file à la plage !

UN PEU D'HISTOIRE

Le site est fréquenté depuis la préhistoire. Il dépendait au Moyen Âge du *giudicato di Torres* (une des 4 régions autonomes de l'île à l'époque) et s'appelait Noguro. Il devint le domaine de nombreux seigneurs féodaux espagnols. Au fil des siècles, les habitants de la Barbagia s'y installèrent car l'endroit était facile à défendre, grâce à sa position imprenable. En 1746, le préfet piémontais, De Viry, qualifiait la ville de « repaire de bandits et d'assassins ». Un décret fut adopté en 1806, qui mettait un terme à l'exploitation collective des terres agricoles, une vieille tradition pastorale de Nuoro. Cette décision provoqua une émeute populaire, connue sous le nom de *Su Connottu.*
Au début du XXe s, Nuoro, patrie d'écrivains engagés politiquement, devint la capitale culturelle de l'île. Elle fut parfois surnommée « l'Athènes sarde » en raison de la présence de grands artistes, comme Francesco Ciusa, Sebastiano Satta ou encore Grazia Deledda, Prix Nobel de littérature en 1926. Cette année-là, justement, Nuoro acquit le statut de chef-lieu de la province. Aujourd'hui, elle est le cœur administratif, commercial et culturel du centre de l'île, et une ville bien vivante.

Arriver – Quitter

En bus

Stazione di autolinee ARST *(hors plan par A2) : viale Sardegna.* • *arst.sardegna.it* • *À env 1,5 km du centre-ville.*
➢ ***Cagliari*** *(2h40) :* 1 bus le mat, 1 en début d'ap-m (dessert l'aéroport de Cagliari au passage). Liaison également avec *Turmotravel* (• *gruppoturmotravel.com* •) : 1 bus/j.
➢ ***Olbia via Siniscola et Orosei*** *(1h20-3h) :* 9 bus/j. lun-sam, 7 seulement dim (dessert aussi l'aéroport d'Olbia mais tous ne desservent pas Orosei). Autres possibilités avec la compagnie *Deplano* (• *deplanobus.it* •), qui relie Nuoro à l'aéroport d'Olbia. 6 départs/j. Durée : 1h45. Ils passent par ***Budoni*** et ***San Teodoro.*** Les départs se font aussi viale Sardegna, mais à env 100 m de la *Stazione di autolinee ARST.*
➢ ***Cala Gonone via Oliena et Dorgali*** *(1h10) :* 2-3 bus le mat lun-sam, 1 seulement dim (1 bus en plus de mi-juin à mi-sept).
➢ ***Orgosolo*** *(35 mn) :* une dizaine de bus/j. lun-sam, 3 seulement dim (2 bus/j. de moins hors période scolaire).
➢ ***Alghero Aeroporto via Macomer*** *(2h20) :* avec la compagnie *Redentours* (• *redentours.com* •). 1 bus très tôt le mat, l'autre en milieu d'ap-m. Résa obligatoire. Même point de départ que les bus *Deplano.*
➢ Bus aussi pour ***Sorgono, Sassari, Tortoli (Arbatax)*** et ***La Caletta.***

En train

Stazione ferroviaria *(hors plan par A2) : à l'angle de la via Lamarmora et de la via G. Ciusa Romagna.* • *arst.sardegna.it* • *À 1 km à peine du centre-ville.*

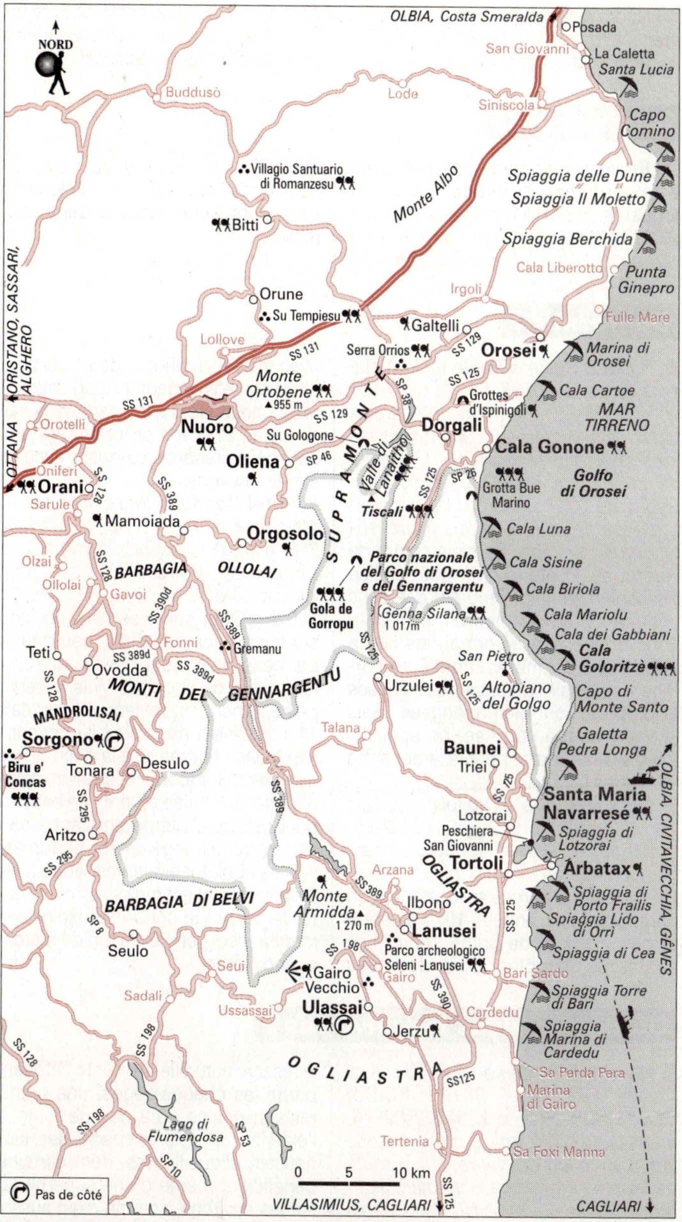
NORD
OLBIA, Costa Smeralda
Posada
San Giovanni
La Caletta
Santa Lucia
Buddusò
Lode
Siniscola
Capo Comino
Villagio Santuario di Romanzesu
Spiaggia delle Dune
Spiaggia Il Moletto
Monte Albo
Bitti
Spiaggia Berchida
Cala Liberotto
Punta Ginepro
OTTANA, ORISTANO, SASSARI, ALGHERO
Irgoli
Orune
Su Tempiesu
Fuile Mare
Galtelli
Lollove
SS 131
Serra Orrios
SS 129
Orosei
Marina di Orosei
SS 125
Monte Ortobene
955 m
SP 38
Cala Cartoe
Grottes d'Ispinigoli
MAR TIRRENO
SS 131
SS 129
Orotelli
Nuoro
Dorgali
Su Gologone
Valle di Lanaittho
Cala Gonone
Oliena
SP 46
SUPRAMONTE
Oniferi
SS 128
SS 389
SS 125
SP 26
Golfo di Orosei
Orani
Grotta Bue Marino
Sarule
Tiscali
Mamoiada
Cala Luna
Orgosolo
Olzai
BARBAGIA
OLLOLAI
Parco nazionale del Golfo di Orosei e del Gennargentu
Cala Sisine
Ollolai
Gavoi
Cala Biriola
SS 390d
SS 389
Gola de Gorropu
Genna Silana
1 017 m
Cala Mariolu
Cala dei Gabbiani
Fonni
Gremanu
SS 125
Cala Goloritzè
Teti
SS 389d
San Pietro
Ovodda
SS 389d
Urzulei
Altopiano del Golgo
SS 128
MONTI DEL GENNARGENTU
SS 125
Capo di Monte Santo
MANDROLISAI
Talana
Galetta Pedra Longa
Sorgono
Baunei
Biru e' Concas
Tonara
Desulo
Triei
OLBIA, CIVITAVECCHIA, GÊNES
SS 125
Santa Maria Navarresè
SS 295
SS 389
Lotzorai
Peschiera San Giovanni
Spiaggia di Lotzorai
Aritzo
OGLIASTRA
Tortolì
Arbatax
SS 295
Arzana
Spiaggia di Porto Frailis
SS 389
Ilbono
BARBAGIA DI BELVI
Monte Armidda
1 270 m
Spiaggia Lido di Orri
SS 125
SP 8
Lanusei
Seulo
SS 198
Parco archeologico Seleni -Lanusei
Spiaggia di Cea
Gairo Vecchio
Gairo
Bari Sardo
Seui
Sadali
SS 390
Spiaggia Torre di Bari
Ussassai
Ulassai
Cardedu
Jerzu
Spiaggia Marina di Cardedu
SS 128
SS 198
OGLIASTRA
SS125
Sa Perda Pera
Marina di Gairo
SS 198
Lago di Flumendosa
SP 53
Tertenia
Sa Foxi Manna
SP10
0
5
10 km
SS 125
Pas de côté
VILLASIMIUS, CAGLIARI
CAGLIARI

LE CENTRE

➢ Nuoro est reliée à la gare de ***Macomer** (1h10)* : env 6 départs/j. lun-sam, aucun train dim mais des bus à la place. La gare la plus importante de la région. De là, de nombreux trains quotidiens pour ***Cagliari*** (2h) et ***Sassari*** (1h20).

Adresse utile

ℹ *Ufficio provinciale informazionie e accoglienza turistica* *(office de tourisme ; plan A1)* **:** *piazza Italia, 7. ☎ 0784-44-18-23. Tte l'année, lun-ven 8h30-14h, plus mar-jeu 15h-17h. Fermé le w-e.* Vous y trouverez une riche documentation pour explorer non seulement Nuoro, mais aussi toute la région.

Où dormir ?

B & B Silvia e Paolo *(plan A-B2,* ***11****)* **:** *corso Garibaldi, 58. ☎ 0784-31-280. 📱 328-921-21-99 (accueil à partir de 18h seulement). • info@silviaepaolo.it • silviaepaolo.it • Congés : de mi-déc à mi-janv. Doubles 55-65 €. Réduc de 10 % sur le prix de la chambre à partir de 6 nuitées sur présentation de ce guide.* En plein centre de Nuoro, au 1er étage d'un petit édifice passablement laid. Tenu par des gens charmants, qui se mettront en 4 pour vous donner des informations sur la ville. Les 3 chambres (dont 2 se partagent une salle de bains), spacieuses et propres, sont bien arrangées. Mais la vraie bonne surprise, ce sont les 2 terrasses, idéales pour lézarder entre 2 balades !

B & B Nughe'e'Oro *(plan B2,* ***12****)* **:** *via Matteotti, 14. ☎ 0784-182-32-55. 📱 340-805-27-69. • nugheoro@gmail.com • nugheoro.it • Doubles 60-65 €.* Un petit *B & B* perché au 6e étage d'un immeuble des années 1970 austère et peu glamour de prime abord. Les chambres, simples, sont décorées avec les belles photos de Massimo, le propriétaire voyageur au long cours. En revanche, l'une d'elles partage la salle de bains avec les proprios. Agréable petit déj à prendre en terrasse avec vue sur les environs.

Hotel Sandalia *(hors plan par A2,* ***10****)* **:** *via Einaudi, 12/14. ☎ 0784-38-353. • info@hotelsandalia.com • hotelsandalia.com • À env 2 km du centre-ville, à côté de l'hôpital. Double env 100 €.* « Ouh, que c'est vilain ! » nous sommes-nous aussi dit, peu séduits par cette petite tour grise située dans le quartier de l'hôpital. Mais le seuil à peine franchi, on revient vite sur cette 1re impression négative ! L'intérieur, à l'ambiance feutrée et à la déco discrètement contemporaine, est illuminé par d'immenses baies offrant une belle vue panoramique. Même ambiance dans les chambres, légèrement parfumées, sobres et plutôt élégantes. Autre avantage quand on est motorisé : on se gare facilement et le centre se rejoint aisément à pied – en 20-25 mn de marche, quand même !

Où dormir dans les environs ?

B & B Casa Solotti **:** *loc. Monte Ortobene, 08100 Nuoro. ☎ 0784-33-954. 📱 328-602-89-75. • casasolotti@hotmail.com • casasolotti.it • À 5 km de Nuoro, sur la route de Monte Ortobene. De mi-mars à mi-nov. Doubles 60-70 € ; familiales. Table d'hôtes en hte saison pour les clients seulement sur résa 20-27 €. CB refusées. Apéritif, café ou digestif offert sur présentation de ce guide.* Au cœur de la réserve naturelle du monte Ortobene, parmi les chênes-lièges, une grande maison qui ne paie pas de mine de l'extérieur. Chambres spacieuses, lumineuses, accueillantes, dont certaines bénéficient même d'une superbe vue sur les environs, comme c'est aussi le cas depuis la terrasse commune. Cette excellente adresse est tenue par Frédérique et Mario, un couple franco-italien adorable. Cerise sur le gâteau, d'ici

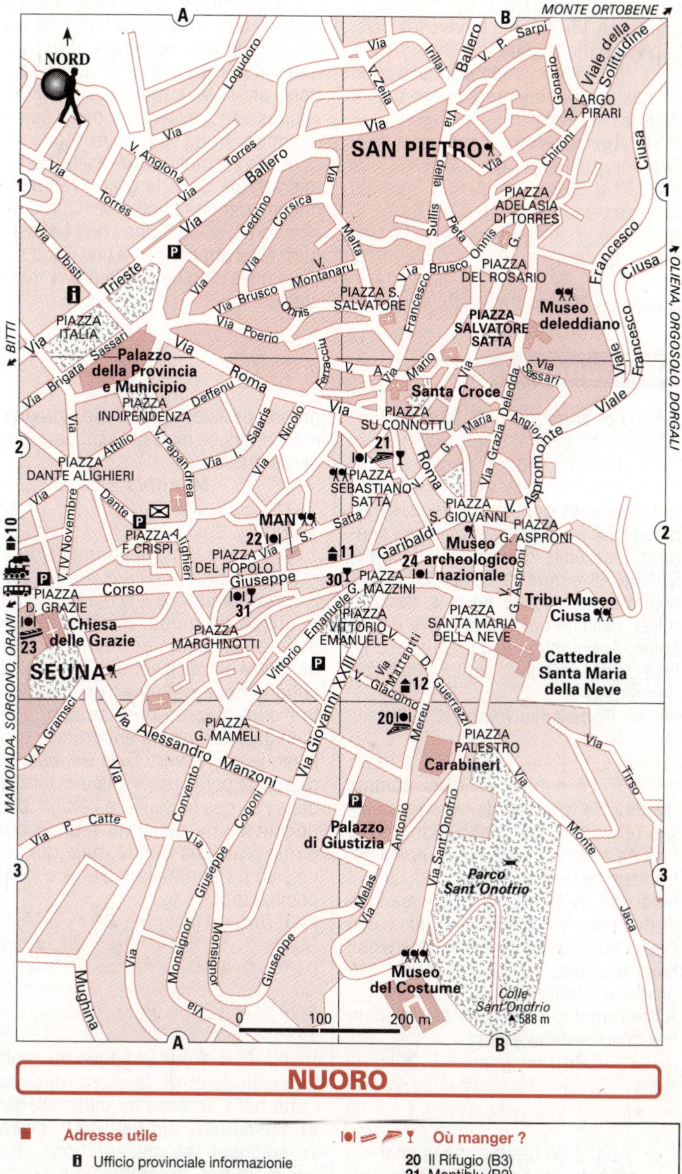

NUORO

■ **Adresse utile**

- Ufficio provinciale informazione e accoglienza turistica (A1)

Où dormir ?

- **10** Hotel Sandalia (hors plan par A2)
- **11** B & B Silvia e Paolo (A-B2)
- **12** B & B Nughe'e'Oro (B2)

Où manger ?

- **20** Il Rifugio (B3)
- **21** Montiblu (B2)
- **22** La Locanda (A2)
- **23** Panelentu (A2)
- **24** Il Portico (B2)

Où boire un verre ? Où boire un café ?

- **30** Caffè Tettamanzi (A-B2)
- **31** I Grani (A2)

part un sentier de rando pour la ville, et même, en 15-20 mn à travers les bois, la piscine municipale *(de mi-juin à mi-sept ; 5 €)*. Mario vous donnera plein de tuyaux pour les randonnées à faire dans les environs.

Agriturismo Testone : *loc. Testone, 08100 Nuoro. ☎ 0784-23-05-39. 328-315-05-92. • agriturismotestone@tiscali.it • agriturismotestone.com • À env 22 km au nord-ouest de Nuoro. Avr-oct. Doubles 86-100 €. ½ pens 55-65 €/pers.* À plus de 700 m d'altitude, voici l'un des plus anciens *agriturismi* de Sardaigne, où l'on réserve aux hôtes un accueil à la fois chaleureux et très pro. Entouré par 350 ha de champs et de bois, on y élève moutons, cochons, vaches et chevaux, et on y cultive légumes, fruits, olives et vigne. De quoi bien remplir votre assiette, une fois attablé dans le grand réfectoire dominé par une cheminée. Quant aux chambres, situées dans une bâtisse à part, elles ont conservé une déco rustique mais n'en demeurent pas moins plaisantes.

Où manger ?

La Locanda (plan A2, **22**) **:** *via Brofferio, 31. ☎ 0784-31-032. Fermé dim. Se pointer de bonne heure. Repas 10-15 € le midi, env 20 € le soir.* Une petite adresse populaire et régulière en qualité, où la cuisine sarde est à l'honneur. Une salle carrée, toute simple, fraîche et pimpante, avec quelques assiettes aux murs pour la déco et *basta*. Cuisine fraîche, familiale et pas chère. Accompagnée d'un quart de vin brut de décoffrage, c'est tout ce qu'on demande.

Panelentu (plan A2, **23**) **:** *via delle Grazie, 20. 392-978-16-17. Fermé lun. Panelentu 6-7 € ; repas 15-20 €.* Le *panelentu*, c'est comme qui dirait le wrap sarde. Un *pane carasau* réhydraté pour l'occasion, fourré ensuite à tout ce qu'on veut : épinards, fromage de brebis, jambon, etc. Le tout rehaussé de basilic ou d'origan. Bon et pas cher. La maison sert aussi une petite cuisine tendance végétarienne bien tournée, concoctée avec des produits labellisés « *kilometro zero* ». À consommer dans un intérieur épuré aux chaises dépareillées.

Il Rifugio (plan B3, **20**) **:** *via Antonio Mereu, 28/36. ☎ 0784-23-23-55. • info@trattoriarifugio.com • Fermé mer. Repas 25-40 € ; pizza env 10 €.* Perdu dans un quartier sans charme, un bon restaurant de cuisine sarde traditionnelle, qui travaille dans les règles en prenant son temps et en utilisant au maximum des produits naturels sains. On y déguste les spécialités de la Barbagia et des *pizze* savoureuses, préparées avec soin. Salle agréablement arrangée mais qui sent parfois un peu le graillon.

Montiblu (plan B2, **21**) **:** *piazza S. Satta. ☎ 0784-23-14-43. • montiblu@gmail.com • Resto midi et soir, salon de thé tte la journée. Fermé lun. Pizze 5-10 € ; repas 30-35 €.* Un lieu insolite décoré à la manière d'une boutique de mode, mâtiné de mercerie à l'ancienne et bourré d'objets de toutes sortes à vendre. Belle atmosphère pour déguster un excellent thé dans l'après-midi accompagné d'un gâteau maison, en terrasse sous l'unique chêne vert. Si le temps n'est pas de la partie, on s'affale volontiers dans l'un des fauteuils, à l'étage, pour déguster une pizza au feu de bois ou un plat (pas donné mais qui sort un peu de l'ordinaire). Service gentil comme tout.

Il Portico (plan B2, **24**) **:** *via Mons. Bua, 13. ☎ 0784-23-29-09. • ristoportico@yahoo.it • Fermé dim soir-lun. Résa obligatoire (inutile d'arriver dès 20h, la cuisine n'est véritablement en service qu'à 20h30). Repas 40-50 € ; menu 45 €.* Pour changer du registre rustique et de la pizza, direction cette belle adresse au cadre élégant et chaleureux, qui hausse le niveau en soignant ses présentations et en osant un brin de créativité à l'occasion. Réputée pour ses fruits de mer, elle ne travaille que les produits de saison, et notamment les poissons, dont la cuisson est bien maîtrisée, avec de bons légumes croquants en accompagnement. Les vegans et les « sans-gluten » trouveront aussi leur compte. Desserts gourmands et belle carte des vins en bouteille (évitez le rouge en carafe, en revanche). Accueil un peu théâtral mais en français, s'il vous plaît !

Où boire un verre ? Où boire un café ?

Caffè Tettamanzi *(plan A-B2,* ***30****)* **:** *corso Garibaldi, 71. Au cœur de la ville. Tlj 6h-2h.* La terrasse de ce café né en 1875 voit fleurir les gros ballons orangés des *spritz* à l'heure de l'*aperitivo,* tant et si bien qu'il faut parfois savoir jouer des coudes pour ne pas rester sur le carreau. À l'intérieur, dans un décor d'angelots et de miroirs piqués par le temps, c'est beaucoup plus calme. Service jeune et tatoué.

I Grani *(plan A2,* ***31****)* **:** *via Bandiera, 3. 3518-97-34-17. • igrani nuoro@tiscali.it • Tlj sauf dim (et sam ap-m en été) 8h30-22h. Antipasti 5-8 € ; repas env 20 €.* Petit local contemporain, lumineux et chaleureux, avec les photos ou les toiles des copains artistes en déco. Impeccable pour avaler un bon café bio ou boire un verre en picorant quelques grignotes servies par une équipe jeune et souriante cornaquée par Stefano. Le midi, ou même le soir, on y trouve toujours un plateau de charcuterie ou de fromages, une salade ou un *panino* pour accompagner son verre de vin.

À voir

Centro storico **:** Nuoro a la particularité d'avoir 2 centres historiques ! Celui de ***Seuna*** *(plan A2-3),* le plus ancien, et celui de ***San Pietro*** *(plan A-B1-2),* le plus grand. Ils sont reliés par le corso Garibaldi (piéton le soir).

Piazza Sebastiano Satta *(plan B2)* **:** la via Satta conduit à cette place, qui borde le quartier de San Pietro. Elle est dédiée au poète Sebastiano Satta (1867-1914). Né dans une des maisons de la place, il était surnommé le « chantre de la Sardaigne ». Cette place, cernée de maisons blanchies à la chaux, abrite de toutes petites sculptures en bronze de Costantino Nivola, illustrant la vie du poète, nichées dans de gros blocs de granite. Un charme particulier s'en dégage le soir.

PIAZZA S. SATTA VS PIAZZA S. SATTA

L'œil attentif notera qu'il existe 2 places S. Satta à Nuoro, et pas très loin l'une de l'autre en plus ! Sauf que l'une est dédiée à Sebastiano Satta (1867-1914), célèbre poète sarde qui naquit et vécut à Nuoro, et l'autre à Salvatore Satta (1902-1975), lui aussi originaire de Nuoro et écrivain, sauf qu'on ne l'apprit qu'une fois l'homme disparu ! De son vivant, il était en effet connu comme juriste : son œuvre littéraire ne fut découverte et publiée qu'à sa mort, et sa notoriété fut posthume.

Museo del Costume – Museo etnografico sardo *(plan B3)* **:** *via Antonio Mereu, 56. ☎ 0784-25-70-35. • isresardegna.it • Tlj sauf lun 10h-13h, 15h-19h (20h de mi-mars à fin sept). Entrée : 5 € ; réduc. Audioguide en français : 2 € (compter 1h).* Un superbe musée bien documenté, entièrement consacré aux traditions et coutumes sardes. Il retrace l'histoire de l'île, sa culture et la vie des Sardes au fil du temps. Tissages, meubles traditionnels, armes à feu. Expos photos d'artistes de talent (Pablo Volta, Andreas Bentzon, Wolfgang Suschitzky, Jean Dieuzaide) sur des thèmes aussi variés que la pêche, la récolte du corail ou les moissons. Plus loin, ***intéressantes vidéos sur la confection des pâtes et du pain,*** avec quantité incroyable de petits pains sculptés à l'occasion des fêtes religieuses (chaque saint avait son pain dédié). Mais le clou de ce musée, c'est sans équivoque sa ***formidable collection de textiles.*** Elle vaut vraiment le déplacement. Au fond à droite, jetez un œil aux « tapis des morts » sur lesquels on allongeait le défunt pour sa veillée funèbre. Notez également la finesse du tissage des étoffes de laine qui permettaient de conserver le *pane carasau.* Enfin, grimpez à l'étage pour admirer la très ***grande variété de costumes et de coiffes villageoises*** que l'on peut voir sous tous les angles. D'une richesse et d'un raffinement inouïs, cette collection témoigne de la diversité qui règne sur l'île. Châles, coiffes, jupes, dentelles, broderies et brocarts, travaux au crochet (n'hésitez pas à ouvrir les tiroirs pour en voir plus). Des ouvrages tous plus colorés les uns que les autres. Enfin, place aux bijoux en filigrane d'or assorti de corail, aux amulettes, aux rosaires, etc. Ne quittez pas ce musée sans avoir jeté un œil aux fameux ***masques des mamuthones*** et à la riche collection d'instruments de musique situés dans un bâtiment à l'extérieur. Une visite complémentaire au musée des Masques de Mamoiada.

👣👣 ***Museo d'Arte della provincia di Nuoro*** *(MAN ; plan A2)* **:** *via Sebastiano Satta, 27. ☎ 0784-25-21-10. • museoman.it • En été, tlj sauf lun 10h-19h ; le reste de l'année, horaires réduits. Entrée : 5 € ; réduc ; gratuit moins de 18 ans et pour tous le 1er dim du mois. Visites guidées gratuites en italien seulement.* Dans un édifice moderne, c'est, avec les musées consacrés à Maria Lai (Ulassai) et à Costantino Nivola (Orani), l'un des très rares musées d'Art moderne et contemporain de Sardaigne. Les salles distribuées sur 3 étages accueillent pour l'essentiel des expos temporaires, ainsi que quelques sections dédiées aux plus grands artistes sardes de la fin du XIXe s à nos jours, notamment Giuseppe Biasi, Maria Lai, Costantino Nivola, Francesco Ciusa, ainsi qu'une importante collection de dessins et céramiques de Salvatore Fancello. Des œuvres exposées à tour de rôle en attendant que le musée ait fait entièrement peau neuve.

👣👣 ***Museo deleddiano*** *(maison natale de Grazia Deledda ; plan B1)* **:** *via Grazia Deledda, 42. ☎ 0784-25-80-88. • isresardegna.it • Tlj sauf lun 10h-13h, 15h-19h (20h de mi-mars à sept). Entrée : 3 € ; réduc ; gratuit pour tous le 1er dim du mois ; visite guidée 2 € en sus. Joli petit livret en anglais.*

Lauréate du prix Nobel de littérature en 1926, Grazia Deledda (1871-1936) est l'écrivaine qui a le mieux saisi et décrit l'âpre beauté pastorale de l'âme sarde. Son univers romanesque n'a rien de cosmopolite car l'action de ses romans se situe exclusivement dans la Barbagia, la région de Nuoro. Ses livres les plus connus sont *Elias Portolu* (1903), *Cendres* (*Cenere* ; 1904) et *Des roseaux sous le vent* (*Canne al Vento* ; 1913). Elle passa les 29 premières années de sa vie à Nuoro, puis elle quitta la Sardaigne pour vivre à Rome. Décédée à 65 ans, elle fut ramenée dans sa ville natale pour être enterrée dans la petite chapelle della Solitudine, à la sortie de la ville, sur la route du monte Ortobene.

Sa maison-musée, très bien conçue, alterne des espaces dédiés aux expositions sur sa vie (objets personnels, photos...) avec des pièces (la cuisine, l'office, la chambre et son bureau à Rome) où l'ameublement a été reconstitué à partir des descriptions figurant dans certains de ses romans autobiographiques. Le tout dans un bel effort pour croiser l'histoire de l'écrivaine avec celle de son œuvre, de la maison et de la ville.

👣 ***Museo archeologico nazionale*** *(plan B2)* **:** *via Mannu, 1. ☎ 0784-31-688. • facebook.com/MuseoArcheologicoNuoro • Se renseigner auprès de l'office de tourisme avt d'y aller car fermeture partielle pour travaux de mise aux normes.* Musée modeste qui renferme à la fois des collections d'objets trouvés lors de fouilles archéologiques et un nombre important de fossiles. Parmi les raretés, un squelette de *Prolagus sardus,* ancêtre du lièvre.

👣👣 ***Tribu-museo Ciusa*** *(plan B2)* **:** *piazza Santa Maria della Neve, 8. ☎ 0784-25-30-52. • museoman.it • Se renseigner auprès de l'office de tourisme avt d'y aller car fermeture partielle pour travaux de mise aux normes.* Très beau musée présentant les œuvres d'artistes sardes des XIXe et XXe s par le biais d'expositions temporaires. Toutes les formes d'art sont représentées : sculpture, peinture, photo et arts appliqués (céramique, bijoux...). Architecture, muséographie et éclairage soignés.

Manifestation

– ***Autunno In Barbagia :*** *le w-e sept-déc.* • *cuoredellasardegna.it* • Durant l'automne, chaque week-end, un village de Barbagia ouvre les portes de ses musées, de ses maisons, et met la cuisine du terroir à l'honneur à travers différentes manifestations. Une très belle façon de découvrir la région.

DANS LES ENVIRONS DE NUORO

La région de Nuoro regorge de sites archéologiques et de petits musées, mais tous les amateurs d'art contemporain iront en 1er lieu à Orani, visiter celui dédié à Costantino Nivola.

ⓒ ***Museo Nivola :*** *via Gonare, 2, 08026* ***Orani.*** *☎ 0784-73-00-63.* • *museonivola.it* • *À une vingtaine de km au sud-ouest de Nuoro par la SS 131, puis la SS 128. Tte l'année, tlj sauf mer 10h30-19h30. Entrée : 5 € ; réduc (notamment pour les porteurs d'un billet du museo delle Maschere Mediterranee de Mamoiada acheté le même jour) ; gratuit moins de 18 ans et personnes en situation de handicap ; visites guidées à 11h30 et 16h30 moyennant 2 € en plus.* Dans une belle réalisation architecturale conçue autour du lavoir du village sont exposées les principales œuvres de Costantino Nivola, l'une des figures emblématiques de la sculpture, de l'architecture et du design italien du XXe s. Ce natif d'Orani, contraint de fuir le fascisme en 1938 après avoir épousé Ruth Guggenheim, passera toute sa vie aux États-Unis. Ami intime de Le Corbusier, qu'il rencontre dès 1946 et avec qui il entretiendra une amitié fidèle (Le Corbusier a même décoré sa cuisine !), Nivola, qui avait appris le métier de tailleur de pierre avec son père, entre en fanfare dans le monde de l'art en réalisant le showroom de la marque Olivetti à New York en 1954. La même année, il est nommé directeur de l'atelier Design de Harvard, avant de devenir professeur d'art à l'université de Columbia. Le musée reconstitue son cheminement artistique en exposant peintures, sculptures et maquettes de ses projets. Petit jardin des sculptures en extérieur. Expos temporaires dans la grande salle du lavoir. Cafétéria et librairie.

Ritorno a Itaca *(retour à Ithaque)* ***:*** *à* ***Orani.*** *GRATUIT.* En 1958, Costantino Nivola revient pour la 1re fois dans sa ville natale, accompagné de Carlo Bavagnoli, photographe du magazine américain *Time Life.* S'ensuivent 3 jours d'expo et la réfection de la façade de l'église N. S. d'Istria, sous le regard médusé de ses habitants. Bavagnoli immortalisera cette tranche de vie sarde à travers une soixantaine de clichés grand format qui ornent aujourd'hui les murs de la ville (installés en 2010 mais devenus un peu trop pâles à notre avis) et que l'on peut découvrir au fil d'un petit parcours balisé.

Museo delle Maschere Mediterranee : *piazza Europa, 15, à* ***Mamoiada.*** *☎ 0784 56-90-18.* • *museodellemaschere.it* • *Tte l'année : mai-oct, tlj 9h-13h, 15h-19h ; hors saison, fermé lun. Entrée : 5 € ; réduc. Audioguide en français gratuit, sinon visite guidée possible en français.* Ce musée est consacré au très mystérieux et très codifié défilé des masques qui se déroule à Mamoiada chaque année le 17 janvier à l'occasion de la Sant'Antonio Abate, ainsi qu'aux masques de la Méditerranée (Espagne, Italie, Balkans). La visite commence par une vidéo d'une douzaine de minutes, puis se poursuit par 2 salles où sont exposés les masques sur pied. Vite vu mais superbe.

– En fin de visite, renseignez-vous auprès du personnel pour savoir si le ***museo della Cultura e del Lavoro*** est ouvert. Situé à 5 mn de là, ses 3 premières salles présentent la vie des gens du coin de la naissance... au mariage ! Après, la vie s'arrête sans doute... La 4e est une salle de vidéo qui vante les produits locaux et parle des vendanges.

Monte Ortobene : *à 7 km à l'est de Nuoro. Accessible à pied depuis le centre-ville. Prendre le sentier n° 101 qui débute à la chiesa della Solutidine, puis poursuivre jusqu'au monte Ortobene par un sentier balisé à portée de tous.* Cette montagne granitique, haute de 955 m, domine le paysage de Nuoro de sa silhouette massive. Elle est très chère au cœur des habitants de la région puisqu'elle recèle la *chiesetta della Solitudine* (XVIIe s), où ont reposé les cendres de l'écrivaine Grazia Deledda jusqu'en 2007. Une superbe route sinueuse y grimpe, traversant la réserve naturelle du monte Ortobene, vaste forêt de chênes-lièges (en majorité), de chênes verts et de conifères, formant comme un immense manteau de verdure. Au sommet, une statue du Christ Rédempteur, érigée en 1901 à la demande du pape Léon XIII. Celui-ci souhaitait que soient élevées en Italie 19 statues du Christ, pour symboliser 19 siècles de christianisme. Chaque année, le 29 août, lors de la *sagra del Redentore* (fête du Rédempteur), les fidèles et les pèlerins s'y rassemblent, vêtus de costumes à l'ancienne. Depuis le belvédère au pied du fameux christ, la vue sur tous les alentours ne manque pas d'attraits.
– En poursuivant la route après le monte Ortobene et en redescendant sur Nuoro (la route fait une boucle), environ 2 km après le sommet, sur la gauche, on peut voir une maison troglodytique *sa conca,* toujours habitée par des bergers. Ce n'est pas une boutique, mais une maison où l'on peut acheter du fromage en saison.

Su Tempiesu : *à **Orune,** à 29 km au nord-est de Nuoro par la SS 131 en direction de Bitti. Depuis Orune, accès par une petite route de 7 km qui se termine en piste sur les dernières centaines de mètres. Accès au site à pied, par un sentier de 800 m. 328-756-51-48 (Giuseppe Goddi). • sutempiesu.it • Tlj 9h-19h (17h hors saison). Entrée : 3 € ; réduc. Feuillet explicatif disponible en anglais.* Ce site nuragique dédié au culte de la source sacrée Su Tempiesa date de 1600 av. J.-C. Après des siècles d'oubli, il fut découvert en 1953 et restauré à partir de 1983. Le monument est bâti en piles régulières avec des pierres de taille en trachyte (une roche éruptive). Il est composé d'un vestibule couvert par 2 arcs monolithiques, d'un escalier et d'une chambre qui renferme la source. Un petit canal creusé dans la roche permet à l'eau de s'écouler jusqu'au puits sacré. On y descend par un *sentiero botanico* et on remonte par un *sentiero faunistico.* Absolument rien d'insurmontable. En revanche, la petite dénivelée de 130 m peut provoquer quelques belles suées en plein été (même si le chemin est en grande partie ombragé). Cela dit, le site, assez étonnant, mérite amplement cette petite balade.

Bitti : *à 46 km au nord de Nuoro par la route SS 389.* Perché à 549 m au-dessus du niveau de la mer, ce village (3 800 habitants) de bergers est connu dans toute l'Europe en raison des chants polyphoniques interprétés par ses Tenores, reconnus chefs-d'œuvre du Patrimoine oral de l'humanité par l'Unesco en 2005. Ce groupe est composé d'une basse, d'un ténor, d'un contre-alto et d'un baryton. Les linguistes aussi s'intéressent à Bitti. Selon eux, le dialecte local est celui qui s'apparenterait le plus au latin. On peut y visiter les collections d'objets anciens du ***museo della Civiltà contadina e pastorale*** *(via G. Mameli ; ☎ 0784-41-43-14 ; 333-321-13-46 ; • romanzesu.sardegna.it • ; prendre la petite rue qui monte au niveau de la station-service Q8 ; tlj sauf lun et jeu 9h30-12h30, 15h-18h ; hors saison, horaires restreints ; entrée : 2,50 € ; billet combiné avec les 2 musées et le site de Romanzesu : 5 €).*
Autre petit musée consacré aux chants traditionnels sardes : le ***museo multimediale del Canto a Tenore*** *(mêmes horaires et billet que le précédent).* Un casque sur les oreilles, le visiteur visualise le contenu des infos dispensées par les vidéos :

LE CENTRE

interviews, reportages afin d'approfondir les caractéristiques du chant à 4 voix. À l'étage, de nombreux CD de *cantu a tenore* permettent de se faire une idée sur cette discipline rigoureuse, mais le point fort du musée est la petite installation de 4 totems sonores au centre desquels le visiteur est invité à prendre place pour écouter un chant.

– Tous les ans, le 23 avril, se déroule à Bitti la fête *Cavalcata in costume* (chevauchée costumée), en l'honneur de saint Georges. Les hommes portent sur leurs épaules la statue du saint, tandis qu'un long et beau cortège réunit de nombreux cavaliers costumés. Une autre fête traditionnelle costumée se déroule le 30 septembre de chaque année, en hommage à *Nostra Signora del Miracolo* (Notre-Dame du Miracle), sans oublier l'***Autunno in Barbagia,*** le 1er week-end de septembre, où c'est la grosse fiesta dans le village.

– Pour info : si vous prévoyez une excursion à Bitti, apportez votre petit pique-nique car les endroits où se restaurer sont rares (ou pas très enthousiasmants).

🚶🚶 ***Villaggio santuario di Romanzesu*** *(ou Complesso Nuragico di Romanzesu) : à env 56 km au nord de Nuoro et 10 km au nord de Bitti, sur la route SS 389. ☎ 0784-41-43-14. 📱 333-321-13-46. • romanzesu.sardegna.it • En été, tlj 9h-13h, 15h-19h ; hors saison, horaires réduits. Entrée : 4 € ; réduc. Billet combiné avec les 2 musées de Bitti : 5 €. Feuillets explicatifs en français.* Site nuragique, planté dans une forêt de chênes-lièges, qui fit son apparition à l'âge du bronze (au XVIe s av. J.-C.) avant d'être abandonné 8 siècles plus tard à l'âge du fer. À l'entrée, d'intéressants panneaux donnent un bon aperçu de l'architecture nuragique. Les ruines s'étendent sur environ 6 ha, et l'on devine ici et là les restes de temples et d'habitats. Un chemin permet de profiter agréablement du site. Tout au bout se trouvent le bassin et l'amphithéâtre utilisés pour le culte de l'eau.

LE MANDROLISAI

Centre de gravité de la Sardaigne, pays de collines et de vallons profonds habillés de forêts de chênes-lièges, d'yeuses (chênes verts) et de châtaigniers, le Mandrolisai, tissé de routes à vous filer le tournis, est aussi et surtout un pays de vignobles et de centenaires ! Y a-t-il un rapport ? Peut-être... Quoi qu'il en soit, ce véritable sanctuaire de la Sardaigne profonde, territoire du mouflon, du renard et de la belette, de l'aigle royal et du faucon pèlerin, réserve à ses visiteurs un bon bol d'air pur.

Sa capitale est Sorgono, centre de production du vin deu Mandrolisai d'appellation contrôlée, assemblage de cépages *cannonau, monica* et *bovale* sarde *(muristellu),* une petite ville accrochée au flanc ouest du Gennargentu (la plus basse densité d'habitants en Europe !). Autant dire que ce territoire est un vrai hymne au plaisir de randonner, sans oublier sa table, bien sûr, car venir se perdre jusqu'ici, ça se mérite, alors autant se régaler !

QUE LA MONTAGNE EST BELLE !

Qui pourrait imaginer que le village de ***Seulo,*** situé à 47 km au sud-est de Sorgono, possède une particularité commune avec l'île d'Okinawa (Japon), Icarie (Grèce) et la péninsule de Nicoya (Costa Rica) ? Eh pourtant, tous ces endroits du monde détiennent des records de longévité humaine ! À Seulo, le petit musée qui leur est dédié affiche fièrement le trombinoscope des 30 centenaires que compte ce village de 900 habitants, soit 5 fois plus qu'ailleurs en Europe. Un gène particulier ? Une alimentation particulière ? Sans doute plus simple que ça encore. Car à Seulo, village en pente, il faut crapahuter toute sa vie ; de plus, Seulo possède le taux de CO_2 le plus faible d'Europe !

SORGONO (08038) 1 700 hab.

Sorgono, chef-lieu du Mandrolisai, et sa région sont habitées depuis des temps immémoriaux, comme en témoignent les sites mégalithiques mis au jour au cœur des vertes collines. Pays de vignobles, Sorgono compte plusieurs *cantine* réputées. Littéralement mangée par le vert, cette petite bourgade, dont les seuls vestiges semblent être la *funtana Lei* (une fontaine pisane en granite du XVIIe s) et la *casa Carta* (une demeure de style aragonais de la même période située face à un *palazzo* de style Art nouveau), offre un camp de base intéressant pour découvrir la région. Notons enfin, pour les nostalgiques, que c'est à Sorgono qu'Antonio Gramsci, fondateur du Parti communiste italien, a passé une partie de son enfance.

Arriver – Quitter

Stazione di autolinee ARST : *viale Stazione, dans le centre, arrêt également dans la rue principale, devant l'ospedale San Camillo. • arst.sardegna.it •*

➢ ***Cagliari*** *(3h)* **:** 1 bus le mat de bonne heure tlj, 1 bus en début d'ap-m lun-sam.

➢ ***Nuoro*** *(1h40-2h10)* **:** 1 bus le mat de bonne heure, et au moins 1 bus en début d'ap-m lun-sam.

➢ ***Oristano*** *(env 2h)* **:** 4-6 bus/j. lun-sam.

➢ ***Ovodda via Austis, Teti et Tiana*** *(30 mn)* **:** 1 bus en fin d'ap-m lun-ven en période scolaire uniquement.

Où dormir ? Où manger ?

Cuccumiao Affittacamere : *via Azuni, 8. 334-729-50-20 (Paola). • sorgonocuccumiao@gmail.com • Congés : fév-mars. Double 60 €.* Charmant petit *B & B* possédant une poignée de chambres très soignées pour 2 ou 3 personnes, toutes avec salle de bains. Couloirs blancs, murs de pierre, literie de qualité et carrelage coloré. Réfrigérateur à dispo pour tout le monde dans la cuisine. Accueil souriant et en français de Paola.

Agriturismo Pranu : *meloni Battista, corso Vittorio Emanuele. 347-000-39-88 (Michele). • info@agriturismopranu.it • Du centre de Sorgono, prendre la petite route qui part face à la station Q8, au niveau de la Cantina Sociale del Mandrolisai. Mai-sept (tte l'année sur résa). Forfaits camping 20-25 € pour 2. Doubles 80-100 € ; familiales. Repas complet env 30 € (réduc pour les résidents).* Dans un domaine de 46 ha (ce n'est pas la place qui manque pour camper !), voué à l'élevage de pur-sang arabes (ce n'est toutefois pas un centre équestre), une grande maison avec sa salle de resto et, juste au-dessus, de belles chambres tout confort, sans charme particulier mais impeccables. Au resto, c'est bien simple, tout est bio. Et si vous avez l'occasion d'y aller à la période des champignons, c'est encore mieux. Bon accueil de Michele.

Agriturismo Su Connottu : *loc. Pard'e Cresia, 08038 Sorgono. 340-326-14-95. De Sorgono, prendre la SS 388 direction Ortueri, puis c'est fléché sur la gauche. L'azienda est à 500 m. Tlj midi et soir sauf dim soir. Menu complet 35 € ; à midi en été, des ravioli ou une salade, c'est toujours possible.* La télé veille sur cette petite salle aux nappes lie-de-vin et aux rideaux fleuris, prolongée par une belle terrasse donnant sur la campagne. Au programme des hostilités, une cuisine de la Barbagia bien tournée. L'occasion de tester la *zuppa di lampatzu* (*fregola*, fromage frais de brebis et oseille), servie au printemps, ou encore la *petza* *imbinada,* de la viande de porc hachée et marinée dans du vin, typique de la cuisine agropastorale – un plat hivernal, lui. Accueil gentil.

Trattoria da Nino : *corso IV Novembre, 28.* ☎ *0784-60-127.* *347-823-98-68. Dans la rue principale, juste avt la* Cantina Sociale del Mandrolisai, *proche de l'hôpital San Camillo. Tte l'année, tlj midi et soir. Compter 20-25 €.* Petite salle des années 1970 où rien ne semble avoir bougé d'un iota. Ici, la cuisine (humez cette bonne odeur dès l'entrée), c'est l'affaire de Marie-Antoinette. Demandez-lui conseil, elle vous répondra dans la langue de Molière. Elle n'a pas son pareil pour préparer les pâtes et le ragoût. Son Louis XVI à elle a encore toute sa tête, il tient l'hôtel juste au-dessus.

Où dormir ? Où manger dans les environs ?

Locanda del Muggianeddu : *via Mons. Tore, 10, 08039* ***Tonara.*** ☎ *0784-63-885.* • *locandamuggianeddu@tiscali.it* • *Congés : fév-mars. Double 65 €. Repas 25-30 €.* Routards devant l'Éternel, Mauro et Tina vous reçoivent dans leur petite auberge à l'atmosphère chaleureuse, parmi les masques des pays qu'ils ont visités et les cartes postales. Au menu, une solide cuisine sarde de saison, travaillée avec des produits « *kilometro zero* » (ou presque), avec en dessert le traditionnel nougat de Tonara servi ici tel quel ou en *semifreddo* (parfait). À l'étage, chambres aménagées avec goût, bien dans le style des proprios. Même si le double vitrage est efficace, préférez les 2 qui donnent sur l'arrière, vous serez plus peinard. Une bonne adresse.

L'Oasi dei Fughi : *via Trento, 10, 08030* ***Teti.*** ☎ *0784-68-211. Tte l'année, tlj midi et soir. Double 60 €. ½ pens 60 €/pers. Repas complet env 35 €.* Gérée par Ana Maria et Luigi, cette adresse typiquement « barbagiesque » propose des menus aussi savoureux que pantagruéliques, qui relèguent les formules « *all you can eat* » chères aux Américains à de vulgaires en-cas ! Allez-y à jeun, c'est un conseil d'amis. Et pour celles et ceux qui auraient oublié de le rester, la maison propose également, au-dessus de l'agréable salle à manger, 4 belles chambres à coucher bénéficiant d'un confort modeste mais suffisant, dont l'une vous permettra d'ouvrir les yeux face à la montagne le lendemain matin.

Où acheter du vin du Mandrolisai ?

La Cantina Sociale del Mandrolisai : *corso IV Novembre, 20.* ☎ *0784-60-113.* • *cantinadelmandrolisai.com* • *Lun-ven et sam mat 8h-13h, 15h-17h. Fermé sam ap-m et dim.* Une cave réputée qui produit du rouge en assemblage de *cannonau, muristeddu* et *monica.* Si vous aimez les vins tanniques, c'est le moment de leur livrer vos papilles. Également du blanc et du rosé.

DANS LES ENVIRONS DE SORGONO

Complesso megalithico di Biru 'e Concas : *à env 8 km au sud-ouest de Sorgono par la SS 388, 100 m après l'embranchement pour Austis. Se garer sous le grand chêne-liège et franchir le muret à l'aide de la petite échelle en bois conçue à cet effet car la grille est pratiquement toujours cadenassée.* Voilà du beau boulot, aurait dit Obélix ! Ce n'est pas Stonehenge, ce n'est pas Carnac, mais ce site mégalithique vaut vraiment le détour car c'est ***la plus grande concentration de menhirs de toute la Méditerranée.*** Dans une très belle forêt de chênes-lièges, plus de 200 menhirs ont été répertoriés, groupés par 2, par 3, en cercle ou les uns à côtés des autres (on en a compté plus de 30 alignés en rang double !). Le site se laisse découvrir à pied en suivant un petit parcours didactique matérialisé par des pavés de granite carrés enchâssés dans le sol. Le plus ancien a été érigé vers 3500 av. J.-C., le plus récent à l'âge du bronze (2700-1700 av. J.-C.). Tout en haut du site, un petit nuraghe veille sur tout ce petit monde. Pensez à prendre suffisamment d'eau et à vous couvrir la tête. Des chaussures fermées sont aussi conseillées.

Santuario campestre di San Mauro : *à env 7 km au sud-ouest de Sorgono par la SS 388.* C'est la plus grande église rurale de Sardaigne. Selon la tradition, elle se situerait exactement au centre géographique de l'île. Elle aurait vu le jour à l'initiative de moines bénédictins vers le XIIe s, mais les travaux se seraient prolongés jusqu'au XVIe s, ce qui explique son aspect Renaissance (belle rosace). Ce sanctuaire est entouré de locaux destinés à recevoir des pèlerins. On fête ici la San Mauro à 3 reprises dans l'année. Le 15 janvier, le mardi qui suit Pâques et initialement le dernier dimanche de mai (aujourd'hui reporté à la 1re semaine de juin sur décision du curé, qui trouvait que ça faisait doublon avec la fête du *Corpus Domini*). C'est le plus grand événement de Sorgono, car ce jour-là se déroule le célèbre ***palio di San Mauro,*** une course de chevaux traditionnelle.

Tous les environs de Sorgono sont plaisants à découvrir (surtout si on aime la conduite en montage car ça tournicote un max). À 800-900 m d'altitude, les villages de ***Tonara*** et de ***Desulo*** sont le berceau du délicieux nougat sarde (*torrone* en italien). Celui-ci est fabriqué à base d'amandes, de noix, de noisettes, et parfumé au miel.
À 15 km au sud de Tonara, le village d'***Aritzo*** offre 2 singularités. Primo : à l'époque de la domination aragonaise, il était autogéré par ses habitants. Secundo : il faisait autrefois commerce de neige. Les habitants ramassaient la neige en hiver pour la vendre en été à prix d'or. Elle était emballée dans des caisses entourées de paille et acheminée aux 4 coins de l'île et parfois même en bateau jusqu'en Afrique du Nord, via Malte.

LE SUPRAMONTE

Le Supramonte est un vaste ensemble de hauts plateaux calcaires qui s'étend jusqu'au golfe d'Orosei sur les communes d'Oliena, d'Orgosolo, de Baunei et de Dorgali. Dominé par les sommets des monte Fumai (1 316 m) dans la région d'Urzulei et, dans celle d'Oliena, par le monte Corrasi (1 443 m), appelé familièrement les « Dolomites sardes », le Supramonte constitue un véritable sanctuaire de la biodiversité, avec pas moins de 650 espèces botaniques recensées. En grande partie inhabité, à l'exception de quelques *cuiles* (cabanes de bergers), il est parcouru de ravins abrupts, de pics acérés et de rocs ciselés par l'érosion. Domaine de prédilection du chêne, du genévrier et de l'olivier, son aspect accidenté offre par là même un formidable terrain d'aventure aux amateurs de randonnées. La mystérieuse source de Su Gologone, la superbe vallée de Lanaitho ainsi que le site nuragique (et magique) de Tiscali constituent autant de territoires à explorer sans jamais trop s'éloigner de la mer, ce qui, en Sardaigne, est vraiment un gros avantage !

ORGOSOLO (08027) 4 400 hab.

Perché sur le flanc nord du massif du Gennargentu aux confins du Supramonte, à une vingtaine de kilomètres au sud de Nuoro, ce village a souvent été comparé à une forteresse géographique imprenable. Fiers de leurs

origines pastorales et de leurs traditions, les habitants ont pendant longtemps été assimilés à des hors-la-loi. Dans son film *Bandits à Orgosolo,* Vittorio De Seta dépeint la vie âpre de ces fils de bergers dans les années 1960, endurcis par leur isolement et leur défiance vis-à-vis de l'État. Ainsi est née cette image de village rebelle qui lui colle toujours à la peau. Les gens d'Orgosolo se sont adaptés au monde moderne sans perdre leur personnalité et en conservant un esprit indépendant et créatif, comme le prouvent les innombrables peintures murales qui donnent à Orgosolo son caractère unique.

LES PEINTURES MURALES D'ORGOSOLO

Les peintures murales d'Orgosolo constituent un phénomène social, artistique et politique unique en Italie. Tout a commencé au XIXe s. Les habitants d'Orgosolo, esprits de bergers fiers et libres, ne voulaient pas se soumettre aux lois policières du gouvernement de la nouvelle Italie unifiée. Réfractaires, solidaires, solitaires, ils donnèrent du fil à retordre à la police italienne à l'époque. Ne dit-on pas aussi qu'Orgosolo était un repaire réputé imprenable de bandits d'honneur sardes ? Les rebelles d'aujourd'hui ne sont plus ces bandits cachés dans le maquis qui terrorisaient la région, mais des citoyens animés par une forte conscience politique. L'histoire des peintures murales débute en 1969. Cette année-là, le gouvernement italien décide, sans consulter les habitants, d'implanter un camp militaire sur des milliers d'hectares, tout près d'Orgosolo. Les habitants s'organisent alors en mouvement de contestation non violent pour s'opposer à sa réalisation, aidés en cela par quelques anarchistes venus de Milan. Avec l'appui d'artistes locaux, les anars milanais commencent à peindre des slogans politiques sur les murs des maisons. Révolutionnaires, libertaires, inscrits dans de vastes et belles peintures murales, ces slogans finissent par prendre de l'ampleur. Ainsi débute le phénomène des murs peints d'Orgosolo. L'hostilité et la ténacité des habitants dans le combat finiront par payer, et le projet de camp militaire sera remis dans les cartons.
En 1975, un professeur originaire de Sienne a l'idée de demander aux artistes locaux de réaliser des peintures murales pour célébrer le 30e anniversaire de la libération de l'Italie en 1945. Il n'en fallait pas plus pour que des volontaires reprennent leurs pinceaux et couvrent les murs de nouvelles fresques, surprenantes et parfois ironiques. Depuis cette époque, le mouvement muraliste d'Orgosolo a pris une telle ampleur que la ville est devenue une référence en la matière en Italie et dans toute l'Europe. Les thèmes sont très liés à la politique locale, nationale et à l'actualité internationale. Le principe est de ne jamais les restaurer et d'abandonner leur message aux affres du temps.

Où dormir ? Où manger ?

Albergo Sa'e Jana : *via Emilio Lussu, 17. ☎ 0784-40-24-37. • saejanaorgoloso@tiscali.it • web.tiscali.it/saejana • Double 75 €. Repas 15-20 €. Digestif offert sur présentation de ce guide.* Une bonne auberge classique un peu à l'écart du centre, dans une grande bâtisse sans grand charme, un peu vieillissante, qui abrite aussi un restaurant-pizzeria. Chambres à la déco monacale mais de bon confort, vastes et bien tenues. Demander celles avec balcon sur la vallée. Cuisine du terroir, bien faite et à prix sages. *Pizze* seulement le soir.

Ristorante-pizzeria Il Portico : *via Giovanni XXIII, 34. ☎ 0784-40-29-29. • info@ristoranteorgosolo.it • Au niveau du corso Repubblica, 91. Tlj midi et soir. Double 50 €. Repas 20-25 € ; pizze 5-7 €. Digestif offert sur présentation de ce guide.* On s'attable avec plaisir dans cette agréable salle rustique agrémentée de quelques tableaux pour goûter à une cuisine sarde bien mijotée et à prix doux. Les *pizze* au feu de bois sont servies midi et soir, sauf en été, où elles ne le sont que le soir. Juste au-dessus du resto, une poignée de chambres sans éclat mais soignées.

À voir

Pitture murali d'Orgosolo (peintures murales) **:** *pour plus de rens, possibilité de contacter Miriam Corrios (☎ 393-904-40-56) qui propose des visites en audioguide (dont 1 en français). 5 € l'audioguide. Compter 1h30 de visite.* Elles ornent les murs des maisons et des immeubles du corso Repubblica, axe principal de la ville, et quelques petites rues et ruelles adjacentes. Au total, on en compte un peu plus de 200. Les thèmes de ces peintures sont très variés. Parmi elles, on peut voir notamment des scènes de la vie des bergers sardes, un éloge de la boisson, un hommage à la lutte des bergers pour conserver leurs terres, un autre au combat du Larzac, un autre à la guerre d'Espagne, une peinture sur l'écroulement du mythe communiste à Tian'anmen (Chine), d'autres sur la guerre civile espagnole, le bicentenaire de la Révolution française, les souffrances du peuple vietnamien pendant la guerre, et même une évocation des attentats du 11 septembre 2001...

Sa Domo de sos Corraines – Casa-museo di Orgosolo : *corso Repubblica, 103. ☎ 334-360-09-34. Mai-sept, en principe tlj 10h-13h, 14h-19h. Visite guidée seulement (en italien) : 5 € ; réduc.* La famille Corraine propose la sympathique visite de sa demeure (en italien), une maison typique du début du XXe s, dont la dizaine de pièces est distribuée sur 4 étages. Cuisine, salle à manger familiale, celle réservée aux invités, plusieurs chambres à coucher. Parmi les objets, métier à tisser, quelques costumes... Au grenier, auquel on accède en baissant la tête, on faisait sécher les châtaignes et les fruits. C'est aussi là que la domestique dormait, à même le sol. À la cave, pour clore la visite, on dégustera quelques gâteaux secs et un petit vin local.

OLIENA (08025) 7 400 hab.

L'arrivée de nuit par la route de Nuoro est une vision étonnante. Les lumières de la ville haut perchée brillent au pied de la masse blanche et abrupte du Supramonte. À une quinzaine de kilomètres au sud-est de Nuoro, adossée aux flancs de la montagne de la Foresta di Maccione, Oliena est un des cœurs battants des traditions du Supramonte. Car cette ville d'allure modeste regroupe des artisans qui fabriquent des vêtements traditionnels, des châles brodés de soie et d'or, des bijoux en filigrane. Les historiens se disputent sur l'origine de son nom. Viendrait-il d'un groupe de Troyens qui aurait fui l'île d'Ilios (Grèce) ? Viendrait-il plus simplement du mot *olio d'oliva* (huile d'olive), qui serait devenu par altération *Oliena* ? Certaines maisons sont encore peintes à la chaux, souvenir de la Grèce antique ?

POUR L'AMOUR DES OLIVES

L'huile d'olive Su Gremanu, produite par les oliveraies d'Oliena, est considérée comme une des meilleures d'Italie, pays qui produit et consomme le plus d'huile d'olive au monde. Celle-ci préviendrait les maladies cardio-vasculaires. Cela peut être une des explications possibles à la longévité remarquable des habitants de certains villages de montagne de l'Ogliastra et de la Barbagia (Seulo).

Quoi qu'il en soit, c'est aussi l'un des lieux de production du vin *cannonau*, comme le prouvent les vignobles plantés autour de la ville. On n'y séjourne pas nécessairement, mais c'est une agréable étape dans l'arrière-pays.

Adresses utiles pour explorer les environs

***Galaveras Presidio Turistico** (office de tourisme) : via Deledda, 32. ☎ 0784-28-60-78. • galaveras.oliena@gmail.com • visiteoliena.it • Tte l'année, tlj sauf dim 9h-13h, 16h-19h.* Vend des cartes pour les randos dans la région ; attention cependant, certaines manquent de précision. Organise aussi des tours en ville avec dégustations de produits locaux (sur résa). Allez-y plutôt le matin si vous voulez assister à la préparation du pain *carasau*.

***Agence Le Fonti** (randonnées avec guide) : contacter Salvatore, Franco ou Claudio, au Chalet Sorgente Su Gologone (voir « Où dormir ? Où manger dans les environs ? »). 328-564-99-83 (Salvatore) ou 392-392-51-65 (Franco). • lefonti@hotmail.it • sorgentisugologone.it • Compter 35 €/pers pour une excursion vers Tiscali (min 4 pers).* Excellents guides francophones qui pourront vous conduire sur les sentiers du Supramonte, dans la vallée de Lanaitho ou jusqu'au site nuragique de Tiscali. Contactez-les et ils vous proposeront toutes sortes de balades à la demi-journée ou à la journée. Également des promenades en kayak possibles au printemps et jusqu'à septembre (en fonction du niveau de l'eau). Même si vous souhaitez partir seul, passez les voir, ils sauront vous conseiller et, surtout, ils vendent la très précieuse carte de la vallée de Lanaitho.

***Cooperativa Enis** : loc. Monte Maccione. ☎ 0784-28-83-63. • coopenis.it •* Spécialiste des excursions à pied dans la région du Supramonte (voir « Où dormir ? Où manger dans les environs ? »).

Où dormir ? Où manger ?

***B & B Su Cunfortu** : via S. Martino, 6. ☎ 0784-28-75-57. 349-139-2583. • sucunfortu@gmail.com • su-cunfortu.appspot.com • Après avoir garé sa voiture sur la pl. de l'église Santa Maria, prendre la via Kennedy en face, puis 1re à droite la via Calamida, et aussitôt à droite. Congés : janv-fév. Double 60 € (avec sdb partagée).* En pleine ville, une maison tenue par la charmante et très accueillante Immacolata Carai, ancienne professeure de français au lycée d'Oliena. Les chambres, l'une au rez-de-chaussée et les 2 autres à l'étage, sont sobres et sans prétention mais impeccablement tenues. Petit déj avec confitures et sablés maison.

***B & B Managheri** : via Galiani, 45. ☎ 0784-28-55-28. 345-585-39-38 (Giuseppe). • managheri@gmail.com • managheriwinebar.it • Doubles 60-70 €. Parking.* Le rez-de-chaussée de cet édifice moderne et fonctionnel abrite un grand bar à vins (pas désagréable, d'ailleurs, avec la jolie vue sur les montagnes depuis la salle). À l'étage, une dizaine de chambres, grandes et lumineuses, sans caractère particulier mais bien au calme, en tout cas celles donnant sur la vallée... Bien pour une étape ou en famille car les chambres qui leur sont destinées sont de belle taille. Giuseppe loue aussi des VTT.

***Ristorante Gicappa** : corso Martin Luther King, 2/4. ☎ 0784-28-80-24. • gicappa.ristorante@gmail.com • Tlj midi et soir. Pizze 4-10 € ; repas 20-25 €. Digestif offert sur présentation de ce guide.* Un sympathique bar-restaurant où l'on sert une bonne cuisine sarde du Gennargentu, ainsi que des *pizze* copieuses proposées midi et soir.

***Ristorantino Masiloghi** : via Galiani, 68. ☎ 0784-28-56-96. • info@masiloghi.it • Dans la rue principale. En entrant dans la ville, sur la gauche. Congés : fév. Menus 27-35 € ; carte 35-40 €. Digestif offert sur présentation* *de ce guide.* Cette belle maison aux murs blanc et bleu attire le regard et donne envie de s'arrêter. Et l'on fait bien car, malgré quelques baisses de régime occasionnelles en haute saison, la cuisine servie dans la jolie salle ou en terrasse est bonne, dans un registre classique un brin revisité.

Où dormir ? Où manger dans les environs ?

Sur le pouce ou bon marché

Chalet Sorgente Su Gologone : *sur le site même des sources de* ***Su Gologone.*** *328-564-99-83. À env 8 km à l'est d'Oliena. De mi-mars à fin nov. Repas 15-20 €.* Il s'agit d'un petit chalet en bois à l'ombre des eucalyptus, posé dans l'herbe au bord de la rivière. Sympathiques et dynamiques, Salvatore et ses camarades Franco et Claudio parlent bien le français. Vente de *panini,* de bonnes salades, de plats de charcuterie et de grillades (mais pas de pâtes). Ils organisent parfois des soirées musicales en fin de semaine. Quelques tables de pique-nique sous les arbres. Bon, pas cher et dans un environnement ravissant : impeccable pour un déjeuner léger.

De prix moyens à chic

Hotel-ristorante Enis : *loc. Monte Maccione. ☎ 0784-28-83-63. • coopenis@tiscali.it • coopenis.it • À env 3 km d'Oliena direction Orgosolo. Tte l'année, mais sur résa pdt l'hiver. Camping 10 €/pers ; réduc. Doubles 63-94 € ; chambres pour 3-4 pers. Menus 23-37 € ; carte 22-35 € ; pizza env 9 €. Réduc de 10 % sur le prix de la chambre sur présentation de ce guide pour une résa faite en direct.* Haut perchée dans la montagne, entourée d'une forêt de chênes, une auberge gérée par une coopérative et tenue comme un bon établissement rural de caractère. Chambres fonctionnelles, simples et propres, avec tout le confort. Superbes terrasses communes avec une vue panoramique sur les bois et le monte Corrasi. Possibilité aussi de camper sous les arbres (sommaire mais écolo). Au resto, cuisine traditionnelle de bonne tenue. En revanche, la grande salle à manger manque un peu de chaleur.

Agriturismo Guthiddai : *Guthiddai. ☎ 0784-28-60-17. 349-267-21-59. • agriturismoguthiddai@gmail.com • À env 6 km à l'est d'Oliena, direction Su Gologone. Avr-oct. Doubles 98-139 €. ½ pens 30€/pers. Resto ouv aux non-résidents sur résa : menus fixes 38-40 €.* Une belle maison blanc et bleu aux couleurs du Grand Sud, dans une oliveraie paisible au pied des montagnes du Supramonte. On produit ici de l'huile d'olive évidemment, mais aussi du vin. Grand potager dont les légumes se retrouvent à l'excellente table d'hôtes. Une douzaine de chambres très sobres, à la déco plutôt rustique, mais impeccables et, surtout, dotées chacune d'une jolie terrasse permettant de profiter au mieux du cadre, absolument délicieux. Une belle adresse, même si c'est un peu cher en pleine saison.

Coup de folie

Hotel-ristorante Su Gologone : ***Su Gologone,*** *08025 Oliena. ☎ 0784-28-75-12. • info@sugologone.it • sugologone.it • À env 7 km à l'est d'Oliena ; sur la droite, juste avt d'arriver au site de Su Gologone. De mi-mars à mi-nov. Doubles 200-380 €... Repas 50-60 €.* Le plus bel hôtel du Supramonte, et peut-être du nord de la Sardaigne. Boutique-hôtel luxueux évoquant une hacienda d'Amérique latine. L'intérieur a été arrangé comme une galerie d'art par une propriétaire artiste et grande collectionneuse. Chambres superbes et de grand confort, où l'on sent bien le supplément d'âme de cette maison exceptionnelle. 70 chambres en tout, entre les *classic,* les *deluxe* et les suites, toutes personnalisées avec soin. Le ravissant jardin est lui-même agrémenté de nombreuses œuvres d'art. Le resto est au diapason. Là encore, rien que du beau, du vrai et du bon goût. Piscine, tennis, gym, spa dans le jardin. La totale, quoi !

À voir

À pied dans la ville : on en fait vite le tour, mais une petite balade s'impose pour découvrir ses ruelles pavées et autres passages secrets, ou encore ses ***Cortes apertas,*** une des particularités d'Oliena. Il s'agit de maisons anciennes avec des cours ouvertes, des escaliers extérieurs, des pergolas et des intérieurs colorés. Le quartier de Sa Maddalena est le mieux conservé. Parmi les églises les plus remarquables, celle de Santa Croce ; elle serait la plus ancienne. Le collège jésuite, sur le corso Vittorio Emanuele II, prouve l'influence de cet ordre religieux dans la région. Les jésuites ont contribué au XVIIIe s au développement économique et social d'Oliena en encourageant la viticulture et l'élevage des vers à soie.

Laboratorio artigiano Ricamatrice (atelier artisanal) **:** *chez Susanna Piga, via S. Farina, 8. 340-358-19-98. Tte l'année, tlj, au rythme du lever et du coucher du soleil (elle habite là).* La charmante Susanna Piga est une des dernières brodeuses à la main de Sardaigne. Elle a appris ce métier à l'âge de 18 ans auprès des vieilles dames détentrices de la tradition. Dans sa petite maison, elle confectionne des foulards et fichus traditionnels, des taies d'oreiller *(cuscini),* des dessous en velours à glisser sous la selle des chevaux *(sotosella),* des châles *(scialli)* frangés, cousus avec de la soie et du fil d'or, aux couleurs chatoyantes. Et aussi de petits sacs à main en cuir, en tissu ou en peau. Elle ne parle que l'italien mais se fera un plaisir de vous recevoir.

Fêtes

- ***S'Incontru :*** *dim de Pâques.* Célébration également prétexte à des défilés et processions.
- ***Festa di San Lussorio :*** *21 août.* La ville est animée par de grands défilés et processions.
- ***2e week-end de septembre :*** les anciennes maisons du centre historique ouvrent leurs portes. À l'intérieur, des bénévoles en costumes d'époque exercent les métiers d'autrefois.

DANS LES ENVIRONS D'OLIENA

Sorgenti Su Gologone (sources de Su Gologone) **: Su Gologone.** *À 8 km à l'est d'Oliena par la SP 46. Parking au terminus de la route. De mars à mi-nov, tlj de 9h à la tombée de la nuit. Entrée : 2 € ; réduc ; gratuit hors saison.* Il s'agit des plus grandes sources de Sardaigne, même si on ne les voit pas de l'extérieur car elles se cachent à plus de 103 m sous le niveau de la mer ! Un sentier sous un bosquet d'eucalyptus conduit en 2 mn au bord de la résurgence, c'est-à-dire à l'endroit même où l'eau jaillit des ténèbres du Supramonte. Débit réduit en été (500 l/s), l'hiver en revanche, l'eau gronde comme un torrent avec plus de 10 m^3 à la seconde ! Le plus étonnant, c'est que personne n'en connaît exactement les origines. C'est pourquoi le site attire depuis longtemps les spéléologues italiens et européens. Tous les ans, des plongeurs audacieux s'aventurent dans les profondeurs abyssales de la montagne à la recherche de son origine. En 2010, l'Italien Alberto Cavedon a battu un record en atteignant 135 m, sans pour autant toucher le fond.

Valle di Lanaitho (vallée de Lanaitho) **:** *à env 10 km à l'est d'Oliena. On y accède depuis Su Gologone. Env 200 m à droite avt le parking des sources, une petite route à flanc de montagne cède la place à une piste carrossable.* Cette longue (8 km) et profonde vallée forme une sorte de vaste échancrure dans le massif du Supramonte. C'est un magnifique terrain de jeu pour les randonneurs, l'excursion la plus connue étant celle qui permet l'accès au site de Tiscali, mais c'est loin d'être la seule et ce n'est pas forcément la plus belle. Les sentiers sont balisés, mais il y a des risques de se perdre quand même, alors on vous conseille de télécharger la carte du site sur votre smartphone avant d'y aller, et si vous n'en possédez pas de vous adresser à l'une des agences qui proposent cette rando (voir « Adresses utiles » à Oliena et Dorgali).

Villaggio nuragico Sa Sedda'e Sos Carros : *à env 16 km d'Oliena, au fond de la vallée de Lanaitho ; on y accède depuis Su Golone par une route qui se transforme en piste d'env 8 km. Pâques-oct, tlj 10h-18h, mais visite guidée (obligatoire) ttes les 2h (en alternance avec la grotta di Corbeddu), soit à 9h, 11h et 13h ; visite en italien mais livret en français. Entrée : 5 €. Billet combiné pour les 3 sites (avec la grotte de Sa Ohe et la grotte Corbeddu) : 10 €.* Ce site nuragique date de 1300 à 900 av. J.-C. On peut y observer les restes d'un temple circulaire en grosses pierres taillées. Un ingénieux système d'écoulement des eaux dans un puits sacré était destiné à l'approvisionnement en eau aussi bien qu'au culte de l'eau.

– **Grotta di Corbeddu :** *tlj 10h-18h ; visite guidée – obligatoire – ttes les 2h. Entrée : 5 €.* On accède au site après une jolie montée sous les arbres. Si cette grotte tient son nom d'un célèbre bandit qui s'y serait réfugié au XIXe s, elle est surtout importante d'un point de vue historique. Les fouilles menées dans les années 1960 ont en effet permis d'attester que l'homme était déjà présent en Sardaigne durant le Paléolithique supérieur (entre 43000 et 10000 av. J.-C.). Et l'on peut encore aujourd'hui voir, dans l'une des 3 salles, les strates correspondant aux différentes périodes de la préhistoire sarde.

– **Grotta di Sa Ohe :** *visite libre avec un livret en français, tlj 9h-19h. Entrée : 3 €.* L'intérêt de cette grotte n'est pas archéologique mais plutôt géologique, puisqu'elle joue le rôle de trop-plein pour les sources de Su Gologone quand il pleut fortement. Elle se compose de plusieurs salles (avec leur lot de stalactites et stalagmites) et abrite 3 lacs.

SITO NURAGICO DI TISCALI

Niché dans le fond d'un gouffre, au terminus de la vallée de Lanaitho, il n'est accessible qu'à pied (voir les détails plus loin). Tlj 9h-19h (17h oct-avr). Entrée : 5 € ; réduc.
Le site de Tiscali date du IIe millénaire avant l'ère chrétienne. À cet endroit, la montagne de calcaire a été creusée au fil du temps par l'érosion, formant une grande doline (un effondrement du sol qui finit par constituer une cuvette circulaire), comme on peut en voir dans les Causses en France. Arriver à pied jusqu'à ce site insolite et étrange est un enchantement... On dira même que la rando vaut autant pour elle-même (quel que soit l'itinéraire choisi) que pour la visite du lieu.

FOURNISSEUR D'ACCÈS NURAGIQUE

Nuragique, informatique, politique, la carrière de Renato Soru emprunte des sentiers insolites ! Né en 1957 à San Luri, près de Cagliari, il fonda en 1998 la société informatique Tiscali, à laquelle il donna le nom du fameux site préhistorique sarde. Tiscali est implanté dans 15 pays et constitue un des plus sérieux concurrents européens des multinationales américaines. De 2004 à 2009, Renato Soru, milliardaire, dirigea la Région Sardaigne après avoir été élu à la tête d'une liste de centre gauche.

Tiscali fut habité jusqu'à l'époque romaine par le mystérieux peuple nuragique, puis déserté et abandonné. Après des siècles d'oubli, le site ne fut redécouvert qu'au XIXe s par des bûcherons qui travaillaient dans les forêts environnantes.

À l'époque, les archéologues arrivaient toujours après les pilleurs de tombes. Résultat : avant d'être fouillé et préservé, le site a d'abord été vandalisé. Aujourd'hui, c'est un des sites archéologiques les plus visités de Sardaigne.
En descendant dans le gouffre par la partie haute, on a l'impression d'entrer dans une énorme caverne à la voûte effondrée. On découvre alors un amalgame de ruines blotties dans la pénombre d'un éboulement rocheux, autour de chênes séculaires. Il faut imaginer une série de huttes rondes, en pierre, constituant un hameau de quelques dizaines de familles, vivant comme des reclus dans leur trou perdu... Les toitures étaient en bois de genévrier. La lumière du jour provenait du sommet de la voûte. Il n'y avait pas de source. Les habitants recueillaient l'eau qui coulait des parois. Il ne reste pas grand-chose de visible de cet habitat car les pierres furent utilisées durant des siècles par les bergers pour construire leurs cabanes. Tout est ici suggéré. Attention, sur place, pas de vente de boissons ni de nourriture. Pour en savoir plus, voir la maquette du site reconstituée au musée de Cagliari.

Comment y accéder ?

Plusieurs agences ou associations de guides proposent l'excursion pour Tiscali, que ce soit au départ de Su Gologone (normalement moins cher car il n'y a pas de longs transferts en voiture), de Dorgali ou de Cala Gonone. Prévoir la journée et 35-40 €/pers pour l'aller en 4x4 depuis Dorgali, Cala Gonone ou Oliena jusqu'au début de la balade, l'entrée du site, la visite guidée, le repas et le trajet retour.
La rando peut également se faire seul, mais il vous manquera alors toutes les explications qui enrichissent la visite du site.
Il existe 2 manières d'accéder à Tiscali :
➢ ***De Su Gologone :*** c'est peut-être la plus belle façon d'arriver à Tiscali, la plus « panoramique » et aussi la plus courte (3h A/R). Autre avantage : c'est une boucle, vous ne verrez donc pas la même chose à l'aller et au retour. En revanche, seuls les randonneurs avertis, munis de la carte de la vallée de Lanaitho ou éventuellement de la photo aérienne à partir de Google sur leur smartphone, s'y risqueront sans guide car le balisage peut manquer de précision par endroits. Le chemin à suivre est le n° 410 ; il part de la vallée de Lanaltho, à environ 8 km de Su Gologone, peu avant le *Villagio Sa Sedda'e Sos Carros.* Attention, ce n'est pas le seul sentier dans cette vallée. Avant de partir, le plus sage est de vous renseigner auprès du *Chalet Sorgente Su Gologone,* où vous pourrez aussi acheter la carte de la vallée.

➢ ***De Dorgali et la vallée du riu Flumineddu :*** à Dorgali, la route pour la vallée du riu Flumineddu n'est pas indiquée (ou très mal). Sur le viale J.-F. Kennedy (une des grandes routes qui contournent la ville), tourner dans la via Bachelet (en direction du *Turismo Rural Belvedere Pradonos*) et à la 1re fourche, prendre à gauche (route pour la vallée d'Oddoene) et continuer pendant une dizaine de kilomètres. La route asphaltée se transforme en piste sur quelques centaines de mètres. On passe un petit pont. Un peu plus loin, on trouve le parking officiel (gratuit), à ne pas confondre avec celui placé avant le pont (payant). De là, sentier de randonnée bien balisé par des marques peintes en rouge et blanc. Il vous faudra marcher pendant 1h45-2h environ avant d'atteindre le site de Tiscali. Jolie grimpette sur la 1re partie du parcours suivie d'une longue coulée dans un vallon, avant une 2de et dernière petite grimpette. Compter donc au moins 4h aller-retour, plus une petite heure de visite sur place. Un conseil : même si on marche pratiquement toujours à l'ombre, en été il fait très chaud, et l'après-midi le calcaire blanc renvoie la chaleur de manière violente. Donc partir tôt le matin. Prévoir de l'eau, un chapeau, de bonnes chaussures, de la crème solaire, un casse-croûte conséquent... et votre porte-monnaie pour payer l'entrée du site *(5 €)* !

DORGALI

(08022) 8 600 hab.

À 30 km de Nuoro et à moins de 10 km de la mer, sur la route Orientale Sarda (SS 125), Dorgali, ville natale du peintre-céramiste Salvatore Fancello (un petit musée lui est consacré), est un gros bourg typique, perché sur un plateau calcaire couvert d'oliviers et de maquis. C'est un bon point pour rayonner dans la région, entre mer et montagne. Dorgali, c'est l'œil communal qui surveille d'en haut Cala Gonone, sa vitrine balnéaire, qui a le petit doigt de pied dans l'eau...

L'ARAIGNÉE MÈNE LA DANSE

En Sardaigne, on appelait argia une espèce de tarentule venimeuse. Nombreux sont les paysans qui furent mordus par cette redoutable araignée. Pour guérir ceux qui étaient victimes de sa morsure, la tradition populaire sarde inventa la « danse de l'Argia », pratiquée dans maints villages. C'était non seulement une danse, mais aussi une sorte de rituel gardé secret en raison de son caractère érotique.

Arriver – Quitter

Arrêt des bus ARST : *via Lamarmora, 61. • arst.sardegna.it •*

➢ ***Cala Gonone*** *(20 mn)* **:** une dizaine de bus/j. lun-sam, 3 seulement dim.

➢ ***Nuoro via Oliena*** *(40 mn)* **:** une dizaine de bus/j. lun-sam, 4 seulement dim.

➢ ***Olbia*** *(2h30)* **:** 1-2 bus/j. (changement à La Caletta ou Nuoro). Également 4 bus/j. avec *Deplano* (*• deplanobus.it •*), qui dessert directement l'aéroport d'Olbia depuis Cala Gonone via Dorgali et La Caletta.

Adresses utiles

Ufficio informazioni turistiche *(Pro Loco)* **:** *via Lamarmora, 108. ☎ 0784-927-235. • enjoydorgali.it • Tte l'année, tlj sauf dim 10h-13h, 16h-20h.*

■ ***Cooperativa Ghivine :*** *via Lamarmora, 31. 349-442-55-52, 54 ou 58. • ghivine.com •* Propose des randonnées et des excursions dans la région du Gennargentu et au site de Tiscali : trekking, canyoning, spéléologie.

■ ***Gennargentu Escursioni :*** *via Lamarmora, 204a. ☎ 0784-94-385. 347-854-59-51. • gennargentu.com •* Organise des randonnées avec guides locaux dans le Supramonte, et notamment au site nuragique de Tiscali, ainsi que de la spéléo.

Où dormir ?

Dorgali n'est pas une ville touristique, loin de là. Son seul avantage est d'offrir plusieurs hébergements à prix raisonnables quand Cala Gonone explose ses prix au plus fort de la saison. Pour manger, il vous faudra prendre la voiture pour aller dîner dans un *agriturismo* (pensez à réserver) ou vous contenter d'une part de pizza.

Sa Corte Antica : *via Mannu, 17. 348-842-37-83. • infosacorteantica@gmail.com • Avr-sept. Double 60 €. CB refusées.* On dort dans une petite maison du XIXᵉ s, autour d'une bien belle courette aux pavés de basalte mal ajustés. Chambres simples, bien au calme, avec petit balcon. Intérieur aux murs de brique ou pierres apparentes.

LE CENTRE

On prend le petit déj dans une salle voûtée, où sont servis de bons produits typiques.

B & B Casa Fancello : *via Azuni, 5. 349-647-02-94. • simfanc@inwind.it • bbdorgali.it • Congés : janv-fév. Double 55 €. CB refusées. Café offert sur présentation de ce guide.* Au 1er étage d'un petit immeuble bien caché dans une ruelle du centre, une poignée de chambres des années 1970. C'est simple, propre, et il y a même une terrasse ensoleillée pour prendre son petit déj. Frigo et cuisine à dispo si besoin. Parking couvert pour vélos et motos. En plus de ça, la famille de Bardilio réserve à ses hôtes un accueil courtois.

B & B Da Zietto : *via Lamarmora, 180. 340-290-18-34 ou 342-560-21-83. • ziettobb@gmail.com • bedandbreakfastdazietto.com • Tte l'année. Dortoir 20-25 € (sans petit déj) ; doubles 60-80 € ; familiales. CB refusées. Apéritif offert sur présentation de ce guide.* Au-dessus de la maison du truculent et néanmoins charmant propriétaire, un dortoir avec lits superposés sur 3 niveaux (port du casque obligatoire pour ceux d'en-haut, vous êtes à 3 m du sol !), des petites chambres climatisées, pimpantes et nickel avec ou sans salle de bains, cuisine commune avec frigo et congélo, et une superbe terrasse commune attenante à l'espace petit déj. Quant au grand jardin, il est impeccable pour garer des motos et organiser un barbecue. La maison organise aussi toutes sortes d'activités plus ou moins sportives, comme celle qui consiste à tester les différents produits en vente dans sa propre *cantina*...

Turismo Rural Belvedere Pradonos : *via V. Bachelet, loc. Pradonos. 347-578-05-17 ou 347-714-62-78. • belvederepradonos@tiscali.it • belvederepradonos.it • À env 1 km du centre-ville. Avr-oct. Doubles 75-125 €.* Toute proche de la ville mais déjà à la campagne, cette belle petite adresse garantit un séjour serein et intimiste à ses hôtes. Depuis le jardin fleuri où une huitaine de jolies chambres ont été aménagées, la vue est superbe. Bel accueil.

B & B Piredda Icorè : *via per Oddoene, loc. Icorè. 370-717-30-68. • info.icore@tiscali.it • À env 1 km du centre-ville. De la SS 125, suivre le fléchage pour le* Turismo Rural Belvedere Pradonos, *mais prendre à gauche, juste avt la 1re fourche (route pour la vallée d'Oddoene), la maison se trouve un peu plus loin sur la gauche (entrée magistrale). Doubles 60-100 €.* 2 types d'hébergement possibles dans cette grande maison en pleine campagne : les chambres doubles à l'étage ou les apparts au rez-de-chaussée. Les 1res sont jolies et cossues : le mobilier, plutôt rustique, est rajeuni par les couleurs chaudes qui couvrent les murs. Les 2ds sont bien équipés, eux aussi soigneusement aménagés, et peuvent accueillir jusqu'à 6 personnes ; l'inconvénient : les chambres y sont privées de fenêtre. En revanche, les très agréables terrasses et le jardin permettent de profiter pleinement de l'extérieur. Accueil gentil et petits déj soignés.

Où dormir ? Où manger dans les environs ?

Hotel-ristorante Ispinigoli : *loc. Ispinigoli, 08022 Dorgali. ☎ 0784-95-268. • info@hotelispinigoli.it • hotelispinigoli.it • À env 7 km au nord de Dorgali, au niveau du parking de la grotte d'Ispinigoli. Congés : janv-avr. Doubles 80-90 €. Menus 35-40 € ; carte env 35 €. Digestif offert sur présentation de ce guide.* Un hôtel à taille humaine et bien tenu. Chambres tout confort, calmes, meublées sans fioritures, toutes avec vue mer ou montagne, la plupart avec balcon. Fait aussi resto : bonne cuisine sarde avec des plats de la mer, servie en terrasse en été (vue superbe). La carte des vins est un véritable bottin, demandez conseil à Gabriella, elle parle un excellent français. Une bonne étape.

Agriturismo Canales : *loc. Canales, 08022 Dorgali. ☎ 0784-96-760. 347-175-06-86. • agriturismo.canales@libero.it • canales.it • À 7 km de Dorgali en direction de Nuoro ; sur la SP 38, à partir du pont et du km 28, guetter le chemin sur la gauche.*

Mars-oct. Doubles 70-80 €. Repas pour les résidents seulement 25-30 €. Sur le rebord d'une falaise calcaire dominant une superbe vallée encaissée et un lac artificiel, cette belle maison de pierre jouit d'un site remarquable. Les chambres se trouvent dans de charmantes maisonnettes enfouies sous les arbres. Elles sont sobres, propres et coquettes, avec tout le confort, et disposent pour certaines d'une petite terrasse d'où la vue sur la vallée est magnifique. Frigo commun. Au resto, en terrasse, délicieuse cuisine locale traditionnelle mais pas de poisson. Possibilité de louer un kayak et des vélos. Excellent accueil.

Agriturismo S'Ozzastru : *loc. Su Cuddiarvu, route SS 125, km 211, 08222 Dorgali. 347-500-80-96. • booking@agriturismosozzastru.com • agriturismosozzastru.com • À 8 km de Dorgali en direction d'Orosei. Avr-oct. Camping 15 €/pers. Doubles 60-80 € ; appart 5 pers. Menus à partir de 30 € (servis seulement quelques soirs/sem). Apéritif offert sur présentation de ce guide.* Une grande ferme-auberge en plein maquis. Le bâtiment principal abrite la salle de restaurant (savoureuse cuisine de terroir à base de produits de la ferme), tandis que les chambres sont réparties dans 2 bâtisses frangées de galeries et ordonnées autour de petits jardins. Les campeurs s'installeront dans un joli coin avec un bloc sanitaire simple mais nickel. Très agréable, d'autant que la vue sur les montagnes est superbe. Et puis, en général, les enfants apprécient les animaux de la ferme ainsi que la grande piscine. Accueil charmant.

Ecoparco Neule : *loc. Neule, 08022 Dorgali. 380-728-38-87. • ecoparconeule@gmail.com • agriturismoneule.com • À env 7 km au nord-ouest de Dorgali, en direction de Nuoro (suivre le fléchage). Tte l'année. Camping 12-15 €/pers. Doubles 75-100 € ; familiales.* Giampiero est éleveur, mais il propose également une douzaine de chambres simples mais bien agencées, toutes avec salle de bains, réparties dans 3 structures disposant chacune d'une cuisine commune et d'un barbecue. L'endroit étant situé en position dominante et loin de tout, c'est vraiment dépaysant. Quant aux campeurs, ils s'installent sous les arbres et ont accès à des sanitaires de bonne tenue ainsi qu'à une cuisine extérieure. Pour le petit déj, on se retrouve tous dans la grande salle à manger, ou à l'extérieur en surplomb du lac. Giampiero organise aussi de nombreuses activités : balades en bateau sur le lac (possibilité de louer des canoës) ou randos équestres. Quelques vélos. Et il y a même un petit bout de plage pour se baigner !

Agriturismo Agripaules : *loc. Hoghe, SS 129 Nuoro-Orosei, km 20, 08022 Dorgali. 349-361-65-51 ou 333-616-74-42. • info@agripaules.com • agripaules.com • À une quinzaine de km au nord-ouest de Dorgali. Tte l'année. Camping 12 €/pers. Double 60 € ; ½ pens moyennant 20 € en plus. Repas complet 25-30 €. Apéritif offert sur présentation de ce guide.* Fromage, vin, miel, huile et cochon, voilà ce que produit la ferme de Giovanni Maria. Ici, tout ce que vous trouverez dans votre assiette est fait maison. Côté camping, on plante ses sardines sous les arbres. Côté maison, une poignée de petites chambres à touche-touche séparées par des cloisons en bois ; décorées avec chaleur et simplicité, elles possèdent toutes une salle de bains. Le plus ici, au-delà du côté terroir, c'est que le patron, fort sympathique et très « nature », organise des randos avec des ânes (portage des bagages ou des jeunes enfants) pour aller explorer le Supramonte, ses grottes et ses nuraghi. Une bonne halte en famille.

À voir

Museo archeologico di Dorgali : *via Lamarmora, à l'angle de la via Vittorio Emanuele. 348-478-01-04. • museoarcheologicodorgali.it • Mai-sept, tlj 9h30-13h, 16h-19h ; le reste de l'année, horaires restreints. Entrée : 3 € ; réduc. Billet combiné avec les sites de Nuraghe Mannu et Serra Orrios : 6 €. Pour ceux* *qui auraient visité la grotte d'Ispinigoli ou le sito nuragico di Serra Orrios, le prix de l'entrée s'élève à seulement 1 €.* Petit musée archéologique présentant une intéressante collection d'objets trouvés dans les fouilles des sites nuragiques, puniques et romains de la région. Provenant de l'habitat traditionnel ou des nécropoles, on y verra de beaux bifaces, obsidiennes, silex, ainsi que des éléments de poteries, des restes de meules et de jarres. La richesse des objets liés à la période romaine démontre l'intensité des échanges entre l'île et le monde extérieur à cette époque.

Museo Salvatore Fancello : *corso Umberto I, 37 (dans le palazzo municipio). ☎ 0784-927-242 ou 250. Juil-sept, tlj sauf lun 9h30-12h30, 16h30-19h30. GRATUIT.* Ce petit musée vite vu (une seule pièce) mais non dénué d'intérêt est consacré à Salvatore Fancello, un artiste reconnu comme l'une des grandes figures de l'art sarde. Ce natif de Dorgali n'eut malheureusement guère le temps d'affirmer sa maîtrise de l'argile puisqu'il mourut au champ d'honneur sur le front gréco-albanais en 1941 à l'âge de 25 ans. Outre quelques céramiques, on admire ici ses encres et quelques aquarelles du bestiaire fantastique qui hantait son imaginaire.

Fête et manifestation

– ***Festival mondiale del folklore :*** *1 j. vers le 10 août.* Ce festival célèbre les traditions et la culture de la Sardaigne. Une occasion de ne pas passer la journée à bronzer sur la plage de Cala Gonone.
– ***Ferragosto dorgalese :*** *4 j. mi-août.* Grande fête traditionnelle avec courses de chevaux, chants sardes, danses en costumes, procession religieuse, etc.

DANS LES ENVIRONS DE DORGALI

La municipalité de Dorgali ayant un penchant avéré pour compliquer les choses en matière d'horaires et de tarifs, nous ne saurions trop vous conseiller de ***passer d'abord à l'office de tourisme de Cala Gonone*** pour vous faire confirmer ces éléments.

Grotta di Ispinigoli : *à env 7 km au nord de Dorgali. Mars-nov, tlj 10h-18h (19h juil-août). Visites guidées en italien et en anglais (en français quand l'un des guides le parle, sinon livret fourni) ttes les heures à l'heure pile, mais les horaires changent tt le temps. Durée : 40 mn. Fermé déc-fév. Entrée : 8 € ; réduc. Billet combiné avec le site du Museo archeologico de Dorgali : 6 €.* Une grotte impressionnante. Il s'agit en réalité d'un profond et large puits dans lequel on descend en empruntant un escalier de 280 marches. Au fond, petit topo sur la géologie locale, en admirant une ribambelle de stalactites et de stalagmites, dont la 4e plus grande du monde (et la 1re en Europe), haute de 38 m, sorte de puissante colonne calcaire qui relie le sol à la voûte. À l'intérieur, température constante de 17 °C. Une très belle visite, mais c'est tout de même un peu court pour le prix.

Sito nuragico di Serra Orrios : *km 26, sur la SP 38 (direction Nuoro). 📱 349-442-55-52 ou 54. À env 10 km au nord-ouest de Dorgali. Avr-sept, tlj 9h-18h (19h juil-août) ; hors saison, horaires réduits ; dernière admission 1h avt fermeture. Visites guidées en italien et en anglais ttes les heures à l'heure pile, avec parfois une pause à l'heure du déj (ou de la sieste). Entrée : 5 € ; réduc. Billet combiné avec le site du Museo archeologico de Dorgali : 6 € ; réduc. Feuillet en français.* Moins connu que le site de Tiscali, c'est néanmoins l'un des sites nuragiques les mieux préservés de Sardaigne. Il date des XIIe et Xe s av. J.-C. Du parking, un petit sentier pavé d'environ 400 m conduit aux vestiges d'un gros village, qui compte 70 habitations circulaires (en ruine) réparties en 6 groupes distincts, abritant chacune une cheminée et organisées autour d'un puits. 2 lieux de culte ont également

LE CENTRE

été mis au jour sur le site, ainsi qu'un bâtiment destiné aux réunions des membres les plus éminents de la communauté. On se balade au gré de petits passages et de venelles, dans un environnement bucolique à souhait. Très agréable.

Sito nuragico di Tiscali : *voir plus haut « Dans les environs d'Oliena ».*

Gola de Gorropu (canyon de Gorropu) **:** *accessible seulement à pied. • gorropu.info • Il existe 2 accès possibles : par le col de Genna Silana (voir plus loin) et par la vallée du riu Flumineddu (départ à proximité de celui pour Tiscali). Entrée : 5 €.*
À Dorgali, la route pour la vallée du riu Flumineddu n'est pas indiquée (ou très mal). Sur le viale J.-F. Kennedy (une des grandes routes qui contourne la ville), tourner dans la via Bachelet (en direction du *Turismo Rural Belvedere Pradonos*) et prendre à gauche à la direction de la valle di Oddoene à la 1re fourche, ensuite continuer pendant une dizaine de kilomètres. La route asphaltée se transforme en piste sur quelques centaines de mètres.
Le sentier (n° 485) part sur la gauche après le parking payant et ensuite le petit pont ; au début du sentier, quelques rares endroits où se garer gratuitement (ou alors poursuivre 500 m après le pont et se garer sur le parking de Tiscali). Compter 1h30 pour l'aller (6 km) et autant pour le retour. Le sentier, ombragé sur la moitié du parcours, monte très légèrement mais ne présente aucune difficulté, même avec des enfants. Vous croiserez 2 sources en route (pour refaire le plein d'eau), sans parler des piscines naturelles pour vous rafraîchir au retour. Pour info, si le sentier d'accès n'est pas des plus excitant, le canyon, lui, mérite vraiment le détour. Avec ses parois verticales qui peuvent s'élever jusqu'à plus de 500 m au-dessus de votre tête, c'est une des gorges les plus profondes d'Europe. Et il y règne un silence étonnant.

CALA GONONE (08022) 1 600 hab.

• Plan *p. 277*

Un des plus beaux sites naturels du littoral du Supramonte, et sans doute l'un des mieux préservés des côtes sardes. Lovée au pied d'une immense muraille de calcaire, la petite station balnéaire de Cala Gonone, à moins de 10 km à l'est de Dorgali, est le cœur battant du golfe d'Orosei, une véritable petite merveille. Cette portion du littoral en forme d'arc évasé est si belle qu'on la surnomme parfois le « Croissant bleu ».
C'est de Cala Gonone que partent les bateaux qui permettent de découvrir, vers le sud, les criques les plus sauvages et les plages les plus étonnantes. Certaines ne sont accessibles qu'à pied, la plupart seulement en bateau. En venant de Dorgali, la route franchit d'abord un tunnel, puis soudain, après l'obscurité, c'est la découverte d'un paysage éblouissant.
Le regard embrasse alors un panorama exceptionnel à 180°, où des falaises d'un gris clair aveuglant descendent à pic dans la mer d'un bleu profond. Puis la route dévale vers le bas, serpentant parmi les oliviers, les cistes, les myrtes et les arbousiers. Cala Gonone a explosé sur le plan immobilier dans les années 1980-1990. Et si les photos des années 1960 témoignent d'un simple hameau isolé posé en bord de mer, la petite station, malgré son penchant pour le béton, n'a pas perdu son côté familial pour autant (à part peut-être en plein mois d'août). Le reste de l'année, le village offre un caractère bonhomme et sympathique. C'est l'occasion de belles excursions en bateau vers des plages superbes, et le point de départ de plusieurs randos pédestres d'une très grande beauté.

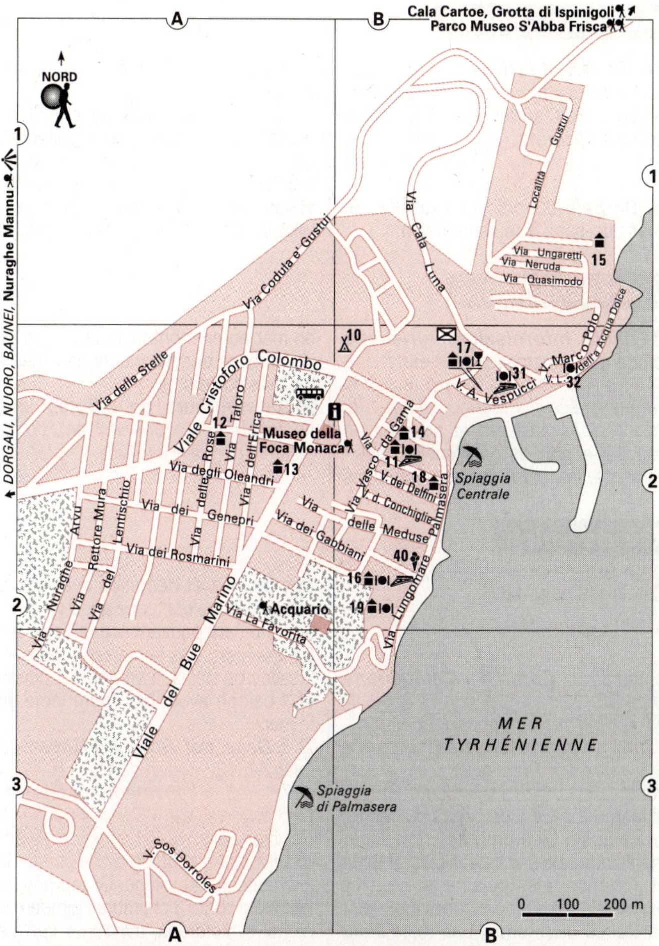

CALA GONONE

Adresse utile

- Ufficio informazioni turistiche (A-B2)

Où dormir ?

- **10** Sardinia Camping Calagonone (B2)
- **11** B & B Sos Ozzastros (B2)
- **12** Casa del Sole Affittacamere (A2)
- **13** B & B Chez Moi (A2)
- **14** Hotel San Francisco (B2)
- **15** Hotel L'Oasi (B1)
- **16** Hotel-ristorante La Favorita (B2)
- **17** Hotel Bue Marino (B2)
- **18** Hotel Cala Luna (B2)
- **19** Hotel Costa Dorada (B2)

Où manger ?

- **11** Duepi (B2)
- **16** Hotel-ristorante La Favorita (B2)
- **17** Hotel Bue Marino (B2)
- **31** Il Cormorano (B2)
- **32** Ristorante Il Pescatore (B2)

Où manger une glace ?

- **40** Gelateria Fancello (B2)

Arriver – Quitter

Départ et arrivée des bus *(plan A2)* **:** *viale Bue Marino.* Achat des billets de bus *ARST* au kiosque à journaux ***Edicola Gometz*** *(via Colombo, 13 ; • arst.sardegna.it • ; tlj sauf dim ap-m 7h-13h, 16h-19h30).*

➢ ***Dorgali*** *(20 mn)* **:** une dizaine de bus/j. lun-sam, 3 seulement dim.

➢ ***Nuoro*** *(1h10)* **:** 6 bus/j. lun-sam, 2 seulement dim.

➢ ***Olbia*** *(3h)* **:** de Cala Gonone, il faut prendre un bus pour Nuoro, puis changer. Sinon, juin-sept, la compagnie *Deplano* *(• deplanobus.it •)* dessert Olbia et son aéroport ainsi que les principales villes de la côte 4 fois/j. Très pratique.

Adresses utiles

Ufficio informazioni turistiche *(office de tourisme ; plan A-B2)* **:** *viale Bue Marino. ☎ 0784-93-696. • calagononeonline.com • Mai-oct, tlj 9h-13h, 15h-19h.* Accueil pro et souriant en français, et bonnes infos (sur les hébergements, les activités, les excursions en mer ou en montagne, ainsi que sur les horaires très fluctuants des sites et musées du coin...).

■ ***Distributeurs de billets*** **:** *un à l'extérieur de la poste (plan B2), un autre au port, à la capitainerie (plan B2).*

Où dormir ?

De bon marché à prix moyens

Sardinia Camping Calagonone *(plan B2,* ***10****)* **:** *via Collodi, 1. ☎ 0784-93-476. • info@calagononecamping.com • calagononecamping.com • D'avr à mi-nov. Forfaits 20-40 € pour 2 ; bungalows 2-5 pers 45-160 €/j.* Stratégiquement situé à deux pas du centre, un camping bien ombragé. Emplacements agréables et bungalows propres et fonctionnels (cuisine d'été très pratique). Prestations convenables : sanitaires bien tenus, bar, restaurant, piscine *(juin-sept)*, tennis...

B & B Chez Moi *(plan A2,* ***13****)* **:** *viale Bue Marino, 8. ☎ 0784-93-237. 📱 349-649-56-74. • gattomania@tiscali.it • Congés : déc-fév. Doubles 50-80 € (min 2 nuits) ; appart 4-6 pers 100 €/nuit ; min 1 sem exigée en juil-août. CB refusées. Apéritif, café ou digestif offert sur présentation de ce guide.* Un peu à l'écart du centre, une grande maison plantée au bord d'une rue passante (et bruyante) en journée. A priori rien de folichon, mais Emma, ancienne prof de français à la retraite, est vraiment très accueillante. Ses chambres ne sont pas bien grandes, mais elles sont très propres et décorées avec toutes sortes de bibelots. Loue aussi un grand appartement pouvant accueillir jusqu'à 6 personnes, très lumineux. Il possède 2 salles de bains, 1 véranda, 1 cuisine et 1 balcon avec vue imprenable sur la mer.

Casa del Sole Affittacamere *(plan A2,* ***12****)* **:** *piazza del Sole, 8. 📱 339-867-17-22. • bebcasadelsole@live.it • bebcasadelsole.it • Congés : déc-janv. Doubles 55-90 €. CB refusées. Apéritif offert sur présentation de ce guide.* Sur les hauteurs du village. Grand pavillon jaune qui abrite 3 chambres pimpantes, nickel et colorées, avec vue sur mer pour celle située à l'étage. Terrasse commune couverte pour fraterniser. Bon accueil dynamique et souriant.

B & B Sos Ozzastros *(plan B2,* ***11****)* **:** *via Vasco de Gama, 7. ☎ 0784-93-145. • sosozzastros@duepicalagonone.com • duepicalagonone.com • Congés : déc-mars. Doubles 50-90 € ; studios 2-3 pers 200-650 €/sem.* Une jolie bâtisse blanche et fleurie, en plein centre mais à l'écart de l'agitation. Au 2e étage, 3 chambres seulement, propres et bien arrangées, chacune avec salle de bains privée. Toutes profitent d'un balcon et d'un salon communs. Quant au 1er étage, il est réservé aux studios, fonctionnels et bien équipés (avec cuisine et balcon). Une bonne adresse, tenue par une sympathique famille francophone. Resto au rez-de-chaussée (voir « Où manger ? »).

De prix moyens à chic

Hotel L'Oasi (plan B1, **15**) **:** *via Garcia Lorca, 13. ☎ 0784-93-111. • loasihotel@tiscali.com • oasihotel.it • D'avr à mi-oct. Doubles 65-140 €. Parking gratuit.* Que du bon ! Car ce petit hôtel familial planqué dans un jardin au fond d'une impasse, en surplomb du village, profite à la fois d'un environnement tranquille et d'une vue géniale sur la mer. Depuis la salle du resto (très correct mais réservé aux seuls résidents) ou de certaines chambres, c'est le top ! Ces dernières ne font pas dans le design mais dans un registre simple et classique. Les plus basiques gardent des prix relativement sages même en haute saison. Parfait pour les vacances. Bon accueil.

Hotel-ristorante La Favorita (plan B2, **16**) **:** *viale Lungomare Palmasera, 30. ☎ 0784-93-169. • info@lafavoritahotel.com • lafavoritahotel.com • Avr-nov (voire oct si personne). Doubles 80-115 €. Pizze 8-13 € ; repas 30-35 €. Parking fermé et atelier pour motos. Réduc de 10 % sur présentation de ce guide.* Petit immeuble de taille raisonnable situé en front de mer. Bonne ambiance et bon accueil, assurés par une équipe souriante et dynamique. Chambres de style sobre mais pimpant, bien équipées, dont la moitié possède une vue moyennant un petit supplément. Petit déj servi en terrasse, face à la mer. Fait aussi restaurant-pizzeria et bar à vins. Un bon rapport qualité-prix pour cette adresse particulièrement appréciée des motards.

Hotel San Francisco (plan B2, **14**) **:** *via Magellano, 8. ☎ 0784-92-00-30. • booking@hotelsfrancisco.com • hotelsfrancisco.com • Avr-oct. Doubles 80-145 €.* Surévalué l'été, ce petit hôtel central demeure une bonne option le reste du temps. Légèrement en retrait de la mer, il abrite une vingtaine de chambres bien équipées, assez spacieuses et propres, quand bien même leur déco ne brille pas par son originalité. De plus, très peu d'entre elles possèdent une vue sur mer, malheureusement. Évitez aussi celles du rez-de-chaussée, pas bien engageantes. La présence d'un jacuzzi dans la partie nouvelle ainsi que le petit déj servi en extérieur finissent par emporter la donne.

De chic à très chic

Hotel Bue Marino (plan B2, **17**) **:** *via Vespucci, 8. ☎ 0784-92-00-78. • info@hotelbuemarino.it • hotelbuemarino.it • Avr-oct. Doubles 85-205 €. Repas 30-35 €.* L'accueil, la décoration, le restaurant panoramique sur le toit : tout est fait pour séduire dans cet hôtel moderne qui domine la marina. La plupart des jolies chambres possèdent d'ailleurs un petit balcon. 9 d'entre elles (3 par étage) sont orientées vers le port, la plage et la côte, avec petite terrasse ou balcon. Bons cocktails au bar, face au port, point de rassemblement des férus d'*aperitivo*. Jacuzzi au 5e étage. *Bue Marino* est aussi une table de qualité où les poissons sont à l'honneur (menu végétarien sur demande). Une belle adresse.

Hotel Cala Luna (plan B2, **18**) **:** *lungomare Palmasera, 6. ☎ 0784-93-133. • info@hotelcalaluna.net • hotelcalaluna.net • Avr-oct. Doubles 100-190 €.* Une bâtisse moderne couverte de bougainvillées, avec des chambres fonctionnelles parfaitement équipées, réparties sur 3 étages. Malheureusement, seulement 6 d'entre elles possèdent une vue sur la mer, et c'est bien dommage, d'autant que le supplément de prix pour en bénéficier est conséquent. Au 4e, en revanche, c'est la bonne surprise, avec salles de massage et de fitness, et un sauna avec vue sur la mer !

Hotel Costa Dorada (plan B2, **19**) **:** *lungomare Palmasera, 45. ☎ 0784-93-332. • info@hotelcostadorada.it • hotelcostadorada.it • Avr-oct. Doubles 120-280 €. Au resto, compter 25-45 €. Apéritif maison offert sur présentation de ce guide.* Cet hôtel chic, à moitié couvert de pierres apparentes et de vigne vierge, a su rester à taille humaine. Les chambres, classiques et de bon confort, donnent pour 1/3 d'entre elles (les plus chères) sur le devant (face à la mer). Sur l'arrière, derrière des murs assaillis par les plantes grimpantes et les bougainvillées, se répartit le reste des chambres, plus calmes, avec vue sur la courette intérieure. Celles au rez-de-chaussée (les standard) sont toutefois un peu sombres. Cette adresse est également réputée pour la qualité de son restaurant, où les repas se prennent sur une jolie terrasse couverte. Accueil efficace et souriant.

Où manger ?

Duepi *(plan B2, **11**)* **:** *via Vasco de Gama, 7. ☎ 0784-93-145. • info@duepicalagonone.com • Avr-oct ; seulement le soir. Repas 25-30 € ; pizze 6-9 €. Café ou digestif offert sur présentation de ce guide.* C'est le resto du *B & B Sos Ozzastros*. La terrasse sous les oliviers est bien agréable, de même que la petite salle mignonne et cosy. Quant à la cuisine, soignée, que ce soit les *pizze* au feu de bois, les pâtes ou les poissons grillés (frais), elle tient la route !

Il Cormorano *(plan B2, **31**)* **:** *via Vespucci, 6. ☎ 0784-93-601. • cormorano.rist@gmail.com • ♿ Fin avr-fin oct, tlj 11h-15h30, 18h-minuit. Repas 30-35 € ; env 20 € avec une pizza.* Grande salle élégante prolongée par une belle terrasse ombragée où l'on savoure une bonne cuisine sarde classique, à moins d'opter pour les *pizze* (convenables, sans plus).

Ristorante Il Pescatore *(plan B2, **32**)* **:** *via Acqua Dolce, 7. ☎ 0784-93-174. • romanopatrizia@tiscali.it • Avr-oct. Résa fortement conseillée. Menu 30 € ; carte 35-45 €. Digestif offert sur présentation de ce guide.* Une auberge très connue de longue date, dirigée par une femme originaire des îles Pontines (au large de Naples), aux fourneaux depuis maintenant un demi-siècle ! Autant dire que le poisson, c'est son affaire ! Sars, daurades, mérous, loups, rougets, homards et crustacés à peine pêchés se retrouvent sur le gril ou passent à la casserole. Quant à vous, attablez-vous dans la grande salle classique ou bien en terrasse en plein air, c'est un beau perchoir avec vue sur le large et la marina, dans un coin très calme.

Voir aussi dans « Où dormir ? » le restaurant de l'***Hotel Bue Marino*** *(plan B2, **17**)* et l'***Hotel-ristorante La Favorita*** *(plan B2, **16**)*.

LE CENTRE

Où dormir ? Où manger dans les proches environs ?

***Agriturismo et campeggio Codula Fuili* :** *à env 3 km au-dessus de Cala Gonone. 328-734-08-63. • francoghiani@codulafuili.com • codulafuili.com • Avr-oct. Camping 12 €/pers. Doubles 60-80 € ; ½ pens possible 50-65 €/pers. Menu fixe 35 € (pas de poisson).* Perché au-dessus de Cala Gonone, un *agriturismo* où l'on élève chèvres, cochons et vaches. De la terrasse au bord de la falaise, on embrasse une vue incroyable sur une bonne partie de la côte. On plante sa tente où l'on veut, sous les arbres. Quant aux chambres, elles sont simples mais convenables et peuvent accueillir jusqu'à 4 personnes. On dîne dans la coquette salle intérieure ou sous les oliviers. Grandes tables communes. En revanche, comme ce sont les produits de l'exploitation qui sont préparés, la viande est omniprésente dans les assiettes.

***Agriturismo Nuraghe Mannu* :** *à env 3 km au-dessus de Cala Gonone. ☎ 0784-93-264. 328-868-58-24. • nuraghemannu@gmail.com • nuraghemannu.com • D'avr à mi-oct. Camping 11-14 €/pers. Doubles 56-70 € ; ½ pens 48-55 €/pers. Menus fixes tt compris 28-35 €.* C'est l'*agriturismo* le plus connu du coin. À juste titre, car l'environnement est superbe (en surplomb de la côte), les emplacements dispersés sous les arbres sont vraiment très bien, et les chambres rustiques et champêtres affichent un bon rapport qualité-prix... L'ennui, c'est qu'il est parfois victime de son succès. Certains soirs, la grande salle est bondée, et il ne faut pas être pressé pour goûter aux innombrables plats locaux qui se succèdent sur les tables, sans complication mais bons et préparés avec les produits de la ferme (cochonnailles, chèvres, légumes cuisinés, tout y passe !). Cela dit, l'accueil est très gentil, et l'expérience vaut le détour... surtout pour les gros appétits !

Où manger une glace ?

Gelateria Fancello *(plan B2,* ***40****)* **:** *lungomare Palmasera, 26. Avr-oct, tlj 11h-minuit (variable mais aussi parfois plus l'été).* Délicieuses glaces, que l'on déguste en regardant le soir tomber.

À voir

Cala Gonone Acquario *(plan A2-3)* **:** *via La Favorita. ☎ 0784-92-00-52. • acquariocalagonone.it • Mai-sept, tlj 10h-17h (18h août) ; avr et oct, mer-dim seulement ; dernière entrée 1h avt fermeture. Juil-août, nocturnes 21h-23h. Entrée : 12 € ; réduc ; 6,50 € 4-12 ans ; gratuit moins de 4 ans. Texte en italien et en anglais.* Réalisé en 2010 par le grand architecte anglo-américain Peter Chermayeff (qui a conçu aussi le museo Nivola d'Orani), ce beau petit aquarium constitué d'une trentaine de bassins rassemble les espèces présentes dans le golfe d'Orosei mais pas que... Le grand aquarium abrite une faune composée de bars, daurades, mérous, petits requins locaux, raies... Dans d'autres petits paludariums s'ébattent méduses, poulpes, cigales de mer et araignées entourées de beaux coraux. Un bassin *touch pool* permet de toucher certaines espèces. Petite section de poissons tropicaux également, ainsi qu'une autre consacrée aux tortues et aux caméléons (le centre accueille des animaux blessés avant de les relâcher). Aire de jeux pour les enfants à l'extérieur.

Museo della Foca monaca *(Centro di educazione ambientale sostenibilità ; plan A-B2)* **:** *viale Bue Marino, 1. 📱 346-036-68-58. • ceafocamonaca.it • Tlj 9h-12h30, 15h-19h (17h sept-avr). Entrée : 5 € ; gratuit moins de 4 ans (et si vous avez visité la grotte Bue Marino).* Un petit musée modeste et franchement vieillot consacré à la faune de la région du Supramonte et du Gennargentu. Valable si vous avez visité la grotte, sinon les quelques animaux empaillés et les rares vidéos ne justifient pas le tarif.

À faire

➢ ***Escursioni in battelo :*** de nombreuses compagnies, basées sur le port de Cala Gonone, proposent des excursions en mer, dans le golfe d'Orosei, le long de la côte. Leurs kiosques et guichets sont alignés les uns à côté des autres le long du port. Plusieurs possibilités.
– On peut ***louer soi-même*** un simple Zodiac sans pilote et sans permis (jusqu'à 6 personnes). *Compter 80-200 €/j. + le carburant (les prix varient sensiblement).* Super, mais déconseillé si on n'a pas d'expérience car le vent se lève sans crier gare et peut provoquer une houle qui peut devenir vite dangereuse. En pleine saison, sachez aussi qu'après avoir déposé vos plagistes vous êtes dans l'obligation d'amarrer votre bateau sur un corps-mort situé parfois à plus d'une centaine de mètres au large, ce qui vous obligera à revenir à la plage à la nage. Si l'on possède un permis, on peut aussi louer un bateau plus puissant, pouvant accueillir jusqu'à 12 personnes. Idéal pour longer les côtes au plus près.

– **Balade en bateau-bus** (grosse embarcation métallique) avec la compagnie *NCTM (Nuovo Consorzio Trasporti Marittimi).* Ces bateaux (une dizaine au total) vous déposent à la plage de votre choix, où vous passez la journée avant de revenir à une heure bien précise. *Fonctionne d'avr à mi-sept. Compter 20-45 €/pers l'A/R de mi-juil à mi-août (hte saison) selon éloignement de la plage ; sérieuses réduc hors saison.* Propose également des transferts simples (non compris le prix de l'entrée dans la grotte) pour Bue Marino : *env 20 € en hte saison ; réduc.*

– La **croisière-promenade** est une autre option. Elle permet d'avoir une idée globale du golfe d'Orosei en une journée. Les bateaux desservent les différentes plages nichées dans les criques sauvages, dont la liste figure plus bas. Il s'agit d'une balade à la journée en général, avec un départ toutes les heures entre 9h et 12h ; retour vers 18h. Tailles de bateaux très variables. Attention, il arrive qu'aucun bateau ne parte en cas de mer trop agitée, surtout aux intersaisons. On conseille les bateaux d'une douzaine de personnes, bien plus sympa. Bien vous faire préciser le type de bateau sur lequel vous allez monter avant de vous décider. *Compter 55 € l'excursion à la journée, le déj et l'arrêt sur 2 plages pour se baigner compris.* On fait halte en général sur 2 voire 3 plages différentes (environ 1h-1h30 sur chaque). Au programme le plus souvent, la ***cala Mariolu,*** la ***cala dei Gabbiani*** (ou ***Biriola***) et la ***cala Luna.*** Les petites compagnies s'arrêtent parfois également à la ***piscina di Venere*** (environ 15-20 mn), à proximité de la ***cala Biriola.*** Les petits bateaux font halte à la grotte ***Bue Marino*** (voir plus loin) seulement sur demande. Les gros bateaux l'incluent ou pas dans l'excursion (se le faire préciser). L'entrée de cette grotte n'est généralement pas comprise dans l'excursion (il faut acheter son billet à part, compter alors 9-11 € en plus selon la saison ; durée : 1h).

■ ***Nuovo Consorzio Trasporti Marittimi*** *(NCTM)* **:** *viale Colombo, 5.* ☎ *0784-93-305.* ● *calagononecrociere.it* ● *En saison, tlj 8h30-22h.*

■ Et aussi : ***Cielomar,*** *kiosque 6.* ☎ *0784-92-00-14.* ● *cielomar.it* ● ***Nonno Pio,*** *kiosque 1.* ☎ *0784-933-30.* ● *sardegnapescaturismo.it* ● Location de Zodiac. ***Azzura,*** *kiosque 5.* 📱 *346-628-70-59.* ● *calagononegommoni.it* ● Pour la pêche touristique seulement.

DANS LES ENVIRONS DE CALA GONONE

Parco museo S'Abba Frisca (hors plan par B1) **:** *à env 5 km au nord-est de Cala Gonone (même route que pour la grotta di Ispinigoli).* 📱 *333-765-54-05 ou 338-238-00-89.* ● *sabbafrisca@gmail.com* ● *sabbafrisca.com* ● *Juil-août, tlj 9h-19h ; juin et sept, tlj 10h-18h ; avr-mai et oct, tlj seulement sur visites guidées à 11h, 12h, 15h et 16h. En principe, visites possibles en français (sinon, livret complet à dispo) ; durée : 40 mn. Entrée : env 8 € ; réduc.* Portolu et Laura ont travaillé plusieurs décennies pour créer cet attachant espace ethnographique d'arts et traditions populaires, organisé au gré d'un ravissant parc paysager où l'on chemine avec grand plaisir. Leur but est de mettre en relation la nature sarde et l'homme au travail. Durant le parcours, on croise des fontaines, une mare aux canards, quelques tortues, de petites cascades, un enclos à chèvres traditionnel, une pittoresque cabane de berger en bois de genévrier *(cuile)* qui fut habitée jusque dans les années 1950. Et puis un moulin à farine, une noria activée par un âne, une forge, un atelier... tous agrémentés d'outils anciens, et parfois animés lors de démonstrations. Enfin, on pénètre dans une maison bourgeoise du XIXe s, entièrement meublée et transformée en partie en musée (armes, costumes traditionnels, métier à tisser, évocation du travail du vin...). Conclusion dans la cuisine, où l'on fait encore le pain *carasau,* typiquement sarde, que l'on peut déguster à la fin de la visite. Très instructif !

Sito nuragico del nuraghe Mannu (hors plan par A2) **:** *env 4 km au-dessus de Cala Gonone. Juin-sept, tlj 9h-12h, 16h-19h ; avr-mai et oct, tlj 10h-13h,*

15h-18h. Entrée : 4 €. Visite non guidée. On y voit la base d'une tour nuragique en pierre et plusieurs fondations d'un habitat rustique. Ce site fut retapé par les Romains longtemps après son abandon, ce qui explique les nombreux témoignages subsistants. L'autre intérêt de la visite est l'incroyable vue sur la côte que l'on embrasse depuis la falaise.

Les plages dans les environs de Cala Gonone, accessibles à pied ou en voiture

Spiaggia di cala Cartoe : *au nord de la ville, par la petite route panoramique qui conduit à la grotta di Ispinigoli. À peu près à mi-chemin, repérer à droite le panneau pour la plage. Suivre la route qui se termine par une piste carrossable sur 1,5 km et aboutit à un parking.* Une très jolie plage, qui a 2 avantages déterminants : on peut s'y rendre en voiture et elle est composée de sable fin ! Vos petits pieds douillets vous en seront reconnaissants ! Évidemment, il y a souvent foule (on y trouve même quelques vendeurs de snacks, de parasols...).

Spiaggia di Palmasera *(plan A3) : en ville, au bout du lungomare Palmasera.* Une grande et agréable plage, aux abords bien aménagés. De là, possibilité de rejoindre à pied la ***spiaggia di cala Fuili,*** ou de s'y rendre en voiture si l'on craint l'insolation ! De cette plage de cala Fuili part le sentier pédestre pour la plage de cala Luna.

➢ ***Randonnée de cala Fuili à cala Luna :*** vérifier la faisabilité de cette rando à l'office de tourisme, qui vous donnera en plus une photocopie de la carte topographique du coin et vous renseignera sur le balisage. Prendre la route au sud de Cala Gonone sur environ 1,5 km et garer son véhicule (pas vraiment de parking, trouver un emplacement libre autorisé mais surtout ne pas se garer sur la route). De là démarre une rando de 1h30-2h (aller) par un sentier parallèle à la côte, mais d'où l'on ne voit pas la mer. Avoir de bonnes chaussures, de l'eau et un chapeau, et de quoi grignoter. Sentier très rocailleux et au soleil en grande partie. De cala Luna, possibilité de poursuivre en 5 à 7 jours vers Santa Maria Navarrese, mais seulement avec un guide qui assurera votre intendance *(voir le site internet • turismobaunei.eu • pour plus d'infos).* De cala Luna, enfin, la possibilité vous est offerte de revenir par un des bateaux de la *NCTM* qui fait la rotation retour *cala Luna-Cala Gonone (ttes les heures en été ; env 5-12 € selon saison).*

Les plages au sud de Cala Gonone, accessibles en bateau

Pour infos, les bateaux d'excursions commencent normalement par les grottes de Bue Marino, puis partent directement ensuite pour les plages les plus au sud car elles sont plongées dans l'ombre en premier.

Grotte del Bue Marino *(grottes de Bue Marino) : d'avr à mi-oct, accessibles en bateau depuis Cala Gonone en prenant l'une des excursions décrites plus haut. Nombreux départs tlj en été (irréguliers aux intersaisons à cause de l'état de la mer). Entrée aux grottes : 9-11 € (selon saison et parfois comprise dans le prix de l'excursion en bateau, bien se renseigner auprès de la compagnie). Vu l'intense fréquentation du site en hte saison et pour des raisons de sécurité, la municipalité de Dorgali a décidé d'interdire l'accès au site par voie terrestre jusqu'à nouvel ordre. Bien se renseigner auprès de l'office de tourisme de Cala Gonone avt d'y aller.* Les « grottes du Bœuf marin » sont un must. Elles s'étendent sur près de 5 km. Pour info, en bateau, on ne visite que la grotte sud. Les concrétions calcaires découpées et ciselées par le temps s'y reflètent dans les eaux turquoise. Elles furent longtemps le refuge du phoque moine, aujourd'hui en voie d'extinction.

Spiaggia di cala Luna : *comme ttes les plages ci-dessous accessibles en bateau depuis Cala Gonone, Santa Maria Navarrese ou Arbatax, mais aussi dans le cadre d'une rando pédestre décrite plus haut.* Merveille des merveilles ! Même s'il y a énormément de monde en été, le site reste enchanteur en dehors des mois de juillet-août : une petite crique aux eaux bleu turquoise et limpides, une plage de sable (fin et plus grossier) enchâssée au pied de parois de rochers calcaires et, à l'arrière des dunes, un bois florissant d'oléandres se réfléchissant sur les eaux d'un petit étang. Plus loin, la montagne est creusée par 6 petites cavités qui servaient autrefois de refuge aux phoques moines. Aujourd'hui, ce sont les touristes et les baigneurs qui viennent s'y abriter, fuyant la chaleur torride à l'heure de midi.

Spiaggia di cala Sisine : encore une petite merveille de la nature ! La plage dessine une sorte de triangle encastré entre 2 flancs de collines couverts de maquis, au débouché d'une rivière (à sec en été). On peut s'y rendre à pied depuis cala Luna moyennant 4h de marche supplémentaires à l'aller (réservé aux randonneurs expérimentés). Cette plage est également accessible à pied à partir du plateau du Golgo (de là, compter 1h de descente et 1h30 de remontée).

Spiaggia di cala Biriola : même physionomie que ses voisines, mais plus petite et discrète sous sa paroi rocheuse couverte d'un maquis méditerranéen.

Piscina di Venere : un chef-d'œuvre naturel aussi. Très belle, avec des eaux limpides et de gros rochers calcaires immergés. Seuls les plus petits bateaux y font halte pour la baignade (arrêt en général d'environ 15-20 mn).

Spiaggia di cala Mariolu : nichée dans une crique rocheuse dominée par les parois calcaires de la Serra Ovara, cette plage fait partie des escales d'été des nombreux bateaux qui vont et viennent à longueur de journée depuis Cala Gonone, La Caletta, Santa Maria Navarrese ou Arbatax.

Spiaggia di cala dei Gabbiani : elle est plus vite plongée dans l'ombre que les autres plages, c'est pourquoi les bateaux y font halte en premier.

Cala Goloritzè : cette fameuse crique, accessible à pied (voir « Dans les environs de Baunei »), ne fait pas partie des arrêts prévus par les excursions en bateau, mais on passe tout de même devant pour la photo.

LE PARC NATIONAL DU GOLFE D'OROSEI ET DU GENNARGENTU

Étendu sur près de 60 000 ha, entre l'Ogliastra (au sud), la Barbagia (à l'ouest) et la mer Tyrrhénienne, le parc du Gennargentu a été pensé afin de protéger la nature et l'environnement de cette région montagneuse, considérée comme l'une des plus belles et sauvages de la Sardaigne. Gennargentu, ce nom de massif montagneux, signifie « porte d'argent ». Si le parc n'a jamais officiellement vu le jour, ses contours ont clairement été dessinés. Il se compose grosso modo de 2 parties : l'intérieur et la côte. L'intérieur avec des montagnes sauvages, austères et dépeuplées, dont la fameuse punta La Marmora (1 834 m), qui est le point culminant de l'île (accessible à pied, 1h30 de marche). On y trouve quelques villes perchées sur le rebord ouest du massif, comme Aritzo et Fonni, reliées par des routes sinueuses et étroites qui font le bonheur des motards. Et, à l'est, le Gennargentu maritime, accolé au Supramonte (voir plus haut la partie qui lui est consacrée).
Les montagnes descendent vers la mer et débouchent sur un littoral découpé par de multiples criques rocheuses, cachant des plages aux eaux cristallines d'un bleu turquoise de toute beauté. Aucune route n'y conduit, on y accède en bateau ou à pied par de rares sentiers qui longent la côte (réservés aux

randonneurs confirmés) ou qui dégringolent parfois sur plus de 500 m de dénivelée du plateau du Golgo (un peu plus faciles). En hiver, le Gennargentu de l'intérieur reçoit de la neige aux périodes les plus froides. Au printemps, les fleurs du maquis apportent la douceur et les parfums du renouveau. En été, c'est la fraîcheur que l'on vient chercher ici, car ailleurs la chaleur est torride. Cette nature intacte constitue un paradis pour les randonneurs, mais il est conseillé de ne pas partir seul à l'aventure. La vie animale du parc se réduit à quelques espèces : moutons, sangliers, mouflons et martres, sans oublier les vautours griffons et les gypaètes barbus, tous difficiles à observer car ils fuient les hommes, et ils ont raison...

OROSEI

(08028) 7 000 hab.

Voici la plaine littorale, traversée par une route qui ondule doucement en longeant la mer. Orosei, à une vingtaine de kilomètres au nord de Cala Gonone, fut décrite de cette manière en son temps : « Petite ville perdue, délabrée, écrasée de soleil, non loin de la mer... Terre sauvage aux sombres buissons, terre exposée au ciel, livrée au soleil et à la mer... Qu'il est étonnant cet Orosei... et pourtant on nous y a refusé une croûte de pain ! La malaria doit y sévir... il serait infernal d'être obligé d'y passer un mois... » Ce constat de l'écrivain britannique D. H. Lawrence date de 1921. Heureusement, tout a changé ! La malaria est éradiquée depuis 1947 et aujourd'hui la petite ville tire sa subsistance de l'exploitation du marbre et du tourisme.
De nombreux hôtels et restaurants accueillent désormais les estivants qui, loin de vivre ici en enfer, s'y sentent plutôt au paradis. La ville est agréable, composée d'un réseau de venelles étroites et de placettes ombragées, ponctuées d'églises des XVIIe et XVIIIe s le plus souvent fermées. Lorsqu'elles sont ouvertes, elles offrent parfois la vision d'une chaire émouvante, d'un retable travaillé ou d'une voûte pleine d'élégance. On aime bien ce gros village tranquille et animé tout à la fois, qui a eu la bonne idée de grandir un peu à l'écart de la côte, pour pouvoir faire la sieste tranquillement. Et puis, côté mer, la plage ne manque pas d'attrait avec son interminable ruban de sable blanc et sa mer d'un bleu soutenu.

Adresse utile

i *Ufficio Turistico Pro Loco* *(office de tourisme)* **:** *piazza del Popolo, 13. ☎ 0784-998-184. • infopoint@oroseiproloco.it • oroseiproloco.it • Avr-oct, tlj sauf le mat mer-jeu 9h-13h, 16h-20h (21h sam-dim).* Doc sur ce qu'il y a à faire dans le coin. C'est aussi ici que l'on achète son billet pour le musée Guisò. Si c'est fermé et que vous avez accès à Internet, scanner le QR Code affiché en vitrine.

Où dormir ? Où manger ? Où boire un verre ? Où écouter de la musique ?

Hotel Anticos Palathos **:** *via Nazionale, 51 (c'est la rue qui traverse le centro storico). ☎ 0784-98-604. • info@anticospalathos.com • anticospalathos.com • Pâques-fin nov. Doubles 80-150 €.* Un hôtel à la déco particulièrement soignée, organisé en courettes, passages, petites terrasses, coursives et patios. Les chambres, toutes différentes, sont douillettes et dégagent beaucoup de charme, avec leurs plafonds doublés de tiges de roseaux. Également 2 petits apparts de 2 chambres, idéal pour une famille. Belle atmosphère pour cette adresse originale, tenue par une famille qui prend son métier à cœur. La qualité du lieu se retrouve dans le superbe buffet du petit déjeuner, généreux et plein d'excellents produits.

Villa Fumosa : *via del Mare. ☎ 0784-991-044. À env 5 mn à pied du centre en allant vers la mer. Tlj sauf lun. Pizze 7,50-12 € ; menu tt compris 35 €.* Une adresse plébiscitée par les gens du coin pour ses fameuses *pizze* blanches ou rouges au feu de bois proposées au format individuel ou carrément au mètre ! Propose aussi un menu sarde tout compris à condition d'être 2. Très festif, et par conséquent souvent envahi par les familles et les groupes d'amis qui s'installent en terrasse ou dans la vaste salle rustique dominée par une cheminée colossale.

Bar Yesterday : *via Nazionale, 48. 339-488-54-07. • sabrianni@tiscali.it • Tlj midi et soir.* Planqué dans une jolie cour intérieure, un bar branché tenu par une équipe jeune et souriante qui propose boissons et petits menus midi et soir, ainsi que de petites grignotes (*panini, bruschette,* etc.) à avaler en terrasse à longueur de journée. Pas compliqué et atmosphère sympa pour une pause.

Ristorante Su Barchile : *via Mannu, 5. ☎ 0784-98-879. • info@subarchile.it • Tlj (sauf lun oct-mai) midi et soir. Congés : déc. Pizze 7-14 € ; repas 30-40 €.* Si l'édifice blanc et bleu ne dégage pas de charme particulier, son resto, lui, sort du lot en proposant une bonne cuisine sarde un brin revisitée. Les produits de la mer sont vraiment à l'honneur. On trouvera néanmoins, côté terre, le traditionnel *agnello* ou le *porcetto* et quelques plats en sauce. Quant aux petits budgets, ils pourront se rabattre sur des *pizze* aussi gourmandes qu'originales.

Sas Animas Pane & Vino : *piazza Marconi, 8. 333-220-03-23. Tlj à partir de 17h et jusqu'au dernier client. Repas 20-25 €.* *Enoteca* branchée et très élégante, qui propose une cuisine sarde bien ficelée, servie en petites portions, et des *tagliere* de charcutaille et de frometon. Le tout à consommer de préférence en terrasse ou dans la cave voûtée parmi les bouteilles, devant un verre de *cannonau* du pays ou une bière microbrassée. Musique live en fin de semaine.

Peppe's Bar : *sur la marina d'Orosei. 340-168-56-88 (Davide). Sur la plage, à 2 km du bourg. Le resto-bar est à 50 m sur la droite en arrivant. En saison seulement.* Bar de plage populaire, parfait pour s'en jeter un les pieds dans le sable. En revanche, évitez d'y manger.

LE CENTRE

À voir à Orosei et dans les environs

Museo Don Giovanni Guiso : *via Guiso, 26b. ☎ 0784-998-184. En principe, juil-sept, mar et ven 10h-12h, 18h-20h ; mer-jeu et w-e 17h-20h. Fermé lun. Mais les horaires pouvant évoluer, mieux vaut passer à l'office de tourisme avt d'y aller.* Ce petit musée, installé dans une noble résidence sur 3 étages, présente une collection d'une trentaine de théâtres miniaturisés du XVIIIe s à nos jours, tout à fait surprenante. Vous y verrez les lumières de Venise la nuit, *La Traviata, Manon Lescaut...* Dessins, livres rares et costumes du XIXe s ayant appartenu à Giovanni Guisò complètent la visite.

Marina di Orosei : *à 2 km à l'est d'Orosei.* C'est la plage d'Orosei, au débouché d'une sorte de delta marécageux qui se termine dans la mer. Une belle plage de sable clair assez fin (mais pas nécessairement doux sous les pieds car il est aussi constitué de graviers et de petits coquillages) s'y déroule sur 2 km.

Galtelli : *à env 10 km à l'ouest d'Orosei sur la route de Nuoro.* Un joli village, caché sur le bord de la route. Galtelli tient son petit bout de notoriété pour avoir été cité dans le célèbre roman de Grazia Deledda, *Des roseaux sous le vent.* Prenez quelques instants pour pénétrer au cœur du *centro storico,* avec ses jolies ruelles pavées, qui vous mèneront à la romane ***chiesa San Pietro*** et ses fresques byzantines.

Spiaggia Berchida : *à env 20 km au nord d'Orosei, sur la commune de Siniscola. Parking payant juin-sept.* C'est l'une des plus charmantes plages de la région, elle est immense. En plein mois d'août, vous n'y serez certainement pas seul. Dès septembre, les camping-caristes sont autorisés à y passer la nuit.

L'ORIENTALE SARDA, SS 125, ENTRE DORGALI ET L'OGLIASTRA

La SS 125 est la route qui relie, par l'est, Palau (au nord) à Cagliari. Attention, parfois, elle a tendance à se dédoubler : on trouve alors la SS 125 et la SS 125var, cette dernière correspondant le plus souvent à de nouveaux tronçons.
Entre Dorgali et Santa Maria Navarrese, la *strada statale Orientale Sarda* donne à voir des paysages de toute beauté. Elle virevolte et tournicote dans un maquis dense de chênes verts et d'oliviers, avec d'un côté un massif montagneux d'un blanc osseux, âpre et déchiqueté, et de l'autre l'un des plus beaux fragments côtiers demeurés intacts de la Méditerranée. Superbe.

Où dormir ? Où manger ?

Hotel Gorropu : *loc. Genna Silana, SS 125, km 183, 08040* ***Urzulei.*** *329-337-60-26. • info@hotelgorropu.com • hotelgorropu.com • Pile au niveau du col. Avr-oct. La réception ferme à 23h. Doubles 75-100 €. Repas 25-35 €.* Un bel hôtel moderne, parfaitement tenu, à l'écart et en surplomb de la route panoramique. Chambres d'excellent confort, claires et spacieuses. Salon commun agréable et vaste terrasse. Vue sur les montagnes alentour. Calme et fraîcheur des nuits d'été quand la côte étouffe sous la canicule... Cuisine locale du Supramonte, très soignée et bien élaborée : charcuterie maison, confiture, miel, viandes locales (cochon de lait, cabri à l'étouffée...). Une bonne étape.

À voir. À faire dans le secteur

Genna Silana : c'est le point culminant (1 017 m) entre Dorgali et l'Ogliastra par la route Orientale Sarda. De ce col, belle randonnée pédestre (facile) jusqu'au canyon de Gorropu (voir ci-dessous).

Randonnée vers gola de Gorropu (canyon de Gorropu) **:** *le sentier qui part du col de Genna Silana est l'autre moyen d'accéder au canyon de Gorropu (voir « Dans les environs de Dorgali »). • gorropu.info • Durée : env 1h30 pour descendre au canyon et 2h30 pour remonter (700 m de dénivelée tt de même !). Accès au canyon tlj 9h30-10h, 17h-17h30 : 5 € (on paie à l'entrée du canyon).* Cet itinéraire est peut-être plus beau que celui au départ de la vallée du riu Flumineddu (plus plat), mais il est aussi autrement plus costaud, d'autant que, si vous n'optez pas pour un retour en voiture, il vous faudra remonter 700 m de dénivelée ! Possibilité toutefois de revenir en optant pour un transfert en jeep, puis en voiture, mais pour cela il faut quand même parcourir à pied 2,5 km jusqu'au parking des 4x4 (et payer environ 20 €/personne). *Pour plus de détails, s'adresser à l'Hotel Gorropu ou, en saison, au petit kiosko ouv Pâques-oct 9h-14h30, situé au niveau du col.* Prévoir de quoi pallier une petite fringale, suffisamment d'eau (source d'eau fraîche en bas) et surtout de bonnes chaussures.

Urzulei : *à 22 km au nord de Baunei. De la route principale, une petite route s'échappe sur la gauche et y conduit.* Gros bourg étagé sur les versants de la punta Is Gruttas, autrefois reculé et isolé. Ne pas manquer l'expo ***Murales Memòria et Identitade,*** une très belle expo permanente de fresques murales en noir et blanc réalisées à partir de photos anciennes. L'église San Giorgio date du XVe s. Derrière celle-ci commence le sentier San Giorgio B 501 qui mène au Supramonte (11 km et 3h de marche peu difficile).

L'OGLIASTRA

Au centre-est de la Sardaigne, l'Ogliastra est un immense amphithéâtre naturel qui se déploie entre le massif du Gennargentu et la mer Tyrrhénienne. Avec une grosse vingtaine de communes totalisant 60 000 habitants, cette région encore très peu peuplée fut pendant longtemps le domaine des bergers et des charbonniers. D'ailleurs l'œil avisé du randonneur remarquera les différents dispositifs (escaliers, passerelles en bois ou en fer, etc.) qui permettaient d'acheminer les animaux et le charbon de l'intérieur des terres jusqu'à la côte, où ils étaient embarqués sur des péniches. Une côte qui, avec ses grottes marines isolées et ses calanques, constitue certainement l'un des paysages les plus remarquables de Méditerranée. Sur ce territoire demeuré longtemps inaccessible, quelques villages se sont agrippés à la montagne : Lanusei, Ulassai, Jerzu... Pays de l'olivier, du noyer, de l'amandier, du figuier... mais surtout de la vigne ! Car c'est ici que l'on produit le célèbre *cannonau rosso,* un vin rouge rubis, tannique et épicé, qui peut titrer jusqu'à 18° !
Quant à la côte, mis à part ses plages secrètes, elle recèle encore quelques perles, comme Santa Maria Navarrese, charmante station balnéaire qui semble vouloir rester à taille humaine. Bref, l'Ogliastra, ça sent vraiment les vacances ! Notamment pour ceux qui aiment l'escalade et la randonnée sans sacrifier pour autant aux plaisirs de la bonne chère et de la baignade...

BAUNEI (08040) 3 700 hab.

À une quinzaine de kilomètres au nord de Tortoli, Baunei, village haut perché (480 m) sur la SS 125, est la commune qui possède la plus grande façade maritime de Sardaigne. Pas grand-chose à y voir toutefois, à part monter à bord du *Trenino Supramonte* pour aller explorer les merveilles naturelles que recèle le plateau calcaire du Golgo, point de départ de nombreuses randonnées. D'ailleurs, la région de Baunei, considérée comme l'une des dernières zones de nature vierge d'Europe, est devenue ces dernières années le point de ralliement de nombreux trekkeurs, grimpeurs, spéléologues et autres parapentistes. Chaque année en automne s'y déroule l'*Ultratrack Supramonte Seaside,* une course en montagne qui réunit les meilleurs de cette discipline.

Adresse utile

Pro Loco : *via Orientale Sarda (SS 125), 163/5. 380-461-69-89. • infopointbaunei@tiscali.it • turismobaunei.eu • Au centre du village, dans la rue principale. Pâques-oct, tlj 8h-13h, 16h-20h.*

Où dormir ? Où boire un verre ?

Hotel Bia Maore : *via San Pietro, 19. ☎ 0782-61-10-33. • info@biamaore.it • biamaore.it • De mi-avr à fin oct. La réception ferme à 20h. Doubles 80-130 €. Parking.* Dans la partie haute du village, donc en retrait de la rue principale et au calme, une dizaine de chambres bien équipées et très agréables, dont 4 avec balcon et vue (les plus chères !), nichées dans un petit édifice intimiste et plein de cachet. À l'étage, vaste terrasse, géniale pour le petit déj ou pour un verre. Accueil pro.

On peut aller se rafraîchir au bar **San Pietro,** à 200 m de l'église. Sa terrasse jouit d'une vue remarquable sur la vallée.

Où dormir ? Où manger dans les environs ?

Cooperativa Goloritze Il Rifugio : ***Golgo.*** *☎ 0782-57-62-63. 368-702-89-80. • goloritze@tiscali.it • coopgoloritze.com • À une dizaine de km au-dessus de Baunei, sur le plateau du Golgo, juste avt d'arriver à l'église* ***San Pietro*** *(fléché). Fin avr-oct. Compter 35-40 €/pers ; chambres pour 3-4 pers. ½ pens possible moyennant 25 € en plus. Possibilité également de camper. Menus 25-35 €.* Dans une auberge rustique à l'atmosphère « maison familiale » perdue en pleine nature. Une demi-douzaine de chambres, la plupart comprenant 2 lits simples et 2 lits superposés, toutes avec salle de bains. On n'y vient pas pour la déco mais pour le cadre, et surtout pour être sur le pied de guerre pour partir en rando aux aurores. Au resto, cuisine typique régionale de bon aloi à partager lors de grandes tablées. La même coopérative organise des treks à la journée ou sur plusieurs jours (renseignement et inscription sur leur site internet). Une bonne base pour des vacances sportives.

Camping et bar Su Porteddu : ***Golgo.*** *☎ 0784-187-62-07. En arrivant à l'église San Pietro, prendre la piste à droite, sur 1 km (bien fléché). Pâques-oct. Camping env 8 €/pers. Sandwichs 3-5 €, en-cas 7-16 €.* Situé au point de départ de la rando pour la cala Goloritzè, *Su Porteddu* est avant tout un bar installé dans une ancienne bergerie, où les randonneurs viennent boire un verre au retour de leur excursion. Ce n'est pas un resto, mais on peut y grignoter un peu de charcuterie, du fromage, des salades et des *panini.* On peut aussi camper sur des emplacements dispersés sous les arbres, agréables bien qu'assez caillouteux. Le seul inconvénient, c'est qu'en été tous ceux qui descendent à la fameuse crique (et Dieu sait qu'ils sont nombreux !) se garent juste à côté.

Achats

Sa Brocca : *via Orientale Sarda, 216. 335-679-46-08. Dans la rue principale, tt près de l'église.* L'atelier expose et vend de belles céramiques réalisées et peintes à la main par un artiste du village (prix sages pour la qualité).

À voir. À faire

Il Trenino Supramonte : *départ du centre de Baunei. 389-064-34-29. • info@treninosupramonte.it • treninosupramonte.it • Pâques-oct, tlj départ à 16h30 du centre de Baunei (retour prévu à 20h). Tarif : 20 €/pers ; réduc. Audioguide en français compris.* Une petite balade en train vers le plateau du Golgo. Le train stoppe aux différents points d'intérêts : Su Sterru (le gouffre vertical le plus profond d'Europe), les piscines naturelles, l'église San Pietro, une maison traditionnelle et, si le temps le permet, au « visage de pierre », un gros rocher aux traits évocateurs. Une balade qui vaut surtout pour les infos dispensées par Giampaolo, guide passionné.

DANS LES ENVIRONS DE BAUNEI

San Pietro di Golgo : plateau du Golgo. *Accessible depuis Baunei par une route goudronnée qui démarre par quelques lacets et qui se poursuit sur l'altopiano Golgo.* On y croise des troupeaux de chèvres et de vaches en liberté, mais aussi des ânes, des cochons sauvages, métissés noir et rose (hybrides de cochons et de sangliers), qui traversent tous sans crier gare : allez-y mollo sur l'accélérateur ! Après environ 8 km, la ravissante route aboutit à la ***chiesetta di San Pietro*** (environ 600 m d'altitude), petite église « à la Sergio Leone », née sans doute à la fin du XVIIe s. Selon la légende, le plateau était autrefois habité par un méchant dragon « *Sa Serpente* », qui raffolait de sacrifices humains (il précipitait des corps dans le gouffre de Su Sterru, l'animal !). Mais un jour, saint Pierre en personne débarqua pour lui faire sa fête, alors les villageois érigèrent cette église en son nom.

Cala Goloritzè : *à* **Golgo.** *De Baunei, prendre la route pour le plateau de Golgo sur env 9 km. Peu avt l'église San Pietro, prendre à droite le chemin de terre sur env 1 km vers le bar* Su Porteddu *(bien indiqué) et son grand parking. Sentier accessible 7h30-16h (dernier départ de la plage à 18h). Accès à cala Goloritzè : 6 € ; réduc.* Si c'est une plage pour vous dorer la pilule que vous recherchez, soyons clairs : vous trouverez mieux ailleurs. Tout d'abord, parce qu'il s'agit plutôt d'une grande crique (complètement saturée en été) et non d'une plage à proprement parler. Et puis surtout parce que l'accès est cher et que pour y aller (et surtout en revenir) la rando est très exigeante en matière d'effort à fournir (500 m de dénivelée sur moins de 4 km). En revanche, si vous aimez crapahuter, cette balade est faite pour vous ! Un conseil, il est impératif d'avoir de bonnes chaussures (d'ailleurs, l'employé municipal qui délivre les billets au niveau du parking vérifiera si vous êtes apte à vous y engager). Prévoir 1h15-1h30 de descente et 1h30-1h45 pour remonter. Entourée par des rochers découpés, dont la fameuse *aguglia a tramontana,* une aiguille très appréciée des grimpeurs, ainsi que par une petite arche dans sa partie sud, cette très belle crique, classée Monument national protégé, est l'une des plus connues de la côte est de la Sardaigne. Dernière chose : emportez votre pique-nique et un camion-citerne d'eau potable car il n'y a strictement rien sur place.

LE CENTRE

Cala Sisine : *à* **Golgo.** *De la chiesetta di San Pietro, un chemin de terre se poursuit vers le nord sur env 13 km (avoir une voiture avec une bonne garde au sol ou y aller à VTT). Laisser son véhicule et continuer à pied sur 2 km en suivant le lit de la rivière jusqu'à la plage.* Cala Sisine est une belle plage de sable blanc à gros grains et galets de marbre blanc, lovée au pied des falaises de la serra Ovara, dont certaines tombent à pic dans la mer d'une hauteur de 600 m. Un endroit très apprécié aussi pour le *snorkelling* (palmes-masque-tuba) en raison de la limpidité de ses eaux.

Su Sterru : *à* **Golgo.** *Indiqué peu avt d'arriver au parking au départ de la rando pour cala Goloritzè.* Découvert en 1957, il s'agit d'un gouffre, ou plus précisément d'un puits naturel qui descend à la verticale sur 270 m, ce qui ferait de lui le puits le plus profond d'Europe. Il est habité par des amphibiens que l'on ne trouve nulle part ailleurs, notamment par le géotriton sarde et la salamandre impériale.

➢ ***Randonnées à cheval :*** sur le plateau de Golgo, avant d'arriver à San Pietro, sur la gauche, on trouve l'*Associazione Cavalieri Baunei,* qui propose toutes sortes de balades à cheval (de 1h à la journée ou encore sur plusieurs jours).

Pour infos : 370-106-15-50 (Tito Puccioni). C'est l'occasion de parcourir un paysage sauvage en suivant les sentiers, jadis empruntés par les charbonniers, ou les canyons qui débouchent sur les criques paradisiaques de cala Sisine ou cala Luna.

SANTA MARIA NAVARRESE (08040)

À 8 km au sud de Baunei, au pied d'une haute falaise calcaire, Santa Maria Navarrese, petit port fondé au XIe s par la fille du roi de Navarre (belle petite église dédiée à la Vierge), semble glisser doucement vers la mer. Très fréquentée en été, cette petite station balnéaire à l'architecture maîtrisée n'en demeure pas moins agréable, avec sa marina et sa plage de microgalets aux eaux de cristal soulignée par le vert des oliviers. Au sud, ce sont d'interminables plages de sable blanc qui s'enchaînent jusqu'à Arbatax.
Hors saison, se joue ici le théâtre de la Sardaigne millénaire, avec ses grappes d'anciens papotant sur les bancs et le ballet incessant des femmes en noir qui papillonnent de pas-de-porte en pas-de-porte.

Où dormir ? Où manger ? Où boire un verre ?

Ostello Bellavista : *via Pedralonga. ☎ 0782-61-40-39. • info@ostelloinogliastra.com • ostelloinogliastra.com • À 1 km du centre-ville ; prendre le viale Plammas et tt en haut, au rond-point, continuer à grimper la route sur la droite. Doubles 70-100 €. Parking gratuit. Apéritif offert sur présentation de ce guide.* Isolée au bout d'une impasse, cette ancienne auberge de jeunesse transformée en hôtel dispose de chambres plutôt basiques, sans grands effets de déco mais propres, réparties dans 2 structures modernes étagées sur la colline. Outre le calme, l'avantage déterminant de cette adresse est la vue extraordinaire sur la côte depuis les chambres les plus chères.

Hotel Plammas : *viale Plammas, 49. ☎ 0782-61-51-30. • info@hotelplammas.com • hotelplammas.com • Avr-oct. Doubles 70-110 €. Parking gratuit.* À 300 m de la plage, légèrement en retrait de l'animation, ce bâtiment moderne et fonctionnel dissimule un intérieur chaleureux. Les parties communes sont bien aménagées, de même que les chambres, coquettes et calmes, parfois avec balcon (petit supplément). Longue terrasse tout le long de l'hôtel, agréable au moment du petit déj. Accueil très sympathique.

Hotel Agugliastra : *piazza Principessa di Navarra, 27. ☎ 0782-61-50-05. • info@hotelagugliastra.it • hotelagugliastra.it • Avr-oct. Doubles 70-160 €.* Très bien situé, au cœur du village et à 50 m de la plage. Un café agréable au rez-de-chaussée (surtout sa terrasse) et des chambres dans les étages, assez minimalistes côté déco. Celles sur l'arrière n'ont pas de vue, mais elles sont moins chères et volontiers un peu plus grandes. Celles avec vue sur la mer bénéficient normalement d'un balcon, voire carrément d'une terrasse, comme c'est le cas pour les nos 302 et 303, nos préférées (mais tout ça se monnaie, évidemment). Accueil pro, agréable, et bonnes prestations dans l'ensemble (petit déj copieux, location de vélos et d'accessoires de plage).

Bar Olivastro : *via Lungomare Montesanto, 1, spiaggia Centrale (plage). ☎ 0782-61-55-13. • lolivastro1@gmail.com • À la hauteur de l'église du village, sur la droite, en contrebas de la rue. Pâques-oct, tlj 8h-minuit (plus tard en août). Digestif offert sur présentation de ce guide.* Descendre quelques marches pour aller s'attabler à l'ombre des oliviers (dont un énorme qui abrite les différentes terrasses en escalier), qui forment

LE CENTRE

ici un bosquet de fraîcheur au bord de l'eau. Cuisine de plage simple et pas chère, du genre salade, *pizze* ou *panini* joufflus. Le tout accompagné d'une bonne bière pression. Un excellent point de chute pour prendre un verre entre 2 baignades.

Lungomare : *juste au-dessus du port. ☎ 0782-61-40-41. • ristorantelungomare@tiscali.it • Fermé mar hors saison. Congés : janv-fév. Repas 25-30 €.* Pas la plus sexy des situations, mais la salle à l'étage est lumineuse et jouit d'une petite vue sur le port (mais pour quelques tables seulement !). Une bonne adresse pour des spécialités de poisson bien préparées (bonne daurade maison) et les incontournables *culurgiones.*

Où dormir dans les environs ?

The Lemon House : *via Dante, 19, 08040* ***Lotzorai.*** *333-386-22-10. • richard.felderer@gmail.com • lemonhouse.eu • (rdc). À 4 km au sud-ouest de Santa Maria. Tte l'année (hors saison, téléphoner avt). Doubles avec ou sans sdb privée 66-90 €.* Au cœur d'un village banal, situé dans un édifice qui ne l'est pas moins, la *Lemon House* est pourtant un hébergement très sympa. Une poignée de chambres seulement (dont 2 avec salle de bains partagée), très sobres mais de belle taille. Et puis le top du top (sans vouloir faire de jeu de mots pourri parce que ce n'est pas notre genre...) : la superbe terrasse sur le toit pour lézarder. Accueil décontracté et très convivial du proprio, qui met un point d'honneur à servir un petit déj digne de ce nom !

Les plages

Caletta Pedra Longa : *on y accède soit par une petite piste (env 3 km) qui part de la SS 125 à env 7 km au nord de Santa Maria, soit à pied par un sentier qui commence au niveau de l'Ostello Bellastiva (compter env 2h45 l'aller).* Une très belle rando suit la mer en tête de falaise jusqu'à cette crique dominée par un imposant monolithe qui s'élève à 130 m au-dessus du niveau de la mer. C'est, avec la cala Goloritzè, l'une des cartes postales les plus envoyées de Sardaigne tant ses eaux sont limpides.

Rappelons enfin que la très longue baie qui s'étend entre Santa Maria Navarrese et Arbatax offre une succession de grandes et belles plages de sable blanc (mais pas fin, ni très doux !), comme les ***spiaggie Tancau, Orrosas, Iscrixedda*** et ***Lotzorai*** (à environ 1,5 km de Santa Maria). Une série de plages qui s'étend sur des kilomètres. L'avantage : la petite pinède juste derrière, qui abrite même quelques tables de pique-nique.

ARBATAX ET TORTOLI (08041 et 08048) 5 000 et 11 100 hab.

Arbatax et Tortoli sont comme 2 sœurs siamoises reliées par une route étroite de 2 km, très encombrée en été. La première est un carrefour routier, une ville commerçante et animée qui vit à longueur d'année, tandis que la seconde, rythmée par les allers-retours des ferries pour Cagliari ou l'Italie, ne s'éveille vraiment qu'à la belle saison. C'est d'ailleurs là que l'on trouve l'office de tourisme. On vous conseille vivement d'y passer avant d'aller explorer la région, que vous soyez plagiste convaincu, amateur de bonne chère ou adepte de la randonnée pédestre ou à VTT. Arbatax n'est pas une station si désagréable que ça, tout compte fait. En juillet-août, tous les jeudis, c'est la *Notte Bianca,*

la musique démarre en début de soirée puis on fait la fête jusqu'au bout de la nuit. Hors saison, le quartier balnéaire de Porto Frailis peut s'avérer une bonne base de quelques jours pour rayonner et découvrir l'Ogliastra et ses trésors.

Arriver – Quitter

En bus

Arrêt des bus ARST : *piazza Fra Locci, à Tortoli, dans le centre.* • *arst.sardegna.it* •

➢ ***Cagliari*** *(3h)* **:** tlj 2-4 bus selon le jour.

➢ ***Lanusei*** *(1h30)* **:** 5-6 bus/j. lun-sam, aucun dim.

➢ ***Santa Maria Navarrese et Baunei*** *(15 et 30 mn)* **:** une douzaine de bus/j. (moitié moins dim) pour Santa Maria et une dizaine (4 dim) pour Baunei. Attention, c'est la même ligne (301), mais tous les bus ne desservent pas les 2 villes, certains s'arrêtent à Santa Maria et d'autres ne vont qu'à Baunei.

➢ ***Nuoro via Dorgali*** *(2h40)* **:** 1 bus direct le mat lun-sam seulement. Sinon 1 bus/j. en milieu d'ap-m mais il faut changer à Dorgali.

En train

➢ ***Le Trenino verde :*** • *treninoverde.com* • *Fonctionne en gros de mi-juin à mi-sept, jeu-dim seulement, mais doit élargir ses horaires. Se renseigner sur le site internet ou sur place.* Le *Trenino verde* est un petit train touristique qui relie théoriquement ***Arbatax*** à ***Mandas.*** Aux dernières nouvelles, d'Arbatax on ne peut aller que jusqu'à Gairo-Taquisara car ensuite la voie a été endommagée. Dans l'autre sens, au départ de Mandas, le train ne va que jusqu'à Seui.

En bateau

– Le port se trouve donc à Arbatax et les liaisons sont assurées par la compagnie *Tirrenia* (qui fait partie de *Mobylines*). • *mobylines.fr* • *tirrenia.it* •

➢ ***Civitavecchia :*** 2 bateaux/sem. Durée : 9h-10h30.

➢ ***Cagliari :*** 2 bateaux/sem. Durée : 4h30.

➢ Également des liaisons saisonnières avec ***Gênes*** (10-12h) et ***Olbia*** (4h30).

Adresse utile

Ufficio informazioni turistiche *(office de tourisme)* **:** *via Lungomare, à Arbatax.* ☎ *339-899-29-39.* • *sardiniantouristservices.com* • *À côté de la vecchia stazione (départ du Trenino verde). Avr-oct, tlj 8h30-19h.* Petit office de tourisme privé animé par Fiorenza et Geoffrey. Pas de mal de doc et surtout une belle carte de l'Ogliastra en français (payante), où figurent toutes les plages ainsi que les sentiers de rando.

Où dormir ?

Il y a un faible choix d'hôtels bon marché. Quelques *B & B* dans les quartiers résidentiels de Tortoli ou Arbatax, mais rien de bien intéressant. La partie balnéaire, située à *Porto Frailis* (à côté d'Arbatax), constitue la meilleure option.

Camping

Camping Villaggio Telis : *baia di Porto Frailis, à Arbatax.* ☎ *0782-66-71-40.* • *info@campingtelis.com* • *campingtelis.com* • *Tte l'année. Forfaits 28-50 € pour 2 ; bungalows 70-150 € pour 2, 100-175 € pour 4. Attention, pour les bungalows et mobile homes, 2 sem exigées en très hte saison (août).* Camping tout en longueur, au pied d'une colline plantée de pins, en bord de mer avec la plage de Porto Frailis juste à côté. Emplacements ombragés en terrasses, beaux sanitaires et très nombreux services : piscine agréable, bar, restaurant, épicerie, discothèque, tennis, ping-pong et pas mal d'animations l'été... Malgré la foule en saison, on ne se sent pas trop oppressé.

De bon marché à prix moyens

B & B Arba'at'ashar : *via Sindaco Depau, 12, à Arbatax. ☎ 0782-66-70-92. • arbaatashar@yahoo.it • arbaatashar.com • Tte l'année. Doubles 50-100 € ; 1 appart complet pour 5 mais sans petit déj. CB refusées. Parking. Café offert sur présentation de ce guide.* Une maison moderne, de couleur terre de Sienne, dans un quartier tranquille, tenue par une famille hospitalière. Le rez-de-chaussée est dévolu aux hôtes, avec 3 chambres simples, fraîches et très propres, donnant sur un large espace commun prolongé par une terrasse dans le jardin. Erminia propose aussi un appart entièrement équipé qui jouxte sa maison, idéal pour une famille qui voudrait prendre racine ici.

Voir aussi plus loin dans « Où manger ? » la **Trattoria da Angelo** à Tortoli. *☎ 0782-62-35-33. • Tte l'année.* Une adresse qui propose quelques chambres simples à prix raisonnables.

De prix moyens à chic

Hotel Vecchia Marina : *via Europa, 39, Porto Frailis, à Arbatax. ☎ 0782-66-70-20. • info@hotelvecchiamarina.it • hotelvecchiamarina.com • ♿ Pâques-oct. Doubles 50-150 €. Parking gratuit.* Architecture vaguement andalouse pour cet hôtel tout blanc aux chambres distribuées sur 3 niveaux. Celles des étages possèdent un balcon où l'on peut faire sécher sa serviette ; celles du bas sont plus fraîches, avec terrasse en rez-de-jardin. Agréable petit déjeuner (très bien garni et varié) à prendre au soleil du matin, entre bananiers et palmiers-dattiers. Un bon plan hors saison, d'autant que la plage est au bout de la rue (compter 5 mn à pied).

Hotel Il Vecchio Mulino : *via Parigi, baia di Porto Frailis, à Arbatax. ☎ 0782-66-40-41. • info@hotelilvecchiomulino.it • hotelilvecchiomulino.it • Doubles 65-150 €. Parking couvert pour les motos. Café offert sur présentation de ce guide.* Dans ce quartier très au calme, proche de la plage de Porto Frailis (compter 15 mn à pied) et à 1 km du port d'Arbatax, cet hôtel cossu et convivial a tout de l'auberge de charme : un accueil à la fois pro et agréable, un environnement verdoyant, des parties communes cosy et soignées, et de belles chambres aménagées dans un style rustique très agréable, pour certaines avec balcon ou terrasse. Courette arborée pour le petit déjeuner (de qualité). Vraiment une belle adresse.

Où manger ?

Arbatax regorge de restos, mais beaucoup trop touristiques à notre goût. Pour bien manger, il faut filer à Tortoli ou prendre sa voiture et conduire une vingtaine de minutes vers l'un des *agriturismi* de l'arrière-pays.

De bon marché à prix moyens

Trattoria da Angelo : *via Piemonte, 25, à Tortoli. ☎ 0782-62-35-33. Tlj midi et soir. Menus 18-20 € ; carte 20-25 € ; pizze moins chères.* Des serviettes pliées façon costard, des petites fleurs de Chine sur des nappes en tissu blanc et la télé comme toile de fond... Ce resto géré en famille depuis 1975 n'a pas bougé. On y sert toujours une cuisine sarde bien ficelée (c'est la maman qui s'y colle), mise en valeur par une cave bien fournie (la maison fait aussi *cantina*). Si vous vous y pointez de bonne heure, vous dînerez sous l'œil du patron, garant de la bonne marche de l'établissement. Quelques chambres à l'étage.

Ittiturismo La Peschiera : *via Lungomare, loc.* ***Peschiera San Giovanni.*** *☎ 0782-66-44-15. À 2 km d'Arbatax. Au bout d'une petite route entre la plage et une lagune au nord-ouest d'Arbatax. Avr-oct : en été, tlj sauf lun ;*

le reste du temps, seulement ven soir et w-e. Attention, il faut arriver entre 12h et 13h, et le soir entre 20h et 21h. Résa obligatoire. 3 menus 24-38 €. Un restaurant atypique récompensé en 2019 pour son art de présenter la poutargue (œufs de mulet séchés) en forme de rose. Il est destiné uniquement aux amateurs de produits de la mer, car ce sont les seuls produits, avec les pâtes, à figurer au menu ; les accompagnements ou desserts sont un peu servis à l'état brut. Car vous êtes ici dans une coopérative de pêcheurs, qui vous prépare sans chichis le poisson frais du jour (qu'il soit pêché ou d'élevage). Les menus varient d'un jour à l'autre en fonction de l'arrivage. Mais dans tous les cas, c'est copieux.

Où dormir ? Où manger dans les environs ?

Agriturismo Nuraghe Murtarba : *largo Santa Lucia, 08049* **Villagrande Strisaili.** *328-698-31-26 (Franca). • nuraghemurtarba@tiscali.it • agriturismomurtarba.com • À 8 km au nord-ouest de Tortoli. Tte l'année mais téléphoner à l'avance ; resto ouv pratiquement ts les soirs mai-sept. Résa obligatoire. Doubles 60-70 €. ½ pens possible. Menu dégustation 35 €.* Franca et Massimo vous accueillent les bras ouverts dans leur *fattoria* pleine d'animaux domestiques. Vos enfants adoreront ! D'ailleurs, pour profiter pleinement du site, n'hésitez pas à vous y pointer dès l'heure de l'*aperitivo.* Côté dodo, une poignée de chambres tout confort situées dans la maison principale (certaines avec vue sur le lac) et un appart bien agencé, idéal pour une famille. Dans l'assiette, une cuisine bio (possibilité de menu pour enfant), rondement menée par Franca. Aux beaux jours, elle sert sur la terrasse qui embrasse la campagne. Un lieu idéal pour passer des vacances loin du monde, d'autant que les plages sont accessibles en une vingtaine de minutes seulement.

Agriturismo Su Solianu : *loc. Gerpararci, 08042* **Bari Sardo.** *346-373-60-93. • susolianu.it • À une dizaine de km au sud de Tortoli. Resto ouv pratiquement ts les soirs en été. Résa obligatoire. Menu 30 €.* Dans une salle très lumineuse dont on ouvre volontiers les larges baies vitrées dès les 1ers rayons du soleil, une table 100 % sarde réputée pour la qualité de ses produits (viande, huile et vin viennent de la ferme). Les *malloreddus* (petits gnocchis sardes) sont au top, de même que le *porcetto* (cochon de lait). Pour les personnes intolérantes à certains ingrédients, la maison s'adapte, il suffit de prévenir. Bref, on y mange très bien. Cette adresse propose aussi des chambres regroupées autour d'un patio, à l'écart du restaurant, sur une hauteur dominant les vignes. Mais on a trouvé que la route qui passe en contrebas était un peu trop présente.

Les plages dans la région de Tortoli

En été *(de mi-juin à mi-sept),* un service de navettes dessert les plages de Tortoli et du lido di Orrì à partir du *Camping Villaggio Telis* (voir plus haut « Où dormir ? »). Départs toutes les heures 8h30-10h30, puis à 14h30, 15h30 et 17h. Dernière navette pour revenir à Tortoli à 18h50.

Spiaggia di Porto Frailis : la plage principale d'Arbatax, dans une petite baie abritée et ensoleillée. Avec son lot de restaurants, d'hôtels, de campings, elle est non seulement un peu trop urbanisée à notre goût, mais aussi très vite saturée en été. Agréable hors saison.

Spiaggia di Capannina : *au nord du port d'Arbatax.* Appelée aussi *spiaggia di Ponente,* cette belle plage de sable blanc et fin offre une mer peu profonde parfaitement adaptée aux familles avec jeunes enfants. Elle est adossée à une longue pinède qui la sépare du canal où sont élevés les poissons que vous retrouverez dans votre assiette à l'*Ittiturismo La Peschiera* (voir « Où manger ? »).

Spiaggia Lido di Orrì : *à env 4 km au sud-est de Tortoli (fléché depuis la SS 125).* Une longue plage de sable fin et blanc, avec ses cafés et restos, mais dans un environnement très peu construit. Elle est desservie par un service de navettes en saison (voir plus haut).

Spiaggia Cea *(ou Scoglius Arrubius)* **:** *à env 10 km au sud-est de Tortoli (fléchée depuis la SS 125).* La particularité de cette très jolie plage de sable blanc située dans un environnement sauvage, ce sont les 2 écueils de porphyre rouge appelés « Is Scoglius Arrubius » qui, quand la lumière décroît, tranchent magnifiquement sur le bleu de la mer. L'endroit se prête bien au *snorkelling*.

Spiaggia Torre di Barì : *à une quinzaine de km au sud de Tortoli par la SS 125 (tourner à Bari Sardo).* Sur la petite péninsule rocheuse qui coupe en 2 parties cette longue et large plage en partie bordée d'arbres se dresse la *torre di Barì* (XVIIe s). Elle servait naguère à surveiller la côte. La plage elle-même ne manque pas d'attrait, mais le cadre y est un peu plus urbain et le stationnement souvent payant.

Spiaggia Marina di Cardedu : *à une vingtaine de km au sud de Tortoli par la SS 125.* Voilà une autre longue plage de sable, ombragée par une rangée de petits arbres dans certaines parties. Les environs sont assez construits, mais la plage est belle et le stationnement, normalement, gratuit. Seul inconvénient, elle descend rapidement, alors elle n'est pas très fréquentée par les familles.

LANUSEI (08045) 5 660 hab.

Cette petite ville perchée à 600 m d'altitude, à flanc de montagne, était autrefois une ville d'eau. Les curistes venaient y chercher le bon air frais des collines et boire l'eau pure des montagnes. Plus grosse, plus animée et par conséquent moins attachante qu'Ulassai, elle constitue néanmoins un bon camp de base pour une étape dans la région.

Où dormir ? Où manger dans le coin ?

Ostello La Nuova Luna : *via Indipendenza, 41, à Lanusei. ☎ 0782-41-051. • lanuovaluna@tiscali.it • lanuovaluna.it • Dans une tte petite rue du centre-ville (accès à pied). Avr-oct. Lit en dortoir 15 € ; double env 35 € ; sans petit déj. Garage pour motos et vélos.* Il y a peu d'auberges de jeunesse en Sardaigne. Eh bien, en voilà une, pas bien grande mais conviviale, très proche de l'esprit « refuge de montagne ». Une poignée de chambres et de dortoirs classiques (4-6 personnes), avec draps et couvertures fournis, mais pas les serviettes. Salle commune avec grande cheminée, et une agréable terrasse. Bref, une bonne adresse à prix tout doux.

Hotel Marie Claire : *via dei Ciclamini (ou via delle Mimose), à Lanusei. ☎ 0782-41-146. • hotelmarieclaire.it • ♿ À env 1 km du centre-ville. Congés : janv-fév. Doubles 55-85 €. Parkings (dont 1 couvert pour les motos).* Cette grosse maison moderne abrite une douzaine de chambres spacieuses, agréables et offrant toutes de bonnes prestations (lits superposés pour les enfants dans les familiales). La plupart bénéficient de belles vues sur les environs. Mais le plus ici, c'est l'accueil chaleureux et attentif du gérant, à l'image du petit déj soigné. On se croirait dans une chambre d'hôtes.

Hotel Belvedere : *via Umberto I, 22, à Lanusei. ☎ 0782-99-08-18. • hotel@belvederelanusei.it • belvederelanusei.it • Double env 80 €.* Au bord d'une rue très passante (la SS 198, qui traverse la ville), un hôtel bien tenu accroché au flanc de la colline. Il abrite des chambres calmes côté vallée (éviter les 2 qui n'ont pas vue sur la mer). Arrangées avec soin, elles disposent pour certaines d'une terrasse et jouissent presque toutes d'une vue superbe sur la mer au loin, sans oublier le confort classique de base (ascenseur en prime !).

Lo Sfizio : *via Nazionale, 60, à **Ilbono**. ☎ 328-946-00-31. À env 1,5 km de Lanusei ; à l'entrée d'Ilbono, au bord de la SS 198 en direction de Tortoli. Fermé lun. Repas 25-35 € ; pizze 7-12 €.* Ça vaut le coup de s'éloigner un peu du centre de Lanusei car *Lo Sfizio* cumule les atouts : un accueil gentil comme tout, une cuisine sarde bien réalisée et savoureuse, ainsi que des *pizze* cuites au feu de bois très convenables. Reste le cadre à la déco pour le moins « particulière ». Heureusement, on vient d'abord s'asseoir ici pour le spectacle servi dans l'assiette !

DANS LES ENVIRONS DE LANUSEI

Parco archeologico bosco Seleni-Lanusei : *à env 8 km en direction de Gairo, prendre une petite route à gauche peu après le km 85 sur la SS 198 ; sur un col à 1 000 m d'altitude. ☎ 0782-41-051. • lanuovaluna@tiscali.it • tombedeigiganti.it • En saison, tlj sauf lun, visites guidées à 9h30, 11h, 12h30, 15h30, 17h et 18h30 ; sinon téléphoner avt.* Si vous avez trop chaud sur les plages, échappez-vous dans la montagne et montez jusqu'au bosco Seleni. Même au mois d'août, la température y est plus fraîche et l'air plus respirable. Superbe promenade à pied (accès libre) dans les bois de chênes verts du bosco Seleni, d'où partent plusieurs sentiers de randonnée. Une partie de ce vaste espace boisé abrite 5 tombes de géants, 3 puits sacrés et 1 village nuragique assez complexe où l'on a recensé les restes de près de 200 habitations. Ce site a été actif entre 1600 et 238 av. J.-C., date de la conquête définitive de la Sardaigne par les Romains. On y accède lors de visites guidées. Au crépuscule, avec un peu de chance, possibilité de croiser renards et sangliers. Mais le plus frappant dans ces sous-bois provient de l'alliance des végétaux et des rochers. Comme par osmose, ils finissent par se ressembler... Regardez bien. Certains troncs d'arbres couverts de mousse et de lichens se confondent dans leur aspect avec les rochers voisins. Étrange et fascinant mimétisme de la nature...

Monte Armidda : *à env 8 km à l'ouest de Lanusei. Accès par la SS 198.* À 1 270 m, au sommet de cette montagne, se dresse un des plus importants observatoires astronomiques d'Italie. Pourquoi ici ? Parce que l'air y est plus limpide et moins pollué que partout ailleurs. Les nuits sans lune permettent à l'œil nu d'observer 2 fois plus d'étoiles dans la voûte céleste que dans le reste du pays. À savoir : les télescopes les plus puissants d'Italie y sont installés.

ULASSAI

(08040) 1 500 hab.

Un village en nid d'aigle, accroché à flanc de montagne dans un superbe paysage de falaises calcaires parsemées de chênes verts. Les pitons rocheux qui le dominent font la joie des grimpeurs chevronnés, qui viennent de loin pour se frotter aux difficultés des quelque 150 voies d'escalade recensées dans le secteur. Si le village en lui-même n'est pas spécialement beau, son environnement, lui, est vraiment séduisant. D'autant qu'un véritable effort a été fait pour les randonneurs, avec de nombreux sentiers balisés tout autour.

Et puis qui s'attendrait à trouver un musée d'Art contemporain de cette qualité ici ? Mieux encore, l'art quitte le musée et s'invite dans le village. L'empreinte de l'artiste Maria Lai, native d'Ulassai (1919-2013), à qui l'on doit ce musée, demeure par ailleurs très présente puisqu'on la retrouve même dans une partie des motifs des très beaux ouvrages tissés par la *Cooperativa Tessile Artigiana Su Marmuri*.
Oui, disons-le, Ulassai nous a conquis !

Où dormir ? Où manger dans le coin ?

Hotel Su Marmuri **:** *corso Vittorio Emanuele II, 20, à Ulassai. ☎ 0782-79-003. 327-258-69-64. • info@hotelsumarmuri.com • hotelsumarmuri.com • Doubles 55-80 €. Café ou digestif offert sur présentation de ce guide.* Voilà un bon petit hôtel de l'arrière-pays, rustique et familial, qui remplit aussi bien sa fonction d'héberger les hôtes que de les renseigner. Un bon point de départ pour randonner dans les montagnes. La réception est presque devenue un centre d'information sur l'Ogliastra ! Une dizaine de chambres simples, propres et bien mises en valeur grâce à des tissages locaux. Elles donnent sur la rue principale (donc assez bruyantes), mais la vue est superbe sur les monts environnants depuis celles des 2e et 3e étages.

Da Concetta **:** *corso Umberto I, 60, 08044* **Jerzu.** *☎ 0782-70-224. • ristorantedaconcetta@tiscali.it • Tte l'année, tlj midi et soir. Doubles 50-60 €. Repas 20-25 €.* Voici une petite adresse qui mérite une halte. Cette auberge de poche, simple et rustique, tire sa beauté de son manque d'ambition. Accueil direct et jovial, dans une salle arrangée comme il faut, pour goûter à une cuisine classique sarde à prix doux. Ici, la viande est à l'honneur, à l'image de ces « *malloreddus* au jus de sanglier », comme le précise gentiment la carte imprimée en français !

Ristorante-bar Su Marmuri Bulliciu **:** *grotta di Su Marmuri, à Ulassai. ☎ 0782-79-859. • grottasumarmuri@tiscali.it • À env 2 km du centre-ville. Pâques-oct, tlj seulement le midi. Repas 25-30 €.* Située près de l'entrée de la grotte du même nom, entourée d'impressionnantes falaises, cette auberge est le refuge des randonneurs. Cheminée, grosses pierres, poutres en bois, le décor rustique et chaleureux annonce une bonne cuisine de l'Ogliastra, essentiellement basée sur la viande.

Achats

Cooperativa Tessile Artigiana Su Marmuri **:** *via Dante. ☎ 0782-79-076. Sept-juin, tlj sauf w-e 8h-12h, 14h-18h ; juil-août, tlj 8h-13h, 14h30-20h. Possibilité de visite guidée avec les ouvrières.* Il y a bien sûr la petite boutique de cette coopérative, et avec un peu de chance vous pourrez aussi visiter l'atelier où d'habiles ouvrières perpétuent la tradition du tissage à la main (mais aussi à l'aide de quelques machines bien bruyantes). Nombre des motifs reproduits sur les différents ouvrages (tapis, coussins, sets de table, sacs) sont inspirés des œuvres de Maria Lai, dont ses célèbres chèvres stylisées.

À voir. À faire

Stazione dell'Arte (museo di Arte contemporanea) **:** *à la sortie d'Ulassai, par la SP 11, en direction de Jerzu. ☎ 0782-78-70-55. • stazionedellarte.com • Mai-sept, tlj 9h30-20h30 ; oct-avr, tlj 9h30-19h30 ; visites guidées à horaires variables (consulter leur site ou téléphoner). Entrée : 6 € ; réduc.* On doit la naissance de ce musée, installé dans l'ancienne gare ferroviaire, à Maria Lai (1919-2013). Cette native d'Ulassai, considérée comme l'une des figures les plus originales de l'art

contemporain italien, vécut à Rome et à Venise. En 1981, elle organise *Legarsi alla montagna* (« Se lier à la montagne »), une grande installation où elle demande aux habitants de relier leur maison à la montagne à l'aide d'un long ruban bleu. Puis elle n'aura de cesse d'impliquer la population locale dans ce qui est aujourd'hui devenu un beau musée d'art contemporain, où ses œuvres très libres composées de tissages, collages de matériaux, sable, bois et autres objets sont exposées par roulement. Cependant, la Stazione dell'Arte ne boude pas les autres artistes pour autant.
– On peut également admirer des *œuvres* « en plein air » de Maria Lai à Aggius (voir dans le chapitre « La Gallura »), de même que dans plusieurs endroits d'Ulassai, notamment sur la route qui mène à la grotta Su Marmuri (à vous d'ouvrir les yeux, mais elles sont assez facilement repérables car signalées par des panneaux).

Grotta Su Marmuri : *cooperativa « Su Marmuri Bullicciu », à 2 km du village d'Ulassai (bien fléché). ☎ 0782-79-859. • grottasumarmuri.it • Pâques-oct : août, tlj visites guidées (90 mn) à 11h, 13h, 15h, 17h et 18h30 ; mai-juil et sept, tlj à 11h, 14h, 16h et 18h ; avr et oct, tlj à 11h et 14h30. Fermé hors saison. Entrée : 12 € ; réduc ; gratuit moins de 6 ans. CB refusées. Température autour de 10 °C,* ***prévoir des vêtements chauds.*** Un site qui se mérite, car il faut d'abord emprunter un long escalier avant de parvenir à l'impressionnante entrée de la grotte. Puis c'est parti pour une promenade de près de 2 km (aller-retour) dans des cavités profondes et sombres, les yeux écarquillés vers un véritable feu d'artifice de concrétions, toutes plus incroyables les unes que les autres, de stalactites et de stalagmites suintant... goutte à goutte... comme si elles avaient l'éternité pour mesurer le temps. Si vous voulez en profiter pleinement, couvrez-vous chaudement et enfilez de bonnes chaussures car ça glisse un max !

– ***Trekking, escalade, VTT :*** l'Ogliastra, et en particulier l'arrière-pays d'Ulassai, est célèbre pour ses *tacchi* (littéralement ses « talons »), des formations rocheuses de calcaire rouge aux parois verticales qui attirent les amateurs de varappe du monde entier. En outre, la région recèle un grand nombre de sentiers de rando praticables à pied ou à VTT. *Infos à l'*Hotel Su Marmuri *(voir « Où dormir ? Où manger dans le coin ? »), où la réception abrite une sorte de centre d'information proposant une vaste documentation, des cartes de randonnée, des topoguides et une liste d'adresses sur les activités de nature. Les itinéraires sont aussi téléchargeables à partir du site • sardegnasentieri.it •*

DANS LES ENVIRONS D'ULASSAI

Gairo Vecchio : *à env 8 km d'Ulassai, par la SS 198 en direction de Gairo et Lanusei. Attention, le* Trenino verde *ne s'arrête pas à Gairo mais à Gairo-Taquisara, un bled minuscule situé à 8 km plus à l'ouest.* Quelle vision étonnante que ce village fantôme à flanc de montagne, dans un environnement superbe ! Sa magnifique situation est d'ailleurs ce qui a causé sa perte : à la fin du XIXe s, de violentes tempêtes entraînent des glissements de terrain et des coulées de boue qui, déjà, menacent le village. En 1951, une terrible inondation lui porte le coup fatal : Gairo Vecchio (« le Vieux Vecchio ») est abandonné par ses habitants et reconstruit un peu plus loin.

Jerzu : *à env 4 km au sud d'Ulassai.* Une bourgade de montagne (3 600 habitants) agrippée à ses « *tacchi* ». Ici, les maisons semblent vouloir se blottir les unes contre les autres. La partie la plus intéressante est la partie basse avec de vieilles maisons plus anciennes que la moyenne du village. L'une des églises de la ville est dédiée à saint Antoine de Padoue (fête le 13 juin). Autour, les vignobles de Jerzu donnent le *cannonau,* le plus connu des vins sardes (10 000 l par an). Des documents prouvent que Jerzu produisait déjà du vin en 1130. La route qui redescend de Jerzu vers la plaine est aussi très belle.

LE CENTRE

LE SUD-EST

• Carte *p. 301*

LE SARRABUS ET LA CÔTE SUD-EST

Fermé par la chaîne de montagnes des *Sette Fratelli* à l'ouest et ouvert à l'est sur la mer Tyrrhénienne, le Sarrabus, arrière-pays de Cagliari, fut longtemps l'une des régions les plus isolées de Sardaigne. Aujourd'hui encore, il reste l'un des secteurs les moins urbanisés de l'île. Le paysage de l'intérieur consiste en une vaste série de collines qui ondulent à l'infini entre 500 et 800 m d'altitude, dominée sur son flanc ouest par la *punta Serpeddì* (1 067 m). D'ailleurs, pour ceux qui voudraient se dégourdir les jambes, le *parco naturale regionale dei Sette Fratelli* offre de belles possibilités de rando.
Sur la côte, la route littorale SP 18 égrène un chapelet de plages de sable blanc (ou parfois rose) : *punta Molentis, cala Pira, cala Sinzias* (particulièrement adaptée aux familles) et la plus fréquentée de toutes : la *spiaggia di Costa Rei.*

MURAVERA – SAN VITO – CASTIADAS

À 64 km au nord-est de Cagliari, Muravera, située au débouché du fiume Flumendosa (2e cours d'eau de Sardaigne), est la petite ville la plus active du Sarrabus. Chaque année, en avril, s'y déroule la fête des Agrumes. La ville se pare alors de ses plus beaux atours pour assister au défilé des *traccas,* ces attelages traditionnels tirés par des bœufs endimanchés pour l'occasion.
À 3 km à l'ouest, le village de San Vito, qui naguère prospéra grâce à ses mines d'argent, doit sa réputation aux *launeddas,* des instruments à anche (comme la clarinette) dont jouent les bergers sardes.
Enfin, Castiadas est célèbre dans toute la Sardaigne pour avoir hébergé une colonie pénitentiaire dont la fonction était de mettre en valeur ce territoire jadis infesté de moustiques porteurs du paludisme.

Où dormir ? Où manger dans le coin ?

Camping Torre Salinas : *loc. Torre Salinas, 09043 Muravera. ☎ 070-999-032. • info@campingvillagetorresalinas.it • campingvillagetorresalinas.it • À env 8 km au sud-est de Muravera. Avr-oct. Forfaits 20-35 € pour 2.* À 5 mn à pied de la spiaggia di Torre Salinas, ce camping familial à taille humaine,

LA RÉGION SUD-EST

dont la réception est digne d'un 3-étoiles, propose quelques emplacements sous de grands eucalyptus tandis que d'autres bénéficient d'un petit gazon entretenu. Sanitaires corrects et petit resto-bar-pizzeria.

Centro Agriturismo del Sarrabus : *loc. S'Ollasteddu, 09043 Muravera. ☎ 070-999-078. 349-210-53-19 (Silvia). • agriturismosarrabus@gmail.com • À San Priamo, à une dizaine de km au sud de Muravera. Tte l'année. Congés : de mi-déc à mi-fév. Doubles 55-80 € (min 2 nuits exigées en août). Dîner 25-35 €.* Dans cette ferme aux agrumes (goûter les confitures !), maisons et studios (*monolocale* en italien) sont répartis autour d'un grand espace central engazonné (avec jeux pour enfants). L'extérieur semble un peu vieillot, mais on change d'avis dès la porte franchie, avec un intérieur certes sobre, mais bien entretenu. Cuisine tout équipée, clim. Pour dîner, grande salle commune bien éclairée, où les menus varient en fonction de l'humeur du chef, mais où ils sont toujours préparés avec des produits locaux. Une bonne base pour écumer la région en famille.

B & B Martina : *vicolo A. Vittorio Emanuele, 2, 09040 San Vito.*

328-540-80-54 ou 328-018-85-95. • martinabeb@tiscali.it • bed-and-breakfast-sardegna.com • À env 5 km au nord-ouest de Muravera. Doubles 60-70 €. Réduc de 10 % sur le prix de la chambre, pour une résa directe, sur présentation de ce guide. Au cœur du bourg de San Vito (un peu prise de tête pour se garer). Derrière le portail de bois se cache un petit havre de paix, dans une maison typique du XVIIIe s dotée d'une cour fermée. Déco coquette, en harmonie avec le caractère de la maison, doublée d'un superbe accueil de la maîtresse des lieux, douée d'un véritable sens de l'hospitalité.

DANS LES ENVIRONS DE MURAVERA

Parco naturale regionale dei Sette Fratelli : *à env 40 km au sud-ouest de Muravera, accessible par la SS 125 Muravera-Cagliari.* Un vrai poumon vert qui borde le sud du Sarrabus. Le parc s'étend sur plusieurs communes (notamment celle de Burcei), entre la forêt domaniale des Sette Fratelli, celle de monte Genis et le massif des Sette Fratelli. Il compte pas moins de 7 sommets avoisinant les 1 000 m, dont le monte Genis (979 m), la punta Ceraxa (1 016 m) et le monte Serpeddi (1 067 m). Le terrain, volontiers accidenté, est couvert de chênes verts, de chênes-lièges, d'arbousiers, de lentisques, de lauriers-roses, et abrite chats sauvages, mouflons, aigles royaux, faucons pèlerins et le cerf sarde (auquel un petit musée est d'ailleurs consacré). Plusieurs petits sentiers de randonnée permettent d'explorer la réserve.

Museo del Territorio di Castiadas *(colonia penale agricola)* ***:*** *à une petite trentaine de km au sud de Muravera, accessible à partir de la SP 20 depuis la nouvelle SS 125, un peu avt la località Olia Speciosa, 09040 Castiadas. ☎ 070-994-501. • comune.castiadas.ca.it • Juin-sept, tlj sauf dim 9h30-13h30, 18h-22h. Visite guidée : 5 € ; réduc.* Ce n'est pas un hasard si Castiadas signifie « terre condamnée », car cette colonie pénitentiaire agricole (la plus grande d'Italie) a vu le jour sur un territoire livré depuis toujours au paludisme (il ne fut éradiqué qu'en 1947). En 1875 débarquent ici une quinzaine de repris de justice, et ce sont bientôt 300 puis 600 hommes qui s'échineront à redonner vie à ce territoire abandonné depuis plus de 350 ans. Une visite guidée (parfois en français) permet de voir leurs conditions d'hébergement, notamment les mitards.

Spiaggia Colostrai : *à env 11 km au sud de Muravera. Tourner peu avt San Priamo.* Des eaux bleues transparentes en bordure d'une morne plaine surchauffée, prolongée par la plage Torre Salinas. Des flamants roses y séjournent en hiver quand les plages sont vidées de leurs estivants...

Spiaggia di Portu de S'Illixi : *à env 20 km au sud de Muravera. À San Priamo, prendre la direction de la plage Feraxi. De celle-ci, suivre un chemin non bitumé en direction du capo Ferrato ; après 700 m, laisser la voiture sur une aire de stationnement. Continuer à pied par un sentier qui descend à la plage.* Enfin une belle plage difficile d'accès, solitaire et non aménagée, au pied d'une ceinture de collines rocheuses couvertes de maquis et de pins !

VILLASIMIUS (09049) 3 600 hab.

À une cinquantaine de kilomètres à l'est de Cagliari par une jolie route littorale, Villasimius se dresse sur une petite éminence rocheuse, à 5 mn

de la ravissante zone maritime protégée du capo Carbonara. Balnéaire depuis 1926 et désormais classée parmi les stations les plus fréquentées de Sardaigne, Villasimius voit le nombre de ses habitants décupler en été. Autant dire qu'il y a du monde sur les plages ! Cela dit, l'ambiance y est agréable car le béton sait encore se faire discret. On profite alors de l'atmosphère très *riviera* que distillent dès l'heure de l'*aperitivo* le corso Umberto I et les piazze Incani et Gramsci, points névralgiques de son cœur historique. Pour le reste, mis à part son petit Musée archéologique, on vient observer les oiseaux dans les marécages de Notteri.

Adresse et info utiles

***Ufficio informazioni turistiche** (office de tourisme) : piazza Giovanni XXIII. ☎ 070-792-076. • villasimiusturismo.it • À côté de l'église, en plein centre. Pâques-oct, tlj 9h-21h. Fermé le reste de l'année.* Procure la liste des hébergements et vous indique les meilleures plages. Accueil gentil comme tout.

– **Marché :** *sam mat, via Donatello.*

Où dormir ?

***Camping Spiaggia del Riso :** spiaggia del Riso, via degli Aranci, 1. ☎ 070-791-052. • info@villaggiospiaggiadelriso.it • villaggiospiaggiadelriso.it • De mi-avr à fin oct. En été, résa impérative. Forfaits 21-40 € pour 2 ; bungalows 4 pers 80-160 €/j. ; pods 40-85 €. Doubles 70-160 €, petit déj compris.* Au bord de la plage, un grand camping bien équipé, bien tenu et bien ombragé. Loue aussi des chambres à la nuit (ou à la semaine), des *pods* (sortes de tentes en lambris, avec lit et tables de chevet, frigo, mais sans salle de bains) et des bungalows de bon confort et bien conçus. Restaurant sur place (bonne cuisine locale). Une bonne étape, même si, vu les tarifs, on aurait pu espérer que les douches soient gratuites aussi en haute saison !

***Hotel Stella d'Oro :** via Vittorio Emanuele, 25. ☎ 070-791-255. • info@stelladorovillasimius.com • hotellastelladoro.com • ♿ Mars-oct. Doubles 55-150 €. Parking gratuit.* L'extérieur est passe-partout, mais l'intérieur chaleureux et bien décoré. Organisé autour de 2 cours tranquilles, cet hôtel à la gestion familiale offre une petite trentaine de belles chambres pour 2 à 4 personnes, récemment relookées du plus bel effet. Les plus chères disposent d'un balcon ou d'une petite terrasse. On s'y sent vraiment bien. Accueil plaisant.

***B & B I Graniti Sardi :** via Campidano, 1. 📱 339-845-88-02. • booking.igraniti@gmail.com • bedandbreakfastigraniti.com • À 1,5 km du centre. Mars-nov. Doubles 55-200 €. Parking gratuit. Café offert sur présentation de ce guide.* Les Bretons apprécieront le nom granitique de cette grande maison moderne, cachée dans un vaste jardin un peu à l'écart de la ville. Chambres impeccables, calmes et très spacieuses, réparties entre la maison principale et son annexe. Toutes disposent d'une terrasse privée (avec transats), pour certaines face à la piscine. Cuisine commune, lave-linge. Une bonne adresse.

***Hotel I Graniti :** via Marconi, 40. ☎ 070-790-288. • info@hoteligraniti.it • hoteligraniti.it • ♿ Congés : janv et nov. Doubles 53-125 €. Parking (8 voitures). Bouteille de vin offerte sur présentation de ce guide.* Situé dans le cœur du village, à 100 m de la rue principale, dans une rue tranquille derrière l'église. Une adresse conviviale, dotée d'une dizaine de chambres agréables et parfaitement équipées, idéales pour ceux qui ne sont pas pressés de se jeter dans la mer au réveil et souhaitent résider dans le centre. Pour une vingtaine d'euros de plus, les *superiori* bénéficient d'un petit balcon ou d'une terrasse (ainsi que d'une jolie vue pour celles situées au 2e étage).

Hotel Mariposas : *via Mar Nero, 1. ☎ 070-790-084. • info@hotelmariposas.it • hotelmariposas.it • À 1,5 km de la ville, sur la route qui mène à la plage. De fin avr à mi-oct. Doubles 100-280 €.* À deux pas de la plage, une adresse au luxe tempéré, organisée comme une maison à l'américaine ouverte sur l'extérieur : petits passages, décrochements, terrasses, hall d'accueil chaleureux, piscine en contrebas, grand jardin soigné et pelouse bien peignée... Les chambres (3 catégories) ne sont pas en reste, spacieuses et dotées de tout le confort. Toutes disposent d'une terrasse ou d'un petit balcon, mais seules les *superiori* donnent sur la mer ou la piscine. Atmosphère familiale et tranquillité totale. Bon accueil.

Où manger ? Où savourer une glace ?

B-Steak, Su Panin'e Omu : *via del Mare, 62. 375-529-80-80. • bsteak.villasimius@gmail.com • À 3 mn à pied de la pl. principale, dans le prolongement de la via Umberto I. En saison, tlj. Sandwich env 6 €, plats un peu plus élaborés 10-16 €.* Un petit snack qui cache bien son jeu : d'abord, il y a une terrasse dans une courette derrière la salle ; ensuite, les sandwichs (chauds ou froids) sont préparés à la commande avec de bons ingrédients, cuisinés si besoin dans un four à bois. Pas de toilettes, en revanche !

Il Giardino : *via F. Brunelleschi, 4 (proche de l'angle avec via Quinto Pitzalis). 393-924-14-47. Sur l'arrière du supermarché Conad. Tlj. Fermé jeu hors saison. Résa conseillée. Repas 25-35 €.* Dans une banale maison de quartier, un resto familial prisé des gens du coin. Il offre tout ce que l'on peut attendre de la cuisine sarde, et plus particulièrement de celle orientée mer avec de bonnes fritures, du poisson grillé et de la *pasta alle vongole,* par exemple. Bon petit blanc maison servi en carafe. Terrasse sur l'arrière.

Sa Tankitta : *via Umberto I, 240. ☎ 070-791-338. Tlj sauf mar midi et soir (seulement le soir à la mi-saison). Congés : de Noël à mi-mars. Résa conseillée. Pizze 7-13 € ; repas 20-30 €.* À 5 mn à pied du centre, bien cachée derrière le bar des habitués, cette grande salle lumineuse et agréable (prolongée l'été par une terrasse dans une cour) accueille tous les gourmands du coin pour sa cuisine basée sur le poisson et pour ses bonnes *pizze* classiques.

Il Gelato di Beppe : *via Umberto I, 60. • ilgelatodibeppe@libero.it • Mars-oct.* Que du bon et de l'artisanal dans cette *gelateria* proposant des parfums que l'on trouve assez rarement, comme la délicieuse figue de Barbarie (que l'on a vraiment l'impression de croquer à pleine bouche, mais sans les piquants !) ou la délicate *S'Aranzado d'Orgosolo* (amande, miel et orange confite).

À voir

Pour 5 €, vous obtenez un billet combiné qui vous permet de visiter les 3 musées de la ville, à savoir le Musée archéologique, le musée de la Mer et la vieille forteresse. Renseignements à l'office de tourisme.

Museo archeologico : *via A. Frau, 5. De mi-juin à mi-sept, tlj sauf lun 9h-13h, 18h-21h ; le reste de l'année, horaires restreints. Entrée : 5 € ; réduc. Audioguide en français compris dans le prix.* Ce modeste musée réunit dans 4 salles les fouilles grecques, puniques et romaines provenant de sites et nécropoles de la côte sud de l'île. Jarres, plats en terre cuite, petits objets et belles amphores.

Museo del Mare : *via Roma, 60. Juin-sept, tlj sauf lun 9h-13h, 17h-21h. Payant.* Petit musée de la Mer hébergé dans la *Casa Todde,* une belle demeure du XVIIIe s. Y sont exposés sextants, baromètres, astrolabes, une tenue de plongée de 1916, et quelques panneaux présentent la faune et la flore peuplant les alentours du capo Carbonara.

Fortezza Vecchia : *sur le promontoire qui domine le port. ☎ 070-792-076. De mi-juin à mi-sept, tlj sauf lun 9h-13h. Payant.* Attestée depuis le XIVe s, puis remodelée par les Espagnols pour contrer les attaques des pirates barbaresques, cette forteresse avait jadis la fonction de surveiller le port du capo Carbonara. Elle se visite aujourd'hui, mais c'est vite vu. Beau panorama, en revanche.

Stagno de Notteri : *marécages situés à env 3 km au sud de la ville, en direction du capo Carbonara.* Alimenté en eau de mer à partir de la plage de Porto Giunco, l'étang de Notteri permet d'observer de nombreux oiseaux. Les flamants roses y passent une partie de l'hiver et nous prouvent que l'Afrique n'est pas très loin...

Les plages de Villasimius et des environs

En saison, toutes les plages de Villasimius disposent d'un parking payant *(5 €/voiture, valable le même jour dans ts les parkings).* En été *(de mi-juin à mi-sept en général),* une navette payante *(2 € le trajet, sinon 5 € la journée ou 29 € la sem)* fait le tour des plages. On achète son ticket à l'office de tourisme.

Spiaggia di Simius : *à env 1,5 km de la ville. Accessible à pied ou à vélo en suivant la via del Mare.* ♿ C'est la plage la plus près du village. Le sable est fin et blanc, et la mer peu profonde. Beaucoup trop de transats et de parasols à notre goût. Plage accessible aux personnes en situation de handicap.

Spiaggia di Punta Molentis : victime de son succès, cette plage est désormais payante et en accès limité *(8h-18h ; max 300 plagistes ; parking 10 € ; accès à la plage 6 €/pers).*

Spiaggia di Porto Giunco : la grande plage la plus fréquentée de Villasimius. Nombreuses activités, comme la voile, le kitesurf et la plongée. Elle est pourtant bien abritée du vent.

Spiaggia Campus : *à 3,5 km à l'ouest de Villasimius, vers Cagliari, par la route SP 17. Au niveau de l'hôtel Cormoran, tourner à gauche (indiqué).* ♿ Eaux transparentes et parasols. Un sentier conduit de cette plage à celle de Cuccureddus. Quel joli nom pour une plage !

Spiaggia di Santo Stefano (cala Tramazzu) **:** *au sud de la fortezza Vecchia, à cala Caterina.* Bien abritée du *grecale,* le vent de nord-est, une plage encore vierge de services. Présence de galets dans sa partie haute, descendre le plus au sud possible.

LE SUD-EST

Sur la costa Rei

Spiaggia di cala Sinzias : *à env 14 km au nord-est de Villasimius par la route SP 18 qui longe la costa Rei. Après l'embranchement de la route pour la plage de cala Pira (2,2 km), tourner à droite pour la cala Sinzias.* ♿ Plage aménagée, avec des parasols, un bar-resto et des activités nautiques. Sable fin. Plus au nord (au sud de Sant'Elmo), la *spiaggia Ikki* est plus confidentielle.

Costa Rei e spiaggia di costa Rei : ce n'est pas notre endroit préféré sur la côte, mais on y trouve une petite ville balnéaire avec des hôtels, des restaurants, des cafés, des commerces...

Fêtes

– ***Festa della Madonna del Naufrago :*** *3e sem de juil.* Voir encadré.

– ***Festa di Santa Maria :*** *1re sem de sept.* On commence par promener la Madone sur un attelage tiré par des bœufs sapés comme des princes jusqu'à la petite église champêtre de Santa Maria, puis on boit et on mange dans la bonne humeur avant d'assister au feu d'artifice.

– ***Festa di San Rafaele :*** *le 24 oct.* C'est le saint patron de la ville, alors on en profite pour faire de la musique (en général du folk) tout en cassant la croûte.

UN CURÉ QUI SE MOUILLE !

Chaque année depuis 40 ans, à l'occasion de la fête de la Madone du Naufragé la 3e semaine de juillet, le curé de Villasimius enfile sa combi à 11h pétantes le dimanche pour aller bénir la Sainte Vierge immergée devant l'isola dei Cavoli et déposer une couronne de fleurs à ses pieds. Il paraît que ça fait beaucoup de bulles (c'est sans doute le pape qui le dit...). En tout cas, c'est l'occasion de sabrer les bouteilles de prosecco car la ville tout entière est en liesse pour l'occasion !

HOMMES, CULTURE, ENVIRONNEMENT

ARTISANAT SARDE

Les artisans savent magnifier les simples matières travaillées pour créer de modestes mais réels objets d'art. Voici une petite liste de courses...

– ***Les bijoux en argent*** (un peu partout).

– ***Les terres cuites et vernies*** aux dessins et couleurs évoquant la mer et les terres sardes (à Gallura).

– ***Les petites maisons en trachyte rouge*** (à Oristano), avec parfois un discret mais élégant motif en argent...[2]

– ***Les tapisseries*** rustiques en laine (à Mogoro).

– ***Les tessuti :*** lin, soie et laine *(orbace)* sont tissés pour confectionner nappes, couvre-lits et tapis (à Aggius, Sumugheo et Mogoro).

– ***Les corbeilles en paille de blé*** (à Campidano).

– ***Les couteaux*** en corne de bélier sculptée (à Arbus et Pattada).

– ***Les bijoux de corail rouge*** (à Alghero), surnommé le « sang pétrifié de Méduse », épousant harmonieusement l'or filigrané ou l'argent. Beaux mais chers car le corail se fait rare. Méfiez-vous des bijoux vendus dans les boutiques de souvenirs, fabriqués quasi systématiquement en corail chinois teinté. Les objets réalisés à Alghero sont en principe dûment certifiés. ***Achat bien peu écologique ; nous, on déconseille.***

– Et puis ***les nappes en lin ou coton, les châles brodés, les coffrets en liège, les sculptures sur bois, les sacs en forme de besace de berger...***

– Côté plaisirs de la table, du ***vin,*** bien sûr, avec quelques cépages sardes d'excellente qualité, mais aussi de l'huile d'olive, une bonne ***liqueur de myrte*** en digestif, de la ***charcuterie,*** des pâtes, etc.

BOISSONS

La viticulture italienne repose sur 3 types d'appellations. Les ***IGT*** *(indicazione geografica tipica)* sont des vins de pays portant une indication géographique. Les ***DOC*** *(denominazione di origine controllata)* sont des appellations d'origine contrôlée, avec étiquettes rondes et roses autour du goulot, qui doivent être conformes à des critères stricts (zone de production définie, type de raisin, méthodes de culture et de vinification). Les ***DOCG*** *(denominazione di origine controllata e garantita)* qualifient un vin de qualité et de renom ; bref l'excellence !

Vins sardes et spiritueux *(filu e' ferru)*

Et si « l'empreinte du pied divin » était celle de Dionysos ou de son alter ego romain Bacchus ? Les vins sardes sont en effet devenus des vins avec lesquels il faut compter ! La position géographique de la Sardaigne (même latitude que la Campanie et la Basilicate) en fait une région viticole assez archaïque avec la production de vins à base de cépages anciens. Sur environ 43 000 ha de vignobles, on compte près d'une vingtaine de DOC (l'équivalent de notre AOP) et un seul DOCG. Certains cépages, de par leur nom même, prétendent dater de la civilisation nuragique (soit vers 1800 av. J.-C.), comme le *nuragus* ou le *nuraghe majori* : vinifiés en blanc, ils sont plaisants en toutes circonstances. Ils sont toutefois surpassés d'une part par le *vernaccia d'Oristano* à la robe dorée, révélant à la dégustation un équilibre parfait : sec et rond ! Et d'autre part par le *vermentino di Gallura,* pour l'heure seul DOCG de Sardaigne, également dénommé *sardinia.*

– Le *malvasia di Bosa,* héritage de Byzance, enchantera les amateurs de vins moelleux et secs ; le *moscato,* qu'il soit tranquille ou pétillant, reste doux ; celui de Tempio Pausania est particulièrement recherché.

– Pour le bonheur de nos papilles, rendons grâce aux jésuites responsables de l'introduction du *cannonau* très typé grenache, et surtout dégustons le *carignano de Sulcis* : ce cépage carignan d'origine espagnole, introduit par les Phéniciens et bien adapté aux environnements marins. De ce fait, il échappe au phylloxéra et ne nécessite pas de porte-greffe. L'appellation compte environ 250 ha et les vendanges se font toujours à la main. Légèrement tannique, à la somptueuse robe rubis, au nez il suggère la prune, les fruits secs et même le chocolat. Il accompagne avec bonheur viandes, champignons et fromages. On vous conseille de faire un petit tour à la coopérative de Santadi, bourgade située aux environs des grottes Is Zuddas.

– Pour les inconditionnels du vin rosé, les jours de grande chaleur : le *torbato* et le *cannonau torbato.* Mais il faut bien spécifier « rosé », car ces 2 cépages sont également vinifiés en blanc pour le *torbato* et en rouge pour le *cannonau.*

– 2 curiosités : l'*anghelu ruju,* si vous appréciez le genre porto, et le *giro* de Cagliari, vin rouge plutôt doux qui fait penser au *commandaria* chypriote.

– Bien sûr, il y a de la grappa partout (même si, traditionnellement, la grappa est plutôt un produit du nord de l'Italie), mais l'eau-de-vie « nationale » se nomme le *filu e' ferru.* Comme dans tout pays viticole, faire son eau-de-vie est un sport clandestin ! Pourquoi payer tant de taxes ? On cache donc l'objet du délit soigneusement, mais gare aux trous de mémoire... Alors, pour retrouver son trésor sans coup férir, on laisse dépasser une petite boucle de fil de fer : *filu e' ferru !* C'est devenu une appellation en bonne et due forme, surtout quand on sait que le fer est censé être un remède à l'alcoolisme...

– Vous n'avez pas suivi les conseils habituels de modération ? N'hésitez pas : un verre de *mirto* (infusion de myrte, à ne pas confondre avec la liqueur) vous remettra d'aplomb.

Bière

La bière « nationale » sarde est la *Ichnusa Cruda,* une jolie blonde à tête de Maure ! Pas mal pour étancher une grosse soif, mais elle manque un peu toutefois de caractère. On trouve aussi de plus en plus de bonnes bières artisanales, mais elles ne sont pas toujours données (la palme revenant à la *Barley,* produite près de Cagliari, franchement hors de prix !). À Cagliari toujours, on peut ainsi déguster les bières de la brasserie *Chemu,* dans les environs de Sassari, les *Dolmen,* près d'Oristano, ce sont les *Horo.* Et contre toute attente, chaque année en octobre se déroule une ***Oktoberfest*** ayant pour cadre les mines de Montevecchio à Guspini.

Café

« **Le café est un breuvage qui fait dormir quand on n'en prend pas.** »

Alfonse Allais

Tout le monde connaît l'incontournable *espresso,* mais rares sont les Italiens qui le demandent. En effet, certains le souhaitent *ristretto* (serré), d'autres *lungo* (allongé) ou encore *macchiato* (« taché » d'une goutte de lait). Si vous demandez un *americano,* vous obtiendrez, selon les endroits, un *espresso* double ou un café en poudre infâme. Le café au lait se dit *caffè latte.* À ne pas confondre avec le fameux cappuccino, coiffé de mousse de lait. Sublime quand il est bien préparé ! En fin de repas, demandez un *caffè corretto,* c'est-à-dire « corrigé » d'une petite liqueur.

Mieux vaut boire son café debout au comptoir, à l'italienne, c'est là qu'il est le moins cher (autour de 1 €)... Assis, dans les endroits touristiques, il peut coûter bien plus cher. Toutefois, les cafés sont en général bien moins chers en Sardaigne qu'en France, bien que d'une qualité nettement supérieure.

Eau

L'eau du robinet est potable. On vous dira parfois le contraire. Difficile d'en être certain avant de tomber malade. Néanmoins, elle n'est jamais servie dans les restaurants, où l'on vous propose toujours de l'eau minérale et où l'on vous regarde d'un drôle d'œil si vous insistez pour avoir une carafe – si vous y tenez vraiment, demandez *acqua del rubinetto,* au risque d'être catalogué illico *turista avaro.* Précisez *naturale* si vous souhaitez de l'eau plate, *frizzante, gassata* ou *con gas* pour de l'eau gazeuse.

CUISINE

La cuisine sarde ne fait pas dans le gastronomique. Du genre roboratif, elle est toutefois excellente, mais dans un registre simple, populaire et familial, et toujours servie copieusement. Comme dans le reste de l'Italie, la carte des restaurants se divise en 5 grands thèmes : *antipasti, primi, secondi, contorni* et *dolci* (hors-d'œuvre, entrées, plats principaux, garnitures et desserts). Les Italiens eux-mêmes, en dehors de certains repas de fête, se contentent d'*antipasti* et d'un plat de pâtes, voire d'un plat de viande et de sa garniture. Sinon, bonjour l'addition et au revoir la ligne !
Chaque région a ses recettes, ses spécialités.

Comment manger à l'italienne ?

Antipasti

Assortiment de délicates charcuteries – saucisson *(il salame),* jambon *(il prosciutto),* viande de bœuf séchée *(la bresaola)* –, de fromages, de légumes grillés, de tomates confites, de crudités, de fruits de mer et d'anchois marinés ou en salade. Ces propositions, multiples, ouvrent le repas. Traditionnellement, une tablée partage plusieurs *antipasti,* afin de varier les saveurs. Si vous êtes 2, vous pouvez très bien ne prendre qu'un plat. Il arrive aussi dans certains restaurants que l'on vous propose un panaché des *antipasti* de la maison. Dans les repas à menu fixe (dans les fermes-auberges, certains restos le dimanche, etc.), la part réservée aux *antipasti* est souvent importante et c'est alors un véritable défilé de plats.

POURQUOI TOMATE SE TRADUIT PAR *POMODORO* ?

Les grands navigateurs découvrirent la tomate chez les Aztèques, au Mexique. Elle avait la forme d'une pomme (d'où son nom) et valait le prix de l'or parce qu'elle était particulièrement difficile à conserver.

Il arrive aussi que ces hors-d'œuvre soient présentés sur une table à l'entrée du restaurant, ou derrière une vitrine réfrigérée : afin d'éviter les mauvaises surprises, vérifiez s'ils sont à discrétion, façon buffet, ou facturés selon la quantité.

Primi

La place d'honneur revient à la *pasta,* qui constitue l'essentiel des *primi* dans la plupart des cartes. Voir plus loin « Les spécialités culinaires sardes ».
Le risotto et les soupes *(minestre)* sont plutôt des plats servis en Italie du Nord, mais qui apparaissent désormais sur toutes les cartes sardes.

Secondi

Étant donné l'importance du *primo,* le plat de viande ou de poisson ne joue pas le même rôle que dans nos menus. Le poisson et les fruits de mer, qui dominent largement les cartes sur le littoral, sont des mets de luxe. Le premier est souvent vendu au poids, mais il peut être servi aussi à l'assiette. Dans un restaurant appartenant à la catégorie « Prix moyens », on le trouve à 50-60 € le kilo. Ce prix double s'il s'agit de la langouste.

Contorni

Les *secondi* sont toujours servis sans garniture. Il faut donc commander – et payer – celle-ci à part. On vous proposera, selon la saison, des pommes de terre, des légumes ou des salades. Les salades cuites (*verdura cotta* ou *saltata in padella*) sont servies froides ou sautées à la poêle.

Dolci

Les pâtisseries et confiseries sont succulentes. La pâte d'amandes *(pasta di mandorla)* y occupe une place de choix, de même que les agrumes confits. Comment parler des *dolci* sans évoquer les glaces *(gelati)* si réputées ? La glace existait déjà en Chine il y a 2 000 ans, tandis que les Romains adoraient mélanger le vin et la neige en leur temps. Mais ce sont les Arabes, très friands de jus de fruits glacés, qui importèrent la tradition de la glace en Europe. D'ailleurs, le mot « sorbet » vient de l'arabe *charb,* qui signifie « boire ». Ce n'est qu'à partir du XVIe que les crèmes glacées, nées à la cour des Médicis à Florence, prirent leur forme actuelle.
Les meilleurs endroits pour déguster glaces et pâtisseries sont les *gelaterie* et les *pasticcerie,* et non les restaurants (où l'on trouve pratiquement toujours le même type de propositions).

Les spécialités culinaires sardes

Sardaigne, île des gourmands ! Ici, la cuisine se divise en 2 grands chapitres : la ***cuisine di mare*** (poissons et fruits de mer), sur les côtes, et la ***cuisine di terra*** (viande, gibier, champignons, légumes, fruits), dans les terres.
Ami voyageur, soyez prévoyant : il vaut mieux se munir de vêtements à ceinture élastique car, en Sardaigne, tout est bon et servi généreusement ! Le pain, les pâtes, les viandes, les fromages...
– ***Le pain :*** commençons par le pain quotidien ou plutôt les pains quotidiens. Le *pane carasau* ou *carta da musica,* une fine feuille croquante, nommée *pane guttiau* quand on le sert légèrement salé et agrémenté d'huile d'olive (appelé aussi « pain du berger »). Le *civraxiu,* sorte de grosse miche paysanne cuite au feu de bois. Le *spianada,* plus mou et orné de motifs appliqués au tampon pour les jours de fêtes. Le *sa pilloncа,* enrichi au saindoux ou aux raisins, une sorte de fougasse.
– ***Les soupes :*** rustiques et roboratives (pas de régime diététique !). Malgré son nom, la *zuppa gallurese* (ou *zuppa cuata*) ne ressemble pas vraiment à une soupe puisque la préparation est plutôt compacte ! Elle est à base de pain rassis *(pasta*

L'OR ROUGE

La Sardaigne est la 1re région italienne productrice de safran, qui s'adapte très bien aux conditions climatiques de l'île. La culture du crocus qui produit le pistil de safran se concentre dans le dénommé « triangle d'or », entre San Gavino, Turri et Villanovafranca. Caractéristiques du safran sarde : sa couleur rouge rubis, son arôme intense et son goût prononcé. La cuisine sarde l'utilise des antipasti *jusqu'aux* dolci. *On le trouve dans certains gâteaux du carnaval (comme les* zeppole*), mais aussi dans les pâtes (les* malloreddus *et les* ravioli*) et les sauces. Pour obtenir 1 kg de safran, 150 000 fleurs sont nécessaires... d'où son prix... 30-40 €/g !*

dura) que l'on trempe dans du consommé de mouton ou de bœuf (parfumé normalement au fenouil sauvage ou à la cannelle) et recouvert d'une couche de fromage *ispiattadu.* Pour la *su farru,* à la farine de blé et aux légumes secs trempés dans du bouillon, on ajoute du *pecorino* et de la menthe. La *sa favata* est une simple soupe à base de fèves, mais on en redemande ! La *cavolata* magnifie le brave chou de base grâce à l'apport de viande d'un porc qui a couru dans le maquis. Plus raffinée, la soupe de fenouil sauvage est agrémentée de tomates séchées et de fromage frais.

– ***Les légumes :*** une place toute particulière est réservée à l'artichaut, plante endémique avant d'être cultivée. On le consomme cru ou cuit, mais le gâteau d'artichaut de Nuoro reste sans réel équivalent dans la cuisine italienne. On prépare les feuilles les plus tendres entrelacées d'une légère pâte de pain brisée ; elles seront cuites avec un mélange d'œufs, de fromage râpé et d'huile... Mets royal ! Artichauts, bettes, fèves, fenouil, tomates, ail, olives, champignons et châtaignes se retrouvent dans de nombreux assaisonnements ou garnitures.

– ***Les pâtes* (pasta) *:*** on en fait tout un repas, et quel repas ! Les *malloreddus,* à base de semoule de blé dur et en forme de petits coquillages effilés (qui ressemblent aussi à des minignocchis), servis avec force saucisse et sauce tomate. Les *culurgiones,* gros raviolis fourrés de pomme de terre, *pecorino* et menthe, d'une finesse et d'une onctuosité étonnante en bouche. La *fregula* (ou *fregola*), une sorte de petite bille de pâte à la texture délicate. Les *pillus* ou tagliatelles sardes. Dans le passé, chaque « royaume » inventa des formes spécifiques pour différencier ses pâtes de celles des régions voisines. Leur secret de fabrication est jalousement gardé, même s'il arrive encore aujourd'hui de surprendre une vieille femme tricoter (au sens matériel) allègrement ses *maccheroni.*

– ***Les viandes :*** si les bergers sardes se contentent aujourd'hui encore de pain et de fromage, les viandes ne sont plus comme jadis réservées aux jours de fêtes. La Sardaigne, terre de chasse et d'élevage, est généreuse et certaines recettes à base de viande prétendent à une ancienneté datant de l'époque nuragique... Comme la *zurette* ou boudin de brebis délicieux, la *cordula* (intestins de mouton), le célèbre *porceddu* (ou *maialino*) *allo spiedo,* cochon de lait rôti à la broche à la fois fondant et croustillant, les *arrosti,* viandes de veau, agneau, chevreau et porcelet cuites à la broche ou dans la cendre à l'occasion de fêtes religieuses ou de retrouvailles familiales. Ne pas manquer de déguster du *bue rosso,* cette race de bœuf élevée du côté de Seneghe (dans la région d'Oristano) à la viande tendre et goûteuse. Le cheval *(cavallo)* se retrouve sur de nombreux menus et demeure très populaire, mais, attention, sa chair est parfois très dure (surtout s'il est importé des pays de l'Est !). Idem pour le steak d'âne *(asinello).* Enfin, le sanglier, le cochon sauvage et la perdrix (généralement accommodée aux lentilles), chassés dans les forêts, flatteront nos papilles trop habituées au gibier d'élevage. Et que dire de la *taccula* ? Cette curieuse préparation consiste à faire bouillir 8 grives (pas une de plus ou de moins), plumées mais non vidées, à les attacher par le bec et à les placer toutes fumantes dans un sac rempli de feuilles de myrte dont elles absorbent le parfum en refroidissant.

VOUS AVEZ DIT GIGOGNE ?

À Villagrande, dans la région de Nuoro, il existe une tradition pour le moins roborative : le toro del ciabattino *(le taureau du savetier). Il s'agit d'un veau vidé et farci d'une chèvre, elle-même farcie d'un cochon de lait, contenant lui-même un lièvre farci d'une pintade dans laquelle on a glissé une grive. Avant de passer tout ça au gril, c'est le cordonnier du village qui se charge de la suture finale ! Nous, on trouve qu'il aurait quand pu mettre un asticot dans le bec de l'oiseau !*

– ***Les poissons et fruits de mer :*** les Sardes, tout comme les Corses, retranchés à l'intérieur des terres, ont longtemps renié les produits de la mer. Mais ils rattrapent maintenant le temps perdu. Bien sûr, on trouve un grand nombre de poissons à la carte mais, attention, ils ne viennent pas tous de Sardaigne et sont souvent vendus au poids (un *etto* vaut 100 g et, en moyenne, 5 à 6 €). Un astérisque précise généralement ceux qui sont frais ou congelés. Retenez quelques noms fréquemment cités dans les menus ; *spigola* (bar), *orata* (daurade), *sarago* (sar)... Dans le Sud, notamment près de l'île de San Pietro, c'est le thon *(tonno)* qui est à l'honneur. La star des fruits de mer, ici comme ailleurs, est la langouste, préparée à la catalane dans la région d'Alghero, mais tout simplement hors de prix. Notez que dans cette même région, le poisson (et la viande) se mange souvent à l'*agliata,* une délicieuse sauce froide à base de tomates fraîches et séchées, piment et ail. La *cassola e pesci* peut se présenter à la fois comme une simple soupe de poisson, mais aussi sous forme de bouillabaisse ou de bourride. Les *buccini* sont des coquillages à la chair tendre. L'*anguida arrustia,* ou anguille rôtie, la *bottarga* (la poutargue, œufs de mulet salés, séchés et compressés), le *mosciane* ou filet de thon séché, toutes ces préparations au degré de fraîcheur incomparable combleront les palais les plus délicats.

– ***Les fromages :*** le fromage sarde est essentiellement de brebis, accessoirement de chèvre, exceptionnellement de vache. À tout seigneur, tout honneur, le *pecorino* sarde ou *fiore sardo* règne en maître : il y a pléthore de brebis pour fournir le lait nécessaire ! On le mange frais ou mi-vieux, et vieux on le râpe. Le *pecorino romano* est également omniprésent sur l'île ; mais si les Sardes le fabriquent, ils n'aiment pas trop admettre qu'il fut l'ancêtre de leur *pecorino.* En effet, c'est du Latium d'où, datant de l'Antiquité, il fut transplanté en Sardaigne mais seulement au XIXe s !

FROMAGE VIVANT

Le casu marzu (« fromage pourri » !) est infesté de larves blanches vivantes. Les bestioles rendent la croûte suintante et acide, et l'état de décomposition lui donne un goût de pourriture. Parfois, les larves sautent du fromage ! C'est le délice des bergers sardes et le fromage de ceux qui ont perdu un pari.

– ***Les desserts :*** le secret de la pâtisserie sarde ? Amour de la tradition, créativité et travail minutieux. Les ingrédients de base sont ceux du terroir : amandes, figues, miel, fleur d'oranger et *ricotta*. Pour chaque fête et en fonction du coin, on trouve une grande variété de desserts. Comme les gâteaux des mariés, ornés de décorations en dentelle et de dragées argentées, en forme de cœur, de colombe, de grappe de raisins et de berceau, pour souhaiter prospérité et abondance. Quelques noms de délices sardes : *suspiros* et *candelaus* à base d'amandes, de citron et de fleur d'oranger, *aranciata* ou orange confite, *is piricchitus, is pardulas, casadinas, torta di ricotta,* tous à base de fromage. Ou encore les simples *pistoccos* pour accompagner le café, sans oublier le miel, le nougat de Desulo, les figues, la confiture d'arbouse, tout est si délicieux que le choix est cornélien. Vous trouverez dans presque tous les menus les fameuses *seadas* : ce sont des beignets de pâte feuilletée farcis de fromage de brebis et nappés (ou non) de miel.

Pizza

Les bonnes pizzas sont préparées par un vrai pizzaïolo, puis cuites au feu de bois. D'une manière générale, la pâte des pizzas sardes est moins levée que celle de Naples. Sachez aussi qu'il existe d'autres modèles que les *pizze* rondes à la tomate. Il y a, par exemple, la *pizza bianca* (pizza blanche), sans sauce tomate et tout aussi succulente, ou la *pizza al taglio* ou *pizza al*

PIZZA ROYALE !

C'est en l'honneur de la reine Marguerite de Savoie, femme d'Umbert Ier (fin XIXe s), que l'on prépara lors d'une réception une pizza spéciale. Sans ail évidemment, rapport à l'haleine ! On décida alors de rendre hommage à la nation nouvellement unifiée en évoquant le drapeau italien : tomate pour le rouge, mozzarella pour le blanc et basilic pour le vert. La margherita était née.

metro (pizza à la coupe ou au mètre). Ce sont de grands rectangles de pizza, découpés à la taille souhaitée, avec garniture au choix. Dans certaines boulangeries et dans les pizzerias sur le pouce, on peut acheter des parts de pizza à emporter. Très pratique et peu onéreux.

Le *Slow food*

Plusieurs restaurants sardes affichent l'autocollant *Slow food* : un petit escargot à la coquille jaune. Ce mouvement culinaire, né dans le Piémont à Bra en 1989, a décidé de défendre les vraies valeurs de la cuisine traditionnelle, particulièrement celles des petites *trattorie* du terroir.
Le retour du bien-manger et la volonté de préserver la diversité sont les ambitions de la politique *Slow food.* Le *Slow food* n'est pas contre la modernisation, à condition qu'elle soit au service du goût.
L'idée, c'est aussi de respecter la nature et d'attendre le bon moment pour apprécier un légume ou un fruit. À quoi cela sert-il de manger une fraise (insipide) en décembre ?
Pour plus de renseignements : • *slowfood.com* •

Les marchés alimentaires

Véritable institution dans les villes et villages sardes, le *mercato* a lieu une à plusieurs fois par semaine, voire tous les jours dans les grandes villes. On y trouve les excellents produits du terroir local : charcuterie, fromages, vins, miel, fruits, légumes, etc., mais aussi de petits traiteurs qui étalent d'alléchants *antipasti.* Idéal pour se constituer un excellent pique-nique ou une dînette improvisée à prix justes et sans se ruiner. Nombre de villes ont aussi un marché couvert (appelé lui aussi *mercato*) ouvert tous les jours sauf le dimanche.
Un détail culturel parmi d'autres : dans les supermarchés italiens, on ne touche pas les fruits, ou alors seulement... avec un gant en plastique ! Imaginez la réaction des vendeurs quand un Français débarque avec ses vieilles habitudes : on tâte à main nue, et après on se décide ou non... Gare aux remontrances !

Petit lexique culinaire

Acciughe	Anchois
Aglio	Ail
Anatra	Canard
Anguria	Pastèque (*melone d'acqua* dans le Sud)
Aragosta ou *astice*	Langouste
Baccalà	Morue
Brodo	Bouillon
Calamari	Calamars
Casalinga ou *casareccia*	Comme à la maison, « ménagère »
Castrato	Mouton
Cozze	Moules
Fegatini di pollo	Foies de volaille
Fegato	Foie
Fritto misto	Friture de poissons, de fruits de mer ou de légumes, ou *antipasti* salés comme l'*arancino*
Frutti di mare	Fruits de mer
Gamberi	Crevettes
Gamberoni	Langoustines
Granchio	Crabe
Granita	Glace pilée parfumée
Noce	Noix
Panna	Crème épaisse

Pasticceria	Pâtisserie
Polpette	Boulettes de viande
Porcini	Bolets, cèpes
Saltimbocca	Escalope de veau roulée avec une tranche de *prosciutto,* du fromage, une feuille de sauge et servie avec une sauce au vin blanc
Semifreddo	Gâteau glacé
Spumone	Glace légère aux blancs d'œufs
Tartufi	Truffes
Tiramisù	Gâteau à base de mascarpone (crème épaisse) et de biscuits imbibés de café, le tout saupoudré de cacao
Torta	Gâteau
Vongole	Palourdes ou clovisses
Zuppa di pesce / brodetto	Soupe de poisson

Sites sur la gastronomie et les vins italiens

• ***lacucinaitaliana.it*** • En italien. Un site bien conçu et très exhaustif ! Des recettes à foison (de la plus traditionnelle à la plus inventive), classées par types de plats, de régions ou de produits. Articles sur l'actualité de la gastronomie italienne.
• ***italienpasta.com*** • En français. Un site spécialisé dans les pâtes, avec une partie consacrée à la Sardaigne (ah ! les fameuses *malloreddus* !).
• ***gamberorosso.it*** • Amateurs de vins, voici un site à consulter. Il permet de découvrir l'Italie à travers ses vins, puisqu'il s'agit du site internet de Gambero Rosso, ouvrage de référence en la matière. Également des recettes, des recommandations...

CURIEUX, NON ?

– Les Italiens ont l'habitude le matin de se contenter d'un café et d'un croissant sur le zinc au lieu d'un copieux petit déjeuner.
– Vous passerez pour un touriste si vous commandez un cappuccino après 11h.
– La ***bouteille d'eau minérale*** est généralement apportée d'office sur la table, entraînant un supplément de 2 à 4 €.
– La ***pasta*** fait partie intégrante du repas, qu'on mange en *primo* avant le plat principal (s'il vous reste un peu de place !).
– L'***addition*** est traditionnellement majorée du *coperto* (2-5 € par personne).
– Un Italien consomme en moyenne 100 boules de glace par an et par personne, dans un pays qui en produit 6,8 milliards pendant la même période. Record d'Europe !
– Dans les églises, les sacristains sont souvent remplacés par des ***tirelires électriques*** (en général 1 €) pour éclairer les chefs-d'œuvre sans forcer la main.
– Dans tous les hôtels, un cordon – signalé par un discret panneau – pend le long du mur de la douche ou de la baignoire. Un dispositif de sécurité imposé par la loi, en cas de malaise : une traction déclenche une sonnerie à la réception. Mais vu le nombre de clients qui pensent que c'est le cordon de la ventilation, voire une corde à linge... il est plutôt rare que quelqu'un prenne la peine de se déplacer.
– La ***sieste (il pisolino)*** fait partie des traditions italiennes depuis l'Antiquité (particulièrement dans le sud du pays). L'été surtout, la ville s'endort après le déjeuner. Les boutiques ferment, la circulation ralentit et les travailleurs de la 6e heure (sieste vient de *sexta hora*) sont l'exception.
– ***La passeggiata :*** littéralement « la promenade ». C'est le petit tour que font bras dessus, bras dessous les Italiens en fin de journée, juste avant le coucher du soleil. C'est également le moment de la journée où la queue devant les glaciers s'allonge à vue d'œil.

ÉCONOMIE

L'agriculture et l'élevage

Avec 25 % des richesses produites, l'agriculture est l'une des principales activités de l'économie sarde. Mais il s'agit surtout d'élevage, la nature du sol (aride et caillouteux en plaine et en zone de montagne le plus souvent) étant peu propice aux cultures expansives. De tradition ovine, l'élevage, pratiqué souvent « à l'ancienne », est très actif (environ 1 mouton italien sur 3 est sarde !) et constitue un élément fondamental de la société, en particulier dans l'intérieur des terres. Qui plus est, la brebis sarde passe pour généreuse, car elle fournit à l'Italie plus de la moitié du lait de brebis consommée par ses habitants sous forme de fromages ou de yaourts. Quelques chèvres complètent les étals des crémiers, et côté barbaque, les Sardes ne jurent que par le célèbre bœuf rouge, élevé dans le massif du Montiferru. Pour terminer avec l'élevage, signalons également l'héritage espagnol, puisque la Sardaigne est la 1re région d'Italie pour le nombre de poulains nés, des poulains de race anglo-arabe majoritairement.

Pour ce qui est de la culture proprement dite, même si la plaine du Campidano produit de l'orge, de l'avoine et du blé, pas de champs de céréales à perte vue. En Sardaigne, la production agricole se résume à la vigne, à la production d'huile d'olive et à celle de l'artichaut épineux (le seul produit agricole avec l'écorce de chêne-liège que la Sardaigne exporte), très à la mode sur les bonnes tables d'Italie.

Enfin, avec 1 900 km de côte, la Sardaigne est aussi le pays de la pêche, avec un patrimoine halieutique des plus singuliers allant des tonnes d'anguilles qui fourmillent dans les lagunes à la pêche à la langouste et au thon rouge que les Sardes expédient jusqu'au Japon.

L'industrie

Les activités industrielles en Sardaigne représentent moins de 10 % des richesses produites et sont gérées majoritairement par de toutes petites entreprises (97 % des entreprises sardes ont moins de 10 salariés !). Si l'un des secteurs les plus florissants à une certaine époque a pu être celui de la mine (la Sardaigne est, avec la Toscane, la région italienne dont le sous-sol est le plus riche en minéraux), ce n'est plus le cas aujourd'hui. Même chose pour l'industrie pétrolière, intensément soutenue par des investissements publics pendant les années 1960-1970 avec la construction de grands complexes pétrochimiques : Cagliari, Porto Torres ou de production d'aluminium comme à Portovesme ; un secteur industriel qui aurait dû stimuler l'économie locale mais qui finalement ne l'a pas fait et se trouve aujourd'hui en fin de course. De moindre envergure, on notera quand même quelques entreprises manufacturières œuvrant dans des secteurs comme la production d'objets en cuir ou en liège ou encore le tissage.

Le secteur tertiaire

Le secteur tertiaire, quant à lui, représente 20 % de l'économie sarde. Il a connu un véritable boom ces dernières années grâce aux nouvelles technologies et à Internet. Aujourd'hui, la Sardaigne passe pour être l'un des pays les plus connectés au monde (en proportion de sa population). À titre d'exemple, Cagliari a lancé le 1er webmail au monde, ainsi que le 1er titre de presse et de radio en ligne d'Europe. La ville accueille les géants du numérique tels que Huawei, Google, Amazon, sans oublier Tiscali, son 1er bébé, aujourd'hui devenu le 3e plus grand fournisseur d'accès Internet d'Europe, et ce sans évoquer toutes les start-up qui sont nées dans la capitale sarde ces dernières années et qui continuent d'y être hébergées, comme Money Farm, la plate-forme de gestion d'investissements numériques.

Le tourisme

Le secteur du tourisme est, avec l'agriculture, l'un des moteurs de l'économie sarde, et jusqu'à la crise de la COVID, la Sardaigne connaissait dans ce domaine, en termes de fréquentation, une croissance annuelle de l'ordre de 10 %. Le problème, c'est que, contrairement à l'Italie ou même à la Corse sa voisine, la saisonnalité, extrêmement réduite, ne concourt ni à faire baisser le taux de chômage ni à créer des emplois stables. En effet, 83 % des touristes débarquent en Sardaigne entre juin et septembre. En dehors de cette période, c'est le désert ou presque. Ajoutons à cela la courte fenêtre (grosso modo du 20 juillet au 20 août) pendant laquelle les Italiens se ruent littéralement sur les côtes sardes pour parfaire leur bronzage, et on comprend facilement pourquoi les prix explosent pendant cette période.

DES GARDIENS QUI VEILLENT AU GRAIN !

La petite ville de Cabras (Oristano), connue pour ses superbes plages, vient de créer un métier pour le moins original : gardien de sable ! Rattachés à la direction de la zone protégée de la péninsule de Sinis, ces agents (très spéciaux) sont chargés d'empêcher les estivants d'emporter le sable avec eux. Rappelons quand même que la collecte illégale de sable est passible de 1 à 6 ans de prison en Italie.

L'impact de la COVID sur l'économie sarde

Gravement impactée par la crise de la Covid-19, l'économie sarde a été touchée en plein cœur du fait de la petitesse de ses entreprises, et notamment des petits commerces incapables de résister aux restrictions commerciales imposées par le confinement ; une véritable gageure pour une île qui abrite le siège du service clients d'Amazon !
Dans le domaine du tourisme, la douche s'est avérée glaciale aux environs du 15 août 2020, quand tous les feux de l'actualité se sont braqués sur le plus gros foyer de contamination d'Italie alors que l'île, qui souffrait déjà de la fermeture des bars, hôtels et restaurants depuis 3 mois, avait, jusqu'à l'arrivée des vacanciers, réussi à contenir la propagation du virus. Cette saison catastrophique pour le tourisme sarde a entraîné des milliers de micro-entreprises dans un gouffre financier sans fond, sans parler de tous les travailleurs saisonniers demeurés sans emploi. La crise sanitaire de 2020-2021 n'aura évidemment rien arrangé. Ici, comme partout ailleurs, une récession est inévitable.

ENVIRONNEMENT

Du fait de son isolement, la Sardaigne a su garder un environnement propice à la randonnée. Si la côte nous a paru un peu trop bétonnée en certains endroits, la grande majorité du littoral est encore vierge de toute intervention humaine à grande échelle, avec des plages la plupart du temps sauvages (mais très encombrées en août). L'arrière-pays, quant à lui, demeuré longtemps inaccessible en raison du manque d'infrastructures routières, recèle encore de vastes étendues dépeuplées où la nature demeure intacte ou presque. Qui plus est, la Sardaigne, région autonome, s'est donné les moyens de protéger son territoire avec pas moins de 3 parcs nationaux (Arcipelago di La Maddalena, Asinara et Gennargentu), 4 parcs naturels régionaux, 7 zones marines protégées et une centaine de sites classés Natura 2000.
De quoi satisfaire pleinement les amateurs de randonnée, de trekking et d'escalade, avec notamment le superbe *Selvaggio Blu,* le trek le plus sauvage d'Italie

– un itinéraire très exigeant sur le plan physique (mais accessible à tous avec un guide sur certains tronçons), qui longe le golfe d'Orosei en mer et montagne –, ou encore le *Cammino Minerario di Santa Barbara,* sur la côte ouest, qui vous fait tailler à travers le maquis en longeant la mer sur fond de friches industrielles fantomatiques.

Parcs naturels

La Sardaigne n'est certes pas la Corse, mais elle dispose de nombreux sentiers de randonnée balisés ! Pour faire sa sélection, se rendre sur le site • *parks.it/regione.sardegna/Findex.php* • ou télécharger les PDF pour visualiser les différents parcs sur • *sardegnanatura.com/guida-parchi.html* • *sardegnasentieri.it* •

– ***Parco nazionale del golfo di Orosei e del Gennargentu :*** dans la province de Nuoro. Ce parc (régional, en définitive) offre de belles possibilités de balades entre gouffres, cratères, cavités karstiques, gorges et vallées, peuplés de sangliers, mouflons, martres, aigles et faucons.

– ***Parco nazionale dell'arcipelago di La Maddalena :*** son épicentre est l'île de Caprera. On y accède par un pont à partir de l'île de La Maddalena, elle-même desservie par le ferry de Palau. Le parc en lui-même comprend des dizaines d'îles et d'îlots granitiques parsemés de maquis et de pinèdes entourés de plages paradisiaques. L'île de Caprera est sillonnée de sentiers balisés d'une grande beauté, qui mènent tous à de charmantes criques. Au printemps, on y trouve même des orchidées sauvages. *Rens :* • *lamaddalenapark.it* •

– ***Parco nazionale dell'Asinara :*** on y arrive à bord d'embarcations en partance de Stintino. Pour admirer le bleuet épineux, bercé par les cris des cormorans, goélands et crécerelles, en compagnie des bourricots blancs. Au programme des naturalistes en herbe (ou chevronnés), pas moins de 678 espèces végétales, dont une petite trentaine est endémique. *Rens :* • *parcoasinara.org* •

– ***Parco naturale regionale del Molentargius :*** tout près de Cagliari, une grande lagune en bord de mer, connue pour ses oiseaux : l'ibis, le héron, le flamant rose, le butor, quelques vulgaires canards et, en prime, le crapaud émeraude, la couleuvre d'eau et la rainette sarde ! Le parc en lui-même se visite à vélo, quelques cabanes d'observation sont aménagées.

– ***Parco naturale regionale di Gutturu Mannu :*** proche lui-aussi de Cagliari, c'est le royaume du cerf sarde. À l'automne, vous l'entendrez bramer lors de vos randos. *Rens :* • *sardegnaforeste.it* • *wwf.it/oasi/sardegna/monte_arcosu/* •

– ***Parco naturale regionale di Porto Conte :*** sur la commune d'Alghero. Pour les botanistes confirmés : hélichryse, *erica,* euphorbe, et la rarissime *Centaurea horrida.* Et, en prime pour les randonneurs discrets, le déboulé d'un lévrier sarde ou d'une belette. Sur place, le *Centro di educazione ambientale marino e terrestre* propose des visites guidées. *Rens :* • *infoceamat@parcodiportoconte.it* •

– ***Parco naturale regionale del monte Limbara :*** près de Tempio Pausania, pour les chênes-lièges, qui servent aux bouchons des nouveaux vins chinois !

– ***Parco naturale regionale di Tepilora :*** autour de Bitti. Ce parc, en cours de création, situé sur la commune de Bitti, couvre environ 4 700 ha. Il est dominé par le Nodu Pedra Orteddu (979 m). Plusieurs sentiers praticables à vélo ou à pied ont été aménagés. *Rens :* • *tepilorapark.it* •

– ***Parco della giara di Gesturi :*** domaine naturel des petits mais puissants chevaux sardes, dont une grande partie vit encore en liberté. *Rens :* • *parcodellagiara.it* •

– ***Parco del Sinis-Montiferru :*** riche patrimoine forestier protégeant renards et buses et, dans sa partie étang, avocettes, échasses blanches, foulques et gambettes. *Rens :* • *visitmontiferrusinis.it* •

– ***Parco naturale regionale Linas-Marganai :*** pour un condensé de tous les précédents, agrémenté de cascades.

GARIBALDI

Né à Nice en 1807, Guiseppe Garibaldi, influencé par les idées du Saint-Simonien Émile Barrault et de Guiseppe Mazzini, adhère aux idées de la « Jeune Italie » dans l'ambition de faire de l'Italie une république démocratique unitaire. Mais les soulèvements programmés échouent ! Garibaldi est considéré comme un ennemi de la patrie et de l'État, et condamné à mort par contumace. Il s'exile.
Il s'embarque pour Rio de Janeiro en 1835, où il devient très actif au sein de la communauté italienne, en dirigeant notamment la cellule « Jeune Italie » du continent sud-américain. « 1er franc-maçon d'Italie », il participe aux nombreuses batailles qui agitent l'Uruguay en 1841-1842. C'est d'ailleurs lors de la défense de Montevideo qu'il fit endosser à la Légion italienne ces célèbres chemises rouges, tirées d'un lot destiné aux bouchers argentins et achetées à bas prix !
Ses exploits vite connus en Italie lui confèrent une aura légendaire. Que ne revient-il pas se battre pour l'Italie unifiée ?
– 1848 : au service du roi de Sardaigne. Il devient alors l'un des grands héros des guerres du Risorgimento, mais il est de nouveau proscrit.
– 1848-1854 : exilé sur l'île de Caprera (dans l'archipel de La Maddalena), puis en fuite en Tunisie, à New York, au Pérou, en Chine, à Manille, en Australie... Il est en proie à de nombreux coups de mou mais ne se décourage pas pour autant et finalement rentre en Italie en 1854.
– 1854-1860 : il achète alors un petit domaine sur l'île de Caprera. Il y mène une existence rude et simple en s'occupant de ses vignes, ses oliviers, ses moutons et ses abeilles. Cavour le charge alors de former des troupes pour participer à la guerre d'Indépendance. Et c'est à la tête des Mille qu'il part libérer la Sicile, puis attaquer Naples. Malgré les craintes de Cavour, il reconnaîtra le royaume d'Italie.
– 1861-1862 : et l'Amérique ? On le sollicite pour participer à la guerre de Sécession du côté de l'Union, mais il ne peut quitter l'Italie car les guerres d'Indépendance continuent. En raison de ses campagnes pour la liberté en Amérique et en Europe, Garibaldi était surnommé le « héros de deux mondes ».
– 1870-1871 : il se bat en France pendant la guerre franco-prussienne. Il refuse les nombreux mandats de député français et se retire une nouvelle fois sur l'île de Caprera. Il s'engage de toutes ses forces pour le droit de vote et meurt épuisé le 2 juin 1882.

GÉOGRAPHIE

Avec un peu plus de 24 000 km^2 et près de 1 900 km de côtes, ***la Sardaigne est la 2e plus grosse île de la Méditerranée*** après la Sicile. Située à 12 km de la Corse, elle fut jadis rattachée à cette dernière mais les temps géologiques étant ce qu'ils sont, le morceau de terre qui les reliait se trouve aujourd'hui au fond de la mer. Sa côte est généralement haute et rocheuse, dessinant çà et là quelques promontoires qui se terminent en mer par une série d'îlots. Une géologie rebelle qui lui vaut une ribambelle de petites criques, toutes plus magnifiques les unes que les autres et souvent constituées de sable fin sur fond de mer turquoise, tandis que dans les zones basses, des lagunes s'immiscent à l'intérieur des terres pour engendrer des marais aujourd'hui pour la plupart transformés en terre agricole.
Côté relief, on est servi, avec ***80 % du territoire constitué de zones de montagnes et de collines.*** Parmi les massifs montagneux qui servirent longtemps de refuge aux habitants de l'île, notons le Gennargentu, dont le sommet culmine à 1 834 m d'altitude, le monte Limbara (1 362 m) ainsi que le monte Rasu, en fait une chaîne qui s'étale transversalement sur près de 40 km avec pour point culminant la punta Manna et ses 1 259 m, sans oublier le plus grand massif volcanique de l'île : le Montiferru, avec lui aussi quelques sommets à plus de 1 000 m. Particularité sarde aussi, les *giara,* ces plateaux basaltiques balayés par les vents et peuplés

de chevaux sauvages, comme c'est le cas pour la giara di Gesturi. Ces massifs sont généralement creusés de vallées profondes où coulent des ruisseaux parfois asséchés en été. Cela dit, les bouleversements géologiques ont fini par créer dans certaines régions un système karstique qui, outre les nombreuses grottes qu'il recèle, permet également de conserver l'eau et de la restituer aux hommes sous forme d'une source (de nombreux Sardes s'approvisionnent encore à de telles sources dans les zones de montagne). Pour ce qui est des fleuves, c'est service minimum, avec d'un côté le Tirso, qui finit sa course dans le golfe d'Oristano, à l'ouest, et, au sud-est, le Flumendosa. Le seul fleuve navigable étant le Temo, qui baigne Bosa, mais sur 6 km seulement !
Le « plat » n'est donc pas ce qui caractérise la Sardaigne. On trouve néanmoins une zone privilégiée pour l'agriculture : le Campidano, une plaine qui coupe l'île en deux entre Cagliari et Oristano.
Mais s'il est un paysage typiquement sarde, c'est bien la forêt, avec ses immenses nappes de chêne vert, de chêne-liège ou de châtaignier ***(la forêt de Gutturu Mannu est la plus grande de Méditerranée).*** Un pays « druidesque » dont le bois est exploité depuis l'Antiquité et dont les clairières sont parfois hérissées de menhirs ou de sites nuragiques.
Enfin côté ***climat***, la Sardaigne peut se vanter d'avoir un ensoleillement maximal avec par endroits ***300 jours de soleil par an.*** Et si les mois d'automne et d'hiver sont franchement arrosés tout en restant très doux (sauf en altitude, où la neige tombe dès les 1ers frimas), le reste du temps le ciel est souvent bleu, balayé parfois par un puissant mistral.

HISTOIRE

Origine du nom « Sardaigne »

Il y a bien longtemps, la Corse et la Sardaigne étaient unies... Hélas, la mer cruelle les sépara et Dieu posa son pied divin sur la plus grande des îles ainsi modelées. C'est ainsi qu'une vieille légende sarde explique la forme de l'île et ses noms grecs anciens : *Ichnussa* et *Sandaliota,* « l'empreinte du pied de Dieu ».
Mais voilà qu'au IIe s de notre ère un certain Grec nommé Pausanias – auteur de la *Périègèse de la Grèce,* sorte de guide à l'usage des visiteurs et digne ancêtre du *Routard,* où il décrivait en 10 livres la Grèce des Cités continentales – nous affirma que Sardus aurait mené une colonie de Libyens s'installer à *Ichnussa.* Ainsi l'île changea de nom. Il y avait, à Delphes, dit Pausanias, une statue de bronze dédiée au dieu Apollon par Sardus Pater.

SARDONIQUE SARDINE SARDE !

Le mot « sardine » vient du latin sardine *qui signifie « poisson ». En fait, il s'agit d'un petit poisson que les Romains pêchaient au large de la Sardaigne. D'où vient le mot « sardonique », alors ? D'une fleur, la* Sardonia herba *(du nom de l'île de Sardaigne). Toxique si on l'ingère, elle a pour propriété de provoquer des rictus au point que l'on a l'impression que le malade rit. Or c'est une grimace de douleur. De là vient l'expression : un sourire sardonique, pour une personne qui cache de mauvaises intentions.*

Les temps anciens

Les découvertes archéologiques font apparaître des traces de présence humaine dès le Paléolithique, mais la Sardaigne n'a véritablement été habitée de façon stable qu'au Néolithique, âge de la pierre polie, vers 6000 av. J.-C. La grotte de San Michele (au nord d'Ozieri) a livré de nombreux vestiges : poteries, armes tranchantes en obsidienne, etc., datant de 3500 av. J.-C., qui attestent de la présence de l'homme dans la région (culture d'Ozieri). Vers 2700 av. J.-C., la culture de Filigosa marque l'âge du cuivre ; mais c'est véritablement à l'âge du bronze, à partir de 1800 av. J.-C., que la Sardaigne va se couvrir de constructions étonnantes : les *nuraghi*. Ce sont des sortes de forteresses monumentales qui semblent tout droit sorties de l'imagination d'un dessinateur de mangas. Le *nuraghe* est une spécificité typiquement sarde, car on ne trouve aucune construction semblable hors de l'île. Correspondant probablement à une organisation tribale très fragmentée, on en dénombre près de 7 000, édifiés généralement loin de la mer. Les plus importants ont été explorés et dégagés de leur gangue de terre et de végétation, mais on sait aussi que d'innocentes collines renferment encore en leur sein plusieurs de ces imposants édifices.

Des Phéniciens aux Romains

Intrépides marins, conquérants et commerçants, les Phéniciens établissent très rapidement le long des côtes de nombreux comptoirs, puis commencent à vouloir faire des affaires avec les peuples de l'intérieur des terres. Ils apportent dans leurs bagages la culture méditerranéenne et profitent du manque de cohésion de la population locale divisée en clans multiples.
À leur suite, Grecs, Étrusques et Carthaginois vont chercher à s'installer dans cette île qui leur semblait riche et fertile. Les Carthaginois finissent par l'emporter et transforment une grande partie de l'île (sauf la Barbagia) en une colonie punique inféodée à Carthage (ville de l'Antiquité située à côté de l'actuelle Tunis). À Sant'Antioco, un sanctuaire en plein air rappelle le culte probablement sanglant qu'ils rendaient à Baal et à Tanit, leurs divinités principales.
Battus dès la 1re guerre punique (en 238 av. J.-C.), les Carthaginois retournent dans leurs pénates et les Romains victorieux s'installent à leur tour. Ces derniers n'ont que très peu d'estime pour les autochtones, ils les considèrent comme des barbares « seulement vêtus de peaux de bêtes » et les traitent avec mépris. D'un autre côté, les Romains vont embellir les villes, et ce sont finalement eux qui mettront un terme à la civilisation nuragique.

Les envahisseurs du Ve au XIe s

Dans la 2de moitié du Ve s, alors que l'Empire romain a déjà du plomb dans l'aile, les Vandales (un peuple germanique oriental), qui étaient déjà descendus jusqu'en Afrique, remontent jusqu'en Sardaigne et finissent par s'y installer (non sans avoir tout vandalisé au passage). Ils ne seront délogés qu'un siècle plus tard par les Byzantins, lesquels parachèveront la christianisation de l'île... Enfin presque, puisque les différentes *Barbagia* créeront un État indépendant dès la fin du VIe s et conserveront longtemps leurs traditions païennes. Dès le VIIIe s, l'arrivée massive des Sarrasins, et pas seulement des pirates occasionnels, poussera les Sardes à s'organiser. Ainsi naissent 4 États, les fameux judicats *(giudicati)*, sorte de royaumes indépendants gérés démocratiquement et sans monarque.

Pise et Gênes convoitent la Sardaigne

En 1015, Benoît VIII, inquiet de cette présence musulmane si proche de l'Italie, sollicite l'aide de Gênes et de Pise, les 2 républiques liguriennes. La première ne tarde pas à vouloir fricoter avec le giudicato de Càlari (au sud), mais Pise ne l'entend pas de cette oreille. Conflits, escarmouches ou batailles rangées, trahisons, intrigues, assassinats... une incroyable épopée, romanesque mais sanglante, durera près de 2 siècles.
Même l'empereur du Saint-Empire romain germanique, Frédéric Barberousse, voulut jouer au roi Salomon, mais ce fut en pure perte ! Paradoxalement, malgré cette instabilité politique, la Sardaigne connaît à cette époque un grand

épanouissement économique et culturel. Les 2 républiques maritimes rivales développent le commerce, les moines de différents ordres religieux défrichent, plantent des vignobles, bâtissent des églises.

Les nouveaux maîtres : de l'Aragon à l'Espagne

C'est alors qu'en 1297 le pape Boniface VIII décide de régler une fois pour toutes la querelle pisano-génoise en attribuant la Sardaigne à un 3e larron : le roi d'Aragon ! Celui-ci doit néanmoins livrer bataille pour réussir enfin à chasser les Pisans, soutenus par une partie de la population, en 1324.

Les 4 siècles de domination espagnole qui suivent ne furent pas heureux. Les colons aragonais ou catalans portent sur les Sardes le même regard méprisant que les Romains en leur temps. L'espagnol devient la langue officielle. La Sardaigne, gouvernée par un vice-roi arrogant qui multiplie les taxes et les impôts, voit les autochtones cantonnés dans des tâches subalternes et abandonnés des instances dirigeantes. La peste, la famine, le paludisme, l'Inquisition, les pirates dits « barbaresques » qui multiplient les razzias, atteignent en profondeur le moral de la population de l'île, qui finit par se replier sur elle-même. C'est ainsi que fut modelé, sculpté, renforcé le caractère insulaire des Sardes, retranchés dans les régions montagneuses et souvent inhospitalières, prompts à se défendre et bien entendu qualifiés de bandits !

En 1718, la guerre de Succession d'Espagne voit un petit-fils de Louis XIV monter sur le trône castillan sous le nom de Philippe V, ce qui a pour conséquence la cession du royaume de Sardaigne aux ducs de Savoie, alors princes du Piémont, afin de les dédommager de la perte de la Sicile. 2 ans plus tard, le duc Victor-Amédée II devient le 1er roi de Piémont-Sardaigne.

1720-1861 : le royaume de Piémont-Sardaigne

Il semblerait que les Sardes ne se soient pas mobilisés aussi violemment contre les Piémontais que contre la mainmise espagnole. Il leur faut cependant attendre pour que la situation, progressivement, évolue. Au XIXe s, leur vie quotidienne connaît une amélioration relative grâce à des réformes de la justice, la création du droit de propriété, inexistant auparavant et source de continuels conflits, et une certaine modernisation.

Dès 1852, Cavour, « anglo-saxon d'idées et gaulois de langage », 1er ministre du royaume de Piémont-Sardaigne, s'efforcera d'en faire un État modèle tant par sa politique du libre-échange que par sa législation sur l'Église ; sa devise, *L'Église libre dans l'État libre,* frappait les esprits.

Il devient coéditeur du journal *Il Risorgimento,* qui donne son nom au mouvement aspirant à la réunification de l'Italie. C'est toutefois Garibaldi (exilé dans l'île de Caprera en 1849), dont la vie romanesque séduit les Sardes, qui contribuera à les entraîner dans la lutte pour l'unité italienne.

Le 17 mars 1861, la Sardaigne fait officiellement partie des provinces italiennes.

1861-1949 : de la province italienne à la région autonome

Avec un léger décalage, la Sardaigne participe à l'évolution industrielle. Le *Trenino verde* remis en état évoque les débuts du chemin de fer ; que ce soient les routes, les usines ou l'exploitation des mines, la mise en valeur de l'île semble démarrer correctement. La 1re Guerre mondiale lui donne cependant un coup de frein brutal, mais d'une certaine façon salutaire : en allant sur le « continent », les combattants sardes découvrent avec étonnement leur retard sur leurs frères romains ou florentins... À la suite de nombreuses revendications, le gouvernement fasciste de l'entre-deux-guerres poursuit une politique de progression économique.

Aujourd'hui

En janvier 1949, l'autonomie régionale est enfin promulguée. Elle permet aux Sardes de prendre en main le destin de leur île.
Depuis, « la plus vieille terre d'Italie » a su allier tradition et modernité. La costa Smeralda, devenue le paradis des grandes fortunes, entraînées par le prince Karim Agha Khan dans les années 1960, ne reflète aucunement la véritable Sardaigne. La mise en valeur des sites archéologiques, le florilège d'églises romanes, la pérennité de l'élevage (5 millions de moutons pour près de 1,7 million d'habitants !), les vins de qualité, la beauté des chants polyphoniques ressuscités, tout cela contribue à attirer les amateurs de tourisme alternatif : il n'y a pas plus accueillant que le Sarde pour qui tout visiteur étranger est sacré.

Quelques dates

– ***5000 av. J.-C. :*** Néolithique ancien, les pierres d'obsidienne taillée, les *domus de janas* et les 1res poteries témoignent d'une civilisation avancée.
– ***1800 à 1300 av. J.-C. :*** âge du bronze, débuts de la civilisation nuragique.
– ***900 av. J.-C. :*** âge du fer, épanouissement de la civilisation nuragique avec une multiplication de statuettes en bronze évoquant la vie quotidienne.
– ***800 av. J.-C. :*** installation progressive des Phéniciens, qui établissent des comptoirs sur la côte et exploitent des mines.
– ***500 à 300 av. J.-C. :*** époque carthaginoise avec des révoltes sardes épisodiques.
– ***238 av. J.-C. :*** mainmise romaine sur la Sardaigne.
– ***534-IXe s :*** pendant l'époque byzantine, l'évangélisation de l'île s'intensifie.
– ***VIIIe s :*** « intermède » sarrasin avec de nombreux saccages de villes et razzias.
– ***IXe au XIIIe s :*** les *giudicati – Logudoro, Gallura, Arborea* et *Cagliari* – font face aux incursions répétées des Barbaresques sur le littoral. Les Sardes sont aidés par Pise et Gênes, qui se disputent ensuite la suprématie !
– ***19 juin 1324 :*** défaite des forces pisanes face aux Aragonais qui s'installent sur l'île, bientôt rejoints par les Catalans.
– ***1479-1718 :*** domination espagnole méprisante envers le peuple sarde ; le castillan devient la langue officielle.
– ***1718 :*** traité de Londres qui attribue la Sardaigne au duché de Savoie.
– ***1720 :*** le duc Victor Amédée II de Savoie devient roi de Sardaigne.
– ***1794 :*** tentative d'indépendance sarde.
– ***1796 :*** traité de paix entre le Piémont et la France (qui rend la Sardaigne au Piémont).
– ***17 mars 1861 :*** la Sardaigne devient une province de l'État italien.
– ***Janvier 1949 :*** l'île obtient le statut de région autonome italienne.
– ***1953 :*** 1er enlèvement à Orgosolo (petit village de la Barbagia). Cette pratique se répand et devient un fléau pour la Sardaigne, jusque dans les années 1980.
– ***1962 :*** création du consortium de la costa Smeralda dirigé par le prince Karim Aga Khan, qui déclenche la plus grande opération immobilière jamais réalisée en Sardaigne. L'expansion touristique de l'île commence dans le Nord-Est avec la création des complexes de Porto Cervo et de Porto Rotondo.
– ***2004 :*** Renato Soru, fondateur de la société *Tiscali* (fournisseur de services Internet), est élu président de la région autonome de Sardaigne.
– ***2012 :*** Silvio Berlusconi met en vente sa fameuse villa, bâtie sur la costa Smeralda malgré la présence de tombes phéniciennes, au prix de 450 millions d'euros.
– ***2014 :*** Francesco Pigliaru (centre gauche) est élu président de région, battant ainsi le candidat sortant, Ugo Cappellaci (droite), en poste depuis 2009 et pro-Berlusconi.
– ***2019 :*** une coalition entre le parti Forza Italia de Silvio Berlusconi et la Ligue d'extrême droite remporte les élections régionales.
– ***2020-2021 :*** la Sardaigne, est comme toute l'Italie, touchée par la COVID.

MAMUTHONES

À ce jour, le terme *mamuthones* demeure une énigme. Trouverait-il son origine dans la réminiscence d'un culte ancien, celui du Zeus pluvial, cette divinité du monde souterrain qui, tous les ans, meurt à l'approche de l'hiver pour renaître au printemps avec le cycle de la végétation ? Le mystère qui entoure cette manifestation 100 % sarde reste entier.
À Mamoiada (au sud de Nuoro), le ***carnaval des mamuthones*** n'a rien d'anecdotique. C'est même une manifestation très codifiée et de surcroît parfaitement orchestrée. Le défilé à proprement parler commence le jour de la Sant'Antonio Abate, le 17 janvier dans l'après-midi, pour se terminer en fin de soirée. Il s'agit d'un défilé mettant en scène 2 protagonistes : les *mamuthones* proprement dits – 12 participants vêtus de peaux de chèvre alourdis d'un ensemble de cloches agglutinées les unes aux autres, tous portant un lourd masque noir vraiment pas très engageant – et les *issohadores,* littéralement « ceux qui prennent avec la corde », un peu moins nombreux et sapés comme des princes : chemise rouge, pantalon blanc, bottes noires et visage immaculé ; ces derniers, munis d'un lasso, tentent de capturer quelques spectateurs parmi la foule (en choisissant de préférence les femmes). La procession des *mamuthones* et des *issohadores* est réglée comme du papier à musique. Les premiers avancent à pas cadencés en prenant bien soin de faire tinter leurs cloches (ils en ont 25 kg sur le dos !). Quant aux seconds, ils papillonnent d'un pied agile autour d'eux en tentant de saisir une femme avec leur lasso. Les *mamuthones* incarnent la douleur, ils sont muets. Les *issohadores* au contraire sont plus frivoles, ils plaisantent avec le public... En résumé, c'est le jour et la nuit ! Et la célébration de ce rite, ancré dans la nuit des temps, dépasse de loin un simple défilé de carnaval !

PATRIMOINE CULTUREL

Joyaux romans

L'époque gothique offre certes quelques beaux édifices, mais rien de comparable au florilège d'églises (plus d'une centaine) d'influences pisane, provençale, bourguignonne et même rhénane. Cela est dû principalement à l'établissement aux XIe et XIIe s de moines venus de Pise, Marseille ou Cîteaux.

À ne pas manquer

– ***Ardara :*** *Santa Maria del Regno,* à l'architecture lombarde assez austère, recèle un véritable trésor – des colonnes peintes et un retable monumental de 1515.
– ***Bonacardo :*** *Sainte-Marie* est un sanctuaire de dévotion mariale et, comme tel, entouré de *cumbessias* ou logements prévus pour les pèlerins. Il a été fondé par des moines camaldules venus de Pise au XIIe s.
– ***Borutta :*** à l'entrée du village, *Saint-Pierre-de-Sorres* joue la polychromie avec des alternances de calcaire doré et de trachyte noir.
– ***Bosa :*** *Saint-Pierre* s'orne de sculptures byzantines.
– ***Cagliari :*** voir l'*ambon de Guillaume* (chaire) dans la cathédrale.
– ***Milis :*** *église Saint-Paul.* Le contraste offert par le mélange de trachyte, basalte et calcaire charme le regard.
– ***Porto Torres :*** *San Gavino* est la plus grande et la plus ancienne des églises romanes sardes. L'influence carolingienne se manifeste par les 2 absides opposées reléguant la porte d'entrée au centre de la nef.
– ***Saccargia :*** à une quinzaine de kilomètres de Sassari, cet ancien monastère date de 1112. À visiter impérativement pour le portique décoré de scènes de chasse et même de vaches (*sa acca argia* signifiait, dit-on, « vaches vigoureuses »), le campanile et les fresques de l'abside.

– ***Tratalias :*** près de Carbonia, *Sainte-Marie* reprend le modèle de l'église d'Uta.
– ***Uta :*** près de Cagliari, dans un site champêtre, *Sainte-Marie,* petite merveille bénédictine de style pisan.

Monuments préhistoriques

Les Sardes furent dès les temps anciens préoccupés de leur lieu de sépulture. Dès 1800 av. J.-C., on trouve des « ***tombes des Géants*** », couvertes parfois de larges dalles, le tout de dimensions monumentales comme à *Coddu Vecchiu, Li Muri* ou encore *s'ena'e Thomes.*
Les **domus de Janas,** que l'on peut traduire au choix par « maisons des sorcières » ou « maisons des fées », sont des tombes également préhistoriques mais creusées dans la roche, comme à *Montessu,* à l'est du parc du *Gutturu Mannu* (région de Santadi), à *Anghelu Ruju* près d'Alghero ou à *Sedini* dans les environs de Castelsardo.
Les temples à puits vénéraient les divinités de l'eau, donc nourricières, comme à *Santa Vittoria de Serri* ou *Su Tempiensu d'Orune.*
L'autel mégalithique de *monte d'Accoddi,* près de Sassari, semble poser encore une énigme aux archéologues tant sa ressemblance avec une ziggourat (temple) mésopotamienne est frappante.
Unique au monde, le ***nuraghe*** est une spécificité sarde. Construites dès le IIe millénaire av. J.-C., ces formidables forteresses édifiées à l'aide de gros blocs de pierre taillés et assemblés sans mortier atteignent parfois 20 à 25 m de haut. La technique est simple : sur un plan central circulaire ou ovoïde, la construction de forme conique est rétrécie vers le haut et entourée de corridors ménagés dans des murs de 4 à 8 m d'épaisseur. Ce noyau central est lui-même entouré de nombreuses constructions de plan circulaire constituant un village. On dénombre près de 7 000 *nuraghi.* Les plus spectaculaires étant *Su Nuraxi, Santu Antine, Losa* et *Santa Barbara.* Le nom viendrait d'un héros mythique nommé *Norax.* Une autre explication viendrait du mot *nurra* signifiant « entassement ». Les spécialistes furent longtemps divisés : mausolées ou habitations ? Il est aujourd'hui établi que ces *nuraghi* servaient à la fois de réserves (pour le stockage des denrées) et d'habitation au chef de clan et que ses « vassaux » étaient installés dans des *nuraghi* voisins formant des satellites autour de la demeure du chef. En cas de danger, la population y trouvait refuge. La vie quotidienne au pied du *nuraghe* regroupait agriculteurs, éleveurs et artisans. L'organisation sociale en « castes » se retrouve dans l'architecture complexe des ensembles *nuraghe*-village. Cependant, il semblerait que les cérémonies cultuelles avaient lieu dans d'autres lieux prédéterminés ou bien à l'extérieur du noyau central.

PERSONNAGES

– ***Maria Carta*** *(1934-1994)* **:** née à Siligo. Chanteuse spécialisée dans le folklore, elle redonne ses lettres de noblesse au *cantu a chiterra.* Elle mène parallèlement une carrière d'actrice, entre autres dans *Cecilia* de J.-L. Comolli, *Le Parrain II* de Francis Ford Coppola et *Jésus de Nazareth* de Zeffirelli.
– ***Francesco Cossiga*** *(1928-2010)* **:** né à Sassari. Professeur de droit et proche d'Antonio Segni, membre de la Démocratie chrétienne, il fait partie des « jeunes Turcs ». Élu député, plusieurs fois ministre, il fut président de la République italienne de 1985 à 1992, date à laquelle il démissionne, n'ayant pas réussi à sauver la vie de l'ancien président du Conseil Aldo Moro. Il était surnommé le « *picconatore* » pour ses déclarations souvent virulentes.
– ***Ugolino Cossu*** *(né en 1954)* **:** dessinateur de B.D. Après avoir créé plusieurs personnages pour *Comic Arts,* le plus connu étant Dan Morrison, il rejoint l'équipe de Dylan Dog aux éditions Sergio Bonelli.

– ***Grazia Deledda*** *(1871-1936)* **:** originaire de Nuoro. Comparant la vie des hommes « aux roseaux qui se plient sans se briser », elle décrit avec minutie les us et coutumes des habitants de sa province natale. En 1926, elle est la 2e femme couronnée par le prix Nobel de littérature (la 1re fut Selma Lagerlöf en 1906). Malgré cela, on ne l'a, dit-on, jamais vue sourire... même pas ce jour-là !
– ***Paolo Fresu*** *(né en 1961)* **:** impressionné par Miles Davis, ce trompettiste brillant dirige aujourd'hui ses propres quartet et quintet. Cet excellent musicien est également poète et chante « la joie de l'errance ».
– ***Antonio Gramsci*** *(1891-1937)* **:** né à Ales. Homme politique et l'un des chefs historiques du Parti communiste italien, qu'il a contribué à fonder. Sa théorie de la philosophie s'appuyant sur la culture et l'éducation en faisait un critique farouche du matérialisme. Sa définition de la « crise » est devenue célèbre : « La crise, c'est quand le vieux se meurt et que le jeune hésite à naître. »
– ***Maria Lai*** *(1919-2013)* **:** originaire d'Ulassai. Après avoir étudié à Rome et à Venise, elle initie dans les années 1970 un travail de plasticienne orienté sur le langage à base de toiles cousues et de tissages, notamment en se servant du paysage. Elle est considérée comme l'une des figures les plus originales de l'art contemporain italien du XXe s.
– ***Gavino Ledda*** *(né en 1938)* **:** originaire de Siligo (province de Sassari) et obligé par son père à travailler comme berger dès l'âge de 6 ans, c'est quasiment analphabète qu'il entre dans l'armée. Avec une volonté acharnée, il y apprend à lire et à écrire, passe des examens et devient sergent. Après l'armée, il continue à étudier et parvient jusqu'à l'université. Il écrit alors l'histoire de sa vie et son affrontement avec un père tyrannique dans un roman, *Padre Padrone* (« Père Patron »), qui connaît un succès considérable. Les frères Taviani en tirèrent un film remarquable.
– ***Emilio Lussu*** *(1890-1975)* **:** militaire, homme politique et écrivain, né à Armungia. Élevé dans une famille bourgeoise, il s'intéresse aux idées républicaines et milite pour l'entrée en guerre de l'Italie contre l'Autriche et l'Allemagne en 1914. Officier de réserve dans la fameuse brigade de Sassari, il est envoyé à Asagio (Vénétie) en 1916, où il puisera bien plus tard la matière de son œuvre la plus connue, *Un anno sull'altipiano (Un an sur les hauteurs),* rédigée en 1938 et adaptée à l'écran par Francesco Rosi en 1970 sous le titre *Uomini contro (Les Hommes contre).* Antifasciste, défenseur de la condition paysanne, il devient député avant d'être jugé pour avoir tué en légitime défense un squadriste. Condamné à 5 ans d'internement, il s'évade en 1929, entre dans la Résistance puis devient ministre en 1945 avant de mourir à Rome en 1975.
– ***Caterina Murino*** *(née en 1977)* **:** originaire de Cagliari, mannequin, actrice, cette magnifique Sarde au caractère flamboyant a joué en 2006 le rôle d'une envoûtante *James Bond girl* dans *Casino Royale.* Francophone, elle a séduit des cinéastes français comme Alain Berbérian *(L'Enquête corse)* ou Alexandre Arcady *(Comme les cinq doigts de la main),* elle a incarné aussi de nombreux rôles dans des séries françaises et italiennes...
– ***Amedeo Nazzari*** *(1907-1979)* **:** ingénieur de formation, il se découvre une vocation théâtrale et triomphe aussi bien sur les planches qu'au cinéma dans *Le Clan des Siciliens* en 1969 puis dans *Cosa Nostra* en 1972, devenant l'une des figures les plus populaires du cinéma italien.
– ***Costantino Nivola*** *(1911-1988)* **:** après avoir appris le métier de tailleur de pierre auprès de son père, ce natif d'Orani (Barbagia), devenu entre-temps peintre-sculpteur, est contraint de fuir le fascisme après son mariage. Réfugié aux États-Unis. Ami intime de Le Corbusier, il connaîtra la consécration après avoir aménagé le showroom de la marque Olivetti à New York. Prof d'arts plastiques à Harvard, il enseignera aussi l'art dans de nombreuses universités (Columbia, Berkeley). Il est reconnu pour ses sculptures monumentales et dépouillées en béton, selon un procédé qu'il a inventé lui-même.
– ***Antonello Salis*** *(né en 1950)* **:** accordéoniste autodidacte, pianiste de jazz et lauréat du Django d'or en 2005.

– ***Antonio Segni*** *(1891-1972)* **:** né à Sassari, avocat, juriste et universitaire, un des 1ers fondateurs de la Démocratie chrétienne, élu député dès 1946, plusieurs fois ministre, signataire italien du traité de Rome (création de la Communauté économique européenne le 25 mai 1957), il fut président de la République italienne de 1962 à 1964.
– ***Renato Soru*** *(né en 1957)* **:** nuragique, informatique, politique, la carrière de Renato emprunte des sentiers insolites ! Originaire de San Luri, près de Cagliari, il fonde en 1998 la société informatique *Tiscali,* à laquelle il donne le nom du fameux site préhistorique sarde. De 2004 à 2009, Renato Soru a dirigé la Région Sardaigne, après avoir été élu à la tête d'une liste de centre gauche. Élu député européen en 2014, il écopera d'une peine de 3 ans de prison pour évasion fiscale en 2016. Réhabilité après avoir gagné son procès en appel, il abandonne finalement la politique pour revenir à son 1er amour : le poste de directeur général de *Tiscali.*
– ***Tellas*** *(né en 1985)* **:** cet enfant de Cagliari compte aujourd'hui parmi les 25 artistes de *street art* les plus cotés au monde. Son œuvre, souvent très colorée et abstraite, est une expression toujours très personnelle et intime des éléments naturels du paysage. Ses fresques ornent aujourd'hui les murs des villes comme Perth, Delhi, Helsinki, Atlanta, Montréal, Rome, Angers et Paris, entre autres...

POPULATION

Si, dès les temps anciens, l'autochtone sarde semble avoir des caractères bien définis, il a dû faire face à de nombreux envahisseurs. En conséquence, les Sardes retirés dans l'intérieur des terres ont développé une faculté étonnante à apparaître là où l'on se croit seul, sortant de cachettes naturelles tout aussi simplement que du bistrot du coin ! Leurs ancêtres ont mêlé leur sang aux Mycéniens, Phéniciens, Carthaginois, Grecs, Romains, Vandales, Sarrasins, Pisans, Génois, Catalans, Aragonais, Espagnols et Piémontais. Ce mélange parfois explosif leur a toutefois donné, et de façon paradoxale, un grand sens de l'hospitalité.

RELIGIONS ET CROYANCES

La religion occupe une place importante dans la vie des Sardes. Non seulement parce qu'à l'exception des temples antiques tout ou presque de ce qui est à voir dans l'île s'appelle *duomo* ou *chiesa,* mais aussi parce que la religion imprègne encore fortement la vie quotidienne. La plupart des grandes festivités sont les fêtes patronales, qui demeurent autant d'occasions de vénérer le saint ou la sainte qui, dans le passé, a marqué l'histoire de la ville. Ces manifestations sont donc de grands moments pour montrer sa dévotion : il suffit d'avoir suivi l'une des commémorations des fêtes de Pâques à Iglesias, Sassari ou Castelsardo pour comprendre la ferveur des Sardes et leur sens du rituel !

SITES INSCRITS AU PATRIMOINE MONDIAL DE L'UNESCO

UNESCO
Organisation des Nations Unies pour l'éducation, la science et la culture
En coopération avec le Centre du patrimoine mondial

Pour figurer sur la liste du Patrimoine mondial, les sites doivent avoir une valeur universelle exceptionnelle et satisfaire à au moins un des 10 critères de sélection. La protection, la gestion, l'authenticité et l'intégrité des biens sont également des considérations importantes.
Le patrimoine est l'héritage du passé dont nous profitons aujourd'hui et que nous transmettons aux générations à venir. Nos patrimoines culturel et naturel sont 2 sources irremplaçables de vie et d'inspiration. Ces sites appartiennent à tous

les peuples du monde, sans tenir compte du territoire sur lequel ils sont situés. Pour plus d'informations : ● *whc.unesco.org* ●

– ***Su Nuraxi de Barumini :*** inscrit en 1997. C'est le plus bel exemple de cette remarquable forme d'architecture qu'étaient les *nuraghi,* type de constructions défensives élaborées en Sardaigne à l'âge du bronze.

– Depuis 2007, avec la création du ***parco Geomineria della Sardegna*** *(● parcogeominerario.eu ●),* la Sardaigne (grâce à son incroyable patrimoine minier) fait aussi partie du réseau des 161 *Géoparcs* Unesco à travers le monde.

– Depuis 2008, et dans un autre domaine, le ***canto a tenore*** (chant pastoral sarde) est inscrit au Patrimoine immatériel de l'humanité. À Bitti (province de Nuoro), un intéressant petit musée lui est consacré.

L'ITALIE, CHAMPIONNE DU MONDE !

Sur plus de 1 000 sites répertoriés par l'Unesco au Patrimoine de l'humanité, l'Italie remporte la 1re place avec 55 monuments ou lieux. La France n'est pas si mal classée avec 45 au compteur.

les ROUTARDS sur la FRANCE 2021-2022

(dates de parution sur • routard.com •)

Découpage de la FRANCE par le ROUTARD

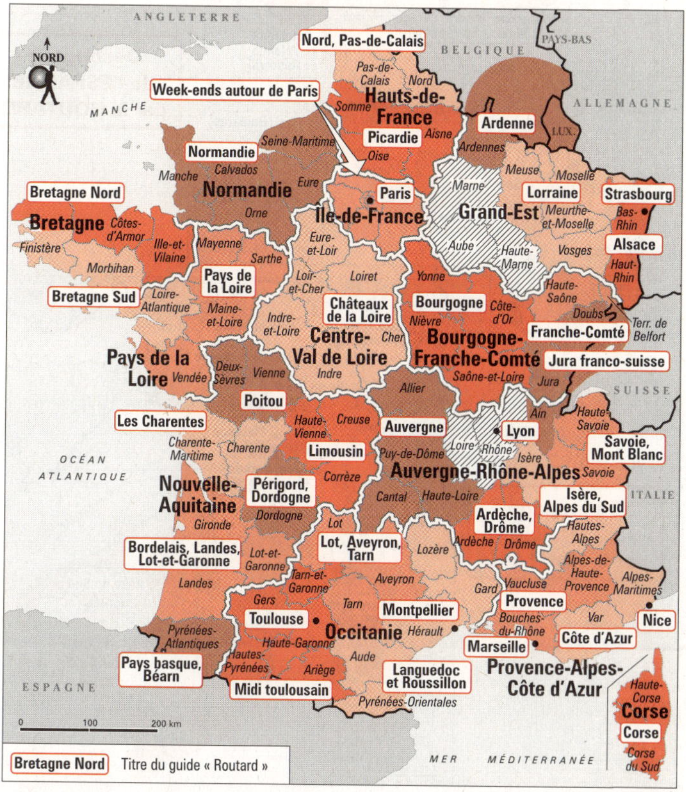

Autres guides sur la France

- Nos meilleurs campings en France
- Nos meilleures chambres d'hôtes en France

Autres guides sur Paris

- Paris
- Paris balades
- Restos et bistrots de Paris
- Le Routard des amoureux à Paris
- Week-ends autour de Paris

Le Routard à vélo

- EuroVelo6
- La Bourgogne du Sud à vélo
- La Flow Vélo
- La Loire à Vélo
- La Vélodyssée (Roscoff-Hendaye)
- Le Canal des 2 mers à vélo
- Paris Île-de-France à vélo
- ViaRhôna
- Les plus belles escapades à Vélo en France

les ROUTARDS sur l'ÉTRANGER 2021-2022

(dates de parution sur • **routard.com** •)

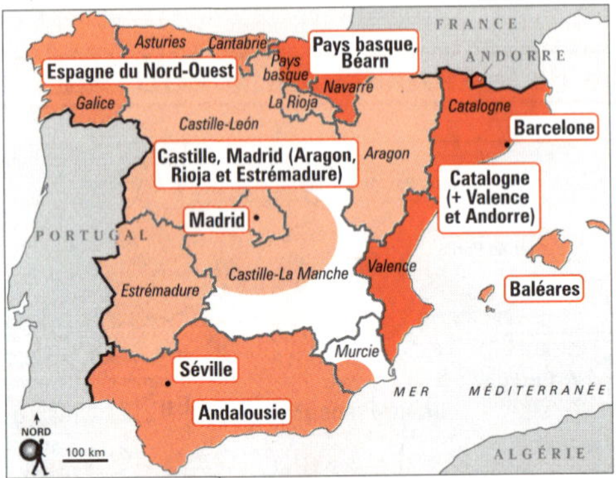

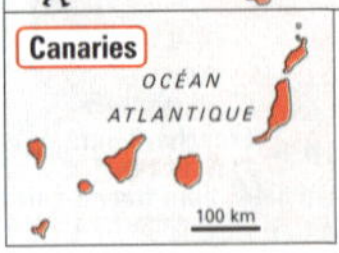

Découpage de l'ESPAGNE par le ROUTARD

Découpage de l'ITALIE par le ROUTARD

Autres pays européens

- Allemagne
- Angleterre, Pays de Galles
- Autriche
- Belgique
- Bulgarie
- Crète
- Croatie
- Danemark, Suède
- Écosse
- Finlande
- Grèce continentale
- Hongrie
- Îles grecques et Athènes
- Irlande
- Islande
- Madère
- Malte
- Norvège
- Pays baltes : Tallinn, Riga, Vilnius
- Pologne
- Portugal
- République tchèque, Slovaquie
- Roumanie
- Suisse

Villes européennes

- Amsterdam
- Berlin
- Bruxelles
- Budapest
- Copenhague
- Dublin
- Lisbonne
- Londres
- Moscou
- Naples
- Porto
- Prague
- Saint-Pétersbourg
- Stockholm
- Vienne

les ROUTARDS sur l'ÉTRANGER 2021-2022

(dates de parution sur • **routard.com** •)

Découpage des ÉTATS-UNIS par le ROUTARD

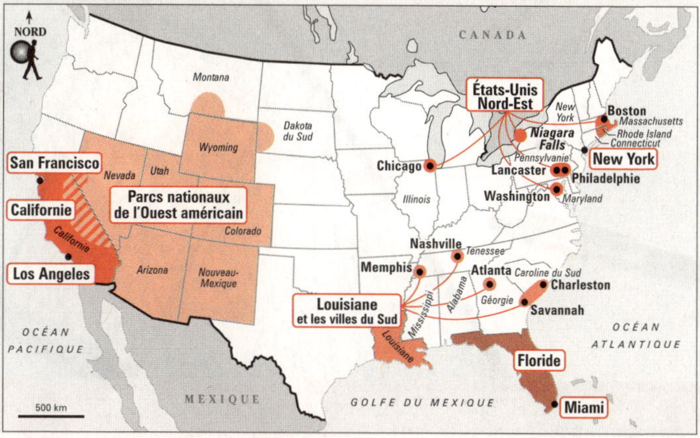

Autres pays d'Amérique

- Argentine
- Brésil
- Canada Ouest
- Chili et île de Pâques
- Colombie
- Costa Rica
- Équateur et les îles Galápagos
- Guatemala, Belize
- Mexique
- Montréal
- Pérou, Bolivie
- Québec et Ontario

Asie et Océanie

- Australie côtes est et nord + Red Centre
- Bali, Lombok
- Bangkok
- Birmanie (Myanmar)
- Cambodge, Laos
- Chine
- Hong Kong, Macao, Canton
- Inde du Nord
- Inde du Sud
- Israël et Palestine
- Istanbul
- Jordanie
- Malaisie, Singapour
- Népal
- Shanghai
- Sri Lanka (Ceylan)
- Thaïlande
- Tokyo, Kyoto et environs
- Turquie
- Vietnam

Afrique

- Afrique du Sud
- Égypte
- Kenya, Tanzanie et Zanzibar
- Maroc
- Marrakech
- Sénégal
- Tunisie

Îles Caraïbes et océan Indien

- Cuba
- Guadeloupe, Saint-Martin, Saint-Barth
- Île Maurice, Rodrigues
- Madagascar
- Martinique
- République dominicaine (Saint-Domingue)
- Réunion

Guides de conversation

- Allemand
- Anglais
- Arabe du Maghreb
- Arabe du Proche-Orient
- Chinois
- Croate
- Espagnol
- Grec
- Italien
- Japonais
- Portugais
- Russe
- G'palémo (conversation par l'image)

Livres-photos/Livres-cadeaux

- La France de Stéphane Bern (**nouveauté**)
- Voyages
- Voyages : États-Unis
- Voyages : France
- Voyages : Italie
- Road Trips Monde
- Road Trips en France (**nouveauté**)
- 120 coins secrets en Europe
- 50 voyages à faire dans sa vie
- 1 200 coups de cœur dans le monde
- 1 200 coups de cœur en France
- 52 week-ends dans les plus belles villes d'Europe
- 52 week-ends coups de cœur en France
- 52 escapades nature en France (**nouveauté**)
- Cahier de vacances du Routard

Nous tenons à remercier tout particulièrement Loup-Maëlle Besançon, Thierry Bessou, Gérard Bouchu, François Chauvin, Grégory Dalex, Fabrice Doumergue, Cédric Fischer, Carole Fouque, Nicolas George, Michelle Georget, David Giason, Claude Hervé-Bazin, Emmanuel Juste, Dimitri Lefèvre, Fabrice de Lestang, Romain Meynier, Éric Milet, Pierre Mitrano, Jean-Sébastien Petitdemange, Thomas Rivallain et Jean Tiffon pour leur collaboration régulière.

Brice Andlauer
Jean-Jacques Bordier-Chêne
Agnès Debiage
Coralie Delvigne
Jérôme Denoix
Tovi et Ahmet Diler
Clélie Dudon
Sophie Duval
Alain Fisch
Bérénice Glanger
Adrien et Clément Gloaguen
Sébastien Jauffret
Alexia Kaffès
Augustin Langlade
Jacques Lemoine
Aline Morand
Louis Nagot
Caroline Ollion
Martine Partrat
Odile Paugam et Didier Jehanno
Céline Ruaux
Prakit Saiporn
Nejma Tahri Hassani
Alice Tonasso
Caroline Vallano

Direction : Sidonie Chollet
Direction éditoriale : Élise Ernest
Édition : Matthieu Devaux, Olga Krokhina, Gia-Quy Tran, Julie Dupré, Emmanuelle Michon, Pauline Janssens, Amélie Ramond, Margaux Lefebvre, Julie Wood et Ionah Vasseur
Ont également collaboré : Dorica Lucaci, Agnès Petit et Magali Vidal
Cartographie : Frédéric Clémençon et Aurélie Huot
Contrôle de gestion : Jérôme Boulingre et Yannis Villeneuve
Secrétariat : Catherine Maîtrepierre
Fabrication : Nathalie Lautout et Audrey Detournay
Relations presse : COM'PROD, Fred Papet. ☎ 01-70-69-04-69.
● *info@comprod.fr* ●, Martine Levens (Belgique) et Maureen Browne (Suisse)
Direction marketing : Stéphanie Parisot, Élodie Darty et Charlotte Brou
Couverture : le-bureau-des-affaires-graphiques.com
Silhouette du Routard : Clément Gloaguen (d'après Solé)
Maquette intérieure : le-bureau-des-affaires-graphiques.com, Thibault Reumaux et npeg.fr
Contact Partenariats : Jérôme Denoix ● *jeromedenoix@gmail.com* ●
Contact Partenariats et régie publicitaire : Florence Brunel-Jars
● *fbrunel@hachette-livre.fr* ●

INDEX GÉNÉRAL

INDEX GÉNÉRAL

LISTE DES CARTES ET PLANS

Remarque importante aux hôteliers et restaurateurs

Les enquêteurs du *Routard* travaillent dans le plus strict anonymat. Aucune réduction, aucun avantage quelconque, aucune rétribution n'est jamais demandé en contrepartie. Face aux aigrefins, la loi autorise les hôteliers et restaurateurs à porter plainte.

Avis aux lecteurs

Le Routard, ce n'est pas comme le bon vin, il vieillit mal. On ne veut pas pousser à la consommation, mais évitez de partir avec une édition ancienne. Les modifications sont souvent importantes.

Les réductions accordées à nos lecteurs ne sont jamais demandées par nos rédacteurs afin de préserver leur indépendance. Les hôteliers et restaurateurs sont sollicités par une société de mailing, totalement indépendante de la rédaction, qui reste donc libre de ses choix. De même pour les autocollants et plaques émaillées.

Avec routard.com, choisissez, organisez, réservez et partagez vos voyages !

✓ Rejoignez la plus grande communauté francophone de voyageurs : **plusieurs millions d'internautes.**

✓ Échangez avec les routarnautes : forums, photos, avis d'hôtels.

✓ Retrouvez aussi toutes les informations actualisées pour choisir et préparer vos voyages : près de 300 guides destinations, une centaine de dossiers pratiques et un magazine en ligne pour découvrir tous les secrets de votre destination.

✓ Enfin, comparez les offres pour organiser et réserver votre voyage au meilleur prix.

Les **Routards** *parlent aux* **Routards**

Faites-nous part de vos expériences, de vos découvertes, de vos tuyaux et de vos coups de cœur. Aidez-nous à remettre l'ouvrage à jour. Indiquez-nous les renseignements périmés. Faites profiter les autres de vos adresses nouvelles, combines géniales... On adresse un exemplaire gratuit de la prochaine édition à ceux qui nous envoient les meilleurs courriers, pour la qualité et la pertinence des informations.

Quelques conseils cependant :

– Envoyez-nous votre courrier le plus tôt possible afin que l'on puisse insérer vos tuyaux sur la prochaine édition.

– N'oubliez pas de préciser l'ouvrage que vous désirez recevoir, ainsi que votre adresse postale.

– Vérifiez que vos remarques concernent l'édition en cours et notez les pages du guide concernées par vos observations.

– Quand vous indiquez des hôtels ou des restaurants, pensez à signaler leur adresse précise et, pour les grandes villes, les moyens de transport pour y aller. Si vous le pouvez, joignez la carte de visite de l'hôtel ou du resto décrit.

En tout état de cause, merci pour vos nombreux mails.

122, rue du Moulin-des-Prés, 75013 Paris

• *guide@routard.com* • *routard.com* •

Routard Assurance *2021*

Enrichie au fil des années par les retours des lecteurs, *Routard Assurance* reste l'assurance voyage référence des globe-trotters. Tout y est inclus, même la **Covid** : frais médicaux, assistance rapatriement, bagages, responsabilité civile... Avant votre départ, appelez *AVI* pour un conseil personnalisé. Besoin d'une **attestation Covid,** d'un avis médical, d'une prise en charge dans un hôpital ? Téléchargez l'appli mobile *AVI International* pour garder le contact avec *AVI Assistance* et disposer d'un vaste réseau médical à travers le monde. *AVI Assistance* est disponible 24h/24 pour une réponse en temps réel. De simples frais de santé en voyage ? Envoyez les factures à *AVI* dès votre retour, ils vous remboursent sous une semaine. *Le Colisée Gardens, 10 avenue de l'Arche, CS 70126, 92419 Courbevoie Cedex.* ☎ *01-44-63-51-00.* • *avi-international.com* • Ⓜ *La Défense.*

Édité par Hachette Livre (58, rue Jean-Bleuzen, CS 70007, 92178 Vanves Cedex, France)
Photocomposé par Jouve (1, rue du Docteur Sauvé, 53100 Mayenne, France)
Imprimé par Jouve Print (Quai n° 2, 733, rue Saint-Léonard, BP 3, 53101 Mayenne Cedex, France)
Achevé d'imprimer en juin 2021
Collection n° 13 - Édition n° 01
55/4304/8
I.S.B.N. 978-2-01-712955-4
Dépôt légal : juin 2021

PAPIER À BASE DE FIBRES CERTIFIÉES